ŒUVRES
COMPLÈTES
DE MOLIÈRE

COLLATIONNÉES SUR LES TEXTES ORIGINAUX ET COMMENTÉES

PAR

M. LOUIS MOLAND

DEUXIÈME ÉDITION

SOIGNEUSEMENT REVUE ET CONSIDÉRABLEMENT AUGMENTÉE

Une composition de Staal, gravée sur acier, accompagne chaque pièce

TOME DOUZIÈME

PARIS
GARNIER FRÈRES, LIBRAIRES-ÉDITEURS

6, RUE DES SAINTS-PÈRES

AVIS AUX SOUSCRIPTEURS. — Le premier volume, consacré entièrement à la Vie de Molière et aux documents biographiques, paraîtra en dernier lieu.

CHEFS-D'ŒUVRE

DE LA

LITTÉRATURE

FRANÇAISE

7 sexies

PARIS. — IMPRIMERIE A. QUANTIN
7, RUE SAINT-BENOIT, 7

ŒUVRES

COMPLÈTES

DE MOLIÈRE

TOME DOUZIÈME

G. Staal del.   Imp. Ch. Chardon aîné, Paris.   F. Delannoy sc.

R F

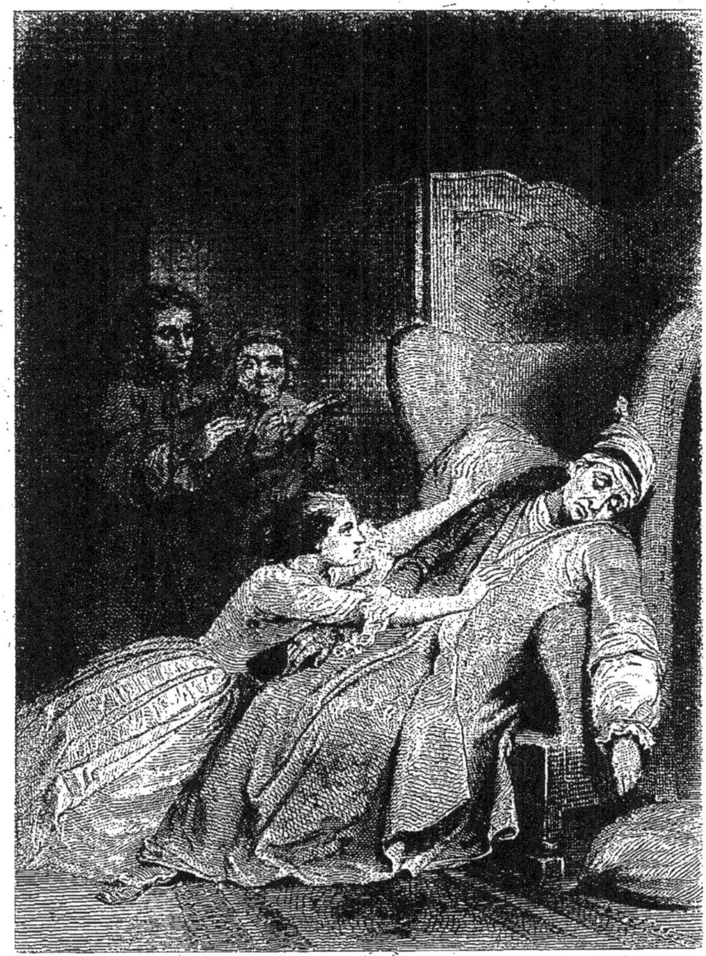

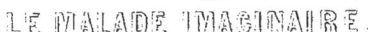

LE MALADE IMAGINAIRE.

ACTE III — SCÈNE XXI.

Garnier frères, Éditeurs.

ŒUVRES

COMPLÈTES

DE MOLIÈRE

COLLATIONNÉES SUR LES TEXTES ORIGINAUX ET COMMENTÉES

PAR

M. LOUIS MOLAND

DEUXIÈME ÉDITION

SOIGNEUSEMENT REVUE ET CONSIDÉRABLEMENT AUGMENTÉE

Une composition de Staal, gravée sur acier, accompagne chaque pièce

TOME DOUZIÈME

PARIS

GARNIER FRÈRES, LIBRAIRES-ÉDITEURS

6, RUE DES SAINTS-PÈRES, 6

MDCCCLXXXIV

LE MALADE IMAGINAIRE

COMÉDIE EN TROIS ACTES

MÊLÉE DE MUSIQUE ET DE CHANT

10 février 1673

NOTICE PRÉLIMINAIRE.

Nous avons essayé, dans notre étude sur Molière, de caractériser la disposition d'esprit où il se trouvait quand il composa son dernier ouvrage. Il sentait son mal empirer, ses forces défaillir, sa vie s'épuiser rapidement ; il se retourna dans un accès d'ironique colère contre la médecine, inhabile à le guérir, et dont il supportait impatiemment les conseils. « Dans cette condition, dit M. Bazin, il ne vit rien de plus plaisant à peindre que la folie d'un homme en bonne santé qui se croirait malade et soumettrait son corps bien portant à toutes les prescriptions de la médecine, c'est-à-dire la contre-partie exacte de son propre fait. C'était d'ailleurs à peu près le rôle que lui avait trop faussement attribué l'auteur d'*Élomire hypocondre,* et il allait montrer, aux dépens des médecins, ce que pouvait devenir dans ses mains la moquerie impuissante de leur vengeur. »

Ce que Molière raille dans le personnage d'Argan, que mourant il remplissait lui-même, c'est la crainte immodérée de la mort, comme s'il eût voulu fortifier son âme contre cette crainte pressante. Il peint les travers ridicules, l'endurcissement de cœur, l'égoïsme tyrannique, l'asservissement pitoyable où tombe l'homme que possède l'amour excessif de la vie et que tourmente le soin pusillanime de sa santé. Otez-lui cette frayeur de la mort, Argan ne sera qu'un bourgeois assez borné ; il devient un despote domestique. Il se laisse duper par Béline, qui le dorlote en le détestant; il sacrifie le bonheur de ses enfants à la préoccupation qui le travaille sans cesse. Il est exploité par des étrangers cupides qui s'enrichissent de ses terreurs; il s'humilie lâchement devant les ordonnances de M. Purgon et les clystères de M. Fleurant. Il y a surtout un moment où cette dominante inquiétude se trahit dans un mouvement presque tragique : c'est celui où, voulant faire le mort pour sonder les dispositions de sa femme, il se ravise tout à coup, et s'écrie : « N'y a-t-il point quelque danger à contrefaire le mort? » Il aboutit, enfin, à la plus risible extravagance, et il ne reste plus guère, comme pour le vaniteux M. Jourdain, qu'à le mettre aux Petites-Maisons.

Le personnage qui fait face à Argan, qui tient la partie contre lui, c'est Béralde, son frère, l'ennemi de la Faculté, le négateur et le contempteur de la médecine. L'incrédulité que professe Béralde, dans la fameuse scène III du troisième acte, est aussi radicale que possible; c'est la science elle-même qu'il attaque dans son principe. On ne s'est peut-être pas assez souvenu, en appréciant ce caractère, que Molière oppose rarement à un travers bien caractérisé la froide et impartiale raison. Béralde n'est pas, autant que Cléante du *Tartuffe*, la personnification élevée du bon sens : il a une pointe de passion très sensible. Molière est avec lui, il est vrai, et il se fait appeler en témoignage par cet adversaire de la Faculté. Cependant on aurait tort, selon nous, de conclure de là que Molière a prétendu lui faire exprimer l'opinion la plus juste et la plus sage sur l'art d'Hippocrate. Molière ne se dissimulait pas, sans doute, sa propre partialité. Il ne lui suffit pas d'être d'un côté, caché sous la coiffe d'Argan; il ne laisse pas d'intervenir aussi de l'autre, à visage découvert, et de soutenir Béralde, en quelque sorte de sa personne. Nous avons sous les yeux, dans cette cause comique, des parties opposées entre elles par des ressentiments, par des intérêts très graves; Molière n'est pas celui qui se sent le moins engagé, lui à qui coûtera si cher le jeu désespéré qu'il joue. Chacun, dans le débat, parle plus ou moins *ab irato*. Nous n'apercevons pas de juge qui ait mission de le trancher; ou plutôt, le juge, c'est le spectateur, qui adoptera, sans doute, comme d'ordinaire, un terme moyen; qui trouvera que Béralde a raison de rabattre les prétentions trop peu justifiées d'une science qui a tant de motifs de

NOTICE PRÉLIMINAIRE.

douter d'elle-même, et qu'Argan n'a pas tout à fait tort, non plus, d'estimer qu'après tout les médecins en doivent savoir, pour le traitement des maladies, un peu plus que les autres hommes.

Molière, disons-nous, en écrivant *le Malade imaginaire* dans l'état où il se trouvait, faisait acte de révolte suprême et d'impénitence finale. « Lorsqu'il succomba, plus d'un médecin fanatique, dit Auger, crut voir dans sa mort un châtiment exemplaire de ses sarcasmes contre la Faculté [1]. » Il est certain qu'il n'avait jamais traité celle-ci avec plus d'irrévérence, ni exercé plus hardiment contre elle sa verve satirique. La Faculté est représentée, dans la nouvelle comédie, par les personnages de Purgon, de Diafoirus père et fils, de Fleurant. Elle y est moquée jusque dans les jeunes générations en qui elle mettait ses espérances : voyez Thomas Diafoirus; sa stupidité native, vaincue par la ténacité de ses efforts, est devenue de la bêtise savante; il est armé contre le bon sens de toutes les subtilités de la dialectique; son opiniâtreté et son faux jugement feront autant de victimes dans les épreuves de la clinique qu'il a mis d'adversaires à *quia* dans les disputes de l'École. Voilà donc les élèves que produit l'enseignement médical; voilà les dignes continuateurs que la très salubre Faculté, comme elle s'intitulait elle-même, tient en réserve pour l'avenir.

Elle est surtout bafouée dans la plus auguste de ses cérémonies, dans l'acte solennel qui consacre les docteurs. M. Maurice Raynaud a fait ressortir la frappante analogie, pour ne pas dire la similitude parfaite, qui existait entre les solennités scolastiques et la fameuse cérémonie du *Malade imaginaire*. On a dit, d'après Monchesnay et Cizeron-Rival, que cette inimitable bouf-

---

[1]. On ne peut pas douter que la mort de Molière n'ait été envisagée de cette manière par quelques-uns de ses contemporains, médecins ou malades superstitieux, quand, dans le siècle suivant, on voit un docteur renommé attacher à cet événement la même idée de châtiment et de fatalité. Grimm, dans sa *Correspondance littéraire*, raconte l'anecdote suivante : « Le docteur Malouin, vrai médecin de la tête aux pieds, et dont Mme de Graffigny disoit plaisamment que Molière, en travaillant à ses rôles de Diafoirus et de Purgon, l'avoit vu en esprit, comme les prophètes le Messie, ce bon docteur Malouin nous remontra un jour, pour nous guérir de notre incrédulité, que les véritablement grands hommes avoient toujours respecté les médecins et leur science. « Témoin Molière, » s'écria l'un de nous. « Voyez aussi, reprit le docteur, comme il est mort! »

fonnerie fut imaginée dans un souper auquel assistaient Boileau, La Fontaine, Mme de La Sablière et Ninon de Lenclos. Molière aurait fourni le canevas ; et on aurait improvisé à la ronde les couplets en latin macaronique. On doit toujours se défier de ces anecdotes qui font naître des chefs-d'œuvre après boire. Il faudrait, en tous cas, supposer que les médecins dont on sait la liaison avec Molière, Liénard, Bernier, Mauvillain, faisaient partie de la société. En effet, certaines expressions techniques, l'exactitude des détails, qui prouve une connaissance intime des usages de la Faculté, trahissent à n'en pas douter l'active collaboration de quelque main experte et les conseils de gens de la profession.

« Ce morceau, dit M. Maurice Raynaud, doit être considéré comme un abrégé non seulement des cérémonies du doctorat, mais de toutes celles par où devait passer un candidat depuis le commencement de ses études jusqu'au jour où il recevait le bonnet. Tout s'y trouve, mais avec une sobriété et un art de choisir les traits caractéristiques où se révèle dans toute sa puissance l'écrivain habitué à ne demander des conseils que pour les contrôler, et sachant sacrifier les détails à l'ensemble.

« La séance est ouverte par le *Præses*. A ce pompeux éloge de la médecine, à ces hommages emphatiques rendus à la Faculté, il n'est pas difficile de reconnaître un discours de *vespérie*. Le ton en est absolument le même ; le discours comique ne diffère des discours réels que par cette simple nuance : un président de *vespérie* louait d'ordinaire la Faculté de sa science, de sa vertu, de son désintéressement. Le *Præses* de Molière ne peut assez s'extasier sur les bénéfices de la profession.

> Non possum, docti confreri,
> En moi satis admirari,
> Qualis bona inventio
> Est medici professio...
> Quæ, suo nomine solo,
> Surprenanti miraculo,
> Depuis si longo tempore,
> Facit a gogo vivere
> Tant de gens omni genere.

« Ce discours d'ouverture se termine, selon l'usage constant des écoles, par l'exposition du motif de l'assemblée :

> C'est pour cela que nunc convocati estis, etc.

« Il s'agit d'examiner à fond un candidat, et de voir si l'on y trouvera *dignam materiam medici*. On passe par-dessus les épreuves préparatoires, et l'examen commence aussitôt. Il n'est pas bien rigoureux, ni l'argumentation bien formidable. Mais n'oublions pas que Béralde a amené pour la circonstance *une Faculté de ses amies;* et il faut bien passer quelque chose à l'amitié. Il est d'ailleurs certain qu'il existait alors, non pas à Paris, mais en province, des Facultés pauvres, où l'amitié avait des droits excessifs, et où un diplôme de docteur ne prouvait guère que la fortune de celui qui l'avait obtenu. — Et puis, faudrait-il, pour plus de couleur locale, que la séance durât six ou sept heures, comme à la rue de la Bûcherie? — Du moins les principaux traits de ces argumentations sont-ils indiqués. L'ordre général des épreuves y est même observé. La première question, sur les vertus soporifiques de l'opium, est toute physiologique : nous sommes en plein aristotélisme, en plein règne des qualités occultes. On passe de là à la pathologie : l'hydropisie, l'asthme, la fièvre hectique font les frais de l'interrogation; et lorsque l'auditoire est édifié sur les connaissances théoriques du candidat, on l'admet à l'examen *de praxi*.

> Dès hiero maladus unus
> Tombavit in meas manus; etc.

« Et l'examinateur demande au candidat son avis sur ce cas particulier. — Il ne serait pas difficile de constater un ordre analogue dans les questions des huit argumentateurs qui se trouvent dans la version la plus étendue.

« A chaque réponse du candidat, le chœur répète son grand refrain, qui n'est guère que la reproduction des termes dans lesquels le président concluait après chaque argumentation. Je place les deux formules en regard.

CHORUS.	LE PRÉSIDENT.
Bene, bene, bene, bene respondere; Dignus, dignus est intrare In nostro docto corpore.	Audivistis, viri clarissimi, quam bene, quam apposite responderit Baccalaureus vester : eum, si placet, tempore et loco commendatum habebitis.

« Après de si brillantes épreuves, la réception du candidat ne saurait être douteuse. Aussi Molière lui fait-il grâce du vote, qui doit prononcer sur son sort, pour l'admettre, sans plus tarder, à prononcer le serment en trois articles. Le premier article est presque copié sur l'original.

  Juras gardare statuta   1° Quod observabis jura, statu-
  Per Facultatem præscripta   ta, leges et laudabiles consuetudi-
  Cum sensu et jugeamento.   nes hujus ordinis.

« Le deuxième article, roulant sur une pratique religieuse, l'assistance à l'office pour les docteurs décédés, ne pouvait décemment être reproduit. Molière y substitue heureusement un serment de professer pour *l'ordre des anciens* ce respect aveugle qui était comme la seconde religion de la Faculté :

    Essere in omnibus
    Consultationibus
    Ancieni aviso,
    Aut bono, aut mauvaiso.

« Quant au troisième article, un peu différent dans la forme, il signifie au fond absolument la même chose, et nul docteur ne l'eût désavoué.

  De non jamais te servire   3° Quod totis viribus contendes
  De remediis aucunis   adversus medicos illicite practi-
  Quam de ceux seulement doctæ Fa- cantes, nulli parcendo, cujuscun-
    cultatis,   que ordinis aut conditionis fuerit.
  Maladus dût-il crevare
  Et mori de suo malo.

« *Juro!* répète chaque fois le candidat. Et le président lui enfonce à coups de poings le bonnet sur la tête, en prononçant une formule qui est évidemment une réminiscence de la bénédiction du chancelier :

  Ego cum isto boneto   Auctoritate sedis apostolicæ
  Venerabili et docto,   Qua fungor in hac parte,
  Dono tibi, et concedo   Do tibi licentiam
  Virtutem et puissanciam   Legendi,
    Medicandi.   Interpretandi,

Purgandi,
Seignandi,
Perçandi,
Taillandi,
Coupandi,
Et occidendi
Impune per totam terram.

Et faciendi
Medicinam, hic et ubique terrarum.

« Je n'ai ici qu'une toute petite réserve à faire. *Medicandi, purgandi,* rien de mieux. — Passe encore pour *occidendi*. Mais *seignandi, perçandi, taillandi, coupandi!* c'est presque toute la chirurgie; autant d'anachronismes que de mots. Les médecins s'engageaient par écrit à s'en abstenir absolument. Pour Molière, comme pour le public qu'il veut divertir, médecins et chirurgiens, cela fait tout un. Il y joint même les apothicaires, escortant le char triomphal de la Faculté, comme des licteurs, les armes à la main. Il en résulte un effet théâtral des plus grotesques, et c'est tout ce qu'il lui faut. Mais, certes, il ne les aurait jamais trop maltraités, à leur gré réciproque, tant chirurgiens et médecins se haïssaient entre eux!

« Enfin la séance se termine par le discours de remerciements du nouveau docteur. C'est un modèle du genre. Il a beau comparer l'assistance au soleil et aux étoiles, aux ondes de l'océan et aux roses du printemps, jamais il ne surpassera en emphase les compliments gigantesques qui étaient alors la monnaie courante des réceptions académiques. On s'est souvent étonné, et avec raison, des louanges, serviles jusqu'à l'idolâtrie, que l'enthousiasme officiel des gens de cour et des hommes de lettres décernait vingt fois par jour à Louis XIV. Faut-il tant s'émerveiller de ces exagérations puériles, dans un temps où la réception du moindre licencié s'accompagnait forcément des métaphores les plus lyriques? C'était un astre nouveau s'élevant à l'horizon, un phare qui devait illuminer la postérité la plus reculée; il réunissait à lui seul toutes les vertus, tous les talents, toutes les gloires; égalait, s'il ne les surpassait pas, les plus grands génies de l'antiquité. Un licencié qui s'entendait simplement traiter de grand homme, pouvait se considérer comme médiocrement récompensé de sa peine. En veut-on un exemple? Voici un extrait, malheureusement bien court, bien décoloré par la traduction, d'un discours de paranymphe pris au hasard[1] :

« Le voilà, ce jeune *Moreau*, la merveille de son siècle et de
« cette École! Que dis-je? la merveille! Mais y a-t-il rien qu'on
« puisse appeler merveilleux en un mortel chez qui tout est
« divin, et dont on ne doit rien attendre d'ordinaire? C'est le
« caractère distinctif des héros, que chez eux tout est illustre,
« rien ne souffre la médiocrité. Or, est-ce bien un héros dont
« j'ai à vous entretenir? Oui, messieurs, et je n'en veux pour
« preuve que ce qu'en dit le célèbre Isocrate : ceux qu'une heu-
« reuse facilité, un génie naturel disposait à toutes sortes d'études
« et de travaux, et séparait ainsi de la foule, il les appelait
« enfants des dieux, θεῶν πχιδὰς, comme si ces intelligences pri-
« vilégiées lui eussent paru non pas engendrées par les hommes,
« mais formées par la main même de Mercure ou de Minerve. Et
« ce serait une grave erreur de mesurer la vertu, la doctrine, les
« mérites divers de notre licencié au nombre de ses années. Que
« de fois dans cette enceinte, asile du génie et de la science,
« vous avez cru voir réunis en lui seul Hippocrate rendant de
« vive voix ses oracles, Platon enseignant la philosophie, Aris-
« tote disputant avec subtilité et profondeur, Galien pratiquant
« l'art de guérir, Pline étudiant la nature, Théophraste racon-
« tant les merveilles des plantes, Ptolémée interrogeant le fir-
« mament, Cicéron enchaînant les cœurs par les charmes de son
« éloquence! Alors, je me le rappelle, refusant de croire à son
« extrême jeunesse, vous étiez tentés de vous écrier :

> Non hæc humanis opibus, non arte magistra
> Proveniunt... »

« Si tels étaient les éloges décernés à un candidat heureux à
ses examens, qu'était-ce donc lorsqu'il s'agissait de louer la
Faculté elle-même, dispensatrice de toutes les gloires? L'hyperbole ne connaissait plus de termes. Voici, par exemple, un orateur[2] qui prend pour texte cet aphorisme : *Le médecin est semblable à Dieu*. Beau début, sans contredit, et l'on voit d'avance

---

1. *Paranymphus medicus habitus in Scholis medicinæ, die 28 junii*, 1648 *a Roberto Patin, medicinæ baccalaureo*, suivi de : *Orationes encomiasticæ singulorum qui tunc licentiæ gradu donandi erant* (in-18).
2. Guil. Marcelli Rhetoris, *Medicus Deo similis*, oratio panegyrica pro celebritate iatrogonistarum laurea donandorum.

tout ce qu'avec un peu d'imagination il sera facile de broder sur ce thème : Messieurs de la Faculté, vous êtes les bienfaiteurs du genre humain, vous êtes semblables à Dieu par le savoir, semblables par la puissance, semblables par la miséricorde ; vous êtes les ministres et les « collègues » de Dieu. — Mais bientôt l'orateur se laisse emporter par son éloquence ; cela ne lui suffit plus, et il raisonne ainsi : Tout nous vient de Dieu, donc le mal comme le bien. De vous, messieurs les médecins, il ne vient que du bien. Sans doute, Dieu est juste, et il a ses raisons lorsqu'il nous afflige. Mais enfin, le mal est toujours le mal, et la médecine est toujours salutaire. « O chose merveilleuse et vraiment
« incroyable, si l'expérience ne nous l'enseignait tous les jours !
« Dieu nous envoie la maladie, et vous le remède ; il frappe, et
« vous guérissez ; il nous inflige la souffrance comme un châti-
« ment, et vous ne nous apportez que des soulagements et des
« bienfaits. » — Conclusion : « Nous devrions plus au médecin
« qu'à Dieu même, si ce n'était encore à Dieu que nous devons
« le médecin. »

La satire dirigée contre les pompes doctorales de la Faculté, contre les discours en latin barbare, les thèses puériles gravement soutenues, les formules traditionnelles et l'antique coutume, cette satire eut un effet immédiat et considérable. On aperçoit du reste presque toujours le contre-coup des railleries terribles de Molière. Ce dernier acte du pouvoir qu'il exerçait ne fut pas moins efficace que le premier, qui avait frappé les Précieuses. Écoutez Mme de Sévigné : « Ah ! que j'en veux aux médecins ! Quelle forfanterie que leur art ! On me contoit hier cette comédie du *Malade imaginaire* que je n'ai point vue. Il étoit donc dans l'obéissance exacte de ces messieurs ; il comptoit tout : c'étoient seize gouttes d'un élixir dans treize cuillerées d'eau ; s'il y en eût eu quatorze, tout étoit perdu. Il prend une pilule, on lui dit de se promener dans sa chambre ; mais il est en peine, et demeure tout court, parce qu'il a oublié si c'est en long ou en large ; cela me fit fort rire, et l'on applique cette folie à tout moment. » Trois ans plus tard, l'Anglais Locke, qui venait de Paris et qui sans doute y avait vu représenter *le Malade imaginaire*, passe par Montpellier, assiste à la réception d'un docteur, et la décrit en ces termes : « *Recette pour faire un docteur en médecine*. — Grande procession de docteurs habillés de rouge, avec des toques noires; dix violons jouant des airs de Lulli. Le président s'assied, fait signe aux violons qu'il veut parler et qu'ils aient à se taire, se lève, commence son discours par l'éloge de ses confrères, et le termine par une diatribe contre les innovations et la circulation du sang. Il se rassied. Les violons recommencent. Le récipiendaire prend la parole, complimente le chancelier, complimente les professeurs, complimente l'Académie. Encore les violons. Le président saisit un bonnet qu'un huissier porte au bout d'un bâton, et qui a suivi processionnellement la cérémonie, coiffe le nouveau docteur, lui met au doigt un anneau, lui serre les reins d'une chaîne d'or, et le prie poliment de s'asseoir. Tout cela m'a fort peu édifié [1]. »

Il paraît que la Faculté, qui jusque-là ne s'était pas émue, supporta moins patiemment cette dernière attaque. Robinet le dit dans sa lettre du 18 février 1673 :

La Faculté de médecine
Tant soit peu, dit-on, s'en chagrine...

S'il faut en croire un éditeur, les médecins firent tous leurs efforts pour empêcher la publication de cette pièce, et allèrent même jusqu'à invoquer l'intervention du roi : « Voyant leur art devenu infructueux par leur ignorance, et leurs momeries tournées en dérision, ils eurent recours à Sa Majesté pour empêcher l'impression de cette pièce, principalement en France où ils s'étoient faits si riches à force d'avoir tué tant de monde; et c'est ce qui fit qu'un de leurs amis en mit une au jour sous ce même titre, n'y ayant ni rime, ni raison, ni danse, ni cérémonie, etc. [2]. » Laissons de côté cette hypothèse d'une édition faite exprès pour décréditer le chef-d'œuvre, quoiqu'il en existe une qui s'y prêterait assez bien, et ne constatons que le bruit dont le libraire belge, après vingt années, se faisait l'écho. Il est un autre témoignage et de l'influence exercée par la satire de Molière et de la rancune que la Faculté en garda. On le trouve sur un exemplaire de l'*Index funereus* de Jean de Vaux (édit. de 1724) [3],

---

1. *Life of Locke,* by lord King.
2. Préface du *Malade imaginaire,* édition de Georges de Backer, Bruxelles, 1694.
3. Communiqué à M. Maurice Raynaud par M. V. Leclerc, doyen de la Faculté des lettres de Paris.

où, à la page 48, on lit cette addition, d'une écriture du temps :
M. Nicolaus Mauvillain, Parisinus, obiit 10ª jan. anni 1663.
Filium reliquit D. M. Parisiensem, facie aspera, moroso et inquieto animo præditum; nam, licet chirurgi filius, cum in sui decanatus curriculo quiquid potuerat molestiæ chirurgorum societati fecisset, non melius de sua Facultate meritus fuit, Poquelino Moliero suæ Ægri imaginarii comœdiæ scenas accessorias suppeditando, quæ medicinæ et medicorum auctoritatem adeo apud plebem imminuerunt, ut nunc apud plerosque cives tantum pro forma vocentur medici, eorum præscriptionibus et ratiociniis fere nullam habentes fiduciam, eo quod eventus spem a medicis datam ægros et assistentes persæpe fallat.

« M. Nicolas de Mauvillain, Parisien, mourut le 10 janvier de l'année 1663. (Chirurgien renommé et bibliothécaire du cardinal de Richelieu.)

« Il laissa un fils (Jean-Armand de Mauvillain), D. M. de Paris, d'une physionomie désagréable, d'un esprit morose et inquiet. Car, quoique fils d'un chirurgien, il fit, dans le cours de son décanat, tout ce qu'il put pour nuire à la compagnie des chirurgiens; et il ne mérita pas mieux de sa Faculté en fournissant à Poquelin Molière les scènes accessoires de sa comédie du *Malade imaginaire,* qui ont tellement affaibli l'autorité de la médecine et des médecins parmi le peuple que, maintenant encore, les médecins ne sont plus guère appelés chez les particuliers que pour la forme, et qu'on n'y a presque aucune confiance dans leurs prescriptions et leurs raisonnements, à cause que l'événement déçoit souvent l'espoir qu'ils donnent aux malades et aux assistants. »

La Faculté ne fut que trop promptement vengée de son détracteur. L'année 1672 avait été sombre pour l'auteur comique. *Les Femmes savantes* n'avaient pas tout à fait reçu l'accueil que sans doute il espérait pour elles. *La Comtesse d'Escarbagnas* avait consommé sa rupture avec Lulli, qui semblait décidément l'emporter dans la faveur royale. *Le Malade imaginaire,* cette comédie pour laquelle il avait rassemblé tout ce qui lui restait de forces, rencontrait la fortune adverse. Molière fut d'abord contrarié dans son entreprise par Lulli, qui, pendant que l'ouvrage était en préparation, fit signifier à son ancien collaborateur les défenses qui limitaient si rigoureusement l'emploi des musiciens et des instruments de musique sur les théâtres autres que l'Opéra. La partition de Charpentier offre une preuve bien concluante de ce fait. Nous y lisons en tête des premiers morceaux : « *Le Malade imaginaire*, avant les défenses. — Ouverture du prologue du *Malade imaginaire* dans sa splendeur. » Puis : « *Le Malade imaginaire*, avec les défenses. » C'était un coup assez rude porté au théâtre, que cette interdiction qui réduisait le ballet aux proportions les plus exiguës [1].

Ce n'est pas tout ; il est hors de doute que Molière avait compté que *le Malade imaginaire* ferait le divertissement de la cour pendant ce carnaval de l'année 1673. Le premier prologue en forme d'églogue n'a été évidemment composé qu'en vue de cette destination. D'où vient donc que Molière dut se contenter d'offrir à la ville cette pièce faite « pour délasser le roi de ses nobles travaux » ? Faut-il conjecturer, avec M. Bazin, que, « malgré la prodigieuse verve de gaieté qui règne dans tout l'ouvrage, on trouva peu d'agrément à cette chambre de malade, à ces médicaments, à ces coliques, à cette mort feinte dont Molière avait cru tirer un si joyeux parti » ? Ce n'est pas, comme on sait, que Louis XIV ni ses contemporains portassent sous ce rapport la délicatesse aussi loin qu'elle est poussée de nos jours. Mais, si l'on se rappelle que le monarque avait fait, dans le cours de l'été précédent, la première et glorieuse campagne de Hollande, qu'il avait vu s'accomplir sous ses yeux ce passage du Rhin que Boileau a célébré, on peut concevoir qu'il ait eu à cette époque l'esprit tourné aux choses héroïques, et l'on s'explique qu'il ait préféré à la comédie de Molière le *Mithridate* de Racine, joué par les comédiens de l'hôtel de Bourgogne. Robinet, dans sa lettre du 18 février 1673, constate en effet la faveur dont cette tragédie jouissait à Saint-Germain.

> La cour à Saint-Germain-en-Laye,
> Continuant d'être fort gaye,
> Se divertit en ces jours gras,

---

1. Après la mort de Molière, la restriction fut encore plus rigoureuse : par arrêt du Conseil du 30 avril 1673, le nombre des voix de la Comédie fut fixé à deux et celui des violons à six, au lieu de six voix et de douze violons que les comédiens avaient avant ce règlement.

> Entre autres gracieux ébats,
> A celui de la comédie
> Et voit, dit-on, la tragédie
> Du roi Mithridate ayant nom
> Qui se nourrissoit de poison,
> Dans lequel poétique régale
> L'admirable troupe royale
> Fit merveilles; et je le crais :
> Joua-t-elle autrement jamais?

Molière, quel que fût le génie du rival qui prenait sa place, souffrit sans doute d'être dépouillé du glorieux privilège qui lui appartenait depuis si longtemps. L'on voit qu'il y a bien des raisons pour qu'il ait prononcé effectivement les paroles que lui prête Grimarest : « Tant que ma vie a été mêlée également de douleur et de plaisir, je me suis cru heureux ; mais aujourd'hui que je suis accablé de peine sans pouvoir compter sur aucun moment de satisfaction et de douceur, je vois bien qu'il me faut quitter la partie. »

Le Malade imaginaire fut donc représenté pour la première fois le 10 février 1673, non à Versailles ou à Saint-Germain, mais à Paris, sur le théâtre du Palais-Royal. On lit sur le registre de La Grange :

« Vendredi 10 (février), 1re représentation du *Malade imaginaire*. (En marge) : Pièce nouvelle et dernière de M. de Molière . . . . 1,992 livres

« Dimanche 12, *Malade imaginaire* 1,459

« Mardi 14, *Malade imaginaire*. . . . . 1,879 10 s

« Vendredi 17 1,219

« Ce même jour, après la comédie, sur les dix heures du soir, Monsieur de Molière mourut dans sa maison, rue de Richelieu, ayant joué le rôle dudit malade imaginaire, fort incommodé d'un rhume et fluxion sur la poitrine, qui lui causoit une grande toux[1], de sorte que, dans les grands efforts qu'il fit pour cracher, il se rompit une veine dans le corps et ne vécut pas une demi-heure ou trois quarts d'heure depuis ladite veine

---

1. A en croire le docteur Martin Lister (*A Journey to Paris in the year 1698*, p. 172), Molière s'étant avancé sur le bord de la scène dit au public : « Messieurs, j'ai joué *le Malade imaginaire*, mais je suis véritablement fort malade. » Ce détail est dépourvu de toute garantie d'authenticité.

rompue. » — « On sait, dit M. Paul de Saint-Victor, on sait la légende de l'histrion antique qui, jouant devant un César la farce d'un martyre chrétien, fut converti par le baptême dérisoire qu'on lui administrait sur la scène, et subit, en réalité, au dénoûment de la pièce, le supplice que son rôle devait parodier. Le *Malade imaginaire* est le pendant profane du *Martyre de saint Genest*. Représentez-vous le poète, mortellement malade, s'enveloppant de la camisole grotesque d'Argan, qui prend déjà sur lui des plis de linceul. Il monte en chancelant sur les planches, et le voilà, paradant dans une bouffonnerie qui nie la maladie et qui se moque de la mort. Le voilà jouant, aux éclats de rire du parterre, la répétition de son agonie. Le râle l'oppresse, le sang l'étouffe, les sueurs de la dernière heure baignent ses joues fardées; la comédie prend, de scène en scène, une réalité effroyable; ses quolibets et ses sarcasmes se retournent contre lui avec une tragique ironie. Le rôle entre dans l'acteur, il l'attaque, il le possède, il l'agite de convulsions qui ne sont plus feintes. — Au troisième acte, Béralde, pour guérir Argan de ses lubies chimériques, lui conseille d'aller voir quelqu'une des comédies de Molière. Argan s'emporte et s'écrie : « Par la mort! non, de « diable! si j'étois que des médecins, je me vengerois de son « impertinence; et quand il sera malade, je le laisserois mourir « sans secours. Il auroit beau faire, il auroit beau dire, je ne lui « ordonnerois pas la moindre petite saignée, le plus petit lave- « ment, et je lui dirois : Crève! crève! cela t'apprendra une « autre fois à te jouer de la Faculté. » — Et Béralde répond : « Il « sera encore plus sage que vos médecins, car il ne leur deman- « dera point de secours. » — Imaginez le sens cruel de ces moqueries débitées par Molière mourant, et quel accent devait prendre cet horrible cri : « Crève, crève! » sortant de cette bouche en sang, de cette poitrine déchirée. C'en est fait, il va subir la mort sans secours qu'il s'est prédite à lui-même. Le ballet de médecins et de matassins qu'il a déchaîné, tourne autour de lui, comme la ronde d'une danse macabre. Au moment où il prononce le *Juro* du serment bouffon, un étouffement le saisit, le sang jaillit de ses lèvres : Molière se meurt! Molière est mort! »

Nous n'insisterons pas sur cet évènement. Nous ne le rapportons ici qu'en tant qu'il se lie à l'histoire de la comédie, à laquelle il forme un lugubre épisode. Les comédiens ne jouèrent ni le dimanche ni le mardi qui suivirent. Ils rouvrirent le vendredi 24, par *le Misanthrope*, dans lequel Baron, succédant à son maître, remplit le rôle d'Alceste. Comme il fallut que La Thorillière apprît le rôle d'Argan, *le Malade imaginaire* ne put être repris que le vendredi 3 mars; il compta encore jusqu'à la clôture, qui eut lieu le 21 du même mois, neuf représentations, avec de fortes recettes, et fut arrêté à la treizième inclusivement.

Le manuscrit de Mahelot contient, sur la mise en scène, les indications suivantes :

« Le théâtre est une chambre et une allecove dans le fonds. Au premier acte une chaise, table, sonnette et une bourse aux jettons. Un manteau fourré, six oreillers, un baston.

« Premier intermède : une guittare ou luth, 4 mousquetons, 4 lanternes sourdes, 4 bastons, une vessie.

« Second acte, il faut 4 chaises, une poignée de verges, du papier.

« Second intermède, 4 tambours de basque.

« Troisième intermède, il faut la chaise du *præses* (ou président) et les deux grands bancs, huit seringues, 4 eschelles, 4 marteaux, 4 mortiers, 4 pillons, six tabourets, six robes rouges.

« Il faut changer le théâtre au premier intermède et représanter une ville ou des rues, et la chambre paroist comme l'on a commencé. Il faut 3 pièces de tapisserie de haulte lisse et des perches et cordes. »

Les frais de ladite pièce du *Malade imaginaire* ont été grands (c'est le registre de La Grange que nous citons), à cause du prologue et des intermèdes remplis de danses, musique et ustensiles, et se sont montés à deux mille quatre cents livres.

« Les frais journaliers ont été grands à cause de douze violons (à 3 livres), douze danseurs (à 5 liv. 10 s.) trois symphonistes (à 3 livres), sept musiciens ou musiciennes, dont il y en a deux à 11 livres, les autres à 5 liv. 10 s. Récompenses à M. Beauchamps pour les ballets, à M. Charpentier pour la musique. Une part à M. Baraillon pour les habits. Ainsi lesdits frais se sont montés par jour à 250 livres. Lorsqu'on cessa les représentations à

Pâques, la troupe devoit encore plus de 1,000 livres desdits frais extraordinaires. »

M. Édouard Thierry a publié en un volume in-8° les pièces de comptabilité qui, retrouvées aux archives de la Comédie française, établissent le détail des dépenses occasionnées par la dernière œuvre de Molière [1].

Nous avons parlé ailleurs des changements qui survinrent dans la Compagnie après la clôture du 21 mars 1673, et qui n'aboutirent à un arrangement définitif qu'au mois de juillet. Lorsque le théâtre de la nouvelle troupe, formée des débris de la troupe de Molière et de l'élite de celle du Marais, se rouvrit non plus au Palais-Royal, mais à la salle de la rue Guénégaud, on ne donna pas d'abord *le Malade imaginaire;* on demeura même assez longtemps avant de remonter cette pièce. En attendant qu'on la jouât, une ordonnance royale, du 7 janvier 1674, interdit à tous autres comédiens de s'en emparer, tant qu'elle n'aurait pas été rendue publique par l'impression [2]. *Le Malade imaginaire,* remis à la scène le 4 mai 1674, eut trente-sept représentations consécutives. Rosimond, remplaçant La Thorillière entré à l'hôtel de Bourgogne, remplit le rôle d'Argan. Cette comédie fut enfin représentée devant le roi le 19 juillet 1674, dans la troisième journée d'une fête donnée à Versailles au retour de la campagne où la Franche-Comté avait été conquise. Reprise

---

1. *Documents sur le Malade imaginaire. Estat de la recette et despense faite par ordre de la compagnie,* avec une introduction et des notes par Édouard Thierry. Paris, Berger-Levrault et Cie, éditeurs, 1880, in-8°.

2. Le *Moliériste,* livraison de septembre 1883, a publié de cette ordonnance un fac-similé. Elle est ainsi conçue :

DE PAR LE ROI.

Sa Majesté ayant été informée que quelques comédiens de campagne ont surpris, après le décès du sieur Molière, une copie de sa comédie du *Malade imaginaire,* qu'ils se préparent de donner au public contre l'usage de tout temps observé entre tous les comédiens du royaume de n'entreprendre de jouer au préjudice les uns des autres les pièces qu'ils ont fait accommoder au théâtre à leurs frais particuliers, pour se récompenser de leurs avances et en tirer les premiers avantages : Sa dite Majesté fait très expresses inhibitions et défenses à tous comédiens autres que ceux de la troupe établie à Paris rue Mazarin, au Faubourg Saint-Germain, de jouer et représenter ladite comédie du *Malade imaginaire* en quelque manière que ce soit, qu'après qu'elle aura été rendue publique par l'impression qui en sera faite, à peine de trois mille livres d'amende et de tous dépens, dommages et intérêts. Enjoint Sa Majesté à tous ses officiers et sujets de tenir la main à l'exécution de la présente ordonnance.

Fait à Saint-Germain-en-Laye, le VIIe janvier 1674.

Signé : LOUIS. Et plus bas, COLBERT. Et cacheté du cachet de Sa Majesté.

NOTICE PRÉLIMINAIRE.

de nouveau le 19 novembre de la même année, elle fut encore jouée onze fois de suite, ce qui fait monter à soixante-deux le nombre total des représentations. « On doit sans doute, dit Auger, attribuer ce succès extraordinaire à l'honorable empressement du public, qui ne se lassait pas de venir admirer le dernier chef-d'œuvre d'un homme qui en avait produit tant d'autres, et qui n'en devait plus produire. »

Telles furent les destinées du *Malade imaginaire* au théâtre, avant et après la mort de Molière. Le *Malade imaginaire* est une des pièces de Molière qu'on revoit le plus fréquemment à la scène. On la joue notamment aux anniversaires, parce que la cérémonie qui le termine permet d'y faire assister toute la troupe du théâtre. La distribution actuelle (15 janvier 1884) à la Comédie française est la suivante :

ARGAN	M. Barré.
BÉLINE	Mme Jouassain.
ANGÉLIQUE	Durand.
LOUISON	La petite Aumont.
BÉRALDE	MM. Martel.
CLÉANTE	Prudhon.
MONSIEUR PURGON	Got.
MONSIEUR DIAFOIRUS	Joliet.
THOMAS DIAFOIRUS	Coquelin cadet.
MONSIEUR FLEURANT	Masquillier.
MONSIEUR DE BONNEFOI	Roger.
TOINETTE	Mme J. Samary.
LE PRÆSES	M. Got.

La publication du *Malade imaginaire* fut soumise à de longues vicissitudes.

On commença, comme d'ordinaire, par imprimer le livre du ballet sous ce titre : « *Le Malade imaginaire,* comédie mêlée de musique et de danse, représentée sur le théâtre du Palais-Royal. A Paris, chez Christophe Ballard, seul imprimeur du Roi pour la musique, rue Saint-Jean-de-Beauvais, au Mont Parnasse. 1673. » Ce livret accompagna sans doute la première représentation. Il n'y a dans ce livret que les intermèdes du *Malade imaginaire,* sans changement aucun, sans les noms des acteurs ou figurants, de sorte que nous jugeons tout à fait inutile de le reproduire à la suite de la pièce, comme nous avons fait de tous ceux de ces livrets qui présentent quelque intérêt. Un autre livret fut imprimé pour la représentation de Versailles du 19 juillet 1674 : « Chez Guillaume Adam, libraire et imprimeur ordinaire de la troupe du Roi. »

Ce qui parut après la première édition du livre du ballet, c'est le dernier intermède seul, la cérémonie imprimée à part et formant comme une petite comédie sous le titre suivant : « *Receptio publica unius juvenis medici in academia burlesca, Joannis Baptistæ Moliere, doctoris comici. — Editio deuxième, revisa et de beaucoup augmentata, super manuscriptos trovatos post suam mortem.* A Rouen, chez Henri-François Viret, rue aux Juifs, près le Palais, devant la petite porte de l'Hôtel de Ville. 1673. » A la fin, nous lisons : « Registré sur le livre de la communauté des marchands libraires-imprimeurs de cette ville de Rouen, le dix-septième jour de mars mil six cent soixante et treize, pour en jouir suivant le temps porté par les arrêts de la cour. Achevé d'imprimer pour la première fois le 24 de mars 1673. » Cette *deuxième* édition de la cérémonie fut donc publiée trente-cinq jours après la mort de Molière. Antérieurement y avait-il eu à Paris une première édition distincte? ou bien l'éditeur compte-t-il le texte du livre du ballet comme première édition? C'est ce dernier cas qui paraît le plus probable. Le même opuscule eut une *troisième* édition en Hollande : « *Receptio publica unius juvenis medici in academia burlesca, Joannis Baptistæ Moliere, doctoris comici. — Editio troisième, revisa et de beaucoup augmentata super manuscriptos trovatos post suam mortem.* A Amsterdam, chez Jean-Maximilien Lucas, marchand libraire tenant son magasin sur le Dam, 1673. »

« Il me paraît évident, dit M. Magnin [1], que cet opuscule contient la copie complète de la cérémonie, rédigée en commun dans le salon de Mme de La Sablière. » Il faudrait, avant d'accepter cette décision hasardée, être bien sûr que la cérémonie eût été rédigée en commun dans le salon de Mme de La Sablière ; et, comme nous l'avons dit ci-dessus, nous considérons l'anec-

---

1. *Variétés littéraires.* Quelques pages à ajouter aux Œuvres de Molière. REVUE DES DEUX MONDES, juillet 1846.

dote comme peu vraisemblable. D'autres critiques ont supposé, au contraire, que des interpolations avaient eu lieu. M. Castil-Blaze prétend que l'auteur de ces amplifications serait Lulli, qui les aurait faites pour une représentation de la cérémonie burlesque donnée par lui à Rouen peu de temps après la mort de Molière. Aucun commencement de preuve n'est produit, par l'auteur de *Molière musicien*, à l'appui de cette assertion. Il se peut cependant qu'il approche de la vérité. Sinon Lulli, au moins les acteurs italiens de Paris pourraient bien être pour quelque chose dans cette version augmentée. Les développements reçus par le texte, comme nous le ferons remarquer, sont remplis de mots italiens dont l'emploi ne serait guère explicable sans cette origine. Il paraît bien aussi qu'il y avait un changement de destination et que le récipiendaire n'était pas le même personnage, car ces mots *unus juvenis medicus* n'ont jamais dû s'appliquer à Argan.

La traduction de Nic. de Castelli, en 1697, a été faite à la fois sur le texte de Rouen 1673, et sur celui de 1682.

Ce qui est hors de doute, c'est qu'à la représentation la cérémonie fut conforme au texte du livre du ballet et de l'édition de 1682, texte que présentent également toutes les éditions, même subreptices, de la pièce. Ce point incontestable est confirmé encore par l'examen de la partition manuscrite. Ce texte authentique doit donc être seul admis dans la comédie; l'autre ne peut avoir droit qu'à figurer en appendice, et telle est la place que nous lui attribuerons.

Cependant le retard qu'éprouvait, par suite de la mort de Molière, l'impression de la pièce, et la prohibition formulée par la lettre de cachet de janvier 1674, ne faisaient pas le compte de la librairie étrangère, habituée dès lors à vivre aux dépens de nos auteurs en crédit. Aussi voit-on bientôt apparaître des éditions frauduleuses. La contrefaçon hollandaise s'avisa d'un procédé qui avait été appliqué déjà aux œuvres de Molière. Un quidam, qui avait vu représenter la pièce à Paris, osa se charger de la refaire de mémoire. Mais ce quidam n'avait pas la mémoire aussi fidèle que le sieur de Neufvillenaine, et il défigura complètement ce qu'il avait vu. Les noms des personnages ne sont pas même respectés : Argan s'appelle Orgon, Purgon s'appelle Turbon, Toinette Cato, Béralde Oronte, Angélique Isabelle, etc. Le notaire Bonnefoi est totalement supprimé. Diafoirus conserve seul son orthographe. Et non seulement les noms sont changés, mais aussi les rôles. La servante Cato est dans les meilleurs termes avec la seconde femme d'Orgon; Isabelle n'est plus cette Angélique de Molière si fine, et pourtant si tendre pour son père. C'est une « dragonne » revêche et quinteuse, qui à cette demande : « Voulez-vous vous marier? » répond tout brutalement : « Pour me tirer d'une belle-mère, je vous avoue que je veux bien me marier, si vous le voulez; » mais qui ensuite, lorsqu'elle connaît le fiancé qu'on lui destine, déclare qu'elle a une aversion mortelle pour les médecins et pour la médecine. La pauvre enfant s'en soucie bien dans Molière! Elle ne dogmatise pas, elle ne raisonne pas; elle aime Cléante, et, sauf ce seul point, elle en passerait par tout ce qu'on voudrait. — Orgon, loin de ne pas se trouver suffisamment purgé, comme Argan, se plaint d'être « dans les remèdes jusqu'au cou ». Tout est de ce goût et de cette force. Cette rapsodie porte ce titre : « *Le Malade imaginaire*, comédie en trois actes mêlés de danses et de musique. A Amsterdam, chez Daniel Elzévir, 1674. » Les intermèdes, conformes au livre du ballet, sont à part, avec une pagination et sous un titre distincts, et placés tantôt avant, tantôt après la pièce supposée [1]. C'est bien certainement de cette misérable contrefaçon que l'éditeur de 1694, Georges de Backer, prétend qu'elle fut faite par un ami des médecins, et à leur instigation, pour déshonorer l'œuvre de Molière. Le procédé aurait été ingénieux. On pourrait apercevoir une preuve de cette manœuvre dans le passage suivant, substitué à la négation si nette, si catégorique de la médecine, que Molière met dans la bouche du frère du malade imaginaire : « ORONTE. J'ai connu un des plus célèbres médecins de France, qui conseilloit à ses amis de ne se servir de remèdes qu'à l'extrémité, parce que les remèdes, qui pour la plupart sont chauds et violents, à mesure que d'un côté ils fortifient la nature, ils la détruisent de l'autre, et qu'ils font tout ensemble du bien et du mal. » Disons cependant, avec M. Mau-

---

[1]. Cette contrefaçon peut être consultée avec fruit pour l'indication de quelques jeux de scène et pour les costumes. Le maladroit faussaire avait été mieux servi par ses yeux que par son esprit et ses oreilles. (CH. MAGNIN.)

rice Raynaud, que tant de machiavélisme semble peu probable, et que l'éditeur hollandais n'eut sans doute d'autre but que d'exploiter la curiosité publique pour une pièce en vogue.

Cette falsification ne put, en tout cas, abuser longtemps le public, car une autre édition, beaucoup plus correcte, fut publiée la même année à Cologne : « *Le Malade imaginaire, comédie mêlée de musique et de danse, par M. de Molière. A Cologne, chez Jean Sambix, 1674.* » Voici l'avis au lecteur : « La troupe de Molière ayant voulu borner la gloire de cet illustre auteur et la satisfaction du public dans la seule représentation du *Malade imaginaire* sans en laisser imprimer la copie, quelques gens se sont avisés de composer une pièce à laquelle ils ont donné le même titre, dont on a fait plusieurs impressions tant dedans que dehors le royaume, qui ont été débitées, et ont abusé bien du monde. Mais les mémoires sur lesquels ces gens-là avoient travaillé, ou l'idée qu'ils croyoient avoir conservée de la pièce, lorsqu'ils l'avoient vu représenter, se sont trouvés si éloignés de la conduite de l'original et du sujet même, qu'au lieu de plaire ils n'ont fait qu'inspirer des désirs plus pressants de voir celle de Molière imprimée. Cette impression que je donne aujourd'hui satisfera à cet empressement; et, quoiqu'elle ne soit qu'un effort de la mémoire d'une personne qui en a vu plusieurs représentations, elle n'en est pas moins correcte; et les scènes en ont été transcrites avec tant d'exactitude et le jeu observé si régulièrement où il est nécessaire, que l'on ne trouvera pas un mot omis ni transposé; et je suis persuadé que ceux qui liront cette copie avoueront, à la gloire de Molière, qu'il avoit trouvé l'art de plaire aussi bien sur le papier que sur le théâtre. » L'édition de Sambix reproduit le texte de Molière avec assez de fidélité pour que l'on puisse croire à une communication au moins partielle du manuscrit. Et, en effet, lorsque *le Malade imaginaire* fut enfin imprimé à Paris, chez les libraires Thierry et Barbin, en 1675, et inséré dans le septième volume qui se réunit aux six volumes de l'édition de 1674, ce fut le texte de Cologne, purgé de ses fautes typographiques, que publièrent les éditeurs parisiens [1].

---

1. Une autre impression du *Malade imaginaire* est signalée dans *la Bibliographie moliéresque*, avec les notes suivantes :
Le Malade imaginaire, comédie meslée de musique et de dance (3 a. pr. avec

Il est à croire cependant que ce texte n'avait pas été soumis à un contrôle suffisant, car La Grange et Vinot, lorsqu'ils éditèrent la pièce en 1682, annoncèrent la comédie du *Malade imaginaire* comme « corrigée, sur l'original de l'auteur, de toutes les fausses additions et suppositions de scènes entières faites dans les éditions précédentes ». De plus, ils eurent soin d'avertir, en tête de deux scènes du premier acte et au commencement du troisième acte, que ces deux scènes et cet acte tout entier, dans les éditions précédentes, « n'étaient point de la prose de M. Molière », et qu'ils les donnaient « rétablis sur l'original de l'auteur ». La Grange et Vinot, tous deux amis de Molière, et le premier son camarade, avaient été mis par sa veuve en possession des manuscrits de ses comédies inédites, pour faire l'édition de ses œuvres; leurs affirmations réitérées doivent donc faire foi, et le texte tel qu'ils l'ont fixé prime tous les autres.

Ainsi, nous suivons le texte de l'édition de 1682. Les variantes de l'édition de 1675 sont données au bas des pages ou placées en appendice à la suite de la pièce.

L. M.

prol. en vers et intermèdes) par M. de Molière. Paris, Estienne Loyson, 1674, in-8 de 112 pages.

« Voici une édition qui n'a été citée jusqu'à ce jour par aucun bibliographe, et dont l'exemplaire, appartenant au baron James-E. de Rothschild, est jusqu'à présent le seul connu. Elle est de format in-8 et non in-12. Bien qu'elle porte la rubrique de *Paris* et le nom de *Loyson*, elle doit sortir d'une presse hollandaise. On y remarque, en effet, comme dans tous les livres imprimés en Hollande, des réclames en bas de chaque page. Il est impossible de dire avec certitude si cette édition a suivi ou précédé celle de J. Sambix, 1674, in-12, qui passe pour être la première édition du *Malade imaginaire*. » (Extrait du catalogue de la bibliothèque de M. le baron James-E. de Rothschild, n° 2339.)

M. Picot a bien voulu nous communiquer les remarques suivantes : « Le texte est le même que celui de l'édition de J. Sambix, 1674, moins l'indication d'un très grand nombre de jeux de scène et quelques très légères variantes. On lit par exemple dans le premier couplet du premier intermède : « Les vieilles cervelles se *démentent* »; il y a *se démontent* dans l'édition des œuvres de 1674. Acte III, scène II, 40° couplet : « de l'apoplexie dans la *privauté* de la vie »; dans l'édition des œuvres on lit : *privation*. Cette édition est d'ailleurs plus correcte que celle de Jean Sambix, qui contient en plus les deux prologues. Certains détails nous porteraient à croire que cette édition d'Étienne Loyson est celle qui a servi à l'édition des œuvres de 1674, et que l'éditeur de cette dernière s'est borné à y faire quelques corrections et additions. »

LE
MALADE IMAGINAIRE

PERSONNAGES DU PROLOGUE.

FLORE.
DEUX ZÉPHYRS, dansants.
CLIMÈNE.
DAPHNÉ.
TIRCIS, amant de Climène, chef d'une troupe de bergers.
DORILAS, amant de Daphné, chef d'une troupe de bergers.
BERGERS ET BERGÈRES de la suite de Tircis, dansants et chantants.
BERGERS ET BERGÈRES de la suite de Dorilas, chantants et dansants.
PAN.
FAUNES, dansants.

PERSONNAGES DE LA COMÉDIE.

ARGAN, malade imaginaire.	MOLIÈRE.
[Est vêtu en malade. De gros bas, des mules, un haut-de-chausse étroit, une camisole rouge avec quelque galon ou dentelle; un mouchoir de cou à vieux passements, négligemment attaché, un bonnet de nuit avec la coiffe en dentelle[1].]	
BÉLINE, seconde femme d'Argan.	Mlle LA GRANGE.
ANGÉLIQUE, fille d'Argan et amante de Cléante.	Mlle MOLIÈRE.
LOUISON, petite fille d'Argan, et sœur d'Angélique.	La petite BEAUVAL[2].
BÉRALDE, frère d'Argan.	DU CROISY.
[En habit de cavalier modeste.]	
CLÉANTE, amant d'Angélique.	LA GRANGE.
[Est vêtu galamment et en amoureux.]	
MONSIEUR PURGON, médecin d'Argan.	LA THORILLIÈRE.
MONSIEUR DIAFOIRUS, médecin.	DEBRIE.
THOMAS DIAFOIRUS, son fils, et amant d'Angélique.	BEAUVAL.
[Tous trois sont vêtus de noir, les deux premiers en habit ordinaire de médecin, et le dernier avec un grand collet uni, de longs cheveux plats, un manteau qui lui passe les genoux.]	
MONSIEUR FLEURANT, apothicaire	***
[Est aussi vêtu de noir, ou de gris brun, avec une courte serviette devant soi, et une seringue à la main, sans chapeau.]	
MONSIEUR DE BONNEFOI, notaire	***
TOINETTE, servante.	Mlle BEAUVAL.

La scène est à Paris.

1. Ces indications de costumes sont tirées de la première publication subreptice du *Malade imaginaire*. A Amsterdam, chez Daniel Elzevir, 1674. C'est, en effet, sous ce costume qu'Argan est figuré dans la planche gravée, en 1676, par Lepautre, et qui reproduit la représentation du *Malade imaginaire* donnée à Versailles, le 19 juillet 1674. (E. Soulié, *Recherches*, p. 88.)

2. Elle se nommait Louise, était née vers 1665, et mourut en 1740. (Voy. t. XI, p. 22.)

LE
MALADE IMAGINAIRE
COMÉDIE-BALLET

PROLOGUE.

Après les glorieuses fatigues et les exploits victorieux de notre auguste monarque, il est bien juste que tous ceux qui se mêlent d'écrire travaillent ou à ses louanges, ou à son divertissement. C'est ce qu'ici l'on a voulu faire, et ce prologue est un essai des louanges de ce grand prince, qui donne entrée à la comédie du *Malade imaginaire*, dont le projet a été fait pour le délasser de ses nobles travaux.

La décoration représente un lieu champêtre [et néanmoins fort]* agréable.

ÉGLOGUE
EN MUSIQUE ET EN DANSE.

SCÈNE PREMIÈRE.
FLORE, DEUX ZÉPHYRS DANSANTS.

FLORE.
Quittez, quittez vos troupeaux;
Venez, bergers, venez, bergères;

* Les mots placés entre crochets ne se trouvent pas dans le livre du ballet.

Accourez, accourez sous ces tendres ormeaux :
Je viens vous annoncer des nouvelles bien chères,
    Et réjouir tous ces hameaux.
    Quittez, quittez vos troupeaux ;
  Venez, bergers, venez, bergères ;
Accourez, accourez sous ces tendres ormeaux.

SCÈNE II.

FLORE, DEUX ZÉPHYRS dansants; CLIMÈNE, DAPHNÉ, TIRCIS, DORILAS.

CLIMÈNE, à Tircis; et DAPHNÉ, à Dorilas.
  Berger, laissons là tes feux :
  Voilà Flore qui nous appelle.
TIRCIS, à Climène; et DORILAS, à Daphné.
  Mais, au moins, dis-moi cruelle,

TIRCIS.
Si d'un peu d'amitié tu payeras mes vœux.

DORILAS.
Si tu seras sensible à mon ardeur fidèle.

CLIMÈNE et DAPHNÉ.
  Voilà Flore qui nous appelle.

TIRCIS et DORILAS.
Ce n'est qu'un mot, un mot, un seul mot que je veux.

TIRCIS.
Languirai-je toujours dans ma peine mortelle ?

DORILAS.
Puis-je espérer qu'un jour tu me rendras heureux ?

CLIMÈNE et DAPHNÉ.
  Voilà Flore qui nous appelle.

SCÈNE III.

FLORE, DEUX ZÉPHYRS DANSANTS;
CLIMÈNE, DAPHNÉ, TIRCIS, DORILAS,
Bergers et Bergères de la suite de Tircis et de Dorilas,
chantants et dansants.

PREMIÈRE ENTRÉE DE BALLET.

Toute la troupe des bergers et des bergères va se placer en cadence autour de Flore.

CLIMÈNE.
Quelle nouvelle parmi nous,
Déesse, doit jeter tant de réjouissance?
DAPHNÉ.
Nous brûlons d'apprendre de vous
Cette nouvelle d'importance.
DORILAS.
D'ardeur nous en soupirons tous.
CLIMÈNE, DAPHNÉ, TIRCIS, DORILAS.
Nous en mourons d'impatience.
FLORE.
La voici; silence, silence!
Vos vœux sont exaucés, LOUIS est de retour;
Il ramène en ces lieux les plaisirs et l'amour,
Et vous voyez finir vos mortelles alarmes.
Par ses vastes exploits son bras voit tout soumis :
  Il quitte les armes,
  Faute d'ennemis.
CHOEUR.
Ah! quelle douce nouvelle!
Qu'elle est grande! qu'elle est belle!

Que de plaisirs! que de ris! que de jeux!
Que de succès heureux !
Et que le ciel a bien rempli nos vœux !
Ah! quelle douce nouvelle!
Qu'elle est grande! qu'elle est belle!

DEUXIÈME ENTRÉE DE BALLET.

Tous les bergers et bergères expriment, par des danses, les transports de leur joie.

FLORE.

De vos flûtes bocagères
Réveillez les plus beaux sons :
LOUIS offre à vos chansons
La plus belle des matières.
 Après cent combats
 Où cueille son bras
 Une ample victoire,
 Formez entre vous
 Cent combats plus doux,
 Pour chanter sa gloire.

CHŒUR.

Formons, entre nous,
Cent combats plus doux,
Pour chanter sa gloire.

FLORE.

Mon jeune amant, dans ce bois,
Des présents de mon empire
Prépare un prix à la voix
Qui saura le mieux nous dire
Les vertus et les exploits
Du plus auguste des rois.

CLIMÈNE.
Si Tircis a l'avantage,
DAPHNÉ.
Si Dorilas est vainqueur,
CLIMÈNE.
A le chérir je m'engage.
DAPHNÉ.
Je me donne à son ardeur.
TIRCIS.
O trop chère espérance!
DORILAS.
O mot plein de douceur!
TIRCIS et DORILAS.
Plus beau sujet, plus belle récompense
Peuvent-ils animer un cœur?

Les violons jouent un air pour animer les deux bergers au combat, tandis que Flore, comme juge, va se placer au pied d'un bel arbre qui est au milieu du théâtre, avec deux Zéphyrs, et que le reste, comme spectateurs, va occuper les deux côtés de la scène.

TIRCIS.
Quand la neige fondue enfle un torrent fameux,
Contre l'effort soudain de ses flots écumeux
    Il n'est rien d'assez solide;
    Digues, châteaux, villes, et bois,
    Hommes et troupeaux à la fois,
    Tout cède au courant qui le guide :
    Tel, et plus fier et plus rapide,
    Marche LOUIS dans ses exploits.

TROISIÈME ENTRÉE DE BALLET.

Les bergers et bergères du côté de Tircis dansent autour de lui, sur une ritournelle, pour exprimer leurs applaudissements.

DORILAS.

Le foudre menaçant qui perce avec fureur
L'affreuse obscurité de la nue enflammée,
  Fait, d'épouvante et d'horreur,
  Trembler le plus ferme cœur ;
  Mais, à la tête d'une armée,
  LOUIS jette plus de terreur.

QUATRIÈME ENTRÉE DE BALLET.

Les bergers et bergères du côté de Dorilas font de même que les autres.

TIRCIS.

Des fabuleux exploits que la Grèce a chantés,
Par un brillant amas de belles vérités
  Nous voyons la gloire effacée ;
  Et tous ces fameux demi-dieux,
  Que vante l'histoire passée,
  Ne sont point à notre pensée
  Ce que LOUIS est à nos yeux.

CINQUIÈME ENTRÉE DE BALLET.

Les bergers et bergères du côté de Tircis font encore la même chose.

DORILAS.

LOUIS fait à nos temps, par ses faits inouïs,
Croire tous les beaux faits que nous chante l'histoire
  Des siècles évanouis ;
  Mais nos neveux, dans leur gloire,
  N'auront rien qui fasse croire
  Tous les beaux faits de LOUIS.

SIXIÈME ENTRÉE DE BALLET.

Les bergers et bergères du côté de Dorilas font encore de même.

SEPTIÈME ENTRÉE DE BALLET.

Les bergers et bergères du côté de Tircis et de celui de Dorilas se mêlent et dansent ensemble.

SCÈNE IV.

FLORE, PAN; DEUX ZÉPHYRS dansants; CLIMÈNE, DAPHNÉ; TIRCIS, DORILAS; FAUNES dansants; Bergers et Bergères chantants et dansants.

PAN.

Laissez, laissez, bergers, ce dessein téméraire ;
Hé ! que voulez-vous faire ?
Chanter sur vos chalumeaux
Ce qu'Apollon sur sa lyre,
Avec ses chants les plus beaux,
N'entreprendroit pas de dire :
C'est donner trop d'essor au feu qui vous inspire ;
C'est monter vers les cieux sur des ailes de cire,
Pour tomber dans le fond des eaux.

Pour chanter de LOUIS l'intrépide courage,
Il n'est point d'assez docte voix,
Point de mots assez grands pour en tracer l'image ;
Le silence est le langage
Qui doit louer ses exploits.
Consacrez d'autres soins à sa pleine victoire;
Vos louanges n'ont rien qui flatte ses désirs :
Laissez, laissez là sa gloire,
Ne songez qu'à ses plaisirs.

CHŒUR.

Laissons, laissons là sa gloire,

Ne songeons qu'à ses plaisirs.

FLORE, à Tircis et à Dorilas.

Bien que, pour étaler ses vertus immortelles,
    La force manque à vos esprits,
Ne laissez pas tous deux de recevoir le prix.
    Dans les choses grandes et belles,
    Il suffit d'avoir entrepris [1].

HUITIÈME ENTRÉE DE BALLET.

Les deux Zéphyrs dansent avec deux couronnes de fleurs à la main, qu'ils viennent donner ensuite aux deux bergers.

CLIMÈNE et DAPHNÉ, en leur donnant la main.

    Dans les choses grandes et belles,
    Il suffit d'avoir entrepris.

TIRCIS et DORILAS.

Ah! que d'un doux succès notre audace est suivie!

FLORE et PAN.

Ce qu'on fait pour LOUIS, on ne le perd jamais.

CLIMÈNE, DAPHNÉ, TIRCIS, DORILAS.

Au soin de ses plaisirs donnons-nous désormais.

FLORE et PAN.

Heureux, heureux qui peut lui consacrer sa vie!

CHOEUR.

    Joignons tous dans ces bois
    Nos flûtes et nos voix :
    Ce jour nous y convie;

---

1. C'est la traduction de l'adage latin tiré de Tibulle : *In magnis et voluisse sat est*. La Fontaine a dit de même, en terminant son *Discours à M. le Dauphin* :

    Et, si de t'agréer je n'emporte le prix,
    J'aurai du moins l'honneur de l'avoir entrepris.

Et faisons aux échos redire mille fois :
LOUIS est le plus grand des rois ;
Heureux, heureux qui peut lui consacrer sa vie !

NEUVIÈME ENTRÉE DE BALLET.

Faunes, bergers et bergères, tous se mêlent, et il se fait entre eux des jeux de danse; après quoi ils se vont préparer pour la comédie.

AUTRE PROLOGUE[1].

UNE BERGÈRE CHANTANTE.

Votre plus haut savoir n'est que pure chimère,
   Vains et peu sages médecins ;
Vous ne pouvez guérir, par vos grands mots latins,

---

1. Ce second prologue n'est pas dans le livre du ballet. Il est dans l'édition d'Amsterdam, mais sur des feuillets non paginés. Daniel Elzévir l'a fait précéder de ces mots :

« Le théâtre représente une forêt.

« L'ouverture du théâtre se fait par un bruit agréable d'instruments. Ensuite une bergère vient se plaindre tendrement de ce qu'elle ne trouve aucun remède pour soulager les peines qu'elle endure. Plusieurs faunes et égipans, assemblés pour des fêtes et des jeux qui leur sont particuliers, rencontrent la bergère. Ils écoutent ses plaintes et forment un spectacle très divertissant.

« Plainte de la bergère. »

Ce second prologue est à sa place dans l'édition de Jean Sambix, dans les éditions de 1675 et de 1682; mais sans les préliminaires que nous venons de transcrire.

Le premier prologue ne fut employé sans doute que dans un petit nombre de circonstances. Celui-ci dut servir ordinairement : outre qu'il est beaucoup plus court, il a l'avantage d'annoncer le sujet de la comédie.

La douleur qui me désespère :
Votre plus haut savoir n'est que pure chimère.

  Hélas! hélas! je n'ose découvrir
    Mon amoureux martyre
   Au berger pour qui je soupire,
   Et qui seul peut me secourir.
   Ne prétendez pas le finir,
Ignorants médecins; vous ne sauriez le faire :
Votre plus haut savoir n'est que pure chimère.

Ces remèdes peu sûrs, dont le simple vulgaire
Croit que vous connoissez l'admirable vertu,
Pour les maux que je sens n'ont rien de salutaire;
Et tout votre caquet ne peut être reçu
  Que d'un MALADE IMAGINAIRE.
Votre plus haut savoir n'est que pure chimère.

  Vains et peu sages médecins;
Vous ne pouvez guérir, par vos grands mots latins,
  La douleur qui me désespère :
Votre plus haut savoir n'est que pure chimère.

Le théâtre change et représente une chambre.

ACTE PREMIER.

SCÈNE PREMIÈRE.

ARGAN, seul dans sa chambre, assis, une table devant lui, compte des parties[1] d'apothicaire, avec des jetons; il fait, parlant à lui-même, les dialogues suivants.

Trois et deux font cinq, et cinq font dix, et dix font vingt. Trois et deux font cinq[2]. « Plus, du vingt-quatrième[3], un petit clystère insinuatif, préparatif, et remollient[4], pour amollir, humecter, et rafraîchir les entrailles de monsieur.* » Ce qui me plaît de monsieur Fleurant, mon apothicaire, c'est que ses parties sont toujours fort civiles.

* VAR. *Les entrailles de monsieur, trente sols.* (1675.)

1. Pour : comptes ouverts. Terme de commerce aujourd'hui peu usité. On dit encore : en partie double.
2. On peut comparer ce début avec celui d'une des farces d'Alione :

> *Farsa del Franzoso alogiato à l'osteria del Lombardo.*
> Chinque per chinque : vinte chinque.
> Sey per sey : trenta e sey.
> Septe per septe : quaranta e nove.
> Octo per octo, sexanta e quatro.....
> Ho guadagnato in octo mesi
> Solamente a logiar Francesi
> A centanara de fiorini.—
> (*Poésies françaises de J.-G. Alione d'Asti* (1494-1520), publ. par M. J.-C. Brunet. Paris, Silvestre, 1836, petit in-8º.)

3. « Plus, du vingt-quatrième. » Ce sont les *parties* d'un mois tout entier qu'Argan examine, comme nous le verrons à la fin. Mais la vérification d'un mémoire chargé d'articles aurait été extrêmement longue. C'est pourquoi le rideau ne se lève qu'au moment où Argan en est au *vingt-quatrième* du mois.
4. *Remollient.* On dit aujourd'hui *émollient.*

« Les entrailles de monsieur, trente sols. » Oui ; mais, monsieur Fleurant, ce n'est pas tout que d'être civil, il faut être aussi raisonnable, et ne pas écorcher les malades. Trente sols un lavement, je suis votre serviteur, je vous l'ai déjà dit. Vous ne me les avez mis dans les autres parties qu'à vingt sols, et vingt sols en langage d'apothicaire, c'est à dire dix sols ; les voilà, dix sols. « Plus, dudit jour, *un bon clystère détersif, composé avec catholicon double, rhubarbe, miel rosat, et autres, suivant l'ordonnance, pour balayer, laver, et nettoyer le bas-ventre de monsieur, trente sols. » Avec votre permission, dix sols. « Plus dudit jour, le soir, un julep hépatique[1], soporatif, et somnifère, composé pour faire dormir monsieur, trente-cinq sols ; » je ne me plains pas de celui-là, car il me fit bien dormir. Dix, quinze, seize et dix-sept sols six deniers[2]. « Plus du vingt-cinquième, une bonne médecine purgative et corroborative, composée de casse récente avec séné levantin, et autres, suivant l'ordonnance de monsieur Purgon, pour expulser et évacuer la bile de monsieur, quatre livres. » Ah ! monsieur Fleurant, c'est se moquer, il faut vivre avec les malades. Monsieur Purgon ne vous a pas ordonné de mettre quatre francs**. Mettez, mettez trois

---

* Var. ... *C'est à dire dix sols ; les voilà.* « *Plus, dudit jour,* (1675.)
** Var. *Quatre livres.* (1675.)

1. *Hépatique*, propre aux maladies du foie.
2. La manière dont Argan suppute en réglant ces parties a embarrassé quelques personnes. Voici un *julep*, porté pour *trente-cinq sols* par M. Fleurant. Argan se loue de l'effet de ce remède, de manière à faire croire qu'il va passer l'article tel qu'il est. Point du tout. Comme, suivant son principe, *en langage d'apothicaire*, vingt sols veut dire dix sols, il accorde la moitié juste des trente-cinq sols, c'est-à-dire *dix-sept sols six deniers.* Ainsi, avec ses jetons, il marque d'abord dix, puis cinq, ce qui fait quinze ; puis un, ce qui fait seize ; puis enfin un et demi, ce qui fait dix-sept et demi,

livres, s'il vous plaît. Vingt et trente sols[1]. « Plus, dudit jour, une potion anodine, et astringente, pour faire reposer monsieur, trente sols. » Bon. Dix et quinze sols [2]. Plus, du vingt-sixième, un clystère carminatif pour chasser les vents de monsieur, trente sols. » Dix sols, monsieur Fleurant. « Plus le clystère de monsieur, réitéré le soir, comme dessus, trente sols. » Monsieur Fleurant, dix sols. « Plus du vingt-septième, une bonne médecine composée pour hâter d'aller, et chasser dehors les mauvaises humeurs de monsieur, trois livres. » Bon, vingt et trente sols; je suis bien aise que vous soyez raisonnable. « Plus, du vingt-huitième, une prise de petit lait clarifié, et dulcoré, pour adoucir, lénifier, tempérer, et rafraîchir le sang de monsieur, vingt sols. » Bon, dix sols. « Plus une potion cordiale et préservative, composée avec douze grains de bézoard [3], sirops de limon et grenade, et autres* suivant l'ordonnance, cinq livres. » Ah! monsieur Fleurant, tout doux, s'il vous plaît; si vous en usez comme cela, on ne voudra plus être malade : contentez-vous de quatre francs;** vingt et quarante sols[4]. Trois,

* Var. *Sirops de limon, grenade et autres* (1675.)
** Var. *Contentez-vous de quarante sols.* (1675.)

1. Il en est de même en cet endroit. La *médecine* est portée pour *quatre francs*. Argan dit : « Mettez, mettez trois livres, s'il vous plaît. » Il va donc passer *trois livres?* Nullement. *Trois livres* est ce que M. Fleurant devait porter; et lui, Argan, qui sait le *langage d'apothicaire*, réduit les trois livres à la moitié, savoir à *trente sols.* Car, il ne faut pas s'y tromper, quand il dit : « vingt et trente sols, » ce n'est pas le total des deux nombres, c'est-à-dire cinquante sols, qu'il accorde : il marque d'abord vingt, avec ses jetons, puis il ajoute dix, ce qui fait trente.
2. De même ici, *dix et quinze sols* ne sont pas vingt-cinq sols, mais quinze sols seulement, moitié des *trente sols* demandés.
3. Bézoard, pierre qui se trouve dans le corps de certains animaux, et qui était regardée comme un excellent contre-poison.
4. Encore ici, Argan réduit d'abord les cinq livres à quatre francs qu'au-

et deux font cinq, et cinq font dix, et dix font vingt. Soixante et trois livres quatre sols six deniers. Si bien donc que, de ce mois, j'ai pris une, deux, trois, quatre, cinq, six, sept, et huit médecines; et un, deux, trois, quatre, cinq, six, sept, huit, neuf, dix, onze, et douze lavements; et l'autre mois, il y avoit douze médecines et vingt lavements.* Je ne m'étonne pas, si je ne me porte pas si bien ce mois-ci que l'autre. Je le dirai à monsieur Purgon, afin qu'il mettre ordre à cela. Allons, qu'on m'ôte tout ceci. Il n'y a personne. J'ai beau dire, on me laisse toujours seul ; il n'y a pas moyen de les arrêter ici. (Il sonne une sonnette pour faire venir ses gens.) Ils n'entendent point, et ma sonnette ne fait pas assez de bruit. Drelin, drelin, drelin. Point d'affaire. Drelin, drelin, drelin. Ils sont sourds. Toinette! Drelin, drelin, drelin. Tout comme si je ne sonnois point. Chienne! coquine! Drelin, drelin, drelin. J'enrage[1]. (Il ne sonne plus, mais il crie.). Drelin, drelin, drelin. Carogne à tous les diables! Est-il possible qu'on laisse comme cela un pauvre malade tout seul? Drelin, drelin, drelin; voilà qui est pitoyable!

* VAR. *Si bien donc que, de ce mois, j'ai pris un, deux, trois, quatre, cinq, six, sept, huit, neuf, dix, onze et douze lavements; et l'autre mois il y avoit douze médecines et vingt lavements.* (1675.)

rait dû porter le mémoire, et il accorde la moitié de cette dernière somme, savoir quarante sols.

C'était un usage établi de réduire de moitié les mémoires d'apothicaire. Marigny, à la même époque, dit dans son poème du *Pain bénit* :

> Je crois qu'il est plus à propos
> Pour bien sortir de cette affaire
> De régler tous les frais en gros,
> Comme ceux d'un apothicaire ;
> C'est-à-dire, en bonne amitié,
> Retrancher la belle moitié.

1. Jusqu'ici les mots *drelin, drelin*, ne sont écrits que pour figurer le son de la sonnette d'Argan. Mais, à partir de cet endroit, ce sont des mots qu'Argan lui-même prononce, pour suppléer au bruit de sa sonnette, en l'imitant.

Drelin, drelin, drelin. Ah! mon Dieu! ils me laisseront ici mourir. Drelin, drelin, drelin [1].

1. Ce monologue d'Argan forme une des meilleures expositions du théâtre, une exposition égale et assez semblable à celle du *Misanthrope*. On ne vient pas nous faire plus ou moins adroitement confidence du caractère du personnage principal : c'est lui-même qui nous le révèle, non par de simples discours, mais par une véritable action : car c'en est une que ce contrôle des parties de M. Fleurant, parties très enflées, suivant la coutume, mais très judicieusement réduites par Argan, que sa manie n'aveugle pas entièrement sur ses intérêts. En récapitulant les médecines et les lavements du mois, il s'aperçoit qu'il en a pris moins que le mois dernier. « Je ne m'étonne pas, dit-il, si je ne me porte pas si bien ce mois-ci que l'autre. » Tout le personnage est dans cette réflexion. (AUGER.)

Pour qu'on puisse apprécier les altérations que le premier éditeur, Daniel Elzévir, a fait subir au texte de cette comédie, nous reproduisons ici le monologue d'*Argan*, appelé *Orgon* par le faussaire : à peine cet échantillon donnera-t-il une idée du reste :

« (La toile tirée, Orgon paroît dans une chaise à bras, avec une petite table portative devant soi, sur laquelle il y a un livre de papier, une bourse de jetons et une clochette. Il prend les jetons et compte.) Quinze médecines, trois de reste du mois passé, et douze pour tout le mois de janvier, trente livres. Ho! monsieur Turbon, si j'ai bonne mémoire, je ne pris que dix médecines dans tout le mois de décembre ; et vous m'en comptez douze pour tout le mois de janvier que nous achevons : à ce compte, je suis plus malade ce mois-ci que l'autre. Plus, vingt-deux lavements, trente-trois livres. Mais, monsieur Turbon, il me semble que vous m'en ordonnez plus que de coutume ; et vous, monsieur l'apothicaire, que vous me les comptez un peu trop ; et, à la quantité de remèdes que je prends, ce seroit bien assez de vingt sols pour lavement, et trente pour médecine. Plus, six juleps, neuf livres ; passe pour cet article. Plus, en apozèmes et divers sirops, treize livres quinze sols. Plus, pour une potion cordiale et quelques conserves, trois livres cinq sols. Cinq et cinq sont dix, et dix sont vingt. Plus, pour un vomitoire, trente-cinq sols. Vingt et dix sont trente, un, deux, trois, quatre et cinq sols. Quatre-vingt-douze livres quinze sols. Vos parties sont un peu grasses, monsieur l'apothicaire, et je m'en plaindrai à monsieur Turbon. Holà, Cato! quelqu'un! Drelin, drelin, drelin. (Il sonne la clochette par deux ou trois fois, et on ne lui répond qu'à la troisième.) »

SCÈNE II.

TOINETTE, ARGAN.

TOINETTE, en entrant dans la chambre.

On y va.

ARGAN.

Ah! chienne! ah! carogne!

TOINETTE, faisant semblant de s'être cogné la tête.

Diantre soit fait de votre impatience! Vous pressez si fort les personnes, que je me suis donné un grand coup de la tête contre la carne d'un volet[1].

ARGAN, en colère.

Ah! traîtresse!...

TOINETTE, pour interrompre Argan et l'empêcher de crier, se plaint toujours en disant :

Ah!

ARGAN.

Il y a...

TOINETTE.

Ah!

ARGAN.

Il y a une heure...

TOINETTE.

Ah!

ARGAN.

Tu m'as laissé...

TOINETTE.

Ah!

ARGAN.

Tais-toi donc, coquine, que je te querelle.

---

1. La *carne* est l'angle extérieur d'une chose.

TOINETTE.

Çamon[1], ma foi, j'en suis d'avis, après ce que je me suis fait.

ARGAN.

Tu m'as fait égosiller, carogne.

TOINETTE.

Et vous m'avez fait, vous, casser la tête : l'un vaut bien l'autre. Quitte à quitte, si vous voulez.

ARGAN.

Quoi! coquine...

TOINETTE.

Si vous querellez, je pleurerai.

ARGAN.

Me laisser, traîtresse...

TOINETTE, toujours pour interrompre Argan.

Ah!

ARGAN.

Chienne, tu veux...

TOINETTE.

Ah!

ARGAN.

Quoi! il faudra encore que je n'aie pas le plaisir de la quereller?

TOINETTE.

Querellez tout votre soûl : je le veux bien.

ARGAN.

Tu m'en empêches, chienne, en m'interrompant à tous coups.

TOINETTE.

Si vous avez le plaisir de quereller, il faut bien que,

---

1. Voyez, sur cette expression, tome X, page 306, note 1.

de mon côté, j'aie le plaisir de pleurer : chacun le sien, ce n'est pas trop. Ah!

ARGAN.

Allons, il faut en passer par là. Ote-moi ceci, coquine, ôte-moi ceci. (Argan se lève de sa chaise.)* Mon lavement d'aujourd'hui a-t-il bien opéré?

TOINETTE.

Votre lavement?

ARGAN.

Oui. Ai-je bien fait de la bile?

TOINETTE.

Ma foi! je ne me mêle point de ces affaires-là; c'est à monsieur Fleurant à y mettre le nez, puisqu'il en a le profit.

ARGAN.

Qu'on ait soin de me tenir un bouillon prêt, pour l'autre que je dois tantôt prendre.

TOINETTE.

Ce monsieur Fleurant-là et ce monsieur Purgon s'égayent bien sur votre corps; ils ont en vous une bonne vache à lait; et je voudrois bien leur demander quel mal vous avez, pour vous faire tant de remèdes.

ARGAN.

Taisez-vous, ignorante; ce n'est pas à vous à contrôler les ordonnances de la médecine. Qu'on me fasse venir ma fille Angélique : j'ai à lui dire quelque chose.

TOINETTE.

La voici qui vient d'elle-même; elle a deviné votre pensée.

---

* VAR. (*Argan se lève de sa chaise, et lui donne les jetons et les parties d'apothicaire.*) (1675.)

SCÈNE III.

ARGAN, ANGÉLIQUE, TOINETTE.

ARGAN.

Approchez, Angélique : vous venez à propos ; je voulois vous parler.

ANGÉLIQUE.

Me voilà prête à vous ouïr.

ARGAN.

Attendez. (A Toinette.) Donnez-moi mon bâton. Je vais revenir tout à l'heure.

TOINETTE.

Allez vite, monsieur, allez. Monsieur Fleurant nous donne des affaires.

SCÈNE IV.

ANGÉLIQUE, TOINETTE.

ANGÉLIQUE, regardant Toinette d'un œil languissant,
lui dit confidemment :

Toinette !

TOINETTE.

Quoi ?

ANGÉLIQUE.

Regarde-moi un peu.

TOINETTE.

Hé bien ! je vous regarde.

ANGÉLIQUE.

Toinette !

TOINETTE.

Hé bien ! quoi, Toinette ?

ANGÉLIQUE.

Ne devines-tu point de quoi je veux parler?

TOINETTE.

Je m'en doute assez : de notre jeune amant;* car c'est sur lui depuis six jours que roulent tous nos entretiens;** et vous n'êtes point bien, si vous n'en parlez à toute heure.

ANGÉLIQUE.

Puisque tu connois cela, que n'es-tu donc la première à m'en entretenir? et que ne m'épargnes-tu*** la peine de te jeter sur ce discours?

TOINETTE.

Vous ne m'en donnez pas le temps; et vous avez des soins là-dessus, qu'il est difficile de prévenir.

ANGÉLIQUE.

Je t'avoue que je ne saurois me lasser de te parler de lui, et que mon cœur profite avec chaleur de tous les moments de s'ouvrir à toi. Mais, dis-moi, condamnes-tu, Toinette, les sentiments que j'ai pour lui?

TOINETTE.

Je n'ai garde.

ANGÉLIQUE.

Ai-je tort de m'abandonner à ces douces impressions?

TOINETTE.

Je ne dis pas cela.

ANGÉLIQUE.

Et voudrois-tu que je fusse insensible aux tendres protestations de cette passion ardente qu'il témoigne pour moi?

* Var. *De votre jeune amant;* (1675.)
** Var. *Tous vos entretiens;* (1675.)
*** Var. *Et ne m'épargnes-tu.* (1675.)

TOINETTE.

A Dieu ne plaise!

ANGÉLIQUE.

Dis-moi un peu : ne trouves-tu pas, comme moi, quelque chose du ciel, quelque effet du destin, dans l'aventure inopinée de notre connoissance?

TOINETTE.

Oui.

ANGÉLIQUE.

Ne trouves-tu pas que cette action d'embrasser ma défense, sans me connoître, est tout à fait d'un honnête homme?

TOINETTE.

Oui.

ANGÉLIQUE.

Que l'on ne peut pas en user plus généreusement?

TOINETTE.

D'accord.

ANGÉLIQUE.

Et qu'il fit tout cela* de la meilleure grâce du monde?

TOINETTE.

Oh! oui.

ANGÉLIQUE.

Ne trouves-tu pas, Toinette, qu'il est bien fait de sa personne?

TOINETTE.

Assurément.

ANGÉLIQUE.

Qu'il a l'air le meilleur du monde?

TOINETTE.

Sans doute.

* Var. *Et qu'il fait tout cela.* (1675.)

ANGÉLIQUE.

Que ses discours, comme ses actions, ont quelque chose de noble?

TOINETTE.

Cela est sûr.

ANGÉLIQUE.

Qu'on ne peut rien entendre de plus passionné que tout ce qu'il me dit?

TOINETTE.

Il est vrai.

ANGÉLIQUE.

Et qu'il n'est rien de plus fâcheux que la contrainte où l'on me tient, qui bouche tout commerce aux doux empressements de cette mutuelle ardeur que le ciel nous inspire?

TOINETTE.

Vous avez raison.

ANGÉLIQUE.

Mais, ma pauvre Toinette, crois-tu qu'il m'aime autant qu'il me le dit?

TOINETTE.

Hé! hé! ces choses-là parfois sont un peu sujettes à caution. Les grimaces d'amour ressemblent fort à la vérité; et j'ai vu de grands comédiens là-dessus.

ANGÉLIQUE.

Ah! Toinette, que dis-tu là? Hélas! de la façon qu'il parle, seroit-il bien possible qu'il ne me dît pas vrai?

TOINETTE.

En tout cas, vous en serez bientôt éclaircie; et la résolution où il vous écrivit hier qu'il étoit, de vous faire demander en mariage, est une prompte voie à vous faire connoître* s'il vous dit vrai ou non[1]. C'en sera là la bonne preuve**.

ANGÉLIQUE.

Ah! Toinette, si celui-là me trompe, je ne croirai de ma vie aucun homme.

TOINETTE.

Voilà votre père qui revient.

SCÈNE V.

ARGAN, ANGÉLIQUE, TOINETTE.

ARGAN se met dans sa chaise.

Oh çà, ma fille, je vais vous dire une nouvelle, où peut-être ne vous attendez-vous pas. On vous demande en mariage. Qu'est-ce que cela? Vous riez? Cela est plaisant, oui, ce mot de mariage! Il n'y a rien de plus drôle pour les jeunes filles. Ah! nature, nature! A ce que je puis voir, ma fille, je n'ai que faire de vous demander si vous voulez bien vous marier.***

ANGÉLIQUE.

Je dois faire, mon père, tout ce qu'il vous plaira de m'ordonner.

ARGAN.

Je suis bien aise d'avoir une fille si obéissante : la chose est donc conclue, et je vous ai promise.

* VAR. *Est une prompte marque pour vous faire connoître.* (1675.)
** VAR. *C'en sera là une bonne preuve.* (1675.)
*** VAR. *Si vous voulez bien être mariée.* (1675.)

1. En nous apprenant que Cléante a écrit hier qu'il allait demander Angélique en mariage, Toinette prépare le quiproquo de la scène suivante, entre Angélique et son père. Nous verrons, au troisième acte, que c'est Béralde, l'oncle même d'Angélique, qui a été chargé par Cléante de cette demande.

ANGÉLIQUE.

C'est à moi, mon père, de suivre* aveuglément toutes vos volontés.

ARGAN.

Ma femme, votre belle-mère, avoit envie que je vous fisse religieuse, et votre petite sœur Louison aussi ; et de tout temps elle a été aheurtée à cela.

TOINETTE, à part.

La bonne bête a ses raisons.

ARGAN.

Elle ne vouloit point consentir à ce mariage ; mais je l'ai emporté, et ma parole est donnée.

ANGÉLIQUE.

Ah! mon père, que je vous suis obligée de toutes vos bontés!

TOINETTE, à Argan.

En vérité, je vous sais bon gré de cela ; et voilà l'action la plus sage que vous ayez faite de votre vie.

ARGAN.

Je n'ai point encore vu la personne ; mais on m'a dit que j'en serois content, et toi aussi.

ANGÉLIQUE.

Assurément, mon père.

ARGAN.

Comment! l'as-tu vu?

ANGÉLIQUE.

Puisque votre consentement m'autorise à vous pouvoir ouvrir mon cœur, je ne feindrai point de vous dire que le hasard nous a fait connoître il y a six jours, et que la demande qu'on vous a faite est un effet de l'inclination

---

* VAR. *A suivre.* (1675.)

ACTE I, SCÈNE V.

que, dès cette première vue, nous avons prise l'un pour l'autre.

ARGAN.

Ils ne m'ont pas dit cela; mais j'en suis bien aise, et c'est tant mieux que les choses soient de la sorte. Ils disent que c'est un grand jeune garçon bien fait.

ANGÉLIQUE.

Oui, mon père.

ARGAN.

De belle taille.

ANGÉLIQUE.

Sans doute.

ARGAN.

Agréable de sa personne.

ANGÉLIQUE.

Assurément.

ARGAN.

De bonne physionomie.

ANGÉLIQUE.

Très bonne.

ARGAN.

Sage et bien né.

ANGÉLIQUE.

Tout à fait.

ARGAN.

Fort honnête.

ANGÉLIQUE.

Le plus honnête du monde.

ARGAN.

Qui parle bien latin et grec.

ANGÉLIQUE.

C'est ce que je ne sais pas.

ARGAN.

Et qui sera reçu médecin dans trois jours.

ANGÉLIQUE.

Lui, mon père?

ARGAN.

Oui. Est-ce qu'il ne te l'a pas dit?

ANGÉLIQUE.

Non, vraiment. Qui vous l'a dit, à vous?

ARGAN.

Monsieur Purgon.

ANGÉLIQUE.

Est-ce que monsieur Purgon le connoît?

ARGAN.

La belle demande! Il faut bien qu'il le connoisse, puisque c'est son neveu.

ANGÉLIQUE.

Cléante, neveu de monsieur Purgon?

ARGAN.

Quel Cléante? Nous parlons de celui pour qui l'on t'a demandée en mariage.

ANGÉLIQUE.

Hé! oui.

ARGAN.

Hé bien! c'est le neveu de monsieur Purgon, qui est le fils de son beau-frère le médecin, monsieur Diafoirus; et ce fils s'appelle Thomas Diafoirus, et non pas Cléante; et nous avons conclu ce mariage-là ce matin, monsieur Purgon, monsieur Fleurant, et moi; et demain, ce gendre prétendu doit m'être amené par son père. Qu'est-ce? Vous voilà tout ébaubie!

ANGÉLIQUE.

C'est, mon père, que je connois que vous avez parlé d'une personne, et que j'ai entendu une autre.

ACTE I, SCÈNE V.

TOINETTE.

Quoi! monsieur, vous auriez fait ce dessein burlesque? Et, avec tout le bien que vous avez, vous voudriez marier votre fille avec un médecin?

ARGAN.

Oui. De quoi te mêles-tu, coquine, impudente que tu es?

TOINETTE.

Mon Dieu! tout doux. Vous allez d'abord aux invectives. Est-ce que nous ne pouvons pas raisonner ensemble sans nous emporter? Là, parlons de sang-froid. Quelle est votre raison, s'il vous plaît, pour un tel mariage?

ARGAN.

Ma raison est que, me voyant infirme et malade comme je suis, je veux me faire un gendre et des alliés médecins, afin de m'appuyer de bons secours contre ma maladie, d'avoir dans ma famille les sources des remèdes qui me sont nécessaires, et d'être à même des consultations et des ordonnances.

TOINETTE.

Hé bien! voilà dire une raison, et il y a plaisir à se répondre doucement les uns aux autres. Mais, monsieur, mettez la main à la conscience : est-ce que vous êtes malade?

ARGAN.

Comment, coquine, si je suis malade! Si je suis malade, impudente[1]!

TOINETTE.

Hé bien! oui, monsieur, vous êtes malade; n'ayons

---

1. « J'en ay vu, dit Montaigne, prendre la chèvre de ce qu'on leur trouvoit le visage frais et le pouls posé, et contraindre leur ris, parce qu'il trahissoit leur guérison. »

point de querelle là-dessus. Oui, vous êtes fort malade, j'en demeure d'accord, et plus malade que vous ne pensez : voilà qui est fait. Mais votre fille doit épouser un mari pour elle; et, n'étant point malade, il n'est pas nécessaire de lui donner un médecin.

ARGAN.

C'est pour moi que je lui donne ce médecin ; et une fille de bon naturel doit être ravie d'épouser ce qui est utile à la santé de son père.

TOINETTE.

Ma foi, monsieur, voulez-vous qu'en amie je vous donne un conseil?

ARGAN.

Quel est-il, ce conseil?

TOINETTE.

De ne point songer à ce mariage-là.

ARGAN.

Et la raison?

TOINETTE.

La raison, c'est que votre fille n'y consentira point.

ARGAN.

Elle n'y consentira point?

TOINETTE.

Non.

ARGAN.

Ma fille?

TOINETTE.

Votre fille. Elle vous dira qu'elle n'a que faire de monsieur Diafoirus, ni de son fils Thomas Diafoirus, ni de tous les Diafoirus du monde.

ARGAN.

J'en ai affaire, moi, outre que le parti est plus avantageux qu'on ne pense. Monsieur Diafoirus n'a que ce fils-là pour tout héritier ; et, de plus, monsieur Purgon, qui n'a ni femme ni enfants, lui donne tout son bien en faveur de ce mariage ; et monsieur Purgon est un homme qui a huit mille bonnes livres de rente.

TOINETTE.

Il faut qu'il ait tué bien des gens, pour s'être fait si riche.

ARGAN.

Huit mille livres de rente sont quelque chose, sans compter le bien du père.

TOINETTE.

Monsieur, tout cela est bel et bon ; mais j'en reviens toujours là : je vous conseille, entre nous, de lui choisir un autre mari ; et elle n'est point faite pour être madame Diafoirus.

ARGAN.

Et je veux, moi, que cela soit.

TOINETTE.

Hé, fi ! ne dites pas cela.

ARGAN.

Comment ! que je ne dise pas cela ?

TOINETTE.

Hé, non !

ARGAN.

Et pourquoi ne le dirai-je pas ?

TOINETTE.

On dira que vous ne songez pas à ce que vous dites.

ARGAN.

On dira ce qu'on voudra ; mais je vous dis que je veux qu'elle exécute la parole que j'ai donnée.

TOINETTE.

Non; je suis sûre qu'elle ne le fera pas.

ARGAN.

Je l'y forcerai bien.

TOINETTE.

Elle ne le fera pas, vous dis-je.

ARGAN.

Elle le fera, ou je la mettrai dans un couvent [1].

TOINETTE.

Vous?

ARGAN.

Moi.

TOINETTE.

Bon!

ARGAN.

Comment, bon?

TOINETTE.

Vous ne la mettrez point dans un couvent.

ARGAN.

Je ne la mettrai point dans un couvent?

TOINETTE.

Non.

ARGAN.

Non?

---

1. On lit *convent* dans les éditions de 1675 et de 1682. C'est de cette manière que le mot, qui vient du latin *conventus*, s'écrivait autrefois par respect pour l'étymologie, tandis qu'il se prononçait comme aujourd'hui, par égard pour l'oreille. L'usage et Vaugelas l'avaient décidé ainsi, et la première édition du Dictionnaire de l'Académie confirma leur décision. Ce n'est que dans l'édition de 1740 que l'orthographe et la prononciation de ce mot ont été mises d'accord. Il en est de même de *moustier* ou *moutier*, qu'on écrivait *monstier*, comme venant de *monasterium*, et qu'on n'en prononçait pas moins comme on l'écrit aujourd'hui. (AUGER.)

TOINETTE.

Non.

ARGAN.

Ouais! Voici qui est plaisant! Je ne mettrai pas ma fille dans un couvent, si je veux?

TOINETTE.

Non, vous dis-je.

ARGAN.

Qui m'en empêchera?

TOINETTE.

Vous-même.

ARGAN.

Moi?

TOINETTE.

Oui. Vous n'aurez pas ce cœur-là.

ARGAN.

Je l'aurai.

TOINETTE.

Vous vous moquez.

ARGAN.

Je ne me moque point.

TOINETTE.

La tendresse paternelle vous prendra.

ARGAN.

Elle ne me prendra point.

TOINETTE.

Une petite larme ou deux, des bras jetés au cou, un Mon petit papa mignon, prononcé tendrement, sera assez pour vous toucher.

ARGAN.

Tout cela ne fera rien.

TOINETTE.

Oui, oui.

ARGAN.

Je vous dis que je n'en démordrai point.

TOINETTE.

Bagatelles.

ARGAN.

Il ne faut point dire Bagatelles.

TOINETTE.

Mon Dieu! je vous connois, vous êtes bon naturellement.

ARGAN, avec emportement.

Je ne suis point bon, et je suis méchant quand je veux [1].

TOINETTE.

Doucement, monsieur. Vous ne songez pas que vous êtes malade.

ARGAN.

Je lui commande absolument de se préparer à prendre le mari que je dis.

TOINETTE.

Et moi, je lui défends absolument d'en faire rien.

ARGAN.

Où est-ce donc que nous sommes? 'et quelle audace est-ce là, à une coquine de servante, de parler de la sorte devant son maître?

TOINETTE.

Quand un maître ne songe pas à ce qu'il fait, une servante bien sensée est en droit de le redresser.

ARGAN, courant après Toinette.

Ah! insolente, il faut que je t'assomme.

---

1. Ce dialogue est presque copié mot à mot de la scène vi du premier acte des *Fourberies de Scapin*. (Voyez tome XI, page 193.)

ACTE I, SCÈNE V.

TOINETTE, évitant Argan, et mettant la chaise entre elle et lui.

Il est de mon devoir de m'opposer aux choses qui vous peuvent déshonorer.

ARGAN, courant après Toinette autour de la chaise avec son bâton.

Viens, viens, que je t'apprenne à parler.

TOINETTE, se sauvant du côté où n'est pas Argan.

Je m'intéresse, comme je dois, à ne point vous laisser faire de folie.

ARGAN, de même.

Chienne !

TOINETTE, de même.

Non, je ne consentirai jamais à ce mariage.

ARGAN, de même.

Pendarde !

TOINETTE, de même.

Je ne veux point qu'elle épouse votre Thomas Diafoirus.

ARGAN, de même.

Carogne !

TOINETTE, de même.

Et elle m'obéira plutôt qu'à vous.

ARGAN, s'arrêtant.

Angélique, tu ne veux pas m'arrêter cette coquine-là ?

ANGÉLIQUE.

Hé ! mon père, ne vous faites point malade.

ARGAN, à Angélique.

Si tu ne me l'arrêtes, je te donnerai ma malédiction.

TOINETTE, en s'en allant.

Et moi, je la déshériterai, si elle vous obéit.

ARGAN, se jetant dans sa chaise.

Ah ! ah ! je n'en puis plus. Voilà pour me faire mourir[1].

1. Comparez cette scène et la scène deuxième de l'acte II du *Tartuffe*. (Voyez tome VI, page 91.)

SCÈNE VI.

BÉLINE, ARGAN.

ARGAN.

Ah ! ma femme, approchez.

BÉLINE.

Qu'avez-vous, mon pauvre mari ?

ARGAN.

Venez-vous-en ici à mon secours.

BÉLINE.

Qu'est-ce que c'est donc qu'il y a, mon petit fils ?

ARGAN.

Mamie !

BÉLINE.

Mon ami !

ARGAN.

On vient de me mettre en colère.

BÉLINE.

Hélas ! pauvre petit mari ! Comment donc, mon ami ?

ARGAN.

Votre coquine de Toinette est devenue plus insolente que jamais.

BÉLINE.

Ne vous passionnez donc point.

ARGAN.

Elle m'a fait enrager, mamie.

BÉLINE.

Doucement, mon fils.

ARGAN.

Elle a contrecarré, une heure durant, les choses que je veux faire.

BÉLINE.

Là, là, tout doux.

ARGAN.

Et a eu l'effronterie de me dire que je ne suis point malade.

BÉLINE.

C'est une impertinente.

ARGAN.

Vous savez, mon cœur, ce qui en est.

BÉLINE.

Oui, mon cœur ; elle a tort.

ARGAN.

Mamour, cette coquine-là me fera mourir.

BÉLINE.

Hé là ! hé là !

ARGAN.

Elle est cause de toute la bile que je fais.

BÉLINE.

Ne vous fâchez point tant.

ARGAN.

Et il y a je ne sais combien que je vous dis de me la chasser.

BÉLINE.

Mon Dieu ! mon fils, il n'y a point de serviteurs et de servantes qui n'aient leurs défauts. On est contraint parfois de souffrir leurs mauvaises qualités, à cause des bonnes. Celle-ci est adroite, soigneuse, diligente, et surtout fidèle ; et vous savez qu'il faut maintenant de grandes précautions pour les gens que l'on prend [1]. Holà ! Toinette !

---

1. Au soin que Béline prend d'excuser Toinette, on voit qu'elle compte sur elle pour l'exécution de ses desseins ; mais un aparté de Toinette nous a prévenus qu'elle n'était ni la dupe ni la complice de cette femme artificieuse ; et, plus loin, elle s'expliquera ouvertement à ce sujet.

SCÈNE VII.

ARGAN, BÉLINE, TOINETTE.

TOINETTE.

Madame.

BÉLINE.

Pourquoi donc est-ce que vous mettez mon mari en colère?

TOINETTE, d'un ton doucereux.

Moi, madame? Hélas! je ne sais pas ce que vous me voulez dire, et je ne songe qu'à complaire à monsieur en toutes choses.

ARGAN.

Ah! la traîtresse!

TOINETTE.

Il nous a dit qu'il vouloit donner sa fille en mariage au fils de monsieur Diafoirus : je lui ai répondu que je trouvois le parti avantageux pour elle, mais que je croyois qu'il feroit mieux de la mettre dans un couvent.

BÉLINE.

Il n'y a pas grand mal à cela, et je trouve qu'elle a raison.

ARGAN.

Ah! mamour, vous la croyez? C'est une scélérate; elle m'a dit cent insolences.

BÉLINE.

Hé bien! je vous crois, mon ami. Là, remettez-vous. Écoutez, Toinette : si vous fâchez jamais mon mari, je vous mettrai dehors. Çà, donnez-moi son manteau fourré et des oreillers, que je l'accommode dans sa chaise. Vous voilà je ne sais comment. Enfoncez bien votre bonnet jusque sur vos oreilles : il n'y a rien qui enrhume tant que de prendre l'air par les oreilles[1].

ARGAN.

Ah ! mamie, que je vous suis obligé de tous les soins que vous prenez de moi !

BÉLINE, accommodant les oreillers qu'elle met autour d'Argan.

Levez-vous, que je mette ceci sous vous. Mettons celui-ci pour vous appuyer, et celui-là de l'autre côté. Mettons celui-ci derrière votre dos, et cet autre-là pour soutenir votre tête.

TOINETTE, lui mettant rudement un oreiller sur la tête.

Et celui-ci pour vous garder du serein.

ARGAN, se levant en colère, et jetant tous les oreillers à Toinette, qui s'enfuit.

Ah ! coquine, tu veux m'étouffer[2] !

---

1. Ce passage est imité d'Horace. Il y a dix-huit cents ans que ce grand poète conseillait à ceux qui veulent attraper des successions de tenir une conduite à peu près semblable à celle de Béline :

> Obsequio grassare : mone, si increbuit aura,
> Cautus uti velet carum caput, etc.

« Sachez vous rendre nécessaire par vos complaisances. Au plus léger souffle du vent, dites : Couvrez bien cette tête qui nous est si chère !... » (Horace, Satire v, livre II.)

2. Toinette est bien insolente ; mais que risque-t-elle ? Béline, qui la croit attachée à ses intérêts et utile à ses desseins, saura bien la maintenir contre les fureurs de son mari.

Qui ne rirait de voir, à chaque instant, ce maniaque, oubliant dans sa colère qu'il est malade et infirme, pousser de grands cris, se lever précipitamment, gesticuler, courir, jeter de gros oreillers, enfin donner mille preuves de santé et de vigueur ? (AUGER.)

SCÈNE VIII.

ARGAN, BÉLINE.

BÉLINE.

Hé là! hé là! Qu'est-ce que c'est donc?

ARGAN, tout essoufflé, se jette dans sa chaise.

Ah, ah, ah! je n'en puis plus.

BÉLINE.

Pourquoi vous emporter ainsi? Elle a cru faire bien.

ARGAN.

Vous ne connoissez pas, mamour, la malice de la pendarde. Ah! elle m'a mis tout hors de moi; et il faudra plus de huit médecines et de douze lavements pour réparer tout ceci.

BÉLINE.

Là, là, mon petit ami, apaisez-vous un peu.

ARGAN.

Mamie, vous êtes toute ma consolation.

BÉLINE.

Pauvre petit fils!

ARGAN.

Pour tâcher de reconnoître l'amour que vous me portez, je veux, mon cœur, comme je vous ai dit, faire mon testament.

BÉLINE.

Ah! mon ami, ne parlons point de cela, je vous prie : je ne saurois souffrir cette pensée; et le seul mot de testament me fait tressaillir de douleur.

ARGAN.

Je vous avois dit de parler pour cela à votre notaire.

BÉLINE.
Le voilà là dedans, que j'ai amené avec moi.
ARGAN.
Faites-le donc entrer, mamour.
BÉLINE.
Hélas! mon ami, quand on aime bien un mari, on n'est guère en état de songer à tout cela*.

SCÈNE IX¹.
MONSIEUR DE BONNEFOI, BÉLINE, ARGAN.

ARGAN.
Approchez, monsieur de Bonnefoi, approchez. Prenez un siège, s'il vous plaît. Ma femme m'a dit, monsieur, que vous étiez fort honnête homme, et tout à fait de ses amis; et je l'ai chargée de vous parler pour un testament que je veux faire.
BÉLINE.
Hélas! je ne suis point capable de parler de ces choses-là.
MONSIEUR DE BONNEFOI.
Elle m'a, monsieur, expliqué vos intentions, et le dessein où vous êtes pour elle; et j'ai à vous dire là-dessus

---

* Dans l'édition de Cologne et dans l'édition de 1675, la scène finit ainsi :
BÉLINE.
Le voici dans votre antichambre, et je l'ai fait venir tout exprès.
ARGAN.
Faites-le entrer, mamour.

1. « Cette scène entière n'est point, dans les éditions précédentes, de la prose de monsieur Molière; la voici rétablie sur l'original de l'auteur. » (Édition de 1682.) — La scène telle qu'elle avait été imprimée avant 1682 se trouve à la fin de la pièce.

que vous ne sauriez rien donner à votre femme par votre testament.

ARGAN.

Mais pourquoi?

MONSIEUR DE BONNEFOI.

La coutume y résiste. Si vous étiez en pays de droit écrit, cela se pourroit faire; mais, à Paris et dans les pays coutumiers, au moins dans la plupart, c'est ce qui ne se peut, et la disposition seroit nulle. Tout l'avantage qu'homme et femme conjoints par mariage se peuvent faire l'un à l'autre, c'est un don mutuel entre vifs ; encore faut-il qu'il n'y ait enfants, soit des deux conjoints, ou de l'un d'eux, lors du décès du premier mourant[1].

ARGAN.

Voilà une coutume bien impertinente, qu'un mari ne puisse rien laisser à une femme dont il est aimé tendrement, et qui prend de lui tant de soin! J'aurois envie de consulter mon avocat, pour voir comment je pourrois faire.

MONSIEUR DE BONNEFOI.

Ce n'est point à des avocats qu'il faut aller, car ils sont d'ordinaire sévères là-dessus, et s'imaginent que c'est

1. M. de Bonnefoi parle en homme qui sait son métier. Il rapporte ici, presque textuellement, les articles 280 et 282 de l'ancienne coutume de Paris. La prohibition d'avantager son mari ou sa femme, soit par donation entre vifs, soit par testament, était une précaution prise par la loi contre l'ascendant que l'un des deux conjoints pouvait exercer sur l'autre, au préjudice des enfants. « S'il eût été possible aux conjoints de s'entre-donner, dit Charondas dans son commentaire sur ces articles, l'un eût pu, par blandices, feintes larmes et mignardises, et autres fardées caresses d'amour, attirer l'autre à lui donner tous ses biens. » Cette prohibition n'avait pas lieu en pays de droit écrit, où la loi réservait aux enfants, dans les biens de leurs père et mère et ascendants directs, une part déterminée dont ceux-ci ne pouvaient disposer.

un grand crime que de disposer en fraude de la loi : ce sont gens de difficultés, et qui sont ignorants des détours de la conscience. Il y a d'autres personnes à consulter, qui sont bien plus accommodantes, qui ont des expédients pour passer doucement par-dessus la loi, et rendre juste ce qui n'est pas permis; qui savent aplanir les difficultés d'une affaire, et trouver des moyens d'éluder la coutume par quelque avantage indirect. Sans cela, où en serions-nous tous les jours? Il faut de la facilité dans les choses; autrement nous ne ferions rien, et je ne donnerois pas un sou de notre métier.

ARGAN.

Ma femme m'avoit bien dit, monsieur, que vous étiez fort habile et fort honnête homme. Comment puis-je faire, s'il vous plaît, pour lui donner mon bien et en frustrer mes enfants?

MONSIEUR DE BONNEFOI.

Comment vous pouvez faire? Vous pouvez choisir doucement un ami intime de votre femme, auquel vous donnerez, en bonne forme, par votre testament, tout ce que vous pouvez; et cet ami ensuite lui rendra tout[1]. Vous pouvez encore contracter un grand nombre d'obligations, non suspectes, au profit de divers créanciers qui prêteront leur nom à votre femme, et entre les mains de laquelle ils mettront leur déclaration que ce qu'ils en ont fait n'a

---

1. Il s'agit ici d'un *fidéicommis tacite*, c'est-à-dire d'une libéralité faite au profit d'une personne *indigne* ou *incapable*, par l'entremise d'une personne *capable*, qui a reçu la chose donnée, en promettant au testateur ou donateur de la rendre à la personne que celui-ci a voulu favoriser. Ces fidéicommis tacites sont donc des artifices frauduleux, qui n'ont pour but que d'éluder les dispositions des lois : aussi ont-ils été réprouvés par le droit romain et par le droit coutumier. Mais quand on parvient à les tenir secrets, ils ont leur effet, car *de ignotis non judicat prætor*.

été que pour lui faire plaisir. Vous pouvez aussi, pendant que vous êtes en vie, mettre entre ses mains de l'argent comptant, ou des billets que vous pourrez avoir payables au porteur.

BÉLINE.

Mon Dieu! il ne faut point vous tourmenter de tout cela. S'il vient faute de vous, mon fils, je ne veux plus rester au monde.

ARGAN.

Mamie!

BÉLINE.

Oui, mon ami, si je suis assez malheureuse pour vous perdre...

ARGAN.

Ma chère femme!

BÉLINE.

La vie ne me sera plus de rien.

ARGAN.

Mamour!

BÉLINE.

Et je suivrai vos pas, pour vous faire connoître la tendresse que j'ai pour vous.

ARGAN.

Mamie, vous me fendez le cœur! Consolez-vous, je vous en prie.

MONSIEUR DE BONNEFOI, à Béline.

Ces larmes sont hors de saison, et les choses n'en sont point encore là.

BÉLINE.

Ah! monsieur, vous ne savez pas ce que c'est qu'un mari qu'on aime tendrement.

ARGAN.

Tout le regret que j'aurai, si je meurs, mamie, c'est

de n'avoir point un enfant de vous. Monsieur Purgon m'avoit dit qu'il m'en feroit faire un.

MONSIEUR DE BONNEFOI.

Cela pourra venir encore.

ARGAN.

Il faut faire mon testament, mamour, de la façon que monsieur dit; mais, par précaution, je veux vous mettre entre les mains vingt mille francs en or que j'ai dans le lambris de mon alcôve, et deux billets payables au porteur, qui me sont dus, l'un par monsieur Damon, et l'autre par monsieur Gérante.

BÉLINE.

Non, non, je ne veux point de tout cela. Ah!... Combien dites-vous qu'il y a dans votre alcôve?

ARGAN.

Vingt mille francs, mamour.

BÉLINE.

Ne me parlez point de bien, je vous prie. Ah!... De combien sont les deux billets?

ARGAN.

Ils sont, mamie, l'un de quatre mille francs, et l'autre de six.

BÉLINE.

Tous les biens du monde, mon ami, ne me sont rien au prix de vous.

MONSIEUR DE BONNEFOI, à Argan.

Voulez-vous que nous procédions au testament?

ARGAN.

Oui, monsieur; mais nous serons mieux dans mon petit cabinet. Mamour, conduisez-moi, je vous prie.

BÉLINE.

Allons, mon pauvre petit fils.

SCÈNE X[1].

ANGÉLIQUE, TOINETTE.

TOINETTE.

Les voilà avec un notaire, et j'ai ouï parler de testament. Votre belle-mère ne s'endort point : et c'est sans doute quelque conspiration contre vos intérêts, où elle pousse votre père.

ANGÉLIQUE.

Qu'il dispose de son bien à sa fantaisie, pourvu qu'il ne dispose point de mon cœur. Tu vois, Toinette, les desseins violents que l'on fait sur lui. Ne m'abandonne point, je te prie, dans l'extrémité où je suis.

TOINETTE.

Moi, vous abandonner! J'aimerois mieux mourir. Votre belle-mère a beau me faire sa confidente, et me vouloir jeter dans ses intérêts, je n'ai jamais pu avoir d'inclination pour elle ; et j'ai toujours été de votre parti. Laissez-moi faire : j'emploierai toute chose pour vous servir ; mais, pour vous servir avec plus d'effet, je veux changer de batterie, couvrir le zèle que j'ai pour vous, et feindre d'entrer dans les sentiments de votre père et de votre belle-mère.

ANGÉLIQUE.

Tâche, je t'en conjure, de faire donner avis à Cléante du mariage qu'on a conclu.

---

1. « Cette scène n'est point dans les éditions précédentes de la prose de monsieur Molière ; la voici rétablie sur l'original de l'auteur. » (Édition de 1682.) — La scène telle qu'elle avait été imprimée avant 1682 se trouve à la fin de la pièce.

TOINETTE.

Je n'ai personne à employer à cet office, que le vieux usurier Polichinelle, mon amant; et il m'en coûtera pour cela quelques paroles de douceur, que je veux bien dépenser pour vous [1]. Pour aujourd'hui, il est trop tard; mais demain, de grand matin, je l'envoierai querir, et il sera ravi de...

SCÈNE XI.

BÉLINE, dans la maison; ANGÉLIQUE, TOINETTE.

BÉLINE.

Toinette!

TOINETTE, à Angélique.

Voilà qu'on m'appelle. Bonsoir. Reposez-vous sur moi [2].

1. Il n'est question ici du *vieux usurier Polichinelle* que pour amener l'intermède suivant, dont ce même Polichinelle est le principal personnage; c'est sous les fenêtres de Toinette qu'il va venir chanter. Sur ce type bouffon de Polichinelle, consultez l'*Histoire des Marionnettes en Europe*, par M. Ch. Magnin; Paris, 1854, in-8°.

2. Dans un parallèle entre *le Malade imaginaire* et *le Tartuffe*, Petitot a indiqué plusieurs rapports entre la situation d'Argan et celle d'Orgon. Ces deux personnages sont égarés par leur faiblesse et leur crédulité; tous deux ont une fille qui doit être sacrifiée; tous deux sont contredits par une suivante qui exerce un grand empire dans la maison; enfin tous deux sont mariés en secondes noces, et ont un frère honnête homme qui emploie divers moyens pour les ramener à la raison. La situation est donc à peu près la même. Pour lui donner de la nouveauté, il a suffi à l'auteur de changer les passions des personnages, de modifier les caractères, et de peindre d'autres ridicules. (AIMÉ MARTIN.)

PREMIER INTERMÈDE

Le théâtre change, et représente une ville.

Polichinelle, dans la nuit, vient pour donner une sérénade à sa maîtresse. Il est interrompu d'abord par des violons, contre lesquels il se met en colère, et ensuite par le guet, composé de musiciens et de danseurs.

SCÈNE PREMIÈRE.

POLICHINELLE, seul.

O amour, amour, amour, amour! Pauvre Polichinelle, quelle diable de fantaisie t'es-tu allé mettre dans la cervelle? A quoi t'amuses-tu, misérable insensé que tu es? Tu quittes le soin de ton négoce, et tu laisses aller tes affaires à l'abandon; tu ne manges plus, tu ne bois presque plus, tu perds le repos de la nuit; et tout cela, pour qui? Pour une dragonne, franche dragonne; une diablesse qui te rembarre, et se moque de tout ce que tu peux lui dire. Mais il n'y a point à raisonner là-dessus. Tu le veux, amour : il faut être fou comme beaucoup d'autres. Cela n'est pas le mieux du monde à un homme de mon âge; mais qu'y faire? On n'est pas sage quand on veut; et les vieilles cervelles se démontent comme les jeunes.

Je viens voir si je ne pourrai point adoucir ma tigresse par une sérénade. Il n'y a rien parfois qui soit si touchant qu'un amant qui vient chanter ses doléances aux gonds et aux verrous de la porte de sa maîtresse. (Après avoir pris son luth.) Voici de quoi accompagner ma voix. O nuit! ô chère nuit! porte mes plaintes amoureuses jusque dans le lit de mon inflexible.

   Notte e dì v' amo e v' adoro.
   Cerco un sì per mio ristoro;
   Ma se voi dite di nò,
   Bella ingrata, io morirò.

    Frà la speranza
    S' afflige il cuore,
    In lontananza
    Consuma l' hore :
    Si dolce inganno
    Che mi figura
    Breve l' affanno,
    Ahi! troppo dura!
Così per troppo amar languisco e muoro.

   Notte e dì v' amo e v' adoro.
   Cerco un sì per mio ristoro;
   Ma se voi dite di nò,
   Bella ingrata, io morirò.

    Se non dormite,
    Almen pensate
    Alle ferite
    Ch' al cuor mi fate.
    Deh! almen fingete,
    Per mio conforto,
    Se m' uccidete,
    D' haver il torto :
Vostra pietà mi scemarà il martoro.

Notte e dì v' amo e v' adoro.
Cerco un sì per mio ristoro;
Ma se voi dite di nò,
Bella ingrata, io morirò[1].

SCÈNE II.

POLICHINELLE; UNE VIEILLE, se présentant à la fenêtre, et répondant à Polichinelle pour se moquer de lui.

LA VIEILLE chante.

Zerbinetti, ch' ogn' hor con finti sguardi,
Mentiti desiri,
Fallaci sospiri,
Accenti buggiardi,
Di fede vi preggiate,
Ah! che non m' ingannate.
Che già so per prova,
Ch' in voi non si trova
Costanza ne fede.

Oh! quanto è pazza colei che vi crede.

Quei sguardi languidi
Non m' innamorano,

---

1. TRADUCTION. « Nuit et jour, je vous aime et vous adore. Je demande un oui pour mon réconfort; mais, si vous dites un non, belle ingrate, je mourrai.

« Au sein de l'espérance le cœur s'afflige; dans l'absence, il consume tristement les heures. Ah! la douce illusion qui me fait apercevoir la fin prochaine de mon tourment, dure trop longtemps. Pour trop vous aimer, je languis, je meurs.

« Nuit et jour, etc.

« Si vous ne dormez pas, au moins pensez aux blessures que vous faites à mon cœur. Si vous me faites périr, ah! pour ma consolation, feignez au moins de vous le reprocher. Votre pitié diminuera mon martyre.

« Nuit et jour, etc. »

Quei sospir fervidi
Più non m' infiammano,
Vel' giuro a fe.
Zerbino misero,
Del vostro piangere
Il mio cuor libero
Vuol sempre ridere;
Credete a me,
Che già so per prova,
Ch' in voi non si trova
Costanza ne fede.

Oh! quanto è pazza colei che vi crede [1] *.

SCÈNE III.

POLICHINELLE; VIOLONS, derrière le théâtre.

LES VIOLONS commencent un air.

POLICHINELLE.

Quelle impertinente harmonie vient interrompre ici ma voix!

---

* Ces couplets italiens du premier intermède ne se trouvent pas dans le livre du ballet de 1673. Il y a pourtant lieu de croire qu'ils furent chantés à la première représentation, car ils sont dans la partition manuscrite de Charpentier. L'édition d'Amsterdam ne les donne pas, mais bien celle de Cologne, qui en contient une leçon incorrecte.

1. TRADUCTION. « Zerbinetti, qui, à chaque instant, avec des regards trompeurs, des désirs mensongers, des soupirs fallacieux et des accents perfides, vous vantez d'être fidèle, ah! vous ne me trompez plus. Je sais par expérience qu'on ne trouve en vous ni constance, ni foi. Oh! combien est folle celle qui vous croit!

« Ces regards languissants ne m'attendrissent plus; ces soupirs brûlants ne m'enflamment plus. Je vous le jure, sur ma foi. Pauvre Zerbin, mon cœur, rendu à la liberté, veut toujours rire de vos plaintes. Croyez-moi, je sais par expérience qu'on ne trouve en vous ni constance, ni foi. Oh! combien est folle celle qui vous croit! »

LES VIOLONS continuant à jouer.

POLICHINELLE.

Paix là! taisez-vous, violons. Laissez-moi me plaindre à mon aise des cruautés de mon inexorable.

LES VIOLONS de même.

POLICHINELLE.

Taisez-vous, vous dis-je; c'est moi qui veux chanter.

LES VIOLONS.

POLICHINELLE.

Paix donc!

LES VIOLONS.

POLICHINELLE.

Ouais!

LES VIOLONS.

POLICHINELLE.

Ahi!

LES VIOLONS.

POLICHINELLE.

Est-ce pour rire?

LES VIOLONS.

POLICHINELLE.

Ah! que de bruit!

LES VIOLONS.

POLICHINELLE.

Le diable vous emporte!

LES VIOLONS.

POLICHINELLE.

J'enrage!

LES VIOLONS.

POLICHINELLE.

Vous ne vous tairez pas? Ah! Dieu soit loué!

LES VIOLONS.
POLICHINELLE.

Encore?

LES VIOLONS.
POLICHINELLE.

Peste des violons!

LES VIOLONS.
POLICHINELLE.

La sotte musique que voilà!

LES VIOLONS.

POLICHINELLE, chantant pour se moquer des violons.

La, la, la, la, la, la.

LES VIOLONS.

POLICHINELLE, de même.

La, la, la, la, la, la.

LES VIOLONS.

POLICHINELLE, de même.

La, la, la, la, la, la.

LES VIOLONS.

POLICHINELLE, de même.

La, la, la, la, la, la.

LES VIOLONS.

POLICHINELLE, de même.

La, la, la, la, la, la.

LES VIOLONS.
POLICHINELLE.

Par ma foi, cela me divertit. Poursuivez, messieurs les violons; vous me ferez plaisir. (N'entendant plus rien.) Allons donc, continuez, je vous en prie.

SCÈNE IV.

POLICHINELLE, seul.

Voilà le moyen de les faire taire. La musique est accoutumée à ne point faire ce qu'on veut[1]. Oh sus, à nous. Avant que de chanter, il faut que je prélude un peu, et joue quelque pièce, afin de mieux prendre mon ton. (Il prend son luth, dont il fait semblant de jouer, en imitant avec les lèvres et la langue le son de cet instrument.) Plan, plan, plan. Plin, plin, plin. Voilà un temps fâcheux pour mettre un luth d'accord. Plin, plin, plin. Plin, tan, plan. Plin, plin. Les cordes ne tiennent point par ce temps-là. Plin, plin. J'entends du bruit. Mettons mon luth contre la porte.

SCÈNE V.

POLICHINELLE; ARCHERS, passant dans la rue, et accourant au bruit qu'ils entendent.

UN ARCHER, chantant.

Qui va là? qui va là?

POLICHINELLE, bas.

Qui diable est-ce là? Est-ce que c'est la mode de parler en musique[2]?

---

1 Tant que Polichinelle s'est plaint de la musique, elle a été son train; quand il a dit aux violons: « Poursuivez, vous me faites plaisir », ils se sont tus. Chez les musiciens, cet esprit de contradiction date de loin: Horace (satire III, livre I) a dit avant Polichinelle qu'ils sont « accoutumés à ne point faire ce qu'on veut » :

> Omnibus hoc vitium est cantoribus, inter amicos
> Ut nunquam inducant animum cantare rogati,
> Injussi nunquam desistant.

2. On reconnaît ici la deuxième édition du satyre qui parle en chantant troisième intermède de *la Princesse d'Élide*). Cette fois, il est permis de

L'ARCHER.

Qui va là? qui va là? qui va là?

POLICHINELLE, épouvanté.

Moi, moi, moi.

L'ARCHER.

Qui va là, qui va là? vous dis-je.

POLICHINELLE.

Moi, moi, vous dis-je.

L'ARCHER,

Et qui toi? et qui toi?

POLICHINELLE.

Moi, moi, moi, moi, moi, moi.

L'ARCHER.

Dis ton nom, dis ton nom, sans davantage attendre.

POLICHINELLE, feignant d'être bien hardi.

Mon nom est Va te faire pendre.

L'ARCHER.

Ici, camarades, ici.
Saisissons l'insolent qui nous répond ainsi.

PREMIÈRE ENTRÉE DE BALLET.

Tout le guet vient, qui cherche Polichinelle dans la nuit.

VIOLONS et DANSEURS.

POLICHINELLE.

Qui va là?

VIOLONS et DANSEURS.

POLICHINELLE.

Qui sont les coquins que j'entends?

croire que Molière revient à cette facétie avec l'intention de se moquer de l'Académie royale de musique, où ce langage, adopté pour l'opéra, n'en paraissait pas moins étrange à la majorité du public. (CASTIL-BLAZE.)

VIOLONS et DANSEURS.
POLICHINELLE.
Euh?...
VIOLONS et DANSEURS.
POLICHINELLE.
Holà! mes laquais, mes gens!
VIOLONS et DANSEURS.
POLICHINELLE.
Par la mort!
VIOLONS et DANSEURS.
POLICHINELLE.
Par la sang[1]!
VIOLONS et DANSEURS.
POLICHINELLE.
J'en jetterai par terre.
VIOLONS et DANSEURS.
POLICHINELLE.
Champagne, Poitevin, Picard, Basque, Breton!
VIOLONS et DANSEURS.
POLICHINELLE.
Donnez-moi mon mousqueton...
VIOLONS et DANSEURS.
POLICHINELLE, faisant semblant de tirer un coup de pistolet.
Pouë.
(Ils tombent tous, et s'enfuient.)

SCÈNE VI.

POLICHINELLE, seul.

Ah, ah, ah, ah! comme je leur ai donné l'épouvante! Voilà de sottes gens, d'avoir peur de moi, qui ai peur des

1. Nous avons expliqué déjà cette expression, tome XI, p. 220, note 1.

autres. Ma foi, il n'est que de jouer d'adresse en ce monde. Si je n'avois tranché du grand seigneur et n'avois fait le brave, ils n'auroient pas manqué de me happer. Ah, ah, ah! (Les archers se rapprochent, et, ayant entendu ce qu'il disoit, ils le saisissent au collet.)

SCÈNE VII.

POLICHINELLE; ARCHERS, CHANTANTS.

LES ARCHERS, saisissant Polichinelle.
Nous le tenons. A nous, camarades, à nous!
Dépêchez : de la lumière.
(Tout le guet vient avec des lanternes.)

SCÈNE VIII.

POLICHINELLE; ARCHERS, CHANTANTS ET DANSANTS.

ARCHERS.
Ah! traître; ah! fripon! c'est donc vous?
Faquin, maraud, pendard, impudent, téméraire,
Insolent, effronté, coquin, filou, voleur,
Vous osez nous faire peur!

POLICHINELLE.
Messieurs, c'est que j'étois ivre.

ARCHERS.
Non, non, non; point de raison;
Il faut vous apprendre à vivre.
En prison, vite en prison.

POLICHINELLE.
Messieurs, je ne suis point voleur.

ARCHERS.
En prison.

POLICHINELLE.

Je suis un bourgeois de la ville.

ARCHERS.

En prison.

POLICHINELLE.

Qu'ai-je fait?

ARCHERS.

En prison, vite en prison.

POLICHINELLE.

Messieurs, laissez-moi aller.

ARCHERS.

Non.

POLICHINELLE.

Je vous prie!

ARCHERS.

Non.

POLICHINELLE.

Hé!

ARCHERS.

Non.

POLICHINELLE.

De grâce!

ARCHERS.

Non, non.

POLICHINELLE.

Messieurs!

ARCHERS.

Non, non, non.

POLICHINELLE.

S'il vous plaît.

ARCHERS.

Non, non.

POLICHINELLE.

Par charité!

ARCHERS.

Non, non.

POLICHINELLE.

Au nom du ciel!

ARCHERS.

Non, non.

POLICHINELLE.

Miséricorde!

ARCHERS.

Non, non, non, point de raison;
Il faut vous apprendre à vivre.
En prison, vite en prison.

POLICHINELLE.

Hé! n'est-il rien, messieurs, qui soit capable d'attendrir vos âmes?

ARCHERS.

Il est aisé de nous toucher;
Et nous sommes humains, plus qu'on ne sauroit croire.
Donnez-nous seulement six pistoles pour boire,
Nous allons vous lâcher.

POLICHINELLE.

Hélas! messieurs, je vous assure que je n'ai pas un sol sur moi.

ARCHERS.

Au défaut de six pistoles,
Choisissez donc, sans façon,
D'avoir trente croquignoles,
Ou douze coups de bâton.

POLICHINELLE.

Si c'est une nécessité, et qu'il faille en passer par là, je choisis les croquignoles.

ARCHERS.
Allons, préparez-vous,
Et comptez bien les coups.

DEUXIÈME ENTRÉE DE BALLET.

Les archers danseurs lui donnent des croquignoles en cadence.

POLICHINELLE, pendant qu'on lui donne des croquignoles.

Un et deux, trois et quatre, cinq et six, sept et huit, neuf et dix, onze et douze et treize, et quatorze et quinze.

ARCHERS.

Ah! ah! vous en voulez passer!
Allons, c'est à recommencer.

POLICHINELLE.

Ah! messieurs, ma pauvre tête n'en peut plus; et vous venez de me la rendre comme une pomme cuite. J'aime mieux encore les coups de bâton, que de recommencer.

ARCHERS.

Soit, puisque le bâton est pour vous plus charmant,
Vous aurez contentement.

TROISIÈME ENTRÉE DE BALLET.

Les archers danseurs lui donnent des coups de bâton en cadence.

POLICHINELLE, comptant les coups de bâton.

Un, deux, trois, quatre, cinq, six. Ah, ah, ah! je n'y saurois plus résister. Tenez, messieurs, voilà six pistoles que je vous donne.

ARCHERS.

Ah! l'honnête homme! Ah! l'âme noble et belle!
Adieu, seigneur; adieu, seigneur Polichinelle.

PREMIER INTERMÈDE.

POLICHINELLE.

Messieurs, je vous donne le bonsoir.

ARCHERS.

Adieu, seigneur; adieu, seigneur Polichinelle.

POLICHINELLE.

Votre serviteur.

ARCHERS.

Adieu, seigneur; adieu, seigneur Polichinelle.

POLICHINELLE.

Très humble valet.

ARCHERS.

Adieu, seigneur; adieu, seigneur Polichinelle.

POLICHINELLE.

Jusqu'au revoir[1].

QUATRIÈME ENTRÉE DE BALLET.

Ils dansent tous, en réjouissance de l'argent qu'ils ont reçu.

1. L'idée de l'amende de six pistoles, rachetable en croquignoles ou en coups de bâton, et que Polichinelle paye définitivement en espèces, faute d'avoir pu supporter jusqu'au bout les coups de bâton et les croquignoles, cette idée est absolument la même que celle du conte de La Fontaine intitulé : *le Paysan qui avoit offensé son seigneur.* Ce pauvre hère, condamné à payer cent écus, ou à manger trente aulx sans boire, ou à recevoir trente coups de gaule, ne peut venir à bout ni d'avaler tous les aulx, ni de supporter tous les coups; et après, comme dit La Fontaine, s'être senti enflammer le gosier et émoucher les épaules, il est contraint de vider encore sa bourse,

Sans qu'il lui fût dessus les cent écus,
Ni pour les aulx, ni pour les coups de gaule,
Fait seulement grâce d'un carolus.

L'intermède de Molière et le conte de La Fontaine sont empruntés l'un et l'autre d'une pièce italienne intitulée *il Candelaio*, de Bruno Nolano, et traduite en français sous le titre de : *Boniface ou le Pédant* (acte V, scène XXVI). Dans *Boniface ou le Pédant*, une demi-douzaine de voleurs rencontrent le pédant, et lui laissent le choix ou de rester leur prisonnier ou de donner les écus qui sont dans sa gibecière, ou de recevoir dix férules avec une courroie, pour faire pénitence de ses fautes. Le pédant essaye un peu de la courroie; mais après avoir été bien étrillé, il finit par donner sa bourse. Voy. *Molière et la Comédie italienne*, p. 106 et suiv.

ACTE DEUXIÈME.

Le théâtre représente la chambre d'Argan.

SCÈNE PREMIÈRE.
CLÉANTE, TOINETTE.

TOINETTE, ne reconnoissant pas Cléante.
Que demandez-vous, monsieur?
CLÉANTE.
Ce que je demande?
TOINETTE.
Ah! ah! c'est vous! Quelle surprise! Que venez-vous faire céans?
CLÉANTE.
Savoir ma destinée, parler à l'aimable Angélique, consulter les sentiments de son cœur, et lui demander ses résolutions sur ce mariage fatal dont on m'a averti.
TOINETTE.
Oui; mais on ne parle pas comme cela de but en blanc à Angélique : il faut des mystères, et l'on vous a dit l'étroite garde où elle est retenue; qu'on ne la laisse ni sortir, ni parler à personne; et que ce ne fut que la curiosité d'une vieille tante, qui nous fit accorder la liberté d'aller à cette comédie, qui donna lieu à la naissance de votre passion; et nous nous sommes bien gardées de parler de cette aventure.

CLÉANTE.

Aussi ne viens-je pas ici comme Cléante, et sous l'apparence de son amant; mais comme ami de son maître de musique, dont j'ai obtenu le pouvoir de dire qu'il m'envoie à sa place.

TOINETTE.

Voici son père. Retirez-vous un peu, et me laissez lui dire que vous êtes là.

SCÈNE II.
ARGAN, TOINETTE.

ARGAN, *se croyant seul, et sans voir Toinette.*

Monsieur Purgon m'a dit de me promener le matin, dans ma chambre, douze allées et douze venues;* mais j'ai oublié à lui demander si c'est en long ou en large.

TOINETTE.

Monsieur, voilà un...

ARGAN.

Parle bas, pendarde! tu viens m'ébranler tout le cerveau, et tu ne songes pas qu'il ne faut point parler si haut à des malades.

TOINETTE.

Je voulois vous dire, monsieur...

ARGAN.

Parle bas, te dis-je.

TOINETTE.

Monsieur... (Elle fait semblant de parler.)

ARGAN.

Hé?

---

* Var. *Douze allées et venues*, (1675.)

TOINETTE.

Je vous dis que... (Elle fait encore semblant de parler.)

ARGAN.

Qu'est-ce que tu dis?

TOINETTE, haut.

Je dis que voilà un homme qui veut parler à vous.

ARGAN.

Qu'il vienne.

(Toinette fait signe à Cléante d'avancer.)

SCÈNE III.

ARGAN, CLÉANTE, TOINETTE.

CLÉANTE.

Monsieur...*

TOINETTE, à Cléante.

Ne parlez pas si haut, de peur d'ébranler le cerveau de monsieur.

CLÉANTE.

Monsieur, je suis ravi de vous trouver debout, et de voir que vous vous portez mieux.

TOINETTE, feignant d'être en colère.

Comment! qu'il se porte mieux! cela est faux. Monsieur se porte toujours mal.

CLÉANTE.

J'ai ouï dire que monsieur étoit mieux; et je lui trouve bon visage.

---

* Dans l'édition de 1675, ce mot de *monsieur...*, que dit Cléante en adressant la parole à Argan, n'existe pas. C'est évidemment une omission; car, si Cléante ne parlait pas, Toinette ne pourrait lui dire: « Ne parlez pas si haut. »

ACTE II, SCÈNE III.

TOINETTE.

Que voulez-vous dire avec votre bon visage? Monsieur l'a fort mauvais; et ce sont des impertinents qui vous ont dit qu'il étoit mieux. Il ne s'est jamais si mal porté.

ARGAN.

Elle a raison.

TOINETTE.

Il marche, dort, mange et boit tout comme les autres; mais cela n'empêche pas qu'il ne soit fort malade.

ARGAN.

Cela est vrai.

CLÉANTE.

Monsieur, j'en suis au désespoir. Je viens de la part du maître à chanter de mademoiselle votre fille; il s'est vu obligé d'aller à la campagne pour quelques jours; et comme son ami intime, il m'envoie à sa place pour lui continuer ses leçons, de peur qu'en les interrompant elle ne vînt à oublier ce qu'elle sait déjà.

ARGAN.

Fort bien. (A Toinette.) Appelez Angélique.

TOINETTE.

Je crois, monsieur, qu'il sera mieux de mener monsieur à sa chambre.

ARGAN.

Non. Faites-la venir.

TOINETTE.

Il ne pourra lui donner leçon comme il faut, s'ils ne sont en particulier.

ARGAN.

Si fait, si fait.

TOINETTE.

Monsieur, cela ne fera que vous étourdir, et il ne faut

rien pour vous émouvoir en l'état où vous êtes, et vous ébranler le cerveau.*

ARGAN.

Point, point; j'aime la musique, et je serai bien aise de... Ah! la voici. (A Toinette.) Allez-vous-en voir, vous, si ma femme est habillée.

SCÈNE IV.

ARGAN, ANGÉLIQUE, CLÉANTE.

ARGAN.

Venez, ma fille. Votre maître de musique est allé aux champs; et voilà une personne qu'il envoie à sa place pour vous montrer.

ANGÉLIQUE, reconnaissant Cléante.

Ah! ciel!

ARGAN.

Qu'est-ce? D'où vient cette surprise?

ANGÉLIQUE.

C'est...

ARGAN.

Quoi? Qui vous émeut de la sorte?

ANGÉLIQUE.

C'est, mon père, une aventure surprenante qui se rencontre ici.

ARGAN.

Comment?

ANGÉLIQUE.

J'ai songé cette nuit que j'étois dans le plus grand embarras du monde, et qu'une personne, faite tout comme

---

* Ce membre de phrase, « et vous ébranler le cerveau, » manque dans l'édition de 1675.

monsieur, s'est présentée à moi, à qui j'ai demandé secours, et qui m'est venue tirer de la peine où j'étois; et ma surprise a été grande de voir inopinément, en arrivant ici, ce que j'ai eu dans l'idée toute la nuit.

CLÉANTE.

Ce n'est pas être malheureux que d'occuper votre pensée, soit en dormant, soit en veillant; et mon bonheur seroit grand sans doute, si vous étiez dans quelque peine dont vous me jugeassiez digne de vous tirer*; et il n'y a rien que je ne fisse pour...

SCÈNE V.

ARGAN, ANGÉLIQUE, CLÉANTE, TOINETTE.

TOINETTE, à Argan.

Ma foi, monsieur, je suis pour vous maintenant; et je me dédis de tout ce que je disois hier. Voici monsieur Diafoirus le père et monsieur Diafoirus le fils, qui viennent vous rendre visite. Que vous serez bien engendré[1] ! Vous allez voir le garçon le mieux fait du monde, et le plus spirituel. Il n'a dit que deux mots, qui m'ont ravie; et votre fille va être charmée de lui.

ARGAN, à Cléante, qui feint de vouloir s'en aller.

Ne vous en allez point, monsieur. C'est que je marie ma fille; et voilà qu'on lui amène son prétendu mari[3], qu'elle n'a point encore vu.

---

* Var. *Dont vous me jugeassiez assez digne de vous tirer;* (1675.)

1. *Être engendré* pour *avoir un gendre*. (Voyez tome II, page 66, note 2.)
3. Aujourd'hui l'on dit simplement *son prétendu*, et les mots « prétendu mari » auraient un autre sens.

CLÉANTE.

C'est m'honorer beaucoup, monsieur, de vouloir que je sois témoin d'une entrevue si agréable.

ARGAN.

C'est le fils d'un habile médecin ; et le mariage se fera dans quatre jours.

CLÉANTE.

Fort bien.

ARGAN.

Mandez-le un peu à son maître de musique, afin qu'il se trouve à la noce.

CLÉANTE.

Je n'y manquerai pas.

ARGAN.

Je vous y prie aussi.

CLÉANTE.

Vous me faites beaucoup d'honneur.

TOINETTE.

Allons, qu'on se range : les voici.

SCÈNE VI.

MONSIEUR DIAFOIRUS,
THOMAS DIAFOIRUS, ARGAN, ANGÉLIQUE,
CLÉANTE, TOINETTE, LAQUAIS.

ARGAN, mettant la main à son bonnet, sans l'ôter.

Monsieur Purgon, monsieur, m'a défendu de découvrir ma tête. Vous êtes du métier : vous savez les conséquences.

MONSIEUR DIAFOIRUS.

Nous sommes dans toutes nos visites pour porter secours aux malades, et non pour leur porter de l'incommodité.

(Argan et monsieur Diafoirus parlent tous deux en même temps, s'interrompent et confondent.)

ARGAN.

Je reçois, monsieur,

MONSIEUR DIAFOIRUS.

Nous venons ici, monsieur,

ARGAN.

Avec beaucoup de joie,

MONSIEUR DIAFOIRUS.

Mon fils Thomas, et moi,

ARGAN.

L'honneur que vous me faites,

MONSIEUR DIAFOIRUS.

Vous témoigner, monsieur,

ARGAN.

Et j'aurois souhaité

MONSIEUR DIAFOIRUS.

Le ravissement où nous sommes

ARGAN.

De pouvoir aller chez vous

MONSIEUR DIAFOIRUS.

De la grâce que vous nous faites

ARGAN.

Pour vous en assurer.

MONSIEUR DIAFOIRUS.

De vouloir bien nous recevoir

ARGAN.

Mais vous savez, monsieur,

MONSIEUR DIAFOIRUS.

Dans l'honneur, monsieur,

ARGAN.

Ce que c'est qu'un pauvre malade,

MONSIEUR DIAFOIRUS.

De votre alliance;

ARGAN.

Qui ne peut faire autre chose

MONSIEUR DIAFOIRUS.

Et vous assurer

ARGAN.

Que de vous dire ici

MONSIEUR DIAFOIRUS.

Que, dans les choses qui dépendront de notre métier,

ARGAN.

Qu'il cherchera toutes les occasions

MONSIEUR DIAFOIRUS.

De même qu'en toute autre,

ARGAN.

De vous faire connoître, monsieur,

MONSIEUR DIAFOIRUS.

Nous serons toujours prêts, monsieur,

ARGAN.

Qu'il est tout à votre service.

MONSIEUR DIAFOIRUS.

A vous témoigner notre zèle. (Il se retourne vers son fils et lui dit :) Allons, Thomas, avancez. Faites vos compliments.

THOMAS DIAFOIRUS, à monsieur Diafoirus[1].

N'est-ce pas par le père qu'il convient commencer?

---

1. « Thomas Diafoirus est un grand benêt, nouvellement sorti des écoles, qui fait toutes choses de mauvaise grâce et à contre-temps. » (Édit. de 1682.) — L'acteur Beauval, qui jouait ce rôle, avait tout à fait le physique de l'emploi. On se rappellera l'anecdote que nous avons rapportée à ce sujet, tome Ier, dans la notice qui lui est consacrée.

ACTE II, SCÈNE VI.

MONSIEUR DIAFOIRUS.

Oui.

THOMAS DIAFOIRUS, à Argan.

Monsieur, je viens saluer, reconnoître, chérir et révérer en vous un second père, mais un second père auquel j'ose dire que je me trouve plus redevable qu'au premier. Le premier m'a engendré; mais vous m'avez choisi. Il m'a reçu par nécessité; mais vous m'avez accepté par grâce [1]. Ce que je tiens de lui est un ouvrage de son corps; mais ce que je tiens de vous est un ouvrage de votre volonté; et d'autant plus que les facultés spirituelles sont au-dessus des corporelles, d'autant plus je vous dois, et d'autant plus je tiens précieuse cette future filiation, dont je viens aujourd'hui vous rendre, par avance, les très humbles et très respectueux hommages.

TOINETTE.

Vivent[2] les collèges d'où l'on sort si habile homme!

THOMAS DIAFOIRUS, à monsieur Diafoirus.

Cela a-t-il bien été, mon père?

MONSIEUR DIAFOIRUS.

Optime.

ARGAN, à Angélique.

Allons, saluez monsieur.

1. Thomas Diafoirus connaît ses auteurs, et il les met à contribution. Ce début de son compliment à Argan semble imité d'un passage du discours de Cicéron *Ad Quirites, post reditum :*

A parentibus, id quod necesse erat, parvus sum procreatus : a vobis natus sum consularis. Illi mihi fratrem incognitum, qualis futurus esset, dederunt : vos spectatum et incredibili pietate cognitum reddidistis. « Je vous dois plus qu'aux auteurs de mes jours; ils m'ont fait naître enfant, mais par vous je renais consulaire. J'ai reçu d'eux un frère, avant que je pusse savoir ce que j'en devais attendre : vous, vous me l'avez rendu, après qu'il m'a donné des preuves admirables de sa tendresse pour moi. »

2. Il y a *Vive* au singulier dans l'édition princeps.

THOMAS DIAFOIRUS, à monsieur Diafoirus[1].

Baiserai-je[2]?

MONSIEUR DIAFOIRUS.

Oui, oui.

THOMAS DIAFOIRUS, à Angélique.

Madame, c'est avec justice que le ciel vous a concédé le nom de belle-mère, puisque l'on...

ARGAN, à Thomas Diafoirus.

Ce n'est pas ma femme, c'est ma fille à qui vous parlez.

THOMAS DIAFOIRUS.

Où donc est-elle?

ARGAN.

Elle va venir.

THOMAS DIAFOIRUS.

Attendrai-je, mon père, qu'elle soit venue?

MONSIEUR DIAFOIRUS.

Faites toujours le compliment de mademoiselle.

THOMAS DIAFOIRUS.

Mademoiselle, ne plus ne moins que la statue de Memnon rendoit un son harmonieux lorsqu'elle venoit à être éclairée des rayons du soleil, tout de même me sens-je animé d'un doux transport à l'apparition du soleil de vos

---

1. « Il fait une première révérence, et puis tourne le visage vers son père. Isabelle (Angélique) reçoit le baiser avec grand dédain et en tournant la tête vers Cato (Toinette). » (Édition D. Elzévir.)

2. On a supposé que ce trait et quelques autres avaient pu être fournis à Molière par la farce intitulée *Le grand benêt de fils*, farce longtemps attribuée à Molière, mais que La Grange sur son registre donne à Brécourt, et dont il inscrit la première représentation au 17 janvier 1664. Il se pourrait, toutefois, que ce type existât dans les traditions de la troupe de Molière, et que, trop faiblement exprimé par Brécourt, il eût été définitivement fixé par le personnage de Thomas Diafoirus.

beautés[1]; et, comme les naturalistes remarquent que la fleur nommée héliotrope tourne sans cesse vers cet astre du jour, aussi mon cœur dores-en-avant tournera-t-il toujours vers les astres resplendissants de vos yeux adorables, ainsi que vers son pôle unique[2]. Souffrez donc, mademoiselle, que j'appende aujourd'hui à l'autel de vos charmes l'offrande de ce cœur qui ne respire et n'ambitionne autre gloire que d'être toute sa vie, mademoiselle, votre très humble, très obéissant, et très fidèle serviteur et mari.

TOINETTE, en le raillant.

Voilà ce que c'est que d'étudier! on apprend à dire de belles choses.

ARGAN, à Cléante.

Hé! que dites-vous de cela?

CLÉANTE.

Que monsieur fait merveilles, et que, s'il est aussi

1. Le *Moliériste*, livraison de novembre 1882, cite ce passage en prose de Régnier, le satirique, dans sa dédicace au roi : « On lit qu'en Étyopie il y avoit une statue qui rendoit un son armonieux toutes les fois que le soleil levant la regardoit. Ce mesme miracle, sire, avez vous faict en moi, qui, touché de l'astre de V. M., ay reçu la voix et la parole. On ne trouvera donc estrange si, me ressentant de cet honneur, ma Muse prend la hardiesse de se mettre à l'abri de vos palmes, et si témérairement elle ose vous offrir ce qui par droict est déjà vostre, puisque vous l'avez faict naistre dans un sujet qui n'est admiré que de vous, et qui aura éternellement le cœur et la bouche ouverte à vos louanges, faisant des vœux et des prières continuelles à Dieu qu'il vous rende là-haut dans le ciel autant de biens que vous en faictes ça bas en terre. — Vostre très humble et très obéissant et très obligé sujet et serviteur, RÉGNIER. »

L'abbé d'Aubignac, dans une dissertation contre Corneille, où l'on retrouve le ton et le style de Thomas Diafoirus, débute ainsi : « Corneille avoit condamné sa muse dramatique au silence; mais, à l'exemple de la statue de Memnon, qui rendoit ses oracles sitôt que le soleil la touchoit de ses rayons, il a repris la voix à l'éclat de l'or d'un grand ministre. »

2. Cette autre phrase semble empruntée à une lettre de Gassendi à Campanella, de mai 1633. (Notice de M. B. Aubé sur Gassendi, citée par M. Loiseleur.)

bon médecin qu'il est bon orateur, il y aura plaisir à être de ses malades.

TOINETTE.

Assurément. Ce sera quelque chose d'admirable, s'il fait d'aussi belles cures qu'il fait de beaux discours.

ARGAN.

Allons, vite, ma chaise, et des sièges à tout le monde. (Des laquais donnent des sièges.) Mettez-vous là, ma fille. (A monsieur Diafoirus.) Vous voyez, monsieur, que tout le monde admire monsieur votre fils ; et je vous trouve bien heureux de vous voir un garçon comme cela.

MONSIEUR DIAFOIRUS.

Monsieur, ce n'est pas parce que je suis son père ; mais je puis dire que j'ai sujet d'être content de lui, et que tous ceux qui le voient en parlent comme d'un garçon qui n'a point de méchanceté. Il n'a jamais eu l'imagination bien vive, ni ce feu d'esprit qu'on remarque dans quelques-uns ; mais c'est par là que j'ai toujours bien auguré de sa judiciaire, qualité requise pour l'exercice de notre art. Lorsqu'il étoit petit, il n'a jamais été ce qu'on appelle mièvre et éveillé. On le voyoit toujours doux, paisible et taciturne, ne disant jamais mot, et ne jouant jamais à tous ces petits jeux que l'on nomme enfantins. On eut toutes les peines du monde à lui apprendre à lire ; et il avoit neuf ans, qu'il ne connoissoit pas encore ses lettres. Bon, disois-je en moi-même, les arbres tardifs sont ceux qui portent les meilleurs fruits. On grave sur le marbre bien plus malaisément que sur le sable ; mais les choses y sont conservées bien plus longtemps ; et cette lenteur à comprendre, cette pesanteur d'imagination est la marque d'un bon jugement à venir. Lorsque je l'envoyai au collège, il trouva de la peine ; mais il se roidissoit contre les difficultés; et ses régents se louoient toujours à moi de son assiduité et de son travail. Enfin, à force de battre le fer, il en est venu glorieusement à avoir ses licences; et je puis dire, sans vanité, que, depuis deux ans qu'il est sur les bancs, il n'y a point de candidat qui ait fait plus de bruit que lui dans toutes les disputes de notre école. Il s'y est rendu redoutable; et il ne s'y passe point d'acte où il n'aille argumenter à outrance pour la proposition contraire. Il est ferme dans la dispute, fort comme un Turc sur ses principes, ne démord jamais de son opinion, et poursuit un raisonnement jusque dans les derniers recoins de la logique. Mais, sur toute chose, ce qui me plaît en lui, et en quoi il suit mon exemple, c'est qu'il s'attache aveuglément aux opinions de nos anciens, et que jamais il n'a voulu comprendre ni écouter les raisons et les expériences des prétendues découvertes de notre siècle, touchant la circulation du sang [1], et autres opinions de même farine. *

* Var. *Et autres opinions de même forme.* (1675.)

1. La circulation du sang avait été découverte par Harvey en 1619. Elle donna lieu en France à des discussions prolongées, qui n'étaient pas encore complètement apaisées au moment où Molière joua sa dernière pièce. Deux thèses négatives sur cette question furent encore soutenues, l'une en 1670, l'autre en 1672. La comédie de Molière a un digne pendant, c'est l'Arrêt burlesque de Boileau, qui est à peu près de la même époque que *le Malade imaginaire*, et qui a les mêmes origines. Cette raillerie fut conçue et exécutée en commun avec le médecin Bernier, l'ami de Molière; Bernier fit la requête et Boileau l'arrêt : Attendu « qu'une inconnue nommée la Raison », entr'autres méfaits, « par une procédure nulle de toute nullité, auroit attribué audit cœur la charge de recevoir le chyle, appartenant ci-devant au foie; comme aussi de faire voiturer le sang par tout le corps, avec plein pouvoir audit sang d'y vaguer, errer et circuler impunément par les veines et artères, n'ayant autre droit ni titre pour faire lesdites vexations, que la seule expérience, dont le témoignage n'a jamais été reçu dans lesdites écoles... La Cour... ordonne au chyle d'aller droit au foie sans plus passer par le cœur, et au foie de le recevoir; fait défense au sang d'être

THOMAS DIAFOIRUS. Il tire de sa poche une grande thèse roulée, qu'il présente à Angélique.

J'ai, contre les circulateurs, soutenu une thèse, qu'avec la permission (Saluant Argan.) de monsieur, j'ose présenter à mademoiselle, comme un hommage que je lui dois des prémices de mon esprit.

ANGÉLIQUE.

Monsieur, c'est pour moi un meuble inutile, et je ne me connois pas à ces choses-là.

TOINETTE, prenant la thèse.

Donnez, donnez. Elle est toujours bonne à prendre pour l'image : cela servira à parer notre chambre [1].

THOMAS DIAFOIRUS, saluant encore Argan.

Avec la permission aussi de monsieur, je vous invite à venir voir, l'un de ces jours, pour vous divertir, la dissection d'une femme, sur quoi je dois raisonner [2].

TOINETTE.

Le divertissement sera agréable. Il y en a qui donnent la comédie à leurs maîtresses ; mais donner une dissection est quelque chose de plus galant.

---

plus vagabond, errer et circuler dans le corps, sous peine d'être entièrement livré et abandonné à la Faculté de médecine, etc. »

Cette année 1673, Louis XIV instituait au Jardin des plantes une chaire spéciale d'anatomie « pour la propagation des découvertes nouvelles », et consacrait ainsi la défaite des anciennes doctrines, défaite à laquelle les boutades de Boileau et de Molière n'avaient certainement pas peu contribué.

1. « Elle sera bonne pour faire un châssis à une fenêtre de notre grenier. » (Édit. D. Elzévir.)

2. Dans *les Plaideurs*, Dandin dit à Isabelle :

N'avez-vous jamais vu donner la question ?...
Venez, je vous en veux faire passer l'envie.

Et, comme Isabelle répugne à cette aimable proposition, il ajoute

Bon ! cela fait toujours passer une heure ou deux.

Molière a probablement imité le trait des *Plaideurs*, joués cinq ans avant *le Malade imaginaire*.

MONSIEUR DIAFOIRUS.

Au reste, pour ce qui est des qualités requises pour le mariage et la propagation, je vous assure que, selon les règles de nos docteurs, il est tel qu'on le peut souhaiter; qu'il possède en un degré louable la vertu prolifique, et qu'il est du tempérament qu'il faut pour engendrer et procréer des enfants bien conditionnés [1].

ARGAN.

N'est-ce pas votre intention, monsieur, de le pousser à la cour, et d'y ménager pour lui une charge de médecin?

MONSIEUR DIAFOIRUS.

A vous en parler franchement, notre métier auprès des grands ne m'a jamais paru agréable; et j'ai toujours trouvé qu'il valoit mieux pour nous autres demeurer au public. Le public est commode. Vous n'avez à répondre de vos actions à personne; et, pourvu que l'on suive le courant des règles de l'art, on ne se met point en peine de tout ce qui peut arriver. Mais ce qu'il y a de fâcheux auprès des grands, c'est que, quand ils viennent à être malades, ils veulent absolument que leurs médecins les guérissent.

TOINETTE.

Cela est plaisant! et ils sont bien impertinents de vouloir que, vous autres messieurs, vous les guérissiez! Vous n'êtes point auprès d'eux pour cela; vous n'y êtes que pour recevoir vos pensions et leur ordonner des remèdes; c'est à eux à guérir s'ils peuvent.

---

[1]. C'est un trait de caractère, que ce cynisme innocent avec lequel M. Diafoirus parle des facultés procréatives de son fils. Comme beaucoup de gens de sa robe, il ne voit, dans ces explications assez peu décentes, que des détails physiologiques, et il ne soupçonne seulement pas que la présence d'Angélique soit une raison pour s'en abstenir. (AUGER.)

MONSIEUR DIAFOIRUS.

Cela est vrai. On n'est obligé qu'à traiter les gens dans les formes.

ARGAN, à Cléante.

Monsieur, faites un peu chanter ma fille devant la compagnie.

CLÉANTE.

J'attendois vos ordres, monsieur; et il m'est venu en pensée, pour divertir la compagnie, de chanter avec mademoiselle une scène d'un petit opéra qu'on a fait depuis peu. (A Angélique, lui donnant un papier.) Tenez, voilà votre partie.

ANGÉLIQUE.

Moi ?

CLÉANTE, bas, à Angélique.

Ne vous défendez point, s'il vous plaît, et me laissez vous faire comprendre ce que c'est que la scène que nous devons chanter. (Haut.) Je n'ai pas une voix à chanter; mais ici il suffit* que je me fasse entendre; et l'on aura la bonté de m'excuser, par la nécessité où je me trouve de faire chanter mademoiselle [1].

ARGAN.

Les vers en sont-ils beaux?

CLÉANTE.

C'est proprement ici un petit opéra impromptu; et vous n'allez entendre chanter que de la prose cadencée, ou des manières de vers libres [2], tels que la passion et la nécessité peuvent faire trouver à deux personnes qui disent les choses d'eux-mêmes, et parlent sur-le-champ.

* VAR. *Mais il suffit.* (1675.)

1. Molière a successivement reproduit cette situation dans *l'Étourdi, l'École des Maris, l'Amour médecin, le Sicilien, l'Avare.*
2. On peut faire remarquer cette idée d'une prose cadencée, dont l'emploi est si fréquent dans Molière.

ARGAN.

Fort bien. Écoutons.

CLÉANTE[1].

Voici le sujet de la scène. Un berger étoit attentif aux beautés d'un spectacle qui ne faisoit que de commencer, lorsqu'il fut tiré de son attention par un bruit qu'il entendit à ses côtés. Il se retourne, et voit un brutal qui, de paroles insolentes, maltraitoit une bergère. D'abord il prend les intérêts d'un sexe à qui tous les hommes doivent hommage; et, après avoir donné au brutal le châtiment de son insolence, il vient à la bergère, et voit une jeune personne qui, des deux plus beaux yeux qu'il eût jamais vus, versoit des larmes qu'il trouva les plus belles du monde. Hélas! dit-il en lui-même, est-on capable d'outrager une personne si aimable? Et quel inhumain, quel barbare ne seroit touché par de telles larmes? Il prend soin de les arrêter, ces larmes qu'il trouve si belles; et l'aimable bergère prend soin en même temps de le remercier de son léger service, mais d'une manière si charmante, si tendre et si passionnée, que le berger n'y peut résister; et chaque mot, chaque regard* est un trait plein de flamme dont son cœur se sent pénétré. Est-il, disoit-il, quelque chose qui puisse mériter les aimables paroles d'un tel remerciement? Et que ne voudroit-on pas faire, à quels services, à quels dangers ne seroit-on pas ravi de courir, pour s'attirer un seul moment des touchantes douceurs d'une âme si reconnoissante? Tout le

---

* VAR. *N'y peut résister : chaque mot et chaque regard.* (1675.)

1. « Sous le nom d'un berger, il explique à sa maîtresse son amour depuis leur rencontre, et ensuite ils s'appliquent leurs pensées l'un à l'autre en chantant. » (Édit. de 1682.)

spectacle passe sans qu'il y donne aucune attention ; mais il se plaint qu'il est trop court, parce qu'en finissant il le sépare de son adorable bergère ; et, de cette première vue, de ce premier moment, il emporte chez lui tout ce qu'un amour de plusieurs années peut avoir de plus violent. Le voilà aussitôt à sentir tous les maux de l'absence, et il est tourmenté de ne plus voir ce qu'il a si peu vu. Il fait tout ce qu'il peut pour se redonner cette vue, dont il conserve nuit et jour une si chère idée ; mais la grande contrainte où l'on tient sa bergère lui en ôte tous les moyens. La violence de sa passion le fait résoudre à demander en mariage l'adorable beauté sans laquelle il ne peut plus vivre ; et il en obtient d'elle la permission, par un billet qu'il a l'adresse de lui faire tenir. Mais, dans le même temps, on l'avertit que le père de cette belle a conclu son mariage avec un autre, et que tout se dispose pour en célébrer la cérémonie[1]. Jugez quelle atteinte cruelle au cœur de ce triste berger ! Le voilà accablé d'une mortelle douleur ; il ne peut souffrir l'effroyable idée de voir tout ce qu'il aime entre les bras d'un autre ; et son amour,

---

1. Dans *Don Bertrand de Cigarral*, comédie de Thomas Corneille, jouée en 1650, il y a un récit tout semblable au récit de Cléante. Celui qui le fait raconte une aventure véritable où il a eu le bonheur de sauver sa maîtresse d'un grand danger : il peint, de même que Cléante, et dans la même intention, comment il s'est épris d'elle en cette occasion, et quels obstacles son amour rencontre dans l'entêtement d'un père qui veut donner sa fille à un autre, et dans la poursuite obstinée d'un rival, aussi sot que présomptueux. Ce père et ce rival, qui sont présents, croient que c'est une histoire qu'il invente à l'instant même pour les divertir. Sa maîtresse seule, qui est présente aussi, sait à quoi s'en tenir : elle entre dans le stratagème de son amant, et ils se donnent le plaisir de parler de leur tendresse, à la faveur de cette fiction. Une ressemblance si exacte ne peut être l'effet du hasard. Molière a emprunté cette idée à Th. Corneille, ou plutôt il l'a prise dans l'auteur espagnol, Francisco de Roxas, qu'a imité l'auteur de *Don Bertrand de Cigarral*.

au désespoir, lui fait trouver moyen de s'introduire dans la maison de sa bergère pour apprendre ses sentiments, et savoir d'elle la destinée à laquelle il doit se résoudre. Il y rencontre les apprêts de tout ce qu'il craint ; il y voit venir l'indigne rival que le caprice d'un père oppose aux tendresses de son amour ; il le voit triomphant, ce rival ridicule, auprès de l'aimable bergère, ainsi qu'auprès d'une conquête qui lui est assurée ; et cette vue le remplit d'une colère dont il a peine à se rendre le maître. Il jette de douloureux regards sur celle qu'il adore ; et son respect et la présence de son père l'empêchent de lui rien dire que des yeux. Mais enfin il force toute contrainte, et le transport de son amour l'oblige à lui parler ainsi[1] :
(Il chante.)

    Belle Philis, c'est trop, c'est trop souffrir ;
Rompons ce dur silence, et m'ouvrez vos pensées.
      Apprenez-moi ma destinée ;
      Faut-il vivre ? Faut-il mourir ?

        ANGÉLIQUE, en chantant.

Vous me voyez, Tircis, triste et mélancolique,
Aux apprêts de l'hymen dont vous vous alarmez :
Je lève au ciel les yeux, je vous regarde, je soupire :
    C'est vous en dire assez.

        ARGAN.

Ouais ! je ne croyois pas que ma fille fût si habile, que de chanter ainsi à livre ouvert, sans hésiter.

        CLÉANTE.

    Hélas ! belle Philis,
Se pourroit-il que l'amoureux Tircis

---

1. « Ils se sont levés tous deux, tandis que les autres demeurent assis. » (Édit. D. Elzévir.)

Eût assez de bonheur
Pour avoir quelque place dans votre cœur?
ANGÉLIQUE.
Je ne m'en défends point dans cette peine extrême ;
Oui, Tircis, je vous aime.
CLÉANTE.
O parole pleine d'appas !
Ai-je bien entendu ? Hélas !
Redites-la, Philis ; que je n'en doute pas.
ANGÉLIQUE.
Oui, Tircis, je vous aime.
CLÉANTE.
De grâce, encor, Philis !
ANGÉLIQUE.
Je vous aime.
CLÉANTE.
Recommencez cent fois ; ne vous en lassez pas.
ANGÉLIQUE.
Je vous aime, je vous aime ;
Oui, Tircis, je vous aime.
CLÉANTE.
Dieux, rois, qui sous vos pieds regardez tout le monde,
Pouvez-vous comparer votre bonheur au mien?
Mais, Philis, une pensée
Vient troubler ce doux transport.
Un rival, un rival...
ANGÉLIQUE.
Ah ! je le hais plus que la mort ;
Et sa présence, ainsi qu'à vous,
M'est un cruel supplice.
CLÉANTE.
Mais un père à ses vœux vous veut assujettir.

ANGÉLIQUE.

Plutôt, plutôt mourir,
Que de jamais y consentir ;
Plutôt, plutôt mourir, plutôt mourir [1] !

1. La Grange et Mlle Molière avaient beaucoup de succès dans cette scène, ainsi que le témoigne un auteur contemporain :

« BÉRÉLIE. Cette belle scène du *Malade imaginaire* a toujours eu sur le théâtre de Guénégaud un agrément qu'elle n'avoit jamais sur celui de l'Opéra. La Molière et La Grange, qui la chantent, n'ont cependant pas la voix du monde la plus belle : je doute même qu'ils entendent finement la musique ; et quoiqu'ils chantent par les règles, ce n'est point par leur chant qu'ils s'attirent une si générale approbation. Mais ils savent toucher le cœur ; ils peignent les passions : la peinture qu'ils en font est si vraisemblable, et leur jeu se cache si bien dans la nature, qu'on ne pense pas à distinguer la vérité de la seule apparence. En un mot, ils entendent admirablement bien le théâtre ; et leurs rôles ne réussissent jamais bien lorsqu'ils ne les jouent pas eux-mêmes.

« PHILÉMON. Tous ceux qui ont quelque goût pour le théâtre seront bien persuadés de ce que vous en dites. Mais l'actrice et l'acteur dont vous parlez ne doivent pas leurs plus grands succès à la manière délicate dont ils récitent. Leur extérieur a déjà quelque chose qui impose. Leur maintien a quelque chose de touchant. Leur jeu, comme vous l'avez remarqué vous-même, imite si bien la nature qu'ils font quelquefois des scènes muettes qui sont d'un grand goût pour tout le monde.

« BÉRÉLIE. J'ai porté cent fois cette réflexion plus loin que vous ; j'ai remarqué souvent que la Molière et La Grange font voir beaucoup de jugement dans leur récit, et que leur jeu continue encore, lors même que leur rôle est fini. Ils ne sont jamais inutiles sur le théâtre. Ils jouent presque aussi bien quand ils écoutent que lorsqu'ils parlent. Leurs regards ne sont pas dissipés ; leurs yeux ne parcourent pas les loges ; ils savent que leur salle est remplie, mais ils parlent, ils agissent, comme s'ils ne voyoient que ceux qui ont part à leur rôle, à leur action. Ils sont propres et magnifiques, sans rien faire paroître d'affecté. Ils se mettent parfaitement bien ; ils ont soin de leur parure, avant que de se faire voir ; ils n'y pensent plus quand ils sont sur la scène ; et si la Molière retouche quelquefois à ses cheveux, si elle raccommode ses nœuds ou ses pierreries, ces petites façons cachent une satire judicieuse et naturelle. Elle entre par là dans le ridicule des femmes qu'elle veut jouer. Mais enfin, avec tous ces avantages, elle ne plairoit pas tant si sa voix étoit moins touchante. Elle en est si persuadée elle-même que l'on voit bien qu'elle prend autant de divers tons qu'elle a de rôles différents ; et quoique la comédie soit un spectacle, j'ai toujours

ARGAN.

Et que dit le père à tout cela?

CLÉANTE.

Il ne dit rien.

ARGAN.

Voilà un sot père que ce père-là, de souffrir toutes ces sottises-là sans rien dire!

CLÉANTE, voulant continuer à chanter.

Ah! mon amour...

ARGAN.

Non, non; en voilà assez. Cette comédie-là est de fort mauvais exemple. Le berger Tircis est un impertinent, et la bergère Philis une impudente de parler de la sorte devant son père. (A Angélique.) Montrez-moi ce papier. Ah! ah! où sont donc les paroles que vous avez dites? Il n'y a là que de la musique écrite.

CLÉANTE.

Est-ce que vous ne savez pas, monsieur, qu'on a trouvé, depuis peu, l'invention d'écrire les paroles avec les notes mêmes [1]?

ARGAN.

Fort bien. Je suis votre serviteur, monsieur; jusqu'au

cru qu'au théâtre, comme ailleurs, les gens délicats préfèrent souvent le plaisir d'entendre à celui de voir.

« PHILÉMON. On seroit surpris de cette pensée si l'on n'étoit accoutumé à la délicatesse de tout ce que vous imaginez. Quoique ce que vous avancez n'ait jamais besoin de nulle preuve, j'ajouterai à votre réflexion que rien ne vous plaît tant que ce qui est naturel, et que rien ne l'est davantage qu'une passion qui se fait voir comme elle est. » (*Entretiens galants*. Paris, Ribou, 1781, tome II, *sixième Entretien, sur la musique*.)

1. La défaite est plaisante. Dans la pièce supposée par Daniel Elzévir, Isabelle (Angélique) en trouve une autre plus vraisemblable, mais moins piquante : « Le couplet qu'il a chanté et celui que j'ai repris ne sont pas si nouveaux qu'il nous le veut faire accroire; je le sais il y a plus de deux mois; et les gens nous font souvent valoir ce qu'ils nous débitent, pour nous le faire trouver meilleur. »

revoir. Nous nous serions bien passés de votre impertinent d'opéra.

CLÉANTE.

J'ai cru vous divertir.

ARGANTE.

Les sottises ne divertissent point. Ah! voici ma femme.

SCÈNE VII.

BÉLINE, ARGAN, ANGÉLIQUE, MONSIEUR DIAFOIRUS, THOMAS DIAFOIRUS, TOINETTE.

ARGAN.

Mamour, voilà le fils de monsieur Diafoirus.

THOMAS DIAFOIRUS[1].

Madame, c'est avec justice que le ciel vous a concédé le nom de belle-mère, puisque l'on voit sur votre visage...

BÉLINE.

Monsieur, je suis ravie d'être venue ici à propos, pour avoir l'honneur de vous voir.

THOMAS DIAFOIRUS.

Puisque l'on voit sur votre visage... puisque l'on voit sur votre visage...* Madame, vous m'avez interrompu dans le milieu de ma période, et cela m'a troublé la mémoire.

MONSIEUR DIAFOIRUS.

Thomas, réservez cela pour une autre fois.

---

* Dans l'édition de 1675, Thomas Diafoirus ne répète qu'une fois : « Puisque l'on voit sur votre visage. »

1. « Il commence un compliment qu'il avoit étudié, et, la mémoire lui manquant, il ne peut le continuer. » (Édition de 1682.)

ARGAN.

Je voudrois, mamie, que vous eussiez été ici tantôt.

TOINETTE.

Ah! madame, vous avez bien perdu de n'avoir point été au second père, à la statue de Memnon, et à la fleur nommée héliotrope.

ARGAN.

Allons, ma fille, touchez dans la main de monsieur, et lui donnez votre foi, comme à votre mari.

ANGÉLIQUE.

Mon père!

ARGAN.

Hé bien! mon père! Qu'est-ce que cela veut dire?

ANGÉLIQUE.

De grâce, ne précipitez pas les choses. Donnez-nous au moins le temps de nous connoître, et de voir naître en nous, l'un pour l'autre, cette inclination si nécessaire à composer une union parfaite.

THOMAS DIAFOIRUS.

Quant à moi, mademoiselle, elle est déjà toute née en moi; et je n'ai pas besoin d'attendre davantage.

ANGÉLIQUE.

Si vous êtes si prompt, monsieur, il n'en est pas de même de moi; et je vous avoue que votre mérite n'a pas encore assez fait d'impression dans mon âme.

ARGAN.

Oh! bien, bien; cela aura tout le loisir de se faire quand vous serez mariés ensemble.

ANGÉLIQUE.

Hé! mon père, donnez-moi du temps, je vous prie. Le mariage est une chaîne où l'on ne doit jamais soumettre un cœur par force; et si monsieur est honnête homme, il ne doit point vouloir accepter une personne qui seroit à lui par contrainte.

THOMAS DIAFOIRUS.

Nego consequentiam, mademoiselle; et je puis être honnête homme, et vouloir bien vous accepter des mains de monsieur votre père.

ANGÉLIQUE.

C'est un méchant moyen de se faire aimer de quelqu'un, que de lui faire violence.

THOMAS DIAFOIRUS.

Nous lisons des anciens, mademoiselle, que leur coutume étoit d'enlever par force, de la maison des pères, les filles qu'on menoit marier, afin qu'il ne semblât pas que ce fût de leur consentement qu'elles convoloient dans les bras d'un homme.

ANGÉLIQUE.

Les anciens, monsieur, sont les anciens; et nous sommes les gens de maintenant. Les grimaces ne sont point nécessaires dans notre siècle; et, quand un mariage nous plaît, nous savons fort bien y aller sans qu'on nous y traîne. Donnez-vous patience; si vous m'aimez, monsieur, vous devez vouloir tout ce que je veux.

THOMAS DIAFOIRUS.

Oui, mademoiselle, jusqu'aux intérêts de mon amour exclusivement.

ANGÉLIQUE.

Mais la grande marque d'amour, c'est d'être soumis aux volontés de celle qu'on aime.

THOMAS DIAFOIRUS.

Distinguo, mademoiselle. Dans ce qui ne regarde point

sa possession, *concedo*; mais dans ce qui la regarde, *nego* [1].

TOINETTE, à Angélique.

Vous avez beau raisonner. Monsieur est frais émoulu du collège; et il vous donnera toujours votre reste. Pourquoi tant résister, et refuser la gloire d'être attachée au corps de la Faculté?

BÉLINE.

Elle a peut-être quelque inclination en tête.

ANGÉLIQUE.

Si j'en avois, madame, elle seroit telle que la raison et l'honnêteté pourroient me la permettre.

ARGAN.

Ouais! je joue ici un plaisant personnage!

BÉLINE.

Si j'étois que de vous, mon fils, je ne la forcerois point à se marier; et je sais bien ce que je ferois.

ANGÉLIQUE.

Je sais, madame, ce que vous voulez dire, et les bontés que vous avez pour moi; mais peut-être que vos conseils ne seront pas assez heureux pour être exécutés.

BÉLINE.

C'est que les filles bien sages et bien honnêtes, comme vous, se moquent d'être obéissantes et soumises aux volontés de leurs pères. Cela étoit bon autrefois.

ANGÉLIQUE.

Le devoir d'une fille a des bornes, madame; et la

---

1. Angélique et Henriette, des *Femmes savantes*, sont à peu près dans la même situation. Elles cherchent à piquer de générosité l'homme que leurs parents, par un motif tout semblable, veulent leur faire épouser malgré elles; et elles éprouvent la même résistance. Trissotin oppose des raisons odieuses, et Thomas Diafoirus des arguments ridicules. (AUGER.)

raison et les lois ne l'étendent point à toutes sortes de choses.

BELINE.

C'est-à-dire que vos pensées ne sont que pour le mariage; mais vous voulez choisir un époux à votre fantaisie.

ANGÉLIQUE.

Si mon père ne veut pas me donner un mari qui me plaise, je le conjurerai, au moins, de ne me point forcer à en épouser un que je ne puisse pas aimer.

ARGAN.

Messieurs, je vous demande pardon de tout ceci.

ANGÉLIQUE.

Chacun a son but en se mariant. Pour moi, qui ne veux un mari que pour l'aimer véritablement, et qui prétends en faire tout l'attachement de ma vie, je vous avoue que j'y cherche quelque précaution. Il y en a d'aucunes qui prennent des maris seulement pour se tirer de la contrainte de leurs parents, et se mettre en état de faire tout ce qu'elles voudront. Il y en a d'autres, madame, qui font du mariage un commerce de pur intérêt; qui ne se marient que pour gagner des douaires, que pour s'enrichir par la mort de ceux qu'elles épousent, et courent sans scrupules de mari en mari, pour s'approprier leurs dépouilles. Ces personnes-là, à la vérité, n'y cherchent pas tant de façons, et regardent peu la personne[1].

---

1. Molière semble s'être souvenu ici d'un passage fameux de *Don Quichotte*, de celui où le brave chevalier, irrité contre l'aumônier du duc, qui l'a appelé *maître fou*, lui fait la plus verte semonce sur son défaut de charité, et semble lancer en l'air plusieurs traits qui tombent à plomb sur le bon ecclésiastique: « Je suis chevalier, lui dit-il, et tel je vivrai et mourrai, s'il plaît au Tout-Puissant. Les uns suivent aveuglément une ambition orgueilleuse et déréglée; d'autres se glissent adroitement dans le monde

BÉLINE.

Je vous trouve aujourd'hui bien raisonnante, et je voudrois bien savoir ce que vous voulez dire par là.

ANGÉLIQUE.

Moi, madame? Que voudrois-je dire que ce que je dis?

BÉLINE.

Vous êtes si sotte, mamie, qu'on ne sauroit plus vous souffrir.

ANGÉLIQUE.

Vous voudriez bien, madame, m'obliger à vous répondre quelque impertinence; mais je vous avertis que vous n'aurez pas cet avantage.

BÉLINE.

Il n'est rien d'égal à votre insolence.

ANGÉLIQUE.

Non, madame, vous avez beau dire.

BÉLINE.

Et vous avez un ridicule orgueil, une impertinente présomption, qui fait hausser les épaules à tout le monde.

ANGÉLIQUE.

Tout cela, madame, ne servira de rien. Je serai sage en dépit de vous; et, pour vous ôter l'espérance de pouvoir réussir dans ce que vous voulez, je vais m'ôter de votre vue.

par une flatterie basse et servile; d'autres, par des actions modestes, un extérieur concerté, et sous une artificieuse hypocrisie, couvrent leurs mauvais desseins, et imposent à tout le monde; et d'autres marchent sincèrement, avec une grande pureté de cœur et des sentiments fort détachés, dans la véritable voie de la vertu et de la religion. Chacun a son but et sa manière. Pour moi, poussé de mon étoile, et sans m'informer de la conduite des autres, je marche hardiment dans les sentiers étroits de la chevalerie errante, etc. » C'est dans Molière et dans Cervantes la même forme d'argumentation, la même suite, le même mouvement d'idées, et surtout le même art de frapper indirectement son ennemi.

SCÈNE VIII.

ARGAN, BÉLINE,
MONSIEUR DIAFOIRUS, THOMAS DIAFOIRUS,
TOINETTE.

ARGAN, à Angélique, qui sort.

Écoute. Il n'y a point de milieu à cela : choisis d'épouser dans quatre jours ou monsieur, ou un couvent. (A Béline.) Ne vous mettez pas en peine : je la rangerai bien.

BÉLINE.

Je suis fâchée de vous quitter, mon fils; mais j'ai une affaire en ville, dont je ne puis me dispenser. Je reviendrai bientôt.

ARGAN.

Allez, mamour; et passez chez votre notaire, afin qu'il expédie ce que vous savez.

BÉLINE.

Adieu, mon petit ami.

ARGAN.

Adieu, mamie.

SCÈNE IX.

ARGAN,
MONSIEUR DIAFOIRUS, THOMAS DIAFOIRUS,
TOINETTE.

ARGAN.

Voilà une femme qui m'aime... cela n'est pas croyable.

MONSIEUR DIAFOIRUS.

Nous allons, monsieur, prendre congé de vous.

ARGAN.

Je vous prie, monsieur, de me dire un peu comment je suis.

MONSIEUR DIAFOIRUS, tâtant le pouls d'Argan.

Allons, Thomas, prenez l'autre bras de monsieur, pour voir si vous saurez porter un bon jugement de son pouls. *Quid dicis?*

THOMAS DIAFOIRUS.

Dico que le pouls de monsieur est le pouls d'un homme qui ne se porte point bien.

MONSIEUR DIAFOIRUS.

Bon.

THOMAS DIAFOIRUS.

Qu'il est duriuscule, pour ne pas dire dur.

MONSIEUR DIAFOIRUS.

Fort bien.

THOMAS DIAFOIRUS.

Repoussant.

MONSIEUR DIAFOIRUS.

Bene.

THOMAS DIAFOIRUS.

Et même un peu caprisant[1].

MONSIEUR DIAFOIRUS.

Optime.

THOMAS DIAFOIRUS.

Ce qui marque une intempérie dans le *parenchyme splénique*, c'est-à-dire la rate[2].

1. Un pouls *capricant*, ou plutôt *caprisant*, est un pouls irrégulier et sautillant. Ce mot vient de *capra*, chèvre, soit parce que l'espèce de pouls qu'il désigne ressemble à celui de cet animal, soit parce qu'il a quelque rapport avec sa pétulance et sa brusquerie.

2. *Parenchyme*, la substance propre de chaque viscère, et *splénique*, qui appartient à la rate. Le tout signifie la rate, comme dit fort bien Thomas Diafoirus.

MONSIEUR DIAFOIRUS.

Fort bien.

ARGAN.

Non ; monsieur Purgon dit que c'est mon foie qui est malade.

MONSIEUR DIAFOIRUS.

Eh oui : qui dit *parenchyme* dit l'un et l'autre, à cause de l'étroite sympathie qu'ils ont ensemble par le moyen du *vas breve*[1], du *pylore*[2], et souvent des *méats cholidoques*[3]. Il vous ordonne sans doute de manger force rôti.

ARGAN.

Non ; rien que du bouilli.

MONSIEUR DIAFOIRUS.

Eh oui : rôti, bouilli, même chose. Il vous ordonne fort prudemment, et vous ne pouvez être entre de meilleures mains.

ARGAN.

Monsieur, combien est-ce qu'il faut mettre de grains de sel dans un œuf ?

MONSIEUR DIAFOIRUS.

Six, huit, dix, par les nombres pairs, comme dans les médicaments, par les nombres impairs.

ARGAN.

Jusqu'au revoir, monsieur.

---

1. *Vas breve*, mots purement latins, qui désignent un vaisseau situé au fond de l'estomac, et ainsi appelé à cause de sa brièveté, de son peu de longueur.
2. *Pylore*, orifice inférieur de l'estomac, par où les aliments digérés entrent dans les intestins.
3. *Méats cholidoques*, ou plus ordinairement *cholédoques*, conduits par où la bile qui vient du foie est versée dans l'intestin duodénum.

SCÈNE X.

BÉLINE, ARGAN.

BÉLINE.

Je viens, mon fils, avant que de sortir, vous donner avis d'une chose, à laquelle il faut que vous preniez garde. En passant par devant la chambre d'Angélique, j'ai vu un jeune homme avec elle, qui s'est sauvé d'abord qu'il m'a vue.

ARGAN.

Un jeune homme avec ma fille!

BÉLINE.

Oui. Votre petite fille Louison étoit avec eux, qui pourra vous en dire des nouvelles.

ARGAN.

Envoyez-la ici, mamour, envoyez-la ici. Ah! l'effrontée! (seul.) Je ne m'étonne plus de sa résistance.

SCÈNE XI.

ARGAN, LOUISON.

LOUISON.

Qu'est-ce que vous voulez, mon papa? ma belle-maman m'a dit que vous me demandez.

ARGAN.

Oui. Venez çà. Avancez là. Tournez-vous. Levez les yeux. Regardez-moi. Hé?

LOUISON.

Quoi, mon papa?

ARGAN.

Là.

ACTE II, SCÈNE XI.

LOUISON.

Quoi?

ARGAN.

N'avez-vous rien à me dire?

LOUISON.

Je vous dirai, si vous voulez, pour vous désennuyer, le conte de *Peau d'Ane*, ou bien la fable du *Corbeau et du Renard*, qu'on m'a apprise depuis peu [1].

ARGAN.

Ce n'est pas là ce que je demande.

LOUISON.

Quoi donc?

ARGAN.

Ah! rusée, vous savez bien ce que je veux dire!

LOUISON.

Pardonnez-moi, mon papa.

ARGAN.

Est-ce là comme vous m'obéissez?

LOUISON.

Quoi?

ARGAN.

Ne vous ai-je pas recommandé de me venir dire d'abord tout ce que vous voyez?

LOUISON.

Oui, mon papa.

ARGAN.

L'avez-vous fait?

---

1. Perrault ne publia le conte de *Peau d'Ane* qu'en 1694. Il le recueillit de la bouche des nourrices et des petits enfants, comme le constate ce passage de Molière (écrit en 1673), et comme on peut le voir dans le *Recueil des pièces curieuses et nouvelles, tant en prose qu'en vers;* la Haye, 1694, tome II, page 21.

LOUISON.

Oui, mon papa. Je vous suis venue dire tout ce que j'ai vu.

ARGAN.

Et n'avez-vous rien vu aujourd'hui?

LOUISON.

Non, mon papa.

ARGAN.

Non?

LOUISON.

Non, mon papa.

ARGAN.

Assurément?

LOUISON.

Assurément.

ARGAN.

Oh çà, je m'en vais vous faire voir quelque chose, moi. (Il va prendre une poignée de verges.)

LOUISON.

Ah! mon papa!

ARGAN.

Ah! ah! petite masque, vous ne me dites pas que vous avez vu un homme dans la chambre de votre sœur!

LOUISON, pleurant.

Mon papa!

ARGAN, prenant Louison par le bras.

Voici qui vous apprendra à mentir.

LOUISON, se jetant à genoux.

Ah! mon papa, je vous demande pardon. C'est que ma sœur m'avoit dit de ne pas vous le dire; mais je m'en vais vous dire tout.

ARGAN.

Il faut premièrement que vous ayez le fouet pour avoir menti. Puis, après, nous verrons au reste.

LOUISON.

Pardon, mon papa.

ARGAN.

Non, non.

LOUISON.

Mon pauvre papa, ne me donnez pas le fouet.

ARGAN.

Vous l'aurez.

LOUISON.

Au nom de Dieu, mon papa, que je ne l'aie pas!

ARGAN, la prenant pour la fouetter.

Allons, allons.

LOUISON.

Ah! mon papa, vous m'avez blessée. Attendez : je suis morte. (Elle contrefait la morte.)

ARGAN.

Holà! Qu'est-ce là? Louison, Louison! Ah! mon Dieu! Louison! Ah! ma fille! Ah! malheureux! ma pauvre fille est morte! Qu'ai-je fait, misérable! Ah! chiennes de verges! La peste soit des verges! Ah! ma pauvre fille, ma pauvre petite Louison!

LOUISON.

Là, là, mon papa, ne pleurez point tant : je ne suis pas morte tout à fait. *

ARGAN.

Voyez-vous la petite rusée? Oh! çà, çà, je vous pardonne pour cette fois-ci, pourvu que vous me disiez bien tout.

VAR. *Je ne suis pas encore morte tout à fait* (1675).

LOUISON.

Oh! oui, mon papa.

ARGAN.

Prenez-y bien garde, au moins : car voilà un petit doigt qui sait tout, et qui me dira si vous mentez.

LOUISON.

Mais, mon papa, ne dites pas à ma sœur que je vous l'ai dit.

ARGAN.

Non, non.

LOUISON, après avoir regardé si personne n'écoute.

C'est, mon papa, qu'il est venu un homme dans la chambre de ma sœur, comme j'y étois.

ARGAN.

Hé bien?

LOUISON.

Je lui ai demandé ce qu'il demandoit, et il m'a dit qu'il étoit son maître à chanter.

ARGAN, à part.

Hon! hon! voilà l'affaire. (A Louison.) Hé bien?

LOUISON.

Ma sœur est venue après.

ARGAN.

Hé bien?

LOUISON.

Elle lui a dit : Sortez, sortez, sortez; mon Dieu! sortez; vous me mettez au désespoir.

ARGAN.

Hé bien?

LOUISON.

Et lui, il ne vouloit pas sortir.

ARGAN.

Qu'est-ce qu'il lui disoit?

LOUISON.

Il lui disoit je ne sais combien de choses.

ARGAN.

Et quoi encore?

LOUISON.

Il lui disoit tout ci, tout ça, qu'il l'aimoit bien, et qu'elle étoit la plus belle du monde.

ARGAN.

Et puis après?

LOUISON.

Et puis après, il se mettoit à genoux devant elle.

ARGAN.

Et puis après?

LOUISON.

Et puis après, il lui baisoit les mains.

ARGAN.

Et puis après?

LOUISON.

Et puis après, ma belle-maman est venue à la porte, et il s'est enfui.

ARGAN.

Il n'y a point autre chose?

LOUISON.

Non, mon papa.

ARGAN.

Voilà mon petit doigt pourtant qui gronde quelque chose. (Mettant son doigt à son oreille.) Attendez. Hé! Ah! ah! Oui? Oh, oh! Voilà mon petit doigt qui me dit quelque chose que vous avez vu, et que vous ne m'avez pas dit.

LOUISON.

Ah! mon papa, votre petit doigt est un menteur.

ARGAN.

Prenez garde.

LOUISON.

Non, mon papa; ne le croyez pas : il ment, je vous assure.

ARGAN.

Oh bien, bien, nous verrons cela. Allez-vous-en, et prenez bien garde à tout : allez.* (Seul.) Ah! il n'y a plus d'enfants¹! Ah! que d'affaires! Je n'ai pas seulement le loisir de songer à ma maladie. En vérité, je n'en puis plus. (Il se remet dans sa chaise.)

* Ces mots : « Allez. Ah! il n'y a plus d'enfants », ne sont pas dans l'édition de 1675.

1. « Mais si nous voulons, nous modernes, connaître la manière dont nous devons nous y prendre aujourd'hui pour réussir sur la scène, Molière est l'homme auquel nous devons nous adresser. Connaissez-vous son *Malade imaginaire?* Il y a une scène qui, toutes les fois que je lis la pièce, me semble toujours le symbole de la parfaite connaissance des planches. Je parle de la scène où le malade imaginaire demande à sa petite Louison si un jeune homme n'est pas allé dans la chambre de sa sœur aînée. Un autre poète, qui n'aurait pas su son métier comme Molière, aurait fait raconter par la petite Louison, tout simplement et de suite, ce qui s'est passé, et tout était fini. Mais quelle vie, quel effet dans tout ce que Molière invente pour retarder ce récit! D'abord il représente la petite Louison faisant comme si elle ne comprenait pas son père; puis elle nie savoir quelque chose; puis, menacée de verges, elle se laisse tomber comme morte; puis, comme son père laisse éclater son désespoir, elle sort tout à coup de son feint évanouissement avec toute son espiègle gaieté, et enfin tout se raconte peu à peu. Mon explication ne vous donne que la plus maigre idée de la vie de cette scène; mais lisez-la, pénétrez-vous de sa valeur théâtrale, et vous avouerez qu'elle renferme plus de leçons pratiques que toutes les théories. Je connais et j'aime Molière depuis ma jeunesse, et, pendant toute ma vie, j'ai appris de lui. Je ne manque pas de lire chaque année quelques-unes de ses pièces, pour me maintenir toujours en commerce avec la perfection. Ce n'est pas seulement une expérience d'artiste achevé qui me ravit en lui, c'est surtout l'aimable naturel, c'est la haute culture de l'âme du poète. Il y a en lui une grâce, un tact des convenances, un ton délicat de bonne compagnie que pouvait seule atteindre une nature comme la sienne, qui, étant née belle par elle-même, a joui du commerce journalier des hommes les plus remarquables de son siècle. De Ménandre, je ne connais que ses quelques fragments, mais ils me donnent aussi de lui une si haute idée que je tiens ce grand Grec pour le seul homme qui puisse être comparé à Molière. » (*Conversations de Gœthe*, recueillies par Eckermann, traduites par E. Delerot, tome Ier, page 322.)

SCÈNE XII.

BÉRALDE, ARGAN.

BÉRALDE.

Hé bien, mon frère! qu'est-ce? Comment vous portez-vous?

ARGAN.

Ah! mon frère, fort mal.

BÉRALDE.

Comment! fort mal?

ARGAN.

Oui, je suis dans une foiblesse si grande que cela n'est pas croyable.

BÉRALDE.

Voilà qui est fâcheux.

ARGAN.

Je n'ai pas seulement la force de pouvoir parler.

BÉRALDE.

J'étois venu ici, mon frère, vous proposer un parti pour ma nièce Angélique.

ARGAN, parlant avec emportement, et se levant de sa chaise.

Mon frère, ne me parlez point de cette coquine-là. C'est une friponne, une impertinente, une effrontée que je mettrai dans un couvent avant qu'il soit deux jours.

BÉRALDE.

Ah! voilà qui est bien! Je suis bien aise que la force vous revienne un peu, et que ma visite vous fasse du bien. Oh çà, nous parlerons d'affaires tantôt. Je vous amène ici un divertissement que j'ai rencontré, qui dissipera votre chagrin, et vous rendra l'âme mieux disposée aux choses que nous avons à dire. Ce sont des Égyptiens vêtus en Mores, qui font des danses mêlées de chansons, où je suis sûr que vous prendrez plaisir; et cela vaudra bien une ordonnance de monsieur Purgon. Allons.

DEUXIÈME INTERMÈDE.

Le frère du Malade imaginaire lui amène, pour le divertir, plusieurs Égyptiens et Égyptiennes, vêtus en Mores, qui font des danses entremêlées de chansons.

PREMIÈRE FEMME MORE.

Profitez du printemps
De vos beaux ans,
Aimable jeunesse;
Profitez du printemps
De vos beaux ans,
Donnez-vous à la tendresse.

Les plaisirs les plus charmants,
Sans l'amoureuse flamme,
Pour contenter une âme
N'ont point d'attraits assez puissants.

Profitez du printemps
De vos beaux ans,
Aimable jeunesse;
Profitez du printemps
De vos beaux ans;
Donnez-vous à la tendresse.

Ne perdez point ces précieux moments;
La beauté passe,
Le temps l'efface;

L'âge de glace
Vient à sa place,
Qui nous ôte le goût de ces doux passe-temps.

Profitez du printemps
De vos beaux ans,
Aimable jeunesse;
Profitez du printemps
De vos beaux ans;
Donnez-vous à la tendresse.

PREMIÈRE ENTRÉE DE BALLET.

Danse des Égyptiens et des Égyptiennes.

SECONDE FEMME MORE.

Quand d'aimer on nous presse,
A quoi songez-vous?
Nos cœurs, dans la jeunesse,
N'ont vers la tendresse
Qu'un penchant trop doux.
L'amour a, pour nous prendre,
De si doux attraits
Que, de soi, sans attendre,
On voudroit se rendre
A ses premiers traits;
Mais tout ce qu'on écoute
Des vives douleurs
Et des pleurs qu'il nous coûte,
Fait qu'on en redoute
Toutes les douceurs.

TROISIÈME FEMME MORE.

Il est doux, à notre âge,

D'aimer tendrement
Un amant
Qui s'engage ;
Mais, s'il est volage,
Hélas! quel tourment!

QUATRIÈME FEMME MORE.

L'amant qui se dégage
N'est pas le malheur;
La douleur
Et la rage,
C'est que le volage
Garde notre cœur.

SECONDE FEMME MORE.

Quel parti faut-il prendre
Pour nos jeunes cœurs?

QUATRIÈME FEMME MORE.

Devons-nous nous y rendre,
Malgré ses rigueurs?

ENSEMBLE.

Oui, suivons ses ardeurs,
Ses transports, ses caprices,
Ses douces langueurs :
S'il a quelques supplices,
Il a cent délices
Qui charment les cœurs[1].

SECONDE ENTRÉE DE BALLET.

Tous les Mores dansent ensemble, et font sauter des singes qu'ils ont amenés avec eux.

1. L'éditeur du Molière in-4º, 1734, n'a mis dans cet intermède que deux interlocuteurs, *un Égyptien et une Égyptienne,* au lieu des quatre

femmes mores qu'on voit ici. Il a fait un autre changement plus considérable. Après ces deux vers que chante la quatrième femme more :

> Quel parti faut-il prendre
> Pour nos jeunes cœurs ?

il termine ainsi l'intermède :

> L'ÉGYPTIENNE.
> Faut-il nous en défendre
> Et fuir ses douceurs ?
> L'ÉGYPTIEN.
> Devons-nous nous y rendre,
> Malgré ses rigueurs ?
> TOUS DEUX ENSEMBLE.
> Oui, suivons ses caprices,
> Ses douces langueurs ;
> S'il a quelques supplices,
> Il a cent délices
> Qui charment les cœurs.

La partition manuscrite de Charpentier indique les noms des chanteurs qui prirent part à cet intermède : MM. Hardy, Guay, Poussin, et Mlle Babet.

ACTE TROISIÈME[1].

SCÈNE PREMIÈRE.

BÉRALDE, ARGAN, TOINETTE.

BÉRALDE.

Hé bien! mon frère, qu'en dites-vous? Cela ne vaut-il pas bien une prise de casse?

TOINETTE.

Hon! de bonne casse est bonne.

BÉRALDE.

Oh çà! voulez-vous que nous parlions un peu ensemble?

ARGAN.

Un peu de patience, mon frère : je vais revenir.

TOINETTE.

Tenez, monsieur, vous ne songez pas que vous ne sauriez marcher sans bâton.

ARGAN.

Tu as raison.

---

1. « Cet acte entier n'est point dans les éditions précédentes de la prose de monsieur Molière; le voici rétabli sur l'original de l'auteur. » (Édition de 1682.) On trouvera à la fin de la pièce ce troisième acte tel qu'il avait été imprimé avant 1682.

SCÈNE II.

BÉRALDE, TOINETTE.

TOINETTE.

N'abandonnez pas, s'il vous plaît, les intérêts de votre nièce.

BÉRALDE.

J'emploierai toutes choses pour lui obtenir ce qu'elle souhaite.

TOINETTE.

Il faut absolument empêcher ce mariage extravagant qu'il s'est mis dans la fantaisie; et j'avois songé en moi-même que ç'auroit été une bonne affaire, de pouvoir introduire ici un médecin à notre poste[1], pour le dégoûter de son monsieur Purgon, et lui décrier sa conduite. Mais, comme nous n'avons personne en main pour cela, j'ai résolu de jouer un tour de ma tête.

BÉRALDE.

Comment?

TOINETTE.

C'est une imagination burlesque. Cela sera peut-être plus heureux que sage. Laissez-moi faire. Agissez de votre côté. Voici notre homme.

---

1. *Poste* aussi, avec une diction possessive (un pronom possessif), signifie *façon, manière, volonté, guise,* comme : Il est fait *à ma poste;* il luy a aposté ou baillé des tesmoins faits *à sa poste.* (NICOT.)

C'est l'ancien mot *poëste,* dérivé du latin *potestas.*

SCÈNE III.

ARGAN, BÉRALDE.

BÉRALDE.

Vous voulez bien, mon frère, que je vous demande, avant toute chose, de ne vous point échauffer l'esprit dans notre conversation.

ARGAN.

Voilà qui est fait.

BÉRALDE.

De répondre sans nulle aigreur aux choses que je pourrai vous dire.

ARGAN.

Oui.

BÉRALDE.

Et de raisonner ensemble sur les affaires dont nous avons à parler, avec un esprit détaché de toute passion.

ARGAN.

Mon Dieu ! oui. Voilà bien du préambule.

BÉRALDE.

D'où vient, mon frère, qu'ayant le bien que vous avez, et n'ayant d'enfants qu'une fille, car je ne compte pas la petite; d'où vient, dis-je, que vous parlez de la mettre dans un couvent?

ARGAN.

D'où vient, mon frère, que je suis maître dans ma famille, pour faire ce que bon me semble?

BÉRALDE.

Votre femme ne manque pas de vous conseiller de vous défaire ainsi de vos deux filles; et je ne doute point que, par un esprit de charité, elle ne fût ravie de les voir toutes deux bonnes religieuses.

ARGAN.

Oh çà! nous y voici. Voilà tout d'abord la pauvre femme en jeu. C'est elle qui fait tout le mal, et tout le monde lui en veut.

BÉRALDE.

Non, mon frère; laissons-la là : c'est une femme qui a les meilleures intentions du monde pour votre famille, et qui est détachée de toute sorte d'intérêt ; qui a pour vous une tendresse merveilleuse, et qui montre pour vos enfants une affection et une bonté qui n'est pas concevable; cela est certain. N'en parlons point, et revenons à votre fille. Sur quelle pensée, mon frère, la voulez-vous donner en mariage au fils d'un médecin?

ARGAN.

Sur la pensée, mon frère, de me donner un gendre tel qu'il me faut.

BÉRALDE.

Ce n'est point là, mon frère, le fait de votre fille; et il se présente un parti plus sortable pour elle.

ARGAN.

Oui; mais celui-ci, mon frère, est plus sortable pour moi.

BÉRALDE.

Mais le mari qu'elle doit prendre doit-il être, mon frère, ou pour elle, ou pour vous?

ARGAN.

Il doit être, mon frère, et pour elle et pour moi; et je veux mettre dans ma famille les gens dont j'ai besoin.

BÉRALDE.

Par cette raison-là, si votre petite étoit grande, vous lui donneriez en mariage un apothicaire?

ARGAN.

Pourquoi non?

BÉRALDE.

Est-il possible que vous serez toujours embéguiné de vos apothicaires et de vos médecins, et que vous vouliez être malade en dépit des gens et de la nature!

ARGAN.

Comment l'entendez-vous, mon frère?

BÉRALDE.

J'entends, mon frère, que je ne vois point d'homme qui soit moins malade que vous, et que je ne demanderois point une meilleure constitution que la vôtre. Une grande marque que vous vous portez bien, et que vous avez un corps parfaitement bien composé, c'est qu'avec tous les soins que vous avez pris, vous n'avez pu parvenir encore à gâter la bonté de votre tempérament, et que vous n'êtes point crevé de toutes les médecines qu'on vous a fait prendre.

ARGAN.

Mais savez-vous, mon frère, que c'est cela qui me conserve; et que monsieur Purgon dit que je succomberois, s'il étoit seulement trois jours sans prendre soin de moi?

BÉRALDE.

Si vous n'y prenez garde, il prendra tant de soin de vous qu'il vous envoiera en l'autre monde.

ARGAN.

Mais raisonnons un peu, mon frère. Vous ne croyez donc point à la médecine?

BÉRALDE.

Non, mon frère; et je ne vois pas que, pour son salut, il soit nécessaire d'y croire.

ARGAN.

Quoi! vous ne tenez pas véritable une chose établie par tout le monde, et que tous les siècles ont révérée¹?

BÉRALDE.

Bien loin de la tenir véritable, je la trouve, entre nous, une des plus grandes folies qui soit parmi les hommes²; et à regarder les choses en philosophe, je ne vois point une plus plaisante momerie, je ne vois rien de plus ridicule qu'un homme qui se veut mêler d'en guérir un autre.

ARGAN.

Pourquoi ne voulez-vous pas, mon frère, qu'un homme en puisse guérir un autre?

BÉRALDE.

Par la raison, mon frère, que les ressorts de notre machine sont des mystères, jusques ici, où les hommes ne voient goutte; et que la nature nous a mis au devant des yeux des voiles trop épais pour y connoître quelque chose.

ARGAN.

Les médecins ne savent donc rien, à votre compte?

BÉRALDE.

Si fait, mon frère. Ils savent la plupart de fort belles humanités, savent parler en beau latin³, savent nommer

---

1. « Molière, a dit Perrault dans ses *Hommes illustres*, ne devoit pas tourner en ridicule les bons médecins, que l'Écriture nous enjoint d'honorer. » On a fait observer que Charles Perrault, qui était frère de Claude Perrault, médecin et naturaliste, plaidait un peu en cette circonstance « pour sa maison ».

2. « Une des plus grandes folies qui soit... » On écrirait aujourd'hui : « qui soient... » Mais l'autre forme était fréquemment employée du temps de Molière. Boileau écrit : « Je viens d'apprendre que M. de Soubise est un de ceux qui s'y est le plus signalé. »

3. Suivant le témoignage de Pline, les médecins de Rome affectaient de parler grec, comme les nôtres de parler latin, afin d'imposer davantage à

en grec toutes les maladies, les définir et les diviser ; mais pour ce qui est de les guérir, c'est ce qu'ils ne savent point du tout[1].

ARGAN.

Mais toujours faut-il demeurer d'accord que, sur cette matière, les médecins en savent plus que les autres.

BÉRALDE.

Ils savent, mon frère, ce que je vous ai dit, qui ne guérit pas de grand'chose : et toute l'excellence de leur art consiste en un pompeux galimatias, en un spécieux babil, qui vous donne des mots pour des raisons, et des promesses pour des effets.

ARGAN.

Mais enfin, mon frère, il y a des gens aussi sages et aussi habiles que vous; et nous voyons que, dans la maladie, tout le monde a recours aux médecins.

---

leurs malades, qui avaient d'autant plus de foi dans leurs paroles qu'ils les comprenaient moins. *Auctoritas aliter quam græce eam tractantibus, etiam apud imperitos expertesque linguæ, non est. Ac minus credunt quæ ad salutem suam pertinent, si intelligunt.* « A moins qu'un médecin ne parle grec, il est sans crédit, même auprès de ceux qui n'entendent pas cette langue. Ils ont moins foi aux choses qui intéressent leur santé lorsqu'elles sont intelligibles pour eux. »

1. Il faut comparer les discours de Béralde avec le chapitre xxxvii du livre deuxième des *Essais* de Montaigne.

Les discours d'Oronte (Béralde) dans l'édition de Daniel Elzévir sont beaucoup plus anodins. « Les médecins font leur métier et ne dégoûtent pas les hommes de l'usage des remèdes parce qu'ils n'y trouveroient pas leur compte, et qu'il faut que chacun gagne sa vie dans la profession qu'il a embrassée. Quelle apparence qu'un médecin sortît de chez un malade qui l'appelle, sans lui ordonner médecine, saignée ou lavement ? N'eût-il qu'une très légère émotion qui se peut passer par un peu de repos et quelque diète, si le médecin ne griffonne quelques lignes pour l'apothicaire, on croira qu'il ne sait rien, qu'il ne connoît pas la maladie, et on ne lui payera pas sa visite de bon cœur. Croyez-moi, mon frère, nous péchons tous par coutume ; nous dormons trop par coutume, nous buvons trop par coutume, nous prenons trop de remèdes par coutume, etc. »

BÉRALDE.

C'est une marque de la foiblesse humaine, et non pas de la vérité de leur art.

ARGAN.

Mais il faut bien que les médecins croient leur art véritable, puisqu'ils s'en servent pour eux-mêmes.

BÉRALDE.

C'est qu'il y en a parmi eux qui sont eux-mêmes dans l'erreur populaire, dont ils profitent; et d'autres qui en profitent sans y être. Votre monsieur Purgon, par exemple, n'y sait point de finesse; c'est un homme tout médecin, depuis la tête jusqu'aux pieds; un homme qui croit à ses règles plus qu'à toutes les démonstrations des mathématiques, et qui croiroit du crime à les vouloir examiner; qui ne voit rien d'obscur dans la médecine, rien de douteux, rien de difficile; et qui, avec une impétuosité de prévention, une roideur de confiance, une brutalité de sens commun et de raison, donne au travers des purgations et des saignées, et ne balance aucune chose. Il ne lui faut point vouloir mal de tout ce qu'il pourra vous faire : c'est de la meilleure foi du monde qu'il vous expédiera; et il ne fera, en vous tuant, que ce qu'il a fait à sa femme et à ses enfants, et ce qu'en un besoin il feroit à lui-même.

ARGAN.

C'est que vous avez, mon frère, une dent de lait contre lui[1]. Mais, enfin, venons au fait. Que faire donc quand on est malade?

---

1. « Avoir une dent contre quelqu'un, » c'est lui en vouloir, être toujours disposé à le mordre, à le déchirer; « avoir une dent de lait contre quelqu'un, » c'est avoir contre lui une haine ancienne, une haine qui remonte aux jours de l'enfance. (AUGER.)

BÉRALDE.

Rien, mon frère.

ARGAN.

Rien?

BÉRALDE.

Rien. Il ne faut que demeurer en repos. La nature, d'elle-même, quand nous la laissons faire, se tire doucement du désordre où elle est tombée. C'est notre inquiétude, c'est notre impatience qui gâte tout; et presque tous les hommes meurent de leurs remèdes, et non pas de leurs maladies.

ARGAN.

Mais il faut demeurer d'accord, mon frère, qu'on peut aider cette nature par de certaines choses.

BÉRALDE.

Mon Dieu! mon frère, ce sont de pures idées* dont nous aimons à nous repaître; et de tout temps il s'est glissé parmi les hommes de belles imaginations que nous venons à croire, parce qu'elles nous flattent, et qu'il seroit à souhaiter qu'elles fussent véritables. Lorsqu'un médecin vous parle d'aider, de secourir, de soulager la nature, de lui ôter ce qui lui nuit, et lui donner ce qui lui manque, de la rétablir, et de la remettre dans une pleine facilité de ses fonctions; lorsqu'il vous parle de rectifier le sang, de tempérer les entrailles et le cerveau, de dégonfler la rate, de raccommoder la poitrine, de réparer le foie, de fortifier le cœur, de rétablir et conserver la chaleur naturelle, et d'avoir des secrets pour étendre la vie à de longues années, il vous dit justement le roman de la médecine. Mais, quand vous en venez à la vérité et à l'expérience,

---

* VAR. *Ce sont pures idées.* (Edit. 1682, exemplaire de La Reynie.)

vous ne trouvez rien de tout cela; et il en est comme de ces beaux songes, qui ne vous laissent au réveil que le déplaisir de les avoir crus.

ARGAN.

C'est-à-dire que toute la science du monde est renfermée dans votre tête; et vous voulez en savoir plus que tous les grands médecins de notre siècle.

BÉRALDE.

Dans les discours et dans les choses, ce sont deux sortes de personnes que vos grands médecins. Entendez-les parler, les plus habiles gens du monde; voyez-les faire, les plus ignorants de tous les hommes.

ARGAN.

Hoy! vous êtes un grand docteur, à ce que je vois; et je voudrois bien qu'il y eût ici quelqu'un de ces messieurs pour rembarrer vos raisonnements, et rabaisser votre caquet.

BÉRALDE.

Moi, mon frère, je ne prends point à tâche de combattre la médecine; et chacun, à ses périls et fortune, peut croire tout ce qu'il lui plaît. Ce que j'en dis n'est qu'entre nous; et j'aurois souhaité de pouvoir un peu vous tirer de l'erreur où vous êtes, et, pour vous divertir, vous mener voir, sur ce chapitre, quelqu'une des comédies de Molière.

ARGAN.

C'est un bon impertinent que votre Molière, avec ses comédies! et je le trouve bien plaisant, d'aller jouer d'honnêtes gens comme les médecins!

BÉRALDE.

Ce ne sont point les médecins qu'il joue, mais le ridicule de la médecine.

ARGAN.

C'est bien à lui à faire¹, de se mêler de contrôler la médecine! Voilà un bon nigaud, un bon impertinent, de se moquer des consultations et des ordonnances, de s'attaquer au corps des médecins, et d'aller mettre sur son théâtre des personnes vénérables comme ces messieurs-là!

BÉRALDE.

Que voulez-vous qu'il y mette, que les diverses professions des hommes? On y met bien tous les jours les princes et les rois, qui sont d'aussi bonne maison que les médecins.

ARGAN.

Par la mort non de diable²! si j'étois que des médecins, je me vengerois de son impertinence; et, quand il sera malade, je le laisserois mourir sans secours. Il auroit beau faire et beau dire, je ne lui ordonnerois pas la moindre petite saignée, le moindre petit lavement, et je lui dirois : Crève, crève; cela t'apprendra une autre fois à te jouer à la Faculté.

BÉRALDE.

Vous voilà bien en colère contre lui.

ARGAN.

Oui. C'est un malavisé; et si les médecins sont sages, ils feront ce que je dis.

BÉRALDE.

Il sera encore plus sage que vos médecins, car il ne leur demandera point de secours.

ARGAN.

Tant pis pour lui, s'il n'a point recours aux remèdes.

1. L'usage actuel veut qu'on dise : « C'est bien à faire à lui. »
2. On aperçoit clairement l'ellipse que renferme ce juron : « Par la mort de Dieu, non, de diable! »

BÉRALDE.

Il a ses raisons pour n'en point vouloir, et il soutient que cela n'est permis qu'aux gens vigoureux et robustes, et qui ont des forces de reste pour porter les remèdes avec la maladie; mais que, pour lui, il n'a justement de la force que pour porter son mal.

ARGAN.

Les sottes raisons que voilà! Tenez, mon frère, ne parlons point de cet homme-là davantage : car cela m'échauffe la bile, et vous me donneriez mon mal.

BÉRALDE.

Je le veux bien, mon frère; et, pour changer de discours, je vous dirai que, sur une petite répugnance que vous témoigne votre fille, vous ne devez point prendre les résolutions violentes de la mettre dans un couvent; que, pour le choix d'un gendre, il ne faut pas suivre aveuglément la passion qui vous emporte; et qu'on doit, sur cette matière, s'accommoder un peu à l'inclination d'une fille, puisque c'est pour toute la vie, et que de là dépend tout le bonheur d'un mariage.

SCÈNE IV.

MONSIEUR FLEURANT, une seringue à la main [1];
ARGAN, BÉRALDE.

ARGAN.

Ah! mon frère, avec votre permission.

BÉRALDE.

Comment? Que voulez-vous faire?

---

1. « Il vient avec un tablier et armé d'une seringue, faisant l'empressé. » (Édit. de D. Elzévir.)

ARGAN.

Prendre ce petit lavement-là : ce sera bientôt fait.

BÉRALDE.

Vous vous moquez. Est-ce que vous ne sauriez être un moment sans lavement ou sans médecine? Remettez cela à une autre fois, et demeurez un peu en repos.

ARGAN.

Monsieur Fleurant, à ce soir, ou à demain au matin.

MONSIEUR FLEURANT, à Béralde.

De quoi vous mêlez-vous, de vous opposer aux ordonnances de la médecine, et d'empêcher monsieur de prendre mon clystère? Vous êtes bien plaisant d'avoir cette hardiesse-là!

BÉRALDE.

Allez, monsieur; on voit bien que vous n'avez pas accoutumé de parler à des visages[1].

MONSIEUR FLEURANT[2].

On ne doit point ainsi se jouer des remèdes, et me faire perdre mon temps. Je ne suis venu ici que sur une bonne ordonnance; et je vais dire à monsieur Purgon comme on m'a empêché d'exécuter ses ordres, et de faire ma fonction. Vous verrez, vous verrez...

---

1. Boursault, dans une lettre à M. l'évêque de Langres, rapporte le fait suivant : « La première fois que cette comédie fut jouée, l'honnête homme (Béralde) répondoit à l'apothicaire : « Allez, monsieur, on voit bien que « vous avez coutume de ne parler qu'à des culs » (pardon, monseigneur, si ce mot m'échappe; je ne le dis que pour le mieux faire condamner). Tous les auditeurs s'en indignèrent; au lieu qu'on fut ravi d'entendre dire, à la seconde représentation : « Allez, monsieur, on voit bien que vous n'avez « pas accoutumé de parler à des visages. » C'est dire la même chose, mais la dire plus finement. » (Lettres de Boursault, tome Ier, page 120.)

Il faut tenir l'anecdote pour très suspecte, la première forme de la phrase étant trop grossière pour que Molière ait pu la prêter à Béralde.

2. Une anecdote communément citée rapporte que c'est un apothicaire de Lyon qui fournit à Molière l'excellent nom de cet apothicaire de comédie. Il est bien douteux que Molière ait visité Lyon après 1657, et l'anecdote

SCÈNE V.

ARGAN, BÉRALDE.

ARGAN.

Mon frère, vous serez cause ici de quelque malheur.

BÉRALDE.

Le grand malheur de ne pas prendre un lavement que monsieur Purgon a ordonné! Encore un coup, mon frère, est-il possible qu'il n'y ait pas moyen de vous guérir de la maladie des médecins, et que vous vouliez être toute votre vie enseveli dans leurs remèdes?

ARGAN.

Mon Dieu! mon frère, vous en parlez comme un homme qui se porte bien; mais, si vous étiez à ma place, vous changeriez bien de langage. Il est aisé de parler contre la médecine, quand on est en pleine santé.

BÉRALDE.

Mais quel mal avez-vous?

ARGAN.

Vous me feriez enrager. Je voudrois que vous l'eussiez, mon mal, pour voir si vous jaseriez tant. Ah! voici monsieur Purgon.

---

mérite, par conséquent fort peu de crédit. « J'ai rencontré, dit M. E. Soulié, plusieurs actes notariés concernant des personnages portant les noms de M. Dimanche, de M. Jourdain et de M. Fleurant, à l'époque même où Molière composait *Don Juan, le Bourgeois gentilhomme* et *le Malade imaginaire.* » M. Monteil a découvert, dans un compte de 1662, la mention d'un sellier qui s'appelait George Dandin. On voit par le registre de La Grange que l'huissier de la troupe était un M. Loyal. Molière ne négligeait pas le comique pouvant résulter du nom d'un personnage. S'il n'a pas pris celui de M. Fleurant à quelque contemporain, il l'a pu former du participe présent du verbe *fleurer*, qui signifiait alors, non-seulement *exhaler une odeur*, mais aussi *flairer*, comme nous l'avons dit tome IV, page 76.

SCÈNE VI.

MONSIEUR PURGON, ARGAN, BÉRALDE, TOINETTE.

MONSIEUR PURGON.

Je viens d'apprendre là-bas, à la porte, de jolies nouvelles ; qu'on se moque ici de mes ordonnances, et qu'on a fait refus de prendre le remède que j'avois prescrit.

ARGAN.

Monsieur, ce n'est pas...

MONSIEUR PURGON.

Voilà une hardiesse bien grande, une étrange rébellion d'un malade contre son médecin !

TOINETTE.

Cela est épouvantable.

MONSIEUR PURGON.

Un clystère que j'avois pris plaisir à composer moi-même ;

ARGAN.

Ce n'est pas moi...

MONSIEUR PURGON.

Inventé et formé dans toutes les règles de l'art,

TOINETTE.

Il a tort.

MONSIEUR PURGON.

Et qui devoit faire dans des entrailles un effet merveilleux !

ARGAN.

Mon frère...

MONSIEUR PURGON.

Le renvoyer avec mépris !

ARGAN, montrant Béralde.

C'est lui...

MONSIEUR PURGON.

C'est une action exorbitante;

TOINETTE.

Cela est vrai.

MONSIEUR PURGON.

Un attentat énorme contre la médecine;

ARGAN, montrant Béralde.

Il est cause...

MONSIEUR PURGON.

Un crime de lèse-Faculté, qui ne se peut assez punir.

TOINETTE.

Vous avez raison.

MONSIEUR PURGON.

Je vous déclare que je romps commerce avec vous,

ARGAN.

C'est mon frère...

MONSIEUR PURGON.

Que je ne veux plus d'alliance avec vous,

TOINETTE.

Vous ferez bien.

MONSIEUR PURGON.

Et que, pour finir toute liaison avec vous, voilà la donation que je faisois à mon neveu, en faveur du mariage. (Il déchire la donation, et en jette les morceaux avec fureur.)

ARGAN.

C'est mon frère qui a fait tout le mal.

MONSIEUR PURGON.

Mépriser mon clystère !

ARGAN.

Faites-le venir, je m'en vais le prendre.

MONSIEUR PURGON.

Je vous aurois tiré d'affaire avant qu'il fût peu.

TOINETTE.

Il ne le mérite pas.

MONSIEUR PURGON.

J'allois nettoyer votre corps, et en évacuer entièrement les mauvaises humeurs.

ARGAN.

Ah! mon frère!

MONSIEUR PURGON.

Et je ne voulois plus qu'une douzaine de médecines pour vider le fond du sac.

TOINETTE.

Il est indigne de vos soins.

MONSIEUR PURGON.

Mais, puisque vous n'avez pas voulu guérir par mes mains,

ARGAN.

Ce n'est pas ma faute.

MONSIEUR PURGON.

Puisque vous vous êtes soustrait de l'obéissance que l'on doit à son médecin,

TOINETTE.

Cela crie vengeance.

MONSIEUR PURGON.

Puisque vous vous êtes déclaré rebelle aux remèdes que je vous ordonnois,

ARGAN.

Hé! point du tout.

MONSIEUR PURGON.

J'ai à vous dire que je vous abandonne à votre mauvaise constitution, à l'intempérie de vos entrailles, à la corruption de votre sang, à l'âcreté de votre bile, et à la féculence de vos humeurs,

TOINETTE.

C'est fort bien fait.

ARGAN.

Mon Dieu!

MONSIEUR PURGON.

Et je veux qu'avant qu'il soit quatre jours vous deveniez dans un état incurable;

ARGAN.

Ah! miséricorde!

MONSIEUR PURGON.

Que vous tombiez dans la bradypepsie [1],

ARGAN.

Monsieur Purgon!

MONSIEUR PURGON.

De la bradypepsie dans la dyspepsie.

ARGAN.

Monsieur Purgon!

MONSIEUR PURGON.

De la dyspepsie dans l'apepsie,

ARGAN.

Monsieur Purgon!

MONSIEUR PURGON.

De l'apepsie dans la lienterie [2],

ARGAN.

Monsieur Purgon!

1. *Bradypepsie*, digestion lente et imparfaite.
2. *Dyspepsie*, digestion pénible ou mauvaise ; *apepsie*, privation de digestion, impossibilité de digérer; *lienterie*, espèce de dévoiement dans lequel on rend les aliments presque tels qu'on les a pris.

MONSIEUR PURGON.

De la lienterie dans la dyssenterie,

ARGAN.

Monsieur Purgon!

MONSIEUR PURGON.

De la dyssenterie dans l'hydropisie,

ARGAN.

Monsieur Purgon!

MONSIEUR PURGON.

Et de l'hydropisie dans la privation de la vie, où vous aura conduit votre folie.

SCÈNE VII.

ARGAN, BÉRALDE.

ARGAN.

Ah, mon Dieu! je suis mort. Mon frère, vous m'avez perdu.

BÉRALDE.

Quoi! qu'y a-t-il?

ARGAN.

Je n'en puis plus. Je sens déjà que la médecine se venge.

BÉRALDE.

Ma foi, mon frère, vous êtes fou; et je ne voudrois pas, pour beaucoup de choses, qu'on vous vît faire ce que vous faites. Tâtez-vous un peu, je vous prie; revenez à vous-même, et ne donnez point tant à votre imagination.

ARGAN.

Vous voyez, mon frère, les étranges maladies dont il m'a menacé.

BÉRALDE.

Le simple homme que vous êtes!

ARGAN.

Il dit que je deviendrai incurable avant qu'il soit quatre jours.

BÉRALDE.

Et ce qu'il dit, que fait-il à la chose? Est-ce un oracle qui a parlé? Il semble, à vous entendre, que monsieur Purgon tienne dans ses mains le filet de vos jours, et que, d'autorité suprême, il vous l'allonge et vous le raccourcisse comme il lui plaît. Songez que les principes de votre vie sont en vous-même, et que le courroux de monsieur Purgon est aussi peu capable de vous faire mourir que ses remèdes de vous faire vivre. Voici une aventure, si vous voulez, à vous défaire des médecins; ou, si vous êtes né à ne pouvoir vous en passer, il est aisé d'en avoir un autre, avec lequel, mon frère, vous puissiez courir un peu moins de risque.

ARGAN.

Ah! mon frère, il sait tout mon tempérament, et la manière dont il faut me gouverner.

BÉRALDE.

Il faut vous avouer que vous êtes un homme d'une grande prévention, et que vous voyez les choses avec d'étranges yeux.

SCÈNE VIII.

ARGAN, BÉRALDE, TOINETTE.

TOINETTE, à Argan.

Monsieur, voilà un médecin qui demande à vous voir.

ARGAN.

Et quel médecin?

TOINETTE.

Un médecin de la médecine.

ARGAN.

Je te demande qui il est.

TOINETTE.

Je ne le connois pas, mais il me ressemble comme deux gouttes d'eau ; et, si je n'étois sûre que ma mère étoit honnête femme, je dirois que ce seroit quelque petit frère qu'elle m'auroit donné depuis le trépas de mon père.

ARGAN.

Fais-le venir.

SCÈNE IX.

ARGAN, BÉRALDE.

BÉRALDE.

Vous êtes servi à souhait. Un médecin vous quitte, un autre se présente.

ARGAN.

J'ai bien peur que vous ne soyez cause de quelque malheur.

BÉRALDE.

Encore ! Vous en revenez toujours là ?

ARGAN.

Voyez-vous, j'ai sur le cœur toutes ces maladies-là que je ne connois point, ces...

SCÈNE X.

ARGAN, BÉRALDE; TOINETTE, en médecin [1].

TOINETTE.

Monsieur, agréez que je vienne vous rendre visite, et

---

1. « Sous l'habit de médecin, en soutane et bonnet carré. » (Édit. Daniel Elzévir.)

vous offrir mes petits services pour toutes les saignées et les purgations dont vous aurez besoin.

ARGAN.

Monsieur, je vous suis fort obligé. (A Béralde.) Par ma foi, voilà Toinette elle-même.

TOINETTE.

Monsieur, je vous prie de m'excuser : j'ai oublié de donner une commission à mon valet; je reviens tout à l'heure.

SCÈNE XI.

ARGAN, BÉRALDE.

ARGAN.

Hé! ne diriez-vous pas que c'est effectivement Toinette?

BÉRALDE.

Il est vrai que la ressemblance est tout à fait grande; mais ce n'est pas la première fois qu'on a vu de ces sortes de choses, et les histoires ne sont pleines que de ces jeux de la nature.

ARGAN.

Pour moi, j'en suis surpris; et...

SCÈNE XII.

ARGAN, BERALDE, TOINETTE[1].

TOINETTE.

Que voulez-vous, monsieur?

ARGAN.

Comment?

1. « Toinette quitte son habit de médecin si promptement qu'il est difficile de croire que ce soit elle qui a paru en médecin. » (Édition de 1682.)
Ces rapides changements de costume sont un souvenir du *Médecin volant*, qu'on peut lire dans le deuxième volume.

TOINETTE.

Ne m'avez-vous pas appelée?

ARGAN.

Moi? non.

TOINETTE.

Il faut donc que les oreilles m'aient corné.

ARGAN.

Demeure un peu ici pour voir comme ce médecin te ressemble.

TOINETTE.

Oui, vraiment! J'ai affaire là-bas; et je l'ai assez vu.

SCÈNE XIII.

ARGAN, BÉRALDE.

ARGAN.

Si je ne les voyois tous deux, je croirois que ce n'est qu'un.

BÉRALDE.

J'ai lu des choses surprenantes de ces sortes de ressemblances; et nous en avons vu, de notre temps, où tout le monde s'est trompé.

ARGAN.

Pour moi, j'aurois été trompé à celle-là; et j'aurois juré que c'est la même personne.

SCÈNE XIV.

ARGAN, BÉRALDE; TOINETTE, en médecin.

TOINETTE.

Monsieur, je vous demande pardon de tout mon cœur.

ARGAN, bas, à Béralde.

Cela est admirable.

TOINETTE.

Vous ne trouverez pas mauvais, s'il vous plaît, la curiosité que j'ai eue de voir un illustre malade comme vous êtes ; et votre réputation, qui s'étend partout, peut excuser la liberté que j'ai prise.

ARGAN.

Monsieur, je suis votre serviteur.

TOINETTE.

Je vois, monsieur, que vous me regardez fixement. Quel âge croyez-vous bien que j'aie?

ARGAN.

Je crois que tout au plus vous pouvez avoir vingt-six ou vingt-sept ans.

TOINETTE.

Ah, ah, ah, ah, ah! j'en ai quatre-vingt-dix.

ARGAN.

Quatre-vingt-dix!

TOINETTE.

Oui. Vous voyez un effet des secrets de mon art, de me conserver ainsi frais et vigoureux.

ARGAN.

Par ma foi, voilà un beau jeune vieillard pour quatre-vingt-dix ans!

TOINETTE.

Je suis médecin passager, qui vais de ville en ville, de province en province, de royaume en royaume, pour chercher d'illustres matières à ma capacité, pour trouver des malades dignes de m'occuper, capables d'exercer les grands et beaux secrets que j'ai trouvés dans la médecine. Je dédaigne de m'amuser à ce menu fatras de maladies ordinaires, à ces bagatelles de rhumatismes et de fluxions, à ces fiévrotes, à ces vapeurs, et à ces migraines. Je veux des maladies d'importance, de bonnes fièvres continues, avec des transports au cerveau, de bonnes fièvres pourprées, de bonnes pestes, de bonnes hydropisies formées, de bonnes pleurésies avec des inflammations de poitrine; c'est là que je me plais, c'est là que je triomphe; et je voudrois, monsieur, que vous eussiez toutes les maladies que je viens de dire, que vous fussiez abandonné de tous les médecins, désespéré, à l'agonie, pour vous montrer l'excellence de mes remèdes, et l'envie que j'aurois de vous rendre service.

ARGAN.

Je vous suis obligé, monsieur, des bontés que vous avez pour moi.

TOINETTE.

Donnez-moi votre pouls. Allons donc, que l'on batte comme il faut. Ahi! je vous ferai bien aller comme vous devez. Hoy! ce pouls-là fait l'impertinent; je vois bien que vous ne me connoissez pas encore. Qui est votre médecin?

ARGAN.

Monsieur Purgon.

TOINETTE.

Cet homme-là n'est point écrit sur mes tablettes entre les grands médecins. De quoi dit-il que vous êtes malade?

ARGAN.

Il dit que c'est du foie, et d'autres disent que c'est de la rate.

TOINETTE.

Ce sont tous des ignorants. C'est du poumon que vous êtes malade.

ARGAN.

Du poumon?

TOINETTE.

Oui. Que sentez-vous?

ARGAN.

Je sens de temps en temps des douleurs de tête.

TOINETTE.

Justement, le poumon.

ARGAN.

Il me semble parfois que j'ai un voile devant les yeux.

TOINETTE.

Le poumon.

ARGAN.

J'ai quelquefois des maux de cœur.

TOINETTE.

Le poumon.

ARGAN.

Je sens parfois des lassitudes par tous les membres.

TOINETTE.

Le poumon.

ARGAN.

Et quelquefois il me prend des douleurs dans le ventre, comme si c'étoient des coliques.

TOINETTE.

Le poumon. Vous avez appétit à ce que vous mangez?

ARGAN.

Oui, monsieur.

TOINETTE.

Le poumon. Vous aimez à boire un peu de vin?

ARGAN.

Oui, monsieur.

TOINETTE.

Le poumon. Il vous prend un petit sommeil après le repas, et vous êtes bien aise de dormir?

ARGAN.

Oui, monsieur.

TOINETTE.

Le poumon, le poumon, vous dis-je. Que vous ordonne votre médecin pour votre nourriture?

ARGAN.

Il m'ordonne du potage,

TOINETTE.

Ignorant!

ARGAN.

De la volaille,

TOINETTE.

Ignorant!

ARGAN.

Du veau,

TOINETTE.

Ignorant!

ARGAN.

Des bouillons,

TOINETTE.

Ignorant!

ARGAN.

Des œufs frais;

TOINETTE.

Ignorant!

ARGAN.

Et le soir, de petits pruneaux pour lâcher le ventre;

TOINETTE.

Ignorant!

ARGAN.

Et surtout de boire mon vin fort trempé.

ACTE III, SCÈNE XIV.

TOINETTE.

Ignorantus, ignoranta, ignorantum. Il faut boire votre vin pur; et, pour épaissir votre sang, qui est trop subtil, il faut manger de bon gros bœuf, de bon gros porc, de bon fromage de Hollande; du gruau et du riz, et des marrons et des oublies, pour coller et conglutiner. Votre médecin est une bête. Je veux vous en envoyer un de ma main; et je viendrai vous voir de temps en temps, tandis que je serai en cette ville.

ARGAN.

Vous m'obligez beaucoup.

TOINETTE.

Que diantre faites-vous de ce bras-là?

ARGAN.

Comment?

TOINETTE.

Voilà un bras que je me ferois couper tout à l'heure, si j'étois que de vous.

ARGAN.

Et pourquoi?

TOINETTE.

Ne voyez-vous pas qu'il tire à soi toute la nourriture, et qu'il empêche ce côté-là de profiter?

ARGAN.

Oui; mais j'ai besoin de mon bras.

TOINETTE.

Vous avez là aussi un œil droit que je me ferois crever, si j'étois en votre place.

ARGAN.

Crever un œil?

TOINETTE.

Ne voyez-vous pas qu'il incommode l'autre, et lui

dérobe sa nourriture? Croyez-moi, faites-vous-le crever au plus tôt : vous en verrez plus clair de l'œil gauche.

ARGAN.

Cela n'est pas pressé.

TOINETTE.

Adieu. Je suis fâché de vous quitter si tôt; mais il faut que je me trouve à une grande consultation qui doit se faire pour un homme qui mourut hier.

ARGAN.

Pour un homme qui mourut hier?

TOINETTE.

Oui : pour aviser et voir ce qu'il auroit fallu lui faire pour le guérir. Jusqu'au revoir.

ARGAN.

Vous savez que les malades ne reconduisent point.

SCÈNE XV.

ARGAN, BÉRALDE.

BÉRALDE.

Voilà un médecin, vraiment, qui paroît fort habile!

ARGAN.

Oui, mais il va un peu bien vite.

BÉRALDE.

Tous les grands médecins sont comme cela.

ARGAN.

Me couper un bras et me crever un œil, afin que l'autre se porte mieux! J'aime bien mieux qu'il ne se porte pas si bien. La belle opération, de me rendre borgne et manchot!

SCÈNE XVI.
ARGAN, BÉRALDE, TOINETTE.

TOINETTE, feignant de parler à quelqu'un.

Allons, allons, je suis votre servante. Je n'ai pas envie de rire.

ARGAN.

Qu'est-ce que c'est?

TOINETTE.

Votre médecin, ma foi, qui me vouloit tâter le pouls.

ARGAN.

Voyez un peu, à l'âge de quatre-vingt-dix ans!

BÉRALDE.

Oh çà! mon frère, puisque voilà votre monsieur Purgon brouillé avec vous, ne voulez-vous pas bien que je vous parle du parti qui s'offre pour ma nièce?

ARGAN.

Non, mon frère : je veux la mettre dans un couvent, puisqu'elle s'est opposée à mes volontés. Je vois bien qu'il y a quelque amourette là-dessous, et j'ai découvert certaine entrevue secrète qu'on ne sait pas que j'aie découverte.

BÉRALDE.

Hé bien! mon frère, quand il y auroit quelque petite inclination, cela seroit-il si criminel? Et rien peut-il vous offenser, quand tout ne va qu'à des choses honnêtes, comme le mariage?

ARGAN.

Quoi qu'il en soit, mon frère, elle sera religieuse; c'est une chose résolue.

BÉRALDE.

Vous voulez faire plaisir à quelqu'un.

ARGAN.

Je vous entends. Vous en revenez toujours là, et ma femme vous tient au cœur.

BÉRALDE.

Hé bien! oui, mon frère; puisqu'il faut parler à cœur ouvert, c'est votre femme que je veux dire; et, non plus que l'entêtement de la médecine, je ne puis vous souffrir l'entêtement où vous êtes pour elle, et voir que vous donniez, tête baissée, dans tous les pièges qu'elle vous tend.

TOINETTE.

Ah! monsieur, ne parlez point de madame; c'est une femme sur laquelle il n'y a rien à dire, une femme sans artifice, et qui aime monsieur, qui l'aime... On ne peut pas dire cela.

ARGAN.

Demandez-lui un peu les caresses qu'elle me fait;

TOINETTE.

Cela est vrai.

ARGAN.

L'inquiétude que lui donne ma maladie;

TOINETTE.

Assurément.

ARGAN.

Et les soins et les peines qu'elle prend autour de moi.

TOINETTE.

Il est certain. (A Béralde.) Voulez-vous que je vous convainque, et vous fasse voir tout à l'heure comme madame aime monsieur? (A Argan.) Monsieur, souffrez que je lui montre son bec jaune[1] et le tire d'erreur.

1. Cette expression est expliquée tome VI, page 344, note 1.

ARGAN.

Comment?

TOINETTE.

Madame s'en va revenir. Mettez-vous tout étendu dans cette chaise, et contrefaites le mort. Vous verrez la douleur où elle sera quand je lui dirai la nouvelle.

ARGAN.

Je le veux bien.

TOINETTE.

Oui ; mais ne la laissez pas longtemps dans le désespoir, car elle en pourroit bien mourir.

ARGAN.

Laisse-moi faire.

TOINETTE, à Béralde.

Cachez-vous, vous, dans ce coin-là.

SCÈNE XVII.

ARGAN, TOINETTE.

ARGAN.

N'y a-t-il point quelque danger à contrefaire le mort?

TOINETTE.

Non, non. Quel danger y auroit-il? Étendez-vous là seulement. (Bas.) Il y aura plaisir à confondre votre frère. Voici madame. Tenez-vous bien.

SCÈNE XVIII.

BÉLINE; ARGAN, étendu dans sa chaise; TOINETTE.

TOINETTE, feignant de ne pas voir Béline.

Ah! mon Dieu! Ah! malheur! Quel étrange accident!

BÉLINE.
Qu'est-ce, Toinette ?
TOINETTE.
Ah, madame !
BÉLINE.
Qu'y a-t-il ?
TOINETTE.
Votre mari est mort.
BÉLINE.
Mon mari est mort ?
TOINETTE.
Hélas ! oui, le pauvre défunt est trépassé.
BÉLINE.
Assurément ?
TOINETTE.
Assurément. Personne ne sait encore cet accident-là ; et je me suis trouvée ici toute seule. Il vient de passer entre mes bras. Tenez, le voilà tout de son long dans cette chaise.
BÉLINE.
Le ciel en soit loué ! Me voilà délivrée d'un grand fardeau. Que tu es sotte, Toinette, de t'affliger de cette mort !
TOINETTE.
Je pensois, madame, qu'il fallût pleurer.
BÉLINE.
Va, va, cela n'en vaut pas la peine. Quelle perte est-ce que la sienne ? et de quoi servoit-il sur la terre ? Un homme incommode à tout le monde, malpropre, dégoûtant, sans cesse un lavement ou une médecine dans le ventre, mouchant, toussant, crachant toujours ; sans esprit, ennuyeux,

ACTE III, SCÈNE XVIII.

de mauvaise humeur, fatiguant sans cesse les gens, et grondant jour et nuit servantes et valets.

TOINETTE.

Voilà une belle oraison funèbre!

BÉLINE.

Il faut, Toinette, que tu m'aides à exécuter mon dessein; et tu peux croire qu'en me servant, ta récompense est sûre. Puisque, par un bonheur, personne n'est encore averti de la chose, portons-le dans son lit, et tenons cette mort cachée, jusqu'à ce que j'aie fait mon affaire. Il y a des papiers, il y a de l'argent, dont je me veux saisir; et il n'est pas juste que j'aie passé sans fruit auprès de lui mes plus belles années. Viens, Toinette; prenons auparavant toutes ses clefs.

ARGAN, se levant brusquement[1].

Doucement.

BÉLINE.

Ahi!

ARGAN.

Oui, madame ma femme, c'est ainsi que vous m'aimez?

TOINETTE.

Ah! ah! le défunt n'est pas mort!

ARGAN, à Béline, qui sort.

Je suis bien aise de voir votre amitié, et d'avoir entendu le beau panégyrique que vous avez fait de moi. Voilà un avis au lecteur, qui me rendra sage à l'avenir, et qui m'empêchera de faire bien des choses[2].

1. « Il lui saisit la main, et elle se recule avec frayeur et s'en va. » (Édit. de D. Elzévir.)

2. Le germe du rôle de Béline se trouve dans une petite pièce intitulée *le Mari malade*, qui fut jouée avant l'établissement de Molière à Paris. Un vieillard, qui a épousé une jeune femme, est malade. Cette femme paraît avoir le plus grand soin de lui; mais elle le hait en secret, et profite de sa

SCÈNE XIX.

BÉRALDE, sortant de l'endroit où il s'étoit caché ; ARGAN, TOINETTE.

BÉRALDE.

Hé bien! mon frère, vous le voyez.

TOINETTE.

Par ma foi, je n'aurois jamais cru cela. Mais j'entends votre fille. Remettez-vous comme vous étiez, et voyons de quelle manière elle recevra votre mort. C'est une chose qu'il n'est pas mauvais d'éprouver; et, puisque vous êtes en train, vous connoîtrez par là les sentiments que votre famille a pour vous.

(Béralde va se cacher.)

SCÈNE XX.

ARGAN, ANGÉLIQUE, TOINETTE.

TOINETTE, feignant de ne pas voir Angélique.

O ciel! ah! fâcheuse aventure! Malheureuse journée!

ANGÉLIQUE.

Qu'as-tu, Toinette? et de quoi pleures-tu?

TOINETTE.

Hélas! j'ai de tristes nouvelles à vous donner.

ANGÉLIQUE.

Hé! quoi?

---

maladie pour recevoir son amant. Le mari meurt pendant la pièce, et, ce qui est odieux, la femme se réjouit de sa mort. Avec quel art Molière n'a-t-il pas employé cette conception, qui, débarrassée de ce qu'elle a d'affreux, sert à former un dénoûment aussi heureux que naturel! (PETITOT.)

TOINETTE.

Votre père est mort.

ANGÉLIQUE.

Mon père est mort, Toinette?

TOINETTE.

Oui. Vous le voyez là, il vient de mourir tout à l'heure d'une foiblesse qui lui a pris.

ANGÉLIQUE.

O ciel! quelle infortune! quelle atteinte cruelle! Hélas! faut-il que je perde mon père, la seule chose qui me restoit au monde; et qu'encore, pour un surcroît de désespoir, je le perde dans un moment où il étoit irrité contre moi! Que deviendrai-je, malheureuse? et quelle consolation trouver après une si grande perte?

SCÈNE XXI.

ARGAN, ANGÉLIQUE, CLÉANTE, TOINETTE.

CLÉANTE.

Qu'avez-vous donc, belle Angélique? et quel malheur pleurez-vous?

ANGÉLIQUE.

Hélas! je pleure tout ce que dans la vie je pouvois perdre de plus cher et de plus précieux; je pleure la mort de mon père.

CLÉANTE.

O ciel! quel accident! quel coup inopiné! Hélas! après la demande que j'avois conjuré votre oncle de lui faire pour moi, je venois me présenter à lui, et tâcher, par mes respects et par mes prières, de disposer son cœur à vous accorder à mes vœux.

ANGÉLIQUE.

Ah! Cléante! ne parlons plus de rien. Laissons là toutes les pensées du mariage. Après la perte de mon père, je ne veux plus être du monde, et j'y renonce pour jamais. Oui, mon père, si j'ai résisté tantôt à vos volontés, je veux suivre du moins une de vos intentions, et réparer par là le chagrin que je m'accuse de vous avoir donné. (Se jetant à ses genoux.) Souffrez, mon père, que je vous en donne ici ma parole, et que je vous embrasse pour vous témoigner mon ressentiment [1].

ARGAN, embrassant Angélique.

Ah! ma fille!

ANGÉLIQUE.

Ahi!

ARGAN.

Viens. N'aie point de peur, je ne suis pas mort. Va, tu es mon vrai sang, ma véritable fille; et je suis ravi d'avoir vu ton bon naturel.

SCÈNE XXII.

ARGAN, BÉRALDE, ANGÉLIQUE, CLÉANTE, TOINETTE.

ANGÉLIQUE.

Ah! quelle surprise agréable! Mon père, puisque, par un bonheur extrême, le ciel vous redonne à mes vœux, souffrez qu'ici je me jette à vos pieds pour vous supplier d'une chose. Si vous n'êtes pas favorable au penchant de mon cœur, si vous me refusez Cléante pour époux, je vous

---

1. *Ressentiment*, nous l'avons déjà remarqué plusieurs fois, se disait alors du souvenir des bienfaits, comme de celui des injures et des mauvais traitements.

ACTE III, SCÈNE XXII.

conjure au moins de ne me point forcer d'en épouser un autre. C'est toute la grâce que je vous demande.

CLÉANTE, se jetant aux genoux d'Argan.

Hé! monsieur, laissez-vous toucher à ses prières et aux miennes; et ne vous montrez point contraire aux mutuels empressements d'une si belle inclination.

BÉRALDE.

Mon frère, pouvez-vous tenir là contre?

TOINETTE.

Monsieur, serez-vous insensible à tant d'amour?

ARGAN.

Qu'il se fasse médecin, je consens au mariage. (A Cléante.) Oui, faites-vous médecin, je vous donne ma fille.

CLÉANTE.

Très volontiers, monsieur. S'il ne tient qu'à cela pour être votre gendre, je me ferai médecin, apothicaire même, si vous voulez. Ce n'est pas une affaire que cela, et je ferois bien d'autres choses pour obtenir la belle Angélique.

BÉRALDE.

Mais, mon frère, il me vient une pensée. Faites-vous médecin vous-même. La commodité sera encore plus grande, d'avoir en vous tout ce qu'il vous faut.

TOINETTE.

Cela est vrai. Voilà le vrai moyen de vous guérir bientôt; et il n'y a point de maladie si osée que de se jouer à la personne d'un médecin.

ARGAN.

Je pense, mon frère, que vous vous moquez de moi. Est-ce que je suis en âge d'étudier?

BÉRALDE.

Bon, étudier! Vous êtes assez savant; et il y en a

beaucoup parmi eux qui ne sont pas plus habiles que vous.

ARGAN.

Mais il faut savoir bien parler latin; connoître les maladies, et les remèdes qu'il y faut faire.

BÉRALDE.

En recevant la robe et le bonnet de médecin, vous apprendrez tout cela ; et vous serez après plus habile que vous ne voudrez.

ARGAN.

Quoi! l'on sait discourir sur les maladies quand on a cet habit-là.

BÉRALDE.

Oui. L'on n'a qu'à parler avec une robe et un bonnet, tout galimatias devient savant, et toute sottise devient raison[1].

TOINETTE.

Tenez, monsieur, quand il n'y auroit que votre barbe, c'est déjà beaucoup; et la barbe fait plus de la moitié d'un médecin.

CLÉANTE.

En tout cas, je suis prêt à tout.

---

1. Rien de moins nouveau que toutes ces plaisanteries, dit M. Raynaud, parce qu'aussi rien n'est plus vieux que cette manie de suppléer la science par le demi-mystère d'un jargon emphatique et prétentieux. Il existe une assez jolie satire du xvi⁰ siècle, intitulée : *le Médecin courtizan, ou la nouvelle et plus courte manière de parvenir à la vraye et solide médecine.* L'auteur anonyme de cet écrit recommande au débutant de ne pas perdre son temps à s'instruire, et d'arriver de suite au fait :

> Il suffit bien d'avoir un savoir pédantesque
> Un peu entremeslé de la langue tudesque,
> Pour plus heureusement entrelarder tes mots,
> Et parler à demi de la langue et du dos...
> Encore faudra-t-il tes receptes écrire,
> Telles que le commun ne les puisse bien lire,
> Afin qu'en admirant ce papier mal escript
> Comme chose sacrée il prise ton esprit, etc.
>   (Bibl. Maz., coll. in-8⁰, 15, 431.)

BÉRALDE, à Argan.

Voulez-vous que l'affaire se fasse tout à l'heure?

ARGAN.

Comment, tout à l'heure?

BÉRALDE.

Oui, et dans votre maison.

ARGAN.

Dans ma maison?

BÉRALDE.

Oui. Je connois une faculté de mes amies, qui viendra tout à l'heure en faire la cérémonie dans votre salle. Cela ne vous coûtera rien.

ARGAN.

Mais, moi, que dire, que répondre?

BÉRALDE.

On vous instruira en deux mots, et l'on vous donnera par écrit ce que vous devez dire. Allez-vous-en vous mettre en habit décent. Je vais les envoyer querir.

ARGAN.

Allons, voyons cela.

SCÈNE XXIII.

BÉRALDE, ANGÉLIQUE, CLÉANTE, TOINETTE.

CLÉANTE.

Que voulez-vous dire? et qu'entendez-vous avec cette faculté de vos amies?

TOINETTE.

Quel est donc votre dessein?

BÉRALDE.

De nous divertir un peu ce soir. Les comédiens ont fait un petit intermède de la réception d'un médecin, avec des danses et de la musique; je veux que nous en prenions ensemble le divertissement, et que mon frère y fasse le premier personnage.

ANGÉLIQUE.

Mais, mon oncle, il me semble que vous vous jouez un peu beaucoup de mon père[1].

BÉRALDE.

Mais, ma nièce, ce n'est pas tant le jouer que s'accommoder à ses fantaisies. Tout ceci n'est qu'entre nous. Nous y pouvons aussi prendre chacun un personnage, et nous donner ainsi la comédie les uns aux autres. Le carnaval[2] autorise cela. Allons vite préparer toutes choses.

CLÉANTE, à Angélique.

Y consentez-vous?

ANGÉLIQUE.

Oui, puisque mon oncle nous conduit[3].

---

1. On aime cette réflexion d'Angélique: elle est d'une fille respectueuse, qui a bien pu résister aux volontés de son père lorsqu'il s'agissait de sacrifier son amour, mais qui souffre à le voir jouer, même quand son mariage en doit devenir plus facile et plus prompt.

2. On a vu en effet, dans la Notice préliminaire, que c'est pendant le carnaval de l'année 1673 que *le Malade imaginaire* fut représenté pour la première fois.

3. Si l'on met de côté le travestissement de Toinette en médecin, stratagème burlesque et invraisemblable, dont l'exécution toutefois est conduite avec une adresse remarquable, ce troisième et dernier acte appartient, de même que le premier, à la vraie, à la bonne comédie. La grande scène contre la médecine, et l'épreuve qui sert à confondre l'artificieuse Béline, sont des beautés du premier ordre. Du reste, dans cet acte, l'intrigue se développe avec facilité, et aboutit au dénoûment d'une manière toute naturelle. (AUGER.)

TROISIÈME INTERMÈDE.

C'est une cérémonie burlesque d'un homme qu'on fait médecin, en récit, chant et danse[1].

PREMIÈRE ENTRÉE DE BALLET.

Plusieurs tapissiers viennent préparer la salle et placer les bancs en cadence. En suite de quoi, toute l'assemblée, composée de huit porte-seringues, six apothicaires, vingt-deux docteurs, et celui qui se fait recevoir médecin, huit chirurgiens dansants, et deux chantants, entrent et prennent place, chacun selon son rang.

PRÆSES.

Savantissimi doctores[2],
Medicinæ professores,
Qui hìc assemblati estis ;
Et vos, altri messiores,
Sententiarum Facultatis
Fideles executores,
Chirurgiani et apothicari,
Atque tota compania aussi,

---

1. Ce texte de la cérémonie du *Malade imaginaire* est reproduit d'après le premier livre du ballet imprimé pour la première représentation, et, par conséquent, du vivant de Molière. Nous donnons les variantes, du reste fort peu considérables, des éditions de 1675 et de 1682.

2. Imitation du latin de cuisine ou *macaronique*, qui fleurit surtout en Italie au xve siècle, et dont le chef-d'œuvre est le poème, en patois moitié italien, moitié latin, composé par le moine Théophile Folengo, sous le nom de *Merlinus Coccaius (Merlini Coccaii macaronea)*.

Salus, honor et argentum,
Atque bonum appetitum.

Non possum, docti confreri,
En moi satis admirari,
Qualis bona inventio
Est medici professio ;
Quàm bella chosa est et benè trovata,
Medicina illa benedicta,
Quæ, suo nomine solo,
Surprenanti miraculo,
Depuis si longo tempore,
Facit à gogo vivere
Tant de gens omni genere.

Per totam terram videmus
Grandam vogam ubi sumus ;
Et quod grandes et petiti
Sunt de nobis infatuti.
Totus mundus, currens ad nostros remedios,
Nos regardat sicut deos ;
Et nostris ordonnanciis
Principes et reges soumissos videtis.

Doncque il est nostræ sapientiæ,
Boni sensus atque prudentiæ
De fortement travaillare
A nos bene conservare
In tali credito, voga et honore ;
Et prendere gardam à non recevere,
In nostro docto corpore,
Quam personas capabiles,
Et totas dignas remplire
Has plaças honorabiles.

C'est pour cela que nunc convocatis estis;
Et credo quod trovabitis
Dignam matieram medici
In savanti homine que voici;
Lequel, in chosis omnibus,
Dono ad interrogandum,
Et à fond examinandum
Vostris capacitatibus.

PRIMUS DOCTOR.

Si mihi licentiam dat dominus præses,
Et tanti docti doctores,
Et assistantes illustres,
Très savanti bacheliero,
Quem estimo et honoro,
Domandabo causam et rationem quare
Opium facit dormire.

BACHELIERUS.

Mihi à docto doctore
Domandatur causam et rationem quare
Opium facit dormire.
A quoi respondeo :
Quia est in eo
Virtus dormitiva,
Cujus est natura
Sensus assoupire [1].

[1]. « A l'époque de Descartes et plus encore avant lui, tout s'expliquait par des formes, des vertus, des entités, des quiddités, etc. Un corps était une pierre parce qu'il avait la *pétréité ;* il était froid, parce qu'il avait une vertu *frigorifique ;* chaud, parce qu'il avait une vertu *calorifique,* etc. C'est de cette philosophie que se moque Molière. » (LAROMIGUIÈRE.)

Ce trait contient, sous une forme bouffonne, la satire la plus vraie, la plus philosophique qui ait jamais été faite des défauts de la méthode scolastique. Malebranche aussi a relevé quelque part avec esprit le ridicule

CHORUS[1].

Bene, bene, bene, bene respondere,
Dignus, dignus est intrare
In nostro docto corpore.
Bene, bene respondere.

SECUNDUS DOCTOR.

Cum permissione domini præsidis,
Doctissimæ Facultatis,
Et totius his nostris actis
Companiæ assistantis,
Domandabo tibi, docte bacheliere,
Quæ sunt remedia
Quæ, in maladia
Dite hydropisia,
Convenit facere.

BACHELIERUS.

Clysterium donare,
Postea seignare,
Ensuita purgare.

CHORUS.

Bene, bene, bene, bene respondere.
Dignus, dignus est intrare
In nostro docto corpore.

de ces explications, à la mode de son temps : « Ils répondent hardiment et sans hésiter à ces questions obscures et indéterminées : D'où vient que le soleil attire les vapeurs, que le quinquina arrête la fièvre quarte, que la rhubarbe purge la bile, et le sel polychrestre le phlegme? Mais ils se rendroient ridicules à tout le monde s'ils supposoient un mouvement d'attraction et des facultés *attractrices,* pour expliquer d'où vient que les chariots suivent les chevaux qui y sont attelés, et une faculté *détersive* dans les brosses pour nettoyer les habits, et ainsi des autres questions ».

1. Dans le second livre du ballet, imprimé pour la représentation à la cour en juillet 1674, il y a partout *Facultas* au lieu de *Chorus.*

TERTIUS DOCTOR.

Si bonum semblatur domino præsidi,
Doctissimæ Facultati,
Et companiæ præsenti,
Domandabo tibi, docte bacheliere,
Quæ remedia eticis,
Pulmonicis atque asmaticis
Trovas à propos facere.

BACHELIERUS.

Clysterium donare,
Postea seignare,
Ensuita purgare.

CHORUS.

Bene, bene, bene, bene respondere.
Dignus, dignus est intrare
In nostro docto corpore.

QUARTUS DOCTOR.

Super illas maladias,
Doctus bachelierus dixit maravillas;
Mais, si non ennuyo dominum præsidem,
Doctissimam Facultatem,
Et totam honorabilem
Companiam ecoutantem,
Faciam illi unam questionem.
Dès hiero maladus unus
Tombavit in meas manus;
Habet grandam fievram cum redoublamentis,
Grandam dolorem capitis,
Et grandum malum au côté,
Cum granda difficultate
Et pena de respirare. *

* Var. *Et pœna respirare* (1682).

Veillas mihi dire,
Docte bacheliere,
Quid illi facere.
　　　　BACHELIERUS.
Clysterium donare,
Postea seignare,
Ensuita purgare.
　　　　QUINTUS DOCTOR.
Mais, si maladia
Opiniatria
Non vult se garire,
Quid illi facere?
　　　　BACHELIERUS.
Clysterium donare,
Postea seignare,
Ensuita purgare.
[Reseignare, repurgare et reclysterisare.]*
　　　　CHORUS.
Bene, bene, bene, bene respondere.
Dignus, dignus est intrare
In nostro docto corpore.
　　　　PRÆSES [1].
Juras gardare statuta

---

* Les mots placés entre crochets ne sont pas dans le livre du ballet; ils sont dans les éditions de 1675 et de 1682.

1. « Le jour venu, le récipiendaire, précédé des massiers et des bacheliers, ayant son président à sa gauche, et suivi des docteurs chargés d'argumenter contre lui, se rendait à la grande salle de l'école, et montait en chaire avec le président. Le grand appariteur s'approchait de lui, et, après l'avoir salué, lui disait : *Domine doctorande, antequam incipias, habes tria juramenta.* Et il lui proposait ces trois articles du serment : 1° Vous observerez les droits, statuts, lois et coutumes respectables de la Faculté ; 2° Vous assisterez le lendemain de la Saint-Luc à la messe pour les docteurs

Per Facultatem præscripta,
Cum sensu et jugeamento?
   BACHELIERUS.
Juro.
   PRÆSES.
Essere in omnibus
Consultationibus,
 Ancieni aviso,
  Aut bono,
 Aut mauvaiso?
   BACHELIERUS.
Juro.
   PRÆSES.
De non jamais te servire
De remediis aucunis,
Quam de ceux seulement doctæ Facultatis,
 Maladus dût-il crevare
 Et mori de suo malo?
   BACHELIERUS.
Juro.
   PRÆSES.
Ego, cum isto boneto
Venerabili et docto,

---

décédés; 3° Vous lutterez de toutes vos forces contre ceux qui pratiquent illicitement la médecine, et vous n'en épargnerez aucun, à quelque ordre ou à quelque condition qu'il appartienne. — *Vis ista jurare?* Et le candidat répondait cet immortel *Juro* qui fut le dernier mot de Molière. Alors le président, après une brève exhortation, se tournait de son côté, prenait un bonnet carré avec lequel il traçait en l'air le signe de la croix, et, après le lui avoir mis, il lui donnait, de deux doigts de la main droite, un léger coup sur la tête. Après quoi, il lui donnait l'accolade. De ce moment, le monde possédait un docteur de plus. (MAURICE RAYNAUD.)

Voyez dans la Notice préliminaire, page 6, ce que nous avons dit, d'après le même écrivain, sur les détails de cette fameuse parodie.

Dono tibi et concedo
Virtutem et puissanciam
Medicandi,
Purgandi,
Seignandi,
Perçandi,
Taillandi,
Coupandi,
Et occidendi
Impune per totam terram.

DEUXIÈME ENTRÉE DE BALLET.

Tous les chirurgiens et apothicaires viennent lui faire la révérence en cadence[1].

BACHELIERUS.

Grandes doctores doctrinæ
De la rhubarbe et du séné,
Ce seroit sans douta à moi chosa folla,
Inepta et ridicula,
Si j'alloibam m'engageare
Vobis louangeas donare,
Et entreprenoibam adjoutare
Des lumieras au soleillo,
Et des etoilas au cielo,
Des ondas à l'oceano,
Et des rosas au printano.

---

1. La partition de Charpentier porte ici cette indication : « Après qu'il a reçu le bonnet, on joue l'air des révérences. » On peut s'assurer, par le récit de Locke cité page 12, que dans cette parodie « tout est vrai, comme dit M. Magnin, tout jusqu'aux violons. » On ne voit pas, cependant, qu'à Paris il y eût de la musique pour la réception d'un docteur, mais il y en avait à Montpellier.

TROISIÈME INTERMÈDE.

Agreate qu'avec uno moto
Pro toto remercimento
Rendam gratias corpori tam docto.
Vobis, vobis debeo
Bien plus qu'à naturæ et qu'à patri meo.
Natura et pater meus
Hominem me habent factum;
Mais vos me, ce qui est bien plus,
Avetis factum medicum :
Honor, favor et gratia,
Qui, in hoc corde que voilà,
Imprimant ressentimenta
Qui dureront in secula.

CHORUS.

Vivat, vivat, vivat, vivat, cent fois vivat,
Novus doctor, qui tam bene parlat!
Mille, mille annis, et manget et bibat,
Et seignet et tuat!

TROISIÈME ENTRÉE DE BALLET.

Tous les chirurgiens et les apothicaires dansent au son des instruments et des voix, et des battements de mains, et des mortiers d'apothicaires.

CHIRURGUS.

Puisse-t-il voir doctas
Suas ordonnancias,
Omnium chirurgorum
Et apothicarum
Remplire boutiquas!

CHORUS.

Vivat, vivat, vivat, vivat, cent fois vivat,
Novus doctor, qui tam bene parlat!

Mille, mille annis, et manget et bibat,
Et seignet et tuat !

CHIRURGUS.

Puissent toti anni
Lui essere boni
Et favorabiles,
Et n'habere jamais
Quam pestas, verolas,
Fievras, pleuresias,
Fluxus de sang et dyssenterias [1] !

CHORUS.

Vivat, vivat, vivat, vivat, cent fois vivat,
Novus doctor, qui tam bene parlat !
Mille, mille annis, et manget et bibat,
Et seignet et tuat !

QUATRIÈME ENTRÉE DE BALLET.

Les médecins, les chirurgiens et les apothicaires sortent tous, selon leur rang, en cérémonie, comme ils sont entrés [2].

---

1. N'y aurait-il point ici la trace d'une abréviation ? Le texte de Rouen donne :

> Et n'habere jamais
> Entre ses mains pestas, epidemias,
> Quæ sunt malas bestias,
> Mais semper pleuresias, pulmonias, etc.*

Il semble en effet que souhaiter à un médecin des *pestes*, n'est pas un vœu bien sensé ; les pestes apportent aux médecins plus de périls que de profits.

2. Ce texte de la cérémonie est le texte en quelque sorte officiel. (Voyez la Notice préliminaire, page 19.) On en trouvera un autre ci-après dans l'Appendice.

* Voyez page 221.

APPENDICE

AU MALADE IMAGINAIRE

ACTE PREMIER.

SCÈNE VII[1].

MONSIEUR BONNEFOI, BÉLINE, ARGAN.

ARGAN.

Ah! bonjour, monsieur Bonnefoi. Je veux faire mon testament; et, pour cela, dites-moi, s'il vous plaît, comment je dois faire pour donner tout mon bien à ma femme, et en frustrer mes enfants.

MONSIEUR BONNEFOI.

Monsieur, vous ne pouvez rien donner à votre femme par votre testament.

ARGAN.

Et par quelle raison?

MONSIEUR BONNEFOI.

Parce que la coutume y résiste; cela seroit bon partout ail-

---

1. Reproduite d'après l'édition de Paris, 1675. Cette scène répond à la neuvième de la présente édition. Une division de scènes plus exacte, établie, pour la première fois, dans l'édition de 1734, et suivie dans la plupart des éditions qui ont été faites depuis lors, est la cause de cette différence.

leurs, et dans le pays de droit écrit ; mais, à Paris et dans les pays coutumiers, cela ne se peut. Tout avantage qu'homme et femme se peuvent faire réciproquement l'un à l'autre en faveur de mariage, n'est qu'un avantage indirect et qu'un don mutuel entre vifs ; encore faut-il qu'il n'y ait point d'enfants d'eux ou de l'un d'eux avant le décès du premier mourant.

ARGAN.

Voilà une coutume bien impertinente, de dire qu'un mari ne puisse rien donner à une femme qui l'aime, et qui prend tant soin de lui. J'ai envie de consulter mon avocat, pour voir ce qu'il y a à faire pour cela.

MONSIEUR BONNEFOI.

Ce n'est pas aux avocats à qui il faut s'adresser ; ce sont gens fort scrupuleux sur cette matière, qui ne savent pas disposer en fraude de la loi, et qui sont ignorants des tours de la conscience. C'est notre affaire à nous autres ; et je suis venu à bout de bien plus grandes difficultés. Il vous faut pour cela, auparavant que de mourir, donner à votre femme tout votre argent comptant, et des billets payables au porteur, si vous en avez ; il vous faut, outre ce, contracter quantité de bonnes obligations sous main avec de vos intimes amis, qui, après votre mort, les remettront entre les mains de votre femme, sans lui rien demander, qui prendra ensuite le soin de s'en faire payer.

ARGAN.

Vraiment, monsieur, ma femme m'avoit bien dit que vous étiez un fort habile et fort honnête homme. J'ai, mon cœur, vingt mille francs dans le petit coffret de mon alcôve, en argent comptant, dont je vous donnerai la clef, et deux billets payables au porteur, l'un de six mille livres, et l'autre de quatre, qui me sont dus, le premier par monsieur Damon, et l'autre par monsieur Gérante, que je vous mettrai entre les mains.

BÉLINE, feignant de pleurer.

Ne me parlez point de cela, je vous prie ; vous me faites mourir de frayeur... (Elle se ravise, et lui dit :) Combien dites-vous qu'il y a d'argent comptant dans votre alcôve ?

ARGAN.

Vingt mille francs, mon cœur.

BÉLINE.

Tous les biens de ce monde ne sont rien en comparaison de vous... De combien sont les deux billets?

ARGAN.

L'un de six, et l'autre de quatre mille livres.

BÉLINE.

Ah! mon fils, la seule pensée de vous quitter me met au désespoir. Vous mort, je ne veux plus rester au monde. Ah! ah!

MONSIEUR BONNEFOI.

Pourquoi pleurer, madame? Les larmes sont hors de saison, et les choses, grâces à Dieu, n'en sont pas encore là.

BÉLINE.

Ah! monsieur Bonnefoi, vous ne savez pas ce que c'est qu'être toujours séparée d'un mari que l'on aime tendrement.

ARGAN.

Ce qui me fâche le plus, mamie, auparavant de mourir, c'est de n'avoir point eu d'enfants de vous : monsieur Purgon m'avoit promis qu'il m'en feroit faire un.

MONSIEUR BONNEFOI.

Voulez-vous que nous procédions au testament?

ARGAN.

Oui ; mais nous serons mieux dans mon petit cabinet, qui est ici près : allons-y, monsieur. Soutenez-moi, mamour.

BÉLINE.

Allons, pauvre petit mari !

SCÈNE VIII[1].

TOINETTE, ANGÉLIQUE.

TOINETTE.

Entrez, entrez ; ils ne sont plus ici. J'ai une inquiétude prodigieuse ; j'ai vu un notaire avec eux, et ai entendu parler de testament. Votre belle-mère ne s'endort point, et veut sans doute profiter de la colère où vous avez tantôt mis votre père ; elle aura pris ce temps pour nuire à vos intérêts.

1. Reproduite d'après l'édition de Paris, 1675.
Cette scène correspond à la dixième de la présente édition.

ANGÉLIQUE.

Qu'il dispose de tout mon bien en faveur de qui il lui plaira, pourvu qu'il ne dispose pas de mon cœur. Qu'il ne me contraigne point d'accepter pour époux celui dont il m'a parlé, je me soucie fort peu du reste ; qu'il en fasse ce qu'il voudra.

TOINETTE.

Votre belle-mère tâche, par toutes sortes de promesses, de m'attirer dans son parti ; mais elle a beau faire, elle n'y réussira jamais, et je me suis toujours trouvé de l'inclination à vous rendre service. Cependant, comme il nous est nécessaire, dans la conjoncture présente, de savoir ce qui se passe, afin de mieux prendre nos mesures, et de mieux venir à bout de notre dessein, j'ai envie de lui faire croire, par de feintes complaisances, que je suis entièrement dans ses intérêts. L'envie qu'elle a que j'y sois ne manquera pas de la faire donner dans le panneau ; c'est un sûr moyen pour découvrir ses intrigues, et cela nous servira de beaucoup.

ANGÉLIQUE.

Mais comment faire pour rompre ce coup terrible dont je suis menacée ?

TOINETTE.

Il faut, en premier lieu, avertir Cléante du dessein de votre père, et le charger de s'acquitter au plus tôt de la parole qu'il vous a donnée. Il n'y a point de temps à perdre ; il faut qu'il se détermine.

ANGÉLIQUE.

As-tu quelqu'un propre à faire ce message ?

TOINETTE.

Il est assez difficile, et je ne trouve personne plus propre à s'en acquitter que le vieux usurier Polichinelle, mon amant ; il m'en coûtera pour cela quelques faveurs et quelques baisers, que je veux bien dépenser pour vous. Allez, reposez-vous sur moi ; dormez seulement en repos. Il est tard ; je crains qu'on n'ait affaire de moi. J'entends qu'on m'appelle ; retirez-vous. Adieu, bonsoir ; je vais songer à vous.

ACTE TROISIÈME[1].

SCÈNE PREMIÈRE.

BÉRALDE, ARGAN, TOINETTE.

BÉRALDE.

Hé bien! mon frère, que dites-vous du plaisir que vous venez d'avoir? Cela ne vaut-il pas bien une prise de casse?

TOINETTE.

De bonne casse est bonne.

BÉRALDE.

Puisque vous êtes mieux, mon frère, vous voulez bien que je vous entretienne un peu de l'affaire de tantôt?

ARGAN, courant au bassin.

Un peu de patience, mon frère; je reviens dans un moment.

TOINETTE.

Monsieur, vous oubliez votre bâton. Vous ne songez pas que vous ne sauriez marcher sans lui.

ARGAN.

Tu as raison; donne vite.

SCÈNE II.

BÉRALDE, TOINETTE.

TOINETTE.

Eh! monsieur, n'avez-vous point de pitié pour votre nièce? et la laisserez-vous sacrifier au caprice de son père, qui veut absolument qu'elle épouse ce qu'elle hait le plus au monde?

---

1. Reproduit d'après l'édition de Paris, 1675.
L'ancienne division des scènes a été conservée dans cet acte; mais il est facile de les rapporter à celles de la présente édition, qui y répondent.

BÉRALDE.

Dans le vrai, la nouvelle de ce bizarre mariage m'a fort surpris. Je veux tout mettre en usage pour rompre ce coup, et je porterai même les choses à la dernière extrémité, plutôt que de le souffrir. Je lui ai déjà parlé en faveur de Cléante ; j'ai été très mal reçu ; mais, afin de faire réussir leurs feux, il faut commencer par le dégoûter de l'autre, et c'est ce qui m'embarrasse fort.

TOINETTE.

Il est vrai que difficilement le fait-on changer de sentiment. Écoutez pourtant : je songe à quelque chose qui pourroit bien nous réussir.

BÉRALDE.

Que prétends-tu faire ?

TOINETTE.

C'est un dessein assez burlesque, et une imagination fort plaisante qui me vient dans l'esprit pour duper notre homme. Je songe qu'il faudroit faire venir ici un médecin à notre poste, qui eût une méthode toute contraire à celle de monsieur Purgon ; qui le décriât, et le fît passer pour un ignorant ; qui lui offrît ses services, et lui promît de prendre soin de lui en sa place : peut-être serons-nous plus heureux que sages. Éprouvons ceci à tout hasard ; mais, comme je ne vois personne propre à bien faire le médecin, j'ai envie de jouer un tour de ma tête.

BÉRALDE.

Quel est-il ?

TOINETTE.

Vous verrez ce que c'est. J'entends votre frère ; secondez-moi bien seulement.

SCÈNE III.

ARGAN, BÉRALDE.

BÉRALDE.

Je veux, mon frère, vous faire une prière avant que vous parler d'affaires.

ARGAN.

Quelle est-elle, cette prière ?

BÉRALDE.

C'est d'écouter favorablement tout ce que j'ai à vous dire.

ARGAN.

Bien, soit.

BÉRALDE.

De ne vous point emporter à votre ordinaire.

ARGAN.

Oui, je le ferai.

BÉRALDE.

Et de me répondre sans chaleur précisément sur chaque chose.

ARGAN.

Eh bien ! oui. Voici bien du préambule.

BÉRALDE.

Ainsi, mon frère, pour quelle raison, dites-moi, voulez-vous marier votre fille à un médecin ?

ARGAN.

Par la raison, mon frère, que je suis le maître chez moi, et que je puis disposer à ma volonté de tout ce qui est en ma puissance.

BÉRALDE.

Mais encore, pourquoi choisir plutôt un médecin qu'un autre ?

ARGAN.

Parce que, dans l'état où je suis, un médecin m'est plus nécessaire que tout autre ; et, si ma fille étoit raisonnable, c'en seroit assez pour le lui faire accepter.

BÉRALDE.

Par cette même raison, si votre petite Louison étoit plus grande, vous la donneriez en mariage à un apothicaire ?

ARGAN.

Eh ! pourquoi non ? Voyez un peu le grand mal qu'il y auroit !

BÉRALDE.

En vérité, mon frère, je ne puis souffrir l'entêtement que vous avez des médecins, et que vous vouliez être malade en dépit de vous-même.

ARGAN.

Qu'entendez-vous par là, mon frère ?

BÉRALDE.

J'entends, mon frère, que je ne vois guère d'hommes qui se portent mieux que vous, et que je ne voudrois pas avoir une meilleure constitution que la vôtre. Une grande marque que vous vous portez bien, c'est que toutes les médecines et les lavements qu'on vous a fait prendre n'aient point encore altéré la bonté de votre tempérament ; et un de mes étonnements est que vous ne soyez point crevé à force de remèdes.

ARGAN.

Monsieur Purgon dit que c'est ce qui me fait vivre, et que je mourrois s'il étoit seulement deux jours sans prendre soin de moi.

BÉRALDE.

Oui, oui ; il en prendra tant de soin que, devant qu'il soit peu, vous n'aurez plus besoin de lui.

ARGAN.

Mais, mon frère, vous ne croyez donc point à la médecine ?

BÉRALDE.

Moi, mon frère ? Nullement ; et je ne vois pas que, pour son salut, il soit nécessaire d'y croire.

ARGAN.

Quoi ! vous ne croyez pas à une science qui, depuis un si long temps, est si solidement établie par toute la terre, et respectée de tous les hommes ?

BÉRALDE.

Non, vous dis-je ; et je ne vois pas même une plus plaisante momerie. Rien au monde de plus impertinent qu'un homme qui se veut mêler d'en guérir un autre.

ARGAN.

Eh ! pourquoi, mon frère, ne voulez-vous pas qu'un homme en puisse guérir un autre ?

BÉRALDE.

Parce que les ressorts de notre machine sont mystères jusqu'ici inconnus, où les hommes ne voient goutte, et dont l'auteur de toutes choses s'est réservé la connoissance.

ARGAN.

Que faut-il donc faire, lorsque l'on est malade ?

BÉRALDE.

Rien que se tenir en repos, et laisser faire la nature. Puisque c'est elle qui est tombée dans le désordre, elle s'en peut aussi bien retirer, et se rétablir elle-même.

ARGAN.

Mais encore devez-vous m'avouer qu'on peut aider cette nature.

BÉRALDE.

Bien éloigné de cela, on ne fait bien souvent que l'empêcher de faire son effet ; et j'ai connu bien des gens qui sont morts des remèdes qu'on leur a fait prendre, qui se porteroient bien présentement s'ils l'eussent laissée faire.

ARGAN.

Vous voulez donc dire, mon frère, que les médecins ne savent rien ?

BÉRALDE.

Non, je ne dis pas cela. La plupart d'entre eux sont de très bons humanistes qui parlent fort bien latin, qui savent nommer en grec toutes les maladies, les définir ; mais pour les guérir, c'est ce qu'ils ne savent pas.

ARGAN.

Mais pourquoi donc, mon frère, tous les hommes sont-ils dans la même erreur où vous voulez que je sois ?

BÉRALDE.

C'est, mon frère, parce qu'il y a des choses dont l'apparence nous charme, et que nous croyons véritables, par l'envie que nous avons qu'elles se fassent. La médecine est de celles-là ; il n'y a rien de si beau et de si charmant que son objet. Par exemple, lorsqu'un médecin vous parle de purifier le sang, de fortifier le cœur, de rafraîchir les entrailles, de rétablir la poitrine, de raccommoder la rate, d'apaiser la trop grande chaleur du foie, de régler, modérer et retirer la chaleur naturelle, il vous dit justement le roman de la médecine ; et il en est comme de ces beaux songes qui, pendant la nuit, nous ont bien divertis, et qui ne nous laissent, au réveil, que le déplaisir de les avoir eus.

ARGAN.

Ouais ; vous êtes devenu fort habile homme en peu de temps !

BÉRALDE.

Dans les discours et dans les choses, ce sont deux sortes de personnes que vos grands médecins. Entendez-les parler, ce sont les plus habiles gens du monde ; voyez-les faire, les plus ignorants de tous les hommes : de telle manière que toute leur science est renfermée en un pompeux galimatias et un spécieux babil.

ARGAN.

Ce sont donc de méchantes gens, d'abuser ainsi de la crédulité et de la bonne foi des hommes?

BÉRALDE.

Il y en a entre eux qui sont dans l'erreur aussi bien que les autres ; d'autres qui en profitent sans y être. Votre monsieur Purgon y est plus que personne. C'est un homme tout médecin depuis la tête jusques aux pieds, qui croit plus aux règles de son art qu'à toutes les démonstrations de mathématique, et qui donne à travers les purgations et les saignées sans y rien connoître, et qui, lorsqu'il vous tuera, ne fera, dans cette occasion, que ce qu'il a fait à sa femme et à ses enfants, et ce qu'en un besoin il feroit à lui-même.

ARGAN.

C'est que vous avez une dent de lait contre lui.

BÉRALDE.

Quelle raison m'en auroit-il donnée?

ARGAN.

Je voudrois bien, mon frère, qu'il y eût ici quelqu'un de ces messieurs pour vous tenir tête, pour rembarrer un peu tout ce que vous venez de dire, et vous apprendre à les attaquer.

BÉRALDE.

Moi, mon frère? Je ne prétends point les attaquer. Ce que j'en dis n'est qu'entre nous, et que par manière de conversation : chacun, à ses périls et fortunes, en peut croire tout ce qu'il lui plaira.

ARGAN.

Voyez-vous, mon frère, ne me parlez plus contre ces gens-là ; ils me tiennent trop au cœur. Vous ne faites que m'échauffer et augmenter mon mal.

BÉRALDE.

Soit, je le veux bien ; mais je souhaiterois seulement, pour vous désennuyer, vous mener voir un de ces jours représenter une des comédies de Molière sur ce sujet.

ARGAN.

Ce sont de plaisants impertinents que vos comédiens, avec leurs comédies de Molière ! C'est bien à faire à eux à se moquer de la médecine ! Ce sont de bons nigauds, et je les trouve bien ridicules de mettre sur leur théâtre de vénérables messieurs comme ces messieurs-là !

BÉRALDE.

Que voulez-vous qu'ils y mettent, que les diverses professions des hommes ? Nous y voyons bien tous les jours des princes et des rois, qui sont du moins d'aussi bonne maison que les médecins.

ARGAN.

Par la mort non d'un diable, je les attraperois bien quand ils seroient malades : ils auroient beau me prier, je prendrois plaisir à les voir souffrir ; je ne voudrois pas les soulager en rien ; je ne leur ordonnerois pas la moindre petite saignée, le moindre petit lavement : je me vengerois bien de leur insolence, et leur dirois : Crevez, crevez, crevez, mes petits messieurs ; cela vous apprendra à vous moquer une autre fois de la Faculté [1].

BÉRALDE.

Ils ne s'exposent point à de pareilles épreuves, et ils savent très bien se guérir eux-mêmes lorsqu'ils sont malades.

SCÈNE IV.

MONSIEUR FLEURANT, ARGAN, BÉRALDE.

MONSIEUR FLEURANT, avec une seringue à la main.

C'est un petit clystère que je vous apporte. Prenez vite, monsieur, prenez vite ; il est comme il faut, il est comme il faut.

BÉRALDE.

Que voulez-vous faire, mon frère ?

---

1. On comprend à merveille que les comédiens aient substitué cette version à l'espèce de protestation et de défi qui avait été suivie si promptement de la mort du poète, et qu'on n'aurait pu écouter sans peine, immédiatement après cette mort.

ARGAN.

Attendez un moment; cela sera bientôt fait.

BÉRALDE.

Je crois que vous vous moquez de moi. Eh! ne sauriez-vous prendre un autre temps? Allez, monsieur; revenez une autre fois.

ARGAN.

A ce soir, s'il vous plaît, monsieur Fleurant.

MONSIEUR FLEURANT.

De quoi vous mêlez-vous, monsieur? Vous êtes bien plaisant, d'empêcher monsieur de prendre son clystère! Sont-ce là vos affaires?

BÉRALDE.

On voit bien, monsieur, que vous n'avez pas accoutumé de parler à des visages.

MONSIEUR FLEURANT.

Que voulez-vous dire, avec vos visages? Sachez que je ne perds pas ainsi mes pas, et que je viens ici en vertu d'une bonne ordonnance. Et vous, monsieur, vous vous repentirez du mépris que vous en faites. Je vais le dire à monsieur Purgon; vous verrez, vous verrez. (Il sort.)

SCÈNE V.

ARGAN, BÉRALDE.

ARGAN.

Mon frère, vous allez être cause ici de quelque malheur; et je crains fort que monsieur Purgon ne se fâche, quand il saura que je n'ai pas pris son lavement.

BÉRALDE.

Voyez un peu le grand mal, de n'avoir pas pris un lavement que monsieur Purgon a ordonné! Vous ne vous mettriez pas plus en peine, si vous aviez commis un crime considérable. Encore un coup, est-il possible qu'on ne vous puisse pas guérir de la maladie des médecins? et ne vous verrai-je jamais qu'avec un lavement et une médecine dans le corps?

ARGAN.

Mon Dieu! mon frère, vous parlez comme un homme qui se

porte bien. Si vous étiez en ma place, vous seriez aussi embarrassé que moi.

BÉRALDE.

Hé bien! mon frère, faites ce que vous voudrez. Mais j'en reviens toujours là ; votre fille n'est point destinée pour un médecin ; et le parti dont je veux vous parler lui est bien plus convenable.

ARGAN.

Il ne l'est pas pour moi, et cela me suffit. En un mot, elle est promise, et elle n'a qu'à se déterminer à cela, ou à un couvent.

BÉRALDE.

Votre femme n'est pas des dernières à vous donner ce conseil.

ARGAN.

Ah! j'étois bien étonné, si l'on ne me parloit pas de la pauvre femme ; c'est toujours elle qui fait tout. Il faut que tout le monde en parle.

BÉRALDE.

Ah! j'ai tort, il est vrai. C'est une femme qui a trop d'amitié pour vos enfants, et qui, pour l'amitié qu'elle leur porte, voudroit les voir toutes deux bonnes religieuses.

SCÈNE VI.

MONSIEUR PURGON, TOINETTE, ARGAN, BÉRALDE.

MONSIEUR PURGON.

Qu'est-ce ? On vient de m'apprendre de belles nouvelles. Comment! refuser un clystère que j'avois pris plaisir moi-même de composer avec grand soin!

ARGAN.

Monsieur Purgon, ce n'est pas moi ; c'est mon frère.

MONSIEUR PURGON.

Voilà une étrange rébellion d'un malade contre son médecin!

TOINETTE.

Cela est vrai.

MONSIEUR PURGON.

Le renvoyer avec audace! C'est une action exorbitante.

TOINETTE.

Assurément.

MONSIEUR PURGON.

Un attentat énorme contre la médecine.

TOINETTE.

Cela est certain.

MONSIEUR PURGON.

C'est un crime de lèse-Faculté.

TOINETTE.

Vous avez raison.

MONSIEUR PURGON.

Je vous aurois, dans peu, tiré d'affaire; et je ne voulois plus que dix médecines et vingt lavements pour vider le fond du sac.

TOINETTE.

Il ne le mérite pas.

MONSIEUR PURGON.

Mais, puisque vous avez eu l'insolence de mépriser mon clystère,

ARGAN.

Eh! monsieur Purgon, ce n'est pas ma faute; c'est la sienne.

MONSIEUR PURGON.

Que vous vous êtes soustrait de l'obéissance qu'un malade doit à son médecin,

ARGAN.

Ce n'est pas moi, vous dis-je.

MONSIEUR PURGON.

Je ne veux plus avoir d'alliance avec vous; et voici le don que je faisois de tout mon bien à mon neveu en faveur du mariage avec votre fille, que je déchire en mille pièces.

TOINETTE.

C'est fort bien fait.

ARGAN.

Mon frère, vous êtes cause de tout ceci.

MONSIEUR PURGON.

Je ne veux plus prendre soin de vous, et être davantage votre médecin.

ARGAN.

Je vous demande pardon.

MONSIEUR PURGON.

Je vous abandonne à votre méchante constitution, à l'intempérie de votre tempérament, et à la pétulance de vos humeurs.

APPENDICE.

ARGAN.

Faites-le venir; je le prendrai devant vous.

MONSIEUR PURGON.

Je veux que, dans peu, vous soyez en un état incurable;

ARGAN.

Ah ! je suis mort !

MONSIEUR PURGON.

Et je vous avertis que vous tomberez dans l'épilepsie ;

ARGAN.

Monsieur Purgon !

MONSIEUR PURGON.

De l'épilepsie dans la phtisie,

ARGAN.

Monsieur Purgon !

MONSIEUR PURGON.

De la phtisie dans la bradypepsie,

ARGAN.

Doucement, monsieur Purgon !

MONSIEUR PURGON.

De la bradypepsie dans la lienterie,

ARGAN.

Ah ! monsieur Purgon !

MONSIEUR PURGON.

De la lienterie dans la dyssenterie,

ARGAN.

Mon pauvre monsieur Purgon !

MONSIEUR PURGON.

De la dyssenterie dans l'hydropisie,

ARGAN.

Monsieur Purgon !

MONSIEUR PURGON.

De l'hydropisie dans l'apoplexie,

ARGAN.

Monsieur Purgon !

MONSIEUR PURGON.

De l'apoplexie dans la privation de la vie, où vous aura conduit votre folie.

SCÈNE VII.

ARGAN, BÉRALDE.

ARGAN.

Ah! c'en est fait de moi ; je suis perdu! Je n'en puis revenir. Ah! je sens déjà que la médecine se venge.

BÉRALDE.

Sérieusement, mon frère, vous n'êtes pas raisonnable ; et je ne voudrois pas qu'il y eût ici personne qui vous vît faire ces extravagances.

ARGAN.

Vous avez beau dire ; toutes ces maladies en *ies* me font trembler, et je les ai toutes sur le cœur.

BÉRALDE.

Le simple homme que vous êtes! Comme si monsieur Purgon tenoit entre ses mains le fil de votre vie, et qu'il pût l'allonger ou l'accourcir comme bon lui sembleroit. Détrompez-vous, encore une fois ; et sachez qu'il y peut encore moins qu'à vous guérir, lorsque vous êtes malade.

ARGAN.

Il dit que je deviendrai incurable.

BÉRALDE.

Dans le vrai, vous êtes un homme d'une grande prévention ; et, lorsque vous vous êtes mis quelque chose dans l'esprit, difficilement peut-on l'en chasser.

ARGAN.

Que ferai-je, mon frère, à présent qu'il m'a abandonné ? et où trouverai-je un médecin qui me puisse traiter aussi bien que lui ?

BÉRALDE.

Mon Dieu! mon frère, puisque c'est une nécessité pour vous d'avoir un médecin, l'on vous en trouvera un du moins aussi habile, qui n'ira pas si vite, avec qui vous courrez moins de risque, et qui prendra plus de précaution aux remèdes qu'il vous ordonnera.

ARGAN.

Ah! mon frère, il connoissoit mon tempérament, et savoit mon mal mieux que moi-même.

SCÈNE VIII.

TOINETTE, ARGAN, BÉRALDE.

TOINETTE.

Monsieur, il y a un médecin à la porte, qui souhaite parler à vous.

ARGAN.

Quel est-il, ce médecin ?

TOINETTE.

C'est un médecin de la médecine, qui me ressemble comme deux gouttes d'eau ; et, si je ne savois que ma mère étoit honnête femme, je croirois que ce seroit quelque petit frère qu'elle m'auroit donné depuis le trépas de mon père.

ARGAN.

Dis-lui qu'il prenne la peine d'entrer. C'est sans doute un médecin qui vient de la part de monsieur Purgon pour nous bien remettre ensemble. Il faut voir ce que c'est, et ne pas laisser échapper une si belle occasion de me raccommoder avec lui.

SCÈNE IX.

TOINETTE, en habit de médecin ; ARGAN, BÉRALDE.

TOINETTE.

Monsieur, quoique je n'aie pas l'honneur d'être connu de vous, ayant appris que vous êtes malade, je viens vous offrir mon service pour toutes les purgations et les saignées dont vous aurez besoin.

ARGAN.

Ma foi, mon frère, c'est Toinette elle-même.

TOINETTE.

Monsieur, je vous demande pardon ; j'ai une petite affaire en ville. Permettez-moi d'y envoyer mon valet, que j'ai laissé à votre porte, dire que l'on m'attende. (Elle sort.)

ARGAN.

Je crois sûrement que c'est elle ; qu'en croyez-vous ?

BÉRALDE.

Pourquoi voulez-vous cela ? Sont-ce les premiers qui ont

quelque ressemblance? et ne voyons-nous pas souvent arriver de ces sortes de choses?

TOINETTE *quitte son habit de médecin si promptement, pour paroître devant son maître à son ordinaire, qu'il est difficile de croire que ce soit elle qui a paru en médecin.*

Que voulez-vous, monsieur?

ARGAN.

Quoi?

TOINETTE.

Ne m'avez-vous pas appelée?

ARGAN.

Moi? Tu te trompes.

TOINETTE.

Il faut donc que les oreilles m'aient corné.

ARGAN.

Demeure, demeure pour ce médecin, qui te ressemble si fort.

TOINETTE.

Ah! vraiment oui; je l'ai assez vu. (Elle sort.)

ARGAN.

Ma foi, mon frère, cela est admirable; et je ne le croirois pas, si je ne les voyois tous deux ensemble.

BÉRALDE.

Cela n'est point si surprenant : notre siècle nous en fournit plusieurs exemples; et vous devez, ce me semble, vous souvenir de quelques-uns qui ont fait tant de bruit dans le monde.

TOINETTE, en médecin.

Monsieur, excusez-moi, s'il vous plaît.

ARGAN.

Je ne puis sortir de mon étonnement, et il semble que c'est elle-même.

TOINETTE.

Je suis un médecin passager, courant de villes en villes, et de royaumes en royaumes, pour chercher d'illustres malades, et pour trouver d'amples matières à ma capacité. Je ne suis pas de ces médecins d'ordinaire, qui ne s'amusent qu'à des bagatelles de fiévrottes, de rhumatismes, de migraines et autres maladies de peu de conséquence. Je veux de bonnes fièvres continues avec des transports au cerveau, de bonnes oppressions de poitrine, de bons maux de côté, de bonnes fièvres pourprées, de bonnes véroles, de bonnes pestes : c'est là où je me plais, c'est là où je triomphe; et je voudrois, monsieur, que vous eussiez toutes ces maladies ensemble, que vous fussiez abandonné de tous les médecins, et à l'agonie, pour vous montrer la longue et grande expérience que j'ai dans notre art, et la passion que j'ai de vous rendre service.

ARGAN.

Je vous suis trop obligé, monsieur; cela n'est point nécessaire.

TOINETTE.

Je vois que vous me regardez fixement. Quel âge croyez-vous bien que j'aie?

ARGAN.

Je ne le puis savoir au juste ; pourtant vous avez bien vingt-sept ou vingt-huit ans au plus?

TOINETTE.

Bon ! j'en ai quatre-vingt-dix.

ARGAN.

Quatre-vingt-dix ! Voilà un beau jeune vieillard.

TOINETTE.

Oui, quatre-vingt-dix ans ; et j'ai su me maintenir toujours frais et jeune, comme vous voyez, par la vertu et la bonté de mes remèdes. Donnez-moi votre pouls : allons donc ; voilà un pouls bien impertinent. Ah ! je vois bien que vous ne me connoissez pas encore ; je vous ferai bien aller comme il faut. Qui est votre médecin ?

ARGAN.

Monsieur Purgon.

TOINETTE.

Monsieur Purgon ? Ce nom ne m'est point connu, et n'est point écrit sur mes tablettes, dans le rang des grands et fameux médecins qui y sont. Quittez-moi cet homme ; ce n'est point du tout votre affaire : il faut que ce soit peu de chose. Je veux vous en donner un de ma main.

ARGAN.

On le tient pourtant en grande réputation.

TOINETTE.

De quoi dit-il que vous êtes malade.

ARGAN.

Il dit que c'est de la rate ; d'autres disent que c'est du foie.

TOINETTE.

L'ignorant ! C'est du poumon que vous êtes malade.

ARGAN.

Du poumon ?

TOINETTE.

Oui, du poumon. N'avez-vous pas grand appétit à ce que vous mangez ?

ARGAN.

Eh ! oui.

TOINETTE.

C'est justement le poumon. Ne trouvez-vous pas le vin bon ?

ARGAN.

Oui.

TOINETTE.

Le poumon. Ne rêvez-vous point pendant la nuit ?

ARGAN.

Oui, oui, même assez souvent.

TOINETTE.

Le poumon. Ne faites-vous point un petit sommeil après le repas ?

ARGAN.

Ah ! oui, tous les jours.

TOINETTE.

Le poumon, le poumon, vous dis-je.

ARGAN.

Ah ! mon frère, le poumon !

TOINETTE.

Que vous ordonne-t-il de manger ?

ARGAN.

Du potage.

TOINETTE.

L'ignorant !

ARGAN.

De prendre force bouillons.

TOINETTE.

L'ignorant !

ARGAN.

Du bouilli.

TOINETTE.

L'ignorant!

ARGAN.

Du veau et des poulets.

TOINETTE.

L'ignorant!

ARGAN.

Et, le soir, des petits pruneaux pour lâcher le ventre.

TOINETTE.

Ignorantus, ignoranta, ignorantum; et moi, je vous ordonne de bon gros pain bis, de bon gros bœuf, de bons gros pois, de bon fromage d'Hollande, et, afin que vous ne crachiez plus, des marrons et des oublies pour coller et conglutiner.

ARGAN.

Mais voyez un peu, mon frère, quelle ordonnance!

TOINETTE.

Croyez-moi, exécutez-la; vous vous en trouverez bien. A propos, je m'aperçois ici d'une chose; dites-moi, monsieur, que faites-vous de ce bras-là?

ARGAN.

Ce que j'en fais? La belle demande!

TOINETTE.

Si vous m'en croyez, vous le ferez couper tout à l'heure.

ARGAN.

Et la raison?

TOINETTE.

Ne voyez-vous pas qu'il attire à lui toute la nourriture, et qu'il empêche l'autre côté de profiter?

ARGAN.

Eh! je ne me soucie pas de cela; j'aime bien mieux les avoir tous deux.

TOINETTE.

Si j'étois aussi en votre place, je me ferois crever cet œil-ci tout à l'heure.

ARGAN.

Et pourquoi le faire crever?

TOINETTE.

N'en verrez-vous pas une fois plus clair de l'autre? Faites-le, vous dis-je, et tout à présent.

ARGAN.

Je suis votre serviteur; j'aime beaucoup mieux ne pas voir si clair de l'un, et n'en avoir point de manque.

TOINETTE.

Excusez-moi, monsieur; je suis obligé de vous quitter sitôt. Je vous verrai quelquefois pendant le séjour que je ferai en cette ville; mais je suis obligé de me trouver aujourd'hui à une consultation qui se doit faire pour un malade qui mourut hier.

ARGAN.

Pourquoi une consultation pour un malade qui mourut hier?

TOINETTE.

Pour aviser aux remèdes qu'il eût fallu lui faire pour le guérir, et s'en servir dans une semblable occasion.

ARGAN.

Monsieur, je ne vous reconduis point : vous savez que les malades en sont exempts.

BÉRALDE.

Eh bien ! mon frère, que dites-vous de ce médecin?

ARGAN.

Comment, diable! Il me semble qu'il va bien vite en besogne.

BÉRALDE.

Comme font tous ces grands médecins; et il ne le seroit pas, s'il faisoit autrement.

ARGAN.

Couper un bras, crever un œil! Voyez quelle plaisante opération, de me faire borgne et manchot!

TOINETTE, rentrant après avoir quitté l'habit de médecin.

Doucement, doucement, monsieur le médecin; modérez, s'il vous plaît, votre appétit.

ARGAN.

Qu'as-tu donc, Toinette?

TOINETTE.

Vraiment, votre médecin veut rire. Ma foi, il a voulu mettre sa main sur mon sein en sortant.

ARGAN.

Cela est étonnant à son âge. Qui pourroit croire cela, qu'à quatre-vingt-dix ans l'on fût encore si gaillard?

BÉRALDE.

Enfin, mon frère, puisque vous avez rompu avec monsieur Purgon, qu'il n'y a plus d'espérance d'y pouvoir renouer, et qu'il a déchiré les articles d'entre son neveu et votre fille, rien ne vous peut plus empêcher d'accepter le parti que je vous propose pour ma nièce; c'est un...

ARGAN.

Je vous prie, mon frère, ne parlons point de cela. Je sais bien ce que j'ai à faire, et je la mettrai, dès demain, dans un couvent.

BÉRALDE.

Vous voulez faire plaisir à quelqu'un.

ARGAN.

Oh çà, voilà encore la pauvre femme en jeu.

BÉRALDE.

Eh bien! oui, mon frère, c'est d'elle dont je veux parler; et, non plus que l'entêtement des médecins, je ne puis supporter celui que vous avez pour elle.

ARGAN.

Vous ne la connoissez pas, mon frère; c'est une femme qui a trop d'amitié pour moi. Demandez-lui les caresses qu'elle me fait. A moins que de les voir, on ne le croiroit pas.

TOINETTE.

Monsieur a raison, et on ne peut pas concevoir l'amitié qu'elle a pour lui. Voulez-vous que je vous fasse voir comme madame aime monsieur?

BÉRALDE.

Comment?

TOINETTE.

Eh! monsieur, laissez-moi faire; souffrez que je le détrompe, et que je lui fasse voir son bec jaune.

ARGAN.

Que faut-il faire pour cela?

TOINETTE.

J'entends madame qui revient de la ville. Vous, monsieur,

cachez-vous dans ce petit endroit, et prenez garde surtout que l'on ne vous voie. Approchons votre chaise; mettez-vous dedans tout de votre long, et contrefaites le mort. Vous verrez, par le regret qu'elle témoignera de votre perte, l'amitié qu'elle vous porte. La voici.

ARGAN.

Oui, oui, oui, oui; bon, bon, bon, bon...

SCÈNE X.

BÉLINE, TOINETTE; ARGAN, contrefaisant le mort; BÉRALDE, caché dans un coin.

TOINETTE, feignant d'être fort attristée.

Ah! ciel! quelle cruelle aventure! quel malheur imprévu vient de m'arriver! Que ferai-je, malheureuse? et comment annoncer à madame de si méchantes nouvelles? Ah! ah!

BÉLINE.

Qu'as-tu, Toinette?

TOINETTE.

Ah! madame, quelle perte venez-vous de faire? Monsieur vient de mourir tout à l'heure subitement; j'étois seule ici, et il n'y avoit personne pour le secourir.

BÉLINE.

Quoi! mon mari est mort?

TOINETTE.

Hélas! oui, le pauvre homme défunt est trépassé.

BÉLINE.

Le ciel en soit loué! me voilà délivrée d'un grand fardeau! Que tu es folle, Toinette, de pleurer!

TOINETTE.

Moi, madame? Je croyois qu'il fallût pleurer.

BÉLINE.

Bon, et je voudrois bien savoir pour quelle raison. Ai-je fait une si grande perte? Quoi! pleurer un homme mal bâti, mal fait, sans esprit, de mauvaise humeur, fort âgé, toujours toussant, mouchant, crachant, reniflant, fâcheux, ennuyeux, incommode à tout le monde, grondant sans cesse et sans raison, toujours un

lavement ou une médecine dans le corps, de méchante odeur!
Il faudroit que je n'eusse pas le sens commun.

TOINETTE.

Voilà une belle oraison funèbre !

BÉLINE.

Je ne prétends pas avoir passé la plus grande partie de ma jeunesse avec lui, sans y profiter de quelque chose ; et il faut, Toinette, que tu m'aides à bien faire mes affaires sûrement. Ta récompense est sûre.

TOINETTE.

Ah! madame, je n'ai garde de manquer à mon devoir.

BÉLINE.

Puisque tu m'assures que sa mort n'est sue de personne, saisissons-nous de l'argent et de tout ce qu'il y a de meilleur. Portons-le dans son lit, et, quand j'aurai tout mis à couvert, nous ferons en sorte que quelque autre l'y trouve mort; et ainsi on ne se doutera pas de ce que nous aurons fait. Il faut d'abord que je lui prenne ses clefs, qui sont dans cette poche.

ARGAN se lève tout à coup.

Tout beau, tout beau, madame la carogne. Ah! ah! je suis ravi d'avoir entendu le bel éloge que vous avez fait de moi. Cela m'empêchera de faire bien des choses.

TOINETTE.

Quoi! le défunt n'est pas mort?

BÉRALDE.

Hé bien ! mon frère, voyez-vous à présent comme votre femme vous aime ?

ARGAN.

Ah! vraiment oui, je le vois, je ne le vois que trop.

TOINETTE.

Je vous jure que j'ai été bien trompée, et que je n'eusse jamais cru cela. Mais j'aperçois votre fille; retournez-vous-en où vous étiez, et vous remettez dans votre chaise. Il est bon aussi de l'éprouver, et ainsi vous connoîtrez les sentiments de toute votre famille.

ARGAN.

Tu as raison, tu as raison.

SCÈNE XI.

ANGÉLIQUE, TOINETTE, ARGAN, BÉRALDE.

TOINETTE.

Ah! quel étrange accident! mon pauvre maître est mort. Que de larmes, que de pleurs il va nous coûter! Quel désastre! S'il étoit encore mort d'une autre manière, on n'en auroit pas tant de regret. Ah! que j'en ai de déplaisir! ah, ah, ah!

ANGÉLIQUE.

Qu'y a-t-il de nouveau, Toinette, pour te causer tant de gémissements?

TOINETTE.

Hélas! votre père est mort.

ANGÉLIQUE.

Mon père est mort, Toinette?

TOINETTE.

Ah! il ne l'est que trop; et il vient d'expirer entre mes bras d'une foiblesse qui lui a prise. Tenez, voyez-le; le voilà tout étendu dans sa chaise. Ah! ah!

ANGÉLIQUE.

Mon père est mort, et justement dans le temps où il étoit en colère contre moi par la résistance que je lui ai faite tantôt, en refusant le mari qu'il me vouloit donner! Que deviendrai-je, misérable que je suis? et comment cacher une chose qui a paru devant tant de personnes?

SCÈNE XII.

CLÉANTE, ANGÉLIQUE, TOINETTE, ARGAN, BÉRALDE.

CLÉANTE.

Juste ciel! que vois-je? Dites, qu'avez-vous, belle Angélique?

ANGÉLIQUE.

Ah! Cléante, ne me parlez plus de rien. Mon père est mort; il faut vous dire adieu pour toujours, et nous séparer entièrement l'un de l'autre.

CLÉANTE.

Quelle infortune, grand Dieu! Hélas! après la demande que j'avois prié votre oncle de lui faire de vous, je venois moi-même me jeter à ses pieds pour faire un dernier effort afin de vous obtenir.

ANGÉLIQUE.

Le ciel ne l'a pas voulu. Vous devez, comme moi, vous soumettre à ce qu'il veut, et il faut vous résoudre à me quitter pour toujours. Oui, mon père, puisque j'ai été assez infortunée pour ne pas faire ce que vous vouliez de moi pendant votre vie, du moins ai-je dessein de le réparer après votre mort; je veux exécuter votre dernière volonté, et je vais me retirer dans un couvent pour y pleurer votre mort pendant tout le reste de ma vie : oui, mon cher père, souffrez que je vous en donne ici les dernières assurances, et que je vous embrasse.

ARGAN se lève.

Ah! ma fille!...

ANGÉLIQUE.

Ah, ah, ah, ah!

ARGAN.

Viens, ma chère enfant, que je te baise. Va, je ne suis pas mort; je vois que tu es ma fille, et je suis bien aise de reconnoître ton bon naturel.

ANGÉLIQUE.

Mon père, permettez que je me mette à genoux devant vous pour vous conjurer que, si vous ne voulez pas me faire la grâce de me donner Cléante pour époux, vous ne me refusiez pas celle de ne m'en pas donner un avec lequel je ne puisse vivre.

CLÉANTE.

Eh! monsieur, serez-vous insensible à tant d'amour? et ne peut-on pas vous attendrir par aucun endroit?

BÉRALDE.

Mon frère, avez-vous à consulter? et ne devriez-vous pas déjà l'avoir donnée aux vœux de monsieur?

TOINETTE.

Comment, vous résisterez à de si grandes marques de tendresse! Là, monsieur, rendez-vous.

ARGAN.

Hé bien! qu'il se fasse médecin, et je lui donne ma fille.

CLÉANTE.

Oui da, monsieur, je le veux bien; apothicaire même, si vous voulez : je ferois encore des choses bien plus difficiles pour avoir la belle Angélique.

BÉRALDE.

Mais, mon frère, il me vient une pensée; faites-vous médecin vous-même, plutôt que monsieur.

ARGAN.

Moi, médecin?

BÉRALDE.

Oui, vous. C'est le véritable moyen de vous bien porter; et il n'y a aucune maladie, si redoutable qu'elle soit, qui ait l'audace de s'attaquer à un médecin.

TOINETTE.

Tenez, monsieur, votre barbe y peut beaucoup; et la barbe fait plus de la moitié d'un médecin.

ARGAN.

Vous vous moquez, je crois; et je ne sais pas un seul mot de latin. Comment donc faire?

BÉRALDE.

Voilà une belle raison! Allez, allez; il y en a parmi eux qui en savent encore moins que vous; et, lorsque vous aurez la robe et le bonnet, vous en saurez plus qu'il ne vous en faut.

CLÉANTE.

En tout cas, me voilà prêt à faire ce que l'on voudra.

ARGAN.

Mais, mon frère, cela ne se peut faire sitôt.

BÉRALDE.

Tout à présent, si vous voulez; et j'ai une faculté de mes amis fort près d'ici, que j'enverrai querir pour célébrer la cérémonie. Allez vous préparer seulement; toutes choses seront bientôt prêtes.

ARGAN.

Allons, voyons, voyons.

CLÉANTE.

Quel est donc votre dessein? et que voulez-vous dire avec cette faculté de vos amis?

BÉRALDE.

C'est un intermède de la réception d'un médecin que des

comédiens ont représenté ces jours passés. Je les avois fait venir pour le jouer ce soir ici devant nous, afin de nous bien divertir; et je prétends que mon frère y joue le premier personnage.

ANGÉLIQUE.

Mais, mon oncle, il me semble que c'est se railler un peu fortement de mon père.

BÉRALDE.

Ce n'est pas tant se railler que s'accommoder à son humeur; outre que, pour lui ôter tout sujet de se fâcher, quand il aura reconnu la pièce que nous lui jouons, nous pouvons y prendre chacun un rôle, et jouer en même temps que lui. Allons donc nous habiller.

CLÉANTE.

Y consentez-vous?

ANGÉLIQUE.

Il le faut bien [1].

---

1. Le troisième intermède qui a lieu après ces paroles d'Angélique, est, dans l'édition de 1675, le même que dans le livre du ballet et dans l'édition de 1682. (Voyez page 171, note 1.) La leçon curieuse qui va suivre est tirée d'une autre source.

ACTA

ET CEREMONIÆ RECEPTIONIS.

PRÆSES.

Savantissimi doctores,
Medicinæ professores,
Qui hic assemblati estis;
Et vos, altri messiores,
Sententiarum Facultatis
Fideles executores,
Chirurgiani et apothicari
Atque tota compania aussi,
Salus, honor et argentum,
Atque bonum appetitum.

Non possum, docti confreri,
En moi satis admirari
Qualis bona inventio
Est medici professio;
Quam bella chosa est, et bene trovata,
Medicina illa benedicta,

---

1. Nous reproduisons le troisième intermède d'après les éditions particulières parues, en 1673, à Rouen et à Amsterdam. (Voyez la Notice préliminaire, page 20.) Ce qui constitue la principale différence des deux rédactions, c'est que, dans le texte ordinaire, quatre ou cinq docteurs seulement prennent part à la réception du postulant, et que, dans les copies de Rouen et d'Amsterdam, huit docteurs entrent en lice et interrogent le bachelier. Celles-ci accroissent l'autre d'environ cent cinquante vers, c'est-à-dire de presque la moitié. Afin qu'on distingue plus facilement cette partie nouvelle, nous plaçons entre crochets tout ce qui est ajouté. Mais, outre ces adjonctions, le lecteur pourra, en faisant la comparaison des deux textes, relever des variantes assez considérables.

APPENDICE.

Quæ, suo nomine solo,
Surprenanti miraculo,
Depuis si longo tempore,
Facit à gogo vivere
Tant de gens omni genere.

Per totam terram videmus
Grandam vogam ubi sumus ;
Et quod grandes et petiti
Sunt de nobis infatuti.
Totus mundus, currens ad nostros remedios,
Nos regardat sicut deos ;
Et nostris ordonnanciis
Principes et reges soumissos videtis.

Atque ideo il est nostræ sapientiæ,
Boni sensus et magnæ prudentiæ,
De fortement travaillare
A nos bene conservare
In tali credito, voga et honore ;
Et prendere gardam à non recevere,
In nostro docto corpore,
Quam personas capabiles,
Et totas dignas remplire
Has plaças honorabiles.

C'est pour cela que nunc convocati estis :
Et credo quod trovabitis
Dignam materiam medici
In savanti homine que voici ;
Lequel, in chosis omnibus,
Dono ad interrogandum,
Et à fond examinandum
Vostris capacitatibus.

PRIMUS DOCTOR.

Si mihi licentiam dat dominus præses,
Et tanti docti doctores,
Et assistantes illustres,
Très savanti bacheliero,

Quem estimo et honoro,
Domandabo causam et rationem quare
Opium facit dormire.

BACHELIERUS.

Mihi a docto doctore
Domandatur causam et rationem quare
Opium facit dormire.
A quoi respondeo :
Quia est in eo
Virtus dormitiva,
Cujus est natura
Sensus assoupire.

CHORUS.

Bene, bene, bene, bene respondere.
Dignus, dignus est intrare
In nostro docto corpore.
Bene, bene respondere.

SECUNDUS DOCTOR.

[Proviso quod non displaceat,
Domino præsidi, lequel n'est pas fat,
Mais benigne annuat,
Cum totis doctoribus savantibus,
Et assistantibus bienvueillantibus,
Dicat mihi un peu dominus prætendens,
Raison a priori et evidens
Cur rhubarba, et le séné,
Per nos semper est ordonné
Ad purgandum l'utramque bile.
Si dicit hoc, erit valde habile.

BACHELIERUS.

A docto doctore mihi, qui sum prætendens,
Domandatur raison a priori et evidens
Cur rhubarba, et le séné,
Per nos semper est ordonné
Ad purgandum l'utramque bile,
Et quod ero valde habile.
Respondeo vobis :
Quia est in illis

Virtus purgativa,
Cujus est natura
Istas duas biles evacuare.
CHORUS.
Bene, bene, bene, bene respondere.
Dignus, dignus est intrare
In nostro docto corpore.
TERTIUS DOCTOR.
Ex responsis, il paroît jam sole clarius
Quod lepidum iste caput, bachelierus,
Non passavit suam vitam ludendo au trictrac,
Nec in prenando du tabac;
Sed explicet pourquoi furfur macrum [1]
Et parvum lac,
Cum phlebotomia et purgatione humorum,
Appellantur a medisantibus idolæ medicorum,
Nec non pontus asinorum,
Si premièrement grata sit domino præsidi
Nostra libertas questionandi,
Pariter dominis doctoribus
Atque de tous ordres benignis auditoribus.
BACHELIERUS.
Quærit a me dominus doctor
Chrysologos, id est, qui dit d'or,
Quare parvum lac et furfur macrum
Phlebotomia et purgatio humorum
Appellantur a medisantibus idolæ medicorum,
Atque pontus asinorum.
Respondeo : quia
Ista ordonnando non requiritur magna scientia,
Et ex illis quatuor rebus
Medici faciunt ludovicos, pistolas et des quarts d'écus.]
CHORUS.
Bene, bene, bene, bene respondere.
Dignus, dignus est intrare
In nostro docto corpore.

---

1. Du son pour des clystères. (Note du texte.)

QUARTUS DOCTOR.

Cum permissione domini præsidis,
　　Doctissimæ Facultatis,
　　Et totius his nostris actis
　　Companiæ assistantis,
Domandabo tibi, bacheliere,
　　Quæ sunt remedia,
[Tam in homine quam in muliere,]
　　Quæ, in maladia
　　Ditta hydropisia,
[In malo caduco, apoplexia,
Convulsione et paralysia,]
　　Convenit facere.

BACHELIERUS.

Clysterium donare,
Postea seignare,
En suitta purgare.

CHORUS.

Bene, bene, bene, bene respondere.
Dignus, dignus est intrare
In nostro docto corpore.

QUINTUS DOCTOR.

Si bonum semblatur domino præsidi,
　　Doctissimæ Facultati,
　　Et companiæ écoutanti,
Domandabo tibi, erudite bacheliere,
[Ut revenir un jour à la maison gravis ære[1],]
Quæ remedia [colicosis, fievrosis,
Maniacis, nephreticis, phreneticis,
　　Melancholicis, dæmoniacis,]
　　Asthmaticis atque pulmonicis,
　　[Catharrosis, tussiculosis,
　　Guttosis, ladris atque gallosis,
In apostematis, plagis et ulcere,
In omni membro démis aut fracturé],
　　Convenit facere.

---

1. Chargé d'argent. (Note du texte.) — Ce vers est omis dans la traduction de Castelli.

APPENDICE.

BACHELIERUS.

Clysterium donare,
Postea seignare,
En suitta purgare.

CHORUS.

Bene, bene, bene, bene respondere.
Dignus, dignus est intrare
In nostro docto corpore.

SEXTUS DOCTOR.

[Cum bona venia reverendi præsidis,
Filiorum Hippocratis,
Et totius coronæ nos admirantis[1],
Petam tibi, resolute bacheliere,
Non indignus alumnus di Monspeliere[2],
Quæ remedia cæcis, surdis, mutis,
Manchotis, claudis, atque omnibus estropiatis,
Pro coris pedum, malum de dentibus, pesta, rabie,
Et nimis magna commotione in omni novo marié,
Convenit facere.

BACHELIERUS.

Clysterium donare,
Postea seignare,
En suitta purgare.

1. On a déjà dû remarquer au milieu de ce latin burlesque plus d'une finesse d'exquise latinité. (Ch. Magnin.)
2. La question de savoir si la parodie satirique dont nous reproduisons ici une leçon distincte s'adresse à la Faculté de Paris ou à la Faculté de Montpellier, a été longuement examinée par M. Germain (*Histoire de la commune de Montpellier*) et par M. Maurice Raynaud (*les Médecins au temps de Molière*). Pour M. Germain, la chose n'est pas douteuse : c'est contre Montpellier que la satire est dirigée ; il fixe même la date où Molière aurait recueilli les informations qu'il devait utiliser plus tard ; cela aurait eu lieu pendant que le chef de troupe parcourait le Midi en 1654-1656, à l'époque de son séjour auprès du prince de Conti. Il n'est pas nécessaire, fait observer M. Raynaud, de supposer que Molière ait prévu de si loin sa dernière œuvre ; il suffit d'admettre qu'il ait pu, en effet, conserver de cette époque quelques souvenirs. D'ailleurs, les médecins de Paris avec qui il était lié n'eussent pas demandé mieux que de détourner l'orage sur une Faculté rivale.

Le vers auquel nous attachons cette note trancherait la question si l'on ne rencontrait pas plus loin ces mots contradictoires : *Parisiis et per totam terram*. Dans la version authentique, il n'existe aucune indication de cette sorte. Le poète n'a certes pas entendu railler une académie plutôt qu'une autre : il a voulu livrer au ridicule la médecine tout entière.

On notera cette forme italienne : *di* Monspeliere.

CHORUS.

Bene, bene, bene, bene respondere,
Dignus, dignus est intrare
In nostro docto corpore.

SEPTIMUS DOCTOR.

Super illas maladias,
Dominus bachelierus dixit maravillas ;
Mais, si non ennuyo doctissimam Facultatem
Et totam honorabilem companiam
Tam corporaliter quam mentaliter hic præsentem,
Faciam illi unam questionem :
De hiero maladus unus
Tombavit in meas manus,
[Homo qualitatis et dives cum un Crœsus.]
Habet grandam fievram cum redoublamentis,
Grandam dolorem capitis,
[Cum troublatione spirii et laxamento ventris,]
Grandum insuper malum au côté,
Cum granda difficultate
Et pena de respirare ;
Veuillas mihi dire,
Docte bacheliere,
Quid illi facere.

BACHELIERUS.

Clysterium donare,
Postea seignare,
En suitta purgare.

CHORUS.

Bene, bene, bene, bene respondere.
Dignus, dignus est intrare
In nostro docto corpore.

SEPTIMUS DOCTOR.

Mais, si maladia
Opiniatria,
[Ponendo medicum à quia,]
Non vult se guarire,
Quid illi facere?

BACHELIERUS.

Clysterium donare,
Postea seignare,
En suitta purgare.

CHORUS.

Bene, bene, bene, bene respondere.
Dignus, dignus est intrare
In nostro docto corpore.

OCTAVUS DOCTOR.

[Impetrato favorabili congé
A domino præside,
Ab electa trouppa doctorum
Tam practicantium quam practica avidorum,
Et a curiosa turba badaudorum,
Ingeniose bacheliere
Qui non potuit esse jusqu'ici déferré.
Faciam tibi unam questionem de importantia.
Messiores, detur nobis audiencia.
Isto die bene mane,
Paulo ante mon déjeuné,
Venit ad me una domicella
Italiana, jadis bella [1],
Et ut penso encore un peu pucella,
Quæ habebat pallidos colores,
Fievram blancam dicunt magis fini doctores,
Quia plaignebat se de migraina,
De curta halena,
De granda oppressatione,
Jambarum enflatura, et effroiabili lassitudine,
De battimiento cordis,
De strangulamento matris,
Alio nomine vapor hystérique,
Quæ, sicut omnes maladiæ terminatæ in ique,
Facit à Galien la nique.
Visagium apparebat bouffitum, et coloris
Tantum vertæ quantum merda anseris;

---

1. Il y a *satis bella* dans la traduction de Castelli.

Ex pulsu petito valde frequent, et urina mala
Quam apportaverat in phiola,
Non videbatur exempta de fébricule ;
Au reste, tam debilis quod venerat
De son grabat
In cavallo sur une mule.
Non habuerat menses suos
Ab illa die qui dicitur des grosses eaux ;
Sed contabat mihi à l'oreille
Che si non era morta, c'étoit grand' merveille,
Perche in suo negotio
Era un poco d'amore, et troppo di cordoglio ;
Che 'l suo galano sen' era andato in Allemagna,
Servire al signor Brandebourg una campagna [1].
Usque ad maintenant multi charlatani,
Medici, apothicari, et chirurgiani
Pro sua maladia in vano travaillaverunt,
Juxta même las novas gripas istius bourru Van Helmont [2],
Emploiantes ab oculis cancri, ad Alcahest.
Veuillas mihi dire quid superest,
Juxta orthodoxos, illi facere.

BACHELIERUS.

Clysterium donare,
Postea seignare,
En suitta purgare.

CHORUS.

Bene, bene, bene, bene respondere.
Dignus, dignus est intrare
In nostro docto corpore.

OCTAVUS DOCTOR.

Mais si tam grandum bouchamentum
Partium naturalium,

1. Il sera important, lorsque l'on voudra discuter la véritable origine de ces développements facétieux, de remarquer combien la langue italienne est dominante dans ces derniers vers.
Castelli, qui était précisément secrétaire de l'électeur de Brandebourg, a modifié ce passage dans sa traduction.
2. Il s'agit ici du fameux chimiste belge Jean-Baptiste Van Helmont, né en 1577 et mort en 1644, qui attaqua si vivement ce qu'il appelait l'idiotisme des écoles.

Mortaliter obstinatum,
Per clysterium donare,
Seignare
Et reiterando cent fois purgare,
Non potest se guarire,
Finaliter quid trovares à propos illi facere?

BACHELIERUS.

In nomine Hippocratis benedictam[1] cum bono
Garçone conjunctionem imperare.]

CHORUS.

Bene, bene, bene, bene respondere.
Dignus, dignus est intrare
In nostro docto corpore.

PRÆSES.

Juras gardare statuta
Per Facultatem præscripta,
Cum sensu et jugeamento?

BACHELIERUS.

Juro.

PRÆSES.

Essere in omnibus
Consultationibus
Ancieni aviso,
Aut bono, aut mauvaiso?

BACHELIERUS.

Juro.

PRÆSES.

De non jamais te servire
De remediis aucunis,
Quam de ceux seulement almæ Facultatis,
[Ni jamais emeticum ni mercurium dare,]
Maladus dût-il crevare,
Et mori de suo malo [2]?

BACHELIERUS.

Juro.

1. On peut entendre : « commander une union bénite au nom d'Hippocrate, » ou bien « commander, au nom d'Hippocrate, une union bénite. » Le traducteur italien l'a entendu en ce dernier sens, il a mis une virgule après *Hippocratis*.
2. Ce couplet n'est pas dans Castelli.

PRÆSES.

Ego, cum isto bonetto
Venerabili et docto,
Dono tibi et concedo
[Puissanciam, vertutem atque licentiam
Medicinam cum methodo faciendi :
Id est, clysterizandi,
Seignandi,
Purgandi,
Sangsuandi,
Ventousandi,
Scarificandi,
Perceandi,
Taillandi,
Coupandi,
Trepanandi,
Brulandi,
Uno verbo, selon les formes, atque impune, occidendi
Parisiis et per totam terram ;
Rendas, domine, his messioribus gratiam.]

BACHELIERUS.

Grandes doctores doctrinæ
De la rhubarbe et du séné,
Ce seroit à moi sine dubio chosa folla,
Inepta et ridicula,
Si j'alloibam m'engageare
Vobis louangeas donare,
Et entreprenoibam adjoutare
Des lumieras au soleillo,
Des étoilas au cielo,
[Des flammas à l'inferno,]
Des ondas à l'oceano,
Et des rosas au printano.
Agreate qu'avec uno moto,
Pro toto remercimento,
Rendam gratias corpori tam docto.
Vobis, vobis, vobis debeo
Davantage quam naturæ et patri meo :

La nature et pater meus
Hominem me habent factum ;
Mais vous me (ce qui est bien plus)
Habetis factum medicum :
Honor, favor et gratia,
Qui, in hoc corde que voilà,
Imprimant ressentimenta
Qui dureront in secula.

CHORUS.

Vivat, vivat, vivat, vivat, cent fois vivat,
Novus doctor, qui tam bene parlat !
Mille, mille annis, et manget et bibat,
Et seignet et tuat !

CHIRURGUS.

Puisse-t-il voir doctas
Suas ordonnancias,
Omnium chirurgianorum,
Et apotiquariorum
Remplire boutiquas !

CHORUS.

Vivat, vivat, vivat, vivat, cent fois vivat,
Novus doctor, qui tam bene parlat !
Mille, mille annis, et manget et bibat,
Et seignet et tuat!

APOTHICARIUS.

[Puisse toti anni
Lui essere boni
Et favorabiles,
Et n'habere jamais
Entre ses mains pestas, epidemias,
Quæ sunt malas bestias ;
Mais semper pluresias, pulmonias,
In renibus et vessia pierras,
Rheumatismos d'un anno, et omnis generis fievras,
Fluxus de sanguine, guttas diabolicas,
Mala de sancto Joanne, Poitevinorum colicas,
Scorbutum de Hollandia, verolas parvas et grossas,

Bonos chancros, atque longas calidopissas [1] !
BACHELIERUS.
Amen.]
CHORUS.
Vivat, vivat, vivat, vivat, cent fois vivat,
Novus doctor, qui tam bene parlat !
Mille, mille annis, et manget et bibat,
Et seignet et tuat [2] !

1. Couplet fort abrégé aussi dans Castelli, conformément au texte de 1682. Ce traducteur italien avait donc les deux leçons sous les yeux.

2. Les vers de l'éditeur de Rouen ne sont pas les seuls qui aient été intercalés dans le texte primitif. Vous avez entendu au Théâtre-Français le couplet suivant :

> Si possum parlare sans aucuno malo,
> Unam quæstionem à mon tour risquabo.
> Domandabo tibi, docte bacheliere,
> Quæ remedia feminis
> Quarum les appas sont flétris
> Trovas à propos facere.

Il est de l'acteur Baptiste ; la tradition l'a conservé.

FIN DU MALADE IMAGINAIRE

POÉSIES DIVERSES

A MONSIEUR

LA MOTHE LE VAYER[1].

SONNET.

Aux larmes, Le Vayer, laisse tes yeux ouverts ;
Ton deuil est raisonnable encor qu'il soit extrême,
Et lorsque pour toujours on perd ce que tu perds,
La Sagesse, crois-moi, peut pleurer elle-même.

---

1. François de La Mothe Le Vayer, né à Paris en 1586 ou 1588, mort en 1672, un peu avant Molière. Il avait soixante-seize ou soixante-dix-huit ans lorsqu'il perdit son fils, en 1664, et que Molière lui adressa cette lettre. C'était un ami du voyageur Bernier, le condisciple de Molière. Écrivain et philosophe, membre de l'Académie française en 1639, il jouit d'une assez grande réputation dans son siècle. On lui reprochait des opinions trop sceptiques.

Le fils de La Mothe Le Vayer, né en 1629, avait embrassé l'état ecclésiastique ; il publia une traduction de Florus, accompagnée de commentaires fort estimés. Il est l'auteur d'un roman intitulé *Mitridate*, dont il ne parut que les deux premières parties en 4 vol. petit in-8° ; Paris, T. Quinet, 1649-1651. Boileau lui a dédié sa quatrième satire. « Il avoit, dit Brossette, un attachement singulier pour Molière, dont il étoit le partisan et l'admirateur. »

« Nous avons ici, écrit Guy Patin à la date du 26 septembre 1664, un honnête homme bien affligé. C'est monsieur de La Mothe Le Vayer, célèbre écrivain, et ci-devant précepteur de M. le duc d'Orléans, âgé de soixante-dix-huit ans. Il avoit un fils unique d'environ trente-cinq ans, qui est tombé malade d'une fièvre continue, à qui messieurs Esprit, Brayer et

On se propose à tort cent préceptes divers
Pour vouloir d'un œil sec voir mourir ce qu'on aime :
L'effort en est barbare aux yeux de l'univers,
Et c'est brutalité plus que vertu suprême [1].

On sait bien que les pleurs ne ramèneront pas
Ce cher fils que t'enlève un imprévu trépas,
Mais la perte par là n'en est pas moins cruelle.

Ses vertus de chacun le faisoient révérer,
Il avoit le cœur grand, l'esprit beau, l'âme belle;
Et ce sont des sujets à toujours le pleurer.

Vous voyez bien, monsieur, que je m'écarte fort du chemin qu'on suit d'ordinaire en pareille rencontre, que le sonnet que je vous envoie n'est rien moins qu'une consolation ; mais j'ai cru qu'il falloit en user de la sorte avec vous, et que c'est consoler un philosophe que de lui justifier ses larmes, et de mettre sa douleur en liberté. Si je n'ai pas trouvé d'assez fortes raisons pour affranchir votre tendresse des sévères leçons de la philosophie, et pour vous obliger à pleurer sans contrainte, il en faut accuser le peu d'éloquence d'un homme qui ne sauroit persuader ce qu'il sait si bien faire [2].

MOLIÈRE.

Bodineau ont donné trois fois le vin émétique, et l'ont envoyé au pays d'où personne ne revient. » On peut faire observer que les premières attaques de Molière contre la médecine, dans *Don Juan* et dans *l'Amour médecin*, sont de l'année suivante (1665).

1. Ces deux quatrains furent reproduits par Molière, avec de fort légers changements, dans la scène première de l'acte II de *Psyché*, postérieure à ce sonnet d'environ sept ans. (Voyez tome XI, page 54.)

2. C'est Auger qui donna place dans les OEuvres de Molière à ce sonnet et à la lettre qui y est jointe. Cet éditeur, qui les reproduisit d'après

VERS[1]

PLACÉS AU BAS D'UNE GRAVURE DE LEDOYEN,

D'APRÈS CHAUVEAU[2].

Représentant la *Confrérie de l'esclavage de Notre-Dame de la Charité*,
établie en l'église des religieux de la Charité
par N. S. P. le pape Alexandre VII,
l'an 1665.

In funiculis Adam traham eos in vinculis charitatis.
(*Osée*, II, 4.)

Brisez les tristes fers du honteux esclavage
Où vous tient du péché le commerce odieux,
Et venez recevoir le glorieux servage
Que vous tendent les mains de la Reine des cieux :

la copie manuscrite de Conrart, croyait les imprimer pour la première fois. Mais ils avaient été autrefois publiés dans le *Recueil des pièces galantes* en vers et en prose de Mme la comtesse de La Suze et de M. Pellisson. On les trouve en plusieurs éditions de ce *Recueil;* elles manquent en quelques autres. Leur authenticité est, du reste, incontestable.

« Le sonnet et la lettre, dit Auger, me paraissent tout à fait dignes de Molière. Ils respirent l'un et l'autre cette philosophie vraiment humaine et praticable, qui n'a point l'orgueil de vouloir anéantir les sentiments naturels, qui n'en redoute que l'excès, s'y laisse aller sans faiblesse, et emploie sa force à les modérer plutôt qu'à les combattre : c'était la philosophie de Molière. » On remarquera le sentiment de profonde tristesse qui y règne, ce noir chagrin dont parle aussi Chapelle dans sa lettre citée dans notre premier volume.

La lettre de Molière fut sans doute très efficace. Trois mois après, Guy Patin écrit : « Pour se consoler de la mort de son fils unique, M. de La Mothe Le Vayer s'est aujourd'hui (30 décembre 1664) remarié, à soixante-dix-huit ans, et a épousé la fille de M. de La Haye, jadis ambassadeur à Constantinople, laquelle a bien quarante ans. »

1. Ces vers ont été publiés pour la première fois, dans la *Revue rétrospective* du 23 février 1837, p. 320.

2. Cette gravure se trouve au tome premier de l'OEuvre de Chauveau, Bibliothèque nationale, cabinet des estampes. On doit se rappeler que Chauveau est l'auteur de plusieurs des gravures qui ornent les éditions originales des pièces de Molière.

L'un, sur vous, à vos sens donne pleine victoire;
L'autre sur vos désirs vous fait régner en rois;
L'un vous tire aux enfers, et l'autre dans la gloire :
Hélas! peut-on, mortels, balancer sur le choix [1]?

J.-B. P. MOLIÈRE.

STANCES [2]

Souffrez qu'Amour cette nuit vous réveille;
Par mes soupirs laissez-vous enflammer;
Vous dormez trop, adorable merveille,
Car c'est dormir que de ne point aimer.

Ne craignez rien; dans l'amoureux empire
Le mal n'est pas si grand que l'on le fait :
Et lorsqu'on aime, et que le cœur soupire,
Son propre mal souvent le satisfait.

---

1. En 1665, au plus fort de la persécution contre *le Tartuffe*, les religieux de la Charité fondèrent une *Confrérie de l'esclavage de Notre-Dame* que le saint-père approuva, et dont le roi et sa mère se firent les protecteurs. Chauveau fit à ce sujet un dessin, où l'on voit à genoux devant la Vierge et l'Enfant portés sur un nuage, le saint-père d'un côté, et de l'autre Louis XIV et Anne d'Autriche. Ledoyen grava ce dessin. Il fallait, suivant l'usage, quelques vers pieux au bas de la pieuse image. Ce fut Molière qui s'en chargea.

Dans un temps où il était si vivement accusé d'irréligion, il ne lui déplut pas sans doute de signer ces vers de piété. On a pu lire aussi, du reste, dans le poème de *la Gloire du Val-de-Grâce,* plus d'un passage très édifiant.

2. Ces stances se trouvent à la page 201 de la première partie d'un recueil intitulé *Délices de la poésie galante,* publié chez J. Ribou, en 1666. Elles ont été insérées pour la première fois dans les OEuvres de Molière, édition de 1845, par Aimé Martin.

Le mal d'aimer, c'est de vouloir le taire :
Pour l'éviter parlez en ma faveur.
Amour le veut, n'en faites point mystère ;
Mais vous tremblez, et ce dieu vous fait peur.

Peut-on souffrir une plus douce peine?
Peut-on subir une plus douce loi?
Qu'étant des cœurs la douce souveraine,
Dessus le vôtre Amour agisse en roi !

Rendez-vous donc, ô divine Amarante,
Soumettez-vous aux volontés d'Amour ;
Aimez pendant que vous êtes charmante,
Car le temps passe, et n'a point de retour.

MOLIÈRE [1].

BOUTS-RIMÉS COMMANDÉS

SUR LE BEL AIR [2].

Que vous m'embarrassez avec votre. . . . grenouille.
Qui traîne à ses talons le doux mot d' . . . hypocras,

---

1. Cette signature, à la fin d'une pièce aussi dépourvue de caractère, ne suffit pas, comme nous le disons un peu plus loin (page 234), à en établir l'origine avec certitude. Elle y suffit d'autant moins que la pièce a été supprimée dans les réimpressions du recueil de 1666.
  N.-B. — L'accent grave qui se trouve sur le premier E de ces diverses signatures n'existe pas dans les originaux ; il n'est devenu d'usage que beaucoup plus tard.
2. Ces bouts-rimés ont été imprimés pour la première fois à la suite de *la Comtesse d'Escarbagnas* dans l'édition de 1682. Dans la préface du poème de Sarrazin intitulé *Dulot vaincu, ou la Défaite des Bouts-rimés,* on lit ce qui suit sur l'origine de cet amusement puéril, qu'on honore un

Je hais des bouts-rimés le puéril. . . . . . . fatras,
Et tiens qu'il vaudroit mieux filer une. . . . quenouille.

La gloire du bel air n'a rien qui me. . . . . chatouille;
Vous m'assommez l'esprit avec un gros. . . . plâtras,
Et je tiens heureux ceux qui sont morts à Coutras,
Voyant tout le papier qu'en sonnets on . . barbouille.

M'accable derechef la haine du. . . . . . . cagot,
Plus méchant mille fois que n'est un vieux magot,
Plutôt qu'un bout-rimé me fasse entrer en danse.

Je vous le chante clair comme un . . . . . chardonneret,
Au bout de l'univers je fuis dans une. . . manse.
Adieu, grand prince [1], adieu; tenez-vous guilleret.

AU ROI.

SUR LA CONQUÊTE DE LA FRANCHE-COMTÉ.

Ce sont faits inouïs, GRAND ROI, que tes victoires!
L'avenir aura peine à les bien concevoir;

peu trop peut-être en l'appelant un jeu d'esprit : « Les bouts-rimés n'ont été connus que depuis quelques années. L'extravagance d'un poète ridicule, nommé Dulot, donna lieu à cette invention. Un jour, comme il se plaignoit, en présence de plusieurs personnes, qu'on lui avoit dérobé quelques papiers, et particulièrement trois cents sonnets qu'il regrettoit plus que tout le reste, quelqu'un s'étonnant qu'il en eût fait un si grand nombre, il répliqua que c'étoient des *sonnets en blanc*, c'est-à-dire des bouts-rimés de tous ces sonnets, qu'il avoit dessein de remplir. Cela sembla plaisant; et depuis on commença à faire, par une espèce de jeu, dans les compagnies, ce que Dulot faisoit sérieusement, chacun se piquant à l'envi de remplir heureusement et facilement les rimes bizarres qu'on lui donnoit... Il y eut un recueil imprimé de cette sorte de sonnets en l'année 1649. » (AUGER.)

1. Ce grand prince était sans doute le prince de Condé.

Et de nos vieux héros les pompeuses histoires
Ne nous ont point chanté ce que tu nous fais voir.

Quoi! presque au même instant qu'on te l'a vu résoudre,
Voir toute une province unie à tes États!
Les rapides torrents, et les vents, et la foudre,
Vont-ils, dans leurs effets, plus vite que ton bras?

N'attends pas, au retour d'un si fameux ouvrage,
Des soins de notre muse un éclatant hommage.
Cet exploit en demande, il le faut avouer,

Mais nos chansons, GRAND ROI, ne sont pas sitôt prêtes ;
Et tu mets moins de temps à faire tes conquêtes
    Qu'il n'en faut pour les bien louer [1].

Aux morceaux qu'on vient de lire, on peut en joindre quelques autres, d'une authenticité plus ou moins certaine, qui sont jusqu'à présent tout le fruit des actives recherches faites pour enrichir l'œuvre de Molière.

Nous avons publié, dans la *Correspondance littéraire* du 25 août 1864, des fragments que nous supposons avoir été écrits par le poète comique. On a vu, page 279 du tome XI, que, lorsque la comédie de *la Comtesse d'Escarbagnas* fut jouée sur le théâtre du Palais-Royal, au mois de juillet de l'année 1672, Molière associa à cette comédie une reprise du *Mariage forcé;* à l'occasion de cette reprise, il remplaça les anciens intermèdes par des intermèdes nouveaux, et il fit faire la musique de ceux-ci à Marc-Antoine Charpentier. Parmi les partitions manuscrites qui restent

---

1. Il s'agit ici de la première conquête de la Franche-Comté, accomplie au mois de février 1668. Ce compliment se trouve dans l'édition d'*Amphitryon* publiée chez Jean Ribou, en 1670. Il a été joint aux œuvres de Molière par Aimé Martin, en 1845.

de ce musicien à la Bibliothèque nationale, se trouve celle de *la Comtesse d'Escarbagnas*. Nous avons recueilli un certain nombre de couplets que Molière a probablement rimés à la hâte pour la circonstance. Nous allons les reproduire ici :

DIALOGUE.

PREMIER MUSICIEN.
Mon compère, en bonne foi,
Que dis-tu du mariage?
SECOND MUSICIEN.
Toi, comment de ton ménage
Te trouves-tu, dis-le-moi?
PREMIER MUSICIEN.
Ma femme est une diablesse
Qui tempête jour et nuit.
SECOND MUSICIEN.
La mienne est une traîtresse
Qui fait bien pis que du bruit.
PREMIER MUSICIEN.
Malheureux qui se lie
A ce sexe trompeur,
— Menteur,
— Extravagant,
— Bizarre,
— Querelleur,
— Infidèle,
— Arrogant!
C'est renoncer au bonheur de la vie!
ENSEMBLE.
Tout le monde en dit autant,
Et pourtant
Chacun en fait la folie.
Tout le monde en dit autant;
Chacun en fait la folie.

TRIO GROTESQUE.

Amants aux cheveux gris,
Ce n'est pas chose étrange
Que l'amour sous ses lois vous range :
Pour le jeune et pour le barbon,
A tout âge l'amour est bon.

Mais si vous désirez de vous mettre en ménage,
Ne vous adressez point à ces jeunes beautés ;
 Vous les dégoûtez *(bis)*. Vous les rebutez *(ter)*.
Et bien loin de les faire à votre badinage,
Vous n'avez bien souvent que cornes en partage.

MENUET.

Belle ou laide, il n'importe guère,
Toute femme est à redouter.
Le cocuage est une affaire
Que l'on ne sauroit éviter ;
Et le mieux que l'on puisse faire,
C'est de ne s'en point tourmenter.

Ah ! quelle étrange extravagance
Que la crainte d'être cocu !
La vie a plusieurs maux dont on est convaincu,
Et l'on en doit craindre la violence ;
Mais craindre un mal qui n'est que dans notre croyance,
Ah ! quelle étrange extravagance !

Ces vers ne sauraient rien ajouter, sans doute, à la gloire de Molière ; cependant ils se placent assez naturellement dans les intermèdes du *Mariage forcé* ; ils sont, comme on dit, en situation. En voici d'autres, puisés à la même source, qu'il faut ranger parmi « ces lieux communs de morale lubrique » dont parle Boileau :

SARABANDE.

Les rossignols, dans leurs tendres ramages,
Du doux printemps annoncent le retour.
Tout refleurit, tout rit en ces bocages ;
Ah ! belle Iris, le beau temps ! le beau jour !

Flore se plaît aux baisers du Zéphyre,
Et ces oiseaux se baisent tour à tour.
Rien que d'amour entre eux on ne soupire :
Si tu voulois m'accorder ton amour !
Ils suivent tous l'ardeur qui les inspire :
Si tu voulois imiter leur amour !

Aimons-nous, aimable Sylvie,
Unissons nos désirs et nos cœurs,
— Nos soupirs,
— Nos ardeurs,
— Nos langueurs ;
Et passons notre vie
En des nœuds si remplis de douceurs.
C'est blesser la loi naturelle
De laisser passer des moments
Que l'on peut rendre si charmants.
La saison du printemps
Paroît belle,
Et nos ans
Sont riants
Tout comme elle ;
Mais il faut y mêler la douceur des amours :
Sans eux il n'est pas de beaux jours.

Ces vers ne valent pas moins que bien d'autres que Molière n'a pas dédaigné de rimer pour les musiciens ; c'est là tout ce qui, dans les paroles de cette partition, mérite d'être recueilli par un éditeur.

Il faut encore citer une page des *Aventures d'Italie de monsieur d'Assoucy*, qui attribue à Molière un couplet bien plus médiocre que les précédents, mais qui appartiendrait à une autre époque de sa vie, au temps de ses courses dans le Languedoc. Voici cette page : « Ce fut en face de cette brillante cour (la cour de Madame Royale Christine, sœur de Louis XIII et veuve de Victor-Amédée de Savoie), et devant un Soleil dont toute la terre adoroit les charmes ; que, pour lui exprimer la joie que j'avois de revoir ses beaux rayons, je fis dire à Pierrotin cette chanson :

Loin de moi, loin de moi, tristesse,
Sanglots, larmes, soupirs ;
Je revois la princesse
Qui fait tous mes désirs :
O célestes plaisirs,
Doux transports d'allégresse !
Viens, mort, quand tu voudras,
Me donner le trépas,
J'ai revu ma princesse.

Finissez, finissez, mes larmes,
Sanglots, plaintes et pleurs

> J'ai revu tous ses charmes ;
> Finissez, mes douleurs.
> O célestes douceurs !
> Plus d'ennuis, plus d'alarmes ;
> Viens, mort, quand tu voudras,
> Me donner le trépas,
> J'ai revu tous ses charmes.

« Vous, monsieur Molière, qui fîtes à Béziers le premier couplet de cette chanson, oseriez-vous bien dire comme elle fut exécutée, et l'honneur que votre muse et la mienne reçurent en cette rencontre?.... »

M. Arthur Dinaux a imprimé dans le *Bulletin du Bibliophile*, années 1852-1854, page 365, une « chanson faite par feu Molière sur l'air : *Je suis épris d'une brune qui tient mon âme en langueur*, » chanson trouvée au milieu d'un recueil de poésies autographes de Mlle Caumont de La Force, manuscrit acquis par M. le baron Stassart à la vente des livres du roi Louis-Philippe en mars 1852. Pour qu'il y eût lieu d'insérer cette chanson dans une édition des Œuvres de Molière, il faudrait que le manuscrit fût soumis à un examen attentif et que la valeur du témoignage qu'il porte fût discutée. Il faudrait qu'on s'assurât qu'en attribuant cette chanson à « feu Molière », le copiste a bien voulu désigner le poète comique. Ce qui doit inspirer une grande réserve, dans tous les cas où le nom de Molière n'est pas précédé des initiales J.-B. P., c'est là difficulté de déterminer s'il s'agit en effet du poète comique ou de ce musicien danseur de ballets et auteur de chansons, Louis de Mollier, fréquemment appelé par les contemporains Molier et Molière. Cette homonymie a été cause de nombreuses méprises, et peut fort aisément en produire de nouvelles. Ajoutons quelques détails à ce que nous avons dit de ce personnage dans notre premier volume. Loret, dans sa lettre du 9 septembre 1656, parle du sieur de Molière

> Lequel, outre le beau talent
> Qu'il a de danseur excellent,
> Met heureusement en pratique
> La poésie et la musique.

Il parle du sieur Molier (il écrit le nom de l'une ou l'autre manière selon que le vers l'exige) dans sa lettre du 27 juillet 1658 :

> Cet agréable personnage
> Entonna lors une chanson
> Admirable et de sa façon.

Molière (le poète comique) et Molière (le danseur musicien) figurèrent ensemble le 7 mai 1664 dans *les Plaisirs de l'île enchantée* (voyez tome V, page 500). Ce dernier fit en 1672 la musique d'une pièce héroïque, avec ballets et machines, intitulée *le Mariage de Bacchus et d'Ariane,* dont les paroles étaient de Donneau de Visé, et qui fut jouée le 7 janvier sur le théâtre du Marais. Il mourut à Paris le 18 avril 1688, quinze ans après l'autre, le vrai Molière [1].

L'existence de cet homonyme doit mettre les éditeurs sur leurs gardes, lorsqu'il n'y a rien dans une pièce qui décèle la main du poète comique, à plus forte raison quand le fond ou la forme semblent indiquer une vulgaire origine. C'est une des raisons qui nous ont fait accueillir avec défiance (voyez la *Correspondance littéraire,* livraison du 25 mai 1864) des *Stances irrégulières* publiées comme étant l'œuvre de l'auteur du *Misanthrope* par M. P. Lacroix, dans la *Revue des provinces* (livraison du 15 mai 1864). Ces stances « sur les conquêtes du roi en 1667 » font allusion aux feux de joie réitérés qui célébraient à Paris la prise des villes de Flandre par les Français. Les voici, afin que le lecteur puisse décider lui-même la question :

SUR LES CONQUÊTES DU ROI EN 1667.

STANCES IRRÉGULIÈRES.

> Que vous dépêchez de besoigne,
> Grand roi, dont jamais ne s'éloigne
> La victoire ni le bonheur !
> Vous triomphez partout, mais le bois va bien vite,
> Et tant de feux qu'on a dressés en votre honneur
> Ont fait que maints fagots chez moi n'ont plus leur gîte.

---

1. M. P. Lacroix, dans *la Jeunesse de Molière,* pages 147-158, fournit un grand nombre de renseignements très propres à faire redouter la confusion des deux personnages.

Chacun sait que *venir, voir et vaincre* est pour vous,
Comme pour feu César, quasi la même chose ;
Que les plus grands guerriers succombent sous vos coups,
Et que pour s'en sauver bien heureux qui compose ;
Qu'au milieu des dangers vous marchez toujours droit ;
Qu'on vous y voit courir sans détour et sans fraudes ;
   Mais plus vos attaques sont chaudes,
Et plus je cours hasard d'être transi de froid.

Le grand métier de Mars est ce qui peut vous plaire,
  Mais chacun songe à son affaire,
   Et cependant que vous allez
   Exercer comme un autre Hercule
   La noble ardeur dont vous brûlez,
  Moi, je songe au bois que je brûle.

  Quoi que nos illustres oracles
Ayent pu mettre au jour pour vanter vos miracles,
Quoi qu'en style pompeux ils en ayent écrit,
J'écrirois encor mieux, ou le diable m'emporte,
   Si j'avois du feu dans l'esprit
Autant qu'on en a vu briller devant ma porte.

Je ne puis m'empêcher que souvent je n'y pense,
   Encore que pour la dépense
   J'aye fort peu d'aversion ;
   Mais je trouve fort ridicule
   De brûler sa provision
   Dans le fort de la canicule !

Si la prochaine année on fait encor de même,
Où trouver tant de bois dans ma misère extrême ?
Je prévois déjà bien que je ne le pourrai,
Si vous ne commandez, pour me tirer de peine,
Qu'on m'en laisse couper autant que je voudrai
   Ou dans Boulogne ou dans Vincenne.

Ah ! si comme de vous il dépendoit de moi
   De faire une nouvelle loi,
J'ordonnerois qu'après la prise d'une place,
Au lieu de tant de feux en été superflus,
   On en boiroit six coups de plus,
   Et qu'on les boiroit à la glace.

Mais, ma muse, tout beau ! trêve de raillerie !
   Je n'en connois pas bien le fin,
   Et l'on blâmeroit à la fin

> Vos méchantes plaisanteries.
> D'un ton plus sérieux, dites au grand Louis
> Mon zèle et mes transports pour ses faits inouïs,
> Quels sont les mouvements de mon âme ravie,
> Et que, loin de rien plaindre à ses fameux exploits,
> Si pour les honorer il y falloit ma vie,
> Je l'y consommerois de même que mon bois!

Dans le manuscrit où M. P. Lacroix les a découvertes[1], il paraît que ces stances sont signées *Molier*. En admettant que cette signature remplisse toutes les conditions requises pour obtenir grâce aux yeux d'un paléographe expert, il faut observer d'abord que le nom du poète comique ne s'écrivait plus de la sorte après *l'École des Femmes,* après *le Festin de Pierre,* après *le Misanthrope.* Ce n'est qu'entre 1661 et 1664 qu'on le trouve quelquefois altéré de cette manière. Ce glorieux nom fait ensuite trop de bruit pour que personne, pas même Loret, s'avise de le défigurer encore. Et puis Molière, dans cet été de 1667, devait être peu disposé à rimer cette longue plaisanterie. Pendant que, le 11 juillet, on chantait un *Te Deum* pour la reddition de Douai, qu'on en chantait un autre le 26 pour la prise de Courtrai, et qu'on fêtait dans les premiers jours d'août la prise d'Oudenarde, au beau milieu de ces feux de joie et de ce tintamarre des canons de l'Arsenal et de la Bastille, le 5 août, Molière hasardait la première représentation publique du *Tartuffe,* qui était immédiatement interdit. A la veille ou au lendemain de cette grave affaire, tant de badinage eût été déplacé. Enfin, sans parler de quelques autres traits dissonants, tels que ces mots : « ma misère extrême, » il nous paraît peu vraisemblable que celui qui avait écrit le rôle de Célimène eût osé dire qu'il n'entendait pas « le fin de la raillerie », et tout à fait douteux qu'on veuille jamais reconnaître l'esprit de Molière dans le nouveau compliment qu'on lui prête. Voilà bien des raisons, comme on voit, pour tenir cette pièce au moins en quarantaine.

M. Joseph d'Ortigues a publié, dans le *Journal des Débats* du 4 mai 1859, trois pièces trouvées manuscrites dans des papiers

---

1. Il y en a deux : Mst Bibl. Ste-Genev., Y f.; Mst Bibl. nat., suppl. fr. 686, p. 38. C'est cette dernière copie qui est signée *Molier*.

achetés par M. le marquis Henri de La Garde à M. Sauvet, libraire d'Avignon. Ces papiers provenaient d'une famille qui avait été alliée à celle du comte de Modène, protecteur de Madeleine Béjart. C'est ce qui expliquerait la rencontre de ces quelques vers de J.-B. Poquelin dans ses archives. M. Joseph d'Ortigues a beaucoup insisté pour établir l'authenticité de ces vers, tant dans cet article du 4 mai 1859 que dans un autre article du 6 mai. Mais il ne convainquit que fort peu de ses lecteurs. Nous avions omis de relever ces vers dans notre première édition. Nous les reproduisons cette fois. Les voici :

MADRIGAL

Iris, que prétendez-vous faire?
Étoit-ce par malice, étoit-ce par pitié,
Quand vous avez voulu que ma tendre amitié
    De l'amour prît le caractère?
Eh bien, vous avez su le secret de mon cœur,
Je vous ai fait l'aveu de ma triste langueur;
Mais, après tout, Iris, de cette obéissance
    Quel enfin doit être le fruit?
M'auriez-vous ordonné de faire tant de bruit
    Pour demeurer dans le silence?

AUTRE

L'Amour, charmante Iris, ne souffre point de maître,
C'est un enfant gâté qu'on a peine à connaître.
    Il gronde sans savoir pourquoi;
    La douceur quelquefois l'irrite,
    Il met à bout la plus sage conduite,
Et l'on n'ose pourtant le laisser sur sa foi.
    Il veut tout ce qu'on lui refuse,
    Il néglige tout ce qu'il a :
    Un rien après l'amusera.

Toujours prêt à payer d'une mauvaise excuse,
On hasarde beaucoup de jouer avec lui.
    Il ne garde aucune mesure
    Et c'est un grand coup d'aventure
S'il est encor demain ce qu'il est aujourd'hui.

Voilà le bel enfant que vous avez fait naître ;
Cependant, tel qu'il est, il mérite vos soins.
Je veux bien vous aider à lui conserver l'être,
Pourvu que vous vouliez, sans *mais, car, si, peut-être,*
    A frais communs fournir à ses besoins.

VERS IRRÉGULIERS.

Lundi matin.

Me promenant jeudi sur le bord de la Seine,
    Si matin que l'astre du jour
    Ne paroissoit encor qu'à peine
    Sur les montagnes d'alentour,
Je pensois, belle Iris, que vous étiez couchée,
La tête sur la main négligemment penchée,
Et que vous soupiriez tout bas dans votre lit.
Un autre auroit pensé que vous étiez touchée
D'un certain petit mal qui vient troubler l'esprit,
Et qui, faisant penser beaucoup plus qu'il ne dit,
    Fait aussi souvent qu'on soupire.
Mais vous n'eûtes jamais un si beau sentiment
    Que celui que l'Amour inspire,
Et qui fait naître au cœur un aimable tourment.

    Aussi pensois-je, adorable inhumaine,
    Qu'un mal de pied vous faisoit soupirer
    Et que c'étoit la seule peine
    Qui vous pouvoit faire pleurer.
Poussant un peu plus loin le cours de ma pensée,
    Je croyois voir auprès de vous
Un misérable amant dont l'âme étoit blessée
    Et qui soupiroit de vos coups;
Mais je m'imaginois qu'il n'osoit vous le dire,
Et que votre douleur vous occupoit si fort
    Que, bien loin de plaindre son sort
    Et de songer à son martire,
Vous pensiez, le voyant quasi près de mourir,
Qu'il souffroit de pitié de vous voir tant souffrir.
    Je pensois aussi que ma belle,
    Toujours fière et toujours cruelle,
    Rêvoit dans un demi-sommeil,
Les deux bras hors du lit, la gorge demi-nue,
    Et de tant d'attraits revêtue
Que l'Aurore en a moins au lever du soleil.
Que de brûlants désirs, que d'amour, que de flamme,
Cette charmante idée alluma dans mon âme!
Hélas! que ne pensai-je, et que ne fis-je pas?
Je me mis à genoux, j'adorai ses appas,
J'admirai de son teint les œillets et les roses,
Et cet air enjoué qui la pare si bien;
Et puis je m'étonnai que de si belles choses
Fussent cause d'un mal si cruel que le mien.

Le souvenir de tant de charmes
Et de tant de tourments que j'ai déjà soufferts
　　Depuis que je vis dans ses fers,
Toucha si fort mon cœur que j'en versai des larmes.
Mon esprit fut troublé de mille objets fâcheux;
Je fis mille desseins, mille vœux, mille plaintes,
　　J'eus mille soupçons, mille craintes,
Et point du tout d'espoir d'être un jour bien heureux.
Enfin dans les transports de mon âme insensée,
D'amour et de douleur également blessée,
J'allai m'imaginer, pour comble de mes maux,
Que l'ingrate revoit à deux de mes rivaux.
　　Ce fut pour lors que dans ma rage
　　Je pensai, je dis et je fis
Tout ce qu'on peut penser, dire et faire de pis
　　Contre ce qu'on hait davantage;
Et, ne connoissant plus ni respect ni devoir,
Je fis mille serments de ne la jamais voir;
Mais que ce mouvement d'une fureur extrême
Dura peu de moments! qu'il fut tôt apaisé!
　　Hélas! et qu'il est malaisé
　　De haïr longtemps ce qu'on aime!
Mon esprit, tout d'un coup plus calme et plus serein,
Rendit pour chaque injure une juste louange,
Et mon cœur, devenu plus doux et plus humain,
L'appela mille fois et sa vie et son ange!
Je demandai pardon de mon emportement
　　Et, tout confus de ma foiblesse,
　　Je soupirai si tendrement,
Que j'aurois adouci le cœur d'une tigresse.
M'étant ainsi remis dans mon premier devoir,
　　Je souhaitai de la revoir.
Tout ce qu'elle a de doux, de charmant et d'aimable
Se vint encore offrir une fois à mes yeux,
Pour me faire admirer ce chef-d'œuvre des cieux
　　Comme une chose incomparable;
　　Et ce que souffre un malheureux,
　　Quand l'absence la plus cruelle
Le retient éloigné de l'objet de ses vœux,
　　Mon âme le souffrit par elle.
　　Je rêvai même quelque temps
Pour trouver le moyen d'adoucir mes tourments,
　　Et sur ce que je devois faire
　　Pour m'en faire aimer et lui plaire;
　　Et repassant dans mon esprit
Tout ce que j'avois fait, tout ce que j'avois dit,

Je connus bien enfin que, quoi que l'on en pense,
L'amour peut à son gré disposer de nos jours,
Et que, quand une fois on est sous sa puissance,
Heureux ou malheureux, on aimera toujours.

Voilà, charmante Iris, tout ce que mon génie
M'a redit ce matin de vous et de Sylvie;
Et je prends les rochers et la Seine à témoins,
  Si, dans ma triste solitude,
Vous ne faites mes vœux, mes désirs et mes soins
  Et toute mon inquiétude.
Mais vous deviez aussi jeudi penser à moi.
  De cela du moins l'une et l'autre
  Vous m'avez donné votre foi ;
J'ai bien fait mon devoir ; avez-vous fait le vôtre?

P. A. B.

M. Joseph d'Ortigues donna de ces trois lettres cette interprétation ingénieuse : Pour Armande Béjart. Mais c'est probablement une signature.

Il est d'autres morceaux, il est même des volumes entiers, qu'on a voulu, dans ces derniers temps, attribuer à Molière. L'origine qu'on leur assigne est, ou évidemment erronée, ou trop conjecturale. Rien de tout cela, après examen, ne nous a semblé mériter d'être pris en considération sérieuse, et moins encore d'obtenir place dans une édition des œuvres de Molière.

FIN DES ŒUVRES DE MOLIÈRE.

LEXIQUE

DE LA

LANGUE DE MOLIÈRE

LEXIQUE
DE LA
LANGUE DE MOLIÈRE[1]

A, devant un infinitif, propre à, capable de, de force ou de nature à..... :

Cherchons une maison *à vous mettre* en repos.	(*L'Ét.* V. 3.)
Je me sens un cœur *à aimer* toute la terre.	(*D. Juan.* I. 2.)
Je n'ai point un courroux *à s'exhaler* en paroles vaines.	(*Ibid.* I. 3.)
Pour de l'esprit, j'en ai sans doute, et du bon goût *A juger* sans étude et raisonner de tout, *A faire* aux nouveautés, dont je suis idolâtre, Figure de savant sur les bancs d'un théâtre.	(*Mis.* III. 1.)
Et la cour et la ville Ne m'offrent rien qu'objets *à m'échauffer* la bile.	(*Ibid.* I. 1.)
Monsieur n'est point une personne *à faire rire*.	(*Pourc.* I. 5.)
Des ennuis *à ne finir* que par la mort.	(*Am. Magn.* I. 1.)

— A devant un infinitif, pour *en* suivi d'un participe présent :

On ne devient guère si riche *à être* honnêtes gens.	(*B. Gent.* III. 12.)

En étant honnêtes gens.

L'allégresse du cœur s'augmente *à la répandre*.	(*Éc. des fem.* IV. 6.)

En la répandant, lorsqu'on la répand.

Cette tournure correspond au gérondif en *do*, ou au supin en *u* des Latins, qui n'est lui-même qu'un datif ou un ablatif, l'un et l'autre marqués en français par *à* : *vires acquirit eundo; diffunditur auditu.*

Il faut avec vigueur ranger les jeunes gens, Et nous faisons contre eux *à leur être indulgents*.	(*Éc. des fem.* V. 7.)

En leur étant indulgents.

Votre choix est tel, Qu'*à* vous rien *reprocher* je serois criminel.	(*Sgan.* 20.)

En vous reprochant rien, si je vous reprochais rien.

---

[1] Le Lexique de M. F. Génin a fourni le fond de ce Lexique : nous avons fait des suppressions et des additions. — Voyez l'article consacré au Lexique de M. F. Génin dans la Bibliographie.

— A, devant un infinitif, marque le but :

>...Un cœur qui jamais n'a fait la moindre chose
>A *mériter* l'affront où ton mépris l'expose. (*Sgan.* 16.)

Pour mériter, tendant à mériter.

>Si c'étoit une paysanne, vous auriez maintenant toutes vos coudées franches *à vous en faire la justice* à bons coups de bâton. (*G. D.* I. 3.)

>Lorsque si généreusement on vous vit prêter votre témoignage *à faire pendre* ces deux personnes qui ne l'avoient pas mérité. (*Pourc.* I. 3.)

>Ah! c'est ici le coup le plus cruel de tous,
>Et dont *à s'assurer* trembloit mon feu jaloux. (*Amph.* II. 2.)

>La chose quelquefois est fâcheuse à connoître,
>Et *je tremble à la demander*. (*Ibid.* II. 2.

— A, devant un infinitif, au point de, jusqu'à :

>La curiosité qui vous presse est bien forte,
>Mamie, *à nous venir écouter* de la sorte! (*Tart.* II. 2.)

— A, devant un infinitif, par le moyen de :

>Et que deviendra lors cette publique estime
>Qui te vante partout pour un fourbe sublime,
>Et que tu t'es acquise en tant d'occasions,
>*A ne l'être* jamais vu court d'inventions! (*L'Et.* III. 1.)

— A *supprimé*.

Voyez PRÉPOSITION supprimée.

— A datif, redoublé surabondamment :

>Et je le donnerois *à* bien d'autres qu'*à* moi,
>De se voir sans chagrin au point où je me vois. (*Sgan.* 16.)

>Que de son cuisinier il s'est fait un mérite,
>Et que c'est *à* sa table *à qui* l'on rend visite. (*Mis.* II. 5.)

L'on prescrit aujourd'hui de dire *à bien d'autres que moi.....* C'est *à sa table que* l'on rend visite, sous prétexte que les deux datifs font double emploi; mais cette façon de parler est originelle dans notre langue, et nous vient du latin, où cette symétrie des cas est rigoureusement observée entre le substantif et son pronom relatif.

Boileau a dit de même :

>« C'est *à vous*, mon esprit, *à qui* je veux parler. » (*Sat.* IX.)

Vers qu'il lui eût été facile de changer, et qu'il voulut maintenir, avec raison; car ce pléonasme est dans le génie et la tradition de la langue.

LE DRAPIER.

>« Par la croix où Dieu s'estendy,
>C'est *à vous à qui* je vendy
>Six aulnes de drap, maistre Pierre. » (*Pathelin.*)

Voyez DE redoublé surabondamment.

— A vous, où nous ne mettons plus que *vous* :

>Voilà un homme qui veut *parler à vous*. (*Mal. im.* II. 2.)

— A datif, marquant la perte ou le profit.

ÊTRE AMI A QUELQU'UN :

Mais, quelque ami que vous *lui* soyez... (*D. Juan.* III. 4.)

Cette tournure vient des Latins, qui l'avaient empruntée aux Grecs.

— A (un substantif), devant, en présence de :

A l'orgueil de ce traître,
De mes ressentiments je n'ai pas été maître. (*Tart.* V. 3.)

A cette audace étrange,
J'ai peine à me tenir, et la main me démange. (*Ibid.* V. 4.)

— A pour *de*; essayer *à*, manquer *à*, tâcher *à* :

Essayez, un peu, par plaisir, *à* m'envoyer des ambassades, *à* m'écrire secrètement de petits billets doux, *à* épier les moments que mon mari n'y sera pas... (*G. D.* I. 6.)

Manquez un peu, *manquez à* le bien recevoir. (*Sgan.* 1.)

Depuis assez longtemps *je tâche à* le comprendre. (*Ibid.* III. 5.)

— A pour *en, dans;* SE METTRE QUELQUE CHOSE A LA TÊTE :

Pensez-vous...
Et, quand *nous nous mettons quelque chose à la tête,*
Que l'homme le plus fin ne soit pas une bête? (*Ec. des Mar.* I. 2.)

— A pour *contre;* CHANGER UNE CHOSE A UNE AUTRE :

Et, des rois les plus grands m'offrit-on le pouvoir,
Je n'y *changerois pas* le bonheur de vous voir. (*Mélicerte.* II. 2.)

« Ce jour même, ce jour, l'heureuse Bérénice
Change le nom de reine au nom d'impératrice. » (RACINE, *Bérén.*)

— A pour *sur, d'après;* A MON SERMENT :

Je n'en serai point cru *à mon serment,* et l'on dira que je rêve. (*G. D.* II. 8.)

A mon serment l'on peut m'en croire. (*Amph.* II. 1.)

— A dans le sens de *par,* SE LAISSER SÉDUIRE A :

Et ne vous laissez point *séduire à vos bontés.* (*Fem. sav.* V. 2.)

... Et que j'aurois cette faiblesse d'âme
De me laisser mener par le nez *à ma femme?* (*Ibid.* V. 2.)

Il est clair que Molière a voulu éviter la répétition de *par. A* se construit avec *laisser; par* se construirait avec *mener.*

Voyez A CAUSE QUE, — A CE COUP, — A CETTE FOIS, — A CRÉDIT, — A LA CONSIDÉRATION, — A L'ENTOUR DE, — A L'HEURE, — A MA SUPPRESSION, — A PLEIN, — AU et AUX.

ABANDONNER; ABANDONNER SON COEUR A, suivi d'un infinitif :

Aussi n'aurois-je pas
Abandonné mon cœur à suivre ses appas... (*Éc. des Mar.* II. 9.)

ABOYER, métaphoriquement; ABOYER APRÈS QUELQU'UN, en parlant des créanciers :

Nous avons de tous côtés des gens qui *aboient après nous.* (*Scap.* I. 7.)

ABSENT; ABSENT DE QUELQU'UN :

Et qu'un rival, *absent de vos divins appas*... (*D. Garcie.* I. 3.)

« Nul heur, nul bien ne me contente,
Absent de ma divinité. » (FRANÇOIS Ier.)

C'est un latinisme : *abesse ab*.

ABSOLU, souverain, tout-puissant :

La jeunesse en ces lieux, libertine, absolue. (*Éc. des Mar.* I. 5.)

A CAUSE QUE :

Vous ne lui voulez mal, et ne le rebutez
Qu'*à cause qu*'il vous dit à tous vos vérités. (*Tart.* I. 1.)

Et voilà qu'on la chasse avec un grand fracas,
A cause qu'elle manque à parler Vaugelas. (*Fem. sav.* II. 7.)

« Ceux qu'on nomme chercheurs, *à cause que*, dix-sept cents ans après J.-C., ils cherchent encore la religion. » (BOSSUET. *Or. fun. de la R. d'A.*)

ACCESSOIRE; EN UN TEL ACCESSOIRE, en pareille circonstance :

Et tout ce qu'elle a pu, *dans un tel accessoire,*
C'est de me renfermer dans une grande armoire. (*Éc. des Fem.* IV. 6.)

Voyez tome IV, page 320.

ACCOISER, calmer :

Ier MÉDECIN. Adoucissons, lénifions et *accoisons* l'aigreur de ses esprits. (*Pourc.* I. 2.)

L'orthographe primitive est *quoi, quoie*, de *quietus* : on devrait donc écrire aussi *aquoiser ;* mais l'écriture s'applique à saisir les sons plutôt qu'à garder les étymologies. C'est une des causes qui transforment les mots.

Accoiser était du langage usuel ; Bossuet s'en est servi dans sa *Connaissance de Dieu ;* les éditeurs modernes ont changé mal à propos cette expression. Voici le passage tel qu'on le lit dans l'édition originale donnée par l'auteur :

« Si les couleurs semblent vaguer au milieu de l'air, si elles s'affoiblissent peu à peu, si enfin elles se dissipent, c'est que le coup que donnoit l'objet présent ayant cessé, le mouvement qui reste dans le nerf est moins fixe, qu'il se ralentit et enfin s'*accoise* tout à fait. »

On a substitué *qu'il cesse tout à fait*. (P. 93, éd. de 1846.)

ACCOMMODÉ pour *à l'aise, opulent :*

J'ai découvert sous main qu'elles ne sont pas *fort accommodées*. (*L'Av.* I. 2.)

Le seigneur Anselme est..... un gentilhomme qui est noble, doux, posé, sage, et *fort accommodé*. (*Ibid.* I. 7.)

« Mon père estoit des premiers et des plus *accommodez* de son village.
(SCARRON, *Rom. com.*, 1re p., ch. XIII.)

Trévoux dit :

« Un homme riche et *accommodé, dives*. » « Un homme assez *accommodé des biens de la fortune*. » (MASCARON.)

Cette locution *accommodé des biens de la fortune* paraissant trop longue, on a fini par dire simplement *accommodé*. Mais ce qui est plus singulier, c'est de trouver *incommodé* aussi absolument et sans régime, pour signifier *pauvre, dans la gêne ou la misère.*

« Revenons donc aux personnes *incommodées*, pour le soulagement desquelles nos pères... assurent qu'il est permis de dérober, non-seulement dans une extrême nécessité... » (PASCAL, 8ᵉ *Prov.*)

(Voyez INCOMMODÉ.)

— ACCOMMODÉ DE TOUTES PIÈCES :

Est-ce qu'on n'en voit pas de toutes les espèces,
Qui sont *accommodés* chez eux *de toutes pièces?* (*Éc. des Fem.* I. 1.)

On ne sauroit aller nulle part, où l'on ne vous entende *accommoder de toutes pièces.*
(*L'Av.* III. 5.)

L'on vous *accommode de toutes pièces*, sans que vous puissiez vous venger. (*G. D.* I. 3.)

Cette métaphore, *de toutes pièces*, nous reporte au temps de la chevalerie. Un chevalier, accommodé de toutes les pièces de son armure, était accommodé aussi complètement que possible; il n'y manquait rien.

J'ai en main de quoi vous faire voir comme elle *m'accommode.* (*G. D.* II. 9.)

— ACCOMMODER A LA COMPOTE :

Il me prend des tentations d'*accommoder tout son visage à la compote...* (*G. D.* II. 4.)

ACCORD ; ÊTRE D'ACCORD DE, convenir, reconnaître :

Autant qu'*il est d'accord de vous avoir aimé.* (*Amph.* II. 6.)

Qu'aux pressantes clartés de ce que je puis être,
Lui-même *soit d'accord du sang* qui m'a fait naître. (*Ib.* III. 5.)

— ALLER AUX ACCORDS, être conciliant ; accommoder les choses :

Argatiphontidas *ne va point aux accords.* (*Amph.* III. 8.)

ACCOUTUMÉ ; AVOIR ACCOUTUMÉ, avoir coutume :

Allez, monsieur, on voit bien que *vous n'avez pas accoutumé* de parler à des visages.
(*Mal. im.* III. 6.)

ACCROCHÉ ; ACCROCHÉ A QUELQU'UN :

Mais aux hommes par trop *vous êtes accrochées.* (*Amph.* II. 5.)

Sur cette locution *par trop*, je ferai observer que c'est un des plus anciens débris de la langue française primitive. *Par* s'y construit, non avec *trop*, mais avec l'adjectif ou le participe qui le suit, et qui se trouve ainsi élevé à la puissance du superlatif. C'est une imitation de l'emploi de *per* chez les Latins : *pergrandis, pergratus.* Cette formule se pratiquait en français avec la tmèse de *par ;* c'était comme si l'on eût dit sans tmèse : Vous êtes *trop paraccrochées* aux hommes.

Par se construisait de même avec les verbes : *parfaire, parachever, parcourir, parbouillir, pargagner :*

« Pourtant, et s'il eust barguigné
Plus fort, il eust *par* bien *gaigné*
Un escu d'or. » (*Le nouveau Pathelin.*)

S'il eût marchandé, il eût bien pargagné un écu d'or.

A CE COUP :

Voyons si votre diable aura bien le pouvoir
De détruire, *à ce coup,* un si solide espoir. (*L'Et.* V. 16.)

(Voyez A CETTE FOIS.)

A CETTE FOIS :

Mais *à cette fois,* Dieu merci! les choses vont être éclaircies. (*G. D.* III. 8.)

Racine a dit pareillement :

« La frayeur les emporte, et, sourds *à cette fois,*
Ils ne connoissent plus ni le frein ni la voix. » (*Phèdre.* V. 6.)

A cette fois était la seule façon de parler admise originairement :

« Je ne say plus que vous mander
A cette fois, ne mes que tant
Que je di : a Dieu vous commant. » (*Rom. de Coucy.* v. 3184.)

A se mettait pour marquer le temps, où nous mettons aujourd'hui sans préposition un véritable ablatif absolu; cependant nous disons encore *à toujours, à jamais,* comme dans le *Roman du Châtelain de Coucy* :

« Vostre serois *à tousjours mais*... » (*Coucy.* v. 5357.)

« *A une aultre fois,* ils (les Espagnols) meirent brusler pour un coup, en mesme feu, quatre cents soixante hommes touts vifs. » (MONT. III. 6.)

Nous dirions : *une autre fois.*

« En quoy (à bien employer les richesses de l'État) le pape Gregoire treizieme laissa sa memoire recommandable *à long temps;* et en quoy nostre royne Catherine tesmoigneroit *à longues années* sa liberalité naturelle et munificence, si les moyens suffisoient à son affection. » (MONT. *Ibid.*)

Bossuet dit toujours *à cette fois :*

« Mais, *à cette dernière fois,* la valeur et le grand nom de Cyrus fit que... etc. » (*Hist. Un.* IIIe p. § 4.)

ACHEMINER QUELQU'UN A UNE JOIE :

Ah! Frosine, la joie *où vous m'acheminez*... (*Dép. am.* V. 5.)

ACOQUINER QUELQU'UN A QUELQUE CHOSE :

Et je crois, tout de bon, que nous les verrions (les femmes) nous courir, sans tous ces respects et ces soumissions *où les hommes les acoquinent.* (*Pr. d'El.* III. 3.)

Mon Dieu, qu' *à tes appas je suis acoquiné!* (*Dép. am.* IV. 4.)

« ...tant les hommes sont *accoquinez à leur estre miserable!* » (MONT. 11. 37.)

COQUIN, au moyen âge, signifiait un mendiant paresseux; d'où l'on est passé à l'idée de malfaiteur ou de voleur dissimulé.

« Lesquels jeunes hommes, venant de la ville de Roches en la ville de Rueil, ou chemin trouverent un homme en habit de *quoquin*... » (*Lettres de rémission* de 1375.)

« Un homme querant et demandant l'aumosne, qui estoit vestu d'un manteau tout plain de paletaux, comme un *coquin* ou caimant[1]. » (*Lettres* de 1392.)

« Pierre Perreau, homme plain d'oisiveté... alant *mendiant et coquinant* par le pays. » (*Lettres* de 1460.)

---

1. De *caimant* il nous reste *quémander.*

Dans les Actes de la vie de saint Jean, il est question d'un jeune homme qui insultait le saint :

« Vocando ipsum *coquinum* et truantem. » (Du Cange, *in Coquinus*.)

S'acoquiner est donc s'attacher comme fait un mendiant importun à celui qu'il sollicite.

L'étymologie la plus probable dérive *coquin* de *coquina*, cuisine, lieu que les coquins hantent volontiers. On voit déjà dans Plaute que *cuisinier* était synonyme de *voleur* :

>Mihi omnis angulos
>Furum implevisti in ædibus misero mihi,
>Qui intromisisti in ædes quingentos *coquos*. (*Aulul*.)

>Forum coquinum qui vocant stulte vocant ;
>Nam non *coquinum*, verum *furinum* est forum. (*Pseudol*.)

Voyez Du Cange, aux mots *coquinus* et *cociones*.

Nicot, au mot *accoquiner*, dit sans autorité que *coquin* signifiait *privé, familier*.

A CRÉDIT, gratuitement ; MISÉRABLE A CRÉDIT :

>C'est jouer en amour un mauvais personnage,
>Et se rendre, après tout, *misérable à crédit*. (*Dép. am*. I. 2.)

ADIEU VOUS DIS, sorte d'adverbe composé :

>Adieu vous dis mes soins pour l'espoir qui vous flatte. (*L'Ét*. II. 1.)

Il faut considérer *adieu vous dis*, ancienne formule, comme *adieu* tout simplement, sans tenir compte du *vous* ni du verbe *dire* : *Adieu mes soins pour l'espoir qui vous flatte*.

L'édition de P. Didot ponctue, d'après celle de 1770 :

>Adieu, vous dis, mes soins pour l'espoir qui vous flatte.

Où l'on voit que l'éditeur prend *vous dis* pour *vous dis-je* : — Adieu mes soins, *vous dis-je*... Ce n'est pas le sens. *Vous dis* ne s'adresse point à l'interlocuteur de Mascarille, pas plus que ce n'est une apostrophe : *adieu vous dis, ô mes soins* ! C'est tout simplement : *Adieu mes soins*.

A DIRE VÉRITÉ, *pour dire la vérité* :

>Mais il vaut beaucoup mieux, *à dire vérité*,
>Que la femme qu'on a pèche de ce côté. (*Éc. des Fem*. III. 3.)

ADMETTRE CHEZ QUELQU'UN, introduire :

>En vous le produisant, je ne crains point le blâme
>D'avoir *admis chez vous* un profane, madame. (*Fem sav*. III. 5.)

ADMIRER DE (un infinitif) :

>*J'admire de le voir* au point où le voilà. (*Éc. des fem*. I. 6)

>Et *j'admire de voir* cette lettre ajustée
>Avec le sens des mots et la pierre jetée. (*Ibid*. III. 4.)

— ADMIRER COMME :

J'admire comme le ciel a pu former deux âmes aussi semblables en tout que les nôtres... (*Pr. d'El*. IV. 1.)

Pascal a dit *j'admire que* :

« Car qui n'*admirera que* notre corps... soit à présent un colosse, un monde, etc. »
(*Pensées.*)

« Vous *admirerez que* la dévotion qui étonnoit tout le monde ait pu être traitée par nos pères avec une telle prudence, que..., etc. » (9e *Prov.*).

« Il faudroit *admirer* qu'elle (cette doctrine) ne produisît pas cette licence. »
(14e *Prov.*)

ADRESSES, au pluriel :

Enfin, j'ai vu le monde et j'en sais les finesses :
Il faudra que mon homme ait de *grandes adresses*,
Si message ou poulet de sa part peut entrer. (*Éc. des fem.* IV. 5.)

ADRESSER, diriger, faire arriver :

Mon esprit, il est vrai, trouve une étrange voie
Pour *adresser* mes vœux au comble de leur joie. (*L'Ét.* IV. 2.)

AFFECTER, affectionner; rechercher avec affection.

— MONTRER D'AFFECTER, étaler de l'affection ou la laisser paraître :

Vous buviez sur son reste, et *montriez d'affecter*
Le côté qu'à sa bouche elle avoit su porter. (*L'Ét.* IV. 5.)

— AFFECTER L'EXEMPLE DE QUELQU'UN :

Diane même, *dont vous affectez tant l'exemple*, n'a pas rougi de pousser des soupirs d'amour. (*Pr. d'El.* II. 1.)

— AFFECTER LA CIRCONSTANCE, la provoquer, la faire naître.
(*Amph.*, III, 5.)

AFFOLER, v. a.; ÊTRE AFFOLÉ DE QUELQU'UN, figurément en être épris :

Vous ne sauriez croire comme elle est *affolée de ce Léandre*. (*Méd. malgré lui.* III. 7.)

Affoler ne signifie pas rendre fou, comme l'explique le Suppl. au Dict. de l'Acad., mais *blesser*, au propre et au figuré. C'est le verbe *fouler* composé avec *a*, marquant le progrès d'une action, comme dans *alentir*, *apetiser*, *agrandir*, *amaladir*. Elle en est *affolée*, elle en est férue.

« Ha! le brigand! il m'a tout *affolée*. » (LA FONT. *Le Diable de Pap.*)

Rendre fou se disait *affolir* (racines, *fol*, *folie*, et *a*). Montaigne a bien gardé la différence de ces deux mots :

« Et leur sembloit que c'estoit *affoler* les mysteres de Venus, que de les oster du retiré sacraire de son temple. » (II, 12.) *Lædere mysteria Veneris.*

« Il y a non seulement du plaisir, mais de la gloire encores, d'*affolir* ceste molle doulceur et ceste pudeur enfantine. » (MONT. II. 15.)

(Voyez DU CANGE, au mot *affolare*.)

Ce qui aura conduit à confondre les deux formes de l'infinitif, c'est qu'en effet le présent de l'indicatif est le même : le berger Aignelet, à qui son avocat recommande de ne répondre à toutes les questions autre chose sinon *bée*, s'y engage :

> « Dites hardiment que j'*affole*
> Si je dis huy autre parole. » (*Pathelin*.)

On remarque de plus, dans cet exemple, *affolir* employé au sens neutre, pour *devenir fou*.

De même, un peu plus loin, quand le drapier brouille son drap et ses moutons, Pathelin s'écrie vers le juge :

> « Je regny sainct Pierre de Rome,
> S'il n'est fin fol, ou il *affole*. »

Il est fou, ou il le devient.

AFFRONTER QUELQU'UN, le tromper effrontément, jusqu'à l'outrager et s'exposer à sa vengeance :

> Ah! vous me faites tort! S'il faut qu'on vous *affronte*,
> Croyez qu'il m'a trompé le premier à ce conte. (*L'Ét*. IV. 7.)
> Courons-le donc chercher, ce pendart qui m'*affronte*. (*Sgan*. 17.)
> Si j'y retombe plus, je veux bien qu'on m'*affronte*. (*Éc. des fem*. II. 6.)
>
> « A votre avis, le Mogol est-il homme
> Que l'on osât de la sorte *affronter* ? » (LA FONT., *La Mandr*.)

— AFFRONTER UN CŒUR :

> Un cœur ne pèse rien, alors que l'on l'*affronte*. (*Dép. am*. II. 4.)

AGRÉER QUE :

Agréez, monsieur, *que je vous félicite* de votre mariage. (*Mar. for*. 12.)

AGROUPÉ :

> Les contrastes savants des membres *agroupés*,
> Grands, nobles, étendus, et bien développés. (*La Gloire du Val de Grâce*.)

Trévoux le donne comme un terme technique en peinture, et cite cette phrase de Félibien : « Il faut que les membres soient *agroupés* aussi bien que les corps. »

AHEURTÉ A QUELQUE CHOSE :

De tout temps elle a été *aheurtée à cela*. (*Mal. im*. I. 5.)

Nicot donne pour exemple :

« Un aheurté plaideur, un homme confit en procès, un plaidereau. »

Selon Trévoux, il se dit aussi absolument : c'est un homme qui s'*aheurte*, un homme *aheurté*.

AIENT en deux syllabes :

> Ils ne vous ôtent rien, en m'ôtant à vos yeux,
> Dont ils n'*aient* pris soin de réparer la perte. (*Psyché*. II. 1.)

AIGREUR, ressentiment :

> Et l'*aigreur* de la dame, à ces sortes d'outrages
> Dont la plaint doucement le complaisant témoin,
> Est un champ à pousser les choses assez loin. (*Éc. des m*. I. 6.)

AIMER (S') QUELQUE PART, s'y plaire :

> Pourquoi me chasses-tu ? — Pourquoi fuis-tu mes pas ?
> — Tu me plais loin de moi. — *Je m'aime où tu n'es pas.* (*Mélicerte.* I. 1.)

AIR, façon, manière ; AGIR D'UN AIR, TRAITER D'UN AIR :

> Au contraire, j'*agis d'un air tout différent.* (*L'Ét.* V. 13.)
> Et *traitent du même air* l'honnête homme et le fat. (*Mis.* I. 1.)
> Et je me vis contrainte à demeurer d'accord
> Que l'*air* dont vous viviez vous faisoit un peu tort. (*Ibid.* III. 5.)
> Parlez, don Juan, et voyons *de quel air* vous saurez vous justifier. (*D. Juan* I. 3.)

— AVOIR DE L'AIR DE, ressembler à :

> Et ses effets soudains[1] *ont de l'air des miracles.* (*Éc. des fem.* III. 4.)

AJUSTER (S') A :

> Ne voyez-vous pas bien que tout ceci n'est fait que pour *nous ajuster aux visions* de votre mari...? (*B. gent.* V. 7.)

— AU TEMPS :

> Suivons, suivons l'exemple, *ajustons-nous au temps.* (*Psyché.* I. 1.)

On remarquera dans ce verbe, *s'ajuster à*..., le pléonasme du datif qui s'y montre à l'état libre et dans la composition, preuve que le datif redoublé n'est pas plus contraire au génie de la langue française que ne l'est en latin le redoublement analogue de la préposition *adspirare ad, addere ad.*

On trouve dans la version des *Rois, se juster à* et *s'ajuster à.*

La même observation s'applique à l'expression *s'amuser à*, qui renferme deux fois le même datif. Le verbe simple est *muser ; muser à quelque chose, s'amuser.*

AJUSTER L'ÉCHINE. Voyez ÉCHINE.

A LA CONSIDÉRATION DE. Voyez CONSIDÉRATION.

ALAMBIQUER (S'), être ingénieux à se tourmenter.

> Pour moi, j'ai déjà vu cent contes de la sorte.
> Sans *nous alambiquer*, servons-nous-en : qu'importe ? (*L'Ét.* IV. 1.)

ALENTIR, ralentir :

> Et notre passion, *alentissant* son cours,
> Après ces bonnes nuits donne de mauvais jours. (*L'Ét.* IV. 4.)
> Je veux de son rival *alentir* les transports. (*Ibid.* III. 4.)

A L'ENTOUR DE :

> MORON.
> Les voilà tous *à l'entour de lui*; courage ! ferme ! (*La Pr. d'Ét.* Intermède 1er, sc. 4.)

On ne voit pas pourquoi cette locution a été proscrite, ni sur quelle autorité suffisante. *Entour* est un substantif, puisqu'il a un pluriel : les *entours* de quelqu'un. *A l'entour*, soit qu'on l'écrive en deux mots ou en un, n'est pas plus un adverbe que *à la hauteur, à la veille*, etc.

> « Le malheureux lion se déchire lui-même,
> Fait résonner sa queue *à l'entour de ses flancs.* » (LA FONTAINE.)

---

1. Les effets de l'Amour.

A L'HEURE, pour *tout à l'heure* :

> *A l'heure* même encor, nous avons eu querelle
> Sur l'hymen d'Hippolyte, où je le vois rebelle. (*L'Ét.* I. 9.)

— A L'HEURE QUE :

> *A l'heure que je parle*, un jeune Égyptien… (*L'Ét.* IV. 9.)

— A L'HEURE, sur l'heure, à l'instant même :

> Et je souhaite fort, pour ne rien reculer,
> Qu'*à l'heure*, de ma part, tu l'ailles appeler. (*Fâcheux.* I. 10.)

ALLÉGEANCE :

> Et quand ses déplaisirs auront quelque *allégeance*,
> J'aurai soin de tirer de lui votre assurance. (*L'Ét.* II. 4.)

ALLER, construit avec un participe :

Il *va vêtu* d'une façon extravagante. (*Méd. malgré lui.* I. 5.)

Ici *il va* signifie *il sort, il se montre*. *Aller*, construit avec le participe présent, marque d'ordinaire une action en progrès, comme dans cette phrase de Pascal : « Les opinions probables *vont toujours en mûrissant*. » (12ᵉ *Prov.*)

— ALLER, lié à un autre verbe à l'infinitif :

Molière en fait toujours un verbe réfléchi construit avec *en* :

> Je m'en vais la traiter du mieux qu'il me sera possible. (*Sicilien.* 19.)
> La voici qui *s'en va venir*. (*Ibid.* 18.)
> Le jour *s'en va paraître*. (*Éc. des fem.* V. 1.)

— ALLER A, au sens moral, aspirer à, tendre vers :

> Il ne faut mettre ici nulle force en usage,
> Messieurs ; et si vos vœux *ne vont qu'au mariage*,
> Vos transports en ce lieu se peuvent apaiser. (*Éc. des mar.* III. 6.)

> Tous mes vœux les plus doux
> *Vont à m'en rendre maître* en dépit du jaloux. (*Éc. des fem.* I. 6.)

> Et, comme je vous dis, toute l'habileté
> Ne *va qu'à* le savoir tourner du bon côté [1]. (*Éc. des fem.* IV. 8.)

Je gagerois presque que l'affaire *va là*. (*D. Juan.* I. 1.)
Notre honneur *ne va point à* vouloir cacher notre honte. (*Ibid.* III. 4.)
Il *ne va pas à moins* qu'à vous déshonorer. (*Tart.* III. 5.)

> Et toute mon inquiétude
> Ne doit *aller qu'à* me venger. (*Amph.* III. 3.)

Argatiphontidas *ne va point* aux accords. (*Ibid.* III. 8.)
Ce n'est qu'à *l'esprit* seul que *vont* tous les transports. (*Fem. sav.* IV. 2.)

« De quelque manière qu'il pallie ses maximes, celles que j'ai à vous dire *ne vont* en effet *qu'à* favoriser les juges corrompus, les usuriers, les banqueroutiers, les larrons, les femmes perdues, etc. » (PASCAL. 8ᵉ *Prov.*)

— ALLER DANS LA DOUCEUR. Voyez DANS LA DOUCEUR.

ALTÉRÉ, troublé, ému :

Un tel discours n'a rien dont je sois *altéré*. (*Fem. sav.* V. 1.)

---

1. Le cocuage.

AMBIGU, substantif; UN AMBIGU :

C'est *un ambigu* de précieuse et de coquette que leur personne.   (*Prec. rid.* 1.)

AME qui flotte sur des soupçons :

Et je veux qu'un amant, pour me prouver sa flamme,
Sur *d'éternels soupçons laisse flotter son âme.*   (*Fâcheux.* II. 4.)

AMI; ÊTRE AMI A QUELQU'UN :

Mais, quelque *ami que vous lui soyez.*   (*D. Juan.* III. 4.)

— AMIS D'ÉPÉE :

Vous êtes de l'humeur de ces *amis d'épée*,
Que l'on trouve toujours plus prompts à dégaîner
Qu'à tirer un teston s'il le falloit donner.   (*L'Ét.* III. 5.)

AMITIÉ TUANTE :

Leur *tuante amitié* de tous côtés m'arrête.   (*Amph.* III. 1.)

A MOINS QUE, suivi d'un infinitif, sans *de* :

Le moyen d'en rien croire, *à moins qu'être insensé?*   (*Amph.* II. 1.)

A MOINS QUE DE :

A moins que de cela, l'eussé je soupçonné?   (*L'Ét.* I. 10.)

AMOUR, féminin :

Il disoit qu'il m'aimoit d'une amour sans *seconde.*   (*Éc. des fem.* II. 6.)

Vous ne pouvez aimer que *d'une amour grossière.*   (*Fem. sav.* IV. 2.)

Pourquoi *amour* est-il aujourd'hui du masculin au singulier, et du féminin au pluriel? Cette inconséquence est toute moderne, et l'on n'en voit pas le prétexte. *Un amour* est un petit Cupidon; *une amour* est une affection de l'âme; on aurait dû y maintenir la même différence qu'entre *un satyre* et *une satire*. Amour est demeuré féminin depuis l'origine de la langue jusqu'à la fin du xviie siècle.

« Qu'une *première amour est belle!*
Qu'on a peine à s'en dégager !
Et qu'on doit plaindre un cœur fidèle
Quand il est réduit à changer ! »   (QUINAULT. *Atys.*)

C'est comme le mot *orgue*, qui est aussi masculin au singulier et féminin au pluriel. Qu'y a-t-on gagné? d'être logiquement obligé de dire : C'est *un des plus belles* orgues du monde.

AMOUREUSEMENT, en parlant de la tendresse filiale :

Elle faisoit fondre chacun en larmes, en se jetant *amoureusement* sur le corps de cette mourante, qu'elle appeloit sa chère mère.   (*Scapin.* 1. 2.)

Pascal, parlant d'un enfant que veulent ravir des voleurs, et que sa mère s'efforce de retenir :

« Il ne doit pas accuser de la violence qu'il souffre la mère qui le retient *amoureusement*, mais ses injustes ravisseurs. »   (8e *Prov.*)

AMPHIBOLOGIE :

Et de même qu'à vous je ne lui suis pas chère.   (*Mélicerte.* II. 3.)

Il semble que Mélicerte veuille dire : Je ne suis chère ni à lui, ni à vous; et sa pensée est au contraire : Je ne suis pas chère à votre père comme *je le suis* à vous. L'ellipse combinée avec l'inversion produit cette équivoque, car sans l'inversion la phrase serait encore assez claire : Je ne lui suis pas chère comme à vous, ou de même qu'à vous.

AMPLEMENT AJUSTÉ, paré fastueusement :

> Quand un carrosse fait de superbe manière,
> Et comblé de laquais et devant et derrière,
> S'est avec grand fracas devant nous arrêté,
> D'où sortant un jeune homme *amplement ajusté*..... (*Les Fâcheux*, I. 1.)

AMUSEMENT, dans le sens où l'on dit *amuser quelqu'un, s'amuser à* :

> Tu prends d'un feint courroux le vain *amusement*. (*Sgan.* 6.)

— Perte de temps, retard :

> Moi, je l'attends ici, pour moins d'*amusement*. (*Tart.* I, 3.)

Pour m'arrêter moins longtemps.

> Le moindre *amusement* vous peut être fatal. (*Ibid.* V. 6.)
>
> N'est-il point là quelqu'un ? — Ah ! que d'*amusement* !
> Veux-tu parler ? (*Mis.* IV. 4.)
>
> Mais plus d'*amusement* et plus d'incertitude. (*Ibid.* V. 2.)
>
> Amphitryon, c'est trop pousser l'*amusement* !
> Finissons cette raillerie. (*Amph.* II. 2.)
>
> Henriette, entre nous, est un *amusement*,
> Un voile ingénieux, un prétexte, mon frère,
> A couvrir d'autres feux dont je sais le mystère. (*Fem. sav.* II. 3.)

La Fontaine a dit *amusette* dans le sens de *joujou* :

> « Le fermier vient, le prend, l'encage bien et beau,
> Le donne à ses enfants pour servir d'*amusette*. »
> (*Le Corbeau voulant imiter l'Aigle*.)

ANCRER (S') CHEZ QUELQU'UN, se mettre avant dans sa faveur :

> A ma suppression il s'est *ancré* chez elle. (*Éc. des fem.* III. 5.)

ANES BIEN FAITS, bien véritables, ânes de tout point :

> . . . Ma foi, de tels savants sont *des ânes bien faits* ! (*Fâcheux.* III. 2.)

ANGER, verbe actif :

> Votre père se moque-t-il de vouloir vous *anger* de son avocat de Limoges ?
> (*M. de Pourc.* I. 1.)

Ce mot vient du latin *augere*, par la confusion, autrefois très fréquente, de l'*n* et de l'*u*. De l'italien *montone* est venu *mouton*; de *monasterium*, par syncope *monstier* et *moustier*, de *conventus*, *convent* et *couvent*, etc.

> « Il les *angea* de petits Mazillons,
> Desquels on fit de petits moinillons. » (LA FONTAINE, *Mazet*.)

Auxit eas.

Voici les exemples cités par Nicot :

> « L'ambassadeur Nicot *a engé la France* de l'herbe nicotiane, »

où l'on voit que *enger* n'implique pas une idée de blâme.

« La peste *enge* fort ;...... ceste dartre *enge* grandement, c'est-à-dire croist, se dilate, se multiplie. » *Auget*.

ANGUILLE SOUS ROCHE :

NICOLE. Je crois qu'il y a quelque *anguille sous roche*. (*B. gent.* III. 7.)

Quelque mystère caché.

ANIMALES, au féminin :

Quelques provinciales,
Aux personnes de cour fâcheuses *animales*. (*Fâcheux*. II. 3.)

A PLEIN ; VOIR A PLEIN, pleinement :

Au travers de son masque on *voit à plein* le traître. (*Mis.* I. 1.)
« Qui voudra connoître *à plein* la vanité de l'homme. » (PASCAL. *Pensées*.)

— A PLEINS TRANSPORTS :

Goûtez *à pleins transports* ce bonheur éclatant. (*D. Garc.* III. 4.)

APPAS ; D'INDIGNES APPAS, au figuré :

Mais l'argent, dont on voit tant de gens faire cas,
Pour un vrai philosophe a *d'indignes appas*. (*Fem. sav.* V. 1.)

— APPAS, au singulier, appât :

Qui dort en sûreté sur un *pareil appas*,
Et le plaint, ce galant, des soins qu'il ne perd pas. (*Éc. des fem.* I. 1.)

Bossuet écrit de même :

« Quand une fois on a trouvé le moyen de prendre la multitude par *l'appas* de sa liberté... » (*Or. fun. de la R. d'Angl.*)

APPAT ; SOUS L'APPAT DE :

Ce marchand déguisé,
Introduit *sous l'appât d'un conte supposé*. (*L'Ét.* IV. 7.)

APPLICATION ; FAIRE UNE APPLICATION, appliquer un soufflet ou un coup de poing :

Chien d'homme ! oh ! que je suis tenté d'étrange sorte
De *faire* sur ce mufle *une application !* (*Dép. am.* II. 7.)

APPRÊTER A RIRE :

N'apprêtons point à rire aux hommes,
En nous disant nos vérités. (*Amph.* prol.)

APPROCHE, proximité, rapprochement :

Et quelle force il faut aux objets mis en place,
Que l'*approche* distingue, et le lointain efface. (*La Gloire du Val de Grâce*.)

— APPROCHE D'UN AIR :

L'*approche de l'air de la cour* a donné à son ridicule de nouveaux agréments. (*Comtesse d'Esc.*)

APRÈS, préposition, recevant un complément direct :

Attaché dessus vous comme un joueur de boule
Après le mouvement de la sienne qui roule. (*L'Ét.* IV. 5.)

Si bien donc que donc Elvire..... s'est mise en campagne *après nous ?* (*D. Juan.* I. 1.)

Plusieurs médecins ont déjà épuisé leur science *après elle*. (*Méd. m. lui.* I. 5.)

La pendarde s'est retirée, voyant qu'elle ne gagnoit rien *après moi*, ni par prières, ni par menaces. (*G. D.* III. 10.)

Ils *étoient* une douzaine de possédés *après mes chausses*. (*Pourc.* II. 4.)

J'ai mis vingt garçons *après votre habit*. (*B. g.* II. 8.)

Il veut envoyer la justice en mer *après la galère du Turc*. (*Scapin.* III. 3.)

APRÈS-DINÉE, féminin :

L'*après-dinée* m'a semblé fort *longue*. — Et moi, je l'ai trouvée fort *courte*.
(*Crit. de l'Éc. des fem.* 1.)

La Fontaine emploie la *dînée* sans *après :* « Mais dès la *dînée* le panier fut entamé. » (*Vie d'Ésope.*)

Ce mot, *la dînée*, se rapporte au lieu et à l'heure où l'on mange le *dîner*, plutôt qu'au dîner lui-même.

— APRÈS-SOUPÉE, par deux *e,* comme *après-dinée :*

Si je ne vous croyois l'âme trop occupée,
J'irois parfois chez vous passer l'*après-soupée*. (*Éc. des mar.* I. 5.)

Et ce sera tantôt, n'étant plus occupée,
Le divertissememt de notre *après-soupée*. (*Ibid.* II. 9.)

ARDEURS, vif désir :

J'avois *toutes les ardeurs du monde* d'entrer dans votre alliance. (*Pourc.* III. 9.)

ARDEZ, par apocope, regardez :

Ardez le beau museau,
Pour nous donner envie encore de sa peau ! (*Dép. am,* IV. 4.)

ARRÊTER, neutre, pour *s'arrêter :*

Mais, moi, mon jugement, sans qu'aux marques j'*arrête*,
Fut qu'il n'étoit que cerf à sa seconde tête. (*Fâcheux.* II. 7.)

Autant qu'il vous plaira vous pouvez *arrêter*,
Madame, et là-dessus rien ne doit vous hâter. (*Mis.* III. 5.)

Nos aïeux paraissent avoir exprimé ou supprimé arbitrairement le pronom des verbes réfléchis. Dans la version des *Rois*, on lit presque toujours *en aller* pour *s'en aller :*

« Goliath ki *en vint* de l'ost as Philistiens. » (P. 64.) — « Samuel od Saul *en alad*. » (P. 57.)

Plaindre pour *se plaindre :*

« Cume deus dameiseles vinrent *plaindre* ad rei Salomum.. » (P. 235.)

« Pur ço *en va* e destruis Amalech. » (P. 53.)

Arrêter était dans les mêmes conditions; et même aujourd'hui l'on ne dit pas *arrête-toi, arrêtez-vous,* mais *arrête! arrêtez!*

Cette faculté de prendre ou de laisser le pronom a été cause que beaucoup de verbes sont devenus exclusivement neutres ou actifs, qui dans l'origine étaient réfléchis. Car cette forme réfléchie plaisait à nos pères, pour les verbes exprimant une action dont l'auteur pouvait être aussi l'objet. Ainsi ils disaient *se dormir, se disner, se combattre à quelqu'un, se fuir* (d'où reste *s'enfuir*); *se mourir, se jouer*, etc.; quelques verbes sont restés dans l'indécision, comme *arrêter* ou *s'arrêter*.

> « Car pour moi j'ai certaine affaire
> Qui ne me permet pas d'*arrêter* en chemin. »
> (LA FONTAINE. *Le Renard et le Bouc*.)

— ARRÊTER AVEC SOI :

> Si tu veux me servir, je t'*arrête avec moi*. (*L'Ét*. II. 9.)

Nous dirions aujourd'hui simplement : *Je t'arrête*.

ARTICLE mis où nous avons coutume de l'omettre, FAIRE LA JUSTICE :

> Si c'étoit une paysanne, vous auriez maintenant toutes vos coudées franches à vous en faire *la* justice à coups de bâton. (G. D. I. 3.)
>
> Nous serons les premiers, sa mère et moi, à vous en faire la justice. (*Ibid*. I. 4.)

— Mis en correspondance de *un, une* :

> George Dandin, George Dandin, vous avez fait *une* sottise *la* plus grande du monde. (*Ibid*. I. 1.)
>
> Elle se prend d'*un* air *le* plus charmant du monde aux choses qu'elle fait. (*L'Av*. I. 2.)

— *Article supprimé* où nous le répétons :

> Dis si *les* plus cruels et *plus* durs sentiments
> Ont rien d'impénétrable à des traits si charmants. (*L'Ét*. I. 2.)
>
> Il nous faut *le* mener en quelque hôtellerie,
> Et *faire* sur les pots décharger sa furie. (*Ibid*. I. 11.)

Le mener... le faire décharger sa furie :

> Les querelles, *procès, faim, soif et maladie*,
> Troublent-ils pas assez le repos de la vie ? (*Sgan*. 17.)

Les quatre derniers substantifs sont embrassés dans l'article pluriel, placé une fois pour toutes devant le premier.

Cet emploi de l'article était une tradition du XVIe siècle. Au XVIe siècle, on n'exprimait qu'une fois l'article devant plusieurs substantifs, même de genres différents, pourvu qu'ils fussent au même nombre, c'est-à-dire tous au pluriel ou tous au singulier :

> « Quant à *la hardiesse et courage*, quant à *la fermeté, constance et résolution* contre les douleurs, etc. » (MONTAIGNE. III. 6.)
>
> « Qui ne participe *au hasard et difficulté* ne peult pretendre interest à *l'honneur et plaisir* qui suit les actions hasardeuses. » (*Id*. III. 7.)

La même règle s'appliquait au pronom possessif :

> « Nostre royne Catherine tesmoigneroist *sa libéralité et munificence*. » (*Id*. III. 6.)
>
> « Madame Katerine, ma sœur......, est partie avecques *ma litière et cheval*...... » (LA REINE DE NAVARRE. *Lettres*, I. p. 290.)

Notre vieille langue avait si fort le goût de l'ellipse qu'elle s'empressait de l'admettre dès qu'il n'en résultait pas le danger d'être obscur ou équivoque. *Le plus*, marque du superlatif, ne se répétait pas aussi devant plusieurs adjectifs. La première fois servait pour toute la suite :

« ..... Tant de villes rasées, tant de nations exterminées, tant de millions de peuples passés au fil de l'espée, et *la plus riche et belle* partie du monde bouleversée pour la negociation des perles et du poivre. » (MONTAIGNE. III. 6.)

Que gagnons-nous à répéter toujours l'article ? ce n'est ni de la clarté ni de la rapidité.

AS DE PIQUE, langue piquante, mauvaise langue :

> O la fine pratique,
> Un mari confident !
> MARINETTE.
> Taisez-vous, *as de pique!* (*Dép. am.* V. 9.)

Voyez tome II, page 435.

ASSASSINANT, adjectif; RIGUEUR ASSASSINANTE :

> Et dans le procédé des dieux,
> Dont tu veux que je me contente,
> Une *rigueur assassinante*
> Ne paroît-elle pas aux yeux ? (*Psyché.* II. 1.)

(Voyez AMITIÉ TUANTE.)

ASSEZ BONNE HEURE, de bonne heure :

> Ah! pour cela toujours il est *assez bonne heure*. (*Dép. am.* IV. 1.)

Si Molière eût jugé cette expression incorrecte, il lui était aisé de mettre : *Il est d'assez bonne heure*.

ASSIGNER SUR :

> Les dettes que vous avez *assignées sur* le mariage de ma fille. (*Pourc.* II. 7.)

ASSOUVIR (S'), absolument comme *se satisfaire :*

> Laissez-moi *m'assouvir* dans mon courroux extrême. (*Amph.* III. 5.)

ASSURANCE SUR (PRENDRE) :

Ne m'abusez-vous point d'un faux espoir, et puis-je *prendre quelque assurance sur* la nouveauté surprenante d'une telle conversion ? (*D. Juan.* V. 1.)

ASSURÉ, absolument, hardi, intrépide :

Est-il possible qu'un homme si *assuré* dans la guerre soit si timide en amour? (*Am. magn.* I. 1.)

— ASSURER QUELQUE CHOSE A QUELQU'UN :

> Pour moi, contre chacun je pris votre défense,
> Et *leur assurai* fort que c'étoit médisance. (*Mis.* III. 5.)

— ASSURER QUELQU'UN DE SES SERVICES :

Dites-lui un peu que monsieur et madame sont des personnes de grande qualité qui lui viennent faire la révérence comme mes amis, et l'*assurer de leurs services*.
(*B. gent.* V. 5.)

— ASSURER (S'), absolument, prendre sécurité, confiance; se rassurer :

> A moins que Valère se pende,
> Bagatelle! son cœur *ne s'assurera point*. (*Dép. am.* I. 2.)
> Moins on mérite un bien qu'on nous fait espérer,
> Plus notre âme a de peine à pouvoir *s'assurer*. (*D. Garcie.* II. 6.)

Quelque chien enragé l'a mordu, *je m'assure*. (*Ec. des fem.* II. 2.)
Ce n'est pas assez pour *m'asssurer*, entièrement, que ce qu'il vient de faire.
(*Scapin.* III. 1.)
« On ne peut *s'assurer*, et l'on est toujours dans la défiance. » (Pascal. *Pensées.*)
« Voyant trop pour nier et trop peu pour *m'assurer.* » (Id. *ibid.*)
« Je m'assure, mes pères, que ces exemples sacrés suffisent pour vous faire entendre. »
(Pascal. 11e *Prov.*)
« On lui a envoyé les dix premières lettres (à Escobar) : vous pouviez aussi lui envoyer votre objection, et *je m'assure* qu'il y eût bien répondu. » (*Id.* 12e *Prov.*)

— ASSURER (S') A :

Faut-il que *je m'assure au rapport* de mes yeux ? (*D. Garcie.* IV. 7.)
Et n'est-il pas coupable en ne *s'assurant pas
A* ce qu'on ne dit point qu'après de grands combats ? (*Mis.* IV. 3.)

— ASSURER (S') DE, prendre sécurité, certitude sur :

Pour mon cœur, vous pouvez *vous assurer de lui*. (*Fem. sav.* IV. 7.)

— ASSURER (S') EN QUELQU'UN, EN QUELQUE CHOSE :

Du sort dont vous parlez je le garantis, moi,
S'il faut que par l'hymen il reçoive ma foi :
Il *s'en peut assurer.* (*Ec. des mar.* I. 3.)
C'est conscience à ceux qui *s'assurent en nous.* (*Ibid.*)

— ASSURER (S') SUR :

C'est en quoi je trouve la condition d'un gentilhomme malheureuse, de ne pouvoir point *s'assurer sur* toute la prudence et toute l'honnêteté de sa conduite. (*D. Juan.* III. 4.)
Nos vœux *sur des discours* ont peine à *s'assurer.* (*Tart.* IV. 5.)

ATTACHE, subst. fém., attachement ; ATTACHE A :

Et sa puissante *attache aux choses éternelles.* (*Tart.* II. 2.)
« Pour moi, je n'ai pu y prendre *d'attache.* » (Pascal. *Pensées.*)

ATTAQUER QUELQU'UN D'AMITIÉ, D'AMOUR :

ZERBINETTE
Je ne suis point personne à reculer lorsqu'on *m'attaque d'amitié.*
SCAPIN.
Et lorsque c'est *d'amour* qu'on vous *attaque*? (*Scapin.* III. 1.)

Zerbinette veut dire : Lorsqu'on me prévient en m'offrant son amitié, comme vient de le faire Hyacinthe.

AU, AUX, dans le, dans les, relativement à :

Je ne me trompe guère *aux* choses que je pense. (*Dép. am.* I. 2.)
Je ne sais si quelqu'un blâmera ma conduite
Au secret que j'ai fait d'une telle visite ;
Mais je sais qu'*aux* projets qui veulent la clarté,
Prince, je n'ai jamais cherché l'obscurité. (*D. Garcie.* III. 3.)
L'endurcissement *au péché* traîne une mort funeste. (*D. Juan.* V. 6.)
Comment? — Je vois ma faute *aux* choses qu'il me dit. (*Tart.* IV. 8.)
Et qu'*au dû de ma charge* on ne me trouble en rien. (*Ibid.* V. 4.)
Je trouve dans votre personne de quoi avoir raison *aux* choses que je fais pour vous.
(*L'Av.* I. 1.)

Elle se prend d'un air le plus charmant du monde *aux* choses qu'elle fait. (*L'Av.* I. 2.)
Et laver mon affront *au* sang d'un scélérat. (*Amph.* III. 5.)
On souffre *aux entretiens* ces sortes de combats. (*Fem. sav.* IV. 3.)
Je ne m'étonne pas, *au combat* que j'essuie,
De voir prendre à monsieur la thèse qu'il appuie. (*Ibid.*)

Molière emploie volontiers *aux* dans la première partie de la phrase, et *dans les* dans la seconde.

Nous saurons toutes deux imiter notre mère
. . . .
. . . .
Vous, *aux productions* d'esprit et de lumière,
Moi, *dans celles*, ma sœur, qui sont de la matière. (*Fem. sav.* I. 1.)
Aux ballades surtout vous êtes admirable.
— Et *dans les bouts-rimés* je vous trouve adorable. (*Ibid.* III. 5.)

Cet emploi du datif, qui communique au discours tant de rapidité, était régulier dans le XVIe et le XVIIe siècle.

« De toutes les absurdités la plus absurde *aux epicuriens* est desadvouer la force et l'effect des sens. » (Montaigne. II. ch. 12.)

« C'est à l'adventure quelque sens particulier qui..... advertit les poulets de la qualité hostile qui est *au chat* contre eux. » (Id. I. 1.)

« Il n'est rien qui nous jecte tant *aux dangiers* qu'une faim inconsiderée de nous en mettre hors. » (Id. III. 6.)

« Je ne craindray point d'opposer les exemples que je trouveray parmi eulx (les sauvages américains), aux plus fameux exemples anciens que nous ayons *aux memoires* de nostre monde par deçà. » (Id. *ibid.*)

L'origine et la justification de cet emploi du datif se voient toutes seules, c'est un latinisme. Le datif représente ici l'ablatif avec ou sans préposition.

Pascal a dit, par un latinisme analogue :

« Il étoit naturel à Adam et *juste à son innocence*... » (*Pensées.*)

Mais ici le datif dépend plutôt de l'adjectif. Cette expression revient très souvent dans les *Provinciales*: *au sens de*, c'est-à-dire *dans le sens de* :

« .... Je lui dis au hasard : J'entends *au sens des molinistes*. » (1re *Prov.*)

— AUX, sur les; FAIRE UNE ÉPREUVE A QUELQU'UN :

J'approuve la pensée, et nous avons matière
D'en *faire l'épreuve* première
Aux deux princes qui sont les derniers arrivés. (*Psyché.* I. 1.)

(Voyez Datif.)

AUCUN, quelque, le moindre :

Sans me nommer pourtant en *aucune* manière,
Ni faire *aucun* semblant que je serai derrière. (*Éc. des fem.* IV. 9.)

AUDIENCE AVIDE :

Et je vois sa raison
D'une *audience avide* avaler ce poison. (*D. Garcie.* II. 1.)

AUNE; TOUT LE LONG DE L'AUNE :

Mme PERNELLE.
C'est véritablement la tour de Babylone,
Car chacun y babille, et *tout le long de l'aune*. (*Tart.* I. 1.)

AUPARAVANT QUE DE, archaïsme :

JEANNOT.

C'est M. le conseiller, madame, qui vous souhaite le bonjour, et, *auparavant que de venir*, vous envoie des poires de son jardin. (C^{sse} *d'Esc.* 13.)

Par avant est une expression composée, que l'on traitait comme un substantif : *le par-avant, du par-avant, au par-avant;* c'est le datif, ou plutôt l'ablatif absolu des Latins, et l'on construisait comme *avant*. (Voyez AVANT QUE DE.)

AUPRÈS, adverbe :

Monsieur, si vous n'êtes *auprès*,
Nous aurons de la peine à retenir Agnès. (*Ec. des fem.* V. 8.)

AUQUEL pour *où* :

Et c'est assez, je crois, pour remettre ton cœur
Dans l'état *auquel* il doit être. (*Amph.* III. 11.)

AU PRIX DE, en comparaison de :

Tout ce qu'il a touché jusqu'ici n'est que bagatelle, *au prix de* ce qui reste.
(*Impromptu.* 3.) [1663.]

Comparé à la valeur de ce qui reste.

« Elles filoient si bien, que les sœurs filandières
Ne faisoient que brouiller *au prix de celles-ci*. »
(LA FONT. *La Vieille et ses Servantes.*)

« ..... Il n'étoit *au prix d'elle*
Qu'un franc dissipateur, un parfait débauché. » (BOILEAU. *sat.* X.)

AU RETOUR DE, en retour de :

Et j'en ai refusé cent pistoles, crois-moi,
Au retour d'un cheval amené pour le roi. (*Fâcheux.* II. 7.)

AUSSI, pour *non plus*, dans une phrase négative :

Ma foi, je n'irai pas.
— Je n'irai pas *aussi*. (*Ec. des fem.* I. 1.)

Si je n'approuve pas ces amis des galants,
Je ne suis pas *aussi* pour ces gens turbulents.... (*Ibid.* IV. 8.)

L'action que vous avez faite n'est pas d'un gentilhomme, et ce n'est pas en gentilhomme *aussi* que je veux vous traiter. (G. D. II. 10.)

La tournure moderne pour employer *aussi*, serait : *aussi* n'est-ce pas en gentilhomme, etc....

Mais le XVIIe siècle conservait *aussi* même après la négation exprimée, qui aujourd'hui commande *non plus*.

« Ragotin fit entendre à la Rancune qu'une des comédiennes luy plaisoit infiniment. Et laquelle ? dit la Rancune. Le petit homme estoit si troublé d'en avoir tant dit, qu'il respondit : Je ne sçay. — *Ny moy aussy*, dit la Rancune. »
(SCARRON. *Rom. com.* 1re p. ch. XI.)

« Ces paroles ne peuvent donc servir qu'à vous convaincre vous-même d'imposture, et elles *ne* servent pas *aussi* davantage pour justifier Vasquez. » (PASCAL. 12e *provinc.*)

L'étymologie d'*aussi* est *etiam*. On disait dans l'origine *essi*, d'où l'on fit aisément *ossi*, et l'on écrivit par corruption *aussi*. Sylvius, dans sa grammaire imprimée chez Robert Estienne, en 1531, dit : « *Etiam, eci* vel *oci* ; corrupte *aussi.* » (P. 145.)

AVALER L'USAGE DE QUELQUE CHOSE, s'y soumettre bon gré malgré :

De ces femmes aux beaux et louables talents,
Qui savent accabler leurs maris de tendresses,
Pour leur faire *avaler l'usage des galants!* (*Amph.* I. 4.)

AVANCÉ ; PAROLE AVANCÉE, donnée :

Me tiendrez-vous au moins la *parole avancée ?* (*Mélicerte.* II. 5.)

AVANT, adverbe, pour *auparavant* :

Mais *avant*, pour pouvoir mieux feindre ce trépas,
J'ai fait que vers sa grange il a porté ses pas. (*L'Et.* II. 1.)

— AVANT JOUR, préposition, avant le jour :

Je veux savoir de toi, traître,
Ce que tu fais, d'où tu viens *avant jour*. (*Amph.* I. 2.)

— AVANT QUE (un infinitif), sans *de* :

Ne me demandez rien *avant que regarder*
Ce qu'à mes sentiments vous devez demander. (*D. Garcie.* III. 2.)

Il faut, *avant que voir* ma femme,
Que je débrouille ici cette confusion. (*Amph.* II. 1.)

Molière emploie indifféremment ces trois formes : *avant de, avant que, avant que de,* suivis d'un verbe à l'infinitif.

— AVANT QUE, sans *ne* :

Allons, courons *avant que* d'avec eux *il sorte.* (*Amph.* III. 5.)

« *Avant qu'on l'ouvrît* (la cédule), les amis du prince soutinrent que, *etc....* »
(LA FONTAINE. *Vie d'Ésope.*)

« Toutes vos fables pouvoient vous servir *avant qu'on sût* vos principes. »
(PASCAL. 15ᵉ *Prov.*)

La question de *ne*, exprimé ou supprimé après *avant que*, a été fort controversée. M. François de Neufchâteau, dans une lettre au *Mercure de France* du 26 août 1809, admet la négation *quelquefois*. On lui répondit par une lettre signée VALANT, où quantité d'exemples sont accumulés en suite d'une longue discussion théorique, pour démontrer qu'il ne faut *jamais* de négation entre *avant que* et le verbe subséquent ; et c'est aussi l'opinion de l'Académie, fondée sur l'usage invariable du XVIIᵉ siècle. Pascal, La Bruyère, La Fontaine, Boileau, Racine, Molière, Regnard, etc., etc., n'emploient pas la négation.
Marmontel l'a employée, mais c'est Marmontel.

— AVANT QUE DE :

Si l'auteur lui eût montré sa comédie *avant que de* la faire voir au public, il l'eût trouvée la plus belle du monde. (*Crit. de l'Ec. des f.* 6.)

Avant que de passer plus avant, je voudrois bien agiter à fond cette matière.
(*Mar. for.* 5.)

Je les conjure de tout mon cœur de ne point condamner les choses *avant que de les voir*. (*Préf. de* TARTUFFE.)

« *Avant que de les mener* sur la place, il fit habiller les deux premiers le plus proprement qu'il put. » (LA FONT. *Vie d'Ésope.*)

« *Avant que de répondre* aux reproches que vous me faites, je commencerai par l'éclaircissement de votre doctrine à ce sujet. » (PASCAL. 12e *Prov.*)

(Voyez DE *supprimé après avant que.*)

AVECQUE, archaïsme :

L'union de Valère *avecque* Marianne. (*Tart.* III. 1.)

Et qu'*avecque* le cœur d'un perfide vaurien
Vous confondiez les cœurs de tous les gens de bien. (*Ibid.* V. 1.)

Cette forme est si fréquente dans Molière qu'il a paru inutile d'en rapporter plus d'exemples.

AVENANT QUE, participe absolu, c'est-à-dire dans le cas où :

Quelque bien de mon père et le fruit de mes peines,
Dont, *avenant que* Dieu de ce monde m'ôtât,
J'entendois tout de bon que lui seul héritât. (*L'Ét.* IV. 2.)

AVIOMME, patois, pour *avions* :

PIERROT.

Tout gros monsieur qu'il est, il seroit par ma fiqué nayé, si je n'*aviomme* été là. (*D. Juan.* II. 1.)

Cette forme est primitive. L'*m* à la terminaison caractérise en latin les premières personnes du pluriel, *habemus, amamus, vidissemus, audivimus,* etc. Aussi les plus anciens textes, par exemple le livre des Rois, ne manquent jamais d'écrire *nous attendrum, nous manderum, nous renderum*.

Quand le mot suivant avait pour initiale une voyelle, l'*m* finale s'y détachait :

« .... Salvez seiez de Deu
Li glorius que *devum aurer*. » (*Roland.* st. 32.)

« Que devome aourer » (*adorer*).

Mais s'il suivait une consonne, il fallait bien, pour n'en pas articuler deux consécutives (ce qui ne se faisait jamais), éteindre l'*m* et la changer en *n*. Par exemple :

« Le matin à vus *vendrum*, e en vostre merci nus *mettrum*. » (*Rois*, p. 37.)

On prononçait *vendrome* et *mettrons*.

La dernière forme a supplanté l'autre, et s'est établie exclusivement pour tous les cas.

Sur l'union du pronom singulier au verbe pluriel, *je n'aviomme*, voyez à JE.

AVIS FAISABLE, exécutable :

Enfin c'est un *avis* d'un gain inconcevable,
Et que du premier mot on trouvera *faisable*. (*Fâcheux.* III. 3.)

AVISER, actif; AVISER QUELQU'UN DE, le faire songer à :

De ta femme il fallut moi-même t'aviser. (*Amph.* II. 3.)

— Neutre, pour *s'aviser :*

Sans aller de surcroît *aviser* sottement
De se faire un chagrin qui n'a nul fondement. (*Coc. im.* 17.)

Selon la coutume de certains impertinents de laquais qui viennent provoquer les gens, et *les faire aviser* de boire lorsqu'ils n'y songent pas. (*L'Av.* III. 2.)

Je vais vite consulter un avocat, *et aviser* des biais que j'ai à prendre.
(*Scapin.* II. 1.)

Réfléchir ou prendre avis touchant les biais que, etc.

AVOIR, auxiliaire, pour *être* :

Et *j'ai* pour vous trouver *rentré* par l'autre porte. (*Fâcheux.* I. 1.)
J'ai monté pour vous dire, et d'un cœur véritable... (*Mis.* I. 2.)

— AVOIR, N'AVOIR PAS POUR UN. Voyez POUR.

— AVOIR DE COUTUME :

Oui, monsieur, seulement pour vous faire peur, et vous ôter l'envie de nous faire courir toutes les nuits, comme vous *aviez de coutume.* (*Scapin.* II. 5.)

— AVOIR DES CONJECTURES DE QUELQUE CHOSE :

La cabale s'est réveillée aux simples *conjectures* qu'ils ont pu *avoir de la chose.*
(2e *Placet au R.*)

— AVOIR EN MAIN :

J'avois pour de tels coups certaine vieille *en main.* (*Éc. des f.* III. 4.)

— AVOIR FAMILIARITÉ AVEC QUELQU'UN :

Tu as donc *familiarité*, Moron, avec le prince d'Ithaque ? (*Pr. d'El.* III. 3.)

— AVOIR PEINE DE (un infinitif), avoir peine à :

J'ai peur, si le logis du roi fait ma demeure,
De m'y trouver si bien dès le premier quart d'heure
Que *j'aie peine* aussi *d'en sortir* par après. (*L'Ét.* III. 5.)

Cet amas d'actions indignes dont *on a peine.... d'adoucir* le mauvais visage.
(*D. Juan.* IV. 6.)

On ne dirait plus aujourd'hui le visage d'une action ; mais le Dictionnaire de l'Académie (1694) cite comme exemple : *Cette affaire a deux visages ;* et l'on dira bien encore : *envisager une affaire* sous tel ou tel aspect.

— AVOIR POUR AGRÉABLE :

Et je vous supplierai d'*avoir pour agréable*
Que je me fasse un peu grâce sur votre arrêt. (*Mis.* I. 1.)

Cette façon de parler est très fréquente dans *Gil Blas.*

— AVOIR QUELQU'UN QUI, QUE :

Et quand *on a quelqu'un qu'*on hait ou *qui* déplaît,
Lui doit-on déclarer la chose comme elle est ? (*Mis.* I. 1.)

Cette façon de parler paraît embarrassée et pénible ; cependant elle n'a pas été suggérée à Molière par la difficulté de la mesure, car il l'emploie en prose :

Vous avez, monsieur, *un certain monsieur de Pourceaugnac qui* doit épouser votre fille. (*Pourc.* II. 2.)

AVOUER LA DETTE, figurément, ne pas dissimuler :

Ma foi, madame, *avouons la dette :* vous voudriez qu'il fût à vous. (*Pr. d'El.* IV. 6.)

Regnard, dans le *Distrait* :

> « Parlons à cœur ouvert, et *confessons la dette :*
> Je suis un peu coquet, tu n'es pas mal coquette. » (IV. 3.)

AYE, ou AY, monosyllabe :

> Dans cette joie... — *Aye, ay!* doucement, je vous prie. (*L'Ét.* V. 15.)

— Aïe, par l'introduction du *d*, *aïde* ou *aïde*, selon la prononciation moderne, syncope d'*adjutorium*. *Aye, Aye!* c'est-à-dire à l'aide, à l'aide!

> « Certes, nous ne vous faudrons mie :
> Tous jours serons en vostre *aïe*. » (*R. de Coucy.* v. 766.)

> « ... Quant ele vit Arabis si cunfundre,
> A halte voix s'escrie : *Aïez* nous, mahum ! » (*Roland.* st. 266.)

BABYLONE ; LA TOUR DE BABYLONE, comme qui dirait la tour du babil :

> C'est véritablement *la tour de Babylone*,
> Car chacun y babille, et tout du long de l'aune. (*Tart.* I. 1.)

BAIE :

> C'est une *baie*
> Qui sert sans doute aux feux dont l'ingrate *le paie*. (*Dép. am.* I. 5.)

— BAIE (DONNER LA) :

> Le sort a bien *donné la baie* à mon espoir. (*L'Ét.* II. 13.)

Voyez tome II, page 77, note 1.

BAILLER, archaïsme, donner :

Un sergent *baillera* de faux exploits, sur quoi vous serez condamné sans que vous le sachiez. (*Scapin.* II. 8.)

Bailler un exploit était le terme consacré en style d'huissier ; Molière n'avait garde de changer le mot technique.

BAISSEMENT DE TÊTE :

Quelque *baissement de tête*, un soupir mortifié, deux roulements d'yeux, rajustent dans le monde tout ce qu'ils (les scélérats) peuvent faire. (*D. Juan.* V. 2.)

BALANCER QUELQUE CHOSE :

Un homme qui..... *et ne balance aucune chose*. (*Mal. im.* III. 3.)

Qui ne pèse rien.

BALLE ; RIMEUR DE BALLE :

Allez, *rimeur de balle*, opprobre du métier. (*Fem. sav.* III. 5.)

Trévoux explique *rimeur de balle*, par allusion à la *balle* des marchands forains.

BANDE, troupe de musiciens.

> Le bal et la *grand'bande*. (*Tart.* II. 3.)

BARBARISMES DE BON GOUT, en matière de bon goût :

Des incongruités de bonne chère et des *barbarismes de bon goût*. (*B. gent.* IV. 1.)

Voyez SOLÉCISMES EN CONDUITE.

BARGUIGNER :

A quoi bon tant *barguigner* et tant tourner autour du pot ? (*Pourc.* I. 7.)

Barguigner signifie *marchander* en vieux français.

« Estagiers de Paris puent *barguignier* et achater bled ou marchié de Paris. »
(*Livre des mestiers*, p. 17.)

Le sire de Coucy, déguisé en mercier ambulant, ouvre sa balle; toute la maison y accourt, et la châtelaine de Fayel elle-même :

> « Iluec trouverent le mercier,
> E lor dame qui remuoit
> Les joiaus, et les *bargignoit*.
> Aulcuns aussy de la mesnie
> Ont mainte chose *bargignie*... »   (*Roman de Coucy.*)

Barguigner n'a plus aujourd'hui que le sens figuré de *marchander*.

BAS DE SAIE, sorte de jupe plissée.

Voyez tome V, page 402, et tome VIII, page 262.

BASTE, de l'italien *basta*, suffit :

Baste! songez à vous dans ce nouveau dessein.   (*L'Ét.* IV. 1.)
Baste! laissons là ce chapitre.   (*Méd. m. lui.* I. 1.)

BATIR SUR DES ATTRAITS :

Mon cœur aura *bâti sur ses attraits naissants*.   (*Éc. des fem.* IV. 1.)

C'est l'abrégé d'une expression métaphorique : bâtir, fonder un espoir sur.

BATTEUR :

Oui, je te ferai voir, *batteur* que Dieu confonde,
Que ce n'est pas pour rien qu'il faut rouer le monde.   (*L'Ét.* II. 9.)

BEAU, au sens métaphorique de *pur* :

SGANARELLE.

Vous vous taisez exprès, et me laissez parler *par belle malice!*   (*D. Juan.* III. 1.)

BEAUCOUP devant un adjectif ou un participe passé :

Je vous suis *beaucoup obligé*.   (*Pourc.* III. 9.)
Leur savoir à la France est *beaucoup nécessaire!*   (*Fem. sav.* IV. 3.)

BÉCARRE; DU BÉCARRE, terme technique :

Ah! monsieur, c'est *du beau bécarre!*   (*Le Sicilien.* 2.)

Et là-dessus vient un berger, berger joyeux, avec *un bécarre admirable*, qui se moque de leur foiblesse.   (*Ibid.*)

Voyez tome VIII, page 200, note 1.

BÉCASSE BRIDÉE :

Ma foi, monsieur, *la bécasse est bridée;* et vous avez cru faire un jeu qui demeure une vérité.   (*Am. méd.* III. 9.)

« Cela se dit figurément, à cause d'une chasse que les paysans font aux bécasses avec des lacets et collets qu'ils tendent, où elles se brident elles-mêmes. »   (TRÉVOUX.)

BEC CORNU, ou mieux BECQUE CORNU :

> Et sans doute il faut bien qu'à ce *becque cornu*
> Du trait qu'elle a joué quelque jour soit venu. (*Éc. des fem.* IV. 6.)

> Que maudit soit le *bec cornu* de notaire qui m'a fait signer ma ruine !
> (*Méd. m. lui.* I. 2.)

Becque est formé de l'italien *becco, un bouc*, mot qui reçoit deux sens métaphoriques, injurieux l'un et l'autre. *Becco* est un lourdaud, ou un homme que déshonore l'inconduite de sa femme ou de sa sœur. (*Trésor des trois langues.*) — L'épithète *cornu* s'explique d'elle-même.

BÉJAUNE, erreur grossière :

> C'est fort bien fait d'apprendre à vivre aux gens, et de leur montrer leur *béjaune*.
> (*Am. méd.* II. 3.)

> Monsieur, souffrez que je lui montre son *béjaune*, et le tire d'erreur.
> (*Mal. im.* III. 16.)

Les jeunes oiseaux ont le bec garni d'une sorte de frange jaune. Ainsi, par métaphore, avoir le bec jaune, c'est manquer d'expérience, être dupe. Molière a écrit aussi *bec jaune*; conformément à l'étymologie :

> Oui, Mathurine, je veux que monsieur vous montre votre *bec jaune*. (*D. Juan.* II. 5.)

> « Ce sont six aulnes... ne sont mie ?
> Et non sont ; que je suis *bec jaulne !* » (*Pathelin.*)

Dans l'origine, les consonnes finales étant muettes lorsque suivait une consonne, on prononçait pour *bec, mer, fer, bé, mé, fé*.

BESOIN ; FAIRE BESOIN, être nécessaire :

> Aussi bien *nous fera-t-il ici besoin* pour apprêter le souper. (*L'Av.* III. 5.)

BIAIS, dissyllabe :

> Nous n'aurions pas besoin maintenant de rêver
> A chercher les *biais* que nous devons trouver. (*L'Ét.* I. 2.)

> Des *biais* qu'on doit prendre à terminer vos feux. (*Ibid.* IV. 1.)

> Il faut voir maintenant quel *biais* je prendrai. (*Ibid.* IV. 8.)

> Pour tâcher de trouver un *biais* salutaire. (*Ibid.* V. 12.)

> Et du *biais* qu'il faut vous prenez cette affaire. (*Sgan.* 21.)

> Le pousser est encor grande imprudence à vous,
> Et vous deviez chercher quelque *biais* plus doux. (*Tart.* V. 1.)

— Monosyllabe :

> J'ai donc cherché longtemps un *biais* de vous donner
> La beauté que les ans ne peuvent moissonner. (*Fem. sav.* III. 6.)

— SAVOIR LE BIAIS DE FAIRE QUELQUE CHOSE :

> Mais, encore une fois, madame, *je ne sais point le biais de faire entrer* ici des vérités si éclatantes. (*Ep. dédic. de la Critique de l'Éc. des fem.*)

BICÊTRE. Voyez BISSÈTRE.

BIEN ; AVOIR LE BIEN DE, le plaisir, l'avantage de :

> ... J'ai le bien d'être de vos voisins. (*Éc. des mar.* I. 5.)

> Il s'est dit grand chasseur, et nous a prié tous
> Qu'il pût *avoir le bien de courir* avec nous. (*Fâcheux.* II. 7.)

BIEN ET BEAU :

> Cependant arrivé, vous sortez *bien et beau,*
> Sans prendre de repos ni manger un morceau. (*Sgan.* 7.)

Remarquez *beau,* employé comme adverbe. C'était originairement le privilège de tous les adjectifs. Il nous en reste encore de nombreux exemples : voir *clair*, frapper *ferme*, parler *haut*, partir *soudain*, parler *net*, etc., etc., pour *clairement, fermement, hautement, soudainement, nettement.*

> « Le fermier vient, le prend, l'encage *bien et beau,*
> Le donne à ses enfants pour servir d'amusette. »
> (La Fontaine. *Le Corbeau voulant imiter l'Aigle.*)

BIENSÉANCE ; être en la bienséance de quelqu'un, c'est-à-dire à sa disposition :

> Cette maison meublée *est en ma bienséance;*
> Je puis en disposer avec grande licence. (*L'Ét.* V. 2.)

BISSÊTRE ; malheur résultant d'une fatalité, **faire un bissêtre :**

> Eh bien! ne voilà pas mon enragé de maître?
> Il nous va *faire* encor *quelque nouveau bissêtre.* (*L'Ét.* V. 5.)

L'orthographe est *bissêtre*, et non *bicêtre*.

On lit dans le *Roman bourgeois*, de Furetière :

« Si j'ai *fait* ici *quelque bissêtre;* »

et dans la *Noce de village*, de Brécourt :

« Avant, je veux *faire bissêtre.* »

Voyez tome II, page 138, note 2.

BLANCHIR ; ne faire que blanchir, au sens métaphorique :

> Les douceurs *ne feront que blanchir* contre moi. (*Dép. am.* V. 9.)
> Et nos enseignements *ne font là que blanchir*. (*Éc. des fem.* III. 3.)

le marquis. — Voilà des raisons qui ne valent rien.
climène. — Tout cela *ne fait que blanchir*. (*Crit. de l'Éc. des fem.* 7.)

Voyez tome II, page 435.

BOIRE LA CHOSE ; métaphoriquement, se résigner :

> Mon frère, doucement il faut *boire la chose.* (*Éc. des mar.* III, 10.)

Molière a dit, par la même figure : *Avaler l'usage des galants.*

— **boire sur le reste de quelqu'un :**

> Vous *buviez sur son reste,* et montriez d'affecter
> Le côté qu'à sa bouche elle avoit su porter. (*L'Ét.* IV. 5.)

BON, BONNE, ironiquement :

Hé! *la bonne effrontée!* (*Sgan.* 6.)
Parbleu! *le voilà bon,* avec son habit d'empereur romain! (*D. Juan.* III. 6.)
D'où viens-tu, *bon pendard?* (*G. D.* III. 11.)
Taisez-vous, *bonne pièce!* (*Ibid.* I. 6.)
Oses-tu bien paroître devant mes yeux, après tes *bons déportements?* (*Scapin.* I. 4.)

— BON A FAIRE A :

Refuser ce qu'on donne est *bon à faire aux fous.* (*Dép. am.* I. 2.)

— BON ARGENT (PRENDRE POUR DE), prendre au sérieux :

Quoi! *tu prends pour de bon argent ce que je viens de dire?* (*D. Juan.* V. 2.)

— AVOIR LE COEUR BON, c'est-à-dire, en style moderne, *bien placé :*

Sachez que j'ai *le cœur trop bon* pour me parer de quelque chose qui ne soit point à moi. (*L'Av.* V. 5.)

— LE BON DU COEUR, substantivement :

Et *du bon de mon cœur* à cela je m'engage. (*Mis.* III. 1.)

Du meilleur de mon cœur.

— BONS JOURS, jours de fête, jours solennels :

Que d'une serge honnête elle ait son vêtement,
Et ne porte le noir qu'aux *bons jours* seulement. (*Éc. des mar.* I. 2.)

BOUCHE ; BOUCHE COUSUE, adverbialement, pour recommander la discrétion :

Adieu. *Bouche cousue,* au moins! Gardez bien le secret, que le mari ne le sache pas ! (*G. D.* I. 2.)

— LAISSER SUR LA BONNE BOUCHE :

Vous n'en tâterez plus, et *je vous laisse sur la bonne bouche.* (*Ibid.* II. 7.)

— DANS MA BOUCHE, DANS LEURS BOUCHES, c'est-à-dire d'après mes paroles, à les entendre :

Dans ma bouche, une nuit, cet amant trop aimable
Crut rencontrer Lucile à ses vœux favorable. (*Dép. am.* II. 1.)

Ascagne veut dire qu'elle se fit passer pour Lucile, parla comme si elle eût été Lucile. Cette expression étrange paraît tenir à l'inexpérience de Molière, quand il fit *le Dépit*; mais on est surpris de la retrouver, mieux construite il est vrai, dans la préface du *Tartuffe.* Il s'agit des hypocrites:

Le *Tartuffe, dans leur bouche,* est une pièce qui offense la piété.

Molière s'exprimerait-il autrement s'il voulait dire que les hypocrites, par leur manière de réciter *Tartuffe,* d'en accentuer les vers, dénaturent la pensée de l'auteur, et font d'un ouvrage innocent un ouvrage impie?

BOUCHON et BOUCHONNER :

Hai, hai, mon petit nez, pauvre petit *bouchon!* (*Éc. des mar.* II. 14.)
Je te *bouchonnerai,* baiserai, mangerai. (*Éc. des fem.* V. 4.)

Voici l'article de Furetière : « BOUCHON est aussi un nom de cajollerie qu'on donne aux petits enfants, aux jeunes filles de basse condition : Mon petit cœur, mon petit *bouchon.* »

BOUGER (SE), verbe réfléchi, pour *bouger,* neutre :

Et personne, monsieur, qui *se* veuille *bouger*
Pour retenir des gens qui se vont égorger! (*Dép. am.* V. 7.)

BOURLE, de l'italien *burla*, moquerie. FAIRE UNE BOURLE :

Une certaine mascarade... que je prétends faire entrer dans une *bourle* que je veux faire à notre ridicule. *(Bourg. gent.* III. 14.)

BRANLER LE MENTON, manger :

    Oh! tu seras ainsi tenu pour un poltron.
    — Soit, pourvu que toujours *je branle le menton*. *(Dép. am.* V. 1.)

BRAS; SE METTRE... SUR LES BRAS :

Voudriez-vous, madame, vous opposer à une si sainte pensée, et que j'allasse, en vous retenant, *me mettre le ciel sur les bras?* *(D. Juan.* I. 5.)

Qui en touche un (hypocrite) *se les attire tous sur les bras*. *(Ibid.* V. 2.)

— SE JETER... SUR LES BRAS, même sens :

    Et je *me jetterois* cent choses *sur les bras*. *(Mis.* V. 1.)

BRAVADE; FAIRE BRAVADE A QUELQU'UN :

    Moi, je serois cocu? — Vous voilà bien malade!
    Mille gens le sont bien, *sans vous faire bravade*,
    Qui, de mine, de cœur, de biens et de maison,
    Ne feroient avec vous nulle comparaison. *(Éc. des fem.* IV. 8.)

Sans vous insulter. — LA BRAVADE D'UN DISCOURS :

    Je ne sais qui me tient qu'avec une gourmade
    Ma main *de ce discours* ne venge la *bravade*. *(Éc. des fem.* V. 4.)

BRAVE en ajustements :

    Ta forte passion est d'être *brave* et leste. *(Éc. des fem.* V. 4.)

Est-ce que tu es jalouse de quelqu'une de tes compagnes que tu voies plus *brave* que toi ? *(Am. méd.* I. 2.)

BRAVERIE, parure :

    LA GRANGE. — Vite, qu'on les dépouille sur-le-champ.
    JODELET. — Adieu notre *braverie*. *(Préc. rid.* 16.)

Pour moi, je tiens que *la braverie*, que l'ajustement est la chose qui réjouit le plus les filles. *(Am. méd.* I. 1.)

BRIDER D'UN ZÈLE :

    D'un zèle simulé j'ai bridé le bon sire. *(L'Ét.* IV. 1.)

BRILLANTS; qualités brillantes :

    Comme par son esprit et ses autres *brillants*
    Il rompt l'ordre commun et devance le temps. *(Mélicerte.* I. 4.)

— LES BRILLANTS DES YEUX :

    Mais, voyant *de ses yeux tous les brillants baisser*. *(Tart.* I. 1.)

    Et si je rends hommage *aux brillants de leurs yeux*,
    De leur esprit aussi j'honore les lumières. *(Fem. sav.* III. 2.)

— LES BRILLANTS D'UNE VICTOIRE :

    Ne vous enflez donc point d'une si grande gloire,
    Pour les petits *brillants* d'une foible victoire. *(Mis.* III. 5.)

BROUILLER :

Que nous *brouilles-tu* ici de ma fille ? *(L'Av.* V. 3.)

— DESTIN BROUILLÉ, embrouillé :

Fut-il jamais destin plus *brouillé* que le nôtre ? (*L'Ét.* IV. 9.)

BRUIRE ; FAIRE BRUIRE SES FUSEAUX, métaphoriquement, faire tapage :

Le vin émétique *fait bruire ses fuseaux.* (*D. Juan.* III. 1.)

BRUIT. Bruit répandu, ouï-dire :

J'ai rencontré un orfèvre qui, sur le *bruit* que vous cherchiez quelque beau diamant en bague... (*Mar. for.* 5.)

— AVOIR UN BRUIT DE, avoir la réputation de :

Hé ! là, là, madame la Nuit,
Un peu doucement, je vous prie ;
Vous avez dans le monde *un bruit*
De n'être pas si renchérie. (*Amph.* prol.)

« Elle *eut le bruit*, à la cour, de n'avoir pas sa pareille. »
(La REINE DE NAV. *Hept.* nouv. 15.)

On disait de même, *donner un bruit à quelqu'un.*

Bonnivet, au témoignage de la reine de Navarre,

« Estoit des dames mieulx voulu que ne feut oncques François, tant par sa beauté, bonne grace et parole, que pour *le bruit* que chacun *luy donnoit* d'estre l'un des plus adroits et hardis aux armes qui feust de son tems. » (*Heptaméron*, nouvelle 14e.)

« Elle connoissoit le contraire du *faux bruit que l'on donnoit aux François,* car ils estoient plus sages, etc. » (*Ibid.*)

(Voyez DONNER UN CRIME.)

— A PETIT BRUIT :

Je me divertirai *à petit bruit.* (*D. Juan.* V. 2.)

BRULER SES LIVRES A QUELQUE CHOSE :

J'y brûlerai mes livres, ou je romprai ce mariage. (*Pourc.* I. 3.)

Chicaneau dit pareillement :

CHICANEAU.
« Vous plaidez ?
LA COMTESSE.
Plût à Dieu !
CHICANEAU.
J'y brûlerai mes livres. »
(*Les Plaideurs,* I. 7.)

BRUTALITÉ DE SENS COMMUN ET DE RAISON :

Un homme qui, avec une impétuosité de prévention, une roideur de confiance, une *brutalité de sens commun et de raison,* donne au travers des purgations et des saignées.
(*Mal. im.* III. 3.)

BUTER A QUELQUE CHOSE, prendre cette chose pour but :

Toutes mes volontés *ne butent qu'à vous plaire.* (*L'Ét.* V. 3.)

BUTIN, au lieu de *proie,* dans le sens métaphorique :

D. ELVIRE.
On ne me verra point *le butin* de vos feux. (*D. Garcie.* III. 3.)

CABALE, pour signifier le parti des faux dévots :

Que si je viens à être découvert, je verrai, sans me remuer, prendre mes intérêts à toute *la cabale*. (*D. Juan.* V. 2.)

Pascal, dans *les Provinciales*, emploie ce mot dans le même sens.

CACHE, cachette :

On n'est pas peu embarrassé à inventer dans toute une maison une *cache* fidèle.
(*L'Av.* I. 4.)

« Et qui vous a cette *cache* montrée? » (La Fontaine.)

CACHEMENT de visage :

Leurs détournements de tête et leurs *cachements de visage* firent dire cent sottises de leur conduite. (*Crit. de l'Éc. des fem.* 3.)

CADEAU, dîner en partie de campagne, dont on régale quelqu'un. Molière l'explique lui-même dans ce passage :

Des promenades du temps,
Ou dîners qu'on donne aux champs,
Il ne faut point qu'elle essaye :
Selon les prudents cerveaux,
Le mari, dans ces *cadeaux*,
Est toujours celui qui paye. (*Éc. des fem.* III. 2.)

Voyez tome X, page 317, note 2.

— DONNER UN CADEAU :

Nous mènerions promener ces dames hors des portes, et *leur donnerions un cadeau*.
(*Préc. rid.* 10.)

Je l'ai fait consentir enfin au *cadeau* que vous lui voulez *donner*. (*B. gent.* III. 6.)

— CADEAU DE MUSIQUE, DE DANSE :

Elles y ont reçu *des cadeaux* merveilleux *de musique et de danse*. (*Am. magn.* I. 1.)

CAJOLER, verbe neutre :

Tudieu! comme avec lui votre langue *cajole!* (*Éc. des fem.* V. 4.)

CALOMNIER a quelqu'un, c'est-à-dire dans quelqu'un, sa vertu :

Vous osez sur Célie attacher vos morsures,
Et *lui calomnier* la plus rare vertu
Qui puisse faire éclat sous un sort abattu? (*L'Ét.* III. 4.)

Et calomnier en elle. Cet exemple se rapporte au datif de perte ou de profit. (Voyez Datif.)

ÇAMON :

Çamon vraiment! il y a fort à gagner à fréquenter vos nobles. (*B. gent.* III. 3.)

Çamon, ma foi! j'en suis d'avis, après ce que je me suis fait. (*Mal. im.* I. 2.)

Voyez tome X, page 306.

CAMUS (rendre); métaphoriquement, *casser le nez*, rendre confus :

MATHURINE.

Oui, Charlotte, je veux que monsieur *vous rende un peu camuse*. (*D. Juan.* II. 5.)

Vous remarquerez que l'on emploie à rendre la même pensée deux images contraires : *être camus* et *avoir un pied de nez*.

CAPRIOLE, *cabriole* :

Et ces yeux te verront faire la *capriole*. (*Dép. am.* III. 10.)

CAPRIOLER, cabrioler :

Parbleu! si grande joie à l'heure me transporte,
Que mes jambes sur l'heure en *caprioleroient*,
Si nous n'étions point vus de gens qui s'en riroient. (*Sgan.* 18.)

CARACTÈRE, talisman :

Oui, c'est un enchanteur qui porte un *caractère*
Pour ressembler aux maîtres des maisons. (*Amph.* III. 5.)

On dit qu'il a *un caractère* pour se faire aimer de toutes les femmes. (*Pourc.* III. 8.)

Le Crispin des *Folies amoureuses* se dit grand chimiste, qui passait même pour un peu sorcier :

« On m'a même accusé d'avoir *un caractère*. » (*Fol. am.* I. 5.)

« *Caractère* se dit aussi de certains billets que donnent des charlatans ou sorciers, et qui sont marqués de figures talismaniques ou de simples cachets. »
(TRÉVOUX.)

CARÊME-PRENANT, mardi gras, qui touche au mercredi des cendres, jour où prend le carême :

On diroit qu'il est céans *carême-prenant* tous les jours. (*B. gent.* III. 2.)

Un *carême-prenant* est un masque du mardi-gras :

On dit que vous voulez donner votre fille en mariage à un *carême-prenant*?
(*Ibid.* V. 7.)

CARESSE, UN PEU DE CARESSE, au singulier :

Cela se passera avec *un peu de caresse* que vous lui ferez. (*G. D.* II. 12.)

CARNE, angle d'une table, d'un volet, etc. :

Je me suis donné un grand coup à la tête contre *la carne d'un volet*. (*Mal. im.* I. 2.)

Carne est le mot simple, dont on rencontre souvent au moyen âge le diminutif *carenon* (on écrivait *carreignon* ou *quarreignon*); la racine est *carré*, *quarré*, *quarre*, qui existe encore dans *bécarre*, c'est-à-dire *B carré*.

Dans les Vosges on dit : *à la carre du bois;* c'est à l'angle. L'équerre, instrument qui fait *la carre*.

Le *quarreignon* était une mesure d'une *quarte*; c'était aussi un coin, un cachet de lettre :

« Blanchandrin fist un brief escrire,
Puis mist le *carregnon* en cire. » (DU CANGE. In *Ceraculum*.)

CAROGNE, c'est-à-dire *charogne*; la grossièreté du mot étant un peu dissimulée par la différence de prononciation :

Voilà nos *carognes* de femmes ! (*G. D.* III. 5.)

Ce mot est fréquent dans Molière comme imprécation : *ah, carogne!*

Primitivement le *ch* sonnait dur, comme le *k*. De *carnem* on fit *carn, karn* ou *charn*, et dans la forme moderne *chair*. *Carogne* témoigne de l'ancienne prononciation.

CAS, GRAND CAS, chose considérable :

>Ce que de plus que vous on en pourroit avoir (*d'âge*)
>N'est pas *un si grand cas* pour s'en tant prévaloir. (*Mis.* III. 5.)

>« Quoi payer ? — La dîme aux bons pères.
>— Quelle dîme ? — Savez-vous pas ?
>— Moi, je le sais ? *C'est un grand cas*,
>Que toujours femme aux moines donne. »
>(LA FONT. *Les Cordeliers de Catalogne.*)

CAUSER, parler au hasard :

>Le monde, chère Agnès, est une étrange chose !
>Voyez la médisance, et comme chacun *cause !* (*Ec. des fem.* II. 6.)

Le sens primitif de *causer* est, en effet, *blâmer, gronder, médire*. C'était un verbe actif, *causer quelqu'un* :

>« Sa femme l'ot, moult fort le *cose*. » (*Vie de J. C.* dans Duc.)

Sa femme l'entend, et le gronde fort.

>« Moult de sa gent parler n'en osent,
>Mais par derrière moult l'en *chosent*. » (BARBAZ. *Fabliaux.* I, p. 160.)

Voyez Du Cange, au mot *Causare*.

CAUTION BOURGEOISE, garantie suffisante :

Je m'en vais gagner au pied, ou je veux *caution bourgeoise* qu'ils ne me feront pas de mal. (Les yeux de Cathos et ceux de Madelon.) (*Préc. rid.* 10.)

>LE MARQUIS. Je la garantis détestable !
>DORANTE. La *caution* n'est pas *bourgeoise*. (*Crit. de l'Ec. des fem.* 6.)

« On appelle *caution bourgeoise*, dit Furetière, une caution valable et facile à discuter, comme serait celle d'un bourgeois bien connu dans sa ville. »

Au mot *caution*, Furetière met cet exemple : « On ne veut point prêter aux grands seigneurs sans *caution bourgeoise*. »

CE interrogatif, lié au verbe *pouvoir* :

>Qui *peut-ce* être ? (*L'Av.* IV. 7.)

— CE, suivi du verbe au pluriel :

Il faut que, dans l'obscurité, je tâche à découvrir quelles gens *ce peuvent être*. (*Sicilien.* 5.)

>Tous les discours sont des sottises,
>Partant d'un homme sans éclat ;
>*Ce seroient* paroles exquises,
>Si c'étoit un grand qui parlât. (*Amph.* II. 1.)

>Ce que je vous dis là *ne sont pas* des chansons. (*Ec. des fem.* III. 2.)

(Voyez CE QUE et CE SONT.)

CÉANS :

>Qu'est-ce qu'on fait *céans* ? comme est-ce qu'on s'y porte ? (*Tart.* I. 5.)
>Dénichons de *céans*, et sans cérémonie. (*Ibid.* IV. 7.)

Ce vieux mot est employé dans *Tartuffe* avec une sorte de prédilection. Mme Pernelle, comme aussi Mme Jourdain, affectionnent *céans*.

>Et je parle d'un vieux Sosie
>Qui fut jadis de mes parents,

> Qu'avec très grande barbarie
> A l'heure du dîner l'on chassa de céans. (*Amph.* III. 7.)

Céans, racines *ci ens*, ici dedans; comme *léans* est pour *là ens*, là-dedans.

> « Un frère Jean, novice de *léans*. » (La Fontaine, *Féronde*.)

Novice de là-dedans.

CEPENDANT QUE :

> *Cependant que* chacun, après cette tempête,
> Songe à cacher aux yeux la honte de sa tête... (*L'Ét.* V. 14.)

Pendant cela (savoir), que chacune, etc., *hoc pendente* (seu *durante*) *quod*..... *Cependant que*, fréquent dans la prose de Froissart, est un archaïsme cher à La Fontaine.

CE QUE LE CIEL NOUS A FAIT NAÎTRE, notre origine :

> Il y a de la lâcheté à déguiser *ce que le ciel nous a fait naître*. (*B. gent.* III. 12.)

— CE QUE C'EST QUE DE, pour *ce que c'est que le :*

> Moi ! voyez *ce que c'est que du* monde aujourd'hui ! (*L'Ét.* I. 9.)

Quid sit *de* mundo hodie. (Voyez DE, représentant *que le*.)

CE QUE... SONT :

> *Ce que* je vous dis là *ne sont pas* des chansons. (*Éc. des fem.* III. 2.)

On m'a montré la pièce, et comme *tout ce qu'il y a* d'agréable *sont* effectivement les idées qui ont été prises de Molière, etc. (*Imp.* 3.)

> « Son droit ? *tout ce qu'il dit sont* autant d'impostures. »
> (Racine. *Les Plaideurs*. II. 9.)

L'idée réveillée ici par le singulier *ce que*, représente des détails, et non pas un ensemble. Le verbe au singulier y serait déplacé; qu'on l'essaye : Monsieur, tout ce qu'il dit *est* autant d'impostures. Tout ce qu'il y a d'agréable *est* effectivement les idées, etc.

Cela n'est pas acceptable. Avant de s'accorder entre eux, les mots sont tenus de s'accorder avec la pensée; et quand il y a conflit, c'est la pensée qui doit l'emporter. Aussi, quand une suite de substantifs, même au pluriel, ne réveillent qu'une idée simple, l'idée d'un ensemble, le verbe se met au singulier.

> Quatre ou cinq mille écus *est* un denier considérable ! (*Pourc.* III. 9.)

Voyez la contre-partie de cet article à C'EST.

CE QUI... CE SONT :

> *Ce sont* charmes pour moi que *ce qui* part de vous. (*Fem. sav.* III. 1.)

CERVELLE, figurément, la cause pour l'effet; impétuosité, extravagance : ESSUYER LA CERVELLE DE QUELQU'UN :

> On n'a point à louer les vers de messieurs tels,
> A donner de l'encens à madame une telle,
> Et de nos francs marquis *essuyer la cervelle*. (*Mis.* III. 7.)

CE SONT, SONT-CE :

C'est comme parle le plus souvent Molière, quand il suit un pluriel; et non pas c'est, est-ce, à la manière de Bossuet :

> Comment, ces noms étranges *ne sont-ce pas* vos noms de baptême ? (*Préc. rid.* 5.)
> *Ce sont* vingt mille francs qu'il m'en pourra coûter. (*Mis.* V. 1.)

Il est probable qu'en prose Molière eût dit *c'est vingt mille francs*, comme dans la phrase de *Pourceaugnac* citée plus haut; car l'idée ne se porte pas à considérer les francs isolément, mais sur une somme de 20,000 francs.

> Ce ne sont plus rien que des fantômes ou des façons de chevaux. (*L'Avare*. III, 5.)

C'EST ou EST, en rapport avec un substantif au pluriel :

> Et *deux ans*, dans son sexe, *est* une grande avance. (*Mélicerte*. I. 4.)

Il est clair qu'il n'y a point là de faute, parce que la pensée porte non pas sur le nombre des années, mais sur l'unité de temps représentée par deux ans. Deux ans, c'est une grande avance.

> Quatre ou cinq mille écus *est* un denier considérable! (*Pourc.* III. 9.)
> Tous les hommes sont semblables par les paroles, et *ce n'est* que *les actions* qui les découvrent différents. (*L'Av.* I. 1.)

Il est certain que cette façon de parler paraît la plus conforme à la logique habituelle de la langue française, qui gouverne toujours la phrase, non sur les mots à venir, mais sur les mots déjà passés, en sorte qu'une inversion change la règle : J'ai *vu* maints chapitres; j'ai maints chapitres *vus*.

Ce est au singulier, représentant *cela*. Pourquoi mettre le verbe au pluriel? On ne dirait plus aujourd'hui, comme du temps de Montaigne, *cela sont*.

Mais *ce* peut être un mot collectif enfermant une idée de pluriel, et quand ce pluriel touche immédiatement au verbe qui le suit, il n'y a point d'inconvénient à mettre *ce sont*, au lieu de *ce est*. Nos pères paraissent en avoir jugé ainsi, car la forme *ce sont* se retrouve dans le berceau de la langue. Elle prédomine dans le livre des *Rois :*

> « Ço sunt *les deus* ki flaelerent e tuerent ces d'Égypte el désert. » (*Rois*, p. 15.)

Le tort des grammairiens est d'avoir rendu cette forme obligatoire; elle n'est que facultative, et il est toujours loisible d'employer *c'est* devant un nom pluriel. Les grammairiens, qui nous imposent rigoureusement *ce sont eux*, prescrivent aussi *c'est nous*, *c'est vous*, locutions absurdes! Puisqu'on gardait la tradition du moyen âge, il fallait du moins la garder tout entière, et dire *ce sommes nous*, *c'êtes vous*. Mais on n'a obéi qu'à une routine aveugle et inconséquente.

Dans *Pathelin*, Guillemette recommande à M. Jousseaume de parler bas, par égard pour le pauvre malade; et elle-même s'oublie jusqu'à élever fort la voix. Le drapier ne manque pas d'en faire la remarque :

> « Vous me disiez que je parlasse
> Si bas, saincte benoiste dame :
> Vous criez !
>
> GUILLEMETTE.
> *C'estes vous*, par mame ! »

C'est vous, par mon âme !

A la fin, le drapier reconnaît son voleur dans l'avocat :

« Je puisse Dieu desadvouer
Se *ce n'estes vous,* vous, sans faulte... »

Je renie Dieu si ce n'est vous.

Et dans la scène où Pathelin subtilise le drap : L'honnête homme que feu votre père !

« Vrayment, *c'estes vous* tout craché ! »

C'est vous tout craché.

« On trouve douze rois choisis par le peuple, qui partagèrent entre eux le gouvernement du royaume. *C'est eux* qui ont bâti les douze palais qui composaient le labyrinthe. » (Bossuet. *Dis. sur l'hist. un.*)

« *Ce n'est* pas seulement *des hommes* à combattre, *c'est des montagnes* inaccessibles, *c'est des ravines et des précipices* d'un côté ; *c'est* partout *des forts* élevés.... »
(*Or. fun. du pr. de Condé.*)

On voit que Bossuet veut présenter une idée d'ensemble : les rois qui ont bâti le labyrinthe, et ce qu'il y a à combattre ; et non pas attirer la pensée, la divertir sur les détails, sur les éléments qui forment cette unité. Il ne veut pas nous faire compter les rois égyptiens ni les sommets des montagnes, mais nous frapper par un tableau ; il emploie le singulier.

« *Ce n'est plus ces promptes saillies* qu'il savoit si vite et si agréablement réparer. »
(*Or. f. du pr. de Condé.*)

Substituez *ce ne sont,* vous déchirez l'oreille : *ce ne sont plus ces.*

Voltaire dit pareillement :

« Les saints ont eu des faiblesses ; *ce n'est pas leurs faiblesses* qu'on révère. »
(*Canonis. de s. Cucufin.*)

L'idée porte sur *ce qu'on révère,* et non sur les faiblesses des saints.

Et Racine :

« *Ce n'est* pas *les Troyens,* c'est Hector qu'on poursuit. » (*Androm.*)

L'idée porte de même ici non pas sur *les Troyens,* mais sur *ce qu'on poursuit.*

Et comme après un nom collectif au singulier on peut mettre le verbe au pluriel, par rapport à la pensée que ce singulier réveille, de même on peut mettre le verbe au singulier à côté d'un substantif au pluriel, quand il y a unité dans l'idée.

Ainsi dans Pourceaugnac, Molière a pu dire, et devait dire en effet :

Quatre ou cinq mille écus EST un denier considérable. (III. 9.)

Sont un denier eût été impropre.

Par la même raison, Chateaubriand a dû écrire :

« Qui racontera ces détails, si je ne les révèle ? *Ce n'est pas les journaux.* »
(*De la censure.*)

Concluons qu'il y a un art, une délicatesse de style à choisir l'une ou l'autre forme, selon le besoin de la pensée ou de l'harmonie ; et c'est à l'usage qu'il fait de cette liberté qu'on reconnaît le bon écrivain.

C'EST A.... A (un infinitif), et non pas *de* :
> C'est *aux* gens mal tournés, aux mérites vulgaires,
> *A* brûler constamment pour des beautés sévères. (*Mis.* III. 1.)

C'EST POUR (un infinitif), cela mérite que :
> Certes *c'est pour en rire,* et tu peux me le rendre. (*Mélic.* I. 2.)

— C'EST POUR (un infinitif) QUE :
> Et *c'est pour essuyer* de très fâcheux moments,
> *Que* les soudains retours de son âme inégale. (*Psyché.* I. 2.)

Cela est fait pour..... Cela, savoir que.....

C'EST (un infinitif) DE (un infinitif), et non *que de* :
> *C'est m'honorer* beaucoup *de vouloir* que je sois témoin d'une entrevue si agréable.
> (*Mal. im.* II. 5.)

C'EST QUE, par syllepse, sans relation grammaticale avec ce qui précède :
> Et afin, madame Jourdain, que vous puissiez avoir l'esprit tout à fait content, et que vous perdiez aujourd'hui toute la jalousie que vous pourriez avoir conçue de monsieur votre mari, *c'est que* nous nous servirons du même notaire pour nous marier, madame et moi. (*B. gent.* V. 7.)
> Je vais vous dire une chose, c'est que nous nous servirons, etc.

C'EST TOUT DIT, adverbe; c'est tout dire, tout est dit quand on a dit cela :
> Il est fort enfoncé dans la cour, *c'est tout dit :*
> La cour, comme l'on sait, ne tient pas pour l'esprit. (*Fem. sav.* IV. 3.)

CE QUI EST DE BON, pour *ce qu'il y a de bon* :
> Le mari ne se doute point de la manigance, voilà *ce qui est de bon*. (*G. D.* I. 2.)

CE VOUS EST, CE NOUS EST :
> En un mot, *ce vous est* une attente assez belle
> Que la sévérité du tuteur d'Isabelle. (*Ec. des mar.* I. 6.)
> *Ce nous est* une douce rente que ce M. Jourdain. (*Bourg. gent.* I. 1.)

C'est ici le datif de profit : c'est *à vous, à nous.*

CHAGRIN DÉLICAT, délicatesse chagrine :
> S'il faut que cela soit, ce sera seulement pour venger le public du *chagrin délicat* de certaines gens. (*Préf. de la Crit. de l'Éc. des fem.*)

CHAISE pour *chaire :*
> Les savants ne sont bons que pour prêcher en *chaise*. (*Fem. sav.* V. 3.)

Voyez tome XI, page 475, note 2.

CHALEUR DE, empressement à :
> Et que, par *la chaleur de montrer ses ouvrages,*
> On s'expose à jouer de mauvais personnages. (*Mis.* I. 2.)

— CHALEUR POUR QUELQUE CHOSE :
> La *chaleur* qu'ils ont *pour les intérêts du ciel.* (Préf. de *Tartuffe.*)

CHAMAILLER et SE CHAMAILLER :

Nous irons bien armés; et si quelqu'un nous gronde,
Nous nous chamaillerons. . . . .
Moi, chamailler! bon Dieu, suis-je un Roland, mon maître? (*Dép. am.* V. 1.)

Sur les verbes réfléchis qui prennent ou laissent le pronom, voyez ARRÊTER et PRONOM RÉFLÉCHI.

CHAMP, par métaphore pour *occasion :*

Et l'aigreur de la dame, à ces sortes d'outrages
Dont la plaint doucement le complaisant témoin,
Est un *champ* à pousser les choses assez loin. (*Ec. des mar.* I. 6.)

— ALLER AUX CHAMPS, aller à la campagne :

Votre maître de musique est *allé aux champs,* et voilà une personne qu'il envoie à sa place pour vous montrer. (*Mal. im.* II. 4.)

CHAMPIONNES, féminin de *champion :*

Tous viennent sur mes pas, hors les deux *championnes.* (*L'Et.* V. 15.)

CHANGE; DONNER POUR CHANGE A, c'est-à-dire *en échange de :*

C'est ce qu'on peut *donner pour change*
Au songe dont vous me parlez. (*Amph.* II. 2.)

CHANGÉ DE :

Vous me voyez *bien changé de* ce que j'étois ce matin. (*D. Juan* IV. 9.)

Quantum mutatus *ab illo.*

— CHANGER DE NOTE :

Je te ferai *changer de note,* chien de philosophe enragé! (*Mar. for.* 8.)

Changer de langage, changer de ton. La Fontaine a dit *changer de note* pour *changer de tactique :*

« Leur ennemi *changea de note,*
Sur la robe du dieu fit tomber une crotte :
Le dieu, la secouant, jeta les œufs à bas. » (*L'Aigle et l'Escarbot.*)

— CHANGER UNE CHOSE A UNE AUTRE :

Et, des rois les plus grands m'offrît-on le pouvoir,
Je *n'y changerois pas* le bien de vous avoir. (*Mélicerte.* II. 3.)

Cependant l'humble toit devient temple, et ses murs
Changent leur frêle enduit *aux marbres* les plus durs. »
(LA FONT. *Philémon et Baucis.*)

« Peut-être avant la nuit l'heureuse Bérénice
Change le nom de reine *au nom* d'impératrice. » (RACINE. *Bér.* I. 3.)

CHANSONS; REPAÎTRE QUELQU'UN DE CHANSONS :

Il faut être, je le confesse,
D'un esprit bien posé, bien tranquille, bien doux,
Pour souffrir qu'un valet *de chansons me repaisse.* (*Amph.* II. 1.)

CHANTER DES PROPOS :

Au nom de Jupiter, laissez-nous en repos,
Et ne nous *chantez* plus *d'impertinents propos.* (*L'Et.* I. 8.)

— CHANTER MERVEILLE, promettre monts et merveilles :

Nous en tenons, madame; et puis prêtons l'oreille
Aux bons chiens de pendards qui nous *chantent merveille!* (*Dép. am.* II. 4.)

CHARGER; CHARGER UN COURROUX, y donner de nouveaux motifs :

Mon courroux n'a déjà que trop de violence,
Sans *le charger* encor d'une nouvelle offense. (*Sgan.* 6.)

— CHARGER, métaphoriquement, en bonne part :

L'honneur de cet acte héroïque
Dont mon nom est *chargé* par la rumeur publique. (*D. Garcie.* V. 5.)

La figure en ce sens ne paraît pas heureuse. On dit cependant *le poids d'un grand nom ;* et Regnard a dit aussi, ironiquement il est vrai :

« C'est un pesant fardeau qu'avoir un gros mérite. » (*Le Joueur.* II. 8.)

— CHARGER LE DOS à quelqu'un, le battre :

Vous n'avez pas *chargé son dos* avec outrance? (*L'Et.* III. 4.)

— CHARGER QUELQU'UN, courir sur lui pour le battre :

ALAIN.
... Si quelque affamé venoit pour en manger,
Tu serois en colère et voudrois *le charger.* (*Ec. des fem.* II. 3.)

Je veux.....
. . . .
Que tous deux à l'envi vous me *chargiez ce traître.* (*Ibid.* IV. 9.)

— CHARGER SUR QUELQU'UN :

D'abord il a si bien *chargé sur les recors*... (*L'Et.* V. 1.)

Molière s'en est servi pareillement au sens figuré :

Sur mon inquiétude ils viennent tous *charger.* (*Amph.* III. 1.)

CHARITÉS, par antiphrase, imputations médisantes ou calomnieuses :
PRÊTER DES CHARITÉS A QUELQU'UN :

Une de ces personnes qui *prêtent doucement des charités* à tout le monde, de ces femmes qui donnent toujours le petit coup de langue en passant. (*Impromptu.* 1.)

— CHARITÉ SOPHISTIQUÉE :

Ces faux monnoyeurs en dévotion, qui veulent attraper les hommes avec un zèle contrefait et une *charité sophistiquée.* (1er *Placet au roi.*)

CHAT; ACHETER CHAT EN POCHE :

Vous êtes-vous mis en tête que Léonard de Pourceaugnac soit homme à *acheter chat en poche....?* (*Pourc.* II. 7.)

Acheter un chat dans le sac du marchand, acquérir un objet sans l'examiner.

« Elles (les filles qui se marient) *acheptent chat en sac.* » (MONT. III. 5.)

CHATOUILLANT (adj. verbal), au sens figuré :

... Par de *chatouillantes approbations* vous régaler de votre travail. (*B. gent.* I. 1.)

— CHATOUILLER UNE AME :

> J'aime à te voir presser cet aveu de ma flamme :
> Combattant mes raisons, *tu chatouilles mon âme*. (*Pr. d'Él.* I. 1.)

Racine a dit, dans le style noble, *chatouiller un cœur* :

> « Ces noms de roi des rois et de chef de la Grèce
> *Chatouilloient de mon cœur* l'orgueilleuse foiblesse. » (*Iphigénie.* I. 1.)

La Fontaine emploie *chatouiller* sans complément :

> « Sa sœur se croyant déjà entre les bras de l'Amour, *chatouillée* de ce témoignage de son mérite.... » (*Psyché.* livre II.)

— CHAUDE ; L'AVOIR CHAUDE, avec l'ellipse du mot *alerte* ou *alarme* :

> Mon front l'*a*, sur mon âme, *eu bien chaude* pourtant. (*Sgan.* 22.)

CHAUSSÉ D'UNE OPINION (ÊTRE) :

> Chose étrange de voir comme avec passion
> Un chacun est *chaussé de son opinion*. (*Éc. des fem.* I. 1.)

CHER, précieux :

> Et la plus glorieuse (estime) a des régals peu chers. (*Mis.* I. 1.)

> Otez-moi votre amour, et portez à quelque autre
> Les hommages d'un cœur aussi *cher* que le vôtre. (*Fem. sav.* V. I.)

Ce n'est pas à dire un cœur *si chéri*, mais *de si haut prix*.

CHERCHER DE (un infinitif), chercher à :

> Vous ne trouverez pas étrange que nous *cherchions d'en prendre vengeance*.
> (*D. Juan.* III. 4.)

Molière, conformément au génie de la vieille langue, évite l'hiatus avec un soin extrême ; c'est pourquoi il remplace souvent *à* par *de* : *commencer de* pour *commencer à* ; *chercher de, obliger de*, etc... *À en prendre* révolterait l'oreille.

(Voyez DE, remplaçant *à* entre deux verbes.)

CHÈRE ; FAIRE BONNE CHÈRE, dans le sens d'un traiteur qui fait une bonne cuisine, chez qui l'on fait bonne chère :

> Comment appelez-vous ce traiteur de Limoges qui *fait si bonne chère*? (*Pourc.* I. 6.)

CHEVILLES :

> Je ne vous parle point, *pour devoir en distraire*,
> Du don de tout son bien, qu'il venoit de vous faire. (*Tart.* V. 7.)

Pour devoir en distraire signifie probablement : pour avoir dû vous détourner d'une telle action. Il serait difficile d'être plus obscur. Ce passage, et bien d'autres, font voir que Molière suivait en versifiant la méthode de Boileau, de commencer par le second vers, et d'y renfermer toute l'énergie de la pensée dans les termes les plus propres. Le premier se faisait ensuite du mieux qu'on pouvait, ajusté sur le second. Molière a dû, comme Virgile, laisser souvent des hémistiches vides, qu'il remplissait à la hâte au dernier moment.

> Quoi ! vous ne pouvez pas, *voyant comme on vous nomme,*
> Vous résoudre une fois à vouloir être un homme ? (*Fem. sav.* II. 8.)

Le second vers, ferme, compact, énergique, était certainement fait avant le premier.

> Pour moi, je ne tiens pas. . . . . . .
> Que la science soit pour gâter quelque chose. (*Ibid.* IV. 3.)

Voilà la pensée complète, comme elle s'est présentée à Molière. Mais il a fallu remplir l'hémistiche :

> Pour moi, je ne tiens pas, *quelque effet qu'on suppose*, etc.

Plus loin :

> Et c'est mon sentiment que. . . . . .
> La science est sujette à faire de grands sots !

Quelle petite phrase incidente remplira le premier hémistiche ? *En faits comme en propos.*

> Et c'est mon sentiment qu'*en faits comme en propos,*
> La science est sujette à faire de grands sots. (*Ibid.* IV. 3.)

CHEVIR DE :

M. Dimanche. — Nous ne saurions *en chevir*. (*D. Juan.* IV. 3.)

La racine de ce vieux mot est *chef*, que l'on prononçait *ché*, comme *clef* se prononce encore *clé*.

CHÈVRE ; prendre la chèvre, pour *s'alarmer, se fâcher* :

> D'un mari sur ce point j'approuve le souci ;
> Mais c'est *prendre la chèvre* un peu bien vite aussi. (Sgan. 12.)

Nicole. Notre accueil de ce matin t'a fait *prendre la chèvre*. (*B. gent.* III. 10.)

On dit, par une figure analogue, *prendre la mouche*. (Voyez mouche.)

CHOISIR DE (un infinitif) :

Choisis d'épouser, dans quatre jours, ou monsieur ou un couvent. (*Mal. im.* II. 8.)

CHOIX (LE) DE, le choix entre :

> Le *choix d'elle et de nous* est assez inégal. . . (*Mélicerte.* I. 5.)

Le choix entre elle et nous.

CHOQUER, v. act., avec un nom de chose, contrarier, contredire :

> Vous prétendez *choquer* ce que j'ai résolu ? (Sgan. 1.)
> Ce dessein, don Juan, *ne choque point* ce que je dis. (*Don Juan.* V. 3.)

CHOSE ÉTRANGE DE (un infinitif) :

> *Chose étrange de voir* comme avec passion
> Un chacun est chaussé de son opinion ! (*Ec. des fem.* I. 1.)
> *Chose étrange d'aimer !* (*Ibid.* V. 4.)

CHRÉTIEN ; parler chrétien :

Il faut *parler chrétien*, si vous voulez que je vous entende. (*Préc. rid.* 7.)

Parler chrétien, c'est *parler le chrétien*, comme *parler turc, parler français*, c'est *parler le français, le turc*. Parler chrétiennement, c'est tout autre chose : on peut parler chrétien, c'est-à-dire la langue des chrétiens, sans parler chrétiennement, en chrétien, avec des sentiments chrétiens.

CHROMATIQUE, substantif féminin :

Il y a *de la chromatique* là-dedans. (*Préc. rid.* 10.)

Il paraît très raisonnable de dire *la* chromatique, comme on dit *la rhétorique* au féminin. On disait autrefois *la mathématique*, et les Italiens le disent encore : *la matèmatica*. Ce sont autant d'adjectifs devant lesquels on sous-entend, comme en grec, d'où ils sont tirés, le mot *science*, τέχνη.

CLARTÉ, flambeau :

  Monsieur le commissaire,
 Votre présence en robe est ici nécessaire :
 Suivez-moi, s'il vous plaît, avec votre *clarté*. (*Éc. des mar.* III. 5.)

— RECEVOIR LA CLARTÉ, naître :

Mais où vous a-t-il dit qu'il *reçut la clarté*? (*L'Ét.* IV. 3.)

— CLARTÉS, renseignements, éclaircissements :

Et j'ai vécu depuis, sans que de ma maison
J'eusse d'autres *clartés* que d'en savoir le nom. (*Ibid.* V. 14.)

Et je prétends me faire à tous si bien connoître,
Qu'aux pressantes *clartés* de ce que je puis être
Lui-même soit d'accord du sang qui m'a fait naître. (*Amph.* III. 5.)

  Le voici,
Pour donner devant tous *les clartés* qu'on désire. (*Ibid.* III. 9.)
Don Louis du secret a toutes les *clartés*. (*D. Garcie.* V. 5.)
Mais ces douces *clartés* d'un secret favorable
Vers l'objet adoré me découvrent coupable. (*Ibid.* V. 6.)

— CLARTÉS, lumières, au sens moral :

Aspirez aux *clartés* qui sont dans la famille. (*Fem. sav.* I. 1.)
Je consens qu'une femme ait *des clartés* de tout. (*Ibid.* I. 3.)
On en attend beaucoup de vos vives *clartés*,
Et pour vous la nature a peu d'obscurités. (*Ibid.* III. 2.)

CŒUR BON; AVOIR LE CŒUR BON. Voyez BON.

COIFFER (SE) LE CERVEAU, s'enivrer :

Quel est le cabaret honnête
Où *tu t'es coiffé le cerveau*? (*Amph.* III. 2)

— COIFFER (SE) DE, au sens figuré, s'entêter de :

Faut-il de ses appas *m'être si fort coiffé*! (*Éc. des fem.* III. 5.)

COIN; TENIR SON COIN PARMI :

Il peut *tenir son coin parmi* les beaux esprits. (*Fem. sav.* III. 5.)

COLLET-MONTÉ, antique, suranné comme la mode des collets montés :

Il est vrai que le mot est bien *collet-monté*. (*Fem. sav.* II. 7.)

COLORÉ; EXCUSES COLORÉES :

Vous nous payez ici d'*excuses colorées*. (*Tart.* IV. 1.)

(Voyez COULEUR, métaphoriquement.)

COMBLÉ; UN CARROSSE COMBLÉ DE LAQUAIS :

Quand un carrosse, fait de superbe manière,
Et *comblé de laquais* et devant et derrière...   (*Fâcheux*. I. 1.)

COMÉDIE, dans le sens général de réprésentation dramatique :

Et j'ai maudit cent fois cette innocente envie
Qui m'a pris, à dîner, de voir la *comédie*.   (*Fâcheux*. I. 1.)

COMME, lié à un adjectif, en qualité de ; COMME CURIEUX :

... Ce gentilhomme françois qui, *comme curieux* d'obliger les honnêtes gens, a bien voulu, etc...   (*Sicilien*. 11.)

Latinisme : *Utpote curiosus.*

— COMME SAGE :

Comme sage,
J'ai pesé mûrement toutes choses.   (*Tart.* II. 2.)

Comme un homme sage, en homme sage que je suis.

— COMME, pour *comment* :

Qui sait *comme* en ses mains ce portrait est venu?   (*Sgan.* 6.)
Non, mais vous a-t-on dit *comme* on le nomme? — Enrique.
    (*Éc. des fem.* I. 6.)
Comme est-ce que chez moi s'est introduit cet homme?   (*Ibid.* II. 2.)

Je ne comprends point *comme*, après tant d'amour et tant d'impatience témoignée, il auroit le cœur de pouvoir manquer à sa parole.   (*D. Juan.* I. 1.)

Cela se peut-il souffrir à un homme comme vous, qui savez *comme* il faut vivre?
    (*Ibid.* IV. 7.)

DUBOIS.
... Attendez!... *comme* est-ce qu'il s'appelle?   (*Mis.* IV. 4.)

J'ai peine à concevoir, tant ma surprise est forte,
Comme un tel fils est né d'un père de la sorte.   (*Mélicerte*. I. 2.)

Qu'est-ce qu'on fait céans? *comme* est-ce qu'on s'y porte?   (*Tart.* I. 5.)

Oui, il faut qu'une fille obéisse à son père; il ne faut point qu'elle regarde *comme* un mari est fait.   (*L'Av.* I. 9.)

Je suis bien aise d'apprendre *comme* on parle de moi.   (*L'Av.* III. 5.)

Voilà, mon gendre, *comme* il faut pousser les choses.   (*G. D.* I. 8.)

J'ai en main de quoi vous faire voir *comme* elle m'accommode.   (*Ibid.* II. 9.)

Voilà un de mes étonnements, *comme* il est possible qu'il y ait des fourbes comme cela dans le monde.   (*Pourc.* II. 4.)

Qu'importe *comme ils parlent*, pourvu qu'ils me disent ce que je veux savoir?
    (*Ibid.* II. 12.)

Là, voyons un peu *comme* vous ferez.   (*Ibid.* III. 2.)

Jamais il n'a été en ma puissance de concevoir *comme* on trouve écrit dans le ciel jusqu'aux plus petites particularités de la fortune du moindre des hommes. (*Am. mag.* III. 1.)

— ÊTRE EN PEINE COMME IL FAUT FAIRE, en peine de savoir comment il faut faire :

On *n'est pas en peine* sans doute *comme il faut faire* pour vous louer.
    (*Ép. dédic. de l'École des fem.*)

(Voyez COMMENT.)

— COMME, combien :

Vous ne sauriez croire *comme* elle est affolée de ce Léandre ! (*Méd. m. lui*, III. 7.)

— COMME.... ET QUE :

Comme vous êtes un fort galant homme, *et que* vous savez comme il faut vivre.,... (*Mar. for.* 4.)

Prince, *comme* jusqu'ici nous avons fait paroître une conformité de sentiments, *et que* le ciel a semblé mettre en nous, etc. (*Pr. d'El.* IV. 1.)

« *Comme* elle possédoit son affection.... *et que* son heureuse fécondité redoubloit tous les jours les sacrés liens... » (BOSSUET. *Or. fun. d'Henr. d'A.*)

« *Comme* c'est la vocation qui nous inspire la foi, *et que* c'est la persévérance qui nous transmet à la gloire.... » (ID. *Or. fun. de la duch. d'Orl.*)

« *Comme* il fut sorti de Delphes, *et que* il eut pris le chemin de la Phocide..... » (LA FONTAINE. *Vie d'Ésope.*)

— COMME pour *que*; S'ÉTONNER COMME :

Je *m'étonne comme* le ciel les a pu souffrir si longtemps. (*D. Juan.* V. 1.)

(Voyez ADMIRER COMME.)

— TOUT COMME, adverbialement :

C'est justement *tout comme :*
La femme est en effet le potage de l'homme. (*Ec. des fem.* II. 3.)

COMMENCER DE :

Et déjà mon rival *commence de* paroître. (*D. Garcie.* V. 3.)

Et veuille que ce frère, où l'on va m'exposer,
Commence d'être roi par me tyranniser. (*Ibid.* V. 5.)

L'amour a *commencé d'en déchirer* le voile. (*Ec. des fem.* III. 4.)

Commencer à paraît avoir été la forme primitive : c'est celle qu'emploie le plus ancien monument connu de notre langue :

« Saul estoit fis d'un an, quand il *comencad* a regner. » (*Rois.* p. 41.)

Mais plus tard, quand le *d* euphonique fut tombé, par l'influence de la langue écrite sur la langue parlée, le soin de l'euphonie suggéra d'éviter l'hiatus, en construisant aussi avec *de* tous ces verbes qui se construisaient déjà avec *à*.

(Voyez DE remplaçant *à* entre deux verbes.)

COMMENT, comme, à quel point :

Vous ne sauriez croire *comment* l'erreur s'est répandue, et de quelle façon chacun s'est endiablé à me croire médecin ! (*Méd. m. lui.* III. 1.)

Comment, c'est-à-dire *à quel point* l'erreur s'est répandue. (Voyez COMME.)

COMMERCE ; AVOIR COMMERCE CHEZ QUELQU'UN :

.... Cette marquise agréable *chez qui j'avois commerce.* (*B. Gent.* III. 6.)

COMMETTRE A QUELQU'UN, lui confier :

Ce pauvre maître Albert a beaucoup de mérite
D'avoir depuis Bologne accompagné ce fils,
Qu'à sa discrétion vos soins avoient *commis.* (*L'Ét.* IV. 3.)

<blockquote>
Allons, sans crainte aucune,
A la foi d'un amant *commettre* ma fortune.   (*Ec. des mar.* III. 1.)

« Un voleur se hasarde
D'enlever le dépôt *commis aux soins* du garde. »
      (La Font. *La Matrone d'Éphèse.*)
</blockquote>

— COMMETTRE QUELQU'UN A UN SOIN :

<blockquote>
Je vous *commets au soin* de nettoyer partout.   (*L'Av.* III. 1.)
Allons *commettre un autre au soin* que l'on me donne.   (*Fem. sav.* I. 5.)
</blockquote>

Le substantif *commis* n'est autre chose que le participe passé de ce verbe, et se construit de même avec le datif : un commis aux aides, commis à la douane.

— COMMETTRE (SE) DE..., se confier relativement à :

<blockquote>
ès, dit Horace,
N'a plus voulu songer à retourner chez soi,
Et *de tout son destin s'est commise à* ma foi.   (*Ec. des fem.* V. 2.)
</blockquote>

De est ici le *de* latin.

OMPAGNONS, pour *confrères :*

<blockquote>
LE NOTAIRE.
Moi! si j'allois, madame, accorder vos demandes,
Je me ferois siffler de tous mes *compagnons*.   (*Fem. sav.* V. 3.)
</blockquote>

COMPAS ; RÉGLÉ PAR COMPAS :

<blockquote>
Si le chef n'est pas bien d'accord avec la tête,
Que tout ne soit pas bien *réglé par ses compas*.   (*Dép. am.* IV. 2.)
</blockquote>

COMPASSER, verbe actif, mesurer au compas, c'est-à-dire examiner à la rigueur :

<blockquote>
Et quant à moi je trouve, ayant tout *compassé*,
Qu'il vaut mieux être encor cocu que trépassé.   (*Sgan.* 11.)
</blockquote>

COMPATIR AVEC, être compatible avec :

<blockquote>
L'engagement ne *compatit point avec mon humeur*.   (*D. Juan.* III. 6.)
</blockquote>

COMPÉTITER :

<blockquote>
GROS-RENÉ.
On voit une tempête, en forme de bourrasque,
Qui veut *compétiter* par de certains... propos...   (*Dép. am.* IV. 2.)
</blockquote>

Furetière et Trévoux ne donnent que *compétiteur*. Il y a grande apparence que *compétiter* est forgé par Gros-René d'après ce substantif.

COMPLAISANT A :

<blockquote>
. . . . Vos désirs lui seront *complaisants*
Jusques à lui laisser et mouches et rubans ?   (*Ec. des mar.* I. 2.)
Mais, au moins, sois *complaisante aux civilités* qu'on te rend.   (*Pr. d'El.* II. 4.)
</blockquote>

COMPLEXION ; ÊTRE DE COMPLEXION AMOUREUSE :

<blockquote>
Ah, ah! vous êtes donc *de complexion amoureuse*?   (*Pourc.* II. 4.)
</blockquote>

COMPLIMENT; ÊTRE SANS COMPLIMENT, sans façon :

>Non, m'a-t-il répondu, *je suis sans compliment,*
>Et j'y vais pour causer avec toi seulement. (*Fâcheux.* I. 1.)

— *Devoir à quelqu'un un compliment de quelque chose,* c'est-à-dire la politesse de lui en donner avis :

>On vous en *devoit* bien au moins *un compliment.* (*Fem. sav.* IV. 1.)

COMPOSER (SE) PAR ÉTUDE :

>Là, tâchez de *vous composer par étude;* un peu de hardiesse, et songez à répondre résolûment sur tout ce qu'il pourra vous dire. (*Scapin.* I. 4.)

CONCERT DE MUSIQUE :

>Il faut qu'une personne comme vous... ait un *concert de musique* chez soi tous les mercredis ou tous les jeudis. (*B. gent.* II. 1.)

Tout le XVIIe siècle a dit *concert de musique.*

CONCERTÉ, en parlant d'un seul, par exemple, du ciel :

>Une aventure, *par le ciel concertée,* me fit voir la charmante Élise. (*L'Av.* V. 5.)

Concertée veut dire simplement ici *préparée.*

CONCLURE DE, suivi d'un infinitif :

>Et nous *conclûmes* tous *d'attacher* nos efforts
>Sur un cerf que chacun nous disoit cerf dix cors. (*Fâcheux.* II. 7.)

CONCURRENCE ; BONHEUR QUI EST EN CONCURRENCE :

>Grâce à Dieu, *mon bonheur n'est plus en concurrence.* (*Ec. des fem.* V. 3.)

En effet, l'amour d'Horace n'a plus à craindre de concurrent, puisque Agnès s'est enfuie du logis d'Arnolphe pour se mettre sous sa protection.

CONDAMNER D'UN CRIME, c'est-à-dire, pour un crime, à cause d'un crime ; latinisme, *damnare de* :

>Ne me *condamnez point* d'un deuil hors de saison. (*Sgan.* 10.)

>Je veux que vous puissiez un peu l'examiner,
>Et voir si *de mon choix* l'on peut me *condamner.* (*Ec. des fem.* I. 1.)

>L'erreur trop longtemps dure,
>Et c'est trop *condamner* ma bouche *d'imposture.* (*Tart.* II. 3.)

>C'est trop me pousser là-dessus,
>Et *d'infidélité* me voir trop *condamnée.* (*Amph.* II. 2.)

>Loin de te *condamner d'un si perfide trait,*
>Tu m'en fais éclater la joie en ton visage. (*Ibid.* II. 3.)

Pascal a dit de même *blâmer de* :

« *Ne blâmez donc pas de fausseté* ceux qui ont pris un choix, car vous n'en savez rien. »
  (*Pensées.*)

(Voyez DE dans tous les sens du latin *de.*)

CONDITIONNELS : deux conditionnels, le second commandé par le premier :

>Pour moi, *j'aurois* toutes les hontes du monde, s'il falloit qu'on vînt à me demander si *j'aurois* vu quelque chose de nouveau que je n'aurois pas vu. (*Préc. rid.* 10.)

Nous dirions aujourd'hui, *si j'ai vu ;* mais on suivait alors pour les conditionnels une certaine loi de symétrie qui s'appliquait aussi aux futurs. (Voyez FUTURS.)

S'il falloit qu'il en vînt quelque chose à ses oreilles, je *dirois* hautement que *tu en aurois* menti. (*D. Juan.* I. 1.)

Je leur *disois* que si quelqu'un leur venoit dire du mal de vous, elles se gardassent bien de le croire, et *ne manquassent* pas de lui dire qu'*il en auroit* menti. (*Ibid.* II. 7.)

Je croirois que la conquête d'un tel cœur ne *seroit* pas une victoire à dédaigner. (*Pr. d'Él.* IV. 3.)

Si je n'étois sûre que ma mère étoit honnête femme, *je dirois* que *ce seroit* quelque petit frère qu'elle m'*auroit* donné depuis le trépas de mon père. (*Mal. im.* III. 8.)

L'usage actuel mettrait : Je *dirais* que c'est quelque petit frère qu'elle *m'a* donné, etc.

La Fortune dit à l'enfant qu'elle trouve endormi sur le rebord d'un puits :

« Sus, badin, levez-vous. Si vous tombiez dedans,
De douleur, vos parents, comme vous-imprudents,
Croyant en leur esprit que de tout je dispose,
Diroient, en me blâmant, que j'en *serois* la cause. »   (REGNIER. Sat. XIV.)

Cette symétrie, empruntée du latin, était, dans l'ancienne langue, une règle inflexible. Guillemette dit à Patelin, son mari, dans la scène de la folie feinte :

« Par ceste pecheresse lasse,
Si j'*eusse* aide, je vous *liasse.* »

Si adjutorium *haberem,* te *ligarem.*

Et Patelin, moqué par Aignelet :

« Par saint Jacques, se je *trouvasse*
Un bon sergent, te *feisse* prendre. »   (*Pathelin.*)

Pascal ne manque jamais à cette loi :

« Si vous ne m'aviez dit que c'est le père Le Moine qui est l'auteur de cette peinture, *j'aurois dit* que *c'eût été* quelque impie qui *l'auroit* faite, à dessein de tourner les saints en ridicule. »   (9e *Provinciale.*)

« S'il s'en trouvoit qui *crussent* que *j'aurois* blessé la charité que je vous dois en décriant votre morale. »   (11e *Prov.*)

— CONDITIONNEL construit avec un indicatif :

Si *je me dispense* ici de m'étendre sur les belles et glorieuses vérités qu'on pourroit dire d'elle, c'est par la juste appréhension que ces grandes idées *ne fissent éclater* encore davantage la bassesse de mon offrande.   (*Ép. dédic. de l'École des maris.*)

Racine a dit de même, dans *Andromaque :*

« On *craint* qu'il *n'essuyât* les larmes de sa mère. »

Sur quoi d'Olivet élève une chicane grammaticale aussi pédante qu'elle est injuste. Rien n'est plus logique ni plus irréprochable que cette alliance de temps, puisqu'il existe entre les deux l'ellipse bien claire d'une condition : — on craint (*si l'on me laissait mon fils*) qu'il *n'essuyât* un jour, *etc.....* — Je me dispense de cet éloge, de peur que (*si je l'essayais*) le contraste des idées *ne fît* ressortir la bassesse de mon offrande.

De peur qu'elle *revînt,* fermons à clef la porte.   (*Éc. des mar.* III. 2.)

De peur que (*si je laissais la porte ouverte*) elle ne *revînt*.
(Voyez SUBJONCTIF.)

CONDUITE, direction :
>Et nous verrons ensuite
>Si je dois de vos feux reprendre la *conduite*. (*L'Ét.* III. 5.)

— CONDUITE, celui qui conduit, comme *sentinelle, garde,* celui qui fait sentinelle, celui qui garde :
>A vous mettre en lieu sûr je m'offre pour *conduite*. (*Tart.* V. 6.)

CONFIRMER QUELQU'UN A (un infinitif), le fortifier dans la résolution de :
>L'air dont je vous ai vu lui jeter cette pierre
>. . . . .
>*Me confirme* encor mieux *à ne pas différer*
>Les noces, où j'ai dit qu'il vous faut préparer. (*Éc. des fem.* III. 1.)

CONFORME, absolument, et en sous-entendant le complément :
>Son cœur, qui vous estime, est solide et sincère,
>Et ce choix plus *conforme* étoit mieux votre affaire. (*Mis.* I. 1.)

Philinte veut dire que le caractère d'Éliante se rapproche du caractère d'Alceste, et qu'ainsi Alceste, choisissant Éliante au lieu de Célimène, eût fait un choix plus conforme à ses goûts et à ses principes.

CONGÉ, permission :
>Et si dans quelque chose ils vous ont outragé,
>Je puis vous assurer que c'est sans mon *congé*. (*L'Ét.* I. 3.)

Nous n'oserons plus trouver rien de bon sans le *congé* de messieurs les experts.
(*Crit. de l'Éc. des fem.* 7.)
>Et je pense, seigneur, entendre ce langage.
>Mais sans votre *congé*, de peur de trop risquer,
>Je n'ose m'enhardir jusques à l'expliquer. (*Princ. d'El.* I. 1.)
>Je lui donne à présent *congé* d'être Sosie. (*Amph.* III. 10.)

CONGRATULANT, adjectif verbal, comme *chatouillant* :
>Ne vous embarquez nullement
>Dans ces *douceurs congratulantes*. (*Amph.* III. 11.)

CONSCIENCE; C'EST UNE CONSCIENCE, c'est-à-dire un cas de conscience :
>*C'est une conscience*
>Que de vous laisser faire une telle alliance. (*Tart.* II. 2.)

C'est une conscience de voir une pauvre jeune femme mariée de la façon.
(*G. D.* III. 12.)

CONSEILLER; CONSEILLER (SE) A QUELQU'UN, prendre le conseil de quelqu'un :

Je me suis même encore aujourd'hui *conseillé au ciel* pour cela. (*D. Juan.* V. 3.)
Mais *si je me conseillois à vous* pour ce choix?
— Si *vous vous conseilliez à moi*, je serois fort embarrassé. (*Am. magn.* II. 4.)
« Il est droit que je me *conseille!* » (RUTEBEUF. *Le Testam. de l'asne.*)

« Comment Panurge *se conseille* à her Trippa. — Comment Panurge *se conseille* à Pantagruel. » (Rabelais.)

Sur le fréquent emploi des verbes réfléchis au commencement de la langue, voyez au mot Arrêter.

CONSENTIR, verbe act., consentir quelque chose :

<blockquote>Mais je mourrai plutôt que de *consentir* rien. (*D. Garcie.* I. 5.)</blockquote>

— CONSENTIR QUE, accorder que :

<blockquote>Mais je veux *consentir* qu'elle soit pour une autre. (*Mis.* IV. 3.)</blockquote>

Consentir à ce que rendrait une pensée différente. Alceste ne consent pas à ce que la lettre de Célimène soit pour un autre ; il consent, c'est-à-dire, il accorde par hypothèse qu'elle soit pour un autre que lui.

Si *consentir que* eût été une expression fautive ou seulement insolite, il était facile à Molière de mettre :

<blockquote>Mais je veux *accorder* qu'elle soit pour un autre.</blockquote>

Pascal, Montaigne et Molière lui-même disent *consentir que* pour *à ce que* :

<blockquote>« Elle (la société de Jésus) *consent* qu'ils gardent leur opinion, pourvu que la sienne soit libre. » (Pascal. 1re *Prov.*)</blockquote>

<blockquote>« Homère a esté contrainct de *consentir que* Venus feust blecée au combat de Troie. » (Montaigne. III. 7.)</blockquote>

<blockquote>Je *consens* qu'une femme ait des clartés de tout. (*Fem. sav.* I. 3.)</blockquote>

CONSÉQUENCE ; chose de conséquence :

<blockquote>Je sais bien qu'un bienfait de cette *conséquence*
Ne sauroit demander trop de reconnoissance. (*Don Garcie.* V. 5.)</blockquote>

<blockquote>Que ne me dites-vous que des affaires *de la dernière conséquence* vous ont obligé à partir sans m'en donner avis ? (*D. Juan.* I. 3.)</blockquote>

<blockquote>En vérité, monsieur, ce procès *m'est d'une conséquence* tout à fait grande. (*L'Av.* II. 7.)</blockquote>

<blockquote>« Je laisserai beaucoup de petites choses où il fit paroître la vivacité de son esprit.......; elles *sont de trop peu de conséquence* pour en informer la postérité. » (La Fontaine. *Vie d'Ésope.*)</blockquote>

<blockquote>« J'ai pensé que le sujet des disputes de Sorbonne étoit....... *d'une extrême conséquence* pour la religion. » (Pascal, 1re *Prov.*)</blockquote>

— CONSÉQUENCE (FAIRE OU NE FAIRE POINT DE) :

<blockquote>Un homme mort n'est qu'un homme mort, et *ne fait point de conséquence.* (*Am. méd.* II. 3.)</blockquote>

Ne produit pas de suites.

— HOMME DE CONSÉQUENCE :

<blockquote>Prépare-toi désormais à vivre dans un grand respect avec *un homme de ma conséquence.* (*Méd. m. lui.* III. 11.)</blockquote>

CONSIDÉRABLE, digne d'être considéré, en parlant des personnes et des choses :

<blockquote>Comme je sais que vous êtes une personne *considérable*, je voudrois vous prier..... (*Sicilien.* 8.)</blockquote>

<blockquote>Je vous tiens préférable
A tout ce que j'y vois de plus *considérable.* (*Mis.* I. 2.)</blockquote>

Ah ! mon père, le bien n'est pas *considérable* lorsqu'il est question d'épouser une honnête personne. (*L'Av.* I. 5.)

Le bien n'est pas à considérer.

La noblesse, de soi, est bonne ; c'est une chose *considérable* assurément. (*G. D.* I. 1.)

— CONSIDÉRABLE A QUELQU'UN :

Mais si jamais mon bien te fut *considérable*,
Répare mon malheur, et me sois secourable. (*L'Ét.* II. 7.)

Monsieur, votre vertu *m'est* tout à fait *considérable*. (*Méd. m. l.* III. 11.)

« Ces raisons ont..... rendu leur condition (des hommes) si *considérable à l'Église*, qu'elle a toujours puni l'homicide qui les détruit.... » (PASCAL. 1re *Prov.*)

CONSIDÉRATION ; A LA CONSIDÉRATION DE, c'est-à-dire en consi dération de :

Je vous donne ma parole, don Pèdre, qu'*à votre considération* je vais la traiter du mieux qu'il me sera possible. (*Sicilien.* 19.)

CONSOLATIF :

Je suis homme *consolatif*, homme à m'intéresser aux affaires des jeunes gens. (*Scapin.* I. 2.)

Pascal a dit *consolatif à* et *consolatif pour* :

« Discours bien *consolatif à* ceux qui ont assez de liberté d'esprit..., etc. »
— « Un beau mot de saint Augustin est bien *consolatif pour* de certaines personnes. » (*Pensées.*)

CONSOLATIF paraît formé de *consoler*, aussi légitimement que *récréatif* de *récréer*, *portatif* de *porter*, etc.

CONSOMMER, consumer :

Et, quoi que l'on reproche au feu qui vous *consomme*. (*Dép. am.* III. 9.)

— SE CONSOMMER DANS QUELQUE CHOSE :

La vertu fait ses soins, et son cœur s'y *consomme*
Jusques à s'offenser des seuls regards d'un homme. (*Éc. des m.* II. 4.)

On dit encore, au participe, *il est consommé dans son art;* on disait autrefois *se consommer dans* un art, dans une science, dans la pratique de la vertu, etc., etc.

Puisqu'*en raisonnements votre esprit se consomme*. (*Éc. des fem.* V. 4.)
Dans l'amour du prochain sa vertu *se consomme*. (*Tart.* V. 5.)

C'est-à-dire *éclate au plus haut degré.*

Qui se donne à la cour se dérobe à son art ;
Un esprit partagé rarement *s'y consomme*,
Et les emplois de feu demandent tout un homme. (*La Gloire du Val de Grâce.*)

La confusion entre *consommer* et *consumer* a été signalée par Vaugelas comme une faute, à la vérité commune chez de bons écrivains, mais enfin comme une faute.

Ménage, sans en donner une bonne raison, n'a pas voulu se rendre à la décision de Vaugelas ; mais l'Académie l'a adoptée, et le sens des racines commanderait en effet la distinction, si *consommer* venait de *summa*, et *consumer* de *sumere*. Je n'en crois rien : *consumere* est la seule racine des deux formes. L'usage de prononcer le *um* latin par *on* (voyez MATRIMONION) a conduit tout d'abord à traduire *consumere* par *consommer*.

> « Ceste qualité estouffe et *consomme* les aultres qualitez vrayes et essentielles. »
> (MONTAIGNE. III. 7.)

Alors la forme *consumer* n'existait pas; *consommer* était seul : car il faut toujours se rappeler que notre langue a été soumise à deux systèmes de formation très différents. *Consommer* est le mot de première époque, et *consumer* le mot de seconde époque. L'archaïsme luttait encore du temps de Molière.

CONSTAMMENT, avec constance :

> Instruire ainsi les gens
> A porter *constamment* de pareils accidents. (*Fem. sav.* V. 1.)

CONSTITUER A, c'est-à-dire préposer à :

> Je vous *constitue* pendant le souper *au gouvernement des bouteilles*. (*L'Av.* III. 1.)

CONSTRUCTIONS IRRÉGULIÈRES :

> Du meilleur de mon cœur *je donnerois* sur l'heure
> Les vingt plus beaux louis de ce qui me demeure,
> *Et pouvoir* à plaisir sur ce mufle asséner
> Le plus grand coup de poing qui se puisse donner ! (*Tart.* V. 4.)

La passion légitime qui trouble Orgon excuse le dérangement grammatical de sa phrase. On le comprend d'ailleurs très bien. C'est comme s'il disait : *Je voudrois donner... et pouvoir*, etc.

> C'est bien la moindre chose que *je vous doive*, après *m'avoir sauvé la vie*. (*D. Juan.* III. 4.)

Après que vous m'avez sauvé la vie; — mais l'autre façon est incomparablement plus rapide.

> .... *Qui* pourra montrer une marque certaine
> D'avoir meilleure part au cœur de Célimène,
> *L'autre ici fera place* au vainqueur prétendu,
> Et le délivrera d'un rival assidu. (*Mis.* III. 1.)

C'est-à-dire : Si l'un de nous peut montrer....., l'autre lui fera place.

> Aussi ne trouverois-je aucun sujet de plainte,
> Si pour moi votre bouche avoit parlé sans feinte ;
> *Et, rejetant mes vœux* dès le premier abord,
> Mon cœur n'auroit eu droit de s'en plaindre qu'au sort. (*Mis.* IV. 3.)

J'oserais blâmer cette construction, à cause de l'ambiguité. *Rejetant mes vœux* se rapporte à *votre bouche;* la construction grammaticale semble le rapporter à *mon cœur*, qui est le sujet de ce second membre de phrase.

> C'est prendre peu de part à mes cuisants soucis,
> Que de *rire, et me voir* en l'état où je suis. (*Dép. am.* IV. 1.)

Dans l'ordre naturel, l'action de voir a précédé celle de rire. Virgile a dit pareillement :

> *Moriamur, in arma ruamus.*

Si l'on commençait par mourir, il ne serait plus temps ensuite de se jeter au milieu des ennemis. Les grammairiens, habiles à couvrir de beaux noms les fautes échappées aux grands poëtes, ont trouvé pour celle-là le terme imposant d'hystérologie, c'est-à-dire renversement de l'ordre, qui met devant ce qui devait être derrière. La faute de Virgile, en bonne foi, n'est pas justifiable ; celle de Molière le serait peut-être davantage, en ce qu'on peut dire que l'action de rire et celle de voir sont simultanées.

CONSULTER, absolument et sans régime, comme *délibérer* :

<blockquote>
Le jour s'en va paroître, et je vais *consulter*
Comment dans ce malheur je dois me comporter. (*Éc. des fem.* V. 1.)

Ah ! faut-il *consulter* dans un affront si rude ! (*Amph.* III. 8.)

Laissez-moi *consulter* un peu si je le puis faire en conscience. (*Pourc.* II. 4.)
</blockquote>

— CONSULTER, verb. act. : *consulter quelque chose*, une maladie, un procès, c'est-à-dire délibérer là-dessus :

<blockquote>
Si Lélie a pour lui l'amour et sa puissance,
Andrès pour son partage a la reconnoissance,
Qui ne souffrira point que mes pensers secrets
Consultent jamais *rien* contre ses intérêts. (*L'Ét.* V. 12.)

Il me semble
Que l'on doit commencer par *consulter* ensemble
Les choses qu'on peut faire en cet événement. (*Tart.* V. 1.)

J'ai ici un ancien de mes amis, avec qui je serai bien aise de *consulter sa maladie*. (*Pourc.* 1. 9.)

Voici un habile homme, mon confrère, avec lequel je vais *consulter la manière* dont nous vous traiterons. (*Ibid.* I. 11.)

Je vous prie de me mener chez quelque avocat, pour *consulter mon affaire*. (*Ibid.* II. sc. 12.)
</blockquote>

CONTE ; DONNER D'UN CONTE PAR LE NEZ. Voyez NEZ.

CONTENTÉ DE (ÊTRE), être payé, récompensé de :

<blockquote>
Vous serez pleinement *contentés de vos soins*. (*Éc. des mar.* III. 5.)
</blockquote>

CONTENTEMENT, construit avec le verbe *être* :

<blockquote>
Elle dit que *ce n'est pas contentement* pour elle que d'avoir cinquante-six ans. (*L'Av.* II. 7.)

« Mais vivre sans plaider, *est-ce contentement* ? » (*Les Plaid.* I. 7.)

Ce n'est pas contentement pour l'injure que j'ai reçue. (*Méd. m. l.* I. 4.)
</blockquote>

Ce n'est pas satisfaction pour l'injure que j'ai reçue.

CONTESTE :

<blockquote>
La maison à présent, comme savez de reste,
Au bon monsieur Tartufe appartient sans *conteste*. (*Tart.* V. 4.)
</blockquote>

Conteste est le substantif de *contester*, dont la forme primitive est *contrester* (*contra stare*). Les Italiens disent *constrastar*, et nous avons formé, à une époque relativement récente, *contraste*, qui est au fond le même mot que *conteste*. On a oublié la loi qui changeait l'*a* des Latins en *e* français :

<blockquote>
« Li marescaus de nostre ost esgarda devant un casal, et pierchut la gent Barile qui venoient huant et glatissant, et menant li grand tempieste, que bien cuidoient *contrester* à nos fourriers. » (VILLEHARDOUIN, p. 178, éd. de Mʳ Paris.)
</blockquote>

Nicot écrit *contr'ester*, et cite par exemple cette phrase : — « Onc n'avoit trouvé homme qui luy peust *contr'ester* en champ de bataille Guy de Warwich. »

M. B. Lafaye fait cette distinction chimérique : « Le *conteste* est une simple difficulté; la *contestation* en est la manifestation. » (*Synon.*, p. 391.) L'un est le mot ancien, et l'autre le moderne : le sens est identique.

CONTRADICTOIRE A :

> Ho, ho ! qui des deux croire ?
> Ce discours *au premier* est fort *contradictoire*. (*L'Ét.* I. 4.)

CONTRAIRE PARTI :

> . . . . . Il se venge hautement en prenant le *contraire parti*.
> (*Crit. de l'Éc. des fem.* 6.)

Corneille avait dit, dans *Cinna* :

> « Et l'inclination n'a jamais démenti
> Le sang qui t'avoit fait du *contraire parti*. » (V. 1.)

La prose de Molière nous montre que la locution était ainsi faite, et non *parti contraire*.

> « Et chacun s'est rangé du *contraire parti*. » (REGNIER. sat. 17.)

CONTRARIÉTÉS, taquineries par représailles :

> Laissons ces *contrariétés*,
> Et demeurons ce que nous sommes. (*Amph.* Prol.)

Il faut noter dans ce mot un exemple de la substitution des liquides *l* et *r*. Les racines sont *contra* et *alium;* la forme primitive du verbe était *contralier*. — Dans Partonopeus :

> « Ce sont clergastes qui en mesdient (des femmes),
> Qui lor meschines *contralient*.
> Ils sont vilains, et eles foles. » (V. 5489.)

> « Grant pechie fait qui *contralie*
> Dame qui est d'amors marrie. » (V. 6660.)

> « Ahi mon ! com ies desdaignouse !
> Ahi ! com ies *contraliouse !* » (V. 5423.)

CONTRIBUER, avec un régime direct :

Contribuer quelque chose au divertissement de son roi.

Voyez tome IV, page 158.

CONTREFAISEUR DE GENS :

> Point de quartier à ce *contrefaiseur de gens*. (*Impromptu.* 3.)

CONTREFAIT, simulé; UN ZÈLE CONTREFAIT :

> . . . . Attraper les hommes avec *un zèle contrefait* et une charité sophistiquée.
> (1er *Placet au Roi*.)

CONVULSIONS DE CIVILITÉS :

> Et, tandis que tous deux étoient précipités
> Dans les *convulsions de leurs civilités*. (*Fâcheux*, I. 1.)

COQUIN ASSURÉ, effronté coquin :

> Que me vient donc conter cet *assuré coquin* ? (*Dép. am.* III. 8.)

Marot, dans son *Épistre au Roi, pour avoir esté desrobé* :

« J'avois un jour ung valet de Gascogne,
Gourmand, yvrogne, et *assuré menteur*. »

CORDE ; SI LA CORDE NE ROMPT, formule empruntée au métier du danseur de corde :

Nous allons voir beau jeu, *si la corde ne rompt*. (*L'Ét.* III. 10.)

CORRESPONDANCE ; DE LA CORRESPONDANCE, du retour :

Quoi ! écouter impudemment l'amour d'un damoiseau, et y promettre en même temps *de la correspondance !* (*G. D.* I. 3.)

On dit bien, dans ce sens, *correspondre à l'amour de quelqu'un* ; pourquoi pas *correspondance à l'amour* ?

CÔTE DE SAINT LOUIS ; ÊTRE DE LA CÔTE DE SAINT LOUIS, d'une antique noblesse :

Est-ce que nous sommes, nous autres, *de la côte de saint Louis* ? (*B. gent.* III. 12.)

Comme Ève était de la côte d'Adam.

COUCHER DE, mettre au jeu ; figurément :

Tu *couches d'imposture*, et tu m'en as donné. (*L'Ét.* I. 10.)

Voyez tome II, page 49.

Coucher de signifie être au jeu pour une somme de : « parce qu'en effet on *couche*, on étend l'argent sur une table, sur une carte..... On le dit figurément des paroles. : Ce garçon ne demande pas moins qu'une fille de 100,000 écus ; il *couche* trop gros. — Il ne *couche* pas moins que de faire employer pour lui toutes les puissances. » (TRÉVOUX.)

« Vous *couchez d'imposture*, et vous osez jurer ! » (CORN. *Le Ment.*)

« J'aurai mille beaux mots chaque jour à te dire ;
Je *coucherai de feux, de sanglots, de martyre.* » (ID. *La Suite du Menteur.*)

Sur quoi Voltaire remarque qu'on disait, en termes de jeu, *couché de 20 pistoles, de 30 pistoles ; couché belle.*

COULEUR, métaphoriquement, faux prétexte, mensonge :

Sous couleur de changer de l'or que l'on doutoit. (*Étourdi.* II. 7.)

(Voyez DOUTER.)

Ils ont l'art de *donner de belles couleurs à toutes leurs intentions.* (2ᵐᵉ *Placet au Roi.*)

Molière a dit, par la même métaphore, *excuses colorées.*

Vous nous payez ici d'*excuses colorées.* (*Tart.* IV. 1.)

« Des peuples surprins *soubs couleur* d'amitié et de bonne foy. » (MONTAIGNE. III. 6.)

Cette métaphore est restée en usage parmi le peuple : C'est *une couleur* ; on lui a donné *une couleur.*

« Au reste, leurs injustices (des Romains) étoient d'autant plus dangereuses, qu'ils savoient mieux les couvrir du prétexte spécieux de l'équité, et qu'ils mettoient sous le joug insensiblement les rois et les nations, *sous couleur* de les protéger et de les défendre. » (BOSSUET. *Hist. univ.*, IIIᵉ p.)

— COULEUR DE FEU, subst. masc.; UN COULEUR DE FEU :

Je vous trouve les lèvres *d'un couleur de feu surprenant*.   (*Impromptu.* 3.)

Couleur de feu est ici un terme composé, dans lequel le mot *couleur*, pas plus que le mot *feu*, ne fait prédominer son genre.

L'ensemble est au neutre, dont, en français, la forme ne se distingue pas de celle du masculin.

COUPE, coupole, dôme, mamelon :

Voyez tome IX, page 422, note 1.

On disait *coupeaux*, pour coteaux, collines, hauteurs, sommets.

« J'eusse craint d'être justement repris des Muses, si entre tous ceux qui se sont efforcés de monter sur leurs saints coupeaux... »
(ROBERT GARNIER, dédicace des *Juifves* à Mgr de Joyeuse.)

« Je touche aussi le ciel du *coupeau* de ma teste. »
(ANT. DE MONTCHRESTIEN. *Aman*, sc. I. vers 29.)

COUPER A, couper court à :

Tout cela va le mieux du monde;
Mais enfin *coupons aux discours*.   (*Amph.* III. 11.)

— COUPER CHEMIN A :

A tous nos démêlés *coupons chemin*, de grâce.   (*Mis.* II. 1.)

COURIR A, recourir :

Et je suis en suspens si, pour me l'acquérir,
Aux extrêmes moyens je ne dois point *courir*.   (*L'Ét.* III. 2.)

COURAGE, non pas dans le sens restreint de *valeur*, mais dans le sens large du latin *animus*, disposition morale qu'une épithète détermine en bien ou en mal :

O la lâche personne! — *ô le foible courage!*   (*Dép. am.* IV. 4.)

COURRE; COURRE UN LIÈVRE :

Quand il vous plaira, je vous donnerai le divertissement de *courre un lièvre*.
(*G. D.* I. 8.)

C'est la forme primitive dérivée de *currere*, comme *ponre* (*pondre*) de *ponere*. Il est demeuré comme terme de chasse.

COURT, pris adverbialement :

Et moi, pour *trancher court* toute cette dispute...   (*Fem. sav.* V. 3.)

— DEMEURER COURT A QUELQUE CHOSE :

N'as-tu point de honte, toi, de *demeurer court à si peu de chose*?   (*Scapin.* I. 2.)

— COURT, adjectif; COURT DE, pour à court de :

Et que tu t'es acquise (la gloire) en tant d'occasions,
A ne t'être jamais vu *court d'inventions*.   (*L'Ét.* III. 1.)

Sur l'emploi de *à* dans ce passage, voyez A, par le moyen de.

— COURT JOINTÉ (court est ici adverbe), terme de manège; cheval court jointé, comme celui du chasseur dans les *Fâcheux* :

Point d'épaules non plus qu'un lièvre; *court jointé*.   (*Fâcheux.* II. 7.)

« *Court jointé*, c'est le nom qu'on donne au cheval qui a le paturon court, qui a les jambes droites depuis le genou jusqu'à la couronne. » (TRÉVOUX.)

COUSU DE PISTOLES :

On viendra me couper la gorge, dans la pensée que je suis *tout cousu de pistoles!*
(*L'Av.* I. 5.)

La Fontaine :

« Son voisin, au contraire, étoit *tout cousu d'or*. »
(*Le Savetier et le Financier*.)

COUVRIR, au figuré, excuser, autoriser, dissimuler :

Ciel, faut-il que le rang dont on veut tout *couvrir*,
De cents sots tous les jours nous oblige à souffrir ! (*Fâcheux*, I, 6.)
Je veux changer de batterie, *couvrir le zèle que j'ai pour vous*, et feindre d'entrer.
(*Mal. im.* 1. 10.)

« Nostre religion est faite pour extirper les vices : elle les *couvre*, les nourrit, les incite. » (MONTAIGNE.)

CRACHÉ, TOUT CRACHÉ, c'est-à-dire *ressemblant* :

LUCAS. Le v'la tout *craché* comme on nous l'a défiguré. (*Méd. m. l.* I. 6.)

Cette métaphore, aujourd'hui reléguée parmi le bas peuple, était, au XVIe siècle, du langage ordinaire. Pathelin, qui, comme avocat, s'exprime toujours bien, l'emploie sans difficulté. Il loue le drapier, monsieur Jousseaume, de ressembler à défunt son père :

« Vrayment, c'estes vous tout poché.
Car quoy ? qui vous auroit *craché*
Tous deux encontre la paroy
D'une manière et d'un arroy,
Si seriez vous sans différence. »

Plus loin, faisant à sa femme le récit de cette scène :

« Et puis, fais-je, saincte Marie !
Comment prestoit il doucement
Ses denrées si humblement ?
C'estes, fais-je, vous tout *craché*. ›
(*Pathelin*.)

CRAINTE, adverbialement; CRAINTE DE :

Crainte pourtant *de sinistre aventure*,
Allons chez nous achever l'entretien. (*Amph.* I. 2.)

Pascal emploie de la même façon *manque* :

« *Manque de loisir* ; *manque* d'avoir contemplé ces infinis. » (PASC. *Pensées*.)

Et l'usage commun a consacré *faute de*, c'est-à-dire *de* ou *par crainte, manque, faute*.

Le peuple dit *peur de*.... Le caprice de l'usage n'a point admis cette expression.

CRAYON, un dessin, une esquisse :

Ce n'est ici qu'un simple *crayon*, un petit impromptu, dont le roi a voulu faire un divertissement. (*Préf. de l'Amour médecin*.)

CRÉDIT; PRENDRE CRÉDIT SUR :

Et voir si ce n'est point une vaine chimère
Qui *sur ses sens troublés* ait su *prendre crédit*. (*Amph.* III. 1.)

CRIER QUELQU'UN, LE GRONDER :

> Tu ne me diras plus, toi qui toujours *me cries*,
> Que je gâte en brouillon toutes tes fourberies. (*L'Ét.* II. 14.)

> Pourquoi *me criez-vous ?* — J'ai grand tort, en effet ! (*Éc. des fem.* V. 4.)

Cet archaïsme rappelle le petit pays où Agnès a été élevée *loin de toute pratique*, comme dit Arnolphe.

— CRIER APRÈS QUELQU'UN :

> Ses plus célèbres philosophes (de l'antiquité) ont donné des louanges à la comédie, eux qui . . . . crioient sans cesse *après les vices de leur siècle*. (Préf. de *Tartuffe*.)

— CRIER VENGEANCE AU CIEL :

> Voilà qui *crie vengeance au ciel*. (*L'Av.* I. 5.)

CRINS-CRINS, de méchants violons, par onomatopée :

> Monsieur, ce sont des masques,
> Qui portent des *crins-crins* et des tambours de basques. (*Fâcheux*, III. 5.)

CROIRE, actif; CROIRE QUELQUE CHOSE, croire à quelque chose :

> Un Turc, un hérétique, qui *ne croit ni ciel, ni saint, ni Dieu, ni loup-garou*.
> (*D. Juan* I. 1.)

> Mais encore faut-il *croire quelque chose* dans le monde. *Qu'est-ce donc que vous croyez ?* (*Ibid.* II. 1.)

Molière emploie *croire quelque chose* et *croire à quelque chose:*

> Un homme qui *croit à ses règles* plus qu'à toutes les démonstrations des mathématiques. (*Mal. im.* III. 3.)

— CROIRE A QUELQU'UN :

> Allez, ne *croyez point à monsieur votre père*. (*Tart.* II. 2.)

> A qui *croire* des deux ? (*Am. méd.* II. 5.)

Et, au contraire, dans *l'Étourdi* :

> Oh ! oh ! *qui* des deux *croire ?*
> Ce discours au premier est fort contradictoire. (*L'Ét.* I. 4.)

— CROIRE DU CRIME A QUELQUE CHOSE :

> Un homme qui croit à ses règles plus qu'à toutes les démonstrations des mathématiques, et qui *croiroit du crime à les vouloir examiner*. (*Mal. im.* III. 3.)

Qui croirait qu'il y a du crime. La forme elliptique de Molière est cent fois préférable.

CROIX-DE-PAR DIEU, alphabet :

> Comme je sais ma *croix-de-par-Dieu*. (*Pourc.* I. 7.)

CUL-DE-COUVENT, comme *cul-de-basse-fosse, cul-de-sac*, c'est-à-dire sac, fosse, et couvent sans issue par l'extrémité opposée à l'entrée :

> Vous rebutez mes vœux et me poussez à bout;
> Mais un *cul-de-couvent* me vengera de tout ! (*Éc. des fem.* V. 4.)

Voltaire a beaucoup raillé cette expression, *cul-de-sac* : la métaphore peut manquer de noblesse (quoique, après tout, l'habitude efface le relief de ces locutions); mais elle ne manque pas de justesse, puisque le sac se tient assis sur son fond, et qu'une personne obstinée à traverser une impasse n'en viendrait non plus à bout qu'une obstinée à sortir d'un sac par le fond.

Cul-de-couvent est par analogie. Ce terme énergique est arraché à Arnolphe par la fureur. On voit qu'il est, comme au reste il le dit lui-même, poussé à bout.

CURIOSITÉS au pluriel, dans la même acception qu'au singulier :

   Pour les nouveautés
  On peut avoir parfois *des curiosités*.   (*Éc. des mar*. I. 5.)

  La foiblesse humaine est d'avoir
  Des curiosités d'apprendre
  Ce qu'on ne voudroit pas savoir.   (*Amph*. II. 3.)

Molière, en ce passage, s'est rencontré avec un poëte du xiiie siècle, Gibert de Montreuil, qui introduit Gérard de Nevers chantant, dans un couplet :

  « Si s'en doit on bien garder
  D'enquerre par jalousie
  Chou qu'on ne vouroit trouver. »   (*La Violette*, p. 68.)

D EUPHONIQUE :

  Il porte une jaquette à grands basques plissées,
  Avec *du dor dessus*.   (*Mis*. II. 6.)

Il a *du dor* à son habit tout depuis le haut jusqu'en bas.   (*D. Juan*. II. 1.)

Le *d* euphonique jouait un grand rôle dans l'ancienne prononciation ; on le trouve écrit à chaque page du *Livre des Rois*, de la *Chanson de Roland*, des *Sermons de saint Bernard*, etc. :

« Cument Semeï ki maldist nostre seignur le rei *escaperad il* de mort ? » (*Rois*. p. 193.)

D'ABORD QUE :

  Je n'en ai point douté *d'abord que* je l'ai vue.   (*Éc. des fem*. V. 9.)

DADAIS. Voyez MALITORNE.

Voyez tome VI, page 358, note 1.

DAM, préjudice, dommage :

A votre dam.   (*L'Ét*. II. 6.)

Voyez tome II, page 64.

DAME ! exclamation :

  Oh ! *dame!* interrompez-moi donc !   (*D. Juan*. III. 1.)

DANS pour *à* :

N'allez point pousser les choses *dans* les dernières violences du pouvoir paternel.
  (*L'Av*. V. 4.)

  Ne l'examinons point *dans* la grande rigueur.   (*Mis*. I. 1.)

— DESCENDRE DANS LES HUMILITÉS :

  Non, ne *descendez point dans* ces humilités.   (*Mélicerte*. I. 5.)

— S'INTÉRESSER DANS QUELQUE CHOSE :

  Et *dans l'événement* mon âme s'intéresse.   (*Éc. des fem*. III. 4.)

— DANS L'ABORD, au commencement, dès l'abord :
Elle m'a *dans l'abord* servi de bonne sorte.   (*Ibid.* III. 4.)

— DANS LA DOUCEUR, en douceur :
Pour moi, je ne le cèle point, je souhaite fort que les choses aillent *dans la douceur*.
(*D. Juan.* V. 3.)

— DANS UNE HUMEUR (ÊTRE) :
Vous êtes aujourd'hui *dans une humeur* désobligeante.   (*Sicilien.* 7.)

— ASSASSINER QUELQU'UN DANS SON BIEN, SON HONNEUR :
On *m'assassine dans le bien*, on *m'assassine dans l'honneur*.   (*L'Av.* V. 5.)

— COMPRENDRE QUELQU'UN DANS SES CHAGRINS :
Dans vos brusques *chagrins* je ne puis *vous comprendre*.   (*Mis.* I. 1.)

DATIF, de perte ou de profit :
A qui la bourse ? — Ah, dieux, elle *m'étoit* tombée !   (*L'Av.* I. 7.)

Exciderat mihi.
Rien ne *me* peut *chasser* cette image cruelle.   (*Psyché.* I. 1.)
Je veux jusqu'au trépas incessamment pleurer
Ce que tout l'univers ne peut *me réparer*.   (*Ibid.* II. 1.)

Me chasser, me réparer, pour *chasser, réparer à moi, à mon bénéfice,* ne sont pas conformes à l'usage et ne paraissent pas désirables, à cause de l'équivoque qui peut en résulter.

Vous ne voulez pas, vous, *me* la faire sortir ?   (*Fem. sav.* II. 6.)

— DEUX PRONOMS AU DATIF placés consécutivement :
Allons, monsieur, faites le dû de votre charge, et *dressez-lui moi* son procès comme larron et comme suborneur.   (*L'Av.* V. 4.)

— DATIF marquant la cause, l'occasion :
Un scrupule me gêne
Aux tendres sentiments que vous me faites voir.   (*Amph.* I. 3.)

Dans les tendres sentiments, à l'occasion des tendres sentiments.
L'emploi du datif ou de l'ablatif, car c'est tout un, pour exprimer ce qu'on rend aujourd'hui avec la préposition *dans*, est un latinisme qui remonte à l'origine de la langue. Je me contenterai de deux exemples pris chez Montaigne :

« De toutes les absurdités, la plus absurde *aux epicuriens* est desadvouer la force et l'effet des sens. »   (*Essais.* II. ch. 12.)

« C'est à l'adventure quelque sens particulier qui. . . . advertit les poulets de la qualité hostile qui est *au chat* contre eux. »   (*Ibid.* II. ch. 1.)

Absurdum est epicureis; — *inest feli.* Cette tournure, qui va se perdant chaque jour, était encore en pleine vigueur du temps de Molière. (Voyez AU, AUX, pour *dans*.)

— DATIF REDOUBLÉ, ou non redoublé :
Non redoublé :
Il vient avec mon père achever ma ruine,
Et *c'est sa fille unique à qui* l'on me destine.   (*Éc. des em.* V. 6.)

Redoublé :

>Que de son cuisinier il s'est fait un mérite,
>Et que *c'est à sa table à qui* l'on rend visite. (*Mis.* II. 5.)

(Voyez A, *datif redoublé surabondamment.*)

DAUBER QUELQU'UN, QUELQUE CHOSE, au figuré :

>Je les *dauberai* tant en toutes rencontres, qu'à la fin ils se rendront sages.
>(*Crit. de l'Éc. des fem.* 6.)

On m'a dit qu'on va le *dauber*, lui et toutes ses comédies, de la belle manière.
(*Impromptu.* 3.)

>« *Daube* au coucher du roi
>Son camarade absent. » (LA FONT. *Les Obsèques de la lionne.*)

— DAUBER SUR QUELQU'UN :

>Comme *sur les maris* accusés de souffrance
>Votre langue en tout temps a *daubé* d'importance. (*Éc. des fem.* 1. 1.)

D'AUCUNS, D'AUCUNES :

Il y en a *d'aucunes* qui prennent des maris seulement pour se tirer de la contrainte de leurs parents. (*Mal. im.* II. 7.)

Cette façon de parler n'est explicable que comme un reste de l'ancien langage français, et par le *d* euphonique. L'écriture a mal figuré l'expression en attachant le *d* à aucuns; c'est au verbe qu'il appartient : il y en a*d* aucunes.

Ensuite de cette méprise, dont l'œil seulement, et non l'oreille, pouvait s'apercevoir, s'est établi l'usage de commencer une phrase par *d'aucuns d'aucuns ont pensé.*

(Voyez D *euphonique*, et DE devant *certains.*)

DAVANTAGE QUE :

>Oui, vous ne pourriez pas lui dire *davantage*
>*Que* ce que je lui dis pour le faire être sage. (*L'Ét.* I. 9.)

JACQUELINE. Pour un quarquié de vaigne qu'il avoit *davantage que* le jeune Robin.
(*Méd. m. lui.* II. 2.)

Il n'y a rien assurément qui chatouille *davantage* que les approbations que vous dites.
(*B. gent.* I. 1.)

Tous les grammairiens condamnent hautement cette façon de parler; et tous nos plus habiles écrivains l'ont employée : Amyot, La Bruyère, Sarrasin, Molière, Bouhours, Bossuet, J.-J. Rousseau.

« La foiblesse de l'homme paroît bien *davantage* en ceux qui ne la connoissent pas *qu'*en ceux qui la connoissent. » (PASCAL. *Pensées.*)

« Il est impossible que cette surprise ne fasse rire, parce que rien n'y porte *davantage qu'*une disproportion surprenante entre ce qu'on attend et ce qu'on voit. »
(ID. 11e *Prov.*)

« Je puis dire devant Dieu qu'il n'y a rien que je déteste *davantage que* de blesser la vérité. » (ID. *Ibid.*)

« L'une en prisant *davantage* le temporel *que* le spirituel. » (ID. 12e *Prov.*)

« Voulez-vous être rare ? Rendez service à ceux qui dépendent de vous. Vous le serez *davantage* par cette conduite *que* par ne pas vous laisser voir. »
(LA BRUYÈRE. *Des biens de la fortune.*)

« Quel astre brille *davantage* dans le firmament *que* le prince de Condé n'a fait en Europe ? » (BOSSUET.)

« Une tuile qui tombe d'un toit peut nous blesser *davantage*, mais ne nous navre pas tant *que* une pierre lancée à dessein par une main malveillante. » (J.-J. ROUSSEAU. 8ᵉ *Promenade*.)

DE, dans tous les sens du latin *de,* touchant, par, à cause de, pour :

Ne me condamnez point *d'un* deuil hors de saison. (*Sgan.* 16.)

Noli damnare me *de* luctu.

Il me faudroit des journées entières pour me bien expliquer à vous *de* tout ce que je sens. (*G. D.* III. 5.)

Mais je hais vos messieurs *de* leurs honteux délais. (*Amph.* III. 8.)

Ce sont particulièrement ces dernières pour qui je suis, et *dont* je sens fort bien que je ne pourrai me taire quelque jour. (*Ép. dédic. de l'Éc. des fem.*)

« Romains, j'aime la gloire, et ne veux point m'en taire. »
(VOLTAIRE. *Rome sauvée*.)

Silere de aliqua re.

Molière dit de même : *se découvrir de* quelque chose; — *désavouer de* quelque chose; — *éluder de*. (Voyez ces mots.)

Hélas ! si l'on n'aimoit pas,
Que seroit-ce de la vie ? (*Pourc.* III. 10.)

Quid esset de vita?

« J'ai veu un gentilhomme de bonne maison [aveugle nay, au moins aveugle de tel ange qu'il ne sçait *que c'est de veue*. » (MONTAIGNE. II. ch. 12.)

Mille gens le sont bien sans vous faire bravade,
Qui *de* mine, *de* cœur, *de* biens et *de* maison,
Ne feroient avec vous nulle comparaison. (*Éc. des fem.* IV. 8.)

De n'est pas ici marque du génitif : *comparaison de mine, de cœur*, etc.; c'est le latin *de*, comme dans ces formules *de moi, de soi*, pour *quant à moi, quant à soi*. Comparaison *quant* à la mine, au cœur, etc.

Le même emploi de *de* paraît dans cet autre passage : Agnès, dit Horace,

N'a plus voulu songer à retourner chez soi,
Et *de* tout son destin s'est *commise* à ma foi. (*Éc. des fem.* IV. 8.)

C'est un pur latinisme : confidere alicui *de* aliqua re. Et ce latinisme remonte à l'origine de la langue :

« Et tut li poples oïd cume li Reis fist sun cumandement *de* Absalon. »
(*Rois.* p. 186.)

De remplit encore l'office du *de* latin dans cette locution *de rien* ; cela ne sert *de rien* :

.... se dépouiller de l'un et de l'autre (sa fille et sa fortune) entre les mains d'un homme qui ne nous touche *de rien*. (*Amour méd.* I. 5.)

C'est-à-dire en rien : *de* (nulla) re; *de nihilo, nullatenus*.

— DE exprimant la cause, la manière, et répondant à *par, avec, pour* :

Mais suis-je pas bien fou de vouloir raisonner
Où, *de droit absolu*, j'ai pouvoir d'ordonner ? (*Sgan.* 1.)

Après quelques paroles *dont* je tâchai d'adoucir la douleur de cette charmante affligée.
(*Scapin.* I. 2.)

C'est une dame
Qui *de* quelque espérance avoit flatté mon âme. (*Mis.* I. 2.)

Nous faisons maintenant la médecine *d'une* façon toute nouvelle. (*Méd. m. lui.* II. 6.)

Et tâchons d'ébranler, *de force* ou *d'industrie*,
Ce malheureux dessein qui nous a tous troublés. (*Tart.* IV. 2.)

On dit tous les jours, par la même tournure, *de gré ou de force;* c'est-à-dire, par gré ou par force.

Vous les voulez *traiter d'un semblable langage ?* (*Tart.* I. 6.)

Et, *traitant de mépris* les sens et la matière,
A l'esprit, comme nous, donnez-vous tout entière. (*Fem. sav.* I. 1.)

Et *traitent du même air* l'honnête homme et le fat. (*Mis.* I. 1.)

Avec mépris, avec le même air, le même langage.

Quel sort ont nos yeux en partage,
Et qu'est-ce qu'ils ont fait aux dieux,
De ne jouir d'aucun hommage. (*Psyché.* I. 1.)

Pour s'emploie plus communément à cet usage : Qu'ont-ils fait *pour* ne jouir d'aucun hommage?

— DE, entre deux verbes, le second à l'infinitif :

Je *croyois* tout perdu *de crier* de la sorte. (*Sgan.* 3.)

Et je *le donnerois* à bien d'autres qu'à moi,
De se voir sans chagrin au point où je me voi. (*Ibid.* 16.)

Ah ! voilà qui *me plaît de parler* de la sorte ! (*Ibid.* 18.)

Ai-je fait quelque mal *de coucher* avec vous ? (*Amph.* II. 2.)

Il n'est aucune horreur que mon forfait *ne passe*
D'avoir offensé vos beaux yeux. (*Ibid.* II. 6.)

Dans ce dernier passage, on pourrait peut-être construire *de* avec *forfait* : le forfait d'avoir offensé vos beaux yeux.

Ils *se mêlent* de trop d'affaires,
De prétendre tenir nos chastes feux gênés. (*Amph.* II. 3.)

Est-ce pour rire, ou si tous deux *vous extravaguez, de vouloir* que je sois médecin ?
(*Méd. m. lui.* I. 6.)

— DE, *entre deux substantifs,* où il ne marque pas le génitif du second, mais en fait la qualification du premier :

Réglez-vous, regardez *l'honnête homme de père*
Que vous avez du ciel. (*L'Ét.* I. 9.)

D'Olivet essaye d'expliquer le tour par un latinisme, parce que Plaute a dit : *Scelus viri, monstrum mulieris.*

Vaugelas trouve ce *de* « bien étrange, mais bien françois ».

« Et puis, à l'aide d'une échelle
Qu'un *maraud de valet* lui tint. » (VERGIER. *Le Rossignol*).

« *Un saint homme de chat,* bien fourré, gros et gras,
(LA FONT. *Fables.* VII. 16.)

— DE, représentant *que le* :

C'est un étrange fait *du* soin que vous prenez
A me venir toujours jeter mon âge au nez. (*Éc. des mar.* I. 1.)
Chose étrange *d'aimer* ! (*Éc. des fem.* V. 4.)
Chose étrange de voir comme avec passion
Un chacun est coiffé de son opinion ! (*Éc. des fem.* I. 1.)

La construction grammaticale est : la chose d'aimer,... la chose de voir,... le fait du soin... est étrange. Les infinitifs *voir*, *aimer*, sont ici de véritables substantifs ; et cette façon d'employer *de* rentre dans l'article précédent, où l'on voit *de* entre deux substantifs, servant à qualifier le premier par le second.

(Voyez DU.)

— DE, remplaçant *à* entre deux verbes :

La crainte fait en moi l'office du zèle....., et me *réduit d'applaudir* bien souvent à
ce que mon âme déteste. (*D. J.* I. 1.)
Ah ! *je vous apprendrai de me traiter* ainsi ! (*Amph.* III. 4.)

Molière prend cette tournure pour fuir l'hiatus : me réduit *à* applaudir. — Je vous *apprendrai à*... Il dit de même *commencer de*... *obliger de*... *chercher de*. (Voyez ces mots.)

Une galère turque où on les avoit *invités d'entrer*. (*Scapin.* III. 3.)
Cet amas d'actions indignes dont on a peine *d'adoucir* le mauvais visage.
(*D. J.* IV. 6.)

Peine à adoucir serait insupportable.

« Il exhorta le poëte *de* ne plus faire de vers la nuit. »
(SCARRON. *Rom. com.*, 1re part., ch. 12.)

Le xviie siècle employait sans difficulté *de* pour *à*, comme aussi *devant* pour *avant*.

Voyez CHERCHER DE, — COMMENCER DE, — CONCLURE DE, — FEINDRE DE et FEINDRE A.

— DE, et non *des*, devant un adjectif que l'on traite aujourd'hui comme incorporé au substantif :

Et dans tous ses propos
On voit qu'il se travaille à dire *de bons mots*. (*Mis.* II. 5.)

On dirait aujourd'hui, sans scrupule, *des bons mots*. — *Bon mot* n'étant considéré que pour un substantif, comme *jeune homme*.

— DE, entre deux substantifs, marquant le sens actif du premier sur le second :

Chez les Latins, *amor patris* signifiait aussi bien la tendresse du père au fils que celle du fils au père ; c'était au reste de la phrase à déterminer l'acception active ou passive. Molière a dit de même *la contrainte des parents*, pour exprimer, non la contrainte qu'ils subissent, mais celle qu'ils imposent :

Il y en a d'aucunes qui prennent des maris seulement pour se tirer de *la contrainte
de leurs parents*. (*Mal. im.* II. 7.)

Voyez aux mots CHOIX, CHOSE, HYMEN.

— DE, *supprimé* après *aimer mieux*, suivi d'un infinitif :

Et j'ai bien *mieux aimé* me voir aux mains d'un autre
Que ne pas *mériter* un cœur comme le vôtre. (*Ec. des mar.* III. 10.)

J'aimerois mieux mourir *que l'avoir* abusée. (*Ec. des fem.* V. 2.)

— Après *à moins que,* suivi d'un infinitif :

Et l'on ne doit jamais souffrir, sans dire un mot,
De semblables affronts, *à moins qu'être* un vrai sot. (*Sgan.* 17.)

— Après *avant que,* suivi d'un infinitif :

Laisse-m'en rire encore *avant que te le dire.* (*L'Ét.* II. 13.)
Mais *avant que passer*, Frosine, à ce discours. (*Dép. am.* II. 1.)
J'ai voulu qu'il sortît *avant que vous parler.* (*Fâcheux.* III. 3.)
Avant que nous lier, il faut nous mieux connoître. (*Mis.* I. 2.)
Pour la forme, il faudra, s'il vous plaît, qu'on m'apporte,
Avant que se coucher, les clefs de votre porte. (*Tart.* V. 4.)

— Après *plutôt que,* suivi d'un infinitif :

. . . .
Qu'elle mourroit *plutôt qu'en souffrir l'insolence.* (*Éc. des mar.* II. 13.)

Cela paraît une concession à la mesure, car ailleurs Molière exprime le *de :*

Sinon, faites état de m'arracher le jour,
Plutôt que de m'ôter l'objet de mon amour. (*Ec. des mar.* III. 8.)

— Après *valoir mieux que,* suivi d'un infinitif :

Il *vaut mieux*, quand on craint ces malheurs éclatants,
En mourir tout d'un coup *que traîner* si longtemps. (*Mélicerte.* II. 5.)

— Après *quelque chose* :

Je crains fort pour mon fait *quelque chose approchant.* (*Amp.* II, 1.)

— Dans cette locution, *rien de tel* :

Il n'est *rien tel* en ce monde que de se contenter. (*D. J.* I. 2.)
« Il n'est *rien tel* que les jésuites. » (PASCAL. 3ᵉ *Prov.*)

— Après *vous plaît-il,* suivi d'un infinitif :

Vous plaît-il, don Juan, *nous éclaircir* ces beaux mystères. (*D. J.* I. 3.)

— DE, *surabondant,* après *valoir mieux* :

Il leur *vaudroit bien mieux*, les pauvres animaux, *de* travailler beaucoup et *de* manger de même. (*L'Av.* III. 5.)

Il *vaut bien mieux*, pour vous, *de* prendre un vieux mari qui vous donne beaucoup de bien. (*Ibid.* III. 8.)

Il me *vaudroit bien mieux d'être* au diable que d'être à lui. (*D. J.* I. 1.)

Après *prétendre :*

C'est en vain que tu *prétendrois de* me le déguiser. (*Ibid.* V. 3.)

— Surabondant avec *dont* et *en* :

Ce n'est pas *de* ces sortes de respects *dont* je vous parle. (*G. D.* II. 3.)
Ce n'est pas *de vous*, madame, *dont* il est amoureux. (*Am. magn.* II. 3.)
Mais *de vous*, cher compère, il *en* est autrement ! (*Ec. des fem.* I. 1.)

(Voyez A *répété surabondamment.*)

— Devant *besoin ;* IL EST DE BESOIN :

> MARTINE.
> Laissez-moi : j'aurai soin
> De vous encourager, *s'il en est de besoin.* (*Fem. sav.* V. 2.)

— Devant *certains :*

Il y a *de certains* impertinents au monde qui viennent prendre les gens pour ce qu'ils ne sont pas. (*Méd. m. lui.* II. 9.)

— Devant *aucuns :*

Il y en a *d'aucunes* qui prennent des maris seulement pour se tirer de la contrainte de leurs parents. (*Mal. im.* II. 7.)

(Voyez D euphonique.)

— Devant *coutume* dans cette locution, *avoir de coutume :*

..... Pour vous ôter l'envie de nous faire courir toutes les nuits, comme vous *aviez de coutume.* (*Scapin.* II. 5.)

— Après *à quoi bon,* suivi d'un infinitif :

> Ah, j'enrage ! — *A quoi bon de te cacher* de moi ? (*Fâch.* III. 4.)
> *A quoi bon de dissimuler ?* (*Le Sicilien.* 7.)

— DE, particule inséparable en composition :

> Et l'on me *désosie* enfin,
> Comme on vous *désamphitryonne.* (*Amph.* III. 8.)

De avait en latin la même valeur, et Lucile, par le même procédé que Molière, avait forgé *deargentare, depeculare* et *depoculare,* voler de l'argent, des coupes :

« Depeculassere aliqua, sperans me ac deargentassere. » (LUCIL. ap. NON. 2. 218.)

« Me impune irrisum depeculatumque eis. » (PLAUT. *Epidic.* IV. 1. 18.)

(Voyez DÉSATTRISTER, DÉSENAMOURER, DÉSUISSER.)

— DÉ, TENIR LE DÉ, par métaphore empruntée au jeu, où le dé passe de main en main :

> *A vous le dé,* monsieur. (*Mis.* V. 4.)

— TENIR LE DÉ A (un infinitif) :

> Car madame *à jaser tient le dé tout le jour.* (*Tart.* I. 1)

DÉBATTU, pour *contesté :*

> Ce titre par aucun ne leur est *débattu.* (*Tartuffe.* I. 6.)

DE BOUT EN BOUT, d'un bout à l'autre, complètement :

> Vous saurez tout cela tantôt *de bout en bout.* (*Mélicerte.* II. 7.)

DÉBUTER A QUELQU'UN, avec quelqu'un :

> Par où *lui débuter ?* (*Dép. am.* III. 4.)

Par où lui débuter signifie *que lui dire d'abord. Lui* est donc aussi recevable dans une locution que dans l'autre; il n'y a que la différence de l'usage.

DE CE QUE, dans le sens de *parce que* :

Ce n'est pas tant la peur de la mort qui me fait fuir, que *de ce qu'il* est fâcheux à un gentilhomme d'être pendu. (*Pourc.* III. 2.)

DÉCHANTER ; FAIRE DÉCHANTER, métaphoriquement troubler, déranger dans ses entreprises :

Tu vois qu'à chaque instant *il te fait déchanter*. (*L'Ét.* III 1.)

Il te fait sortir du ton et perdre la mesure.

DÉCHARPIR, séparer des combattants acharnés l'un contre l'autre :

Andrès et Trufaldin, à l'éclat du murmure,
Ainsi que force monde accourus d'aventure,
Ont à les *décharpir* eu de la peine assez,
Tant leurs esprits étoient par la fureur poussés. (*L'Ét.* V. 14.)

Nicot, et Trévoux après lui, donnent le verbe *charpir*; *charpir de la laine*, *carpere lanam*, et par composition, *décharpir*, *charpir* entièrement, comme *définir*, de *finir*.

Il nous reste encore le substantif *charpie*.

Décharpir les combattants est regrettable comme terme expressif; *séparer* est loin d'atteindre à la même énergie.

DÉCORUM (GARDER LE) DE :

Non, mais il faut sans cesse
Garder le *décorum de la divinité*. (*Amph.* prol.)

DÉCOUCHER (SE), se lever :

MORON.
Car en chasseur fameux j'étois enharnaché,
Et dès le point du jour *je m'étois découché*. (*Pr. d'Él.* I. 2.)

C'est un archaïsme :

« Quand ce vint à lendemain, toutes les mesnies de l'ostel s'assemblerent, et vinrent au seigneur à l'heure qu'il fut *descouché*. » (FROISSART, *Chron.* III. 22.)

Dans le récit de l'assassinat du connétable de Clisson par Pierre de Craon :

« Duquel coup il (Clisson) versa jus de son cheval, droit à l'encontre de l'huis d'un fournier, qui jà estoit *descouché* pour ordonner ses besognes et faire son pain et cuire. » (ID. IV. ch. 28.)

DÉCOUVRIR (SE) DE :

Souffrez pour vous parler, madame, qu'un amant
Prenne l'occasion de cet heureux instant,
Et *se découvre à vous de la sincère flamme*. (*Fem. sav.* I. 4.)

(Voyez DE dans tous les sens du latin *de*.)

— DÉCOUVRIR QUELQU'UN (un adjectif), démontrer qu'il est ce que marque l'adjectif :

Tous les hommes sont semblables par les paroles ; ce n'est que *les actions qui les découvrent différents*. (*L'Avare*, I. 1.)

DE FORCE OU D'INDUSTRIE, par force ou par adresse :

Et tâchons d'ébranler, *de force ou d'industrie*,
Ce malheureux dessein qui nous a tous troublés. (*Tart.* IV. 2.)

(Voyez DE exprimant la cause, la manière.)

DE LA FAÇON, ainsi, de cette sorte :

> Est-ce *de la façon* que l'on doit me parler ? (*Mélicerte*. II, 5.)
> On se riroit de vous, Alceste, tout de bon,
> Si l'on vous entendoit parler *de la façon*. (*Mis.* I. 1.)

DÉCRIS au pluriel :

> Oh! que je sais au roi bon gré de ces *décris !* (*Ec. des mar.* II. 9.)

Le *décri* est une défense faite à *cri* public. *Cri* et *crier* ont fait *décri* et *décrier* : c'est revenir sur la permission ou l'ordonnance proclamée par le *cri*.

De là l'expression figurée, *tomber dans le décri*.

DEDANS, préposition.

> Et je crois que le ciel, *dedans un rang si bas*,
> Cache son origine, et ne l'en tire pas. (*L'Ét.* I. 2.)
> Il est vrai : c'est tomber d'un mal *dedans un pire*. (*Ibid.*)
> Mon argent bien-aimé, rentrez *dedans ma poche*. (*L'Ét.* II. 6.)
> La vieille Égyptienne à l'heure même... — Hé bien ?
> — Passoit *dedans la place*, et ne songeoit à rien. (*L'Ét.* V. 14.)
> Je lis *dedans son âme*, et vois ce qui le presse. (*Dép. am.* III. 5.)
> Las! il vit comme un saint, et *dedans la maison*
> Du matin jusqu'au soir il est en oraison. (*Ibid.* III. 6.)
> Et je tremble à présent *dedans la canicule*. (*Sganarelle*. 2.)
> Puis-je obtenir de vous de savoir l'aventure
> Qui fait *dedans vos mains* trouver cette peinture ? (*Ibid.* 9.)

Dedans, *dessus*, *dessous*, *devers*, suivis d'un complément, sont aussi vieux que la langue française. Je ne vois pas sur quelle autorité l'on a prétendu, depuis un demi-siècle, les restreindre au rôle d'adverbes. C'est apparemment pour leur inventer une valeur différente de celle de la forme simple *dans*, *sur*, *sous*, *vers*, dont ils ne sont qu'une variante. Mais après avoir proclamé, d'une manière absolue, qu'il n'y avait dans aucune langue deux mots parfaitement synonymes, il fallait nécessairement reviser la nôtre, constituer à chacun de ses mots un apanage, et le circonscrire, sans égard pour les anciennes limites; autrement cette profonde maxime eût été bien vite renversée.

C'est ce qui fait que Molière, Pascal et Bossuet, sont remplis de solécismes posthumes.

> « Le sultan dormoit lors, et *dedans son domaine*
> Chacun dormoit aussi. » (LA FONT. *Fables*. XI. 1.)

« Ceux qui ont la foi vive *dedans le cœur* voient... » (PASCAL, *Pensées*.)

Le dictionnaire de Nicot (1606) donne encore pour exemples :

« Il est *dedans la maison; — dedans vingt jours; — dedans l'an et jour* de la spoliation et du trouble. »

(Voyez DESSUS, DESSOUS, DEVANT, DEVERS.)

DÉDITES, pour *dédisez* :

> Puisque je l'ai promis, ne m'en *dédites* pas. (*Tart.* III. 4.)

Trévoux :

« *Nous desdisons, vous desdisez*, et, selon quelques-uns, *vous desdites.* »

Et il cite, en exemple de cette seconde forme, le vers de Molière.

DÉFAIRE (SE), perdre contenance, se démonter :

MORON. Courage, seigneur...., *ne vous défaites pas,* (*Pr. d'El.* IV. 1.)

Le participe passé est encore en usage : l'air défait, le visage défait.

DÉFENDRE, verbe actif, interdire :

Ah ! monsieur, qu'est ceci ? *je défends la surprise!* (*Dép. am.* III. 7.)

DÉFÉRER A, consulter, s'en rapporter à :

Ce n'est pas *à mon cœur* qu'il faut que *je défère,*
Pour entrer sous de tels liens. (*Psyché.* I. 3.)

DÉFIGURÉ, porteur d'une laide figure :

Alors qu'une autre vieille assez *défigurée*
L'ayant de près, au nez, longtemps considérée... (*L'Et.* V. 14.)

DÉFIGURER (patois), peindre la figure :

LUCAS. Le v'là tout craché, comme on nous l'a *défiguré.* (*Méd. m. l.* I. 6.)

Défiguré est une faute de langage comme la peut faire Lucas ; il devait dire simplement *figuré;* c'est comme parle Célimène.

Voici monsieur Dubois plaisamment *figuré.* (*Mis.* IV. 3.)

DÉGOISER, babiller :

Peste ! madame la nourrice, comme *vous dégoisez !* (*Méd. m. lui.* II. 2.)

Racines *dé* et *gosier,* comme qui dirait *dégosier. S'égosiller* est composé d'une manière analogue avec *é,* répondant au latin *ex.*

On disait autrefois *dégoiser,* neutre, et *se dégoiser,* réfléchi, comme *s'égosiller* : « Les oiseaux *se dégoisent;* oiseaux qui *se dégoisent.* Les oiseaux *dégoisent leurs chansonnettes* et ramages. »

Nicot, après ces exemples, donne le substantif *dégoisement,* que nous n'avons plus.

DE LA FAÇON QUE, de la façon dont :

Hélas ! *de la façon qu'il parle,* serait-il bien possible qu'il ne dît pas vrai ? (*Mal. im.* I. 4.)

Que représente en français les neutres *quid, quod,* et les cas obliques de *qui :* — eo modo *quo* loquitur.

(Voyez QUE répondant à l'ablatif du *qui* relatif des Latins.)

« *De la manière* enfin *qu*'avec toi j'ai vécu,
Les vainqueurs sont jaloux du bonheur du vaincu. » (CORNEILLE, *Cinna.* V. 1.)

DÉLIBÉRÉS, substantif; UN DÉLIBÉRÉ, un homme délibéré :

Je sais des officiers de justice altérés,
Qui sont pour de tels coups *de vrais délibérés.* (*L'Et.* IV. 9.)

DÉLICATESSE D'HONNEUR, susceptibilité de vertu ou de pruderie :

Je ne vois rien de si ridicule que cette *délicatesse d'honneur* qui prend tout en mauvaise part. (*Crit. de l'Ec. des fem.* 3.)

Molière a dit aussi, par une expression analogue, *un chagrin délicat*.

DÉLIÉ, pour *mince, transparent* :

Cette coiffe est un peu trop *déliée* ; j'en vais quérir une plus épaisse. (*Pourc.* III. 2.)

Pascal l'a employé au figuré :

« Cette *erreur* est si *déliée* que, pour peu qu'on s'en éloigne, on se trouve dans la vérité. » (3e *Prov.*)

DEMAIN JOUR, *comme demain matin* :

Et tu m'avois prié même que mon retour
T'y souffrît en repos jusques à *demain jour*. (*Ec. des mar.* III. 2.)

DE MA PART, pour ma part, quant à moi :

Je saurai, *de ma part*, expliquer ce silence. (*Mis.* V. 2.)

DÉMÊLÉ, substantif; AVOIR DÉMÊLÉ AVEC QUELQU'UN :

Il en a bien usé, et j'ai regret *d'avoir démêlé avec lui*. (*D. Juan.* III. 6.)

DE MÊME, adverbe employé pour *pareil, égal* :

C'est un transport si grand qu'il n'en est point *de même*. (*Éc. des mar.* III. 2.)
Jamais il ne s'est vu de surprise *de même*. (*Tart.* IV. 5.)

DÉMENTIR, désavouer ; DÉMENTIR UN BILLET :

Ce *billet démenti* pour n'avoir point de seing....
— Pourquoi le *démentir*, puisqu'il est de ma main ? (*Don Garcie.* II. 5.)

Mais Molière jugea lui-même cette expression inexacte; et cinq ans plus tard, lorsqu'il transporta dans le *Misanthrope* une partie de cette scène de *Don Garcie*, il corrigea ces vers de la manière suivante :

Le *désavouerez-vous* pour n'avoir point de seing ?
— Pourquoi *désavouer* un billet de ma main ? (*Mis.* IV. 3.)

— DÉMENTIR QUELQU'UN DE :

A quoi bon se montrer, et, comme un étourdi,
Me venir *démentir* de tout ce que je di ? (*L'Et.* I. 5.)

(Voyez MENTIR DE QUELQUE CHOSE.)

— SE DÉMENTIR DE :

Tu te *démens* bientôt de tes bons sentiments. (*Sgan.* 23.)

DEMI; SANS (un substantif) NI DEMI :

Cette infâme,
Dont le coupable feu, trop bien vérifié,
Sans respect ni demi nous a cocufié. (*Sgan.* 16.)

Sans respect ni demi-respect, sans le moindre respect.

Voyez tome II, page 322.

DÉMORDRE DES RÈGLES :

C'est un homme qui.... ne *démordroit pas* d'un *iota* des règles des anciens. (*Pourc.* I. 7.)

DENIER, pour exprimer l'ensemble d'une somme d'argent :

Quatre ou cinq mille écus *est un denier* considérable, et qui vaut bien la peine qu'un homme manque à sa parole. (*Pourc.* III, 9)

Est un denier, et non pas *sont* un denier.

(Voyez cet exemple, discuté au mot CE SONT.)

DENT ; AVOIR UNE DENT DE LAIT CONTRE QUELQU'UN :

C'est que vous avez, mon frère, *une dent de lait contre lui.* (*Mal. im.* III. 3.)

Une rancune qui date d'aussi loin que possible, du temps où l'on était en nourrice.

— EN DÉPIT DE NOS DENTS :

N'avons-nous pas assez des autres accidents
Qui nous viennent frapper, *en dépit de nos dents ?* (*Sgan.* 17.)

(Voyez DÉPIT.)

— MALGRÉ MES DENTS :

Ils m'ont fait médecin *malgré mes dents.* (*Méd. m. lui.* III. 1.)

Quoi que je fisse pour m'en defendre.

Et, pour la mieux braver, voilà, *malgré ses dents*,
Martine que j'amène et rétablis céans. (*Fem. sav.* V. 2.)

— AVOIR LES DENTS LONGUES, *avoir faim* ; on suppose que la faim aiguise les dents :

On a le temps *d'avoir les dents longues*, lorsqu'on attend pour vivre le trépas de quelqu'un. (*Méd. m. lui.* II. 2.)

— ÊTRE SUR LES DENTS :

La pauvre Françoise *est presque sur les dents,* à frotter les planchers que.... etc. (*B. gent.*, III, 3.)

DÉPARTIR ; SE DÉPARTIR DE (un infinitif) :

Tu ne t'es pas départi d'y prétendre ? (*L'Av.* IV. 5.)

La préposition, ici, figure deux fois : à l'état libre et à l'état composé, comme en latin *decedere de; deducere de; detrahere de; decidere de,* etc., etc.

(Voyez AMUSER [s'] A.)

DÉPIT, EN DÉPIT QUE J'EN AIE :

Il faut que je lui sois fidèle, *en dépit que j'en aie.* (*D. Juan.* I. 1.)
Je me sens pour vous de la tendresse, *en dépit que j'en aie.* (*L'Av.* III. 5.)
Je prétends le guérir, *en dépit qu'il en ait.* (*Pourc.* II. 1.)

Il ne fait pas bien sûr, à vous le trancher net,
D'épouser une fille *en dépit qu'elle en ait.* (*Fem. sav.* V. 1.)

Cette locution, *en dépit que j'en aie,* est l'analogue de cette autre, *malgré que j'en aie,* qui s'analyse très facilement.

Il faut partir, mal gré, c'est-à-dire, tel mauvais gré que j'en aie. C'est une sorte d'accusatif absolu.

(Voyez MALGRÉ QUE J'EN AIE.)

Mais dans l'autre expression on rencontre, de plus, la préposition *en*, dont rien ne justifie la présence. On ne dirait pas : *en mal gré que j'en aie*. Il semble que l'on aurait dû dire, avec une exacte parité : *dépit que j'en aye*, sans *en*. C'est que cet *en* n'est pas une préposition, mais une partie mal à propos séparée de l'ancien mot *endépit* : *endépit*, comme *encharge*, *encommencement*, et les verbes *engarder*, *enrouiller*, *enseller* un cheval, *s'engeler*, *s'endemener*, etc., qui sont les anciennes formes. La vraie orthographe serait donc *endépit qu'on en ait*, et la locution redevient parfaitement claire et logique. Ici, comme en une foule de cas, l'oreille entend juste, mais l'œil voit faux, parce que la main s'est trompée.

DÉPOUILLER (SE) ENTRE LES MAINS DE QUELQU'UN :

Amasser du bien avec de grands travaux, élever une fille avec beaucoup de soin et de tendresse, pour *se dépouiller* de l'un et de l'autre *entre les mains* d'un homme qui ne nous touche de rien. (*Am. méd.* I. 5.)

DEPUIS, suivi d'un infinitif, comme *après* :

Depuis avoir connu feu monsieur votre père... j'ai voyagé par tout le monde.
(*B. Gent.* IV. 5.)

DE QUI, pour *de celui qui* ou *duquel* :

Au mérite souvent *de qui* l'éclat vous blesse
Vos chagrins font ouvrir les yeux d'une maîtresse. (*Dép. am.* I. 2.)

Depuis huit jours entiers, avec vos longues traites,
Nous sommes à piquer deux chiennes de mazettes,
De qui le train maudit nous a tant secoués
Que je me sens, pour moi, tous les membres roués. (*Sgan.* 7.)

Quoi ! me soupçonnez-vous d'avoir une pensée
De qui son âme ait lieu de se croire offensée ? (*Ibid.* III. 4.)

Il court parmi le monde un livre abominable,
Et *de qui* la lecture est même condamnable. (*Mis.* V. 1.)

Il était bien facile à Molière de mettre *duquel;* mais il paraît avoir eu, ainsi que tous ses contemporains, une répugnance décidée à se servir de ce mot, si prodigué de nos jours.

De même :

Tous deux m'ont rencontrée, et se sont plaints à moi
D'un trait *à qui* mon cœur ne sauroit prêter foi. (*Mis.* V. 4.)

Il était bien aisé de mettre *auquel*, si *à qui* eût été une faute.

DE QUOI, d'où ? comment ?

De quoi donc connoissez-vous monsieur ? (*Am. méd.* II. 2.)

— VOILA BIEN DE QUOI !

Hé bien ? qu'est-ce que cela, soixante ans ? *voilà bien de quoi !* (*L'Av.* II, 6.)

Il y a ici réticence d'un verbe, comme *s'étonner*, *se récrier*.

DÉRACINER LES CARREAUX :

NICOLE. — Et d'un grand maître tireur d'armes, qui vient, avec ses battements de pied, ébranler toute la maison, et nous *déraciner tous les carriaux* de notre salle.
(*B. Gent.* III. 3.)

DERNIER, extrême, *summus* :

Je vous vois accabler un homme de caresses,
Et témoigner pour lui *les dernières tendresses*. (*Mis.* I. 1.)

On dit qu'avec Bélise il est *du dernier bien*. (*Ibid.* II. 5.)
Les *dernières violences* du pouvoir paternel. (*L'Av.* V. 4.)
.... C'est pour une affaire *de la dernière conséquence*. (*G. D.* III. 4.)

C'est la locution favorite des précieuses : *du dernier beau, du dernier galant; je vous aurois la dernière obligation;* etc.

Mais Molière n'en prétend blâmer que l'abus, car lui-même en fait un usage fréquent, ainsi que Pascal :

« C'est là où vous verrez *la dernière bénignité* de la conduite de nos pères. »
(PASCAL, 9e *prov.*)

DÉROBER, verbe actif, comme *voler;* DÉROBER QUELQU'UN :

Pour aller ainsi vêtu, il faut bien que *vous me dérobiez*. (*L'Av.* I. 5.)

— DÉROBER (SE) D'AUPRÈS DE :

Il vous dira... que... *je me suis dérobée d'auprès de lui*. (*G. D.* III. 12.)

DÉSATTRISTER :

Donnez-lui le loisir de se *désattrister*. (*L'Et.* II. 4.)

(Voyez DÉ, particule inséparable en composition.)

DÉSAVOUER QUELQU'UN DE :

Et vous avez eu peur de *le désavouer*
Du trait qu'à ce pauvre homme il a voulu jouer. (*Tart.* IV. 3.)

DÈS DEVANT, dès avant :

—Moi je vins hier? — Sans doute ; et *dès devant* l'aurore
Vous vous en êtes retourné. (*Amph.* II. 2.)

DÉSENAMOURÉ :

Mais est-ce un coup bien sûr que votre seigneurie
Soit *désenamourée*, ou si c'est raillerie. (*Dép. am.* I. 4.)

On remarquera dans ce mot la présence de l's euphonique, qui sert à lier sans hiatus les racines : *dé* (s) *enamourer*, comme *dé* (s) *enfler, dé* (s) *habiller, dé* (s) *honorer,* etc. Cette particule inséparable en composition n'est autre que le *de* latin, qui n'a droit par lui-même à aucune consonne finale. Aussi n'en voit-on pas dans *détromper, dédire, défaire, démentir,* etc., où elle n'était point nécessaire. On écrivait à la vérité *desdire, desfaire;* mais c'était pour donner à l'*e* suivi d'une double consonne le son que nous obtenons aujourd'hui par l'accent.

DÉSESPÉRER, verbe neutre, se désespérer :

GEORGES DANDIN. — *Je désespère!* (*G. D.* III. 12.)

Les Anglais ont gardé cet emploi du même verbe :

« *Despair* and Die ! » (SHAKESPEARE. *Rich. III.*)

Palsgrave (1530), dans sa table des verbes, le donne comme verbe neutre et verbe réfléchi. Voici son article :

« *I despayre, I am in wan hope.* — Je *despère* (sic) primæ conjugat. — Dispayre nat man : God is there he was wonte to be : *ne te despère pas;* Dieu est là où il souloyt estre. »

Par où l'on voit que *désespérer* est une forme moderne et allongée. On fit d'abord de *desperare, despérer ;* puis, par l'insertion de l's euphonique (voyez désenamourer), *dé (s) espérer.*

La première forme est calquée sur le mot latin ;
La seconde est ajustée sur le latin, d'après les habitudes françaises.

— DÉSESPÉRÉ CONTRE QUELQU'UN :

  J'étois aigri, fâché, *désespéré contre elle !*   (*Ec. des fem.* IV. 1.)

DES MIEUX, comme ceux qui (ici le verbe) le mieux :

  ..... Enfermez-vous *des mieux.*   (*Ec. des fem.* V. 4.)

Soyez des mieux enfermés.

  Voilà qui va *des mieux.*
  Mais parlons du sujet qui m'amène en ces lieux.   (*Fem. sav.* II. 1.)

DE SOI, en soi, par soi-même :

  Cet accident, *de soi,* doit être indifférent.   (*Ec. des fem.* IV. 8.)
  Le choix du fils d'Oronte est glorieux, *de soi.*   (*Ibid.* V. 7.)
La noblesse, *de soi,* est bonne.   (*G. D.* I. 1.)

Les Latins disaient aussi, *de me, de te,* pour *de meo, de tuo ; De te largitor* (Tér.) : donne *de toi.* Sois généreux à tes propres dépens.

DÉSOSIER et DÉSAMPHITRYONNER. Voyez dé, particule inséparable en composition.

DESSALÉ ; une dessalée, une matoise, une rusée :

Vous faites la sournoise ; mais je vous connois il y a longtemps, et vous êtes *une dessalée.*   (*G. D.* I. 6.)

DESSOUS, substantivement ; avoir du dessous :

Est-il possible que toujours *j'aurai du dessous avec elle ?*   (*G. D.* II. 13.)

« Nous *avons* toujours *du dessus* et *du dessous,* de plus habiles et de moins habiles, de plus élevés et de plus misérables, pour abaisser notre orgueil et relever notre abjection. »
  (Pascal. *Pensées.*)

Il est fâcheux qu'on ait laissé perdre cette expression utile, car on peut *avoir du dessous* sans avoir complètement *le dessous.* C'est pour avoir eu trop souvent *du dessous* dans ses querelles de ménage que Georges Dandin finit par *avoir le dessous.*

— dessous, préposition avec un complément :

  Je sais qu'il est rangé *dessous les lois* d'une autre.   (*Dép. am.* II. 3.)

Voyez dedans, dessus, devant, devers.

DESSUISSER (se), quitter le rôle de Suisse :

  Si vous êtes d'accord, par un bonheur extrême,
  Je me *dessuisse* donc, et redeviens moi-même.   (*L'Ét.* V. 7.)

DESSUS, préposition :

  Le bonhomme tout vieux chérit fort la lumière,
  Et ne veut point de jeu *dessus cette matière.*   (*L'Ét.* III. 5.)

Vous étendiez la patte
Plus brusquement qu'un chat *dessus une souris*.   (*Ibid.* IV. 5.)

Attaché *dessus vous* comme un joueur de boule
Après le mouvement de la sienne qui roule.   (*L'Ét.* IV. 5.)

Je veux, quoi qu'il en soit, le servir malgré lui,
Et *dessus* son lutin obtenir la victoire.   (*Ibid.* V. 11.)

Faites parler les droits qu'on a *dessus mon cœur*.   (*Dép. am.* 1. 2.)

Il pourroit bien, mettant *affront dessus affront*,
Charger de bois mon dos comme il a fait mon front.   (*Sgan.* 17.)

Dessus ses grands chevaux est monté mon courage.   (*Ibid.* 21.)

Dessus quel fondement venez-vous donc, mon frère?   (*Éc. des mar.* III. 9.)

Si j'avois *dessus moi* ces paroles nouvelles,
Nous les lirions ensemble, et verrions les plus belles.   (*Fâch.* I. 5.)

Pour moi, venant *dessus le lieu*,
J'ai trouvé l'action tellement hors d'usage...   (*Ibid.* II. 7.)

Dessus et *dessous* étaient originairement prépositions, comme leurs formes plus simples, *sur* et *sous*.

« *Dessus mes piez* charrunt. »   (*Rois*, p. 209.)

« Abaissez as *dessuz mei* ces ki esturent (*steterunt*) encuntre mei. »   (*Ibid.*)

C'est la subtilité des grammairiens modernes qui a inventé de partager la puissance entre *sur*, *sous*, et *dessus*, *dessous*, et de réduire les seconds au rôle exclusif d'adverbes.

Malherbe et Racan disaient sans scrupules : *dessus mes volontés;* — *dedans la misère;* — *ce sera dessous cette égide*, et Port-Royal s'y accorde ; mais l'oracle Vaugelas n'avait pas encore parlé! il parle, et Ménage déclare, d'après lui, que ces mots, comme prépositions, *ne sont plus du bel usage*. Toutefois Vaugelas veut bien, par grâce, excepter de sa règle trois façons de parler :

1° « Quand on met de suite les deux contraires. Exemple : Il n'y a pas assez d'or ni *dessus* ni *dessous la terre*.

2° « Quand il y a deux prépositions de suite, quoique non contraires : — Elle n'est ni *dedans* ni *dessus le coffre*.

3° « Lorsqu'il y a une autre préposition devant : — *Par-dessus la tête, par-dessous le bras, par dehors la ville*, » etc.

L'usage, en rejetant les deux premiers articles de cette loi, a confirmé le dernier, qui n'est pas plus justifié que les deux autres.

J'oubliais de dire que Vaugelas reçoit comme légitime dans les vers ce qu'il condamne comme solécisme dans la prose.

(Voyez DEDANS, DESSOUS, DEVANT, DEVERS.)

DESTINER, se proposer d'avoir :

Mais dans un entretien qu'avec vous je *destine*.   (*L'Ét.* II. 7.)

DESTINÉE, trépas :

... avant sa *destinée*.   (*Mélicerte.* II. 2.)

DÉTACHER (SE) CONTRE QUELQU'UN, se déchaîner :

Et son jaloux dépit, qu'avec peine elle cache,
En tous endroits sous main *contre moi se détache*.   (*Mis.* III. 3.)

DÉTERMINER A, dans le sens *d'ordonner de* :

> Et cet homme est monsieur, que *je vous détermine*
> *A* voir comme l'époux que mon choix vous destine. (*Fem. sav.* III. 6.)

DÉTOUR, angle formé par une vue ou quelque saillie de maison ; COIN D'UN DÉTOUR :

> Un de mes gens la garde *au coin de ce détour*. (*Ec. des fem.* V. 2.)

DÉTOURNEMENT DE TÊTE :

Leurs *détournements de tête* et leurs cachements de visage firent dire cent sottises de leur conduite. (*Crit. de l'Éc. des fem.* 3.)

DÉTRUIRE QUELQU'UN, ruiner son crédit :

> Quel mal vous ai-je fait, madame, et quelle offense,
> Pour armer contre moi toute votre éloquence,
> Pour *me* vouloir *détruire*, et prendre tant de soin
> De me rendre odieux aux gens dont j'ai besoin ? (*Fem. sav.* IV. 2.)

DEVANT, préposition pour *avant* :

> Je crie toujours, Voilà qui est beau ! *devant* que les chandelles soient allumées. (*Préc. rid.* 10.)

> Et, *devant qu'il* vous pût ôter à mon ardeur,
> Mon bras de mille coups lui perceroit le cœur. (*Ec. des mar.* III. 3.)

> « Celle-ci prévoyoit jusqu'aux moindres orages,
> Et *devant* qu'ils fussent éclos
> Les annonçoit aux matelots. » (LA FONTAINE. *Fables*. I. 8.)

Pascal fixe l'âge viril à vingt ans :

« *Devant ce temps* l'on est enfant. » (*Sur l'amour.*)

« Mais si les Égyptiens n'ont pas inventé l'agriculture, ni les autres arts que nous voyons *devant le déluge...* » (BOSSUET. *Hist. univ.* 3ᵉ part.)

« A vous parler franchement, l'intérêt du directeur va presque toujours *devant le salut* de celui qui est sous la direction. » (ST.-ÉVREMONT. *Conv. du P. Canaye.*)

« Il lui demanda, *devant* que de l'acheter, à quoi il lui seroit propre. » (LA FONTAINE. *Vie d'Ésope.*)

Les grammairiens n'ont pas manqué d'exercer sur *avant* et *devant* la sagacité de leur esprit subtil. Ils signalent entre *avant* et *devant* une différence essentielle, et dont il importe de se bien pénétrer : c'est que « *avant* est plus abstrait, et *devant* plus concret[1]. » C'est la raison qui fait que, suivant le même auteur, « on n'emploie plus *devant* par rapport au temps. » L'argument ne paraît pas concluant.

Un autre assure que « le génie de notre langue établit une différence entre les *déterminatifs avant* et *devant*[2]. » Ce que je puis à mon tour assurer, c'est que *devant* se trouve comme synonyme d'*avant*, dans le berceau de notre langue. La traduction des *Rois*, faite au xiᵉ siècle, s'en sert sans scrupule : — « E pis que nuls qui *devant lui* ont ested envers N. S. uverad (p. 309), » Asa ouvra envers N. S. pis que nul qui eût ôté *devant lui*.

M. Nap. Landais peut-il se flatter de connaitre le génie de la langue fran-

---

1. *Des Synonymes français*, par M. B. Lafaye.
2. *Résumé de toutes les grammaires*, par N. Landais.

çaise mieux que ceux qui l'ont créée; mieux que Bossuet, Pascal, Corneille, Molière et La Fontaine ?

Avant, devant, sont deux formes du même mot inventées pour les besoins de l'euphonie et de la versification, comme *dans* et *dedans*, *sur* et *dessus*, *sous* et *dessous*. La perte de ces doubles formes a été préjudiciable surtout à la poésie, et la suppression de ces petites ressources a contribué, plus qu'on ne pense, à la décadence de l'art.

Comme en certains cas donnés l'on employait indifféremment *à* et *de* (voyez DE remplaçant *à* devant un verbe), de même on substituait l'un à l'autre *avant* et *devant*.

Dedans, dessus, dessous, devers sont dans le même cas. (Voyez ces mots.)

DEVERS, préposition comme *vers* :

LUCAS. — Tourne un peu ton visage *devers* moi. (G. D. II. 1.)

C'est un paysan qui parle, à qui Molière prête des locutions surannées.

Devers et *envers* ont été jadis employés pour *vers*, comme on en voit un exemple dans une vieille chanson introduite par Beaumarchais dans le *Mariage de Figaro* :

« Tournez-vous donc *envers* ici,
Jean de Lyra, mon bel ami. »

« Enfin La Rancune l'ayant tourné dans sa chaise *devers le feu* dont l'on avoit chauffé les draps, il ouvrit les yeux. » (SCARRON. *Rom. com.* 1re p., ch. XI.)

Mais Molière a mis aussi *devers* dans la bouche des personnages qui s'expriment avec le plus d'élégance et de correction :

ÉRASTE.
Il a poussé sa chance,
Et s'est *devers* la fin levé longtemps d'avance. (*Fâch.* I. 1.)

« C'est ainsi *devers* Caen que tout Normand raisonne. » (BOILEAU.)

« J'ai des cavales en Égypte, qui conçoivent au hennissement des chevaux qui sont *devers Babylone*. » (LA FONTAINE. *Vie d'Ésope.*)

Devers et *envers* sont des formes variées de *vers*. *Vers* a été la première forme usitée :

« Si hom peche *vers* altre, a Deu se purrad acorder; e s'il peche *vers* Deu, ki purrad pur lui preier ? » (*Rois.* p. 8.)

« Pur ço que la guerre *vers* les ennemis Deu mantenist. » (*Ibid.* p. 71.)

Beaumanoir n'emploie que *vers* :

« Li baillis qui est debonaires *vers* les malfesans... qui *vers* toz est fel et cruels... » (T. 1er, p. 18, 19.)

Cependant la version des *Rois*, qui paraît de la fin du XIe siècle, connaît déjà *envers* et *devers* :

« Or t'aparceif que felenie n'ad en mei ne crimne *envers* tei. » (P. 95.)

« E pis que nuls ki devant lui ont ested *devers* Nostre Seignur uverad. » (P. 309.)

(Voyez DEDANS, DESSOUS, DEVANT.)

DEVOIR ; NE DEVOIR QU'A, avec l'ellipse de *rien* :

Hors d'ici *je ne dois plus qu'à* mon honneur. (*D. Juan.* III. 5.)

DÉVORER DU CŒUR, figurément, recevoir avidement :

Et vous devez *du cœur dévorer ces leçons.* (*Ec. des fem.* III. 2.)

DÉVOTS DE PLACE :

Que ces francs charlatans, que ces *dévots de place.* (*Tart.* I. 6.)

Comme les *valets de place,* qui se tiennent en vue sur les places publiques.

DE VRAI, véritablement, *de vero :*

Je ne sais pas, *de vrai,* quel homme il peut être. (*D. Juan.* I. 1.)
Nous verrons, *de vrai,* nous verrons ! (*Ibid.* V. 3.)
Ma foi, c'est promptement, *de vrai,* que j'achèverai. (*Am. magn.* V. 1.)

Cette locution était jadis très usitée ; les exemples en sont fréquents. On disait aussi *au vrai :*

« Je ne sais pas *au vrai* si vous les lui devez ;
Mais il me les a, lui, mille fois demandés. »
(REGNARD. *Le Légataire.* V. 7.)

DEXTÉRITÉS, au pluriel, adresse :

Oui, *vos dextérités* veulent me détourner
D'un éclaircissement qui vous doit condamner. (*D. Garcie.* IV. 8.)

Je sais les tours rusés et les subtiles trames
Dont pour nous en planter savent user les femmes,
Et comme on est dupé par leurs *dextérités ;*
Contre cet accident j'ai pris mes sûretés. (*Ec. des fem.* I. 1.)

D'HOMME D'HONNEUR ; ellipse : foi d'homme d'honneur :

D'homme d'honneur, il est ainsi que je le dis. (*Dép. am.* III. 8.)

DIABLE ; DIABLE EMPORTE SI :

Diable emporte si je le suis ! (médecin.) (*Méd. malg. lui.* I. 6.)
Diable emporte si j'entends rien en médecine ! (*Ibid.* III. 1.)

C'est une sorte d'atténuation du blasphème complet : Que le diable m'emporte si...

— EN DIABLE ; COMME TOUS LES DIABLES :

La justice, en ce pays-ci, est rigoureuse *en diable* contre cette sorte de crime.
(*Pourc.* II. 12.)

Elle est sévère *comme tous les diables,* particulièrement sur ces sortes de crimes.
(*Pourc.* III. 2.)

(Voyez QUE DIABLE !)

DIANTRE, modification de *diable ;* DIANTRE SOIT :

Diantre soit la coquine ! (*B. gent.* III. 3.)

— DIANTRE, adjectif; *comme diable, diablesse :*

Qu'on est aisément amadoué par ces *diantres* d'animaux-là ! (*Ibid.* III. 10.)

— DIANTRE SOIT DE :

Diantre soit de la folle, avec ses visions ! (*Fem. sav.* I. 5.)

— DIANTRE SOIT FAIT DE :

Encore ! *diantre soit fait de vous!* Si... je le veux. (*Tart.* II. 4.)

DIE, dise :

> Veux-tu que je te *die?* une atteinte secrète
> Ne laisse point mon âme en une bonne assiette. (*Dép. am.* I. 1.)

> Ah! souffrez que je *die*,
> Valère, que le cœur qui vous est engagé. (*Ibid.* V. 9.)

Die n'est pas une forme suggérée par le besoin de la rime ; elle est aussi fréquente que *dise* chez les vieux prosateurs. Malherbe, dans ses lettres, n'en emploie pas d'autre.

> Voulez-vous que je vous *die?* (*Impromptu de Versailles.* 3.)

Ainsi cette forme était encore usuelle dans la conversation en 1663.

« Il faut toujours, en prose, écrire et prononcer *dise* et jamais *die*, ni avec *quoi que*, ni dans aucune autre phrase. » C'est la décision de *Trévoux*, d'après Th. Corneille.

DIFFAMER :

> MORON.
> Je vous croyois la bête
> Dont à me *diffamer* j'ai vu la gueule prête. (*Pr. d'El.* I. 2.)

Voyez tome V, page 433.

DIGNE, en mauvaise part :

> Et toutes les hauteurs de sa folle fierté
> Sont *dignes* tout au moins *de ma sincérité*. (*Fem. sav.* I. 3.)

« Mais il (Vasquez) *n'est pas digne de ce reproche*. » (PASCAL. 11e *Prov.*)

DINER ; AVOIR DINÉ, métaphoriquement :

Mme JOURDAIN. — Il me semble que *j'ai dîné* quand *je le vois!* (*B. gent.* III. 3.)

On dirait, par la même métaphore : Je suis *rassasiée* de le voir.

DIRE, actif avec un complément direct, désirer ; TROUVER QUELQU'UN A DIRE :

> Mettez-vous donc bien en tête... que *je vous trouve à dire* plus que je ne voudrois dans toutes les parties où l'on m'entraine. (*Mis.* V. 4.)

Ce verbe *dire* vient, par une suite de syncopes, non pas de *dicere*, mais de *desiderare*, dont on ne retient que les syllabes extrêmes, *desiderare*, *desirare* (d'où l'on a fait à la seconde époque *désirer*), et *dere*, dont le premier *e* se change en *i*, par la règle accoutumée.

Ce verbe *dire* était très usité au xvie siècle : Montaigne, la reine de Navarre, et les autres, en font constamment usage :

« Que sait-on, si... plusieurs effects des animaux qui excedent nostre capacité sont produits par la faculté de quelque sens que nous ayons à *dire?* »
(MONTAIGNE. II. 12.)

A désirer, à regretter ; qui nous manque.

« Si nous avions à *dire* l'intelligence des sons de l'harmonie et de la voix, cela apporteroit une confusion inimaginable à tout le reste de nostre science. » (ID. *Ibid.*)

« Ce desfault (une taille trop petite) n'a pas seulement de la laideur, mais encores de l'incommodité, à ceulx mesmement qui ont des commandements et des charges ; car l'auctorité que donne une belle presence et majesté corporelle en est à *dire*. »
(ID. II. 17.)

L'autorité, par suite de ce défaut, se fait désirer, ne s'obtient pas.

La reine de Navarre écrit à chaque instant dans ses lettres : Le roi et madame vous trouvent bien à *dire;* nous vous trouvons bien à *dire.* C'est dans ce sens que l'employait encore Célimène en 1666.

— DIRE de quelque chose TOUS LES MAUX DU MONDE :

Tous les autres comédiens... en ont dit *tous les maux du monde.*
(*Crit. de l'Ec. des fem.* 7.)

(Voyez ON DIRAIT DE.)

— DIRE pour *redire :*

Ayant eu la bonté de déclarer qu'elle (Votre Majesté) ne trouvoit rien à *dire* dans cette comédie, qu'elle me défendoit de produire en public. (1er *Placet au roi.*)

— DIRE construit avec *en* et *à;* EN DIRE A, pour *être favorable à* :

Si le sort *nous en dit,* tout sera bien réglé. (*L'Ét.* V. 2.)

Si le sort nous est propice, nous seconde.

Cette bizarre expression est évidemment calquée sur cette façon de parler usuelle : Le cœur m'en dit; le cœur vous en dit-il?

— DIRE VÉRITÉ, dire *la* vérité :

Et s'il avoit mon cœur, *à dire vérité...* (*Mis.* IV. 1.)

DISPENSER (SE) A, se disposer à :

Et c'est aussi pourquoi ma bouche *se dispense*
A vous ouvrir mon cœur avec plus d'assurance. (*Dép. am.* II. 1.)

Autrefois, *dispenser* se disait en pharmacie pour *disposer, préparer.*

« Plusieurs auteurs ont écrit en détail la préparation des remèdes que les apothicaires doivent *dispenser. Dispenser* la thériaque, c'est-à-dire la préparer. Les statuts des espiciers portent que les aspirants à la maistrise *dispenseront* leur chef-d'œuvre en présence de tous les maistres. » (FURETIÈRE.)

Cette ancienne valeur du mot *dispenser* est encore attestée par le mot anglais *dispensary,* pharmacie, dont nous avons refait, à notre tour *dispensaire.*

DISPOSITION, agilité.

Voyez tome V, pages 331, 422, 461.

DISPUTER A FAIRE QUELQUE CHOSE :

Je suis un pauvre pâtre; et ce m'est trop de gloire
Que deux nymphes d'un rang le plus haut du pays
Disputent à se faire un époux de mon fils. (*Mélicerte.* I. 4.)

— DIVERTIR, du latin *divertere,* détourner, distraire, tourner d'un autre côté :

Après de si beaux coups qu'il a su *divertir.* (*L'Ét.* III. 1.)

Votre feinte douceur forge un amusement,
Pour *divertir* l'effet de mon ressentiment. (*D. Garcie.* IV. 8.)

Bonjour. — Hé quoi, toujours ma flamme *divertie!* (*Fâcheux.* II. 2.)

Viendra-t-il point quelqu'un encor me *divertir?* (*Ibid.* III. 3.)

Et, cherchant à *divertir cette tristesse,* nous sommes allés nous promener sur le port.
(*Scapin.* II. 11.)

« C'est un artifice du diable, de *divertir ailleurs* les armes dont ces gens-là combattoient les hérésies. » (PASCAL. *Pensees.*)

« Si l'homme étoit heureux, il le seroit d'autant plus qu'il seroit moins *diverti*, comme les saints et Dieu. » (ID. *Ibid.*)

DONCQUES, archaïsme :

Doncques si le pouvoir de parler m'est ôté,
Pour moi, j'aime autant perdre aussi l'humanité. (*Dep. am.* II. 7.)

On écrivit originairement avec une s finale, *doncques, avecques, ores, illecques, mesmes.*

DONNER; DONNER A PLEINE TÊTE DANS :

Il ne faut point douter qu'elle ne *onne à pleine tête dans cette tromperie.*
(*Am. magn.* IV. 4.)

— DONNER AU TRAVERS DE :

Un homme... *qui donne au travers des purgations et des saignées.* (*Mal. im.* III. 3.)

Donner, dans cette locution, et dans celles qui vont suivre jusqu'à *se donner de garde*, est pris au sens de *tomber* ou *se lancer avec impétuosité*, et il est verbe neutre, ou plutôt réfléchi, mais dépourvu de son pronom. Les Latins disaient de même *dare se : — dare se in viam* (CIC.); *dare se præcipitem : dabit me præcipitem in pistrinum* (PLAUT.); *dare se fugæ* (CIC.).

Molière aussi construit *donner* avec le datif et avec l'accusatif, c'est-à-dire, avec *à* et *dans*.

— DONNER CHEZ QUELQU'UN :

Nous donnions *chez les dames romaines*,
Et tout le monde là parloit de nos fredaines. (*Fem. sav.* II. 4.)

— DONNER DANS :

Vous donnez furieusement *dans le marquis!* (*L'Av.* I. 5.)

... les riches bijoux, les meubles somptueux où *donnent* ses pareilles avec tant de chaleur. (*Ibid.* II. 6.)

— DONNER DANS LA VUE, éblouir :

Ce monsieur le comte qui va chez elle *lui donne peut-être dans la vue?*
(*B. gent.* III. 9.)

— DONNER A UN BRUIT, c'est-à-dire, croire à ce bruit :

Enfin il est constant que l'on n'a point *donné*
Au bruit que contre vous sa malice a tourné. (*Mis.* V. 1.)

On n'a point donné créance au bruit, etc. Mais, sans recourir à cette ellipse violente, *donner au bruit* est dit comme *donner au piège*, c'est-à-dire *dans le piège*.

— DONNER DE GARDE (SE), prendre ses précautions :

Je venois l'avertir de *se donner de garde.* (*L'Ét.* IV. 1.)

On disait aussi, avec un complément indirect, *se donner de garde de quelque chose :*

MORON. — *Donnez-vous-en bien de garde*, seigneur, si vous voulez m'en croire.
(*Pr. d'Él.* III. 2.)

« Et fut tout ce fait si soubdainement, que les gens de la ville ne *s'en donnerent de garde.* » (FROISSART.)

— DONNER DES REVERS, renverser d'un soufflet, métaphoriquement :

Toutefois, n'allez pas, sur cette sûreté,
Donner de vos revers au projet que je tente. (*L'Ét.* II. 1.)

— EN DONNER A QUELQU'UN, lui en donner à garder, le tromper :

Tu couches d'imposture, et *tu m'en as donné*. (*L'Ét.* I. 10.)

(Voyez COUCHER DE.)

Ah, ah! l'homme de bien, *vous m'en vouliez donner!* (*Tart.* IV. 7.)

— EN DONNER DU LONG ET DU LARGE :

Donnons-en à ce fourbe, *et du long et du large*. (*L'Ét.* IV. 7.)

Donnons-lui-en dans tous les sens, accommodons-le de toutes les façons possibles, de toutes pièces.

— DONNER LA BAIE :

Le sort a bien *donné la baie* à mon espoir. (*L'Ét.* II. 13.)

(Voyez BAIE.)

— DONNER LA MAIN OU LES MAINS A, métaphoriquement, soutenir :

Donne la main à mon dépit, et soutiens ma résolution. (*B. gent.* III. 9.)

Pourvu que votre cœur veuille *donner les mains*
Au dessein que j'ai fait de fuir tous les humains. (*Mis.* V. sc. dernière.)

La Fontaine a dit absolument *donner les mains,* dans le sens où le vulgaire dit aujourd'hui *mettre les pouces* :

« De façon que le philosophe fut obligé de *donner les mains*. » (*Vie d'Ésope.*)

— DONNER UN CRIME, UNE RÉPUTATION :

J'ignore le détail du *crime qu'on vous donne*. (*Tart.* V. 6.)

C'est le latin *dare crimen alicui.*

Je me souviens toujours du soir qu'elle eut envie de voir Damon, sur *la réputation qu'on lui donne,* et les choses que le public a vues de lui.
(*Critique de l'École des femmes*, sc. 2.)

On disait de même, au XVIe siècle, *donner un bruit à quelqu'un.* Bonnivet était :

« Des dames mieux voulu que ne feut oncques François, tant pour sa beauté, bonne grâce et parole, que pour *le bruit que chacun luy donnoit* d'estre l'un des plus adroits et hardis aux armes qui feust de son temps. »
(La R. DE NAV. *Heptaméron*, nouvelle 14.)

« Elle connoissoit le contraire du faux *bruit que l'on donnoit aux François.* » (*Ibid.*

(Voyez BRUIT.)

DONT, au sens de *par qui, de qui* :

C'est moi, vous dis-je, moi, *dont* le patron le sait. (*Dép. am.* III. 7.)

Cette expression pèche par l'équivoque : il semble que Mascarille veuille dire : *ego, cujus dominus id rescivit,* — et il veut dire A QUO ou *per quem dominus id rescivit.*

L'ancienne orthographe eût évité cette confusion (aux yeux du moins), en écrivant : *dond* le patron le sait, — *unde id rescivit.*

— DONT, pour *de qui*, avec un nom de personne :

Messieurs les maréchaux, *dont* j'ai commandement. (*Mis.* II. 7.)
Mon fils, *dont* votre fille acceptoit l'hyménée. (*Sgan.* 7.)
Et principalement ma mère étant morte, *dont* on ne peut m'ôter le bien.
(*L'Av.* II. 1.)
Comme ami de son maître de musique, *dont* j'ai obtenu le pouvoir de dire qu'il m'envoie à sa place. (*Mal. im.* II. 1.)

— DONT, par laquelle :

La beauté me ravit partout où je la trouve, et je cède facilement à cette douce violence *dont* elle nous entraîne. (*D. Juan.* I. 2.)
La bassesse de ma fortune, *dont* il plaît au ciel de rabattre l'ambition de mon amour…
(*Am. magn.* I. 1.)

— DONT A LA MAISON, pour *à la maison de qui* :

L'objet de votre amour, lui, *dont à la maison*
Votre imposture enlève un brillant héritage. (*Dép. am.* II. 1.)

Molière ne s'est permis qu'une seule fois cette tournure entortillée.

Bossuet fournit un exemple d'une construction aussi bizarre :

« On a peine à placer Osymanduas, *dont* nous voyons de si magnifiques monuments dans Diodore, et de si belles marques *de ses combats.* » (*Hist. un.* IIIᵉ p. § 3.)

Dont nous voyons de si belles marques de ses combats, pour *des combats de qui nous voyons de si belles marques.*

— DONT, au neutre, pour *de quoi* :

Ah! poltron, *dont* j'enrage!
Lâche! vrai cœur de poule! (*Sgan.* 21.)

Ah! poltron que je suis, de quoi j'enrage, c'est-à-dire d'être poltron.

— DONT relatif, séparé de son sujet :

Comme *le mal* fut prompt, *dont* on la vit mourir. (*Dép. am.* II. 1.)

(Voyez QUI RELATIF, séparé de son sujet.)

D'ORES-EN-AVANT :

THOMAS DIAFOIRUS. Aussi mon cœur *d'ores-en-avant* tournera-t-il toujours vers les astres resplendissants de vos yeux adorables. (*Mal. im.* II. 6.)

Archaïsme, comme *ne plus, ne moins*. On voit que Thomas Diafoirus est issu de vieille bourgeoisie. On a dit, en ôtant l's *d'ores, dorenavant*, et l'on met aujourd'hui un accent sur l'é, *dorénavant*; en sorte que les racines de ce mot sembleraient être *doré* et *navant*. C'est *d'ora in avanti, d'ore en avant*.

DORMIR SA RÉFECTION, ce qu'il faut pour se refaire.

Le sommeil est nécessaire à l'homme; et lorsqu'on ne *dort pas sa réfection,* il arrive que... (*Prol. de la Pr. d'Él.*, 2.)

DOS; TOMBER SUR LE DOS A QUELQU'UN, en parlant d'un événement fâcheux :

Il faut que tout le mal *tombe sur notre dos.* (*Sgan.* 17.)

DOT, substantif masculin, archaïsme :

> L'ordre est que le futur doit doter la future
> Du tiers *du dot* qu'il a. (*Éc. des fem.* IV. 2.)

> C'est une raillerie que de vouloir me constituer *son dot* de toutes les dépenses qu'elle ne fera point. (*L'Av.* II. 6.)

Montaigne fait toujours *dot* masculin. Ménage : « Il faut dire *la dot* et non pas *le dot*, comme dit M. de Vaugelas dans sa traduction de Quinte-Curce, et M. d'Ablancourt dans tous ses livres. Nicot dit *le dost*, qui est encore plus mauvais que *le dot*. » (*Obs. sur la lang. fr.* p. 126.)

L'*Avare* est de 1668, et Ménage écrivait ses observations en 1672, un an avant la mort de Molière. C'est donc vers cette seconde date que le genre du mot *dot* a été fixé au féminin.

Le moyen âge disait *dos* fém., et *dotum*, neutre.

(Voyez Du Cange, au mot *dotum*.)

DOUBLE, substantif, pièce de monnaie :

> Vous ne les auriez pas, s'il s'en falloit *un double*. (*Méd. m. lui* 1. 6.)

> Il n'y a point de monsieur maître Jacques *pour un double!* (*L'Av.* III. 6.

Le double était une petite monnaie de billon. *Il n'y en a point pour un double*, espèce d'adage pour exprimer un refus formel, une dénégation.

DOUBLE FILS DE PUTAIN :

> *Double fils de putain*, de trop d'orgueil enflé. (*Amph.* III. 7.)

Put, pute, du latin *putidus*, par apocope, ancien adjectif qui signifiait à peu près *vilain, vilaine*. Il est encore d'usage dans les Vosges et la Franche-Comté. Un vieux noël en patois lorrain, sur l'Épiphanie, dit, en parlant du roi d'Éthiopie :

> « Qui ot ce *put* chabrouillé ? »

Qui est ce vilain barbouillé ?

DOUCEUR DE COEUR, tendresse, amour :

> Il se rend complaisant à tout ce qu'elle dit,
> Et pourroit bien avoir *douceur de cœur* pour elle. (*Tart.* III. 1.)

DOUTER, verbe actif ; DOUTER QUELQUE CHOSE, c'est-à-dire le tenir suspect :

> Sous couleur de changer de l'or *que l'on doutoit*. (*L'Ét.* II. 7.)

De l'or que l'on craignait qui ne fût faux.

Douter, se disait jadis en la forme simple ; *redouter* marquait la répétition, l'augmentation de la crainte. Nicot dit : « DOUBTER, *hesitare, dubitare, vereri, timere*. »

« Il n'y a homme tant hardi qui ne *doubte* trop d'en aller cueillir. »
(*Amadis*, livre II.)

CLOVIS *à saint Remi*.
> « Sire arcevesque, nous lavez
> Corps et ame dedans ces fons,
> Pour nous garder d'aller à fons
> D'enfer, qui tant fait à *doubter*. » (*Mystère de Ste Clotilde*.)

Froissart ne connaît que le verbe *douter* ou *se douter*, pour signifier *redouter* :

« Le clerc *se doubta* du chevalier, car il estoit crucux… Il vint en presence du sire de Corasse, et luy dit :….. Je ne suis pas si fort en ce pays comme vous estes; mais sachez que, au plustost que je pourrai, je vous envoierai tel champion que vous *doubterez* plus que vous ne faictes moi. Le sire de Corasse….. luy dict : Va à Dieu, va ; fais ce que tu peux : *je le doubte* autant mort que vif. » (FROISSART. *Chron* III. ch. 22.)

Se douter avait le même sens. Pathelin confie à sa femme son plan pour duper le drapier : Bon, dit Guillemette :

« Mais se vous renchéez arriere,
Que justice vous en repreigne,
Je me doute qu'il ne vous preigne
Pis la moitié qu'à l'autre fois. »   (*Pathelin.*)

« Mais si vous ne réussissez pas, et que la justice s'en mêle, j'ai peur qu'il ne vous en arrive la moitié pis que la dernière fois. »

DOUZE, dans une espèce de rébus ou de calembour trivial :

JACQUELINE. Je vous *dis et vous douze* (10 et 12) que tous ces médecins n'y feront rian que de l'iau claire.   (*Méd. m. lui.* II. 2.)

DRAPS BLANCS ; METTRE QUELQU'UN DANS DE BEAUX DRAPS BLANCS, par ironie :

Ah ! coquines, vous nous mettez *dans de beaux draps blancs!*   (*Préc. rid.* 18.

DRESSER ; DRESSER UN ARTIFICE :

Et s'il faut par hasard qu'un ami vous trahisse,
Que pour avoir vos biens on *dresse un artifice?*   (*Mis.* I. 1.)

Mais pour lequel des deux princes au moins *dressez-vous tout cet artifice?*
(*Am. magn.* IV. 4.)

— DRESSER SA PROMENADE VERS, la diriger :

Dressons notre promenade, ma fille, vers cette belle grotte où j'ai promis d'aller.
(*Ibid.* III. 1.)

« Elle *dressa* donc *ses pas* vers le lieu où elle avoit vu cette fumée. »
(LA FONT. *Psyché.* II.)

DU, pour *que le* :

C'est un étrange fait *du* soin que vous prenez
A me venir toujours jeter mon âge au nez.   (*Éc. des mar.* I. 1.)

« Voyez que c'est *du* monde et *des* choses humaines ! »
(REGNIER, *le mauvais Giste.*)

(Voyez DE remplaçant *que le.*)

DULCIFIÉ, au sens métaphorique :

GROS-RENÉ.
…Voilà tout mon courroux
Déjà *dulcifié;* qu'en dis-tu, romprons-nous ?   (*Dép. am.* IV. 4.)

— DULCIFIANT, adjectif :

SGANARELLE. Quelque petit clystère *dulcifiant.*   (*Méd. m. lui.* II. 7.)

DU MATIN, dès le matin :

> Mais demain, *du matin*, il vous faut être habile
> A vider de céans jusqu'au moindre ustensile. (*Tart.* V. 4.)

— DU GRAND MATIN, dès le grand matin :

> Aujourd'hui il est trop tard; mais demain, *du grand matin*, je l'enverrai querir. (*Mal. im.* I. 10.)

DU MIEUX QUE :

> Allez; si elle meurt, ne manquez pas de la faire enterrer *du mieux que* vous pourrez. (*Méd. m. lui.* III. 2.)

(Voyez DE exprimant la cause, la manière.)

DU MOINS, pour *au moins :*

> Je vais gager qu'en perruques et rubans il y a *du moins* vingt pistoles. (*L'Av.* I. 5.)

C'est pour éviter l'hiatus *a au*.

DUPE A (un infinitif) :

> Et moi, la bonne *dupe à trop croire* un vaurien. (*L'Ét.* II. 5.)

Et moi qui, en croyant trop un tel vaurien, suis une bonne dupe.

(Voyez A [un infinitif], capable de, de nature à.)

DURANT QUE :

> Je vous dirai... que, *durant qu'il dormoit*, je me suis dérobée d'auprès de lui... (*G. D.* III. 12.)

C'est le participe ablatif absolu des Latins : *durante quod*, comme *pendant que*, *pendente quod*.

DURER CONTRE QUELQU'UN, DURER A QUELQUE CHOSE :

> CLAUDINE. Il a tant bu, que je ne pense pas qu'on puisse *durer contre lui*. (*G. D.* III. 12.)

Il faut observer que ce *durer* est devenu du style de servante, mais que cette servante parle comme Tite-Live : « Nec poterat *durari* extra tecta. » On ne pouvait *durer* hors des maisons; et comme Plaute : « Nequeo *durare* in ædibus. » Je ne puis *durer* chez nous.

> « ..... *durate*, atque exspectate cicadas. » (JUVEN. IX. 69.)

Au surplus, Molière a relevé cette expression, en la mettant dans la bouche de l'aimable et spirituelle Élise :

> Pensez-vous que je puisse *durer à ses turlupinades* perpétuelles? (*Crit. de l'Éc. des fem.* 1.)

DU TOUT :

> ... Mon fils, je ne puis *du tout* croire
> Qu'il ait voulu commettre une action si noire. (*Tart.* V. 3.)

Je relève ces vers, uniquement pour avoir occasion d'observer que *du tout* ne s'emploie plus aujourd'hui qu'en des formules négatives, mais qu'il entrait aussi originairement dans des phrases affirmatives. Par exemple :

> « Nostre Seignur Deu *del tut* siwez et de tut vostre quer servez. » (*Lois.* p. 41.)

Suivez *du tout*, c'est-à-dire absolument, sans restriction, Notre Seigneur Dieu. — Nous sommes appauvris de la moitié de cette locution.

> « Pensez, amis, que je faz moult
> Quant je me mets en vous *du tout*
> Et de ma mort et de ma vie. »   (*Partonopeus.* v. 7730.)

E muet étouffé pour la mesure :

> Les flots contre les flots font un *remue-ménage*.   (*Dép. am.* IV. 2.)
> Je pousse, et je me trouve en un fort à l'écart,
> A la *queue* de nos chiens, moi seul avec Drécart.   (*Fâcheux.* II. 7.)

La locution étant ainsi faite, il n'y avait pas moyen de l'employer autrement en vers.

— *E muet* de la seconde ou de la troisième personne, comptant pour une syllabe :

> Anselme, mon mignon, *crie*-t-elle à toute heure.   (*L'Ét.* I. 6.)
> Ah ! *n'aie* pas pour moi si grande indifférence !   (*Ibid.* II. 7.)
> Ils ne vous ôtent rien, en m'ôtant à vos yeux,
> Dont ils n'*aient* pris soin de réparer la perte.   (*Psyché.* II. 1.)

ÉBAUBI :

> Je suis tout *ébaubie*, et je tombe des nues !   (*Tart.* V. 5.)

Trévoux dit que c'est une forme populaire et corrompue du mot *ébahi*. Il se trompe. La forme première est *abaubi*, et nos pères distinguaient bien *esbahi* et *abaubi* :

> « Lors le voit morne et *abaubit*. »   (*Rom. de Coucy.* v. 185.)
> « Li chastelains fut *esbahis*. »   (*Ibid.* v. 223.)

La châtelaine de Fayel, voyant dans sa chambre son époux et son amant, demeure stupéfaite :

> « Quant ele audeus leans les vist,
> Le cuer a tristre et *abaubit*.
> Dont dist come *esbahie* fame :
> Sire diex ! quei gent sont cecy ? »   (*Ibid.* v. 4546.)

Esbahi est celui qui reste la bouche béante, comme s'il bâillait. La racine est *hiare*.

Abaubi a pour racine *balbus*, dont on fit *baube*. Louis le Bègue était *Loys li Baube* :

> « Looys, le fil Challe le Chauf, qui *Loys li Baubes* fut apelez. »
>   (*Chron. de St.-Denys*, ad ann. 877.)

Et Philippe de Mouskes :

> « Loeys ki *Baubes* ot nom. »

Louis, surnommé le Bègue.

En composant cet adjectif avec *a*, qui marquait une action en progrès, on fit *abaubir*, comme *alentir*, *apetisser*, *agrandir*, et, par la corruption de l'âge, *ébaubi*.

Un homme *ébahi* est muet de surprise ; l'*ébaubi* est celui que la surprise fait bégayer, balbutier.

Trévoux dérive *esbahir* de l'hébreu *schebasch*, et *ébaubi*, d'*ébahir*.

Le verbe était *bauboier* ou *baubier*, qui s'écrivait *balbier*. Il y a dans Partonopeus un exemple naïf d'une femme ébaubie ou abaubie : c'est quand la fée Mélior, en s'éveillant, ne trouve plus Partonopeus à ses côtés ; elle veut l'appeler par son nom :

> « Nel puet nomer, et neporquant
> *Balbié* l'a en sanglotant :
> *Parto, Parto,* a dit souvent,
> Puis dit *nopeu,* moult feblement ;
> Et quant a *Partonopeu* dit
> Pasmee ciet desor son lit. (*Partonopeus.* v. 7245.)

(Voyez Du Cange aux mots *Balbire* et *Balbuzare.*)
Balbier (*baubier*) est la forme primitive, tirée de *balbus.*
Balbutier est de seconde formation, calqué sur *balbutire.*

ÉBULLITIONS DE CERVEAU :

Je suis pour le bon sens, et ne saurois souffrir les *ébullitions de cerveau* de nos marquis de Mascarille. (*Crit. de l'Éc. des fem.* 6.)

ÉCHAPPER (L') BELLE :

Je viens de l'*échapper bien belle,* je vous jure ! (*Éc. des fem.* IV. 6.)
Nous l'avons en dormant, madame, *échappé belle !* (*Fem. sav.* IV. 3.)

L'italien possède beaucoup de locutions faites, où l'adjectif est ainsi au féminin par rapport à un substantif sous-entendu : — *come la passate ? — questa non l' intendo ; — ei me l' ha fatta ; — questa non mi calza,* etc., etc., où l'on peut supposer dans l'ellipse les mots *vita, cosa, burla, scarpa.*

ÉCHELLE ; TIRER L'ÉCHELLE APRÈS QUELQU'UN :

LUCAS. Oh, morguenne ! il faut *tirer l'échelle après ceti-là.* (*Méd. m. lui.* II. 1.)

Cette figure s'entend assez : quand on tire l'échelle, c'est qu'on n'a plus à laisser monter personne, étant satisfait de ce qui est monté.

ÉCHINE ; AJUSTER L'ÉCHINE, bâtonner :

> Ah ! vous y retournez !
> Je vous *ajusterai l'échine.* (*Amph.* III. 7.)

ÉCLAIRÉ EN HONNÊTES GENS :

L'âge le rendra plus *éclairé en honnêtes gens.* (*Crit. de l'Éc. des fem.* 5.)

C'est-à-dire, lui apprendra à les mieux reconnaître.

ÉCLAIRER QUELQU'UN, l'espionner, éclairer ses démarches :

Au diable le fâcheux qui toujours *nous éclaire !* (*L'Ét.* I. 4.)

> Dites-lui qu'il s'avance,
> . . . .
> Et qu'il ne se verra d'aucuns yeux *éclairé.* (*D. Garcie.* IV. 3.)
> J'ai voulu vous parler en secret d'une affaire,
> Et suis bien aise ici qu'aucun ne nous *éclaire.* (*Tart.* III. 3.)

Il nous reste en ce sens le substantif *éclaireur ; aller en éclaireur.*

On disait *éclairer à quelqu'un,* pour signifier lui éclairer son chemin. Nicot fait soigneusement la distinction entre *éclairer quelqu'un* et *à quelqu'un ;* il explique le second : « *Prælucere alicui ; lucem facere alicui ; lustrare lampade.* » Ainsi quand on lit dans *Don Juan,* act. IV, scène 3 : — Allons, monsieur Dimanche, je vais *vous éclairer,* — il faut entendre ce *vous* au datif, pour *à vous*, et non pas à l'accusatif, comme aujourd'hui nous disons : *éclairez monsieur*. C'est une politesse très impolie : monsieur n'a pas besoin qu'on *l'éclaire*, mais qu'on lui *éclaire* sa route.

Ce vice du langage moderne paraît né de l'équivoque des formes *vous, moi, me*, qui servent aussi pour *à vous, à moi*.

ÉCLATS DE RISÉE, éclat de rire :

A tous les *éclats de risée*, il haussoit les épaules, et regardoit le parterre en pitié.
(*Crit. de l'Ec. des fem.* 6.)

« Ces paroles à quoi Gélaste ne s'attendoit point, et qui firent faire un petit *éclat de risée*, l'interdirent un peu. » (LA FONTAINE. *Psyché.* I.)

ÉCOT ; PARLER A SON ÉCOT :

Mais quoi...? — Taisez-vous, vous ; *parlez à votre écot*.
Je vous défends tout net d'oser dire un seul mot. (*Tart.* IV. 3.)

Voyez tome VI, page 143.

ÉCOUTER UN CHOIX, y entendre, l'examiner :

Le choix est glorieux, et vaut bien qu'on l'*écoute*. (*Tart.* II. 4.)

ÉCU ; LE RESTE DE NOTRE ÉCU :

Mme JOURDAIN (*apercevant Dorimène et Dorante*). Ah, ah ! voici justement *le reste de notre écu !* Je ne vois que chagrins de tous côtés. (*B. gent.* V. 1.)

Expression figurée, prise du change des monnaies. Voici le reste de notre écu ! c'est-à-dire, voici qui complète notre infortune.

EFFICACE, substantif féminin :

On n'ignore pas qu'une louange en grec est d'*une merveilleuse efficace* à la tête d'un livre. (*Préf. des Préc. rid.*)

Il est trop heureux d'être fou, pour éprouver l'*efficace* et la douceur des remèdes que vous avez si judicieusement ordonnés. (*Pourc.* I. 11.)

L'*efficace*, pour l'*efficacité*, commençait déjà, en 1669, à devenir un terme suranné ; mais il a d'autant meilleure grâce dans la bouche d'un personnage grave et doctoral.

Il faut observer qu'il y a dix ans entre les *Précieuses ridicules* et *Monsieur de Pourceaugnac* (1659-1669.)

EFFRÉNÉ ; PROPOS EFFRÉNÉS :

Comment ! il vient d'avoir l'audace
De me fermer la porte au nez,
Et de joindre encor la menace
A mille *propos effrénés!* (*Amph.* III. 4.)

Puisqu'on dit bien *une langue sans frein*, pourquoi ne dirait-on pas aussi *des propos effrénés ?* La métaphore est la même. Mais on ne saurait approuver *des traits effrontés* (*Tartuffe*, II. 2) ; des épigrammes, des coups de langue, peuvent s'appeler des *traits*, parce que l'effet de l'un comme de l'autre est de blesser, de piquer ; mais des *traits* n'ont pas de *front*. Il y a incohérence, incompatibilité d'images. C'est Dorine qui est *effrontée*.

EFFROI, au sens actif. Voyez PLEIN D'EFFROI.

ÉGARER (S') DE QUELQU'UN :

> Je m'étois par hasard *egaré d'un frère et de* tous ceux de notre suite.
> (*D. Juan.* III. 4.)

On disait aussi *égarer quelqu'un*, au même sens que *s'égarer de quelqu'un* :

> « Considerant les mouvements du chien... à la queste de son maistre *qu'il a esgaré*. »
> (MONTAIGNE. II. 13.)

C'est à dire dont il s'est égaré.

Nicot ne donne que la forme *s'égarer d'avec* : « L'enfant s'est esgaré d'avec son pere. »

Ménage dérive *égarer* de je ne sais quel *varare*, qu'il traduit par *traverser*. *Égarer, garer, garder, garir* (auj. *guérir*), *guérite, garantir*, tous ces mots descendent de l'allemand, *bewahren* (en anglais *beware*), en passant par la basse latinité, d'où le *w* se changeait, pour le français, en *gu* ou *g* dur. *Werdung, guerdon*; — *Wantus, guant* (gant); — *Wardia, garde*; — *Wadium, gage*; — *Wallia, Gaule*; — *Warenna* (*ubi animalia custodiuntur*), *garenne*; etc., etc.

Guérite ou *garite* signifiait une route à l'écart, un sentier détourné, par où l'on cherchait un refuge devant l'ennemi, *sich bewahren*, à *se garer* ou à *se garir*. De là cette vieille expression, *enfiler la guérite*, c'est-à-dire fuir, chercher un asile dans la fuite. De même *s'égarer*, c'est se jeter dans ce petit chemin perdu hors de la vue et de la poursuite.

On voit d'un même coup d'œil comment se rattachent à cette famille l'exclamation *gare !* qui n'est que l'impératif du verbe *se garer* : se garer des chevaux, des voitures; et le substantif féminin *gare*; une *gare* pour les bateaux, la *gare* d'un chemin de fer. L'enchaînement des idées est donc celui-ci : protection, fuite, écart, égarement.

ÉGAYER SA DEXTÉRITÉ, la faire voir, en faire parade :

> Mais la princesse a voulu *égayer sa dextérité*, et de son dard, qu'elle lui a lancé un peu mal à propos..., etc.
> (*Am. magn.* V. 1.)

ÉLEVER SES PAROLES, élever la voix :

> Plus haut que les acteurs *élevant ses paroles*. (*Fâcheux.* I. 1.)

ÉLISION.

OUI, ne faisant pas élision :

> Et son cœur est épris des charmes d'Henriette.
> — Quoi ! de ma *fille* ?
> — *Oui*, Clitandre en est charmé. (*Fem. sav.* II. 3.)

L'hiatus n'est pas en cet endroit plus choquant que dans cet autre, où la règle du moins n'a pas à se plaindre :

> Ces gens vous *aiment* ? — *Oui*, de toute leur puissance. (*Ibid.* II. 3.)

Le repos fortement marqué fait disparaître l'hiatus. Quand ce repos est moindre, Molière ne manque pas d'élider :

> Notre sœur est folle, oui ! — Cela croît tous les jours. (*Fem. sav.* II. 4.)

Sans élision :

> Moi, ma *mère* ? — *Oui*, vous. Faites la sotte un peu ! (*Ibid.* III. 6.)

OUAIS :

> Hé non! mon *père*. — *Ouais!* qu'est-ce donc que ceci? (*Ibid.* V. 2.)

L'hiatus dans ces passages est moins sensible à l'oreille que dans une foule d'autres, où il est plus réel, quoique dissimulé à l'œil par l'orthographe. Ainsi :

> Aucun, hors moi, dans la maison
> N'a droit de *commander*. — *Oui*, vous avez raison. (*Ibid.* V. 2.)

Cela est très légitime; mais on interdirait : *il m'a commandé, oui...*, qui est pour l'oreille absolument la même chose.

ELLÉBORE, raison, bon sens :

> Vous le voyez, sans moi vous y seriez encore ;
> Et vous aviez besoin de mon peu d'*ellébore*. (*Sgan.* 22.)

Voyez t. III, p. 329, note 1.

ELLIPSE :

— D'UN VERBE DÉJA EXPRIMÉ, et qui, répété, serait aux mêmes temps, nombre et personne que devant :

> Hé bien! vous le pouvez, *et prendre* votre temps. (*Fâcheux*. III. 2.)

Et vous pouvez prendre votre temps.

> Puisse-t-il te confondre, *et celui qui* t'envoie! (*Tart.* V. 4.)

Et confondre celui, etc. Confondre toi et celui...

— D'UN VERBE DÉJA EXPRIMÉ, qui, répété, serait à une autre personne, à un autre nombre ou à un autre temps :

> Vous vous moquez de moi, Léandre, *ou lui de vous*. (*L'Ét.* III. 4.)

Ou lui *se moque* de vous.

> Ah! vous ne pouvez pas trop tôt me l'accorder (le pardon),
> Ni moi sur cette peur trop tôt le demander. (*Dép. am.* IV. 3.)

Ni moi *je ne peux*.

> Il parle d'Isabelle, et vous de Léonor. (*Éc. des mar.* III. 10.)

Et *vous parlez* de Léonor.

> Je ne veux point ici faire le capitan,
> Mais on m'a vu soldat *avant que courtisan*. (*Fâcheux*. I. 10.)

Avant que *de me voir* courtisan.

> Vous *attendez* un frère, et *Léon son vrai maître*. (*D. Garcie.* V. 5.)

Vous attendez un frère, et le royaume de Léon *attend* son vrai maître.

> *Je suis* le misérable, *et toi* le fortuné. (*Mis.* III. 1.)

Tu es le fortuné.

> Puisque vous n'êtes pas en des liens si doux
> Pour *trouver* tout en moi, comme *moi* tout en vous. (*Ibid.* V. 7.)

Comme *je trouve* ou *je trouverais* tout en vous.

Et comme ses lumières *sont* fort petites, *et son sens* le plus borné du monde. (*Pourc.* III. 1.)

Et *que* son sens *est* le plus borné du monde.

Ces sortes d'ellipses sont très favorables à la rapidité du langage, mais la grammaire les repousse. Bossuet en use fréquemment.

« Au point du jour, lorsque l'esprit *est* le plus net *et les pensées le plus pures*, ils lisoient, etc. » (*Hist. un.* IIIe p. § III.)

Et *que* les pensées *sont* le plus pures.

« Le roi de Babylone *fut* tué, et *les Assyriens mis en déroute.* » (*Ibid.* § IV.)

Et les Assyriens *furent* mis en déroute.

« M. Arnauld *mériteroit* l'approbation de la Sorbonne, *et moi*, la censure de l'Académie. » (PASCAL, 8e *Prov.*)

Et moi, je mériterais.

— D'UN VERBE NON EXPRIMÉ, mais que la pensée supplée facilement :

. . . . . Ton maître t'a chargé
De me saluer? — Oui. — Je lui suis obligé :
Va, que je lui souhaite une joie infinie. (*Dép. am.* III. 2.)

Va, *dis-lui* que, etc.

Non, mon père m'en parle, *et qu'il est revenu*,
Comme s'il devoit m'être entièrement connu. (*Éc. des fem.* I. 6.)

Et *me dit* qu'il est revenu.

« Ils ont demandé avec instance que s'il y avoit quelque docteur qui les y eût vues (les cinq propositions), il voulût les montrer : *que* c'étoit une chose si facile, qu'elle ne pouvoit être refusée. » (PASCAL, 1re *Prov.*)

— D'UN SUBSTANTIF OU D'UN ADJECTIF :

Et sur lui, quoiqu'aux yeux il montrât beau semblant,
Petit Jean de Gaveau ne montoit qu'en tremblant. (*Fâcheux.* II. 7.)

Gaveau était le nom du marchand de chevaux, petit Jean était son fils ou son valet : le petit Jean de chez Gaveau, comme dans *la Comtesse d'Escarbagnas :* — Voilà *Jeannot de monsieur le conseiller* qui vous demande, madame. (Sc. 12.)

Comme *à de mes amis*, il faut que je te chante
Certain air que j'ai fait de petite courante. (*Fâcheux.* I. 5.)

Comme à *l'un* de mes amis.

Ressouvenez-vous que, hors d'ici, *je ne dois plus qu'à mon honneur.* (*D. Juan.* III. 5.)

Je ne dois plus *rien* qu'à mon honneur.

— D'UN PRONOM PERSONNEL :

C'est donc ainsi qu'*absent* vous m'avez obéi? (*Éc. des fem.* II. 2.)

Moi absent, tandis que j'étais absent, *me absente*.

ÉLUDER QUELQU'UN DE, duper, tromper quelqu'un à l'aide, au moyen de :

J'*éludois* un chacun *d'un deuil* si vraisemblable,
Que les plus clairvoyants l'auroient cru véritable. (*L'Ét.* II. 7.)

C'est trop être *éludés* par un fourbe exécrable. (*Amph.* III. 5.)

EMBÉGUINÉ, coiffé, métaphoriquement :

Ce beau monsieur le comte, dont vous êtes *embéguiné!* (*B. gent.* III. 3.)

Est-il possible que vous serez toujours *embéguiné de vos apothicaires et de vos médecins?*
(*Mal. im.* III. 3.)

EMBUCHE ; METTRE EN EMBUCHE, en embuscade :

Va-t-en faire venir ceux que je viens de dire,
Pour *les mettre en embûche* au lieu que je désire. (*Fâcheux.* III. 5.)

Je ferai remarquer qu'on prononce aujourd'hui *embûche* et *embusquer;* Nicot ne donne que *embuscher*. La racine est *bois*, « car, dit Nicot, les embusches et telles surprises se font communément dedans le bois. »

Regnard s'est servi de *rembûcher*, pour dire faire rentrer dans sa cachette.

EMMAIGRIR :

Moi, jaloux! Dieu m'en garde, et d'être assez badin
Pour m'aller *emmaigrir* avec un tel chagrin ! (*Dép. am.* I. 4.)

Emmaigrir et non *amaigrir*. *Emmegrir* est dans l'édition faite sous les yeux de Molière.

Et c'est la forme primitive du mot :

« E dist al bacheler : Qu'espelt (*quid spectat*) que tu es si deshaitez e si *emmegriz?* »
(*Rois.* p. 162.)

Et dit au jeune homme : d'où vient que tu es si défait et si amaigri?

Nos pères ont composé avec *en* quantité de verbes, entre autres ceux qui marquent le passage progressif d'un état dans un autre : *embellir, enlaidir, emmaladir, engraisser, emmaigrir*, etc., c'est-à-dire devenir de plus en plus beau, laid, gras, maigre, tomber malade.

Mais comme la notation *en* sonnait *an*, d'où vient qu'on a écrit et prononcé *anemi, fame, solanel*, les mots figurés *ennemi, femme, solennel*, on a de même prononcé, et par suite écrit, *amaigrir, agrandir*, pour *emmaigrir, engrandir;* certains mots ont conservé leur syllabe initiale *en;* d'autres ont totalement péri, par exemple *emmaladir*, au lieu de quoi il nous faut dire *tomber malade;* d'autres enfin ont conservé la double forme, comme *ennoblir* et *anoblir*, à chacune desquelles les grammairiens sont parvenus à fixer une nuance particulière, d'abord toute de fantaisie, puis adoptée, et maintenant consacrée par l'usage.

Les grammairiens obtiendront peut-être un jour ce résultat pour *maigrir* et *amaigrir*.

EMBRASSER, accueillir trop vite :

Sans rien embrasser... (*D. Garcie*, II, 7.)

ÉMOUVOIR UN DÉBAT :

Souffrez qu'on vous appelle
Pour être entre nous deux juge d'une querelle,
D'un *débat qu'ont ému* nos divers sentiments
Sur ce qui peut marquer les plus parfaits amants. (*Fâcheux.* II. 4.)

EMPAUMER L'ESPRIT :

Je vois qu'il a, le traître, *empaumé son esprit*. (*Éc. des fem.* III. 5.)

Métaphore prise du jeu de paume. Empaumer la balle, c'est la saisir bien juste au milieu de la paume de la main, ou de la raquette qui remplace la main; ce qui donne moyen de la renvoyer avec le plus de puissance et d'avantage possible.

EMPÊCHER absolument, dans le sens d'arrêter, embarrasser :

 Oui, j'ai juré sa mort ; rien ne peut *m'empêcher*.   (Sgan. 21.)

 Mais aux hommes par trop vous êtes accrochées,
 Et vous seriez, ma foi, toutes bien *empêchées*
 Si le diable les prenait tous.   (*Amph*. II. 5.)

 Dis-lui que je suis *empêché*, et qu'il revienne une autre fois. (*L'Av*. III. 13,)

 « Je suis bien *empêché* : la vérité me presse,
 Le crime est avéré ; lui-même le confesse. »
   (RACINE. *Les Plaideurs*. III. 3.)

Les Latins employaient de même *impeditus* au figuré.

— EMPÊCHER QUE sans *ne*. (Voyez à NE *supprimé*.)

EMPLOIS ; FAIRE SES EMPLOIS DE QUELQUE CHOSE, en faire son occupation favorite :

 Et que *je fasse* enfin *mes plus fréquents emplois*
 De parcourir nos monts, nos plaines et nos bois. (*Pr. d'El*. I. 3.)

EMPLOYÉ ; C'EST BIEN EMPLOYÉ, espèce d'adage :

 Poussez, c'est moi qui vous le dis ; *ce sera bien employé!* (G. D. I. 7.)

Ce sera un effort bien employé, ce sera bien fait.

EMPORTER, au sens figuré :

 Monsieur, cette dernière (abomination) *m'emporte,* et je ne puis m'empêcher de parler.
   (*D. Juan*. V. 2.)

Métaphore tirée de la balance, quand un plateau emporte l'autre.

EN, archaïsme de prononciation pour *on :*

   MARTINE.
 Hélas ! *l'en* dit bien vrai :
 Qui veut noyer son chien l'accuse de la rage.
 . . . . . . Ce que j'ai ?
 — Oui. — J'ai que *l'en* me donne aujourd'hui mon congé.
   (*Fem. sav*. II. 5.)

Voyez tome XI, page 307.

— EN, préposition, représentant par syllepse le pluriel d'un substantif qui n'a figuré dans la phrase qu'au singulier :

 Comme l'amour ici ne m'offre *aucun plaisir*,
 Je *m'en* veux faire au moins *qui soient* d'autre nature ;
 Et je vais égayer mon sérieux loisir. (*Amph*. III. 2.)

Je veux me faire *des plaisirs* qui soient.

— EN sans rapport grammatical :

 Mais je ne suis pas homme à gober le morceau,
 Et laisser le champ libre aux yeux d'un damoiseau.
 J'en veux rompre le cours. (*Éc. des fem*. III. 1.)

Rompre le cours de quoi ? Des yeux du damoiseau ? Des yeux n'ont point de cours. Cet *en* figure par syllepse l'idée *d'intrigue*, qu'ont fait naître les premiers vers.

— EN pour *avec, de;* ASSAISONNER EN :

    Il n'y a rien qu'on ne fasse avaler, lorsqu'on l'assaisonne *en* louanges.   (*L'Av.* I. 1.)

— EN pour *à;* S'ALLIER EN :

    J'aurois bien mieux fait, tout riche que je suis, de *m'allier en bonne et franche paysannerie.*   (*G. D.* I. 1.)

— EN, comme, en qualité de :

    Autrement qu'*en tuteur* sa personne me touche.   (*Éc. des mar.* II. 3.)

    Et je puis sans rougir faire un aveu si doux
    A celui que déjà je regarde *en époux.*   (*Ibid.* 14.)

    Je la regarde *en femme,* aux termes qu'elle en est.   (*Éc. des fem.* III. 1.)

Je la regarde comme ma femme.

    Touchez à monsieur dans la main,
    Et le considérez désormais, dans votre âme,
    En homme dont je veux que vous soyez la femme.   (*Fem. sav.* III. 3.)

Cette locution n'a de remarquable que la façon dont Molière l'a placée. Clitandre agit *en homme qui* vous aime ; c'est la manière de parler toute naturelle : *en homme* se rapporte au sujet *Clitandre.* Le sens et la grammaire sont d'accord.

Mais : *ma fille,* considérez monsieur *en homme dont....* ; *en homme* ne se rapporte plus du tout au sujet, et semble prêter à une équivoque, comme si l'on disait : *Madame,* considérez ce malheur *en homme* courageux, c'est-à-dire comme si vous étiez un homme courageux.

Cette équivoque est ici impossible, et le sens saute aux yeux ; mais enfin j'ai cru qu'il y avait matière à une observation, par rapport à la rigueur de l'exactitude grammaticale.

— EN, à la manière de : EN DIABLE. Voyez DIABLE.

— EN surabondant ; EN ÊTRE DE MÊME :

    Il est très naturel, et j'*en* suis bien de même.   (*Dép. am.* I. 3.)

    Hé oui, la qualité ! la raison *en* est belle !   (*D. Juan.* I. 1.)

    Ah ! ah ! tu t'*en* avises,
    Traître, *de* t'approcher de nous !   (*Amph.* II. 2.)

    Mais *de vous,* cher compère, il *en* est autrement.   (*Éc. des fem.* I. 1.)

De vous, dans ce dernier exemple, est pour *quant à vous, de te :* quant à vous, il en est autrement. On ne peut donc pas dire que *en* y fasse un double emploi réel.

    Quels inconvénients auroient pu s'*en* ensuivre !   (*Amph.* II. 3.)

Ensuivre, traduction d'*insequi,* comme *poursuivre* de *persequi,* est dans Nicot et dans Trévoux. Le dimanche *ensuivant,* pour *le dimanche suivant,* est du style de procédure.

    « Le lendemain, ne fut tenu, pour cause,
    Aucun chapitre ; et *le jour ensuivant,*
    Tout aussi peu. »   (LA FONTAINE. *Le Psautier.*)

— EN *supprimé* :

    Tu *n'es pas* où tu crois. En vain tu files doux.   (*Amph.* II. 3.)

> Je vous montrerai bien. . . . . . .
> Qu'on *n'est pas* où l'on croit, en me faisant injure. (*Tart*. IV. 7.)

Sosie croit être dans le palais d'Amphitryon, Orgon croit être chez soi; et ni l'un ni l'autre ne s'abuse par cette croyance. Mais il s'agit ici d'un point moral, et non du lieu physique : c'est pourquoi je pense qu'il n'est pas permis de supprimer cet *en*, qui marque la différence des deux locutions *être quelque part* et *en être à*.

— EN, relatif à un nom de personne :

> C'est pourquoi dépêchons, et cherche dans ta tête
> Les moyens les plus prompts d'*en* faire ma conquête. (*L'Ét*. I. 2.)

De faire que Célie soit ma conquête.

> Le plus parfait objet dont je serois charmé
> N'auroit pas mon amour, n'*en* étant point aimé. (*Dép. am*. I. 3.)

C'est-à-dire, si je n'en étais pas aimé.

Arnolphe dit d'Agnès :

> Je l'aurai fait passer chez moi dès son enfance,
> Et j'*en* aurai chéri la plus tendre espérance. (*Éc. des fem*. IV. 1.)

L'espérance d'Agnès, c'est-à-dire que donnait Agnès.

Ce n'est là qu'une ébauche du personnage; et, pour *en* achever le portrait, il faudroit bien d'autres coups de pinceau. (*D. Juan*. I. 1.)

Mes justes soupçons chaque jour avoient beau me parler, j'*en* rejetois la voix qui vous rendoit criminel. (*Ibid*. I. 3.)

> Allons, cédons au sort dans mon affliction;
> Suivons-*en* aujourd'hui l'aveugle fantaisie. (*Amph*. III. 7.)

Le sort est personnifié dans cet exemple, comme les soupçons dans le précédent.

> Et tandis qu'au milieu des béotiques plaines
> Amphitryon son époux
> Commande aux troupes thébaines,
> Il *en* a pris la forme. (*Ibid*. prol.)

Jupiter a pris la forme d'Amphitryon.

— EN, construit avec un verbe, avec ALLER :

> Il faut que ce soit elle, avec une parole
> Qui trouve le moyen de les faire *en aller*. (*D. Garcie*. IV. 6.)

Vous ne voulez pas faire *en aller* cet homme-là ? (*Impromptu*. 2.)

L'usage est fort ancien de supprimer le pronom réfléchi :

(Voyez ARRÊTER et PRONOM RÉFLÉCHI.)

Ne devrait-on pas écrire tout d'un mot *enaller*, comme *enflammer*, *s'envoler*, *s'enfuir*, et tous les composés avec *en* ?

Pourquoi la tmèse est-elle prescrite au participe passé de ce verbe, tandis qu'elle est défendue dans les analogues? Pourquoi faut-il absolument dire *il s'en est allé*; et ne peut-on dire *il s'en est volé*, *il s'en est flammé* ?

Le peuple dit toujours : *il s'est enallé*.

Le livre des *Rois* tantôt fait la tmèse, et tantôt non.

Ce qui a placé ce verbe dans une catégorie particulière, c'est peut-être l'irrégularité de ses formes à certains temps.

On trouve, dès l'origine de la langue, *en aller* avec ou sans le pronom réfléchi.

« A tant Samuel s'enturnad, e en Gabaa Benjamin *s'enalad*, e li altre *enalerent* od Saul. » (*Rois.* p. 44.)

On rencontre, à l'impératif, *en va*, sans le pronom, et *va-t-en*, avec le pronom :

« Pur co, *enva* e oci e destrui Amalech. » (*Ibid* p. 53.)
« Truvad Cisnee, ki cusins fu Moysi, e bonement li dist : *Vat en* d'ici. (*Ibid.*)

— EN (S') ALLER, pour *aller* simplement. Molière affectionne la première forme :

Oui, notaire royal. — De plus, homme d'honneur.
— Cela *s'en va sans dire*. (*Éc. des mar.* III. 5.)
Le commissaire viendra bientôt, et l'on *s'en va* vous mettre en lieu où l'on me répondra de vous. (*Méd. m. lui.* III. 10.)
Mais son valet m'a dit qu'il *s'en alloit* descendre. (*Tart.* III. 1.)

— Avec *devoir;* EN DEVOIR A QUELQU'UN :
Il ne vous *en doit rien*, madame, en dureté de cœur. (*Pr. d'Él.* III. 5)

— Avec *donner* et *jouer;* EN DONNER D'UNE, et EN JOUER D'UNE AUTRE :

Bon, bon ! tu voudrois bien ici *m'en donner d'une*. (*Dép. am.* III. 7.)
Pour toi premièrement, puis pour ce bon apôtre,
Qui veut *m'en donner d'une*, et *m'en jouer d'une autre*. (*L'Ét.* IV. 7.)

— Avec *être;* EN ÊTRE JUSQU'A (un infinitif) :
Pour moi, *j'en suis* souvent *jusqu'à verser des larmes*. (*Psyché,* I. 1.)

— Avec *payer* :
Non, en conscience, vous *en payerez* cela. (*Méd. m. lui.* I. 6.)

— Avec *planter*, EN PLANTER A QUELQU'UN :
Je sais les tours rusés et les subtiles trames
Dont, pour *nous en planter*, savent user les femmes. (*Éc. des fem.* I. 1.)

En figure ici le mot *cornes*, qu'on laisse de côté par bienséance et discrétion.

— Avec *pouvoir;* N'EN POUVOIR MAIS :

. . . . . . Ayant de la manière
Sur ce qui *n'en peut mais* déchargé sa colère. (*Éc. des fem.* IV. 6.)
Est-ce que *j'en puis mais?* Lui seul en est la cause. (*Ibid.* V. 4.)

Mais est le latin *magis*, qu'on prononçait, dans l'origine, en deux syllabes : *ma-his*, l'aspiration remplaçant le *g* du latin. *Mais* signifie donc *plus, davantage;* et *je n'en puis mais, non possum magis*, c'est-à-dire je n'en puis rien, pas plus que vous ne voyez.

— EN POUVOIR QUE DIRE, locution elliptique :
>Beaucoup d'honnêtes gens *en pourroient bien que dire*. (*Éc. des fem.* III. 3.)

Pourraient bien avoir ou savoir que dire de cela.

Que représente ici *quod*, comme dans cette locution : *faire que sage;* c'est faire ce que fait le sage.

— EN, construit avec un substantif ou un adverbe; EN ALGER :
>Il va vous emmener votre fils *en Alger*. — On t'emmène esclave *en Alger!*
>(*Scapin.* II. 11.)

Cette façon de parler est née de l'horreur de nos pères pour l'hiatus, même en prose. A *Alger* leur paraissait intolérable. En pareil cas, ils appelaient à leur secours les consonnes euphoniques, dont l'*n* était une des principales, et disaient : aller A (*n*) Alger. L'identité de prononciation a fait écrire *e*, *en Alger*.

>« Je serai marié, si l'on veut, *en Alger*. » (CORNEILLE. *Le Ment.*)

— EN-BAS, EN-HAUT, considérés comme substantifs, et recevant encore devant eux la préposition *en* :
>Qu'est ceci ? vous avez mis les fleurs *en en-bas?* — Vous ne m'aviez pas dit que vous les vouliez *en en-haut*.
>(*B. gent.* II. 8.)

Nicot écrit d'un seul mot *embas, enhault*. Perrault, parlant de la feuille d'arbre :
>« Lorsque l'hiver répand sa neige et ses frimas,
>Elle quitte sa tige, et descend *en en-bas*. »

« Ce mot, en de certaines occasions, doit être regardé comme substantif, car on lui donne une préposition. » (TRÉVOUX.)

— EN DÉPIT QUE. Voyez DÉPIT.

— EN LA PLACE DE :
>Et qui des rois, hélas ! heureux petit moineau,
>Ne voudroit être *en votre place!* (*Mélicerte.* I. 5.)

ENCANAILLER (S') néologisme en 1663 :

>CLIMÈNE (*précieuse*). — ...Le siècle *s'encanaille* furieusement!
>ÉLISE. — Celui-là est joli encore, *s'encanaille!* Est-ce vous qui l'avez inventé, madame ?
>CLIMÈNE. — Hé !
>ÉLISE. — Je m'en suis bien doutée. (*Crit. de l'Éc. des fem.* 7.)

Il paraît que ce mot fit un établissement rapide, car il est dans Furetière (1684), et sans observation.

ENCENS, au pluriel; DES ENCENS, des hommages, des louanges :

>Cet empire, que tient la raison sur les sens,
>Ne fait pas renoncer aux douceurs *des encens*. (*Fem. sav.* I. 1.)
>Aux *encens* qu'elle donne à son héros d'esprit. (*Ibid.* I. 3.)
>Pour moi, je ne vois rien de plus sot, à mon sens,
>Qu'un auteur qui partout va gueuser *des encens*. (*Ibid.* III. 5.)

ENCHÈRE; porter la folle enchère de quelqu'un :

Vous pourriez bien *porter la folle enchère de tous les autres,* et vous n'avez point de père gentilhomme. (*G. D.* I. 6.)

Porter la folle enchère, c'est couvrir à soi seul les mises de tous les autres enchérisseurs, demeurer seul responsable et payer pour tout le monde, et un peu encore au delà.

ENCLOUURE :

De l'argent, dites-vous : ah ! voilà *l'enclouure!* (*L'Ét.* II. 5.)
On a deviné *l'enclouure.* (*B. gent.* III. 10)

L'*enclouure* est, au propre, la plaie secrète d'un cheval que le maréchal a piqué jusqu'au vif en le ferrant, et qui fait boiter la bête. Comme il est très difficile de reconnaître au dehors lequel des clous perce trop avant, on est quelquefois obligé de desseler entièrement le cheval.

De là, le sens figuré de cette expression : *Deviner l'enclouure.*

Nicot ne donne que *enclouer*, d'où il paraîtrait que le substantif est plus moderne; mais on le rencontre dès le XIIIe siècle.

« Li rois qui payens asseure
Panse bien cette *encloeure* (enclouvéure). »
(*Complainte de Constantinoble,* p. 29.).

ENCORE QUE, quoique :

Encor que son retour
En un grand embarras jette ici mon amour. (*Éc. des fem.* III. 4.)

Les Italiens disent de même *ancora che.*

La Fontaine affectionne cette expression. Elle revient très souvent aussi dans les *Provinciales.*

« *Encore qu'*ils soient fort opposés à ceux qui commettent des crimes... »
(Pascal. 8e *Prov.*)

Encore que, pour la construction, est autre que *quoique. Quoi* n'est pas un adverbe; c'est un pronom neutre à l'accusatif; on ne devrait donc, à la rigueur, l'employer que devant un verbe dont il pût recevoir l'action : *quoi que* vous disiez; *quoi qu'il* fasse. Ainsi l'on ne devrait pas dire : *quoi qu'ils* soient opposés, parce que rien ici ne gouverne *quoi.* En latin : *quod cumque agas* et *quamvis sint oppositi.* Il faut, en français, prendre l'autre expression, *encore que.* C'est par abus et par oubli de la valeur des mots qu'on a laissé *quoique* passer pour adverbe, et en cette qualité usurper indistinctement toutes les positions, au point d'étouffer comme inutile l'autre forme.

ENDIABLER (S') a (un infinitif) :

Chacun *s'est endiablé à me croire* médecin. (*Méd. m. lui.* III. 1.)

ENFLÉ d'une nouvelle :

Et quand je puis venir, *enflé d'une nouvelle,*
Donner à son repos une atteinte mortelle,
C'est lors que plus il m'aime. (*D. Garcie.* II. 1.)

ENFONCÉ, par métaphore comme *plongé :* enfoncé dans la cour :

Il est fort *enfoncé dans la cour;* c'est tout dit. (*Fem. sav.* IV. 3.)

ENGAGÉ DE PAROLE AVEC QUELQU'UN :

> J'étois, par les doux nœuds d'une amour mutuelle,
> Engagé de parole avecque cette belle. (Ec. des fem. V. 9.)

ENGAGEMENT, condition d'être engagé :

> L'engagement ne compatit point avec mon humeur. (D, Juan. III. 6.)

ENGENDRER la MÉLANCOLIE :

> Allons, morbleu! il ne faut point engendrer de mélancolie. (Méd. m. lui. I. 6.)

— ENGENDRER (s'), se donner un gendre :

> Ma foi, je m'engendrois d'une belle manière! (L'Ét. II. 6.)
> Que vous serez bien engendré! (Mal. im. II. 5.)

Remarquez que dans gendre, engendrer, le d est euphonique, attiré entre l'n et l'r, qui se trouvent rapprochés après la syncope du mot latin : gen(era)re, gen(e)rum. C'est ainsi que Vendres représente Veneris, dans le nom de Port-Vendres, portus Ven(e)ris.

Nr attirait le d intermédiaire; ml attirait le b. De humilem, on fit d'abord kumele, qui se lit dans les plus anciens textes; puis, par syncope, humle; et enfin humble.

Les lois de l'euphonie sont les mêmes en tout temps comme en tous lieux; seulement elles sont mieux obéies par les peuples naissants que par les peuples vieillis. Il semble que, chez les derniers, la langue soit devenue moins souple à proportion que l'oreille devenait plus dure.

ENGER. Voyez ANGER.

ENGLOUTIR LE COEUR :

> Pouah! vous m'engloutissez le cœur! (G. D. III. 12.)

ENNUI, il ne faut pas oublier l'ancienne énergie de ce mot, qui s'est affaiblie singulièrement :

> Avec lequel te dis-je... Et j'en crève d'ennui. (Sgan. 6.)

Voyez tome III, page 301, note 2.

ENNUYER (S'); JE M'ENNUIE, IL M'ENNUIE, absolument, sans complément; et IL M'ENNUIE DE :

> Lorsque j'étois aux champs, n'a-t-il point fait de pluie?
> — Non. — Vous ennuyoit-il? — Jamais je ne m'ennuie.
> (Éc. des fem. II. 6.)
> Il vous ennuyoit d'être maître chez vous. (G. D. I. 3.)

Molière, pour ce verbe, a mis en présence l'ancienne locution et la nouvelle; l'ancienne, qui est la seule logique : il m'ennuie, comme tœdet, pœnitet; et la moderne, aujourd'hui seule usitée : je m'ennuie, comme je me repens, quoique la forme réfléchie n'ait ici aucun sens, puisque l'on n'ennuie ni ne repent soi-même. Mais l'usage!...

Il faut, au surplus, observer que se repentir était usité dès le XIIe siècle :

> « Deu se repenti que out fait rei Saul. » (Rois. p. 54.)

Et la glose marginale :

« Deu ne se puet pas *repentir* de chose qu'il face. »
« Il n'est pas huem ki *se repente.* » (*Ibid.* p. 57.)

On trouve à côté de cette forme réfléchie la forme impersonnelle.

« Ore, dit Dieu, ore *m'enrepent* que fait ai Saul rei sur Israel. » (*Ibid.* p. 54.)

Il m'eurepent, *me pœnitet.*

ENQUÊTER (s') DE, *s'enquérir :*

Ils ne *s'enquêtent* point *de cela.* (*Pourc.* III. 2.)

Quester, par syncope de *quœs(i)tare.* Quærere a donné *querir.*

ENRAGER QUE, à cause que :

J'*enrage que* mon père et ma mère ne m'aient pas bien fait étudier dans toutes les sciences, quand j'étois jeune. (*Bourg. gent.* II. 6.)

ENROUILLÉ. Voyez SAVOIR ENROUILLÉ.

ENSEVELIR (S') DANS UNE PASSION :

La belle chose que de...... *s'ensevelir* pour toujours *dans une passion !* (*D. Juan.* I. 2.)

Molière a dit de même *s'enterrer dans un mari.*

(Voyez ENTERRER.)

ENSUITE DE :

Il voudroit vous prier, *ensuite de l'instance*
D'excuser de tantôt son trop de violence... (*L'Ét.* II. 3.)

On devrait écrire séparément *en suite de,* par suite de.

— « *En suite des* premiers compliments. — *En suite de* tant de veilles. » (PASCAL. *Pensées.*)

..... « Une réponse exacte, *en suite de laquelle* je crois que vous n'aurez pas envie de continuer cette sorte d'accusation. » (ID. 11e *Prov.*)

« Filiutius n'avoit garde de laisser les confesseurs dans cette peine : c'est pourquoi, « *en suite de ces paroles,* il leur donne cette méthode facile pour en sortir » (10e *Prov.*)

Cette locution est très fréquente dans Pascal.

ENTENDRE (L'), mis absolument, comme on dirait *s'y entendre :*

Je pensois faire bien. — Oui ! c'étoit fort *l'entendre.* (*L'Ét.* I. 5.)

Le français, surtout celui du XVIIe siècle, a une foule de locutions où l'article s'emploie ainsi sans relation grammaticale, et par rapport à un substantif sous-entendu, dont l'idée, bien que vague, est assez claire.

ENTERRER, figurément ; S'ENTERRER DANS UN MARI :

Mon dessein n'est pas...... de *m'enterrer toute vive dans un mari.* (*G. D.* II. 4.)

S'enterrer dans un mari, comme *s'ensevelir dans une passion.* (Voyez ENSEVELIR.)

ENTÊTEMENT, en bonne part, passion obstinée :

J'aime la poésie *avec entêtement.* (*Fem. sav.* III. 2.)

ENTHOUSIASME, à peu près dans le sens de *frénésie* :

Mais voyez quel diable d'*enthousiasme* il leur prend de me venir chanter aux oreilles comme cela ! (*Prol. de la Pr. d'Él.* 2.)

ENTICHÉ :

Vous en êtes un peu dans votre âme *entiché*. (*Tart.* 1. 6.)

Ce mot remonte à l'origine de la langue.

« Sathanas se elevad encuntre Israel, e *enticha* David que il feist anumbrer ces de Israel e ces de Juda. » (*Rois.* p. 215.)

Taxa, taxare aliquem. D'où *teche, techer*, ou *tache, tacher. Entacher, enticher, tacher, tasser* et *taxer*, ont la même origine : *taxare*. Mais la date relative de leur naissance se révèle par leur forme matérielle.

ENTRECOUPER (S') DE QUESTIONS :

Ensuite, s'il vous plaît ? — *Nous nous entrecoupâmes*
De mille questions qui nous pouvoient toucher. (*Amph.* II. 2.)

ENTREMETTRE (S') DE :

Ah, ah ! c'est toi, Frosine ? Que viens-tu faire ici ? — Ce que je fais partout ailleurs : *m'entremettre d'affaires,* me rendre serviable aux gens. (*L'Av.* II. 5.)

Locution qui remonte à l'origine de la langue :

« Saül aveit osted de la terre ces ki *s'entremeteient d'enchantement e de sorcerie.* » (*Rois.* p. 108.)

ENTRER, construit avec divers substantifs ; ENTRER DEDANS L'ÉTONNEMENT :

N'entrez pas tout à fait *dedans l'étonnement*. (*Dép. am.* II. 1.)

— ENTRER DANS LES MOUVEMENTS D'UN CŒUR, s'y associer :

C'est que *tu n'entres point dans tous les mouvements*
D'un cœur, hélas ! rempli de tendres sentiments. (*Mélicerte.* II. 1.)

— ENTRER EN DÉSESPOIR :

Et l'accord que son père a conclu pour ce soir
La fait à tous moments *entrer en désespoir*. (*Tart.* IV. 2.)

— EN UNE HUMEUR :

J'entre en une humeur noire, en un chagrin profond,
Quand je vois vivre entre eux les hommes comme ils font. (*Mis.* I. 1.)

« *J'entre en une vénération* qui me transit de respect envers ceux qu'il (Dieu) me semble avoir choisis pour ses élus. » (PASCAL. *Pensées.*)

« Colette *entra dans des peurs* non pareilles. ». (LA FONTAINE. *Le Berceau.*)

« Car, mes pères, puisque vous m'obligez *d'entrer dans ce discours...* » (PASCAL. IIe *Prov.*)

— ENTRER SOUS DES LIENS, se marier :

Ce n'est pas à mon cœur qu'il faut que je défère
Pour *entrer sous de tels liens*. (*Psyché.* I. 3.)

ENTRIPAILLÉ :

Un roi, morbleu, qui soit *entripaillé* comme il faut. (*Impromptu.* 1.)

ENVERS, préposition, construite avec un verbe :
> Je vois qu'*envers* mon frère on tâche à me *noircir*. (*Tart.* III. 7.)

(Voyez VERS.)

ENVERS DU BON SENS, substantivement :
> Un *envers du bon sens*, un jugement à gauche. (*L'Et.* II, 14.)

ENVIES, au pluriel :
> J'en avois pour moi *toutes les envies du monde*. (*D. Juan.* V. 3.)

ENVOYER A QUELQU'UN, l'envoyer chercher :
> Armande, prenez soin *d'envoyer au notaire*. (*Fem. sav.* IV. 5.)
> Pour dresser le contrat *elle envoie au notaire*. (*Ibid.* IV. 7.)

ÉPARGNE DE BOUCHE, pour *sobriété* :
> Premièrement, elle est nourrie et élevée dans une grande *épargne de bouche*. (*L'Av.* II. 6.)

ÉPAULER DE SES LOUANGES :
> C'est bien la moindre chose que nous devions faire que d'*épauler de nos louanges* le vengeur de nos intérêts. (*Impromptu.* 3.)

ÉPÉE DE CHEVET, métaphoriquement :
> Toujours parler d'argent! voilà leur *épée de chevet*, de l'argent ! (*L'Av.* III. 5.)

L'épée accrochée au chevet du lit est l'arme sur laquelle on saute tout d'abord, pour se défendre d'une surprise nocturne.

ÉPIDERME, féminin :
> La beauté du visage est un frêle ornement,
> Une fleur passagère, un éclat d'un moment,
> Et qui n'est attaché qu'*à la simple épiderme*. (*Fem. sav.* III. 6.)

L'Académie fait ce mot masculin. Il est vrai que δέρμα est neutre en grec, et que nos médecins ont fait *derme* masculin. Mais *derme* est un terme scientifique récent; *épiderme* est ancien, et du commun usage; et comme il réveille l'idée de *la peau*, il paraissait plus naturel qu'il fût aussi féminin.

ÉPINES; AVOIR L'ESPRIT SUR DES ÉPINES :
> *N'ayez point* pour ce fait *l'esprit sur des épines*. (*L'Ét.* I. 10.)

ÉPOUSE :
> DON JUAN.
> Comment se porte madame Dimanche, *votre épouse* ? C'est une brave *femme*. (*D. Juan.* IV. 3.)

Il est vraisemblable que don Juan emploie ici ce mot *épouse* par moquerie des gens d'état, comme M. Dimanche, qui trouvent *ma femme* une expression trop basse, et croient *mon épouse* un terme bien plus digne et relevé.

Et, comme pour mieux faire ressortir cette emphase ironique, don Juan, en homme sûr de son aristocratie, ajoute tout de suite cette expression familière : *C'est une brave femme*.

Mme Jacob, revendeuse à la toilette et sœur de M. Turcaret, parlant à une baronne, n'a garde non plus de dire *mon mari* :

« Il fait bien pis, le dénaturé qu'il est ! il m'a défendu l'entrée de sa maison, et il n'a pas le cœur d'employer *mon époux !* » (*Turcaret*. IV. 12.)

ÉPOUSER LES INQUIÉTUDES DE QUELQU'UN :

Le mien (mon maître) me fait ici *épouser ses inquiétudes*. (*Sicilien*. 1.)

Molière dit, dans le même sens, *prendre la vengeance, le courroux de quelqu'un*. (Voyez PRENDRE.)

ÉPOUSTER :

Oui-dà, très volontiers, je *l'épousterai* bien. (*L'Ét*. IV. 7.)

Molière a contracté par licence le futur d'*épousseter*, consultant la prononciation plutôt que la grammaire.

ÉPURÉ DU COMMERCE DES SENS :

Il n'a laissé dans mon cœur, pour vous, qu'*une flamme épurée de tout le commerce des sens*. (*D. Juan*. IV. 9.)

ESCAMPATIVOS, mot espagnol ou de forme espagnole, *des échappées* :

Ah ! je vous y prends donc, madame ma femme ! et vous faites des *escampativos* pendant que je dors ! (*G. D*. III. 8.)

ESCOFFION, bonnet de femme, cornette :

D'abord leurs *escoffions* ont volé par la place. (*L'Ét*. V. 14.)

La racine est l'italien *scuffia*, devant lequel on ajoute l'*é*, comme dans *éponge, esprit*, et tous les mots qui commencent par ces deux consonnes *st, sp, sq*.

Au XVIe siècle, la reine de Navarre écrit, ou plutôt ses éditeurs lui font écrire *scofion* :

« Un lit de toile fort desliée... et la dame seule dedans, avec son *scofion* et chemise, etc. » (*Heptaméron, nouv*. 14.)

ESPÉRANCE (L') DE QUELQU'UN, l'espérance ou les espérances qu'il donne :

Je l'aurai fait passer chez moi dès son enfance,
Et j'en aurai chéri *la plus tendre espérance*. (*Ec. des fem*. IV. 1.)

Je me serai complu dans les espérances que donnait Agnès.

ESPÉRER A, espérer dans :

Mais *j'espère aux bontés* qu'une autre aura pour moi. (*Tart*.II. 4·)

J'espère dans les bontés. (Voyez AU, AUX.)

ESPRIT CHAUSSÉ A REBOURS :

Tout ce que vous avez été durant vos jours,
C'est-à-dire un *esprit chaussé tout à rebours*. (*L Et*. II. 14.)

— FAIRE ÉCLATER UN ESPRIT :

Je ne suis point d'humeur à vouloir contre vous
Faire éclater, madame, *un esprit* fort jaloux. (*Sgan*. 22.)

ESSAYER A, suivi d'un infinitif :

Est-ce donc que par là vous voulez *essayer*
A réparer l'accueil dont je vous ai fait plainte ? (*Amph.* II. 2.)

Et j'ose maintenant vous conjurer, madame,
De ne point *essayer à rappeler* un cœur
Résolu de mourir dans cette douce ardeur. (*Fem. sav.* I. 2.)

ESSUYER, subir ; ESSUYER LA BARBARIE :

C'est un supplice assez fâcheux que de se produire à des sots, que *d'essuyer* sur des compositions *la barbarie* d'un stupide. (*B. gent.* I. 1.)

— LA CERVELLE :

On n'a point à louer les vers de messieurs tels,
A donner de l'encens à madame une telle,
Et de nos francs marquis *essuyer la cervelle*. (*Mis.* III. 7.)

(Voyez CERVELLE.)

— UN COMBAT :

Je ne m'étonne pas, au *combat* que *j'essuie*,
De voir prendre à monsieur la thèse qu'il appuie. (*Fem. sav.* IV. 3.)

— UNE CONVERSATION :

Ces conversations ne font que m'ennuyer,
Et c'est trop que vouloir me les faire *essuyer*. (*Mis.* II. 4.)

EST *après un pluriel.* Voyez C'EST *après un pluriel.*

EST-CE... OU SI... :

Mais *est-ce* un coup bien sûr que votre seigneurie
Soit désenamourée ? *ou si* c'est raillerie ? (*Dép. am.* I. 4.)

De grâce, *est-ce* pour rire, *ou si* tous deux vous extravaguez, de vouloir que je sois médecin ? (*Méd. m. lui.* I. 6.)

EST-CE PAS, pour *n'est-ce pas* :

LUBIN. Il aura un pied de nez avec sa jalousie, *est-ce pas* ?
(*Georg. Dand.* I. 2.)

(Voyez NE *supprimé dans une forme interrogative.*)

EST-IL DE (un substantif) :

Est-il pour nous, ma sœur, de plus rude disgrâce ? (*Psyché.* I. 1.)

Marmontel a dit pareillement dans *le Sylvain* :

« *Est-il de puissance*
Qui rompe ces nœuds ? »

ESTIME, comme les mots *ressentiment, heur, succès;* recevant une épithète qui en détermine l'acception favorable ou défavorable :

C'est de mon jugement avoir *mauvaise estime*,
Que douter si j'approuve un choix si légitime. (*Éc. des fem.* V. 7.)

— ESTIME DE, comme *réputation de;* ÊTRE EN ESTIME D'HOMME D'HONNEUR :

En quelle *estime* est-il, mon frère, auprès de vous ?
— *D'homme d'honneur*, d'esprit, de cœur et de conduite. (*Fem. sav.* II. 1.)

— ESTIME au sens passif, pour l'estime qu'on inspire. Voyez MON ESTIME.

ESTOC; PARLER D'ESTOC ET DE TAILLE, au hasard :

> N'importe, *parlons-en et d'estoc et de taille,*
> Comme oculaire témoin. (*Amph.* I. 1.)

Par allusion à cette expression, *frapper d'estoc et de taille*, désespérément, comme l'on peut.

L'*estoc* est la pointe de l'épée, ou l'épée elle-même, longue et pointue. La racine est *stocum*, avec l'*e* initial, comme dans tous les mots commençant en latin par *st, sp*.

Voyez Du Cange, aux mots *Stocum, Stochus* et *Estoquum*.

L'expression *d'estoc et de taille* remonte très haut, car on la trouve dans les chartes du moyen âge :

« Diversis vulneribus *tam de taillo quam de stoquo* vulnerare dicuntur. »
(Ap. Cang. in *stoquum litt. rem.* ann. 1364.)

D'*estoc* vient le verbe *estoquer* (*étoquer*), encore usité en Picardie. *Toquer*, dont se sert le peuple, paraît plutôt abrégé *d'étoquer* que formé sur l'onomatopée de *toc*.

Le radical de cette famille de mots est l'allemand *stock*, canne, bâton ; anglais *stick ;* latin, *stocum ;* italien, *stocco ;* espagnol, *estoque, estoquear ;* français, *estoc, estoquer*.

ÉTAGE DE VERTU :

> C'est *un haut étage de vertu* que cette pleine insensibilité où ils veulent faire monter notre âme. (Préf. de *Tartuffe*.)

ÉTAT, façon de se vêtir, comme l'on dit aujourd'hui *la mise ;* PORTER UN ÉTAT :

> Où pouvez-vous donc prendre de quoi entretenir *l'état que vous portez* ? (*L'Av.* I. 5.)

— FAIRE ÉTAT DE QUELQUE CHOSE :

> Dis à ta maîtresse
> Qu'avecque ses écrits elle me laisse en paix,
> Et que voilà *l'état*, infâme, *que j'en fais*. (*Dép. am.* I. 6.)
> Elle m'a répondu, tenant son quant-à-soi :
> Va, va, *je fais état de lui comme de toi*. (*Ibid.* IV. 2.)
> Il connoîtra *l'état que l'on fait de ses feux*. (*Éc. des mar.* II. 7.)
> Afin de lui faire connoître
> *Quel grand état je fais de ses nobles avis.* (*Fem. sav.* IV. 4.)

— FAIRE ÉTAT DE (un infinitif), compter sur, être certain de :

> Sinon, *faites état de m'arracher* le jour,
> Plutôt que de m'ôter l'objet de mon amour. (*Éc. des mar.* III. 8.)

Pascal a dit *faire état que*, comme *compter que :*

« *Faites état que* jamais les Pères, les papes, les conciles....... n'ont parlé de cette sorte. » (PASCAL. 2e *Prov.*)

ET LE RESTE ; c'était la traduction consacrée d'*et cætera*, qu'on met aujourd'hui sans scrupule en latin :

Je ne manque point de livres qui m'auroient fourni tout ce qu'on peut dire de savant sur la tragédie et la comédie, l'étymologie de toutes deux, leur origine, leur définition, et le reste. (*Préf. des Préc. rid.*)

« Mon frère a-t-il tout ce qu'il veut,
Bon souper, bon gîte, *et le reste?* (La Font. *Les deux Pig.*)

ÉTONNÉ QUE :

Je fus étonné que, deux jours après, il me montra toute l'affaire exécutée.
(*Préf. de la Crit. de l'Ec. des Fem.*)

ÊTRE pour *aller* :

Et *nous fûmes* coucher sur le pays exprès,
C'est-à-dire, mon cher, en fin fond de forêts. (*Fâcheux.* II. 7.)

A peine *ai-je été* les voir trois ou quatre fois, depuis que nous sommes à Paris.
(*Impromptu.* I.)

Et en Hollande où *vous fûtes* ensuite ? (*Mar. for.* 2.)

LUCAS. Il se relevit sur ses pieds, et *s'en fut* jouer à la fossette.
(*Méd. m. lui.* I. 6.)

Toutes mes études *n'ont été* que jusqu'en sixième. (*Ibid.* III. 1.)

On servit. Tête à tête ensemble nous soupâmes,
Et, le soupé fini, *nous fûmes* nous coucher. (*Amph.* II. 2.)

Je lui ai défendu de bouger, à moins que *j'y fusse* moi-même. (*Pourc.* I. 6.)

Pascal fait le même usage du verbe *être* :

« Je le quittai après cette instruction ; et, bien glorieux de savoir le nœud de l'affaire, *je fus trouver* M. N***... » (1re *Prov.*)

« Et, de peur de l'oublier, *je fus* promptement retrouver mon janséniste. » (*Ibid.*)

— ÊTRE pour avoir :

Et servante et valet, que je viens de trouver,
N'ont jamais, de quelque air que je *m'y sois pu prendre*. (*Éc. des F.* III. 4.)

Tâchons de nous résoudre, et de nous contenter
Du seul fruit amoureux qui m'en *est pu* rester. (*Ibid.* V. 7.)

Quand le verbe d'où dépend un infinitif réfléchi est placé entre le pronom et cet infinitif, on lui donnait par une sorte d'attraction l'auxiliaire (*être* pour *avoir*) que prennent, en vertu de ce qu'il y a de passif dans leur sens, les verbes réfléchis. (E. DESPOIS). — De Vizé écrit en prose : « Vous êtes devenu le plus vain de tous les hommes, encore que vous *ne vous soyez jusques ici pu* servir de ce qui n'est à la vérité pas vôtre, mais de ce que vous avez ramassé de tous ceux qui ont écrit pour le théâtre. » (Défense de la *Sophonisbe* de M. Corneille.)

— ÊTRE A MÊME DE QUELQUE CHOSE :

Afin de m'appuyer de bons secours..... et d'*être à même des consultations et des ordonnances.* (*Mal. im.* I. 5.)

C'est être dans la chose même, au centre de la chose dont il s'agit ; par conséquent aussi bien placé que possible pour en contenter son désir.

On dit *être à même,* ou *à même de,* avec ou sans complément :

« On demanda, à un philosophe que l'on susprist *à mesmes,* ce qu'il faisoit. »
(MONTAIGNE. II. 12.)

Que l'on surprit au milieu de l'action.

La version des *Rois* dit *en meime,* suivi du substantif auquel s'accorde *même* :

« E cumandad à ses fils que il à sa mort fust enseveliz *en meime le sepulchre* u li bons huem fud enseveliz. » (P. 290.)

Il commanda qu'on l'ensevelît *à même le sépulcre,* c'est-à-dire dans le même sépulcre où, etc.

A même est donc une sorte d'adverbe composé, du moins on l'emploie comme tel ; mais il est hors de doute que c'est au fond l'adjectif *même,* avec l'ellipse du substantif.

— ÊTRE APRÈS QUELQUE CHOSE c'est-à-dire être occupé à cette chose :

On est venu lui dire, et par mon artifice,
Que les ouvriers qui *sont après son édifice.* (*L'Ét.* II. 1.)

— ÊTRE CONTENT DE QUELQUE CHOSE, y consentir volontiers :

ASCAGNE.
Ayez-le donc 1, et lors, nous expliquant nos vœux,
Nous verrons qui tiendra mieux parole des deux.
VALÈRE.
Adieu, *j'en suis content.* (*Dép. am.* II. 2)

C'est-à-dire, cette condition me plaît, je l'accepte.

— ÊTRE DE, être à la place de :

Mais enfin, *si j'étois de mon fils* son époux,
Je vous prierois bien fort de n'entrer point chez nous. (*Tart.* I. 1.)

(Voyez ÊTRE QUE DE.)

— Faire partie de, être compris dans :

Mais, monsieur, cela *seroit-il de la permission* que vous m'avez donnée, si je vous disois... etc. (*D. Juan.* I. 2.)

— ÊTRE DE CONCERT :

Soyons de concert auprès des malades. (*Am. méd.* III. 1.)

— ÊTRE EN MAIN POUR FAIRE QUELQUE CHOSE, être en situation avantageuse :

MORON.
Mais laissez-moi passer entre vous deux, pour cause :
Je serai mieux en main pour vous conter la chose. (*Pr. d'Él.* I. 2.)

— ÊTRE POUR (un infinitif); être fait pour, de nature à :

Ce *seroit pour monter* à des sommes très hautes. (*Fâcheux.* III. 3.)
Nous ne sommes que pour leur plaire (aux grands). (*Impr.* 1.)
Puisque vous y donnez dans ces vices du temps,
Morbleu ! *vous n'êtes pas pour être* de mes gens. (*Mis.* I. 1.)
Je crois qu'un ami chaud, et de ma qualité,
N'est pas assurément *pour être* rejeté. (*Ibid.* I. 2.)
Le sentiment d'autrui *n'est* jamais *pour lui plaire.* (*Ibid.* II. 5.)
Les choses *ne sont plus pour traîner* en longueur. (*Ibid.* V. 2.)

1. Le consentement d'un autre.

Puisque *vous n'êtes point* en des liens si doux
Pour *trouver* tout en moi, comme moi tout en vous.　　　(*Ibid.* V. 7.)

Je ne suis pas pour être en ces lieux importun.　　　(*Tart.* V. 4.)

Pareil déguisement *seroit pour ne rien faire.*　　　(*Amph.* prol.)

Ah, juste ciel ! cela se peut-il demander ?
Et *n'est-ce pas pour mettre à bout* une âme ?　　　(*Ibid.* II. 6.)

Lui auroit-on appris qui je suis ? et *serois-tu pour me trahir* ?　　　(*L'Av.* II. 1.)

Elle sera charmée de votre haut-de-chausse attaché avec des aiguillettes : *c'est pour la rendre* folle de vous.　　　(*Ibid.* II. 7.)

Ses contrôles perpétuels..... *ne sont rien que pour vous gratter* et vous faire sa cour.　　　(*Ibid.* III. 5.)

Il y a quelques dégoûts avec un tel époux, mais cela *n'est pas pour durer.*　　　(*Ibid.* III. 8.)

Je suis homme pour serrer le bouton à qui que ce puisse être.　　　(*G. D.* I. 4.)

Si le galant est chez moi, *ce seroit pour avoir raison* aux yeux du père et de la mère.　　　(*Ibid.* II. 8.)

S'il vous demeure quelque chose sur le cœur, *je suis pour vous répondre.*　　　(*Ibid.* II. 11.)

Je ne suis pas pour recevoir avec sévérité les ouvertures que vous pourriez me faire de votre cœur.　　　(*Am. magn.* IV. 1.)

Si Anaxarque a pu vous offenser, *j'étois pour vous en faire justice* moi-même.　　　(*Ibid.* V. 4.)

De tels attachements, ô ciel ! *sont pour vous plaire !*　　　(*Fem. sav.* I. 1.)

Suis-je pour la chasser sans cause légitime ?　　　(*Ibid.* II. 6.)

Cette locution, qui paraît abrégée de *être fait pour*, était usuelle au XVIe siècle et auparavant. Montaigne dit que Socrate, dans une déroute d'armée, se retirait avec fierté :

« Regardant tantost les uns, tantôt les aultres, amis et ennemis, d'une façon qui encourageoit les uns, et signifioit aux aultres qu'*il estoit pour vendre* bien cher son sang et sa vie à qui essayeroit de la luy oster. »　　　(MONTAIGNE. III. 6.)

« S'il me vient quelque bon hasard
De par vous, songez que *je suis*
Pour le reconnoistre. »　　　(*Le Nouveau Pathelin.*)

— ÊTRE QUE DE :

Moi ? Voyez *ce que c'est que du monde* aujourd'hui !　　　(*L'Ét.* I. 6.)

Rien n'était si facile que de mettre : ce que c'est que le monde; mais tout le piquant de l'expression s'en va avec le vieux gallicisme.

Molière paraît s'être ici rappelé ce début de la satire de Regnier :

« Voyez *que c'est du monde* et des choses humaines !
Toujours à nouveaux maux naissent nouvelles peines. »
　　　(*Le Mauvais Giste.*)

Si j'étois que de vous, je lui achèterois dès aujourd'hui une belle garniture de diamants.　　　(*Am. méd.* I. 1.)

(Voyez DU représentant *que le.*)

Vous ferez ce qu'il vous plaira ; mais *si j'étois que de vous*, je fuirois les procès.
　　　(*Scapin.* II. 8.)

Je ne souffrirois point, *si j'étois que de vous,*
Que jamais d'Henriette il pût être l'époux.　　　(*Fem. sav.* IV. 2.)

Que est en français la traduction de *quod. Si essem quod de te* (sous-entendu *est*), si j'étais ce qui est de vous.

Le *que*, dans cette locution, est donc nécessaire, et ne peut en être supprimé que par ellipse.

Si *j'étois que de vous*, mon fils, je ne la forcerois point à se marier. (*Mal. im.* II. 7.)

Si *j'étois que des médecins*, je me vengerois de son impertinencce. (*Mal. im.* III. 14.)

Voilà un bras que je me ferois couper tout à l'heure *si j'étois que de vous*.
(*Ibid.* III. 3.)

— ÊTRE SUR QUELQU'UN, être sur son propos, s'occuper de lui :

Ma foi,
Demande : *nous étions* tout à l'heure *sur toi*. (*Dép. am.* I. 2.)

— ÊTRE OU EN ÊTRE SUR UNE MATIÈRE :

Sur quoi en étiez-vous, mesdames, lorsque je vous ai interrompues ?
(*Crit. de l'Éc. des fem.* 5.)

Vous êtes là sur une matière qui depuis quatre jours fait presque l'entretien de toutes les maisons de Paris. (*Ibid.* 6.)

Nous sommes ici sur une matière que je serai bien aise que nous poussions. (*Ibid.* 7.)

— ÊTRE UN HOMME A (un infinitif) :

Albert *n'est pas un homme à vous refuser* rien. (*Dép. am.* I. 2.)

ÉTROIT, au sens figuré ; ÉTROITES FAVEURS :

Et je serois un fou, de prétendre plus rien
Aux *étroites faveurs* qu'il a de cette belle. (*Dép. am.* I. 4.)

ET SI, et cependant :

Depuis assez longtemps je tâche à le comprendre,
Et si plus je l'écoute, et moins je puis l'entendre. (*Sgan.* 22.)

Vous me semblez toute mélancolique : qu'avez-vous, madame Jourdain ? — J'ai la tête plus grosse que le poing, *et si* elle n'est pas enflée. (*B. gent.* III. 5.)

ET-TANT-MOINS ; *l'*ET-TANT-MOINS, substantif composé, comme *le quant-à-soi* :

LUBIN. — Claudine, je t'en prie, sur *l'et-tant-moins*. (*G. D.* II. 1.)

C'est-à-dire que ce soit une avance à rabattre plus tard.

ÉTUDIER DANS UN ART, UNE SCIENCE :

J'enrage que mon père et ma mère ne m'aient pas bien fait *étudier dans toutes les sciences* quand j'étois jeune ! (*B. gent.* II. 6.)

EUX AUTRES :

Il s'est fait un grand vol ; par qui ? L'on n'en sait rien :
Eux autres rarement passent pour gens de bien. (*L'Ét.* IV. 9.)

EXACT ; UN ESPION D'EXACTE VUE :

Je veux, pour *espion qui soit d'exacte vue*,
Prendre le savetier du coin de notre rue. (*Éc. des fem.* IV. 4.)

Pascal a dit de même *une réponse exacte :*

« J'espère que vous y verrez, mes pères, *une réponse exacte*, et dans peu de temps. »
(11e *Prov.*)

Exacte est ici au sens de *rigoureuse, qui n'omet rien.*

Aujourd'hui, une réponse exacte signifierait celle qui arrive à l'heure précise, qui serait ponctuelle. C'est dans ce sens que l'on dit *répondre exactement* : Je lui écris toutes les semaines, et il me répond *exactement*.

EXCELLENT; LE PLUS EXCELLENT :

J'aurois voulu faire voir.... que *les plus excellentes choses* sont sujettes à être copiées par de mauvais singes. (*Préf. des Précieuses ridicules.*)

EXCITER UNE DOULEUR A QUELQU'UN :

Et, dans cette *douleur* que l'amitié *m'excite*. (*D. Garcie.* V. 4.)

(Voyez DATIF DE PERTE OU DE PROFIT.)

EXCUSER A QUELQU'UN, auprès de quelqu'un :

Ne viens point *m'excuser* l'action de cette infidèle. (*B. gent.* III. 9.)

— EXCUSER QUELQU'UN SUR :

.... *Vous m'excuserez sur* l'humaine foiblesse. (*Tart.* III. 3.)

Je vous excusai fort *sur* votre intention. (*Mis.* III. 5.)

EXCUSES; FAIRE LES EXCUSES DE QUELQUE CHOSE :

Ne m'oblige point à *faire les excuses de ta froideur*. (*Pr. d'Él.* II. 4.)

EXPRESSION; DES EXPRESSIONS, en parlant du mérite d'une peinture :

Dis-nous quel feu divin, dans tes fécondes veilles,
De tes *expressions* enfante les merveilles. (*La Gloire du Val-de-Grâce.*)
De ses *expressions* les touchantes beautés. (*Ibid.*)

EXPULSER LE SUPERFLU DE LA BOISSON. Voyez SUPERFLU.

FACHER; SE FACHER dans le sens de *s'affliger* :

Ne vous fâchez pas tant, ma très chère madame. (*Sgan.* 16.)

FACHERIE, dans le même sens :

En tout cas, ce qui peut m'ôter ma *fâcherie*,
C'est que je ne suis pas seul de ma confrérie. (*Sgan.* 17.)
Et je m'en sens le cœur tout gros de *fâcherie*. (*Ec. des mar.* II. 5.)
Le beau sujet de *fâcherie !* (*Amph.* I. 4.)

FACILE A (un infinitif) :

.... De véritables gens de bien..... *faciles à recevoir les impressions* qu'on veut leur donner. (Préf. de *Tartuffe.*)

FAÇON; DE LA FAÇON, ainsi, de la sorte :

On se riroit de vous, Alceste, tout de bon,
Si l'on vous entendoit parler *de la façon*. (*Mis.* I. 1.)

De la façon que, avec un verbe, se trouve dans Pascal :

« Il semble, *de la façon que vous parlez*, que la vérité dépende de notre volonté ! » (*Prov.* 8ᵉ *lettre.*)

Et dans Corneille, *de la manière que* :

« *De la manière* enfin qu'avec toi j'ai vécu,
Les vainqueurs sont jaloux du bonheur du vaincu. » (*Cinna.* V. 1.)

FAÇONNIER, façonnière, adjectif pris substantivement :

... La plus grande *façonnière* du monde. (*Crit. de l'Éc. des f.* 2.)

De tous vos *façonniers* on n'est point les esclaves. (*Tart.* I. 6.)

FAIBLE, substantif; le faible de quelqu'un :

Et que votre langage *à mon foible* s'ajuste. (*Dép. am.* II. 7.)

C'est le point faible, et non la faiblesse.

Le *faible* continue à être en usage dans cette locution : Prendre quelqu'un par son faible.

FAILLIR a quelque chose :

Ne me l'a-t-il pas dit ? — Oui, oui, il ne manquera pas *d'y faillir*. (*B. gent.* III. 3.)

Aujourd'hui qu'on a retranché, ou à peu près, le verbe *faillir*, comme suranné, il faudrait dire : Il ne manquera pas d'y manquer. Voilà l'avantage de supprimer les synonymes.

(Voyez faut.)

FAIM, désir; avoir faim, grand'faim de :

Je n'ai pas grande *faim de mort* ni de blessure. (*Dép. am.* V. 1.)

Cette locution est demeurée de fréquent usage en Picardie; elle est dans Montaigne :

« Il n'est rien qui nous jecte tant aux périls qu'une *faim* inconsidérée de nous en mettre hors. » (Montaigne. III. 6.)

« Il *a grand faim de se combattre* contre Annibal. — Quand il luy viendra *faim de vomir*. — Il *avait faim de l'avoir*. » (Nicot.)

FAIRE, pour *dire* :

AGNÈS.
Moi, j'ai blessé quelqu'un ? *fis-je* tout étonnée...
Hé ! mon Dieu, ma surprise est, *fis-je*, sans seconde...
Oui, *fit-elle*, vos yeux pour donner le trépas... (*Éc. des fem.* II. 6.)

Cet archaïsme remonte à l'origine de la langue.

Le livre des *Rois*, traduit au xiiᵉ siècle, en fait constamment usage, non seulement pour *inquit*, mais aussi pour *dixit :*

« Vien t'en, *fist* Jonathas.... *fist* Jonathas : à els irrum... » (P. 46.)

« *Fist* li poples à Saul : Comment ! si murrad Jonathas ? » (P. 51.)

« *Fist* li prestres : Pernez de Deu cunseil. » (P. 50.)

— faire, remplaçant dans ses temps, nombre et personne, un verbe précédemment exprimé, et qu'il faudrait répéter :

Ah ! que j'ai de dépit, que la loi n'autorise
A changer de mari comme *on fait* de chemise ! (*Sgan.* 5.)
Je risque plus du mien que tu ne *fais* du tien. (*Ibid.* 22.)

Puisque me voilà éveillé, il faut que j'éveille les autres, et que je les tourmente comme on m'a *fait*. (*Prol. de la Pr. d'Él.* sc. 2.)

Comme on m'a tourmenté.

On vous aime autant en un quart d'heure qu'on *feroit* une autre en six mois. (*D. Juan.* II. 2.)

Il l'appelle son frère, et l'aime, dans son âme,
Cent fois plus qu'il ne *fait* mère, fils, fille et femme. (*Tart.* I. 2.)

Le nom du grand Condé est un nom trop glorieux pour le traiter comme on *fait* tous les autres noms. (Ép. dédic. *d'Amphitryon*.)

Il y a un certain air doucereux qui les attire, ainsi que le miel *fait* les mouches.
(*G. D.* II. 4.)

— FAIRE, représentant l'idée exprimée par une phrase ou une demi-phrase :

VALÈRE. Je vous proteste de ne prétendre rien à tous vos biens, pourvu que vous me laissiez celui que j'ai.
HARPAGON. *Non ferai*, de par tous les diables ! (*L'Av.* V. 3.)

C'est-à-dire : je ne te laisserai pas celui que tu as, à la charge par toi de ne prétendre rien aux autres.

On disait *si ferai*, aussi bien que *non ferai*.

— FAIRE (un substantif), être la cause, l'objet, le but de :

Non, non, vous pouvez bien,
Puisque *vous le faisiez*, rompre notre entretien. (*Dép. am.* II. 2.).

Oui, je veux bien qu'on sache, et j'en dois être crue,
Que le sort offre ici deux objets à ma vue
Qui, m'inspirant pour eux différents sentiments,
De mon cœur agité *font tous les mouvements*. (*Éc. des mar.* II. 14.)

Elle *fait tous mes soins, tous mes désirs, toute ma joie*. (*B. gent.* III. 9.).

— FAIRE, suivi d'un adverbe, produire un effet :

Ces deux adverbes joints *font admirablement*. (*Fem. sav.* III. 2.)

— FAIRE, représenter, dépeindre :

Mais, las ! il *le fait*, lui, si rempli de plaisirs,
Que de se marier il donne des désirs. (*Éc. des fem.* V. 4.)

— FAIRE, simuler, feindre :

Je *ferai* le vengeur des intérêts du ciel. (*D. Juan.* V. 2.).

Est-ce par les appas de sa vaste rhingrave
Qu'il a gagné votre âme en *faisant votre esclave* ? (*Mis.* II. 1.)

M'engager à *faire l'amant* de la maîtresse du logis, c'est.... etc.
(*Comtesse d'Esc.* 1.).

C'est ainsi qu'on l'emploie en parlant des rôles de théâtre : Molière *faisait* Sganarelle; il *faisait* aussi les rois et les personnages nobles; il *faisait* don Garcie.

— FAIRE A QUELQUE CHOSE, y contribuer :

Même, si cela *fait à votre allégement*,
J'avouerai qu'à lui seul en est toute la faute. (*Dép. am.* III. 4.)

— FAIRE BESOIN, être nécessaire :

Quand nous *faisons besoin*, nous autres misérables,
Nous sommes les chéris et les incomparables. (*L'Ét.* I. 2.)

S'il vous *faisoit besoin*, mon bras est tout à vous. (*Dép. am.* V. 3.)

— FAIRE CONTRE QUELQU'UN, agir contre ses intérêts :

Il faut avec vigueur ranger les jeunes gens,
Et *nous faisons contre eux* à leur être indulgents. (*Éc. des fem.* V. 7.)

(Voyez FAIRE POUR QUELQU'UN.)

DE LA LANGUE DE MOLIÈRE.

— FAIRE DE (un substantif), traiter, en agir avec :

Et tout homme bien sage
Doit *faire des habits* ainsi que *du langage.* (*Éc. des mar.* I. 1.)

Je voudrois bien qu'*on fît de la coquetterie*
Comme *de la guipure et de la broderie.* (*Ibid.* II. 9.)

— FAIRE DU, prendre le rôle de, FAIRE DE SON DRÔLE :

J'ai bravé ses armes assez longtemps (de l'amour), et *fait de mon drôle* comme un autre. (*Pr. d'Él.* II. 2.)

J'ai ouï dire, moi, que vous aviez été autrefois un bon compagnon; parmi les femmes ; que vous *faisiez de votre drôle* avec les plus galantes de ce temps-là. (*Scapin.* I. 6.)

« *Faire du roy, faire du capitaine, pro rege se gerere, imperatorias partes sumere. Faire du liperquam,* se montrer le grand gouverneur. » (NICOT.)

Faire, dans ces locutions, se rapporte au sens de *feindre, simuler.* Le *de,* marque du génitif, suppose une ellipse : faire (le rôle) du roi ; faire (le rôle) du liperquam.

Ce mot *liperquam* est une corruption de *ille per quem* (sous-entendu *omnia geruntur*).

— FAIRE DES DISCOURS, UN DESSEIN, DES CRIS ; FAIRE PLAINTE, FAIRE ÉCLAT :

Tous ces signes sont vains : *quels discours as-tu faits ?* (*L'Él.* III. 4.)
Je quitterois le *dessein que j'ai fait !* (*Mar. forc.* 2.)
Tu vois, Toinette, *les desseins* violents que l'on *fait* sur lui (sur son cœur) ! (*Mal. im.* I. 10.)

Comment, bourreau, tu *fais des cris ?* (*Amph.* I. 2.)

J'ai peine à comprendre sur quoi
Vous fondez *les discours* que je vous entends *faire.* (*Ibid.* II. 2.)

Est-ce donc que par là vous voulez essayer
A réparer l'accueil dont je vous ai *fait plainte ?* (*Ibid.* II. 2.)

La plus rare vertu
Qui puisse *faire éclat* sous un sort abattu. (*L'Él.* III. 4.)

— FAIRE EN, agir en :

Il sait faire obéir les plus grands de l'État,
Et je trouve qu'*il fait en digne potentat.* (*Fâcheux.* I. 10.)

J'avois mangé de l'ail, et *fis en homme sage*
De détourner un peu mon haleine de toi. (*Amph.* II. 3.)

— EN FAIRE A QUELQU'UN POUR :

J'en suis pour mon honneur ; mais à toi, qui me l'ôtes,
Je *t'en ferai* du moins *pour* un bras ou deux côtes. (*Sgan.* 6.)

Je t'en donnerai pour un bras ou deux côtes. — C'est-à-dire il t'en coûtera un bras ou deux côtes.

Cette expression est empruntée au langage technique du commerce, où l'on dit : *Faites*-moi de cette marchandise pour telle somme. — On n'en *fait* pas pour ce prix.

« Le marchand *fit* son chantre mille écus, et son grammairien trois mille. »
(LA FONTAINE. *Vie d'Ésope.*)

— FAIRE LE FIN DE QUELQUE CHOSE, c'est-à-dire relativement à quelque chose, *de aliqua re* :

> Mais, je ne t'en fais pas le fin,
> Nous avions bu de je ne sais quel vin
> Qui m'a fait oublier tout ce que j'ai pu faire. (*Amph.* II. 3.)

— IL FAIT, impersonnel, construit avec l'adjectif *sûr*, comme avec l'adjectif *bon, beau, clair*, etc. :

> Il ne *fait pas bien sûr*, à vous le trancher net,
> D'épouser une fille en dépit qu'elle en ait. (*Fem. sav.* V. 1.)

— FAIRE FAUX BOND A L'HONNEUR :

> Mais il faut qu'à *l'honneur* elle *fasse faux bond*. (*Éc. des fem.* III. 2.)

— FAIRE FORCE A (un substantif), forcer, contraindre :

> Je veux bien néanmoins, pour te plaire une fois,
> *Faire force à l'amour* qui m'impose des lois. (*L'Ét.* IV. 5.)

— FAIRE GALANTERIE DE (un infinitif). Voyez GALANTERIE.

— FAIRE LA COMÉDIE :

> Ne voulez-vous point, un de ces jours, venir voir avec elle *le ballet et la comédie* que l'on *fait* chez le roi ? (*B. gent.* III. 5.)

— FAIRE LES HONNEURS DE QUELQUE CHOSE :

> *Faisons bien les honneurs* au moins *de notre esprit*. (*Fem. sav.* III. 4.)

— FAIRE MÉTIER ET MARCHANDISE DE :

> Ces gens qui, par une âme à l'intérêt soumise,
> *Font de dévotion métier et marchandise*. (*Tart.* I. 6.)

— SE FAIRE LES DOUCEURS D'UNE INNOCENTE VIE :

> Et, de cette union de tendresse suivie,
> *Se faire les douceurs d'une innocente vie*. (*Fem. sav.* I. 1.)

— FAIRE PARAITRE (SE), se montrer :

> La douceur de sa voix a voulu *se faire paroître* dans un air tout charmant qu'elle a daigné chanter. (*Pr. d'El.* III. 2.)

— FAIRE POUR QUELQU'UN, agir pour lui, le protéger :

> Dieu *fera pour les siens*. (*Dép. am.* III. 7.)
> *C'est ce qui fait pour vous;* et sur ces conséquences
> Votre amour doit fonder de grandes espérances. (*Éc. des mar.* I. 6.)

(Voyez FAIRE CONTRE QUELQU'UN.)

— FAIRE SCRUPULE, causer du scrupule :

> Ce nom (de gentilhomme) *ne fait aucun scrupule* à prendre. (*B. gent.* III. 12.)

— FAIRE SEMBLANT QUE :

> Profitons de la leçon si nous pouvons, sans *faire semblant qu'on* parle à nous. (*Crit. de l'Éc. des fem.* 7.)

— FAIRE SON POUVOIR, faire son possible :

> *Faites votre pouvoir*, et nous ferons le nôtre. (*Dép. am.* I. 2.)

C'était l'expression du temps :

« J'ai fait mon pouvoir, sire, et n'ai rien obtenu. » (CORNEILLE. *Le Cid.* I. 6.)

— FAIRE UNE BOURLE *(bourle,* de l'italien *burla,* moquerie) :

.... Une certaine mascarade que je prétends faire entrer dans une *bourle* que je veux faire à notre ridicule. (*B. gent.* III. 14.)

(Voyez BOURLE.)

— FAIRE UNE VENGEANCE DE QUELQU'UN ; en tirer vengeance :

Et je prétends *faire de lui une vengeance exemplaire.* (*Scapin.* III. 7.)

FAIT A (un infinitif), habitué à :

Car les femmes y sont *faites à coqueter.* (*Éc. des fem.* I. 6.)

FAIT, substantif ; C'EST UN ÉTRANGE FAIT QUE :

C'est un étrange fait que, avec tant de lumières,
Vous vous effarouchiez toujours sur ces matières. (*Ibid.* IV. 8.)

— LE FAIT DE QUELQU'UN ; tout ce qui le concerne, sa conduite, sa fortune, etc :

Tout son *fait,* croyez-moi, n'est rien qu'hypocrisie. (*Tart.* I. 1.)
Je crains fort pour mon *fait* quelque chose approchant. (*Amph.* II. 3.)
Bienheureux qui a *tout son fait* bien placé ! (*L'Av.* I. 4.)

Dans La Fontaine :

« Le malheureux, n'osant presque répondre ,
Court au magot, et dit : C'est *tout mon fait.* »
 (*Le Paysan qui a offensé son seigneur.*)

— DIRE SON FAIT A QUELQU'UN :

Il me donna un soufflet, mais *je lui dis bien son fait !* (*Pourc.* I. 6.)

FALLANT, participe présent de *falloir :*

Mais *lui fallant* un pic, je sortis hors d'effroi. (*Fâcheux.* II. 2.)

Comme il lui fallait un pique.

FALLOT, plaisant, grotesque ; TRAIT FALLOT :

Sans ce trait *fallot,*
Un homme l'emmenoit, qui s'est trouvé fort sot. (*L'Ét.* II. 14.)

« . . . . Hé quoi, plaisant *fallot,*
Vous parlerez toujours, et je ne dirai mot ? »
 (TH. CORNEILLE, *Jodelet prince.*)

« Là, par quelque chanson *fallote,*
Nous célébrerons la vertu
Qu'on tire de ce bois tortu. » (SAINT-AMAND.)

Falot se prend aussi pour un muguet, compagnon de village : — *Un gentil falot.* »
 (NICOT.)

FAMEUX, au sens de *considérable, important :*

Et me donner le temps qui sera nécessaire
Pour tâcher de finir cette *fameuse* affaire. (*L'Ét.* IV. 9.)

Oui, je suis don Alphonse ; et mon sort conservé
Est un *fameux* effet de l'amitié sincère
Qui fut entre son prince et le roi notre père. (*D. Garcie.* V. 5.)

Et ce *fameux secret* vient d'être dévoilé.   (*Ibid.* V. 6.)

Quoi ! faut-il que pour moi vous renonciez, seigneur,
A cette royale constance
Dont vous avez fait voir, dans les coups du malheur,
Une *fameuse expérience* ?   (*Psyché.* II. 1.)

Cet emploi de *fameux*, qui paraît avoir été du style noble du temps de Molière, est aujourd'hui une des formes triviales du langage du peuple.

FANFAN, terme de tendresse et de mignardise :

Oui, ma pauvre *fanfan*, poupoune de mon âme.   (*Éc. des mar.* II. 14.)

C'est la dernière syllabe du mot *enfant*, redoublée, à l'imitation des enfants eux-mêmes.

FANFARONNERIE :

C'est pure *fanfaronnerie*
De vouloir profiter de la poltronnerie
De ceux qu'attaque notre bras.   (*Amph.* I. 2.)

La *fanfaronnade* est l'expression de la *fanfaronnerie*.

FATRAS au pluriel :

Et se charger l'esprit d'un ténébreux butin
De *tous les vieux fatras* qui traînent dans les livres.   (*Fem. sav.* IV. 3.)

FAUT, de *faillir* :

. . . . Le cœur me *faut*.   (*Éc. des fem.* II. 2.)

De même de *défaillir*, *défaut* :

« Que si la frayeur nous saisit de sorte que le sang se glace si fort que tout le corps tombe en défaillance, l'âme *défaut* en même temps. »
(BOSSUET. *Connaissance de Dieu.*)

FAUTE, absence, manque; IL VIENT FAUTE DE :

S'il vient faute de vous, mon fils, je ne veux plus rester au monde.   (*Mal. im.* I. 9.)

FAUX, dans le sens de *méchant, félon, déloyal* :

Mais le *faux animal*, sans en prendre d'alarmes,
Est venu droit à moi, qui ne lui disois rien.   (*Pr. d'El.* I. 2.)

FAUX BOND. Voyez FAIRE FAUX BOND.

FAUX MONNOYEURS EN DÉVOTION :

. . . . . Toutes les grimaces étudiées de ces gens de bien à outrance, toutes les friponneries couvertes de ces *faux monnoyeurs en dévotion*.   (1er *Placet au Roi.*)

FAVEUR, ressource, protection :

Afin que pour nier, en cas de quelque enquête,
J'eusse d'un faux-fuyant *la faveur* toute prête.   (*Tart.* V. 1.)

On dit encore tous les jours *à la faveur de* : il a nié, *à la faveur* d'un faux-fuyant.

FAVEURS ÉTROITES. Voyez ÉTROIT.

FEINDRE A (un infinitif), hésiter à :

Tu *feignois à sortir* de ton déguisement.   (*L'Ét.* V. 8.)

Vous ne devez point *feindre à me le faire voir*. (*Mis.* V. 2.)
Nous *feignions à vous aborder*, de peur de vous interrompre. (*L'Av.* I. 5.)

— FEINDRE DE (un infinitif), même sens :

Ainsi, monsieur, je ne *feindrai point de vous dire* que l'offense que nous cherchons à venger..... etc. (*D. Juan.* III. 4.)
Nous ne *feignons point de mettre* tout en usage. (*Pourc.* I. 3.)
Je ne *feindrai point de vous dire* que le hasard nous a fait connoître il y a six jours. (*Mal. im.* I. 5.)

Voyez tome V, page 293.

— FEINDRE, suivi d'un infinitif sans préposition, hésiter, comme *feindre à*, et *feindre de* :

Feindre *s'ouvrir à moi*, dont vous avez connu
Dans tous vos intérêts l'esprit si retenu ! (*Dép. am.* II. 1.)

— FEINDRE, simuler, faire semblant, existait également dans la langue.

FEMME DE BIEN, recevant comme un adjectif la marque du comparatif :

Croyez-moi, celles qui font tant de façons n'en sont pas estimées *plus femmes de bien*. (*Crit. de l'Éc. des fem.* 3.)

FERME, adverbialement :

Vous me parlez bien *ferme !* et cette suffisance... (*Mis.* I. 2.)
Allons, *ferme !* poussez, mes bons amis de cour ! (*Ibid.* II. 5.)

(Voyez PREMIER QUE, FRANC, NET.)

FERMER, métaphoriquement ; FERMER LES MOYENS DE :

C'est que vous voyez bien que *tous les moyens vous en sont fermés*. (*G. D.* III. 8.)
Vous en sont interdits. (Voyez OUVRIR.)

FÉRU, blessé, de *férir*, archaïsme, dans le sens restreint *de rendre amoureux* :

Peut-être en avez-vous déjà *féru* quelqu'une ? (*Éc. des fem.* I. 6.)

FESTINER QUELQU'UN, lui offrir un festin :

C'est ainsi que vous *festinez les dames* en mon absence ! (*B. gent.* IV. 2.)

FEU, invariable :

Je tiens de *feu* ma femme, et je me sens comme elle
Pour les désirs d'autrui beaucoup d'humanité. (*Mélicerte.* I. 4.)
Et l'on dit qu'autrefois *feu* Bélise, sa mère... (*Ibid.* II. 7.)

Nicot dérive *feu* de *defunctus*, et le qualifie adjectif ; puis il ajoute : « Aussi le pourrait-on extraire de cette tierce personne *fuit*... comme *feut* signifiant en ce sens *a esté* ou *fut*, c'est-à-dire a vescu et n'est plus. »

FEU QUI SE RÉSOUT EN ARDEUR DE COURROUX :

Tout son *feu se résout en ardeur de courroux*. (*Dép. am.* V. 8.)

FIEFFÉ, FOU FIEFFÉ :

Peste du fou *fieffé !* (*Méd. m. lui.* I. 1.)

Fieffé est celui à qui l'on a donné un fief, ce qui suppose un homme en son genre excellant par-dessus ses confrères. Cette locution se rapporte aux mœurs du moyen âge. Aujourd'hui qu'il n'y a plus de fiefs, mais des brevets d'invention, on dirait, par une expression tout à fait correspondante : un fou breveté.

FIER, adjectif ; ÊTRE FIER A QUELQU'UN :

>Oh ! qu'elles *nous* sont bien *fières* par notre faute ! (*Dép. am.* IV. 2.)

FIÈVRE QUARTAINE (VOTRE), sorte de serment elliptique :

>... Si vous y manquez, *votre fièvre quartaine !*.... (*L'Ét.* IV. 8.)

Si vous y manquez, vous consentez à être pris de la fièvre quartaine. C'est aussi une espèce d'exclamation imprécatoire : Que la fièvre quartaine te serre !

Dans l'explication entre le prêtre et le pelletier, joués par Pathelin :

>LE PREBSTRE.
>« Je ne le congnois nullement.
>Il m'a dit que presentement
>Vous confesse, et que payerez
>Tres bien, et si me baillerez
>Argent, pour dire une douzaine
>De messes.
>LE PELLETIER.
>*Sa fiebvre quartaine !* » (*Le nouv. Pathelin.*
>LE PREBSTRE.
>« Vuyde dehors, fol insensé,
>Car il est temps que tu t'en partes.
>LE PELLETIER.
>Et je feray, *tes fiebvres quartes !* » (*Ibid.*)

FIGURE, dans le sens restreint de *forme*. Molière a dit, en ce sens, *la figure du visage* :

>Et de ces blonds cheveux, de qui la vaste enflure
>Des visages humains offusque *la figure*. (*Éc. des mar.* I. 1.)

Offusque la forme des visages humains.

— TENIR LA FIGURE DE :

>Je vous laisse à penser si, dans la nuit obscure,
>J'ai *d'un vrai trépassé* su *tenir la figure*. (*Éc. des fem.* V. 2.)

Cette acception de *figure* se rapporte à celle de FIGURER. (Voyez ce mot.)

FIGURER, se rapportant à tout l'extérieur, à la *configuration*, en quelque sorte :

>Voici monsieur Dubois plaisamment *figuré*. (*Mis.* IV. 2.)
>.... Une vieille tante qui.... *nous figure* tous les hommes comme des diables qu'il faut fuir. (*B. gent.* III. 10.)

FILER DOUX :

>Tu n'es pas où tu crois; en vain tu *files doux*. (*Amph.* II. 3.)

Doux est adverbial, comme *franc*, *!ferme*, *net*, *clair*, *soudain*, etc., dans des locutions analogues.

FILET diminutif de *fil* :

Il semble, à vous entendre, que monsieur Purgon tienne dans ses mains *le filet de vos jours*, et que, d'autorité suprême, il vous l'allonge ou le raccourcisse comme il lui plaît.
(*Mal. im.* III. 3.)

Trévoux indique encore *filet* comme diminutif de *fil*, *tenue filum* ; et Regnier décrivant le costume de son pédant :

« Les Alpes en jurant lui grimpoient au collet,
Et la Savoy, plus bas, ne pend qu'à un *filet*. » (*Sat.* X.)

FILLE A SECRET, capable de garder un secret :

Ascagne, je suis *fille à secret*, Dieu merci. (*Dép. am.* II. 1.)

FILLOLE, filleule, archaïsme :

Il n'a pas aperçu Jeannette ma *fillole*,
Laquelle m'a tout dit, parole pour parole. (*L'Ét.* IV. 7.)

Nicot dit : « filleul ou fillol. »

FIN. Voyez **FAIRE LE FIN DE QUELQUE CHOSE**.

— **FIN FOND** :

Et nous fûmes coucher sur le pays exprès,
C'est-à-dire, mon cher, en *fin fond* de forêts. (*Fâcheux.* II. 7.)

Fin, dans l'ancienne langue, se joignait comme affixe à un substantif ou à un adjectif, pour lui donner la forme superlative.

« De lermes sont lor vis moilliez,
Sourdant de *fin* cueur amoureus. » (*R. de Coucy.* v. 6176.)

« La dame estoit si *fine* bele,
Que n'avoit dame ne pucele
Ens el païs qui l'ataindist. » (*Ibid.* v. 150.)

On dit, en certains pays vignobles, que du vin est *fin clair*. Il nous reste encore, dans l'usage commun, *fin fond* et *fine fleur*.

« Près de Rouen, pays de sapience,
Gens pesant l'air, *fine fleur* de Normands. » (LA FONT. *Le Remède.*)

« Nous mourons de *fine famine*, »

dit Guillemette à Pathelin. Et plus loin :

« Vous en estes *un fin droict maistre* » (de tromperie).

FLÉCHIR AU TEMPS :

Il faut *fléchir au temps* sans obstination. (*Mis.* I. 1.)

Molière eût mis aussi bien *céder au temps* ; mais *fléchir au temps* fait une image bien plus vive et poétique.

FLEURER :

Et soit des damoiseaux *fleurée* en liberté. (*Éc. des Maris*, I. 2.)

FLEUREUR DE CUISINE :

Impudent *fleureur de cuisine* ! (*Amph.* III. 7.)

FLOUET, fluet, délicat :

Voilà de mes damoiseaux flouets ! (*Avare.* I. 6.)

FLUXION, rhume, catharre :

Votre fluxion ne vous sied pas mal, et vous avez grâce à tousser. (*Avare.* II. 6.)

FOIN! exclamation :

Foin ! que n'ai-je avec moi pris mon porte-respect ! (*L'Ét.* III. 9.)

« *Foin du loup et de sa race!* »
(La Fontaine. *Le Chevreau, la Chèvre et le Loup.*)

FOND D'AME, substantif ; UN FOND D'AME :

Et n'est-ce pas sans doute un crime punissable,
De gâter méchamment ce *fond d'âme* admirable ? (*Éc. des fem.* III. 4.)

FONDANTE EN LARMES :

Une jeune fille toute *fondante en larmes*, la plus belle et la plus touchante qu'on puisse jamais voir. (*Scapin.* I. 2.)

Auger veut qu'ici *fondant* soit un participe présent, et non un adjectif verbal, attendu le complément indirect *en larmes*. La raison ne paraît pas convaincante. On dit bien : cette jeune fille est *charmante de grâces*. Le complément ne fait donc rien à l'affaire ; mais le féminin *toute*, qui précède *fondante*, y fait beaucoup, et détermine au second mot le caractère d'adjectif. Cette femme est *toute riante de santé*, ou bien *toute fondante en larmes* ; il est clair qu'il s'agit d'un état, d'une manière d'être, et non pas d'une action.

(Voyez PARTICIPE PRÉSENT *variable.*)

FONDER SUR QUELQUE CHOSE, absolument :

Tant de méchants placets, monsieur, sont présentés,
Qu'ils étouffent les bons ; et l'espoir où *je fonde*
Est qu'on donne le mien quand le prince est sans monde. (*Fâcheux.* III. 2.)

L'espoir où je *me fonde*.

(Voyez ARRÊTER.)

FORCE, adverbe ; FORCE GENS :

Voir cajoler sa femme, et n'en témoigner rien,
Se pratique aujourd'hui par *force gens* de bien. (*Sgan.* 17.)

Nicot : « *Force, id est copia :* il luy est allé *force gens* au devant. — Lieux où il y a *force arbres*. »

Cette locution est trop commune pour qu'il en faille rapporter des exemples. Je me contenterai d'observer que le mot *force* doit être porté sur la liste des substantifs que l'usage a transformés en adverbes dans certains cas donnés, comme *pas, point, rien, mot* ou *motus*.

FORCER, vaincre en luttant ; FORCER UN MALHEUR :

Il m'échappe ! ô *malheur qui ne se peut forcer !* (*L'Ét.* II. 14.)

L'emploi de *forcer* est ici le même que dans cette locution : *forcer un lièvre*.

FORFANTERIE D'UN ART, vanité d'un art qui se vante :

Sans découvrir encore au peuple...... *la forfanterie de notre art.*
(*Am. méd.* III. 2.)

FORGER un amusement :
> Votre feinte douceur *forge un amusement,*
> Pour divertir l'effet de mon ressentiment. (*D. Garcie.* IV. 8.)

(Voyez DIVERTIR et AMUSER.)

FORLIGNER DE :
Jour de Dieu! je l'étranglerois de mes propres mains, s'il falloit qu'elle *forlignât de l'honnêteté de sa mère!* (*G. D.* II. 14.)

Fors-ligner, c'est sortir hors de la ligne droite.

FORMAGE et FROMAGE :
Voyez tome VIII, page 68, note 1.

FORMER des sentiments, comme *former des vœux :*
> Et je ne *forme* point d'assez beaux *sentiments*
> Pour..... (*Dép. am.* I. 3.)

FORT EN GUEULE :
> MADAME PERNELLE.
> ..... Vous êtes, m'amie, une fille suivante
> Un peu trop *forte en gueule,* et très impertinente. (*Tart.* I. 1.)

— **FORTE PASSION,** passion dominante :
> Ta *forte passion* est d'être brave et leste. (*Éc. des fem.* V. 4.)

FORTUNE, au sens du latin *fortuna,* la destinée, dans ce vers d'Horace :
> *Fortunam* Priami cantabo, et nobile bellum.
> ..... Elle est de vous (cette lettre), suffit : même *fortune.*
> (*Dépit am.* II. 3.)

Le capitaine de ce vaisseau, touché de *ma fortune,* prit amitié pour moi. (*L'Av.* V. 5.)

> Voyons quelle *fortune* en ce jour peut m'attendre. (*Amph.* III. 4.)

Comme on trouve écrit dans le ciel jusqu'aux plus petites particularités de la *fortune* du moindre des hommes. (*Am. magn.* III. 1.)

La *fortune* d'un homme, pour signifier sa richesse, l'ensemble de son avoir, est une acception toute moderne, qui ne se rencontre point dans Molière.

— **PAR FORTUNE,** par hasard :
> Je l'avois sous mes pieds rencontré par fortune. (*Sgan.* 22.)

La Fontaine dit *de fortune :*
> « Comme elle disoit ces mots,
> Le loup, *de fortune,* passe. » (*La Chèvre, le Chevreau et le Loup.*)

FORTUNES, au pluriel, même sens :
> ..... Nous parlions des *fortunes* d'Horace. (*L'Ét.* IV. 6.)
> « Quant au surplus des *fortunes* humaines,
> Les biens, les maux, les plaisirs et les peines... »
> (LA FONTAINE. *Belphégor.*)

Les Anglais ont retenu ce sens : *the fortunes of Nigel,* sont *les aventures de Nigel.*

Horace dit aussi, au pluriel :

« Si dicentis erunt *fortunis* absona dicta.... »

Si le langage ne convient pas à la position du personnage, à sa fortune ou à ses fortunes.

FOUDRE PUNISSEUR. Voyez PUNISSEUR.

FOURBER QUELQU'UN :

— Vous vous êtes accordés, Scapin, vous et mon fils, pour *me fourber*.
— Ma foi, monsieur, si Scapin *vous fourbe*, je m'en lave les mains. (*Scapin*. III. 6.)

FOURBISSIME :

Mascarille est un fourbe, et fourbe *fourbissime*. (*L'Ét.* II. 5.)

La forme en *issime* fut naturellement la forme primitive de notre superlatif. La traduction des *Rois*, la chanson de Roland, saint Bernard, l'emploient constamment; d'ordinaire elle est contractée en *isme : saintisme, grandisme, altisme*, etc., y sont pour *saintissime, grandissime*, etc.

En 1607, Malherbe, dans ses lettres, se sert fréquemment de *grandissime;* et Perrot d'Ablancourt, dans sa traduction de César : « Il y avait un *grandissime* nombre de villes. » Mais on les en a repris l'un et l'autre. Par conséquent, c'est du commencement du XVIIe siècle qu'il faut dater dans notre langue la déchéance de l'ancienne forme latine, et l'emploi exclusif de *très* pour marquer le superlatif.

Les Latins, outre la forme en *issimus*, formaient aussi le superlatif par le mot *ter*, soit séparé, soit en composition. Ils avaient emprunté cela des Grecs, qui disaient τρισόλβιος, τρισευδαίμων, τρισκατάρατος, etc.

Plaute dit de même, *trifur, triveneficus, tricerberus*.

Et Virgile : « O *ter* quaterque *beati!* »

Très docte, en français, est donc *tridoctus*, et nous avons eu, à l'instar des Latins, deux manières de former les superlatifs; seulement la forme grecque, chez les Latins la moins usitée, a fini par l'emporter chez nous, et par étouffer complètement la forme latine.

FOURNIR A, suffire à :

Ma foi, me trouvant las pour ne pouvoir *fournir*
Aux *différents emplois* où Jupiter m'engage...... (*Amph.* Prol.)

FRAIS; PRENDRE LE FRAIS, c'est-à-dire choisir l'heure du frais, le soir où le matin :

Pour arriver ici, mon père *a pris le frais*. (*Éc. des fem.* V. 6.)

FRANC, adverbialement :

Je vous parle *un peu franc;* mais c'est là mon humeur. (*Tart.* I. 1.)

Je vous dirai *tout franc* que c'est avec justice. (*Ibid.* I. 6.)

C'est de presser *tout franc*, et sans nulle chicane,
L'union de Valère avecque Marianne. (*Ibid.* III. 3.)

Je vous dirai *tout franc* que cette maladie,
Partout où vous allez, donne la comédie. (*Mis.* I. 1.)

Tout franchement, comme *tout net* est pour *tout nettement*.
(Voyez PREMIER QUE, FERME, NET.)

FRANCHISE, liberté :

> Quelque assassinat de ma franchise. (*Préc. rid.* 10.)
> Franchise heureuse. (*Bourg. gent.* I. 3.)

FRÉQUENTER CHEZ QUELQU'UN :

> Sans doute; et je le vois qui *fréquente chez nous.* (*Fem. sav.* II. 1.)

Les Latins employaient *frequentare* sans *apud*, comme aujourd'hui nous faisons. Dans Cicéron : *Qui domum meam frequentant,* ceux qui fréquentent ma maison; et dans Phèdre : *Aras frequentas,* tu fréquentes les autels.

FRICASSER, métaphoriquement :

> MARINETTE.
> Moi, je te chercherois ! Ma foi, *l'on t'en fricasse,*
> Des filles comme nous !..... (*Dép. am.* IV. 4.)

Observez que c'est Marinette qui parle.

FRIPERIE ; NOTRE FRIPERIE, notre personne :

> Gare une irruption sur notre *friperie!* (*Dép. am.* III. 1.)

C'est un valet qui parle.

FROTTER SON NEZ AUPRÈS DE LA COLÈRE DE QUELQU'UN :

> GROS-RENÉ.
> Viens, viens *frotter ton nez auprès de ma colère!* (*Dép. am.* IV. 4.)

FUIR DE (un infinitif), comme éviter de :

> Si votre âme les suit, et *fuit d'être coquette.* (*Éc. des fem.* III. 2.)

Il ne *fuit* rien tant tous les jours que *d'exercer* les merveilleux talents qu'il a eus du ciel pour la médecine. (*Méd. m. lui.* I. 5.)

C'est le *fuge quærere* d'Horace.

De, dans l'expression française, est la marque de l'ablatif employé dans ce vers de Virgile :

> Quanquam animus meminisse horret, *luctuque refugit.* (*Æneid.* II.)

« Mon esprit recule d'horreur à ces images de deuil, et *fuit de s'en souvenir.* »

— « J'ay monstré en la conduite de ma vie et de mes entreprinses que j'ay plustôt *fuy* qu'aultrement *d'enjamber* par dessus le degré de fortune auquel Dieu logea ma naissance. » (MONT. III. 7.)

FULIGINES, terme technique :

> Beaucoup de *fuligines* épaisses et crasses, etc. (*Pourc.* I. 11.)

FURIEUX, dans le sens d'*extrême* :

> Voilà une *furieuse impudence,* que de nous envoyer querir. (*G. D.* III. 12.)

FUSEAUX ; FAIRE BRUIRE SES FUSEAUX. Voyez BRUIRE.

FUTURS (DEUX), *commandés l'un par l'autre :*

> Ce ne *sera* pas là qu'il *viendra* la chercher. (*Éc. des fem.* V. 4.)

Cette symétrie des temps, empruntée du latin, est aussi négligée au xixe siècle qu'elle était soigneusement observée au xviie. On dirait aujourd'hui sans scrupule : Ce *n'est* pas là qu'il *viendra.*

Je *reviendrai* voir sur le soir en quel état elle *sera*. (*Méd. m. l.* II. 6.)

Et non : en quel état elle *est.*

Lorsqu'on me *trouvera* morte, il n'y aura personne qui mette en doute que ce ne soit vous qui *m'aurez tuée.* (*G. D.* III. 8.)

Et non : *qui m'avez.*

J'ai des raisons à faire approuver ma conduite,
Et *je connoîtrai* bien si vous *l'aurez* instruite. (*Fem. sav.* II. 8.)

Cette symétrie des temps s'observait aussi pour le conditionnel. (Voyez CONDITIONNELS (DEUX.)

— *Futur* suivi d'un présent de l'indicatif :

Ce ne sera point vous que je leur *sacrifie*. (*Ibid.* V. 5.)

L'exigence du mètre, et la nécessité de rimer à *philosophie*, ont apparemment ici forcé la main à Molière, dont l'usage constant est de mettre les deux futurs, même en des cas où ils sont bien moins nécessaires.

GAGE QUE, adverbialement, ou par une sorte d'ellipse pour *je gage que* :

Gage qu'il se dédit. — Et moi, *gage que* non. (*L'Ét.* III 3.)

GAGER QUELQU'UN POUR (un substantif), c'est-à-dire *en qualité de* :

Je suis auprès de lui *gagé pour serviteur* :
Vous me voudriez encor payer *pour précepteur.* (*L'Ét.* 1. 9.)

(Voyez POUR, en qualité de.)

GAGNER ; GAGNER AU PIED, s'enfuir :

Ah ! par ma foi, je m'en défie, et je m'en vais *gagner au pied.* (*Préc. rid.* 10.)

La Fontaine a dit, dans le même sens, *gagner au haut* :

« ..... Le galant aussitôt
Tire ses grègues, *gagne au haut.* » (*Le Renard et le Coq.*)

Nicot et Trévoux ne donnent que *gagner le haut.*

— GAGNER DE (un infinitif), obtenir :

Et qu'il n'est repentir ni suprême puissance
Qui *gagnât* sur mon cœur *d'oublier* cette offense. (*D. Garcie.* V. 5.)

—GAGNER LE TAILLIS, fuir, s'évader :

Tant pis !
J'en serai moins léger à *gagner le taillis.* (*Dép. am.* V. 1.)

— GAGNER LES RÉSOLUTIONS *de quelqu'un*, les surmonter :

Pied à pied *vous gagnez mes résolutions.* (*B. gent.* III. 18.)

GALANT, substantif, un nœud de rubans :

Voilà
Ton beau *galant* de neige avec ta nonpareille :
Il n'aura plus l'honneur d'être sur mon oreille. (*Dép. am.* IV. 4.)

GALANT, adjectif, au sens d'*élégant, distingué* :

Il me montra toute l'affaire, exécutée d'une manière, à la vérité, beaucoup plus *galante* et plus spirituelle que je ne puis faire. (*Préf. de la Crit. de l'Éc. des fem.*)

GALANTERIE, FAIRE GALANTERIE DE (un infinitif) :

N'a-t-il pas (Molière), ceux..... qui, le dos tourné, *font galanterie de se déchirer l'un l'autre ?* (*Impromptu.* 3.)

Rien n'a remplacé cette excellente expression; il faut, pour en rendre le sens, recourir à une longue périphrase.

GALÈCHE, CALÈCHE :

Marquis, allons au cours faire voir ma galèche. (*Fâcheux,* I. 1.)

GALIMATIAS au pluriel :

Mon Dieu, prince, je ne donne point dans *tous ces galimatias* où donnent la plupart des femmes. (*Am. magn.* I. 1.)

GARANT ; ÊTRE GARANT DE QUELQUE CHOSE, en fournir la garantie, la preuve :

Moi, je lui couperois sur-le-champ les oreilles,
S'il *n'éloit pas garant* de tout ce qu'il m'a dit. (*L'Ét.* III. 3.)

GARD', en style familier, pour garde :

Dieu te *gard'*, Cléanthis ! (*Amph.* II. 3.)

GARDE ; SE DONNER DE GARDE DE. Voyez à DONNER.

GARDER DE (un infinitif), se garder de, prendre garde de :

Mon Dieu, Éraste, *gardons* d'être surpris. (*Pourc.* I. 3.)
Rentrez donc, et surtout *gardez de babiller.* (*Éc. des fem.* IV. 9.)
Rentrez dans la maison, et *gardez de rien dire.* (*Ibid.* V. 1.)
Gardez de vous tromper ! (*Georg. D.* II. 9.)

Molière emploie indifféremment, et selon le besoin de la circonstance, *garder* ou *se garder de* :

Et surtout *gardez-vous de la quitter* des yeux. (*Éc. des fem.* V. 5.)

— GARDER QUE (sans *ne*) :

Gardons bien que, par nulle autre voie, *elle en apprenne* jamais rien. (*Am. magn.* 1.1.)

(Voyez DONNER DE GARDE (SE).)

GARDIEN, en trois syllabes :

Suis-je donc *gardien,* pour employer ce style,
De la virginité des filles de la ville ? (*Dép. am.* V. 3.)

Il est probable que plus tard Molière eût écrit : Suis-je donc *le gardien...*

GATER QUELQU'UN DE, c'est-à-dire, à l'aide, par le moyen de :

Je veux être pendu, si nous ne les verrions
Sauter à notre cou plus que nous ne voudrions,
Sans tous ces vils devoirs *dont* la plupart des hommes
Les *gâtent* tous les jours, dans le siècle où nous sommes. (*Dép. am.* IV. 2.)

Cette tournure se rapporte à DE, exprimant la cause, la manière.

— GATER (SE) SUR L'EXEMPLE D'AUTRUI; par l'exemple d'autrui :

>Mais ne vous gâtez pas sur l'exemple d'autrui. (*Éc. des fem.* III. 2.)

GAUCHIR, aller à gauche; GAUCHIR DE QUELQUE CHOSE, s'en écarter :

>Notre sort ne dépend que de sa seule tête;
>De ce qu'elle s'y met, rien ne la fait *gauchir*. (*Éc. des fem.* III. 3.)
>
>Contre son insolence on ne doit point *gauchir*. (*Tartuffe.* V. 2.)

GAULIS, terme technique, branche d'arbre :

>Je pousse mon cheval et par haut et par bas,
>Qui plioit des *gaulis* aussi gros que le bras. (*Fâcheux.* II. 7.)

« Les gaulis, dit Trévoux, sont, en terme de vènerie, des branches d'arbre qu'il faut que les veneurs plient ou détournent pour percer dans un bois. »

Gault, en vieux français, est une forêt :

>« Onc charpentier en bos ne sot si charpenier,
>Ne mena telle noise en parfont *gault* ramé. » (*Renaut de Montauban.*)
>« Que florissent cil prez, e cil *gault* sont foilli. » (*Rom. d'Aïe d'Avig.*)
>« Cerchant prés et jardins et *gaults.* » (*Rom. de la Rose.*)

« *Gault* paraît venir du bas latin *caula*, d'où s'est formé *gaule*, par l'adoucissement du *c* en *g*. Dans un compte de 1202 : « pro perticis et *caulis*... proL *caulis*. » Pour des perches et des gaules... pour 50 gaules. » (DU CANGE, au mot CAULA.)

J'avoue que j'aimerais mieux dériver *gault* de *saltus*, et *gaule* de *caula*. Le nom propre *Gault de Saint-Germain* signifie *Bois de Saint-Germain*.

GAYETÉ, en trois syllabes :

>Mais je vous avouerai que cette *gayete*
>Surprend au dépourvu toute ma fermeté. (*D. Garcie.* V. 6.)
>
>Mais que de *gayeté* de cœur
>On passe aux mouvements d'une fureur extrême. (*Amph.* II. 6.)

GENDARMÉ CONTRE :

>Cet homme *gendarmé* d'abord *contre mon feu*. (*Éc. des f.* III. 1.)

GÊNER (gehenner) QUELQU'UN, le torturer, lui faire violence :

>Et pour tout dire enfin, jaloux ou non jaloux,
>Mon roi sans *me gêner* peut me donner à vous. (*D. Garcie.* V. 6.)

Racine a dit de même :

>« Et le puis-je, madame? Ah, que vous me *gênez!* » (*Androm.* I. 4.)

Ah, que vous torturez mon cœur!

Ce mot a perdu aujourd'hui toute l'énergie de son acception primitive; c'était même déjà un archaïsme dans Racine et dans Molière. On voit par cet exemple combien les mœurs influent sur le langage : à mesure que l'usage de la torture ou de la *gêne* s'éloignait, la valeur du mot s'affaiblissait comme le souvenir de la chose. *Il est gêné dans ses habits* eût été, au XIIe siècle, une hyperbole violente; aujourd'hui, cela signifie simplement *il n'y est pas à son aise;* c'est l'expression la plus douce qu'on puisse employer.

GÊNES, au pluriel, dans le sens du latin *gehenna*, *torture* :

Je sens de son courroux des *gênes* trop cruelles. (*Dép. am.* V. 2.)

GENS, masculin :

Ma langue est impuissante, et je voudrois avoir
Celle de *tous les gens* du plus exquis savoir. (*L'Ét.* II. 14.)

La délicatesse est trop grande, de ne pouvoir souffrir que des *gens triés*. (*Crit. de l'Éc. des fem.* I.)

Et qu'en n'approuvant rien des ouvrages du temps,
Il se met au-dessus de *tous les autres gens*. (*Mis.* II. 5.)

Et qu'avecque le cœur d'un perfide vaurien
Vous confondiez les cœurs de *tous les gens de bien*. (*Tart.* V. I.)

Pour *tous les gens de bien* j'ai de grandes tendresses. (*Ibid.* V. 4.)

Cependant notre âme insensée
S'acharne au vain honneur de demeurer près d'eux,
Et s'y veut contenter de la fausse pensée
Qu'ont *tous les autres gens* que nous sommes heureux. (*Amph.* I. 1.)

Combien de *gens* font-*ils* des récits de batailles,
Dont *ils* se sont tenus loin! (*Ibid.*)

— GENS avec un nom de nombre déterminé :

Et je connois des *gens* à Paris, plus de *quatre*,
Qui, comme ils le font voir, aiment jusques à battre. (*Fâcheux.* II. 4.)

Moi, je serois cocu? — Vous voilà bien malade!
Mille gens le sont bien qui de rang et de nom
Ne feroient avec vous nulle comparaison. (*Éc. des fem.* IV. 8.)

Un de mes gens la garde au coin de ce détour. (*Ibid.* V. 2.)

Il y a là *vingt gens* qui sont fort assurés de n'entrer point. (*Impr.* 3.)

Et jamais il ne parut si sot que parmi *une demi-douzaine de gens* à qui elle avoit fait fête de lui. (*Crit. de l'Éc. des fem.* sc. 2.)

A l'origine de la langue il a été souvent employé ainsi :

« Pour ces *trois gens* qui ont pel de beste afublée. » (*Le dit du Buef.*)

— GENS DE BIEN A OUTRANCE :

Toutes les grimaces étudiées de ces *gens de bien a outrance*. (1er *Placet au Roi*)

— GENS DE DIFFICULTÉS :

Ce sont (les avocats) *gens de difficultés*. (*Mal. im.* I. 9.)

— GENS DE NOM :

Toute mon ambition est de rendre service aux *gens de nom* et de mérite. (*Sicilien.* 11.)

GENT, GENTE :

Que dit-elle de moi, cette gente assassine? (*L'Ét.* I. 6.)

Voyez tome II, page 39.

GENTILLESSE, dans le sens de l'italien *gentilezza*, *noblesse* :

Ce sont des brutaux, ennemis de la *gentillesse* et du mérite des autres villes. (*Pourc.* III. 2.)

GLOIRE, considération personnelle, mérite :

> Pourquoi voulez-vous croire
> Que de ce cas fortuit dépende notre *gloire* ? (*Éc. des fem.* IV. 8.)
> C'est où je mets aussi *ma gloire* la plus haute. (*Tart.* II. 1.)

Je mets ma gloire, je fais consister mon mérite principal à vous satisfaire.

> Un cœur qui nous oublie engage notre gloire. (*Ibid.* II. 4.)

GNACARES, nacaires.

Voyez tome VIII, page 158.

GOBER LE MORCEAU, se laisser prendre, duper tranquillement :

> Mais je ne suis pas homme à *gober le morceau*. (*Éc. des fem.* II. 1.)

Métaphore prise de la pêche à la ligne :

GOGUENARDERIE :

> Oui, mais je l'enverrois promener avec ses *goguenarderies*. (*Méd. m. lui.* II. 3.)

GRACE ; DONNER GRACE, pardonner :

> Et l'on *donne grâce* aisément
> A ce dont on n'est pas le maître. (*Amph.* II. 6.)

GRAIS, Grec :

> MARTINE.
> Et, ne voulant savoir *le grais* ni le latin... (*Fem. sav.* V. 3.)

C'est l'ancienne et légitime prononciation, comme dans *échecs*, *legs*. Ce passage nous montre que, du temps de Molière, le peuple la retenait encore.

GRAND invariable en genre :

> Le bal et *la grand bande*, assavoir deux musettes. (*Tart.* II. 3.)
> Vous n'aurez pas *grand peine* à le suivre, je crois. (*Ibid.* II. 4.)
> Il porte une jaquette à *grands basques plissées*. (*Mis.* II. 6.)

Dans l'origine de la langue, tout adjectif dérivé d'un adjectif latin en *is*, *grandis*, *qualis*, *regalis*, *viridis*, etc., ne changeait pas non plus en français pour le féminin.

Il nous reste encore de cet usage, *grand messe*, *grand mère*, *grand route*, etc., et, dans le langage du palais, *lettres royaux*.

— GRAND LATIN, grand latiniste, comme on dit *grand grec* pour grand helléniste :

> Je vous crois *grand latin* et grand docteur juré. (*Dep. am.* II. 7.)

— GRAND SEIGNEUR (LE), pour l'*aristocratie, la noblesse* :

> O l'ennuyeux conteur !
> Jamais on ne le voit sortir *du grand seigneur*. (*Mis.* II. 5.)

De même *le marquis*, pour *la classe des marquis*.
(Voyez MARQUIS.)

GRIMACIERS, hypocrites :

Ils donnent bonnement (les hommes sincèrement vertueux) dans le panneau des *gri-*

maciers, et appuient aveuglément les singes de leurs actions. (*D. Juan.* V. 2.)

(Voyez FAÇONNIER.)

GROUILLER :

Et l'on demande l'heure, et l'on bâille vingt fois,
Qu'elle *grouille* aussi peu qu'une pièce de bois. (*Mis.* II. 5.)

Est-ce que madame Jourdain est décrépite? et la tête lui *grouille-t-elle* déjà?
(*B. gent.* III. 5.)

Vous ne vous grouillez pas? (*Comtesse d'Escarb.* 8.)

Voyez tome X, page 316, note 2.

GUÉRIR :

NICOLE.

De quoi est-ce que tout cela *guérit*? (*B. gent.* III. 3.)

A quoi tout cela sert-il?

GUEUSER DES ENCENS :

Pour moi, je ne vois rien de plus sot, à mon sens,
Qu'un auteur qui partout va *gueuser des encens*. (*Fem. sav.* III 5.)

GUEUX COMME DES RATS :

Tous ces blondins sont agréables... mais la plupart sont *gueux comme des rats*.
(*L'Av.* III. 8.)

L'expression complète eût été : Comme des rats d'église, qui n'y trouvent rien à manger.

— GUEUX D'AVIS :

Non de ces *gueux d'avis*, dont les prétentions
Ne parlent que de vingt ou trente millions. (*Fâcheux.* III. 3.)

GUIDE, subst. féminin, comme *sentinelle*; archaïsme :

La Guide des pécheurs est encore un bon livre. (*Sgan.* 1.)

« Elle lit saint Bernard, *la Guide* des pécheurs[1]. » (REGNIER. *Macette.*)

Guide, terme technique, est resté féminin : CONDUIRE A GRANDES GUIDES.

GUIGNER, lorgner du coin de l'œil :

J'ai *guigné* ceci tout le jour. (*L'Av.* IV. 6.)

HABILLER ; S'HABILLER D'UN NOM :

Le monde aujourd'hui n'est plein..... que de ces imposteurs qui..... *s'habillent insolemment du premier nom illustre* qu'ils s'avisent de prendre. (*L'Av.* V. 5.)

HABITUDE DU CORPS, tenue, maintien, *habitus* :

Cette *habitude du corps* menue, grêle, noire et velue. (*Pourc.* I. 11.)

HAINE POUR QUELQU'UN, au lieu de *haine contre* :

Ils ont en cette ville une *haine effroyable* pour les gens de votre pays. (*Pourc.* III. 2.)

HANTER QUELQUE PART :

Oui; mais pourquoi, surtout depuis un certain temps,
Ne sauroit-il souffrir qu'aucun *hante céans*? (*Tart.* I. 1.)

1. Ouvrage ascétique, composé en espagnol par le père Louis de Grenade.

HANTISES, FRÉQUENTATION :

> Isabelle pourroit perdre dans ces *hantises*
> Les semences d'honneur qu'avec nous elle a prises. (*Éc. des mar.* I. 4.)

La forme primitive était *hant*, racine du verbe *hanter* :

> « Sunt se nettement guardé tes vadlets, e meimement de *hant* de femme ? »
> (*Rois*, p. 83.)

HARDI, employé comme exclamation :

> Là, *hardi!* tâche à faire un effort généreux. (*Sgan.* 21.)

HÂTÉ, pressé, urgent :

> Nous sortions. — Il s'agit d'un fait assez *hâté*. (*Éc. des mar.* III. 5.)

HAUT, substantif ; *un haut*, pour *une hauteur* :

> Sur *un haut*, vers cet endroit,
> Étoit leur infanterie. (*Amph.* I. 1.)

(Voyez GAGNER LE HAUT.)

— HAUT DE L'ESPRIT (DU) :

> Et, les deux bras croisés, *du haut de son esprit*
> Il regarde en pitié tout ce que chacun dit. (*Mis.* II. 5.)

— HAUT LA MAIN, sans l'ombre de résistance ou de difficulté :

> Vous l'auriez guéri *haut la main*. (*Pourc.* II. 1.)

Molière a dit aussi *la main haute* :

> La grammaire, qui sait régenter jusqu'aux rois,
> Et les fait, *la main haute*, obéir à ses lois ! (*Fem. sav.* II. 6.)

Cette expression se rapporte à cette autre, *avoir la haute main sur...*; et cette dernière se trouve fréquemment dans les plus vieux monuments de notre langue :

> « Et la malvaise gent e les fils Belial... ourent *la plus halte main* envers Roboam. »
> (*Rois*. p. 298.)

On trouve aussi, *avant la main*, pour *haut la main* :

> LE PELLETIER.
> « Mais pensez-y, de par le diable,
> Et me payez *avant la main*. » (*Le nouv. Pathelin.*)

— LE PORTER HAUT, être fier, orgueilleux :

> Détrompez-vous de grâce, et *portez-le moins haut*. (*Mis.* V. 6.)

Le subst. de l'ellipse paraît être *chef :* portez le chef moins haut.

— HAUT DU JOUR (le) ; midi :

> Le roi vint honorer Tempé de sa présence;
> Il entra dans Larisse hier, *sur le haut du jour*. (*Mélicerte.* I. 3.)

— FAIRE UNE HAUTE PROFESSION DE (un infinitif) :

> Ils ont trouvé moyen de surprendre des esprits qui, dans toute autre matière, *font une haute profession de ne se point laisser surprendre*. (2e *Placet au Roi.*)

HAUTEUR; DE HAUTEUR, hautement, avec hauteur :

... Pour récompense, on s'en vient de *hauteur*
Me traiter de faquin, de lâche, d'imposteur.   (*L'Ét*. I. 10.)

— HAUTEUR D'ESTIME :

Cette *hauteur d'estime* où vous êtes de vous.   (*Mis*. III. 5.)

HÉROS D'ESPRIT :

Aux encens qu'elle donne à son *héros d'esprit*.   (*Fem. sav*. I. 3.)

HEUR, bonheur; d'où vient *heureux* :

Expliquez-vous, Ascagne, et croyez par avance
Que votre *heur* est certain, s'il est en ma puissance   (*Dép. am*. II. 2.)

Je vous épouse, Agnès ; et cent fois la journée
Vous devez bénir *l'heur* de votre destinée.   (*Éc. des fem*. III. 2.)

Mais au moins dites-moi, madame, par quel sort
Votre Clitandre a *l'heur* de vous plaire si fort.   (*Mis*. II. 1.)

Lorsque dans un haut rang on a *l'heur* de paroître,
Tout ce qu'on fait est toujours bel et bon.   (*Amph*. prol.)

— HEURE; A L'HEURE, maintenant, à cette heure, comme dans l'italien *allora* :

Parbleu! si grande joie *à l'heure* me transporte,
Que mes jambes sur l'heure en caprioleroient,
Si nous n'étions point vus de gens qui s'en riroient.   (*Sgan*. 18.)

HIATUS.

Molière ne s'arrête pas à l'hiatus qui résulte de l'interjection :

Un homme à grands canons est entré brusquement,
En criant : *Holà, ho! un* siège promptement.   (*Fâcheux*. I. 1.)
Là! là! hem! hem!... écoute avec soin, je te prie.   (*Ibid*. I. 5.)
Eh! a-t-on jamais vu de plus farouche esprit !   (*Pr. d'Él*. I. 4.)

HOC ; ÊTRE HOC :

MARTINE.

... Mon congé cent fois me fût-il *hoc*,
La poule ne doit point chanter avant le coq.   (*Fem. sav*. V. 3.)

Voyez tome XI, page 473, note 1.

HOIRS, héritiers :

Ou sans retour, qui va de ladite à ses *hoirs*.   (*Éc. des Fem*. IV. 2.)

HOMMAGES; FAIRE DES HOMMAGES :

Je lui ai fait *des hommages* soumis de tous mes vœux.   (*Am. magn*. I. 2.)

HOMME; ÊTRE HOMME QUI, être un homme qui :

Vous êtes *homme qui* savez les maximes du point d'honneur.   (*G. D*. I. 8.)
Je suis *homme qui* aime à m'acquitter le plus tôt que je puis.   (*Bourg. g*. III. 4.)

— HOMME DE (un substantif) :

Vous êtes *homme d'accommodement*.   (*Pourc*. III. 6.)
Homme de suffisance, homme de capacité.   (*Mar. forc*. 6.)

HONNÊTES DIABLESSES :

> Ces dragons de vertu, ces *honnêtes diablesses*,
> Se retranchant toujours sur leurs sages prouesses. (*Éc. des fem.* IV. 8.)

HONNEUR, susceptibilité :

> Quoi que sur ce sujet votre *honneur* vous inspire. (*Éc. des fem.* IV. 8.)

Votre délicatesse ombrageuse, le soin de votre honneur.

Molière emploie aussi *honneur* dans le sens général et indéterminé de considération personnelle. Alors il y joint une épithète pour fixer la nature de cet *honneur*. Il fait dire énergiquement à Alceste, parlant du *franc scélérat* contre lequel il plaide :

> Son *misérable honneur* ne voit pour lui personne. (*Mis.* I. 1.)

Il est tout naturel qu'on dise, en parlant de soi : *Mon honneur*, le soin de *mon honneur*; mais appliquer ce mot à un tiers, et y joindre une épithète de mépris, c'est ce qui rend l'expression neuve et originale ; et toutefois elle est si claire et si juste qu'on n'y prend pas garde.

HONTE; AVOIR HONTE A (un infinitif) :

> Monsieur, vous vous moquez; j'aurois *honte à la prendre*. (*Dép. am.* I. 2.)

HORS DE GARDE (ÊTRE), métaphore prise de l'art de l'escrime :

> Léandre pour nous nuire *est hors de garde* enfin. (*L'Ét.* III. 5.)

> « Tu vas *sortir de garde*, et perdre tes mesures. »
> (CORNEILLE, *Le Menteur*.)

— HORS DE PAGE, au figuré, affranchi :

> Il faut se relever de ce honteux partage,
> Et mettre hautement notre esprit *hors de page*. (*Fem. sav.* III. 2)

Il faut observer que cette locution affectée, parce qu'on l'applique à l'esprit, est mise dans la bouche de Bélise ; ce qui équivaut à une censure.

— HORS DE SENS; IL EST HORS DE SENS QUE, *il est invraisemblable, absurde de croire que :*

> Mais *il est hors de sens* que sous ces apparences
> Un homme pour époux se puisse supposer. (*Amph.* III. 1.)

Cela excède les limites du bon sens.

HOURETS, chiens de chasse :

> De ces gens qui, suivis de dix *hourets* galeux,
> Disent *ma meute*, et font les chasseurs merveilleux. (*Fâcheux.* II. 7.)

HUCHET, cor de chasse. Voyez PORTEUR DE HUCHET.

HUMANISER (S') DE :

> Que *d'un peu de pitié* ton âme *s'humanise*. (*Amph.* III. 7.)

(Voyez DE exprimant la manière, la cause.)

— HUMANISER SON DISCOURS; le mettre à la portée des humains :

> Ne paroissez point si savant, de grâce ! *humanisez votre discours*, et parlez pour être entendu. (*Critique de l'Éc. des fem.* 7.)

HUMANITÉ (L'), le caractère d'homme, la nature humaine :

> Doncques, si de parler le pouvoir m'est ôté,
> Pour moi, j'aime autant perdre aussi *l'humanité*. (*Dép. am.* II. 7.)

> Va, va, je te le donne pour l'amour de *l'humanité*. (*D. Juan.* III. 2.)

Voyez tome VI, page 363, note 1.

HUMEUR SOUFFRANTE, endurante :

> Des hommes en amour d'une *humeur si souffrante*,
> Qu'ils vous verroient sans peine entre les bras de trente. (*Fâcheux.* II. 4.)

Sur ce mot *humeur*, j'observerai qu'il avait encore du temps de Corneille un sens qu'on a laissé perdre depuis, et qui persiste dans l'anglais *humour;* si bien que beaucoup de gens, désespérant de faire sentir toute la force et la grâce du mot anglais, le transportent dans notre langue comme ils font du mot *fashion*, qui n'est que notre *façon*, et de bien d'autres.

> CLITON.
> « Par exemple, voyez : aux traits de ce visage,
> Mille dames m'ont pris pour homme de courage ;
> Et sitôt que je parle, on devine à demi
> Que le sexe jamais ne fut mon ennemi.
> CLÉANDRE.
> Cet homme a de l'*humeur*.
> DORANTE.
> C'est un vieux domestique
> Qui, comme vous voyez, n'est pas mélancolique. »
> (*La Suite du Menteur*.

HYMEN (L') DE, c'est-à-dire avec :

> Comme il a volonté
> De me déterminer à *l'hymen d'Hippolyte*. (*L'Ét.* II. 9.)

> Chercher dans *l'hymen d'une* douce et sage personne la consolation de quelque nouvelle famille. (*L'Av.* V. 5.)

> La promesse accomplie
> Qui me donna l'espoir de *l'hymen de Célie*. (*Sgan.* 23.)

> Mon fils, dont votre fille acceptoit *l'hyménée*. (*Ibid.* 24.)

> Et *l'hymen d'Henriette* est le bien où j'aspire. (*Fem. sav.* 1. 4.)

ICI AUTOUR :

> Depuis quelque temps il y a des voleurs *ici autour*. (*D. Juan.* III. 2.)

— ICI DEDANS :

> Vite, venez nous tendre *ici dedans* le conseiller des grâces. (*Préc. rid.* 7.)

Pour *ici dedans*, on disait, au moyen âge, *ci ens*, et plus tard *céans*.

— ICI DESSOUS :

> J'ai crainte *ici dessous* de quelque manigance. (*L'Ét.* I. 4.)

Ici dessous comme *ici dedans*, bonnes et utiles expressions qui ont disparu, et qu'on n'a point remplacées.

Ces anciennes façons de parler *ici dedans*, *ici dessus*, *ici dessous*, persistent en Picardie.

IDOLE, masculin :

> Et de n'entrevoir point de plaisirs plus touchants
> Qu'un *idole d'époux* et des marmots d'enfants! (*Fem. sav.* I. 1.)

IGNORANT DE QUELQUE CHOSE :

Ce sont gens de difficultés (les avocats), et qui sont *ignorants des détours de la conscience.* (*Mal. im.* I. 9.)

C'est un latinisme : *inscius rei.*

Nous construisons de même avec le génitif le verbe *ignorer,* ce que ne faisaient pas les Latins :

> « Monsieur l'abbé, *vous n'ignorez de rien,*
> Et ne vis onc mémoire si féconde. » (J.-B. ROUSSEAU. *Épigr.*)

IL COUTE, impersonnel, pour *il en coûte* :

> Et je sais ce qu'*il coûte* à de certaines gens,
> Pour avoir pris les leurs (leurs femmes) avec trop de talents. (*Éc. des fem.* I. 1.)

IL N'EST PAS QUE :

> Mais peut-être *il n'est pas que* vous n'ayez bien vu
> Ce jeune astre d'amour, de tant d'attraits pourvu. (*Éc. des fem.* I. 6.)

Il n'est pas (possible) que.

IL Y VA DU MIEN, DU VÔTRE :

> A déboucher la porte *il iroit trop du vôtre.*
> (*Remerciement au Roi.* 1663.)

Molière a supprimé l'*y* pour le soin de l'euphonie, ou plutôt cet *y* s'absorbe dans celui de *irait.* C'était originairement la coutume, non seulement pour l'*i*, mais pour toute voyelle :

> « Seignurs baruns, *ki i* purruns enveier ? » (*Roland.* st. 18.)
> « Le duc Oger *e* l'arcevesque Turpin. » (*Ibid.* st. 12.)
> « La fame s'en prist *à* apercoivre. » (*La Bourse pleine de sens.* v. 18.)

On ne compte dans la mesure qu'un seul *i*, un seul *a*, un seul *e*.

Le *mien*, le *vôtre*, dans cette locution sont au neutre, signifiant *mon intérêt*, *votre intérêt*, ou *mon bien* et *le vôtre*, comme en latin *meum, tuum* : « Nil addo *de meo* » (CICER.) Je n'y ajoute rien *du mien.* « Tetigin' *tui?* » (TÉR.) Ai-je rien pris *du tien?*

IL *supprimé* après *voilà* :

> Eh bien! *ne voilà pas* mon enragé de maître? (*L'Ét.* V. 7.)
> *Ne voilà pas* de mes mouchards qui prennent garde à ce qu'on fait ? (*L'Av.* I. 3.)
> *Ne voilà pas* ce que je vous ai dit ? (*G. D.* III. 12.)

— IL surabondant :

> Chacun fait ici-bas la figure qu'il peut,
> Ma tante ; et bel esprit, *il* ne l'est pas qui veut! (*Fem. sav.* III. 2.)

Cette tournure a une naïveté qui donne du piquant à l'adage. On se tromperait fort de prendre cet *il* pour une cheville commandée par la mesure.

> Son cœur, pour se livrer, à peine devant moi
> S'est-*il* donné le temps d'en recevoir la loi. (*Ibid.* IV. 1.)

« La source de tout le mal est que *ceux qui* n'ont pas craint de tenter au siècle passé la réformation par le schisme, ne trouvant point de plus fort rempart contre leurs nouveautés que la sainte autorité de l'Église, *ils* ont été obligés de la renverser. »

(Bossuet. *Or. fun. de la r. d'A.*)

— IL, construit avec *qui*, dans le sens de *celui qui :*

Il est bien heureux *qui* peut avoir dix mille écus chez soi ! (*L'Av.* I. 5.)

Corneille a dit de même :

« *Il* passe pour tyran *quiconque* s'y fait maître. » (*Cinna.* II. 1.)

Sur quoi voici la remarque de Voltaire : « Cet *il* était autrefois un tour très heureux ; la tyrannie de l'usage l'a aboli. »

« *Qui* se contraint au monde, *il* ne vit qu'en torture. » (Regnier. sat. XV.)

« Et *qui* jeune n'a pas grande dévotion,
Il faut que pour le monde à le feindre *il* s'exerce. » (*Id.* Sat. XIII.)

« Ha, ha ! il n'a pas paire de chausses qui veult ! » (*Gargantua.* I. 9.)

Pathelin fait au drapier compliment sur son activité :

LE DRAPIER.

« Que voulez-vous ? *il* faut songer
Qui veult vivre, et soustenir peine. » (*Pathelin.*)

— IL N'EST QUE DE (un infinitif), il n'est rien tel que de :

Ma foi, *il n'est que de* jouer d'adresse en ce monde.
(1er *Interm. du Malade im.* sc. 6.)

— IL M'ENNUIE. Voyez ENNUYER (s').

— IL Y A, CE QU'IL Y A (s.-ent. *à faire*) :

Or sus, mon fils, savez-vous *ce qu'il y a* ? C'est qu'il faut songer, s'il vous plaît, à vous défaire de votre amour. (*L'Av.* IV. 3.)

ILLUSTRE ; UN ILLUSTRE substantivement :

Madame, voilà *un illustre !* (*Pourc.* I. 3.)

IMBÉCILE, au sens du latin *imbecillis :*

Est-il rien de plus foible et de plus *imbécile ?* (*Ec. des fem.* V. 4.)

Imbécile ne fait qu'exprimer plus fortement, et avec une légère nuance de mépris, l'idée de faiblesse.

« Taisez-vous, nature *imbécile !* » (Pascal. *Pensées.*)

IMPÉTUOSITÉ DE PRÉVENTION. Voyez BRUTALITÉ.

IMPOSER, pour *en imposer*, mentir.

Les grammairiens font une loi d'exprimer *en* dans ce sens ; Molière ne le met jamais.

Jamais l'air d'un visage,
Si ce qu'il dit est vrai, *n'imposa davantage.* (*L'Ét.* III. 2.)

C'est bien assez pour moi qu'il m'ait désabusé
De voir par quels motifs *tu m'avois imposé.* (*Ibid.* III. 4.)

Faites-moi pis encor : tuez-moi si *j'impose.* (*Dép. am.* I. 4.)

Vous verrez si *j'impose*, et si leur foi donnée
N'avoit pas joint leurs cœurs depuis plus d'une année.
(*Éc. des mar.* III. 6.)

> Je ne sais pas s'il *impose;*
> Mais il parle sur la chose
> Comme s'il avoit raison. (*Amph.* III. 5.)

Hélas! à vos paroles je puis répondre ici, moi, que vous *n'imposez point.*
(*L'Av.* V. 5.)

« On demande s'il ne lui seroit pas plus aisé *d'imposer* à celle dont il est aimé qu'à celle qui ne l'aime point. » (La Bruyère, ch. III.)

Tout le xviie siècle a parlé ainsi.

— IMPOSER, verbe actif, comme IMPUTER ; IMPOSER UNE TACHE A QUELQU'UN :

> On ne peut *imposer de tache* à cette fille. (*L'Ét.* III. 4.)

— IMPOSER A QUELQU'UN, dans le même sens :

« Quand Diana rapporte avec éloge les sentiments de Vasquez....... il n'est ni calomniateur ni faussaire, et vous ne vous plaignez point *qu'il lui impose;* au lieu que quand je représente ces mêmes sentiments de Vasquez, mais sans le traiter de phénix, je suis un imposteur, un faussaire, et un corrupteur de ses maximes. »
(Pascal. 11e *Prov.*)

Dans l'affaire de Carrouge et Legris, la jeune dame de Carrouge accusait Legris de lui avoir fait violence :

« Jacques Legris s'excusoit trop fort, et disoit que rien n'en estoit, et que la dame *lui imposoit* induement. » (Froissart. *Chron.* III. ch. 49.)

IMPRESSIONS :

> La jalousie a des *impressions*
> Dont bien souvent la force nous entraîne. (*Amph.* II. 6.)

IMPRIMER ; ÊTRE IMPRIMÉ DE QUELQUE CHOSE, en garder une impression profonde, en style néologique, en être *impressionné* :

> Et pourtant Trufaldin
> Est si bien *imprimé de ce conte badin...* (*L'Ét.* III. 2.)

La Bruyère, dans son discours de réception à l'Académie, dit : « La mémoire des choses *dont* nous nous sommes vus le plus fortement *imprimés.* »

(Voyez plus bas s'IMPRIMER QUELQUE CHOSE.)

— IMPRIMER DE L'AMOUR :

> Sachez donc que vos vœux sont trahis
> Par *l'amour* qu'une esclave *imprime* à votre fils. (*L'Ét.* I. 9.)

Nous disons encore bien imprimer de la crainte, de la terreur, du respect : pourquoi pas de l'amour ? Ce dernier sentiment peut être aussi vif, aussi soudain et aussi profond que les autres. On ne voit pas d'où naîtrait la distinction.

— IMPRIMER (s') QUELQUE CHOSE :

> Là, regardez-moi là durant cet entretien,
> Et jusqu'au moindre mot *imprimez-le-vous* bien. (*Ec. des fem.* III. 2.)

INCLINER QUELQU'UN A OU VERS UNE PERSONNE :

> Et je sais encor moins comment votre cousine
> Peut être la personne *où* son penchant *l'incline.* (*Mis.* IV. 1.)

INCOMMODÉ; peu accommodé des biens de la fortune :

Vous êtes la grande protectrice du mérite *incommodé;* et tout ce qu'il y a de vertueux indigents au monde va débarquer chez vous. (*Am. mag.* I. 6.)

« Revenons donc aux personnes *incommodées*, pour le soulagement desquelles nos pères....... assurent qu'il est permis de dérober. » (Pascal. 8ᵉ *Provinciale.*)

(Voyez ACCOMMODÉ.)

INCONGRUITÉ DE BONNE CHÈRE :

Vous y trouverez des *incongruités de bonne chère* et des barbarismes de bon goût. (*B. gent.* IV. 1.)

INDÉFENDABLE :

CLIMÈNE (*précieuse ridicule*).
Cette pièce (*l'École des femmes*), à le bien prendre, est tout à fait *indéfendable*.
(*Crit. de l'Éc. des fem.* 6.)

Ce mot paraît un barbarisme forgé par la précieuse ; Furetière ne le donne pas, non plus que Trévoux. Montaigne a dit : « La foiblesse d'une cause *indéfensible*. »

INDICATIF PRÉSENT après *que*, où nous mettrions le subjonctif :

Vous tournez les choses d'une manière qu'il semble que *vous avez* raison.
(*D. Juan.* I. 2.)

Ma foi, monsieur, voilà qui est bien fait ! *Il semble* qu'il *est* en vie, et qu'il s'en va parler. (*Ibid.* V. 5.)

INDIENNE, substantivement ; UNE INDIENNE, robe de chambre de toile des Indes :

Je me suis fait faire cette *indienne-ci*. (*B. gent.* I. 1.)

INFINITIF, gouverné par un autre sujet que celui de la phrase :

Il ne vous a pas faite une belle personne,
Afin de mal *user* des choses qu'il vous donne. (*Éc. des fem.* II. 6.)

Il, le ciel, ne vous a pas faite, etc...... afin *d'user*...... non pas afin qu'*il* use, mais afin que *vous usiez*. La familiarité du dialogue semble autoriser cette légère irrégularité, surtout quand l'équivoque n'est pas possible.

Elle (la demande) me touche assez pour *m'en charger* moi-même. (*B. gent.* III. 12.)

Pour que *je* m'en charge moi-même.

— DEUX INFINITIFS *de suite :*

J'y ai déjà jeté des dispositions à ne pas *me souffrir* longtemps *pousser* des soupirs. (*D. Juan.* II. 2.)

— INFINITIF ACTIF avec le sens passif :

Nous avons en main divers stratagèmes tout prêts à *produire* dans l'occasion.
(*Pourc.* I. 3.)

C'est-à-dire *à être produits*.

INFLEXIBLE; ÊTRE INFLEXIBLE A QUELQU'UN :

Si tu *m'es inflexible,*
Je m'en vais me tuer ! (*L'Ét.* II. 7.)

INGÉRER (s') DE QUELQUE CHOSE, dans quelque chose :

Et vous êtes un impertinent de *vous ingérer des affaires d'autrui.*
(*Méd. m. lui.* I. 2.)

INSTANCE, pour renchérir sur le mot *soin; instance à faire quelque chose* :

Et notre plus grand soin, notre *première instance*
Doit être *à le nourrir* du suc de la science.   (*Fem. sav.* II. 7.)

INSTRUIT DANS, instruit de :

Et ce que le soldat *dans son devoir instruit*
Montre d'obéissance au chef qui le conduit...   (*Éc. des fem.* III. 2.)

INTERDIRE (s'), verbe réfléchi :

Achevez de lire ;
Votre âme, pour ce mot, ne doit point s'*interdire*.   (*D. Garc.* II. 6.)

INTÉRESSER A, ayant pour sujet un nom autre qu'un nom de personne :

Mon devoir m'intéresse,
Mon père, à dégager bientôt votre promesse.   (*Sgan.* 23.)

Intéresser à est ici comme *obliger à, engager à.*

— S'INTÉRESSER DANS QUELQUE CHOSE :

De vos premiers progrès j'admire la vitesse,
Et *dans l'évènement* mon âme s'*intéresse.*   (*Éc. des fem.* III. 4.)

INTERPRÉTER A, c'est-à-dire au sens de :

Aux faux soupçons la nature est sujette,
Et c'est souvent *à mal* que le bien s'*interprète.*   (*Tart.* V. 3.)

Je dois *interpréter à charitable soin*
Le désir d'embrasser ma femme ?   (*Ibid.*)

INTIME (UN), substantivement :

Non, non; c'est *mon intime,* et sa gloire est la mienne. (*Éc. des fem.* V. 7.)

INTRÉPIDITÉ DE BONNE OPINION :

La constante hauteur de sa présomption,
Cette *intrépidité de bonne opinion.....*   (*Fem. sav.* I. 3.)

INVERSION.

Ah ! Octave, *est-il vrai ce que* Silvestre vient de dire à Nérine, que votre père est de retour, et qu'il veut vous marier ?   (*Scapin.* I. 3.)

Pour juger l'excellence et la rapidité de ce tour, il n'y a qu'à rétablir la construction et l'ordre grammatical ordinaires : « *Ce que* Silvestre vient de dire à Nérine, que votre père est de retour et qu'il veut vous marier, *est-il vrai ?* »

Il y a longtemps que l'esprit a saisi cette question ; aussi quand elle arrive est-elle superflue. L'art de celui qui parle est de ne point se laisser devancer par la pensée de celui qui écoute. De là les constructions renversées pour être naturelles.

— INVERSION DU PRONOM après un subjonctif, en supprimant *que* :

> Ah ! tout cela n'est que trop véritable ;
> Et plût au ciel le *fût-il moins !* (*Amph*. I. 2.)

L'harmonie est bien plus douce par ce tour que par la construction ordinaire :

> Et plût au ciel qu'il le fût moins !

INVITÉ DE :

> Ils avoient vu une galère turque, où on les avoit *invités d'entrer.* (*Scapin*. III. 3.)

J'AI PEUR, en phrase incidente, pour *j'en ai peur, je le crains* :

> La défense, *j'ai peur*, sera trop tard venue. (*Mélicerte*. I. 5.)

JALOUSIE DE QUELQU'UN au sujet de quelqu'un :

> Toute la jalousie que vous pourriez avoir conçue *de* monsieur votre mari.
> (*B. gent*. V. 7.)

Molière a construit le substantif comme son adjectif : *jaloux de, jalousie de.....* Ce *de* est le latin *de*, touchant, relativement à.

JAMBE ; RENDRE LA JAMBE MIEUX FAITE, ironiquement, pour exprimer qu'une chose est sans explication utile :

> NICOLE. Oui, ma foi, *cela vous rendroit la jambe bien mieux faite !*
> (*Bourg. gent*. III. 3.)

JE, pronom singulier joint à un verbe au pluriel : *je sommes, j'avons, je parlons*, etc :

> MARTINE.
> Ce n'est point à la femme à parler, et *je sommes*
> Pour céder là dessus en toute chose aux hommes. (*Fem. sav*. V. 3.)
> Mon Dieu, *je n'avons* point étuguié comme vous !
> Et *je parlons* tout droit comme on parle cheux nous. (*Ibid*. II. 6.)

Pierrot, Charlotte et Mathurine, dans *Don Juan*, usent également de cette façon de parler, qui attire à la pauvre Martine cette réprimande de Bélise :

> Ton esprit, je l'avoue, est bien matériel !
> *Je* n'est qu'un singulier, *avons* est un pluriel.
> Veux-tu toute ta vie offenser la grammaire ?

Mais il est bon de savoir qu'avant de se trouver dans la bouche des servantes et des paysans, cette façon de parler avait été dans celle des savants et des princes. Henri Estienne en rend témoignage dans ses *Dialogues du langage françois italianisé* : « Ce sont les mieux parlants qui prononcent ainsi, *j'allons, je venons, je disnons, je soupons*. »

Cette faute, dont il accuse les courtisans de Henri III, remonte beaucoup plus haut, puisqu'on lit, dans une lettre autographe de François Ier à M. de Montmorency :

« *J'avons* esperance qu'y fera beau tems, veu ce que disent les estoiles que *j'avons* eu le loysir de veoir. » (*Lett. de la Reine de Navarre*. I. 467)

Il y a plus, cette locution est consignée dans la grammaire de Palsgrave :

« *I finde in comon speche suche maners of speking*, je trouve dans le commun langage ces façons de parler...... Cependant que *j'irons* au marché, pour *nous irons*;

— *j'avons* bien bu, pour *nous avons;* — *allons m'en*, de par le diable ! pour *allons-nous-en* ; — *j'allons* bien, pour *nous allons bien.* » (*Of the verbe, folio* 125 *au verso.*)

JE SOIS, par exclamation ; que je sois :
Je sois *exterminé* si je ne tiens parole !   (*Dép. am.* IV 3.)

JETER DES MENACES, DES LARMES :
Cette doña Elvire,...... dont l'âme irritée ne *jetoit que menaces* et ne respiroit que vengeance...   (*D. Juan.* IV. 9.)
Je *jette des larmes de joie.*   (*Ibid.* V. I.)

— JETER UN OBSTACLE *à quelque chose :*
Et je ne voudrois point, par des efforts trop vains,
Jeter le moindre obstacle à vos justes desseins.   (*D. Garcie.* V. 3.)

JEU ; A JEU SUR :
Batire un homme *à jeu sûr* n'est pas d'une belle âme.   (*Amph.* I. 2.)

JEU DE MOTS AFFECTÉ :
Ainsi mon cœur, Frosine, un peu trop foible, hélas !
Se *rendit* à des soins qu'on ne lui *rendoit* pas.   (*Dép. am.* II. 1.)

JOCRISSE ; FAIRE LE JOCRISSE :
MARTINE.
Je ne l'aimerois point *s'il faisoit le jocrisse.*   (*Fem. sav.* V. 3.)
Et demeure les bras croisés comme un *jocrisse.*   (*Sgan.* 16.)
Voyez tome III, page 313, note 3.

JOINDRE pour *rejoindre :*
Allons vite *joindre* notre provincial.   (*Pourc.* I. 3.)

JOINT, adverbialement :
La mémoire du père à bon droit respectée,
Joint au grand intérêt que je prends à la sœur,
Veut que du moins l'on tâche à lui rendre l'honneur.
           (*Éc. des Mar.* III. 4.)

Ce n'est pas la mémoire unie à l'intérêt ; c'est la mémoire du père à bon droit respectée, *cela joint* à l'intérêt que..... etc. *Joint* embrasse d'une manière complexe l'idée du vers précédent.

On disait autrefois *joint que*, invariable : cela signifie, dit Furetière, *ajoutez-y que :*

« *Joint* encore qu'il falloit avoir fini bientôt, et passer rapidement dans un pays ! »
           (BOSSUET. *Hist. univ.* I. 11ᵉ part. § 5.)

JOUER, actif, suivi d'un nom de chose, éluder :
Jusqu'ici vous avez *joué mes accusations.*   (*G. D.* III. 8.)

— JOUER AU PLUS SUR :
Pour *jouer au plus sûr,*
Il faut me l'amener dans un lieu plus obscur.   (*Éc. des fem.* V. 2.)

— JOUER (SE), mis absolument comme *jouer :*
Que veut dire ceci ? *Nous nous jouons,* je croi.   (*Mélicerte.* I. 2.)

JOUR, au figuré, notion, connaissance :
> Et sans doute il faut bien qu'à ce becque cornu,
> Du trait qu'elle a joué *quelque jour soit venu*. (*Éc. des f.* IV. 6.)

— JOUR A, facilité à :
> Je veux vous faire *un peu de jour à la pouvoir entretenir*. (*Sicilien.* 10.)

— DONNER UN JOUR, *donner une couleur, considérer sous un aspect* :
> De semblables erreurs, *quelque jour qu'on leur donne*.... (*Amph.* III. 8.)

JUDAS, adjectivement, pour *traître* :
> COVIELLE. Que cela est *Judas!* (*B. gent.* III. 10.)

JUDICIAIRE, jugement; AVOIR QUELQUE MORCEAU DE JUDICIAIRE :
> Vous êtes-vous mis dans la tête que Léonard de Pourceaugnac...... n'ait pas là-dedans quelque *morceau de judiciaire* pour se conduire ? (*Pourc.* II. 7.)

JUGEMENT A GAUCHE :
> Un envers du bon sens, un *jugement à gauche*. (*L'Ét.* II. 14.)

JURER ; JURER DE QUELQUE CHOSE ; latinisme, *jurare de aliqua re* :
> Vous avez beau faire la garde : j'en *ai juré*, elle sera à nous. (*Sicilien.* 9.)

JUSTIFIER ; JUSTIFIER QUELQUE CHOSE et SE JUSTIFIER A QUELQU'UN SUR, pour *auprès de quelqu'un* :
> C'est aux vrais dévots que je veux partout *me justifier sur* la conduite de ma comédie. (Préf. de *Tartuffe*.)
> Et pour *justifier à tout le monde* l'innocence de mon ouvrage. (1er *Placet au roi*.)
> ... C'est consoler un philosophe que de *lui justifier ses larmes*. (*Lettre à La Mothe-Le Vayer*.)
> Votre père ne prend que trop le soin de vous *justifier à tout le monde*. (*L'Av.* I. 1.)
> « C'est ainsi que notre bergère *se justifioit à Cérès*. » (LA FONTAINE. *Psyché*. II.)

LA, rapporté à un mot caché dans une ellipse :
> Fût-ce mon propre frère, il me *la* payeroit. (*L'Ét.* III. 4.)

La ne se rapporte grammaticalement à rien; le substantif sous-entendu peut être *dette*. L'usage est de dire aujourd'hui, au masculin ou au neutre : Il me *le* payerait; tu me *le* payeras.

— LA, construit avec le verbe *être*, et représentant un substantif :
> Je veux être mère parce que je *la* suis, et ce seroit en vain que je ne *la* voudrois pas être. (*Am. mag.* I. 2.)

La tient la place du mot *mère*.

LA CONTRE, contre cela :
> On ne peut pas aller *là contre*. (*D. Juan.* I. 2.)
> Eh bien ! oui; vous dit-on quelque chose *là contre*? (*Fem. sav.* II. 6.)
> Mon frère, pouvez-vous tenir *là contre*? (*Mal. im.* III. 21.)

LA DONNER SECHE A QUELQU'UN :

> Et, sortis de ce lieu, *me la donnant plus sèche :*
> Marquis, allons au cours faire voir ma galèche. (*Fâcheux.* I. 1.)

(Voyez ÉCHAPPER ([L'] BELLE.)

LAIDIR, devenir laid :

> Je crains fort de vous voir comme un géant grandir,
> Et tout votre visage affreusement *laidir.* (*L'Ét.* II. 5.)

Nous n'avons plus que le composé *enlaidir.*
Voyez tome II, page 63.

LAISSER A (le verbe à l'infinitif sans préposition) :

> Et *laisse à mon devoir s'acquitter* de ses soins. (*Amph.* I. 2.)

— NE PAS LAISSER DE (un infinitif) :

Ce n'est rien, *ne laissons pas d'achever.* (*Préc. rid.* 15.)

Je lui dis que vous n'y êtes pas, madame, et il ne veut pas *laisser d'entrer.*
(*Crit. de l'Éc. des fem.* 4.)

Il y a là vingt gens qui sont fort assurés de n'entrer point, et qui *ne laissent pas de* se presser. (*Impromptu.* 3.)

> Cela choque le sens commun,
> Mais cela *ne laisse pas d'être.* (*Amph.* II. 1.)

Ne laissons pas d'attendre le vieillard. (*Scapin.* I. 5.)

Ils *ne laisseroient pas de l'apprendre,* s'ils vouloient écouter les personnes.
(*Comtesse d'Escarb.* 11.)

Parmi nos bons écrivains, je n'en trouve pas qui aient employé cette autre forme de la même locution, *ne pas laisser que de.*

« Son orgueil (de Nabuchodonosor) *ne laissa pas* de revivre dans ses successeurs. »
(BOSSUET. *Hist. univ.* IIIe part. § 4.)

« L'eau *ne laissa pas d'agir,* et de mettre en évidence les figues toutes crues encore et toutes vermeilles. » (LA FONT. *Vie d'Ésope.*)

« Cela n'importe, dit le père ; *on ne laisse pas d'obliger* toujours les confesseurs à les croire (les pénitents). » (PASCAL. 10e *Provinc.*)

« Je *ne laissai pas de compter* avec plaisir l'argent que j'avois dans mes poches, bien que ce fût le salaire de mes assassinats. » (LE SAGE. *Gil Blas.* II. 6.)

Dans cette façon de parler, *laisser* représente *omettre.* On dit *omettre de,* et non pas *omettre que de.* Les Italiens disent pareillement : « *Egli non lascia di dire il suo parer,* » et non pas *non lascia che di dire.*

Si cette locution nous vient d'eux, il est clair que nous l'avons altérée ; s'ils l'ont au contraire prise de nous, c'est la preuve que dans l'origine le *que* n'y figurait pas.

Thomas Corneille, dans ses notes sur Vaugelas, blâme l'introduction du *que* parasite dans cette façon de parler.

LANGUE ; AVOIR DE LA LANGUE, être bavard :

C'est *avoir bien de la langue* que de ne pouvoir se taire de ses propres affaires !
(*Scap.* III. 4.)

— LANGUE qui FAIT UN PAS DE CLERC :

> Ce mariage est vrai ? — *Ma langue* en cet endroit
> *A fait un pas de clerc,* dont elle s'aperçoit. (*Dépit. am.* I. 4.)

Il faut observer que cette métaphore bouffonne est placée dans la bouche de Mascarille.

LA PESTE SOIT, telle ou telle chose. Voyez PESTE.

LAS ! hélas :

> Où voulez-vous courir ? — *Las !* que sais-je ?   (*Tart.* V. 1.)

Il faut observer que cet adjectif, depuis longtemps passé à l'état d'interjection, n'était pas primitivement immobile. Une femme s'écriait : *hé, lasse !* comme en latin *me lassam !* Dans *hélas*, l'interjection est *hé*, comme dans *hémi* : « *Hémi*, où arai-je recours ? » (*R. de Coucy.*) *Hei mihi,* — *hei lassum.*

LATIN pour *latiniste* :

> Vous êtes grand *latin* et grand docteur juré.   (*Dépit am.* II. 7.)

On dit de même familièrement un grand *grec*, pour *helléniste*.

LÉGER ; DE LÉGER, légèrement :

> Mon Dieu! l'on ne doit rien croire trop *de léger*.   (*Tart.* IV. 6.)

De léger comme de *vrai*. Les Italiens disent de même *di leggiero*.

— LÉGER D'ÉTUDE :

> Et, de nos courtisans *les plus légers d'étude*,
> Elle (la fresque) a pour quelque temps fixé l'inquiétude.
>   (*La Gloire du Val de Grâce.*)

LENTRIGUET, Lantriquet. — Voyez tome X, page 394, note 1.

La plupart des éditions originales portent une apostrophe : *l'entriguet*, dont, selon nous, il ne faut pas tenir compte. Les typographes du temps ont fort bien pu ne pas entendre ce mot.

L'explication de ce mot qui est aujourd'hui communément acceptée a été indiquée, avec d'autres, par M. Ed. Fournier, dans une note de *la Valise de Molière*, 1868, p. 53.

LEQUEL :

Molière paraît avoir eu pour ce mot une antipathie si prononcée, il l'emploie si rarement, que j'ai pensé intéressant de recueillir les passages où il se trouve, et ceux où il est visiblement évité.

Les premiers sont au nombre de huit ; les autres sont à peu près innombrables : aussi je me contenterai des principaux de ces derniers.

> Ma bague est la marque choisie
> Sur *laquelle* au premier il doit livrer Célie.   (*L'Ét.* II. 9.)

> Il n'a pas aperçu Jeannette, ma fillole,
> *Laquelle* a tout ouï, parole pour parole   (*Ibid.* IV. 7.)

> Car goûtez bien, de grâce,
> Ce raisonnement-ci, *lequel* est des plus forts.   (*Dépit. am.* IV. 2.)

> Le malheureux tison de ta flamme secrète,
> Le drôle avec *lequel*... Avec *lequel ?* poursui.   (*Sgan.* 6.)

J'ai appris cette nouvelle d'un paysan qu'ils ont interrogé, et *auquel* ils vous ont dépeint.   (*D. Juan.* II. 8.)

> En vertu d'un contrat *duquel* je suis porteur.   (*Tart.* V. 4.)

> Est-ce que.....
> Et que du doux accueil *duquel* je m'acquittai
> Votre cœur prétend à ma flamme
> Ravir toute l'honnêteté ?   (*Amph.* II. 2.)

Je viens, mon fils, avant que de sortir, vous donner avis d'une chose *à laquelle* il faut que vous preniez garde. (*Mal. im.* II. 10.)

— LEQUEL *évité :*

En bonne foi, ce point *sur quoi* vous me pressez. (*Dépit. am.* II. 1.)

Le foudre punisseur
Sous *qui* doit succomber un lâche ravisseur. (*D. Garcie.* I. 2.)

Il eût été facile de mettre :

Sous *lequel* doit tomber un lâche ravisseur,

si Molière n'avait pris à tâche d'éviter *lequel*.

Outre que je pourrois désavouer sans blâme
Ces libres vérités *sur quoi* s'ouvre mon âme. (*Ibid.* II. 1.)

Cet hymen redoutable
Pour *qui* j'aurois souffert une mort véritable. (*Ibid.* IV. 4.)

Et ce sont particulièrement ces dernières (qualités) *pour qui* je suis.
(*Ép. dédic. de l'Éc. des fem.*)

C'est un supplice, à tous coups,
Sous *qui* cet amant expire. (*Sicilien.* 9.)

Vous avez des traits *à qui* fort peu d'autres ressemblent. (*Ibid.* 12.)

.... De ces galanteries ingénieuses *à qui* le vulgaire ignorant donne le nom de fourberies. (*Scapin.* I. 2.)

L'éducation des enfants est une chose *à quoi* il faut s'attacher fortement.
(*Ibid.* II. 1.)

C'est la puissance paternelle, auprès *de qui* tout le mérite ne sert de rien.
(*Scapin.* III. 1.)

Voyez aux mots QUI, DE QUI, — QUOI, — OU, — d'autres exemples, en grand nombre, qui ne permettent pas de douter que Molière n'évitât de propos délibéré l'emploi de *lequel*.

Au surplus, la même remarque s'applique, plus ou moins absolue, à tous les écrivains du XVIIe siècle en général. C'est du siècle suivant que date le fréquent usage de ces formes, *duquel, auquel, par lequel, dans lequel, à la faveur duquel,* etc., etc., dont le grand siècle exprimait ordinairement la valeur par ce simple monosyllabe *où*.

LES UNS DES AUTRES :

Nous devons parler des ouvrages *les uns des autres* avec beaucoup de circonspection.
(*Crit. de l'Éc. des fem.* 7.)

Ici l'on voit la première partie de l'expression invariable; c'est la seconde qui subit l'influence de la construction : parler des ouvrages *les uns des autres*.

Bossuet maintient l'expression entière invariable, comme un seul mot qui ne se modifierait point au milieu :

« Auparavant l'on mettoit la force et la sûreté de l'empire uniquement dans les troupes, que l'on disposoit de manière qu'elles se prêtassent la main *les unes les autres*. »
(BOSSUET. *Hist. un.* IIIe p. § 6.)

Et non : les unes *aux* autres.

LESTE; au figuré; BRAVE ET LESTE :

> Ta forte passion est d'être *brave et leste*. (*Éc. des fem.* V. 4.)
> Vous souffrez que la vôtre aille *leste* et pimpante ! (*Éc. des mar.* I. 1.)

LEVER UN HABIT, c'est-à-dire, de quoi faire un habit :

> C'est que l'étoffe me sembla si belle, que j'en ai voulu *lever un habit* pour moi. — Oui, mais il ne falloit pas *le lever* avec le mien. (*B. gent.* II. 8.)

LIBERTÉS au pluriel :

> Ma sœur, je vous demande un généreux pardon,
> Si de *mes libertés* j'ai taché votre nom. (*Éc. des mar.* III. 10.)

LIBERTIN :

> C'est être *libertin* que d'avoir de bons yeux. (*Tart.* I. 6.)
> Je le soupçonne encor d'être un peu *libertin* :
> Je ne remarque pas qu'il hante les églises. (*Ibid.* II. 2.)
> Laissez aux *libertins* ces sottes conséquences. (*Ibid.* V. 1.)

Libertin, aujourd'hui restreint à la débauche des femmes, signifiait dans l'origine un esprit fort.

« Ce mot, dit Bonhours, signifie quelquefois une personne qui hait la contrainte, qui suit son inclination, qui vit à sa mode, sans s'écarter néanmoins des règles de l'honnêteté et de la vertu. Ainsi l'on dira d'un homme de bien qui ne sauroit se gêner, et qui est ennemi de tout ce qui s'appelle servitude : *Il est libertin.* Il n'y a pas au monde un homme plus *libertin* que lui. Une honnête femme dira même d'elle, jusqu'à s'en faire honneur : Je suis née *libertine. Libertin* et *libertine*, en ces endroits, ont un bon sens et une signification délicate. »

(*Remarques nouvelles sur la langue françoise*, p. 395, édition de 1675.)

LIBERTINAGE, indépendance d'esprit poussée jusqu'à la témérité :

> Mon frère, ce discours sent *le libertinage*. (*Tart.* I. 6.)

« Il y en a bien qui croient, mais par superstition; il y en a bien qui ne croient pas, mais par *libertinage.* » (PASCAL. *Pensées.*)

Ainsi le libertinage était l'excès opposé à la superstition.

LICENCIER (SE) A (un infinitif), se donner licence jusqu'à :

> Quoi ta bouche *se licencie*
> *A* te donner encore un nom que je défends ? (*Amph.* III. 7.)

LIEU comme *endroit* :

> Vous le trouverez maintenant vers *ce petit lieu* que voilà, qui s'amuse à couper du bois. (*Méd. m. lui.* I. 5.)

LOGIS DU ROI, c'est-à-dire donné par le roi, la prison :

> J'ai peur, si *le logis du roi* fait ma demeure,
> De m'y trouver si bien dès le premier quart d'heure,
> Que j'aye peine aussi d'en sortir par après. (*L'Ét.* III. 5.)

LONGUEUR, pour *durée de temps, lenteur, délai* :

> Vous pourriez éprouver, *sans beaucoup de longueur*,
> Si mon bras sait encor montrer quelque vigueur. (*Sgan.* 1.)

Et la grande *longueur* de son éloignement
Me le fait soupçonner de quelque changement. (*Ibid.* 2.)

Allons donc, messieurs et mesdames, vous moquez-vous avec votre *longueur*?
(*Impromptu.* 1.)

LOUP-GAROU, employé comme une sorte d'adjectif invariable :

Il a le repart brusque et *l'accueil loup-garou*. (*Éc. des mar.* I. 6.)

LUI, que nous employons au datif pour le masculin et le féminin, est souvent, dans Molière, remplacé par *à lui, à elle,* qui permettent de distinguer les genres :

Venez avec moi, je vous ferai parler *à elle*. (*G. D.* II. 6.)

— LUI, où Molière met ordinairement *soi* :

Mais il (l'amour) traîne après *lui* des troubles effroyables.
(*Mélicerte.* II. 2.)

Je voudrois bien vous demander qui a fait ces arbres-là, ces rochers, cette terre et ce ciel que voilà là-haut; et si tout cela s'est bâti de *lui-même*. (*D. Juan.* III. 1.)

Je pense qu'il faut dans ces deux passages *après soi* et *de soi-même*, comme on lit dans les passages suivants :

Oui, madame, on s'en charge; et la chose, *de soi*... (*Tart.* IV. 5.)
Le choix du fils d'Oronte est glorieux, *de soi*... (*Éc. des fem.* V. 7.)
La noblesse, *de soi*, est bonne. (*G. D.* I. 1.)

De lui, d'elle feraient ici le même solécisme qu'en latin *per illum* au lieu de *per se*. Voyez SOI.

LUMIÈRE; PARLER AVEC LUMIÈRE, c'est la même métaphore que parler clairement :

Et j'en veux, dans les fers où je suis prisonnière,
Hasarder un (avis) qui *parle avec plus de lumière*. (*Éc. des mar.* II. 5.)

— DONNER DE LA LUMIÈRE DE : manifester :

Un cœur *de son penchant donne assez de lumière*
Sans qu'on nous fasse aller jusqu'à rompre en visière. (*Mis.* V. 2.)

— OUVRIR DES LUMIÈRES :

Ouvre-nous des *lumières*. (*L'Av.* IV. 1.)

Lumières n'est pas ici dans le sens du latin *faces*, mais dans celui de *fenêtres*, ou toute ouverture par où la lumière s'introduit et la vue peut saisir une perspective. *Ouvrir des lumières* signifie donc, en style moderne, *ouvrir des jours*.

La *lumière* d'un canon est une ouverture au canon.

La vieille langue disait, par une de ces apocopes si fréquentes chez elle, *un lu*, pour *une lumière*, c'est-à-dire une fenêtre. Le paysan picard dit encore : *freme ch' lu*, ferme cette lumière. De *lu* s'est formé *lucarne*, qui est un *l* carré.

(Voyez au mot CARNE.)

Chez les Latins, *lumina*, en terme d'architecture, signifie également des fenêtres, des jours.

— PETITES LUMIÈRES, au figuré, capacité étroite :

Et comme ses *lumières sont fort petites.* (*Pourc.* III. 1.)

LUMINAIRE (LE), les yeux :

Oui! je devois au dos avoir mon *luminaire!* (*L'Ét.* I. 8.)

L'UN, en parlant de plus de deux :

Je m'offre à vous mener *l'un de ces jours* à la comédie. (*Préc. rid.* 10.)

Ce n'est ici qu'un bal à la hâte ; mais *l'un de ces jours* nous vous en donnerons un dans les formes. (*Ibid.*)

Mais par ce cavalier, *l'un de ses plus fidèles,*
Vous en pourrez sans doute apprendre des nouvelles. (*Don Garcie.* V. 5.)

« E partid son pople en *treis*, e livrad *l'une* partie à Joab, e l'altre à Abisaï, e la tierce à Ethaï. » (*Rois.* p. 185.)

« Sa femme commença à devenir *l'une* des plus belles femmes qui feust en France. »
(MARGUERITE, *Heptam.* nouv. 15.)

« Voilà *l'un* des péchés où mon âme est encline. » (REGNIER. Sat. 12.)

« *L'un* des plaisirs où plus il dépensa
Fut la louange : Apollon l'encensa. » (LA FONT. *Belphégor.*)

« J'ai vu les lettres que vous débitez contre celles que j'ai écrites *à un de mes amis* sur le sujet de votre morale, où *l'un des principaux points* de votre défense est que..... » (PASCAL. 11e *Prov.*)

— L'UNE par ellipse, pour *l'une de vous, l'une ou l'autre :*

Non, je veux qu'il se donne à *l'une* pour époux. (*Mélicerte.* I. 5.)

— L'UN NI L'AUTRE, pour *ni l'un ni l'autre :*

Vous n'aurez *l'un ni l'autre* aucun lieu de vous plaindre. (*Melicerte,* II. 6.)

« Mais, aussitôt que l'ouvrage eut paru,
Plus n'ont voulu l'avoir fait *l'un ni l'autre.* »
(RACINE. *Épigr. sur l'Iphigénie de Leclerc.*)

MACHER CE QUE L'ON A SUR LE COEUR :

Mme PERNELLE.
Et *je ne mâche point ce que j'ai sur le cœur.* (*Tart.* I. 1.)

MA COMMÈRE DOLENTE, expression proverbiale :

Et maintenant je suis *ma commère dolente.* (*Sgan.* 2.)

MAIN; LA MAIN HAUTE. Voyez HAUT LA MAIN.

— A TOUTES MAINS, toujours prêt à tous les partis :

C'est un épouseur *à toutes mains.* (*D. Juan.* I. 1.)

(Voyez DONNER LES MAINS.)

MAINTENIR QUELQU'UN, absolument, le maintenir en joie et prospérité :

Le bon Dieu *vous maintienne!* (*Dép. am.* III. 4.)

MAL, adverbe joint à un adjectif. Voyez MAL PROPRE.

MAL DE MORT; VOULOIR MAL DE MORT A QUELQU'UN :

Je me veux *mal de mort* d'être de votre race! (*Fem. sav.* II. 7.)

— MAL D'OPINION, qui gît dans l'opinion :

Un mal d'opinion ne touche que les sots. (*Amph.* I. 4.)

MALEPESTE DE :

Malepeste du sot que je suis aujourd'hui! (*L'Ét.* II. 5.)

(Que la) male peste (soit) du sot.
(Voyez PESTE.)

MALFAIT, substantif; UN MALFAIT :

Peux-tu me conseiller un semblable forfait,
D'abandonner Lélie et prendre ce *malfait?* (*Sgan.* 2.)

MALGRÉ QUE J'EN AIE OU QU'ON EN AIT :

— Me voulez-vous toujours appeler de ce nom?
— Ah! *malgré que j'en aie*, il me vient à la bouche. (*Éc. des fem.* I. 1.)

Madame tourne les choses d'une manière si agréable, qu'il faut être de son sentiment *malgré qu'on en ait*. (*Crit. de l'Éc. des fem.* 3.)

Cet exemple n'autorise point l'emploi de *malgré que*. *Malgré que vous disiez*... pour *quoi que vous disiez*, sera toujours un solécisme. Voici la différence : dans *malgré qu'on en ait*, *mal gré* ou *mauvais gré* est le complément naturel et direct d'*avoir*. C'est une espèce d'accusatif absolu : mauvais gré, tel mauvais gré que vous en ayez.

Mais cette explication n'est plus possible dans *malgré que vous disiez, fassiez*..., parce que *gré* ne saurait être ici le complément des verbes *faire*, *dire* : on ne dit pas, on ne fait pas un gré. Au contraire, *quoi* (*quid*) s'allie très bien aux verbes *faire* et *dire* : *quoi que vous fassiez*, mot à mot *quid quod agas*.

La faute est venue de ce qu'on a fait de *malgré* une sorte d'adverbe, en perdant de vue ses racines. Cela ne fût pas arrivé si l'on avait retenu l'usage d'écrire en deux mots *mal gré*. Personne ne s'est jamais avisé de dire : *En dépit que vous fassiez*; parce que *dépit* est resté visiblement substantif.

(Voyez DÉPIT.)

MALHEURE (A LA) :

Et bien *à la malheure* est-il venu d'Espagne,
Ce courrier que la foudre ou la grêle accompagne! (*L'Ét.* II. 13.)

Voyez tome II, page 77.

MALITORNE :

Nous avons le fils du gentilhomme de notre village, qui est le plus grand *malitorne* et le plus sot dadais que j'aie jamais vu. (*B. gent.* III. 12.)

Malitorne vient sans doute de *male tornatus*.

« Et male tornatos incudi reddere versus. » (HOR. *de Art. poet.*)

MAL PROPRE A :

Monsieur, je suis *mal propre à* décider la chose. (*Mis.* I. 2.)

Je me sens *mal propre* bien exécuter ce que vous souhaitez de moi.
(*Am. magn.* I. 2.)

> « . . . . Le galant aussitôt
> Tire ses grègues, gagne au haut,
> Mal content de son stratagème. »   (La Font. Le Renard et le Coq.)

MALVERSATIONS, dans le sens étendu de désordres de conduite :

> GEORGE DANDIN (à sa femme).
> Vous avez ébloui vos parents et plâtré vos malversations.   (G. D. III. 8.)

L'Académie n'attribue à ce mot qu'une application restreinte : — « Faute grave commise par cupidité dans l'exercice d'une charge, d'un emploi, dans l'exécution d'un mandat. »

L'explication de Trévoux s'accorde avec celle de l'Académie; ainsi Molière s'est servi d'un mot impropre, ou plutôt n'y aurait-il pas une intention comique dans cette impropriété même? Le paysan enrichi se sert du terme le plus considérable qu'il connaisse pour accuser sa femme, et c'est un terme de finances.

MANIÈRE; D'UNE MANIÈRE QUE, avec l'ellipse de TELLE :

> Vous tournez les choses d'une manière qu'il semble que vous avez raison.
>   (Don Juan. I. 2.)

— DES MANIÈRES (des espèces) DE :

> Vous n'allez entendre chanter que de la prose cadencée, ou des manières de vers libres.   (Mal. im. II. 6.)

MANQUEMENT DE FOI, DE MÉMOIRE, pour *manque* :

> Et qu'on s'aille former un monstre plein d'effroi
> De l'affront que nous fait son manquement de foi?   (Éc. des fem. IV. 8.)

> Et n'ai-je à craindre que le manquement de mémoire?   (Impromptu. 1.)

MARCHÉ; COURIR SUR LE MARCHÉ DES AUTRES :

> MATHURINE. — Ça n'est pas biau de courir su le marché des autres!   (D. Juan. II. 5.)

De mettre l'enchère à ce qu'ils marchandent.

MARCHER SUR QUELQUE CHOSE, métaphoriquement, traiter un sujet avec circonspection :

> Mon Dieu, madame, marchons là-dessus, s'il vous plaît, avec beaucoup de retenue.   (Comtesse d'Esc. 1.)

MARQUIS; LE MARQUIS dans un sens général, et pour désigner toute une classe; DONNER DANS LE MARQUIS :

> Vous donnez furieusement dans le marquis!   (L'Av. I. 5.)

Vous vous jetez dans les allures des marquis.

Molière a dit de même :

> Jamais on ne le voit sortir du grand seigneur.   (Mis. II. 5.)

MARRI, fâché, chagrin :

> Et mari très marri.   (Sgan. 9.)

Voyez tome III, page 308.

MASQUE, adjectivement, dans le sens d'*hypocrite*, dissimulée :

> La masque, encore après, lui fait civilité!   (Sgan. 14.)

Ah, ah, petite *masque*, vous ne me dites pas que vous avez vu un homme dans la chambre de votre sœur ! (*Mal. im.* II. 11.)

— MASQUE DE FAVEUR ; faveur simulée qui n'a que l'apparence :

D'un *masque de faveur* vous couvrir mes dédains ! (*D. Garc.* II. 6.)

MATIÈRE ; DES MATIÈRES DE LARMES :

Ah ! Myrtil, vous avez du ciel reçu des charmes
Qui nous ont préparé *des matières de larmes*. (*Mélicerte.* II. 6.)

— D'ILLUSTRES MATIÈRES A :

Je suis médecin passager, qui vais de ville en ville... pour chercher d'*illustres matières à ma capacité*. (*Mal. im.* III. 14.)

MATRIMONION, mot latin, *mariage* :

Quelque autre, sous l'espoir du *matrimonion*,
Auroit ouvert l'oreille à la tentation. (*Dépit am.* II. 4.)

Dans l'origine, ces notations *om*, *um*, soit en latin, soit en français, soit au commencement ou à la fin des mots, se prononçaient *on*, et non pas, comme on fait aujourd'hui, *ome*.

« Lit-on du mal, c'est jubilation ;
Lit-on du bien, des mains tombe le livre,
Qui vous endort comme bel *opion*. » (SENECÉ.)

Voltaire a dit encore, au XVIIIᵉ siècle :

« L'opium peut servir un sage
Mais, suivant mon opinion,
Il lui faut, au lieu d'*opion*,
Un pistolet et du courage. »

On dit indifféremment *factotum* et *factoton*, mais *factotum* est la prononciation moderne.

« . . . . Je pense qu'en effet,
Reprit Nuto, cela peut être cause
Que le pater avec le *factoton*
N'auront de toi ni crainte ni soupçon. » (LA FONT. *Mazet.*)

MAUX ; DIRE TOUS LES MAUX DU MONDE :

Qu'ils disent *tous les maux du monde* de mes pièces, j'en suis d'accord. (*Impromptu.* 3.)

ME, avec un verbe neutre, comme *tomber* :

A qui la bourse ? — Ah dieux, elle *m'étoit tombée !* (*L'Ét.* I. 7.)

Me est ici au datif : *à moi*. C'est le datif que les Latins employaient pour exprimer soit le profit, soit la perte : *Exciderat mihi marsupium*.
(Voyez DATIF.)

MÉCHANT, mauvais, en parlant du goût, d'un art :

Mais peut-être, madame, que leur danse sera *méchante ?* — *Méchante* ou non, il la faut voir. (*Am. magn.* I. 6.)

. . . . Je n'ai pas si *méchant* goût que vous avez pensé. (*Ibid.* II. 1.)

Il ne faut point perdre de vue le sens primitif de *meschant*, qui n'est point celui de *malus, nequam*, auquel seul il est aujourd'hui réduit, mais celui de *infortuné, qui a contre soi la chance.* Ce radical *mes* agit de même dans *mes-prix, mes-dire, mes-offrir, mes-aventure, mes-estime,* etc. (en anglais *mis* : *mistake, misfortune,* etc.).

Meschant est le participe de *meschoir*, pour *meschéant*. Alain Chartier oppose *méchant* à *heureux*.

> « Adonc y seras-tu plus *meschant* de ce que tu cuideras y estre plus *heureux*. »
> (ALAIN CHARTIER. *Curial.* p. 394.)

Greban dit qu'à la mort de Charles VII les bergers désolés se rassemblaient :

> « Car par troupeaux s'assemblèrent ez champs,
> Criants : Ha Dieu, que ferons-nous, *meschants*? »
> (*Épitaphe de Charles VII.*)

Meschance a été la forme primitive de *méchanceté* :

> « Tu es le vray Dieu, qui *meschance*
> N'aymes point, ni malignité. » (MAROT, *Psaume* 5.)

Ainsi un *méchant goût*, une *méchante danse*, c'est un goût, une danse qui ne réussissent point, qui ont la chance contraire.

> « Voilà, dit Xanthus, la pâtisserie *la plus méchante* que j'aie jamais mangée. Il faut brûler l'ouvrière, car elle ne fera de sa vie rien qui vaille. »
> (LA FONTAINE. *Vie d'Ésope.*)

MÉDIRE SUR QUELQU'UN :

> Ceux de qui la conduite offre le plus à rire
> Sont toujours *sur autrui* les premiers à *médire*. (*Tart.* I. 1.)

« On médit *de* quelqu'un, et non *sur* quelqu'un. C'est une légère faute, que Molière eût évitée en mettant :

> « Des autres sont toujours les premiers à médire. » (AUGER.)

Le vers de Molière est le plus naturel du monde : celui qu'on propose pour le remplacer offre une inversion tout à fait forcée, et qui trahirait la gêne du poète. Pourquoi ne dirait-on pas *médire sur* comme *médire de*, puisque, dans cette dernière forme, *de* est le latin *de*, qui signifie *sur*? On dit bien *malédiction sur lui!*

Molière, en construisant le verbe comme substantif, n'a point ici commis de faute, même légère; et c'en est toujours une d'être guindé, soit en vers, soit en prose.

MÊLER, pour *se mêler* :

> Faut-il le demander, et me voit-on *mêler* de rien dont je ne vienne à bout?
> (*L'Av.* II. 6.)

Molière, par égard pour l'euphonie, a fait servir un seul *me* pour les deux verbes *voir* et *mêler*.

(Sur la suppression du pronom des verbes réfléchis, voyez au mot ARRÊTER.)

MÊME, pour *le même* :

> Si sa bouche dit vrai, nous avons *même sort*. (*Amph.* II. 2.)
> Tout autre n'eût pas fait *même chose* à ma place? (*Dép. am.* IV. 2.)

— MÊME, précédant son substantif comme en espagnol :

Avoir ainsi traité
Et *la même innocence et la même bonté !* (*Syan*
Seigneur, de vos soupçons l'injuste violence
A *la même vertu* vient de faire une offense. (*D. Garcie.* IV. 10.)
« Sais-tu que ce vieillard fut *la même* vertu ? » (Corn. *Le Cid.*)

L'italien a la même construction : *l'istessa innocenza e l'istessa bonta.*

— LE MÊME DE, le même que :

Je ne suis plus *le même d'hier au soir.* (*D. Juan.* V. 1

Je ne suis plus le don Juan d'hier au soir.

« Le curé donc qui s'estoit logé dans *la mesme* hostellerie *de* nos comédiens... »
(Scarron. *Rom. com.* 1re p. ch. 14

De pour *que*, dans cette locution, est un hispanisme.

(De même pour pareil, voyez *de même.*)

MÉNAGE; VIVRE DE MÉNAGE :

Qui me vend pièce à pièce tout ce qui est dans le logis ! — C'est *vivre de ménage*.
(*Méd. m. lui.* I. 1.)

La plaisanterie repose sur la double acception du mot *de* : vivre *avec* ménage, épargne; et vivre *aux dépens, au moyen de* son ménage, de son mobilier.

MENER, pour *amener* :

Je sais ce qui vous mène. (*Éc. des fem.* V. 7.)

MENTIR DE QUELQUE CHOSE :

Mais, à *n'en point mentir,* il seroit des moments
Où je pourrois entrer en d'autres sentiments. (*D. Garcie.* I. 5.)

Et, pour *n'en point mentir,* n'êtes vous pas méchante
De vous plaire à me dire une chose affligeante ? (*Tart.* II. 4.)

(Voyez de dans tous les sens du latin *de.*)

MÉPRIS avec un nom de nombre, comme d'une chose qui se compte :

J'ai souffert sous leur joug *cent mépris* différents. (*Fem. sav.* 1. 2.)

(Sur le radical *mes,* voyez à méchant.)

MERCI DE MA VIE :

Hé! *merci de ma vie,* il en iroit bien mieux
Si tout se gouvernoit par ses ordres pieux. (*Tart.* I. 1.)

Trévoux dit que c'est une espèce de jurement employé par les femmes du peuple.

Merci signifie *grâce, miséricorde. Merci de ma vie* est l'opposé de *mort de ma vie.* C'est l'imprécation heureuse substituée à l'imprécation funeste, comme *Dieu me sauve !* au lieu de *Dieu me damne !*

L'espagnol et l'italien ont la même formule.

ME SEMBLE, ce me semble :

Nous ne nous sommes vus depuis quatre ans ensemble,
Ni, qui plus est, écrit l'un à l'autre, *me semble.* (*Éc. des fem.* I. 6.)

MESSIEURS VOS PARENTS, appliqué aux père et mère :

Je vous respecte trop, vous et *messieurs vos parents*, pour être amoureux de vous.
(*G. D.* I. 6.)

La bizarrerie de cette expression disparaît, si l'on réfléchit que *messieurs* signifie exactement *mes seigneurs*. Vos parents, votre père et votre mère, qui sont mes seigneurs.

MÉTAPHORES vicieuses, incohérentes, hasardées :

Les exemples n'en sont pas rares dans Molière, à cause de la rapidité avec laquelle il était souvent obligé d'écrire.

— BOUCHE :

Dans *ma bouche*, une nuit, cet amant trop aimable
Crut rencontrer Lucile à ses vœux favorable. (*Dép. am.* II. 1.)

Ascagne veut dire qu'à la faveur de la nuit, elle se fit passer, auprès de Valère, pour Lucile.

— RESSORTS :

Fais-moi dans tes desseins entrer pour quelque chose :
Mais que *de leurs ressorts la porte me soit close*,
C'est ce qui fait toujours que je suis pris sans verd. (*L'Ét.* III. 5.)

On concevrait *les ressorts de la porte*, mais *la porte des ressorts* est une image absolument impossible : les ressorts n'ont point de porte.

Ne vous y fiez pas! il aura des *ressorts*
Pour donner contre vous *raison* à ses efforts. (*Tart.* V. 3.)

— POIDS :

Le *poids de sa grimace*, où brille *l'artifice*,
Renverse le bon droit et tourne la justice. (*Mis.* V. 1.)

— NŒUDS :

Je voudrois de bon cœur qu'on pût entre vous deux
De quelque *ombre de paix* raccommoder *les nœuds*. (*Tart.* V. 3.)

— AUDIENCE :

Et je vois sa raison
D'une *audience avide avaler ce poison*. (*D. Garcie.* II. 1.)

— FACE :

Et je me vis contrainte à demeurer d'accord
Que l'*air* dont vous viviez vous faisoit un peu tort ;
Qu'il prenoit dans le monde une méchante *face*. (*Mis.* III. 5.)

— PRÊTER LES MAINS :

A vous *prêter les mains* ma *tendresse* consent. (*Mis.* IV. 3.)

On ne conçoit pas bien ce que c'est que les mains d'une tendresse, ni une tendresse qui prête les mains. Mais ici l'excuse de Molière peut être que *prêter les mains* est une locution reçue pour dire *seconder*, et qu'ainsi le sens particulier de chaque mot se perd dans le sens général de l'expression.

La même observation se reproduit sur ce vers :

Pourvu que votre cœur veuille *donner les mains*
Au dessein que j'ai fait de fuir tous les humains. (*Mis.* V. 7.)

— BRAS :

Un souris chargé de douceurs
Qui tend les bras à tout le monde. (*Psyché.* I. 1.)

— DENTS :

Tout cet embarras *met mon esprit sur les dents*. (*Amph.* I. 2.)

(Voyez d'autres exemples de métaphores vicieuses aux mots AIGREUR, LANGUE, PEINDRE EN ENNEMIS, RESSORTS, ROIDIR, TRACER, TRAITS, etc.)

METTRE : absolument, mettre son chapeau, se couvrir :

Mettons donc sans façon. (*Éc. des fem.* III. 4.)

Allons, *mettez*. — Mon Dieu, *mettez*. — *Mettez*, vous dis-je, monsieur Jourdain; vous êtes mon ami. (*Bourg. gent.* III. 4.)

— METTRE DESSUS, même sens :

Mettez donc dessus, s'il vous plaît. (*Mar. for.* 2.)

— SE METTRE, se vêtir :

Quant à *se mettre bien*, je crois, sans me flatter,
Qu'on seroit mal venu de me le disputer. (*Mis.* III. 1.)

Voilà ce que c'est que de *se mettre* en personne de qualité ! (*B. gent.* II. 9.)

— METTRE A, appliquer à :

C'est une fille de ma mère nourrice que j'ai *mise à la chambre*, et elle est toute neuve encore. (*Comtesse d'Esc.* 4.)

— METTRE A BAS, métaphoriquement, renverser, terrasser :

C'est maintenant que je triomphe, et j'ai de quoi *mettre à bas* votre orgueil. (*Georges. D.* III. 8.)

— METTRE A BOUT UNE AME :

Et n'est-ce pas pour *mettre à bout une âme* ? (*Amph.* II. 6.)

— METTRE A TOUTE OCCASION; mettre une chose à toute occasion, en faire abus, la profaner :

Mais l'amitié demande un peu plus de mystère,
Et c'est assurément en profaner le nom
Que de vouloir *le mettre à toute occasion*. (*Mis.* I. 2.)

— METTRE AU CABINET :

Franchement, il est bon à *mettre au cabinet*. (*Ibid.* I. 2.)

On a beaucoup disputé sur le sens de cette expression. Les uns veulent que ce soit : bon à serrer, loin du jour, dans les tiroirs d'un cabinet (sorte de meuble alors à la mode); les autres prennent le mot dans un sens moins délicat, et qui s'est attaché à ce vers, devenu proverbe. Une autre interprétation a été proposée dans le *Moliériste* (août 1883) : Il faudrait à *Cabinet* un grand C et des italiques, et ce mot désignerait un des nombreux recueils de poésies que les libraires faisaient paraître sous ce titre; ainsi : le *Nouveau*

Cabinet des Muses ou l'Élite des plus belles poésies de ce temps, par le sieur de La Mothe, à Paris, en 1658.

— METTRE AUX YEUX, devant les yeux :

<blockquote>
Je lui mettois aux yeux comme dans notre temps
Cette soif a gâté de fort honnêtes gens.   (*Mis.* I. 2.)

Me mettre aux yeux que le sort implacable
Auprès d'elles me rend trop peu considérable.   (*Mélicerte.* II. 1.)

Vous devriez *leur mettre un bon exemple aux yeux.*   (*Tart.* I. 1.)
</blockquote>

— METTRE BAS, quitter, déposer :

<blockquote>
Qui, moi, monsieur? — Oui, vous. *Mettons bas* toute feinte.
  (*Éc. des mar.* II. 3.)

Allons donc, messieurs, *mettez bas* toute rancune.   (*Am. méd.* III 1.)
</blockquote>

— METTRE DANS UN DISCOURS, DANS UN PROPOS :

<blockquote>
Si, pour les sots *discours où l'on peut être mis,*
Il falloit renoncer à ses meilleurs amis.   (*Tart.* I. 1.)

Et pour ne vous point *mettre* aussi *dans le propos.*   (*Fem. sav.* IV. 3.)
</blockquote>

— METTRE EN ARRIÈRE, déposer, quitter :

<blockquote>
De grâce, parle, et *mets* ces mines *en arrière.*   (*Mélicerte.* I. 3.)
</blockquote>

— METTRE EN COMPROMIS, compromettre :

<blockquote>
C'est un brave homme : il sait que les cœurs généreux
Ne mettent point les gens en compromis pour eux.   (*Dép. am.* V. 7.)
</blockquote>

— METTRE EN MAIN, confier :

<blockquote>
Et l'on m'a *mis en main* une bague à la mode
Qu'après vous payerez, si cela l'accommode.   (*L'Ét.* I. 6.)
</blockquote>

— METTRE EN MAIN QUELQU'UN A UN AUTRE :

<blockquote>
Pour moi, je ne ferai que *vous la mettre en main.*   (*Éc. des fem.* V. 2.)
</blockquote>

Je ne ferai que remettre Agnès entre vos mains.

— METTRE PAR ÉCRIT :

Une autre fois *je mettrai mes raisonnements par écrit,* pour disputer avec vous.
  (*D. Juan.* I. 2.)

Brossette rapporte que Boileau, dans l'épître à son jardinier, avait mis d'abord :

<blockquote>
« Mais non ; tu te souviens qu'au village on t'a dit
Que ton maître est gagé pour *mettre par écrit*
Les faits d'un roi, etc. »
</blockquote>

Il changea le second vers de cette façon :

<blockquote>
« Que ton maître est *nommé* pour *coucher par écrit.* »
</blockquote>

Apparemment *gagé* lui parut manquer de dignité, et *coucher par écrit* lui sembla une expression rustique d'un effet plus piquant que l'expression ordinaire *mettre par écrit.*

MEUBLE, comme nous disons *mobilier :*

<blockquote>
Vos livres éternels ne me contentent pas ;
Et, hors un gros Plutarque à mettre mes rabats,
Vous devriez brûler tout ce *meuble* inutile.   (*Fem. sav.* II. 7.)
</blockquote>

MEUBLÉ DE SCIENCE :

Mais nous voulons montrer. . . . . .
Que *de science* aussi les femmes *sont meublées*. (*Fem. sav.* III. 2.)

MIEUX, le mieux :

Nous verrons qui tiendra *mieux* parole des deux. (*Dip. am.* II. 2.)
C'est par là que son feu se peut *mieux* expliquer. (*D. Garcie.* I. 1.)

(Voyez PLUS pour *le plus*.)

— DU MIEUX QUE pour *le mieux que :*

Voilà une personne..... qui aura soin pour moi de vous traiter *du mieux qu'il* lui sera possible. (*Pourc.* I. 10.)

(Voyez DE exprimant la manière, la cause.)

MIGNON DE COUCHETTE :

Le voilà le beau fils, le mignon de couchette! (*Sgan.* 6.)

MIJAURÉE. Voyez PIMPESOUÉE.

MILLE GENS :

Moi! je serois cocu? — Vous voilà bien malade!
Mille gens le sont bien. . . . (*Éc. des fem.* IV. 8.)

(Voyez GENS *avec un nom de nombre déterminé*.)

MINE ; AVOIR DE LA MINE :

J'ai *de la mine* encore assez pour plaire aux yeux. (*L'Ét.* I. 6.)

— AVOIR LA MINE DE (un infinitif) :

J'ai bien *la mine*, pour moi, *de payer* plus cher vos folies. (*Scapin.* I. 1.)

— FAIRE LES MINES DE SONGER A QUELQUE CHOSE :

Pour peu que d'y songer vous nous *fassiez les mines*. (*Mis.* III. 7.)

Faire mine de, c'est *faire semblant de*. Faire mine de désirer, faire mine de songer à quelque chose.
Faire la mine, c'est bouder.
Faire des mines, c'est *minauder*.
On dirait donc aujourd'hui, et mieux, je crois : pour peu que vous nous fassiez mine d'y songer.

MINUTER, projeter tacitement, sournoisement :

Je le remerciois doucement de la tête,
Minutant à tous coups quelque retraite honnête. (*Fâcheux.* I. 1.)

« *Minuter* secrètement quelque entreprise. » (VAUGELAS.)
Voyez tome IV, page 170.

MIRACLE ; JEUNE MIRACLE, une jeune beauté :

Qui, dans nos soins communs pour ce *jeune miracle*,
Aux feux de son rival portera plus d'obstacle. (*L'Ét.* I. 1.)

MITONNER QUELQU'UN :

> Mon cœur aura bâti sur ses attraits naissants,
> Et cru *la mitonner* pour moi durant treize ans. (*Éc. des fem.* IV. 1.)

Métaphore du style le plus familier. Une soupe *mitonnée* est une soupe que l'on a longtemps et avec patience fait bouillir à petit feu.

MODÉRATIONS, au pluriel :

> Et vous nous faites voir
> Des *modérations* qu'on ne peut concevoir. (*Fem. sav.* I. 2.)

MODESTE ; être modeste a quelque chose, relativement à quelque chose :

> Jamais on ne m'a vu triompher de ces bruits ;
> J'y suis assez *modeste*. (*Éc. des fem.* I. 1.)

MOI, substantif :

> *Un moi* de vos ordres jaloux,
> Que vous avez du port envoyé vers Alcmène,
> Et qui de vos secrets a connoissance pleine
> Comme *le moi* qui parle à vous. (*Amph.* II. 1.)

— moi-même, où nous dirions *lui-même* :

> Oui, je suis don Juan *moi-même*. (*D. Juan.* III. 5.)

Cette façon de dire paraît plus raisonnable que l'autre, puisque tout y est à la première personne, au lieu d'accoupler la première à la troisième. En effet, je suis don Juan *lui-même* reviendrait à : c'est *moi* qui *est* don Juan *lui-même*.

Au surplus, Molière s'est aussi exprimé de cette dernière façon :

> N'est-ce pas *vous* qui *se nomme* Sganarelle?
> — En ce cas, *c'est moi* qui *se nomme* Sganarelle. (*Méd. m. lui.* I. 6.)

MOMON ; jouer un momon :

> Masques, où courez-vous ? Le pourroit-on apprendre ?
> Trufaldin, ouvrez-leur pour *jouer un momon*. (*L'Ét.* III. 11.)

Est-ce un *momon* que vous allez *porter* ? (*B. gent.* V. 1.)

Voyez tome II, page 103, note 3.

MON ESTIME, au sens passif :

> Et qu'il eût mieux valu pour moi, pour *mon estime*,
> Suivre les mouvements d'une peur légitime. (*Dép. am.* III. 3.)

C'est-à-dire, pour l'estime qu'on fera de moi, dans l'intérêt de ma réputation. *Mon estime* est ici comme *mon honneur*.

MONSTRE plein d'effroi. Voyez plein d'effroi.

MONTRE, substantif féminin au sens d'*exposition* :

> Conserve à nos neveux une *montre* fidèle
> Des exquises beautés que tu tiens de son zèle.
> (*La Gloire du Val-de-Grâce.*)

Montre s'employait autrefois au sens de *revue* : la *montre des soldats* ; *passer à la montre*, c'est *passer à la revue* :

« Ainsi Richard jouit de ses amours,
Vécut content et fit force bons tours,
Dont celui-ci peut *passer à la montre*. »

(La Font. *Richard Minutolo*.)

MONTRER à QUELQU'UN, absolument, pour *donner des leçons :*

Outre le maître d'armes qui *me montre*, j'ai arrêté encore un maître de philosophie.

(*B. gent.* I. 2.)

Votre maître de musique est allé aux champs, et voilà une personne qu'il envoie à sa place pour *vous montrer*. (*Mal. im.* II. 4.)

« Son maître tous les jours vient pourtant *lui montrer*. »

(Regnard. *Le Distrait*.)

Bossuet emploie de la même façon *enseigner*, comme verbe actif; *enseigner quelqu'un* :

« J'ai déjà dit que ce grand Dieu *les enseigne*, et en leur donnant et en leur ôtant le pouvoir. » (*Or. fun. d'Henr. d'A.*)

— MONTRER DE (un infinitif) :

Vous buviez sur son reste, et *montriez d'affecter*
Le côté qu'à sa bouche elle avoit su porter. (*L'Ét.* IV. 5.)

MOQUER ; SE MOQUER DE (un infinitif), dans le sens de ne pas vouloir, se mettre peu en peine de, *non curare de :*

Je *me moquerois* fort *de prendre* un tel époux ! (*Tart.* II. 2.)

Je veux lui donner pour époux un homme aussi riche que sage; et la coquine me dit au nez qu'*elle se moque de le prendre*. (*L'Av.* I. 7.)

C'est-à-dire, non pas qu'elle est indifférente à le prendre ou non, mais qu'elle se moque de la volonté de son père de le lui faire prendre.

On sait leur rendre justice (à certains maris), et l'on *se moque fort de les considérer* au delà de ce qu'ils méritent. (*G. D.* III. 5.)

Quand l'amour à vos yeux offre un choix agréable,
Jeunes beautés, laissez-vous enflammer :
Moquez-vous d'affecter cet orgueil indomptable
Dont on vous dit qu'il est beau de s'armer. (*Prol. de la pr. d'Élide.* 1.)

C'est que les filles bien sages et bien honnêtes comme vous *se moquent d'être obéissantes* et soumises aux volontés de leur père. (*Mal. im.* II. 7.)

MORCEAU DE JUDICIAIRE. Voyez JUDICIAIRE.

MORGUER QUELQU'UN, le braver insolemment :

Et de son large dos *morguant les spectateurs*. (*Fâcheux.* I. 1.)

« . . . . Tous ces vaillants, de leur valeur guerrière,
Morguent la destinée et gourmandent la mort. » (Regnier. *Sat.* VI.)

MOUCHE ; LA MOUCHE MONTE A LA TÊTE :

Ah ! que vous êtes prompte !
La mouche tout à coup *à la tête vous monte*. (*L'Ét.* I. 10.)

C'est une autre forme de la locution proverbiale, *prendre la mouche*. On dit en italien, *la mosca vi salta al naso*.

MOUCHER DU PIED (SE) :

DORINE.

Certes, monsieur Tartufe, à bien prendre la chose,
N'est pas un homme, non, qui *se mouche du pied* ! (*Tart.* II. 3.)

Se moucher avec le pied était un tour d'agilité des saltimbanques. De là cette expression ironiquement familière en parlant d'un homme grave et considérable : Il ne se mouche pas du pied! ou, comme dit Mascarille : Il tient son quant-à-moi!

MOULÉ, imprimé.
> Le moyen de contester ce qui est *moulé*. (*Am. magn.* III. 1.)

MOUSTACHE; SUR LA MOUSTACHE, à la barbe :
> Afin qu'un jeune fou dont elle s'amourache
> Me la vienne enlever jusque sur *la moustache*. (*Éc. des fem.* IV. 1.)

MOUVEMENT; DE SON MOUVEMENT, *proprio motu* :
> S'il s'attache à me voir, et me veut quelque bien,
> C'est *de son mouvement*; je ne l'y force en rien. (*Mélicerte.* II. 4.)

MYSTÈRE; FAIRE GRAND MYSTÈRE, c'est-à-dire, grand embarras de quelque chose :
> Du nom de philosophe *elle fait grand mystère*,
> Mais elle n'en est pas pour cela moins colère. (*Fem. sav.* II. 8.)

NE, *supprimé;* dans une formule interrogative :
> De quoi te peux-tu plaindre? *ai-je* pas réussi? (*L'Ét.* IV. 5.)
> Mais *suis-je pas* bien fat de vouloir raisonner? (*Sgan.* 1.)
> Les querelles, procès, faim, soif et maladie,
> *Troublent-ils* pas assez le repos de la vie? (*Ibid.* 17.)
> *Dis-tu* pas qu'on t'a dit qu'il s'appeloit Valère? (*Éc. des mar.* II. 1.)
> . . . . . . Valère *est-il* pas votre nom? (*Ibid.* II. 3.)
> L'amour *sait-il pas l'art* d'aiguiser les esprits? (*Éc. des fem.* III. 4.)
> *Trouvez-vous pas* plaisant de voir quel personnage
> A joué mon jaloux dans tout ce badinage? (*Ibid.*)
> Pour dresser un contrat *m'a-t-on* pas fait venir? (*Ibid.* IV. 2.)
> *M'êtes-vous pas* venu querir pour votre maître? (*Ibid.* IV. 3.)
> *T'ai-je pas* là-dessus ouvert cent fois mon cœur?
> Et *sais-tu pas* pour lui jusqu'où va mon ardeur? (*Tart.* II. 3.)

Pouvez-vous pas y suppléer de votre esprit? (*Impromptu.* 1.)
Il aura un pied de nez avec sa jalousie, *est-ce pas*? (*G. D.* I. 2.)
Pourrois-je point m'éclaircir doucement s'il y est encore? (*Ibid.* II. 8.)
Est-ce pas vous, Clitandre? (*Ibid.* III. 2.)

— Après *à moins que* :
> La maîtresse ne peut abuser votre foi,
> *A moins que* la suivante *en* fasse autant de moi. (*Dép. am.* I. 1.)
> *A moins que* Valère *se pende*,
> Bagatelle; son cœur ne s'assurera point. (*Dép. am.* I. 2.)
> *A moins que* le ciel *fasse* un grand miracle en vous. (*Ibid.* II. 2.)
> Et moi, je ne puis vivre *à moins que* vos bontés
> *Accordent* un pardon à mes témérités. (*D. Garcie.* II. 6.)

On ne sauroit dire que, dans ce dernier exemple, Molière ait cédé aux besoins de la mesure, car il ne lui en coûtait rien de mettre : *N'accordent* un pardon.

> Et moi, je ne puis vivre *à moins que vous quittiez*
> Cette colère qui m'accable.   (*Amph.* II. 6.)
>
> Et l'on en est réduite à n'espérer plus rien,
> *A moins que l'on se jette* à la tête des hommes.   (*Psyché.* I. 1.)

Si cette suppression avait eu quelque importance dans la coutume du langage du temps, il eût été facile à Molière de mettre :

> A moins qu'on *ne* se jette à la tête des hommes.

Je lui ai défendu de bouger, à moins que *j'y fusse* moi-même, de peur de quelque fourberie.   (*Pourc.* I. 6.)

— Après AVOIR PEUR QUE :

> J'ai bien *peur que* ses yeux *resserrent* votre chaîne.   (*Dép. am.* IV. 2.)

— D'abord exprimé, puis supprimé après AVOIR PEUR QUE :

> J'ai peur qu'elle *ne* soit mal payée de son amour, que son voyage en cette ville *produise* peu de fruit, et que *vous eussiez* autant gagné à ne bouger de là.   (*D. Juan.* I. 1.)

— Après CRAINDRE QUE :

> Mais, hélas! je *crains bien* que *j'y perde* mes soins.   (*D. Garcie.* II. 6.)
>
> Je *craindrois* que peut-être
> A quelques yeux suspects *tu me fisses* connoître.   (*Fâcheux.* III. 1.)
>
> . . . . : Oui, mais qui rit d'autrui
> Doit *craindre* qu'à son tour *on rie* aussi de lui.   (*Éc. des fem.* I. 1.)

Peut-on *craindre que* des choses si généralement détestées *fassent* quelque impression dans les esprits?   (**Préf.** de *Tartuffe.*)

— Après EMPÊCHER QUE :

> Si son cœur m'est volé par ce blondin funeste,
> J'*empêcherai* du moins qu'on *s'empare* du reste.   (*Éc. des fem.* IV. 7.)

Molière l'a exprimé ailleurs :

> Cela *n'empêchera pas que je ne* conserve pour vous ces sentiments d'estime.   (*Pourc.* III. 9.)

Mais il l'a encore supprimé dans ce passage :

> Le choix qui m'est offert s'oppose à votre attente,
> Et peut seul *empêcher que* mon cœur *vous* contente.   (*Mélicerte.* I. 5.)

Je crois qu'ici Molière a cédé à la contrainte de la mesure. Pascal exprime *ne* :

« M. le premier président a apporté un ordre pour *empêcher* que certains greffiers *ne* prissent de l'argent pour cette préférence. »   (18e *Prov.*)

Au surplus, il est vraisemblable que Molière n'attachait aucune importance à exprimer ou retrancher le *ne*; son habitude paraît avoir été pour la suppression. Pascal, au contraire, est pour l'expression.

— Après DE PEUR QUE :

> *De peur que* ma présence encor *soit* criminelle.   (*L'Ét.* I. 5.)
> Et tu trembles de peur *qu'on t'ôte* ton galant.   (*Sgan.* 22.)
> De peur *qu'elle revînt*, fermons à clef la porte.   (*Éc. des mar.* III. 2.)

Ailleurs Molière l'a exprimé :

Ah! Myrtil, levez-vous *de peur qu'on ne* vous voie.   (*Mélicerte.* II. 3.)

— Après GARDER QUE :

Gardons bien que par nulle autre voie elle *en* apprenne jamais rien.
    (*Am. mag.* I. 1.)

— Après MIEUX QUE, précédé d'une négation :

Je *ne* crois pas qu'on puisse *mieux* danser *qu'ils dansent*.   (*Am. magn.* II. 1.)

Chacun demeura d'accord qu'on ne pouvoit pas *mieux* jouer *qu'il fît*.
    (*Crit de l'Éc. des fem.* 6.)

— NE, *exprimé;* après NE DOUTER POINT QUE :

Oui, *je ne doute point que* l'hymen *ne vous* plaise.   (*Éc. des fem.* II. 7.)

Je *ne doute point* que vos paroles *ne* soient sincères.   (*Scapin.* I. 3.)

Bossuet a dit :

« Je *ne* crois pas qu'on puisse *douter que* Ninus *ne* se soit attaché à l'Orient. »
    (*Hist. un.* IIIe p. § 4.)

Ici pourtant l'expression est différente de celle de Molière, en ce que le premier *ne* s'attache, non pas au verbe *douter*, mais au verbe *croire*. Il paraît que le XVIIe siècle tenait pour règle invariable d'exprimer *ne* après *douter que*, quel que fût d'ailleurs le sens de la phrase, affirmatif ou négatif. Ninus s'était attaché à l'Orient, je ne crois pas qu'on en puisse douter; c'est ce que veut dire Bossuet, et il met deux négations. Il me semble que dans cet exemple la seconde est de trop, mais on observait encore certaines lois de symétrie, tradition de la vieille langue, qu'aujourd'hui nous qualifions pléonasmes.

(Voyez plus bas NE *répété par pléonasme.*)

— Après IL ME TARDE QUE :

Il me tarde que je *ne* goûte le plaisir de la voir.   (*Sicilien.* 10.)

— Après PRENDRE GARDE QUE :

On m'a chargé de *prendre garde que* personne *ne* me vît.   (*G. D.* I. 2.)

— Après NE TENIR QU'A :

Il *ne tiendra qu'*à elle que nous *ne* soyons mariés ensemble.   (*G. D.* I. 2.)

— Après METTRE EN DOUTE QUE :

Il n'y aura personne qui *mette en doute que* ce *ne* soit vous qui m'aurez tuée.
    (*G. D.* III. 8.)

— NE, *répété par pléonasme :*

Je *ne* puis pas nier qu'il *n'*y ait eu des Pères de l'Église qui ont condamné la comédie; mais on *ne* peut pas me nier aussi qu'il *n'*y en ait eu quelques-uns qui l'ont traitée un peu plus doucement.   (Préf. de *Tartuffe.*)

Je *ne* doute point, sire, que les gens que je peins dans ma comédie *ne* remuent bien des ressorts auprès de Votre Majesté, et *ne* jettent dans leur parti... (2e *Placet au Roi.*)

On pourrait supprimer chaque fois le second *ne;* la phrase n'en serait pas moins claire, ni l'expression moins complète; mais je crois que le génie de la langue française préfère cette répétition, qui a une foule d'analogues : c'est *à* vous *à* parler; — c'est *à* vous *à* qui je m'adresse; — c'est *de* vous *dont* je m'occupe. — C'est *là où* vous verrez la bénignité de nos pères.

— NE, ni :

> Un mari qui n'ait pas d'autre livre que moi,
> Qui ne sache A ne B, n'en déplaise à madame. (*Fem. sav.* V. 3.)

C'est un archaïsme. Thomas Diafoirus s'en sert également : « *Ne* plus *ne* moins que la fleur que les anciens nommoient héliotrope... » (*Mal. im.* II. 6.) Cette forme, jadis seule en usage, était commode pour l'élision :

> « Onc n'avoit vu, *ne* lu, *n'*ouï conter... »
> (La Font. *Le Diable de Papefig.*)

NÉCESSAIRE, substantivement; un, deux, trois nécessaires.
(*Impromptu de Versailles*, 6, 7, 8.)

NÉCESSITANT, nécessiteux :

> Aussi est-ce à vous seule qu'on voit avoir recours toutes les muses *nécessitantes*. (*Am. magn.* I. 6.)

NÉGATION; DEUX NÉGATIONS REDOUBLÉES. Voyez à la fin de l'article PAS.

NEIGE ; DE NEIGE, expression de mépris :

> Tiens, tiens, sans y chercher tant de façons, voilà
> Ton beau galant *de neige* avec ta nompareille. (*Dép. am.* IV. 4.)

Cette expression rappelle le *floccifacere* et *floccipendere* des Latins.

> « Ah ! le beau médecin *de neige* avec ses remèdes ! »
> (Destouches. *Le Tambour nocturne.*)

NE M'EN PARLEZ POINT, incidemment, dans un sens affirmatif et laudatif :

> Il y a plaisir, *ne m'en parlez point*, à travailler pour des personnes qui soient capables de sentir les délicatesses de l'art. (*B. gent.* I. 1.)

N'EN EST-CE PAS FAIT ?

> Nous rompons ? — Oui, vraiment ! Quoi ? *n'en est-ce pas fait?* (*Dép. am.* IV. 3.)

En figure ici au même titre que dans *c'en est fait; c'est fait de moi, de cela.*

NE PERDRE QUE L'ATTENTE DE QUELQUE CHOSE :

> Tu *n'en perds que l'attente*, et je te le promets. (*Dép. am.* III. 10.)

On dit dans le même sens, et avec des termes contraires : Tu n'y perdras rien pour attendre.

NE QUE, faisant pléonasme avec *seulement*. Voyez SEUL.

NET, adverbialement :

> Madame, voulez-vous que je vous parle *net?*
> De vos façons d'agir je suis mal satisfait. (*Mis.* II. 1.)

(Voyez PREMIER QUE, FERME, FRANC.)

— NET, adjectif, au sens moral : loyal, sans détour ; AME FRANCHE ET NETTE :

> Et j'avouerai tout haut, *d'une âme franche et nette*. (*Fem. sav.* I. 1.)

NEZ; DONNER PAR LE NEZ, au figuré :

>Ils nous *donnent* encor, avec leurs lois sévères,
>De cent sots contes par le nez. (*Amph.* II. 3.)

Par est ici abrégé de *parmi;* parmi le nez, au milieu du visage.

— C'EST POUR TON NEZ, ironiquement :

>*C'est pour ton nez,* vraiment! cela se fait ainsi. (*Amph.* II. 7.)
>« Mais *c'est pour leur beau nez!* le puits n'est pas commun;
>Et si j'en avois cent, ils n'en auroient pas un. » (REGNIER. *Macette.*)

NI, exprimé seulement au dernier terme de l'énumération :

>Dans ses meubles, dût-elle en avoir de l'ennui,
>Il ne faut écritoire, encre, papier, *ni* plumes. (*Éc. des fem.* III. 2.)

— Exprimé devant chaque terme :

>Elle n'a *ni* parents, *ni* support, *ni* richesse. (*Ibid.* III. 5.)

— NI, répété après la négation :

>Cela *n'est pas* capable, *ni* de convaincre mon esprit, *ni* d'ébranler mon âme.
> (*D. Juan.* V. 2.)

— NI, *supprimé*. Voyez L'UN NI L'AUTRE.

NIER, dénier, refuser :

>Et je n'ai pu *nier* au destin qui le tue
>Quelques moments secrets d'une si chère vue. (*D. Garcie.* III. 2.)
>Et tâcher, par des soins d'une très longue suite,
>D'obtenir ce qu'on *nie* à leur peu de mérite. (*Mis.* III. 1.)
>Imitant en vigueur les gestes des muets,
>Qui veulent réparer la voix que la nature
>Leur a voulu *nier*, ainsi qu'à la peinture. (*La Gloire du Val-de-Grâce.*)

Nous n'employons plus que le composé *dénier*, et encore il devient rare :

>« Pour obtenir les vents que le ciel vous *dénie*,
>Sacrifiez Iphigénie. » (RACINE. *Iphig.* I. 1.)

NOIRCIR QUELQU'UN ENVERS UN AUTRE. Voyez ENVERS.

NOMBRE; QUELQUE NOMBRE DE, pour *quelques :*

Je veux jouir, s'il vous plaît, de *quelque nombre de beaux jours* que m'offre la jeunesse. (*G. D.* II. 4.)

NOMPAREIL :

>J'ai souhaité un fils avec des ardeurs *nompareilles.* (*D. Juan.* IV. 6.)
>« Colette entra dans des peurs *nompareilles.* » (LA FONT. *Le Berceau.*)

Boileau s'est moqué de cette expression, déjà surannée de son temps, aujourd'hui tout à fait hors d'usage :

>« Si je voulois vanter *un objet nompareil*,
>Je mettrois à l'instant : Plus beau que le soleil. » (*Sat.* II.)

NON CONTENT, employé comme adverbe :

>Et, *non content* encor du tort que l'on me fait,
>Il court parmi le monde un livre abominable. (*Mis.* V. 1.)

Non content ne se rapporte à personne, comme s'il y avait, par exemple, *nonobstant* :

> Et, *nonobstant* encor le tort que l'on me fait,
> Il court...

NOUS, indéterminé, construit avec *on* :

> Au moins, en pareil cas, est-ce un bonheur bien doux
> Quand *on* sait qu'on n'a point d'avantage sur *nous*. (*Dép. am.* II. 4.)
> Et qu'on s'aille former un monstre plein d'effroi
> De l'affront que *nous* fait son manquement de foi ? (*Éc. des fem.* IV. 8.)

(Voyez vous.)

NOUVEAUTÉS, nouvelles :

> Je demeure immobile à tant de *nouveautés*. (*L'Ét.* V. 15.)
> Seigneur, ces *nouveautés* ont droit de me confondre. (*D. Garcie.*)

NOUVEAUX YEUX ; JETER DE NOUVEAUX YEUX SUR, de nouveaux regards :

> Et mon esprit, *jetant de nouveaux yeux sur elle*. (*Pr. d'El.* I. 1.)

NUAGE DE COUPS DE BATON :

Je vois se former de loin *un nuage de coups de bâton* qui crèvera sur mes épaules. (*Scapin.* I. 1.)

OBJET par excellence, objet aimé :

> LA MONTAGNE.
> Si ce parfait amour que vous prouvez si bien
> Se fait vers *votre objet* un grand crime de rien. (*Fâcheux.* I. 1.)

Mon objet, son objet, votre objet, est une expression à l'usage du peuple, comme *mon époux, mon épouse*, pour *mon mari, ma femme*. Le ridicule s'y est attaché à cause de l'emphase. Aussi est-ce un valet à qui Molière prête cette façon de parler ; Éliante ne s'exprime point comme *la Montagne;* elle dit *l'objet aimé* :

> Et dans *l'objet aimé* tout lui paroît aimable. (*Mis.* II. 5.)

OBLIGER, absolument, dans le sens du latin *obligare*, lier :

> Mes plus ardents respects n'ont pu vous *obliger* ;
> Vous avez voulu rompre : il n'y faut plus songer. (*Dép. am.* IV. 3.)

— OBLIGER A, forcer à :

> Je me retire pour ne me voir point *obligée à* recevoir ses compliments. (*G. D.* II. 11.)

« Quoique personne n'ignore les grandes qualités d'une reine dont l'histoire a rempli l'univers, je me sens *obligé* d'abord *à* les rappeler à votre mémoire. » (BOSSUET. *Or. fun. d'Henr. d'Angl.*)

« Mais je suis *obligé à* me contraindre. » (PASCAL. 8ᵉ *Prov.*)
« C'est pourquoi on n'est pas *obligé à* s'en confesser. » (ID. 10ᵉ *Prov.*)

Pascal, bien qu'il paraisse préférer *obliger à*, emploie aussi *obliger de* :

« Les confesseurs n'auront plus le pouvoir de se rendre juges de la disposition de leurs pénitents, puisqu'ils sont *obligés de* les en croire sur leur parole. » (10ᵉ *Prov.*)

Au XVIIe siècle, *obliger de* paraît avoir été réservé pour signifier *rendre le service de :*

    « *Obligez-moi de* n'en rien dire. »   (LA FONT. *Fables,* III. 6.)

C'est-à-dire, rendez-moi le service de n'en rien dire; faites que je vous aie cette obligation.

    « Il y a des âmes basses qui se tiennent *obligées de tout,* et il y a des âmes vaines qui ne se tiennent *obligées de rien.* »   (SAINT-ÉVREMOND.)

    « L'abbesse lui fit réponse qu'elle et ses filles se sentoient infiniment *obligées de ses bontés.* »   (PATRU.)

Obligées par ses bontés.

— S'OBLIGER DE, s'obliger à, prendre l'engagement de :

Un fort honnête médecin... veut *s'obliger de* me faire vivre encore trente années.
        (3e *Placet au Roi.*)

Je ne lui demandois pas tant, et je serois satisfait de lui, pourvu qu'il *s'obligeât de* ne me point tuer.   (*Ibid.*)

— S'OBLIGER QUE, pour *à ce que :*

Il *s'obligera,* si vous voulez, *que* son père mourra avant qu'il soit huit mois.
        (*L'Av.* II. 2.)

Remarquez que cette locution admet le second verbe au futur de l'indicatif, tandis qu'avec la tournure ordinaire il le faudrait au présent du subjonctif : « Il s'obligera *à ce que* son père *meure.* »

OBSCÉNITÉ, néologisme en 1663 :

        ÉLISE.
Comment dites-vous ce mot-là, madame?
        CLIMÈNE.
Obscénité, madame.
        ÉLISE.
Ah! mon Dieu, *obscénité!* Je ne sais ce que ce mot veut dire, mais je le trouve le plus joli du monde!   (*Crit. de l'Éc. des fem.* 3.)

OCCISEUR, meurtrier :

        MASCARILLE.
Faisons l'Olibrius, l'*occiseur* d'innocents.   (*L'Ét.* III. 5.)

Voyez tome II, page 92, note 2.

ŒIL; CONDUIRE DE L'ŒIL :

Je conduis de l'œil toutes choses.   (*Pourc.* II. 11.)

— ŒIL CONSTANT (D'UN), sans se troubler, avec fermeté :

J'attendrai *d'un œil constant* ce qu'il plaira au ciel de résoudre de moi.
        (*Scapin.* I. 3.)

OI rimant avec È :

    Ho, ho! les grands talents que votre esprit *possède!*
    Diroit-on qu'elle y touche avec sa mine *froide?*   (*Dép. am.* II. 1.)

Oi sonnait dans l'origine *oué.* On prononçait donc *frouéde;* d'où, par allégement, *frède,* comme on prononce encore *roide,* que l'on commence à écrire *raide.* C'est une inconséquence de prononcer, comme nous faisons, *froide* et *rède.*

VALÈRE.
Que vient de te donner cette farouche *bête?*
ERGASTE.
Cette lettre, monsieur, qu'avecque cette *boîte*
On prétend qu'ait reçue Isabelle de vous.   (*Éc. des mar.* II. 8.)

On prononçait *bouéte.* Quelques textes imprimés du xvie siècle l'écrivent même de la sorte, ainsi que les mots *vouele, mirouer,* etc., pour *voile, miroir.*

Une tête de barbe, avec l'étoile *nette;*
L'encolure d'un cygne, effilée et bien *droite.*   (*Fâcheux.* II. 7.)

D'abord j'appréhendai que cette ardeur *secrète*
Ne fût du noir esprit une surprise *adroite.*   (*Tart.* III. 3.)

Qui va là? — Hé! ma peur à chaque pas *s'accroist!*
Messieurs, ami de tout le monde.
Ah! quelle audace sans seconde
De marcher à l'heure qu'il *est!*   (*Amph.* I. 1.)

OLIBRIUS. Voyez OCCISEUR.

OMBRAGE; UN OMBRAGE, un soupçon, ou plutôt la disposition à soupçonner :

Quand d'un *injuste ombrage*
Votre raison saura me réparer l'outrage.   (*D. Garcie.* I. 3.)

Qu'injustement de lui vous prenez de *l'ombrage.*   (*Mis.* II. 1.)

— OMBRAGES, au pluriel, dans le même sens :

Et que de votre esprit *les ombrages* puissants
Forcent mon innocence à convaincre vos sens.   (*D. Garcie.* IV. 8.)

— OMBRE; A L'OMBRE DE, figurément, sous la protection de :

Je souhaiterois que notre mariage se pût faire *à l'ombre du leur.*   (*B. Gent.* III. 7.)

— OMBRES, apparences :

Mais aux *ombres du crime* on prête aisément foi.   (*Mis.* III. 5.)

Vos mines et vos cris aux *ombres d'indécence*
Que d'un mot ambigu peut avoir l'innocence.   (*Ibid.*)

ON; deux ON se rapportant à deux sujets différents :
Cette faute est très fréquente dans Molière :

Au moins en pareil cas est-ce un bonheur bien doux
Quand *on* sait qu'*on* n'a pas d'avantage sur nous.   (*Dép. am.* II. 4.)

Moins *on* mérite un bien qu'*on* nous fait espérer,
Plus notre âme a de peine à pouvoir s'assurer.   (*D. Garcie.* II. 6.)

Je ne sais point par où *l'on* a pu soupçonner
Cette assignation qu'*on* m'avoit su donner.   (*Éc. des fem.* V. 2.)

Et l'ennui qu'*on* auroit que ce nœud qu'*on* résout
Vint partager du moins un cœur que *l'on* veut tout.   (*Tart.* IV. 5.)

Le premier et le dernier *on* désignent Elmire elle-même; l'intermédiaire se rapporte à Orgon, et au mariage qu'il a résolu de Marianne avec Tartuffe.

Mais puisque *l'on* (Orgon) s'obstine à m'y vouloir réduire,
Puisqu'*on* ne veut point croire à tout ce qu'*on* (Elmire) peut dire,
Et qu'*on* (Orgon) veut des témoins qui soient plus convaincants,
Il faut bien s'y résoudre et contenter les gens.   (*Ibid.* IV. 5.)

L'embarras d'Elmire, obligée de parler à double sens, peut servir peut-être d'excuse à cet endroit, et donner du moins à cette ambiguïté un air très naturel.

> Que chez vous *on* vit d'étrange sorte,
> Et qu'*on* ne sait que trop la haine qu'*on* lui porte. (*Ibid.* V. 3.)

On vit chez vous d'étrange sorte, et *je* ne sais que trop la haine que *vous* lui portez.

On n'attend pas même qu'*on* en demande (du tabac). (*D. Juan.* I. 1.)

> Veut-*on* qu'*on* rabatte,
> Par des moyens doux,
> Les vapeurs de rate
> Qui nous minent tous?
> Qu'*on* laisse Hippocrate,
> Et qu'on vienne à nous. (*Am. méd.* III. 8.)

Le premier *on* désigne le malade, le second, le médecin qui rabat les vapeurs. Ou bien les deux *on* se rapportent tous deux au malade, et la phrase revient à celle-ci : *veut-on rabattre?*

> Et la plus glorieuse (estime) a des régals peu chers,
> Dès qu'*on* voit qu'*on* nous mêle avec tout l'univers. (*Mis.* I. 1.)

Celui qui se voit mêlé n'est pas celui qui mêle.

> Et qu'eût-*on* d'autre part cent belles qualités,
> *On* regarde les gens par leurs méchants côtés. (*Ibid.* I. 2.)

La personne qui a cent belles qualités n'est pas celle qui regarde les gens par leurs méchants côtés. Molière a parlé plus correctement dans cet autre passage :

> Et l'*on* a tort ici de nourrir dans votre âme
> Ce grand attachement aux défauts qu'*on* y blâme. (*Ibid.* II. 5.)

parce qu'il est possible que Célimène soit blâmée par ceux même qui en sa présence ont le tort de nourrir son penchant à la raillerie.

Les exemples suivants sont irréprochables :

> En vain de tous côtés *on* l'a voulu tourner;
> Hors de son sentiment *on* n'a pu l'entraîner. (*Ibid.* IV. 1.)

> Et lorsque d'en mieux faire (des vers) *on* n'a pas le bonheur,
> *On* ne doit de rimer avoir aucune envie,
> Qu'*on* n'y soit condamné sur peine de la vie. (*Ibid.*)

La faute reparaît dans :

> Mais croyez-vous qu'*on* l'aime, aux choses qu'*on* peut voir? (*Ibid.*)

On lève les cachets, qu'*on* ne l'aperçoit pas. (*Amph.* III. 1.)

Ces grands hauts-de-chausses sont propres à devenir les receleurs des choses qu'*o* dérobe, et je voudrois qu'*on* en eût fait pendre quelqu'un. (*L'Av.* I. 3.)

Molière parlant en prose, et pour son propre compte, commet cette faute, ce qui achève de montrer combien elle lui était familière, ou que ce n'était point alors une faute reconnue :

On n'ignore pas que souvent *on* l'a détournée de son emploi (la philosophie)....... Mais *on* ne laisse pas pour cela de faire les distinctions qu'il est besoin de faire : *on* n'enveloppe point dans une fausse conséquence la bonté des choses que l'*on* corrompt, avec la malice des corrupteurs....... Et puisque l'*on* ne garde point cette rigueur à tant de choses dont *on* abuse tous les jours, *on* doit bien faire la même grâce à la comédie. (Préf. de *Tart.*)

Est-*on* d'une figure à faire qu'*on* se raille? (*Psyché.* I. 1.)

Aglaure veut dire : Suis-je d'une figure à faire qu'on se raille?
Et, pour donner toute son âme,
Regarde-t-*on* quel droit *on* a de nous charmer? (*Ibid.* I. 2.)

Cette négligence est très commune dans les premiers écrivains du XVIIe siècle ; c'est un des progrès incontestables de l'époque suivante de l'avoir proscrite.

« *On* amorce le monde avec de tels portraits ;
Pour les faire surprendre on les apporte exprès :
On s'en fâche, on fait bruit, on vous les redemande ;
Mais on tremble toujours de crainte qu'*on* les rende. »
(Corn. *La Suite du Menteur.* II. 7.)

« Si ces personnes étoient en danger d'être assassinées, s'offenseroient-elles de ce que *on* les avertiroit de l'embûche qu'*on* leur dresse?..... S'amuseroient-elles à se plaindre du peu de charité qu'*on* auroit eu de découvrir le dessein criminel de ces assassins? »
(Pascal. 11e *Prov.*)

« En vérité, mes pères, voilà le moyen de vous faire croire jusqu'à ce qu'*on* vous réponde ; mais c'est aussi le moyen de faire qu'*on* ne vous croie jamais plus après qu'*on* vous aura répondu. » (15e *Prov.*)

ON DIRAIT DE, cela ressemble à :

Et l'*on diroit d*'un tas de mouches reluisantes
Qui suivent en tous lieux un doux rayon de miel. (*Mélicerte.* I. 3.)

Ce n'est pas que le verbe *dire* s'emploie jamais pour *ressembler*. Cette formule *on dirait de*, correspondant au présent *cela ressemble à*, suppose une ellipse : On dirait (la même chose) de..., donc, cela ressemble à...

OPÉRA, en langage de gastronome :

... Et pour son *opéra*, d'une soupe à bouillon perlé, etc. (*B. gent.* IV. 1.)

Son *opéra* signifie ici *son chef-d'œuvre*. « Opéra, dit Bouhours, se prend encore pour une chose excellente et pour un chef-d'œuvre. »
Voyez tome X, page 349, note 4.

OPÉRER, amener un résultat :

Vous avez bien *opéré* avec ce beau monsieur le comte, dont vous êtes embéguiné! (*B. gent.* III. 3.)

— OPÉRER DANS QUELQUE CHOSE :

AGNÈS.
Vous avez là-dedans bien *opéré*, vraiment! (*Éc. des fem.* V. 4.)

OPINIATRETÉ CIVILE :

Vous avez une *civile opiniâtreté* qui, etc. (*B. gent.* III. 18.)

ORDRE ; PAR ORDRE, comme en latin *ex ordine* :

Eh bien! qu'est-ce? M'as-tu tout parcouru *par ordre*? (*Amph.* III. 2.)

Des pieds à la tête, en détail.

ORDURES, au figuré :

Chaque instant de ma vie est chargé de souillures ;
Elle n'est qu'un amas de crimes et *d'ordures*. (*Tart.* III. 6.)

Pascal a employé *ordure* au singulier, dans le même sens :

« Que le cœur de l'homme est creux et plein *d'ordure !* » (*Pensées.*)

Ordure est formé de l'ancien adjectif *ord*, qui vient lui-même de *sordidus*, en lui ôtant la première lettre et les deux dernières syllabes.

OU, *ubi* :

Molière paraît avoir eu une aversion décidée pour *lequel*, comme relatif. (Voyez LEQUEL.) On ne rencontre presque jamais chez lui ces façons de parler, *auquel, par lequel, dans lequel, vers lequel, à l'aide duquel, au sujet desquels*, etc.; au lieu de ces détours et de ces syllabes vides, Molière emploie brusquement *où*.

Où se place chez lui toutes les fois qu'il s'agit d'exprimer la relation du datif ou de l'ablatif.

A, y, où, sont pour Molière trois termes corrélatifs. Toute phrase qui admettrait l'un, admettra les deux autres.

Comme cet emploi de *où* est très commode, très vif, et tout à fait condamné ou perdu de nos jours, j'ai cru devoir en rassembler tous les exemples fournis par Molière, pour bien faire apprécier ce parti pris du grand écrivain, et les avantages qu'il en tire. La série sera un peu longue : je la divise en exemples dans les vers, et exemples dans la prose.

Exemples dans les vers :

Nous avons eu querelle Sur l'hymen d'Hippolyte, *où* je le vois rebelle.	(*L'Ét.* I. 9.)
Je sais un sûr moyen Pour rompre cet achat, *où* tu pousses si bien.	(*Ibid.* 10.)
Mais cessez, croyez-moi, de craindre pour un bien *Où* je serois fâché de vous disputer rien.	(*Ibid.* III. 3.)
Vous avez-vu ce fils *où* mon espoir se fonde ?	(*Ibid.* IV. 3.)
Mon âme embarrassée Ne voit que Mascarille *où* jeter sa pensée.	(*Dép. am.* III. 6.)
Mais suis-je pas bien fat de vouloir raisonner *Où*, de droit absolu, j'ai pouvoir d'ordonner ?	(*Sgan.* 1.)
... Un cœur qui jamais n'a fait la moindre chose A mériter l'affront *où* ton mépris l'expose.	(*Ibid.* 16.)
Rien ne me reprochoit Le tendre mouvement *où* mon âme penchoit.	(*D. Garcie.* I. 1.)
Puisque chez notre sexe, *où* l'honneur est puissant.	(*Ibid.*)
Ah ! souffrez, dans les maux *où* mon destin m'expose.	(*Ibid.* III. 2.)
Oui, le trépas cent fois me semble moins à craindre Que cet hymen fatal *où* l'on me veut contraindre.	(*D. Garcie.* III. 1.)
Entretenir ce soir cet amant sous mon nom, Par la petite rue *où* ma chambre répond.	(*Ibid.* III. 2.)
Et pour justifier cette intrigue de nuit *Où* me faisoit du sang relâcher la tendresse.	(*Ibid.*)
Elle pourroit se plaindre Du peu de retenue *où* j'ai su me contraindre.	(*Ibid.*)
Les noces *où* j'ai dit qu'il vous faut préparer.	(*Éc. des fem.* III. 1.)

Considérez un peu, par ce trait d'innocence,
Où l'expose d'un fou la haute impertinence. (*Ibid.* V. 2.)

Elle a de certains mots où mon dépit redouble. (*Ibid.* V. 4.)

Et qu'un premier coup d'œil allume en nous les flammes
Où le ciel en naissant a destiné nos âmes. (*Pr. d'Él.* I. 1.)

c L'estime où je vous tiens ne doit pas vous surprendre. (*Mis.* I. 2.)

J'estime plus cela que la pompe fleurie
De tous ces faux brillants où chacun se récrie. (*Ibid.*)

Des vices où l'on voit les humains se répandre. (*Ibid.* II. 5.)

Enfin, toute la grâce et l'accommodement
Où s'est avec effort plié son sentiment,
C'est de dire, etc. (*Ibid.* IV. 1.)

Pour moi, plus je le vois, plus surtout je m'étonne
De cette passion où son cœur s'abandonne. (*Ibid.*)

Et je sais encor moins comment votre cousine
Peut être la personne où son penchant l'incline. (*Ibid.*)

Je vous promets ici d'éviter sa présence,
De faire place au choix où vous vous résoudrez. (*Mélicerte.* II. 4.)

Vous devez n'avoir soin que de me contenter.
— C'est où je mets aussi ma gloire la plus haute. (*Tart.* II. 1.)

Fort bien! c'est un recours où je ne songeois pas. (*Ibid.* II. 3.)

Au plus beau des portraits où lui-même il s'est peint. (*Ibid.* III. 3.)

De vos regards divins l'ineffable douceur
Força la résistance où s'obstinoit mon cœur. (*Ibid.*)

Il suffit qu'il se rende plus sage,
Et tâche à mériter la grâce où je m'engage. (*Ibid.* III. 4.)

Et ce sont des papiers, à ce qu'il m'a pu dire,
Où sa vie et ses biens se trouvent attachés. (*Ibid.* V. 1.)

Aux différents emplois où Jupiter m'engage. (*Amph.* Prol.)

Si votre cœur, charmante Alcmène,
Me refuse la grâce où j'ose recourir. (*Amph.* II. 6.)

Non, il faut qu'il ait le salaire
Des mots où tout à l'heure il s'est émancipé. (*Ibid.* III. 4.)

Ayez, je vous prie, agréable
De venir honorer la table
Où vous a Sosie invités. (*Ibid.* III. 5.)

J'aurois mauvaise grâce
De maltraiter l'asile et blesser les bontés
Où je me suis sauvé de toutes vos fiertés. (*Fem. sav.* IV. 2.)

Et les soins où je vois tant de femmes sensibles
Me paroissent aux yeux des pauvretés horribles. (*Ibid.* I. 1.)

Mais vous qui m'en parlez, où la pratiquez-vous? (*Ibid.* I. 2.)

Et l'hymen d'Henriette est le bien où j'aspire. (*Ibid.* I. 4.)

Et la pensée enfin où mes vœux ont souscrit. (*Ibid.* III. 6.)

Cette pureté
Où du parfait amour consiste la beauté. (*Ibid.* IV. 2.)

Et madame doit être instruite par sa sœur
De l'hymen où l'on veut qu'elle apprête son cœur. (*Ibid.* IV. 7.)

Il est une retraite où notre âme se donne. (*Ibid.* IV. 8.)

C'est sur le mariage où ma mère s'apprête
Que j'ai voulu, monsieur, vous parler tête à tête. (*Ibid.* V. 1.)

Le don de votre main *où* l'on me fait prétendre. (*Ibid.*)
Deux époux!
C'est trop pour la coutume. — *Où* vous arrêtez-vous? (*Ibid.* V. 3.)
Suivez, suivez, monsieur, le choix *où* je m'arrête. (*Ibid.*)

Molière a même employé *où*, rapporté à un nom de personne, pour *à qui* :

Et ne permettez pas.....
Que votre amour qui sait quel intérêt m'anime,
S'obstine à triompher d'un refus légitime,
Et veuille que ce frère *où* l'on va m'exposer
Commence d'être roi pour me tyranniser. (*D. Garcie.* V. 5.)

Et je n'en veux l'éclat que pour avoir la joie
D'en couronner l'objet *où* le ciel me renvoie. (*Ibid.*)

Le véritable Amphitryon
Est l'Amphitryon *où* l'on dîne. (*Amph.* III. 5.)

Où, dans ce dernier exemple, est adverbe de lieu : *dans la maison de qui*.

Les Latins de même ont quelquefois employé *ubi* en relation avec un nom de personne : « Neque nobis præter te quisquam fuit *ubi*..... » (Cicéron), pour *apud quem*.

Exemples dans la prose :

C'est elle (la contrainte) qui me fait passer sur des formalités *où* la bienséance du sexe oblige. (*Éc. des mar.* II. 8.)

Est-il rien de si bas que quelques mots *où* tout le monde rit?
(*Crit. de l'Éc. des Fem.* 7.)

Eh! sans sortir de la cour, n'a-t-il pas (Molière) vingt caractères de gens *où* il n'a point touché? (*Impromptu.* 3.)

Vous ne sauriez m'ordonner rien *où* je ne réponde aussitôt par une obéissance aveugle.
(*Pr. d'Él.* II. 4.)

Et rends à chacune les tributs *où* la nature nous oblige. (*D. Juan.* I. 2.)

Laissons là la médecine, *où* vous ne croyez point. (*Ibid.* III. 1.)

Une grimace nécessaire *où* je veux me contraindre. (*Ibid.* V. 2.)

Tous les dérèglements criminels *où* m'a porté le feu d'une aveugle jeunesse.
(*Ibid.* V. 3.)

Seroit-ce quelque chose *où* je vous puisse aider? (*Méd. m. lui.* I. 5.)

Je viens tout à l'heure de recevoir des lettres *par où* j'apprends que mon oncle est mort. (*Ibid.* III. 11.)

Je te pardonne ces coups de bâton, en faveur de la dignité *où* tu m'as élevé.
(*Ibid.* III. 11.)

Vous repentez-vous de cet engagement *où* mes feux ont su vous contraindre?
(*L'Av.* 1. 1.)

C'en est assez à mes yeux pour me justifier l'engagement *où* j'ai pu consentir. (*Ibid.*)

C'est une chose *où* vous ne me réduirez point. (*Ibid.* I. 6.)

C'est un parti *où* il n'y a point à redire. (*Ibid.*)

C'est une chose *où* l'on doit avoir de l'égard. (*Ibid.* I. 7.)

Elle n'aime ni les superbes habits, ni les riches bijoux, ni les meubles somptueux, *ou* donnent ses pareilles avec tant de chaleur. (*Ibid.* II. 6.)

Les alarmes d'une personne toute prête à voir le supplice *où* l'on veut l'attacher.
(*Ibid.* III. 8.)

C'est ici une aventure *où* sans doute je ne m'attendois pas. (*Ibid.* III. 11.)

C'est un mariage *où* vous imaginez bien que je dois avoir de la répugnance. (*Ibid.*)

Quand je pourrois passer sur la quantité d'égards *où* notre sexe est obligé... (*Ibid.* IV. 1.)

Ce sont des suites fâcheuses *où* je n'ai garde de me commettre. (*L'Av.* IV. 3.)

Ce ne sont point ici des choses *où* les enfants soient obligés de déférer aux pères. (*Ibid.*)

C'est une chose *où* tu m'obliges par la soumission et le respect *où* tu te ranges. (*Ibid.* IV. 5.)

Je ne vois pas.... le supplice *où* vous croyez que je puisse être condamné pour notre engagement. (*Ibid.* V. 5.)

Une journée de travail *où* je ne gagne que dix sols. (*G. D. I.* 2.)

Si j'avois étudié, j'aurois été songer à des choses *où* l'on n'a jamais songé. (*Ibid.* III. 1.)

Voilà un coup sans doute *où* vous ne vous attendiez pas ! (*Ibid.* III. 8.)

C'est une chose *où* je ne puis consentir. (*Ibid.* III. 12.)

Voilà une connoissance *où* je ne m'attendois point. (*Pourc.* I. 7.)

C'est une chose *où* il y va de l'intérêt du prochain. (*Ibid.* II. 4.)

Les sentiments d'estime et de vénération *où* votre personne m'oblige. (*Ibid.* III. 9.)

Je renonce à la gloire *où* elles veulent m'élever. (*Am. magn.* III. 1.)

Le ciel ne sauroit rien faire *où* je ne souscrive sans répugnance. (*Ibid.*)

Un mariage *où* je ne me sens pas encore bien résolue. (*Ibid.* IV. 1.)

Une aventure merveilleuse *où* personne ne s'attendoit. (*Ibid.* V. 1.)

Que vous arrive-t-il à tous deux *où* vous ne soyez préparés ? (*Ibid.* V. 4.)

Je ne veux pas me donner un nom *où* d'autres en ma place croiroient prétendre. (*B. gent.* III. 12.)

C'est une chose *où* je ne consentirai point. (*Ibid.*)

Cette feinte *où* je me force n'étant que pour vous plaire. (*Comtesse d'Esc.* 1.)

Or çà, ma fille, je vais vous dire une nouvelle *où* peut-être ne vous attendez-vous pas. (*Mal. im.* I. 5.)

Elle m'a expliqué vos intentions, et le dessein *où* vous êtes pour elle. (*Ibid.* I. 9.)

Ces divers emplois de *où*, y compris la relation à un nom de personne, sont autorisés par l'usage constant des plus anciens monuments de notre langue :

Où aurai-je fiance ? » (*R. de Coucy*), pour à qui me fierai-je ? — « Karlon, le roi *où* France apent » (*Les quatre fils Aymon*) ; à qui appartient la France.

« Les fils Garin, *où* tant a de fierté. » (*Gérars de Viane.*)

« Trestous li Deu *où* croient les François. » (*Ogier le Danois.*)

« *Où* pensez-vous, frère Symon ?
Je pens, fait-il, à un sermon
Le meilleur *où* je pensasse oncques. » (RUTEBEUF.)

« Et *les gens* au monde pour la santé *où* plus il avoit de fiance (Charles V), c'estoit en bons maistres medecins. » (FROISSART. *Chron.* II. ch. 70.)

On en citerait des exemples innombrables de Montaigne, de Regnier, de Rabelais, etc.; il n'y a qu'à ouvrir le volume.

En voici de Bossuet et de Pascal :

« Les Égyptiens sont les premiers *où* l'on ait su les règles du gouvernement... » (BOSSUET. *Hist. Un.*)

« Ils (les rois) assistoient à une prière pleine d'instruction, *où* le pontife prioit les dieux, etc. » (*Ibid.*)

« Ils ont pris un si grand soin de les rétablir parmi les peuples *où* la barbarie les avoit fait oublier... etc. » (*Ibid.*)

« Le premier de tous les peuples *où* l'on voie des bibliothèques est celui d'Égypte. » (*Ibid.*)

« Si un animal faisoit par esprit ce qu'il fait par instinct, et s'il parloit par esprit ce qu'il parle par instinct. . . . . il parleroit aussi bien pour dire des choses *où* il a plus d'affection, comme pour dire : Rongez cette corde qui me blesse, et *où* je ne puis atteindre. » (PASCAL. *Pensées.*)

« Mais pensez un peu *où* vous vous engagez. » (PASCAL. 12e *Prov.*)

« Mais parce qu'il faut que le nom de simonie demeure, et qu'il y ait un sujet *où* il soit attaché. » (*Ibid.*)

« Voilà la doctrine de Vasquez, *où* vous renvoyez vos lecteurs pour leur édification. » (*Ibid.*)

« Je ne vous dirai rien cependant sur les avertissements pleins de faussetés scandaleuses *par où* vous finissez chaque imposture. » (*Ibid.*)

« Les méchants desseins des molinistes, que je ne veux pas croire sur sa parole, et *où* je n'ai point d'intérêt. » (Ire *Prov.*)

« Une action si grande, *où* ils tiennent la place de Dieu. » (14e *Prov.*)

Enfin tout le xviie siècle a ainsi parlé, et une partie du xviiie.

— *Où*, pour *jusqu'où* :

Je ne sais qui me tient, infâme,
Que je ne t'arrache les yeux,
Et ne t'apprenne *où* va le courroux d'une femme. (*Amph.* II. 3.)

— *Où*, faisant pléonasme où nous mettrions *que* :

Et c'est *dans* cette allée *où* devroit être Orphise. (*Fâcheux.* I. 1.)

« C'est *ici où* je veux vous faire sentir [la nécessité de nos casuistes. » (PASCAL. 7e *Prov.*)

« C'est *là où* vous verrez la dernière bénignité de la conduite de nos pères. » (ID. 9e *Prov.*)

— OU (ou bien), pour *ni* :

Monsieur, j'ai grande honte et demande pardon
D'être sans vous connoître *ou* savoir votre nom. (*Tart.* V. 4.)

— OU NON, transporté devant le verbe sur lequel porte l'alternative :

Je ne vais point chercher, pour m'estimer heureux,
Si Mascarille *ou non* s'arrache les cheveux. (*Dép. am.* I 1.)

Ce n'est point *Mascarille ou non*, c'est *s'arrache ou non*. En prose, ou bien n'étant pas contraint par le besoin de la mesure, Molière eût suivi la construction ordinaire.

— OU SI, complément d'une interrogation par *il*, après une troisième personne :

Mon cœur *court-il* au change ? *ou si* vous l'y poussez ? (*Fem. sav.* IV. 2.)

— OUS, pour *vous*, dans le langage des paysans :

PIERROT. Je vous dis qu'*ous* vous teigniois, et qu'*ous* ne caressiez point nos accordées... Testiguenne, parce qu'*ous* êtes monsieur ! (*D. Juan.* II. 3.)

Cette suppression du , suggérée en certains cas par l'instinct de l'euphonie, était régulière et du bon langage dans le vieux français.

Dans la Bourse pleine de sens, de Jean le Gallois d'Aubepierre (XIIIe siècle) :

« *N'avous honte ?* — Dame, de quoi ? »

Dans la farce de Pathelin, qui est du XVe siècle :

LE DRAPIER.

« Et qu'est cecy ? *n'avous* pas honte ?
Par mon serment c'est trop desvé.

LE JUGE.

Comment, vous avez la main haute !
A'vous mal aux dens, maistre Pierre ?

MAISTRE JEHAN (à Pathelin malade).

Or, dictes *Benedicite.*

PATHELIN.

Benedicite, monseigneur.

MAISTRE JEHAN.

Et voicy une grant hydeur !
Sça'vous respondre *Dominus ?* »   (*Le Testament de Pathelin.*)

Et encore, au XVIe siècle, cette syncope était maintenue à la cour de François Ier. La reine de Navarre l'emploie dans ses poésies, écrites dans le style le plus élevé du temps :

« Pourquoi *a'vous* espousé l'estrangière ?...
Mais qu'*a'vous* faict, voyant ma repentance ?... »

(*Le Miroir de l'Ame pescheresse.*)

Théodore de Bèze consacre cette apocope par une règle formelle. (*De linguæ francicæ recta pronuntiatione*, p. 84.)

(Voyez JE.)

OUTRÉS DE ; CONTES OUTRÉS D'EXTRAVAGANCE :

Quoi ! tu veux me donner pour des vérités, traitre,
Des *contes* que je vois *d'extravagance outrés ?*   (*Amph.* II. 2.)

OUVERTURE ; FAIRE UNE OUVERTURE :

S'il faut *faire* à la cour pour vous *quelque ouverture.*   (*Mis.* I. 2.)

Bossuet dit : *donner ouverture à* :

« Le roi n'avoit point *donné d'ouverture* ni de prétexte aux excès sacrilèges..... »
(*Or. fun. de la R. d'A.*)

(Voyez OUVRIR.)

OUVRIER DE, comme *ouvrier en* :

On n'a guère vu d'homme qui fût plus habile *ouvrier de ressorts et d'intrigues.*
(*Scapin.* I. 2.)

On dit, de même, un artisan de troubles.

— OUVRIERS en deux syllabes :

On est venu lui dire, et par mon artifice,
Que les *ouvriers* qui sont après son édifice....   (*L'Ét.* II. 1.)

Primitivement l'*i*, dans toutes ces finales en *ier*, ne sonnait pas ; il ne servait qu'à marquer l'accent fermé de l'*é*. Ainsi l'on prononçait *un sangler, un boucler, un rocher, un verger, se coucher*. Peu à peu l'on en est venu à faire entendre l'*i* dans quelques-uns de ces mots, sans pour cela modifier la règle de versification qui les concernait; et l'on s'est récrié sur la barbarie d'oreille de nos pères, quand il n'y avait lieu que d'admirer le peu de mémoire de leurs enfants. En effet, pourquoi dites-vous *un sanglier*, et ne dites-vous pas *un rochier*? Pourquoi avez-vous altéré l'orthographe de l'un, et point celle de l'autre? Pourquoi avez-vous introduit la disparité d'écriture et de prononciation entre des mots qui s'écrivaient et se prononçaient jadis de même?

OUVRIR; OUVRIR DES IDÉES :

Je le dois (le succès), sire, à l'ordre qu'elle (Votre Majesté) me donna d'ajouter un caractère de fâcheux, dont elle eut la bonté de *m'ouvrir les idées elle-même*.
(*Ép. dédic. des Fâcheux.*)

« La vérité qui *ouvre ce mystère*. » (PASCAL. *Pensées*.)

— OUVRIR DU SECOURS :

Et contre cet hymen *ouvre-moi du secours*. (*Tart.* II. 3.)

— OUVRIR LES PREMIÈRES PAROLES, comme *ouvrir un avis* :

Au moins appuyez-moi,
Pour en avoir *ouvert les premières paroles*. (*Fâcheux.* III. 3.)

— OUVRIR L'OCCASION DE :

D'autant mieux qu'ayant entrepris de vous peindre, *ils vous ouvroient l'occasion* de les peindre aussi. (*Impromptu.* 1.)

— OUVRIR SES SENTIMENTS, SON INTENTION, comme *ouvrir son cœur* :

Non, non, ma fille; vous pouvez sans scrupule *m'ouvrir vos sentiments*.
(*Am. magn.* IV. 1.)

C'est à quoi j'ai songé,
Et je vous veux *ouvrir l'intention que j'ai*. (*Fem. sav.* II. 8.)

— OUVRIR UN MOYEN :

Ne me pourriez-vous point *ouvrir quelque moyen* ? (*Éc. des fem.* III. 4.)

(Voyez OUVERTURE.)

PAIN BÉNIT; C'EST PAIN BÉNIT :

C'est conscience à ceux qui s'assurent en nous,
Mais *c'est pain bénit*, certe, à des gens comme vous. (*Éc. des mar.* I. 3.)

C'est-à-dire : aux gens de votre sorte, cela vient aussi naturellement que le pain bénit à la messe.

— PAIN DE RIVE, terme technique de gastronomie :

Il ne manqueroit pas de vous parler d'un *pain de rive* à biseau doré.
(*B. gent.* IV. 1.)

Pain qui, ayant été placé sur la rive, c'est-à-dire sur le bord du four, n'a point touché les autres pains, et se trouve cuit et doré tout alentour.

PAMER, verbe neutre, pour *se pâmer* :

Madame,
D'où vous pourroit venir... Ah bons dieux! elle pâme! (*Sgan.* 2.)

>   Dans ses simplicités à tous coups je l'admire,
>   Et parfois elle en dit dont *je pâme* de rire.   (*Éc. des fem.* I. 1.)
>
>   On n'en peut plus. — *On pâme.* — On se meurt de plaisir.
>   (*Fem. sav.* III. 2.)
>
>   « Sire, on *pâme* de joie ainsi que de tristesse. »   (Corn. *Le Cid.*)

(Voyez ARRÊTER.)

PAQUET, métaphoriquement au figuré, accident, surprise :

>   Ah ! le fâcheux *paquet* que nous venons d'avoir !   (*L'Ét.* II. 13.)

PAR ; CONDAMNER PAR, à cause de :

>   J'ai ouï condamner cette comédie à de certaines gens, *par les mêmes choses* que j'ai vu d'autres estimer le plus.   (*Crit. de l'Éc. des fem.* 6.)

— PAR, par rapport à, à cause de :

>   Les hommages ne sont jamais considérés *par* les choses qu'ils portent.
>   (*Ép. dédic. de l'École des maris.*)

C'est-à-dire qu'en un présent l'intention est plus considérable que la valeur de l'objet offert.

L'expression de Molière paraît obscure en cet endroit ; elle est très claire dans ce vers :

>   On regarde les gens *par* leurs méchants côtés.   (*Mis.* I. 2.)

— PAR, parmi :

>   D'abord leurs escoffions ont volé *par* la place.   (*L'Ét.* V. 14.)

Parmi la place, dans le milieu de la place.

>   Suivez-moi ! que j'aille un peu montrer mon habit *par* la ville.   (*B. gent.* III. 1.)

(Voyez PARMI.)

— PAR UN MALHEUR, par malheur :

>   Et moi, *par un malheur*, je m'aperçois, madame,
>   Que j'ai, ne vous déplaise, un corps tout comme une âme.   (*Fem. sav.* IV. 2.)

— DE PAR :

>   Eh ! *de par* Belzébut, qui vous puisse emporter !   (*Sgan.* 6.)

L'exactitude voudrait qu'on écrivît *de part* avec un *t* : *ex parte Beelzebut*, de la part de Belzébuth. Le rapport du génitif, aujourd'hui marqué par *de*, l'était primitivement par la simple juxtaposition. Les plus anciens textes écrivent *de part* : — « *De part* nostre Seigneur. » (*Rois*, 144, 289, 292.) — « Samuel li prophetes vint à Saül *de part* Deu. » (*Rois*, 53.)

De part Dieu, aujourd'hui *pardieu*, opposé à *de part le diable* ou *de part Beelzebut*.

PARAGUANTE, de l'espagnol *para guantes*, *pour* (*acheter*) *des gants*; ce qu'on appelle en allemand *trinkgeld*, en français *pour boire* :

>   Dessus l'avide espoir de quelque *paraguante*,
>   Il n'est rien que leur art aveuglément ne tente.   (*L'Ét.* IV. 9.)

PARAÎTRE AUX YEUX pour *paraître simplement :*

>   La géante *paroît* une déesse *aux yeux*.   (*Mis.* II. 5.)

Et les soins où je vois tant de femmes sensibles
Me *paroissent aux yeux* des pauvretés horribles. (*Fem. sav.* I. 1.)

— FAIRE PARAÎTRE, montrer, manifester :

Nous allons tous le remercier des extrêmes bontés qu'il *nous fait paroître*.
(*Impromptu.* 10.)
Quels sentiments aurai-je à lui *faire paroître*? (*Tart.* V. 4.)
Mais ma discrétion *se veut faire paroître*. (*Tart.* III. 3)
Mais si son amitié pour vous *se fait paroître*. (*Mis.* I. 1.)

« Une amitié paraît, et ne se fait point paraître. On fait paraître ses sentiments, et les sentiments se font connaître. » (VOLTAIRE.)

Cette critique de Voltaire ne constate que l'usage du XVIIIe siècle.

Voltaire croyait sans doute que cette expression, *se faire paraître*, était créée par Molière pour le besoin de sa rime; il se trompait :

« Il y a si peu de personnes à qui Dieu *se fasse paroître* par ces coups extraordinaires, qu'on doit profiter de ces occasions. » (PASCAL. *Pensées*.)

PAR APRÈS, pour *après* simplement :

Que j'aye peine aussi d'en sortir *par après*. (*L'Ét.* III. 5.)

Par après est la contre-partie de *par avant*, qui ne s'emploie plus que sous cette forme, *auparavant*.

Par ainsi est complètement hors d'usage.

— PAR DEVANT, pour *devant* :

En passant *par devant la chambre* d'Angélique, j'ai vu un jeune homme.
(*Mal. im.* II. 10.)

PARER QUELQUE CHOSE, s'en garantir :

Et quand par les plus grandes précautions du monde vous aurez *paré tout cela*... vous serez ébahi, etc. (*Scapin.* II. 8.)

— PARER (SE) D'UN COUP, d'un malheur :

Pour *se parer du coup*, en vain on se fatigue. (*Éc. des fem.* III. 3.)
... Toutes les mesures qu'il prend pour *se parer du malheur qu'il craint*.
(*Crit. de l'Éc. des fem.* 7.)
Quoi! de votre poursuite on ne peut *se parer*? (*Tart.* IV. 5.)

PARLER, verbe actif; PARLER QUELQUE CHOSE :

Je vous demande, *ce que je parle* avec vous, qu'est-ce que c'est ? (*B. gent.* III. 3.)

« Si un animal faisoit par esprit ce qu'il fait par instinct, et s'il parloit par esprit *ce qu'il parle* par instinct... » (PASCAL. *Pensées*.)

— PARLER CERCLE ET RUELLE :

Moi, j'irois me charger d'une spirituelle
Qui *ne parleroit rien que cercle et que ruelle!* (*Éc. des fem.* I. 1.)
« Et, sans *parler curé, doyen, chantre ou Sorbonne.* » (REGNIER. Sat. XV.)
« Ore ils *parloient soldat*, et ore *citoyen*. » (ID. Sat. II.)

C'est une expression tout à fait analogue à celle du vers de Juvénal :

Qui Curios simulant et *bacchanalia vivunt*.

(Voyez ci-dessous PARLER VAUGELAS.)

— PARLER suivi de *que*, comme *dire* :

Vous avez ouï *parler que* ce monsieur Oronte a une fille ? (*Pourc.* II. 4.)

— PARLER SUR-LE-CHAMP, improviser :

Vous n'allez entendre chanter que de la prose cadencée ou des manières de vers libres, tels que la passion et la nécessité peuvent faire trouver à deux personnes qui disent les choses d'eux-mêmes, et *parlent sur-le-champ.* (*Mal. im.* II. 6.)

— PARLER TERRE A TERRE :

Expression ridiculisée par Molière :

Il prétend que *nous parlions toujours terre à terre,* (*Impromptu.* 3.)

dit Mlle du Parc, qui représente une précieuse.

— PARLER VAUGELAS :

Et voilà qu'on la chasse avec un grand fracas,
A cause qu'elle manque à *parler Vaugelas.* (*Fem. sav.* II. 7.)

C'est-à-dire à la mode de Vaugelas, le français de Vaugelas. Le mot *Vaugelas* fait ici le rôle d'un adjectif pris adverbialement, comme *grec, latin,* dans *parler grec, parler latin* : c'est *loqui græce, latine.*

(Voyez PARLER CERCLE.)

PARMI, au milieu, par le milieu de :

On est venu lui dire, et par mon artifice,
Que les ouvriers qui sont après son édifice,
Parmi les fondements qu'ils en jettent encor,
Avoient fait par hasard rencontre d'un trésor. (*L'Ét.* II. 1.)

Un trésor supposé,
Dont *parmi les chemins* on m'a désabusé. (*Ibid.* II. 5.)

Ce m'est quelque plaisir, *parmi tant de tristesse,*
Que l'on me donne avis du piège qu'on me dresse. (*Éc. des fem.* IV. 7.)

Et jamais il ne parut si sot que *parmi une demi-douzaine de gens* à qui elle avoit fait fête de lui. (*Crit. de l'Éc. des fem.* 2.)

Vous devez vous remplir de ce personnage, marquer cet air pédant qui se conserve *parmi le commerce du beau monde.* (*Impr.* 1.)

MORON.

Et sa gueule faisoit une laide grimace,
Qui *parmi de l'écume,* à qui l'osoit presser,
Montroit de certains crocs. (*Pr. d'Él.* I. 2.)

Quelle est ton occupation *parmi ces arbres* ? (*D. Juan.* III. 2.)

Ne voyez-vous pas bien quel tort ces sortes de querelles nous font *parmi le monde* ? (*Amour méd.* III. 1.)

Il faut *parmi le monde* une vertu traitable. (*Mis.* I. 1.)

Il court *parmi le monde* un livre abominable. (*Ibid.* V. 1.)

Et *parmi leurs contentions*
Faisons en bonne paix vivre les deux Sosies. (*Amph.* III. 7.)

On ne demeure point tout seul, pendant une fête, à rêver *parmi des arbres.* (*Am. mag.* I. 1.)

Et, *parmi cette grande gloire* et ces longues prospérités que le ciel promet à votre union. (*Ibid.* IV. 7.)

Parmi l'éclat du sang vos yeux n'ont-ils vu qu'elle ? (*Psyché.* I. 2.)

Mais c'est, *parmi tant de mérite,*
Trop que deux cœurs pour moi, trop peu qu'un cœur pour vous. (*Ibid.* I. 3.

Parmi a pour racines *par* et *mi*, apocope de *milieu*. *Mi*, au moyen âge, s'employait comme substantif, pour moitié :

> « Et le bacon faisoit *par mi* tranchier. » (R. d'Ogier le Danois.)

« Il faisait couper le porc par la moitié. »

(Voyez PAR.)

PAROLE ; ÊTRE EN PAROLE QUE :

> Il est avec Anselme *en parole* pour vous
> *Que* de son Hippolyte on vous fera l'époux. (*L'Ét.* I. 2.)

— ÊTRE EN PAROLE, absolument converser ensemble :

> Juste ciel, qu'ils sont prompts ! je les vois *en parole*. (*L'Ét.* II. 2.)

— AVOIR DE LA PAROLE POUR TOUT LE MONDE, être affable :

> Qu'on dise que je suis une bonne princesse, que *j'ai de la parole pour tout le monde*, de la chaleur pour mes amis. (*Am. magn.* I. 2.)

PAR OU, pour *comment* ou *de quoi* :

> Voit-on, dans les horreurs d'une telle pensée,
> *Par où* jamais se consoler
> Du coup dont on est menacée ? (*Amph.* I. 3.)

PAR SOI, tout seul, *per se :*

E par soi, é. (*Am. magn.* I. 1.)

Voyez tome X, page 150.

PARTAGER UN SORT A QUELQU'UN, le lui donner en partage :

> Ne faites pas languir deux amants davantage,
> Et nous dites *quel sort* votre cœur *nous partage*. (*Mélicerte.* II. 6.)

Partager est construit ici comme le latin *impertire*, *dispertire* et *dispertiri*.

PARTI ; FAIRE PARTI, monter un coup :

> Léandre *fait parti*
> Pour enlever Célie. (*L'Ét.* III. 6.)

PARTICIPE PRÉSENT mis au lieu de *si*, suivi d'un conditionnel :

> Et *trouvant* son argent, qu'ils lui font trop attendre,
> Je sais bien qu'il seroit très ravi de la vendre. (*L'Ét.* I. 2.)

Si Trufaldin trouvait son argent.

> Le plus parfait objet dont je serois charmé
> N'auroit pas mes tributs, *n'en étant point aimé*. (*Dép. am.* I. 3.)

Si je n'en étais pas aimé.

Pascal se sert aussi de cette espèce de participe absolu :

« Quand on auroit décidé qu'il faut prononcer les syllabes *pro chain*, qui ne voit que, *n'ayant point été expliquées*, chacun de vous voudra jouir de la victoire ? » (PASCAL. 1re *Prov.*)

Ces syllabes n'ayant point été expliquées ; si elles n'ont pas été expliquées.

— PARTICIPE PRÉSENT *qui s'accorde :*

> De ces petits pourpoints sous les bras se *perdants,*
> Et de ces grands collets jusqu'au nombril *pendants.* (*Éc. des mar.* I. 1.)

On veut que *pendant* s'accorde, parce qu'il est, dit-on, *adjectif verbal* : une manche *pendante;* mais on commande de laisser *se perdant* invariable, parce qu'il est participe. Cette distinction toute moderne a bien l'air d'une chimère et d'un raffinement sophistique; le XVIIe siècle n'en avait nulle idée, et moins encore les siècles précédents :

> Si quatre mille écus de rente bien *venants,*
> Une grande tendresse et des soins complaisants. (*Éc. des mar.* I. 2.)

> De ces brutaux fieffés, qui sans raison ni suite
> De leurs femmes en tout contrôlent la conduite,
> Et, du nom de maris fièrement *se parants,*
> Leur rompent en visière aux yeux des soupirants. (*Ibid.* I. 6.)

1er MÉDECIN. Cette maladie *procédante* du vice des hypocondres. (*Pourc.* I. 11.)

Pour remédier à cette pléthore *obturante,* et à cette cacochymie *luxuriante* par tout le corps. (*Ibid.*)

Une jeune fille toute *fondante* en larmes. (*Scapin.* I. 2.)

Boileau, tout sévère grammairien qu'il était, a dit :

> « Et plus loin des laquais, l'un l'autre *s'agaçants,*
> Font aboyer les chiens et jurer les passants. » (*Sat.* VI.)

> « Entendra les discours sur l'amour seul *roulants,*
> Ces doucereux Renauds, ces insensés Rolands. » (*Sat.* X.)

> « Cent mille faux zélés, le fer en main *courants,*
> Allèrent attaquer leurs amis, leurs parents. » (*Sat.* XII.)

> « Infâmes scélérats à sa gloire *aspirants,*
> Et voleurs revêtus du nom de conquérants. » (*Ibid.*)

Et Racine :

> « Les ennemis, offensés de la gloire,
> Vaincus cent fois et cent fois suppliants,
> En leur fureur de nouveau *s'oubliants* [1]. » (*Idylle sur la Paix.*)

Et Voltaire :

> « De deux alexandrins côte à côte *marchants,*
> Que l'un est pour la rime et l'autre pour le sens. »
> (*Ép. au roi de la Chine.*)

Ce sont vestiges de l'ancienne langue. Dans l'origine, le participe présent, placé après son substantif, s'y accordait, comme fait encore le participe passé :

« Les femmes et les meschines vindrent encuntre le rei Saul... *charolantes, e juantes, e chantantes* que Saul out ocis mille, David dis mille. » (*Rois.* p. 70.)

« Et ele descirad sa gunelle... si s'en alad *criante e plurante.* » (*Ibid.* p. 164.)

« Li fiz le rei entrerent, et vindrent devant le rei *crianz e pluranz.* »
(*Ibid.* p. 167.)

Cette méthode de l'accord n'était pas sans avantages; par exemple, Montaigne dit des Espagnols qui torturèrent Guatimozin :

---

1. Cette pièce est de 1685, *Phèdre* est de 1677; ainsi Racine avait composé tous ses ouvrages, hormis *Esther* et *Athalie.*

« Ils le pendirent depuis, *ayant* courageusement entreprins de se deslivrer par armes d'une si longue captivité et subjection. » (*Essais.* III. 6.)

Ayant, au singulier, fait voir que la phrase se rapporte au cacique, et non à ses bourreaux, qui sont le sujet de la phrase. Si c'étaient les Espagnols qui eussent entrepris, Montaigne eût écrit *ayants*, avec une *s*. C'est au reste l'usage latin ; voilà pourquoi il a passé dans notre langue : *Occiderunt eum luctantem et conantem plurima frustra.*

La grammaire de Sylvius, ou Jacques Dubois, rédigée en latin en 1531, ne pose point de règles particulières pour le participe présent ; mais, en conjuguant le verbe *avoir,* elle dit, p. 132 : — « habens, habentis ; haiant, *haiante ;* » et dans la conjugaison du verbe *aimer :* « amans, aimant, *aimante.* »

Jehan Masset, dont l'*Acheminement à la langue françoyse* est imprimé à la suite du dictionnaire de Nicot (1606), ne dit rien non plus du participe ; mais, dans les modèles de conjugaison, il le met aussi variable. Page 15 : « *habens ;* masculin *ayant,* féminin *ayante.* »

Le langage du palais, qui est un témoin si fidèle, fait le participe présent variable. Regnard, dans *le Joueur,* a reproduit la formule exacte :

« . . . . . . A Margot de la Plante,
Majeure, et de ses droits *usante* et *jouissante.* »

En somme, on trouve que l'invariabilité absolue du participe présent ne s'est guère établie que dans le courant du xviiie siècle, et que la distinction entre ce participe et l'adjectif verbal est du xixe. Jusque-là, on ne savait ce que c'était que l'adjectif verbal.

— *PARTICIPE PRÉSENT* rapporté par syllepse à un sujet autre que le sujet de la phrase :

Je prétends, s'il vous plaît,
Dût le mettre au tombeau le mal dont il vous berce,
Qu'avec lui désormais vous rompiez tout commerce ;
Que, *venant* au logis, pour votre compliment,
Vous lui fermiez au nez la porte honnêtement. (*Éc. des fem.* II. 6.)

Venant au logis, lorsqu'*il* viendra au logis, *vous* lui fermiez, etc.

Et lui *jetant,* s'il heurte, un grès par la fenêtre,
L'obligiez tout de bon à ne plus y paroître. (*Ibid.* II. 6.)

Et lui jetant : ce second participe se rapporte régulièrement à Agnès, et rend plus sensible l'incorrection du premier.

N'ayant ni beauté ni naissance
A pouvoir mériter leur amour et leurs soins,
Ils nous favorisent au moins
De l'honneur de la confidence. (*Psyché.* I. 3.)

Aglaure veut dire à sa sœur : Comme nous n'avons ni beauté ni naissance, *ils*, les princes, nous favorisent.

On peut hardiment proscrire cette tournure, parce qu'elle prête à l'équivoque ; il semble ici que ce soient les deux princes qui, sans avoir ni beauté ni naissance, favorisent Aglaure et Cydippe.

PARTICIPE ABSOLU, comme en latin :

Le bon Dieu fasse paix à mon pauvre Martin !
Mais j'avois, *lui vivant,* le teint d'un chérubin. (*Sgan.* 2.)

La plupart des exemples de l'article précédent, où l'on voit le participe présent employé d'une manière sujette à l'équivoque, peuvent se rapporter au participe absolu, que les Latins mettaient à l'ablatif.

On connoîtra sans doute que, *n'étant autre chose qu'un poème ingénieux*,... on ne sauroit la censurer sans injustice. (Préf. de *Tartuffe*.)

N'étant autre chose se rapporte à la comédie dont le nom ne se trouve pas dans cette phrase, mais seulement dans la précédente.

> Mais je l'ai vue ailleurs, où *m'ayant fait* connoître
> Les grands talents qu'elle a pour savoir l'avenir,
> Je voulois sur un point un peu l'entretenir. (*L'Ét.* I. 4.)

Je l'ai vue..., je voulois, se rapportent à Mascarille, et *m'ayant fait connaître*, à elle, à Célie, qui n'est désignée qu'après. En sorte que le nominatif est changé avant que l'auditeur ou le lecteur en puisse être prévenu.

> Mais savez-vous aussi, *lui trouvant des appas*,
> Qu'autrement qu'en tuteur sa personne me touche. (*Éc. des mar.* II. 3.)

Savez-vous, Valère, que moi, Sganarelle, lui trouvant des appas, sa personne me touche autrement qu'en tuteur?

Ces tournures sont fréquentes dans Molière.

> J'ai voulu l'acheter, l'édit, expressément,
> Afin que d'Isabelle il soit lu hautement ;
> Et ce sera tantôt, *n'étant plus occupée*,
> Le divertissement de notre après-soupée. (*Ibid.* II. 9.)

Isabelle n'étant plus occupée, quand Isabelle ne sera plus occupée.

PARTICIPE PASSÉ invariable en genre :

HIPPOLYTE.
> Si, lorsque mes amants sont devenus les vôtres,
> Un seul m'eût *consolé* de la perte des autres. (*L'Ét.* V. 13.)

ARNOLPHE (*à Agnès*).
> L'air dont je vous ai *vu* lui jeter cette pierre. (*Éc. des fem.* III. 1.)

ELMIRE.
> Aurois-je pris la chose ainsi qu'on m'a *vu* faire? (*Tart.* IV. 5.)

PARTICULIER (LE), substantif :
> Dans le *particulier* elle oblige sans peine. (*L'Ét.* III. 2.)

PARTIR, partager :
> Et l'on vous voit sans cesse avoir maille à partir.

Voyez tome II, page 46.

PAR TROP ; *par* donne à *trop* la force du superlatif :
> Tu m'obliges *par trop* avec cette nouvelle. (*L'Étourdi.* III. 8.)

On trouve dans Térence et dans Priscien, *pernimium*.

PAS, surabondant, pour nier, avec *aucun, ni, ne* :
> Autrefois j'ai connu cet honnête garçon,
> Et vous *n'avez pas* lieu d'en prendre *aucun* soupçon. (*L'Étourdi.* I. 4.)

> Les bruits que j'ai faits
> Des visites qu'ici reçoivent vos attraits,
> Ne sont *pas* envers vous l'effet d'*aucune* haine. (*Tart.* III. 3.)

Molière a traité *aucun* absolument comme *quelque* :

Ne sont pas envers vous l'effet *de quelque* haine.

Et véritablement c'est la valeur de *aucun*, dérivé de *aliquis* : *alque, auque, auque un (aliquis unus.)* Ainsi le mot *aucun* est par lui-même affirmatif.

Est-il possible que ce même Sostrate, *qui n'a pas craint ni Brennus, ni* tous les Gaulois. *(Am. magn. I. 1.)*

Ah ! vous avez plus faim que vous *ne* pensez *pas !* (*L'Ét.* IV. 3.)

Ne est l'unique négation que possède la langue française.

Pour l'aider en quelque sorte dans son office, on a déterminé un certain nombre de substantifs monosyllabes, exprimant des objets minimes, des quantités réduites, qui servent de terme de comparaison, et, construits avec *ne*, semblent prendre à son contact la qualité d'adverbes et de négations; mais il ne faut pas s'y tromper. Ces mots sont : *pas, point, rien, mie;* ce sont de vrais substantifs à l'accusatif, complément d'un verbe qui se place entre *ne* et son adjoint. Je *ne* dis *rien :* il *ne* vient *pas; ne* mentez *point* [1].

Maintenant il faut savoir que l'on ne donne à *ne* qu'un seul de ces adjoints, de ces adverbes artificiels : *ne pas; — ne point; — ne mie; — ne... rien.* La faute de Martine, dans les *Femmes savantes*, est de joindre à la négation deux de ces suppléments :

« Et tous vos biaux dictons *ne* servent *pas* de *rien.* » Le *vice d'oraison* ne consiste donc pas à joindre *pas* avec *rien*, comme le prétend Philaminte, mais à joindre *pas* et *rien* avec *ne*.

Cela est si vrai que Molière a très souvent fait cette réunion de *ne... pas... rien.* Mais alors il y a toujours deux verbes, l'un qui supporte l'action négative de *ne pas;* l'autre qui commande *rien.*

Les exemples suivants, qui semblent au premier coup d'œil choquer la règle posée par Molière lui-même, analysés d'après ce principe, n'ont plus rien que de très régulier. On y trouvera partout deux verbes pour les trois mots *ne, pas, rien*, que la bonne Martine accumulait tous trois sur l'unique verbe *servir.*

. . . . Il la gardera bien,
Et je *ne vois pas* lieu d'y *prétendre* plus *rien.* (*L'Ét.* III. 2.)

Et tu *n'as pas* sujet de *rien appréhender.* (*Ibid.* V. 7.)

Albert *n'est pas* un homme à vous *refuser rien.* (*Dép. am.* I. 2.)

Et mon dessein *n'est pas* de leur *rien opposer.* (*D. Garcie.* V. 6.)

Ce *n'est pas* ma coutume que de *rien blâmer.* (*Crit. de l'Éc. des fem.* 7.)

Nous *n'avons pas* envie aussi de *rien savoir.* (*Mélicerte.* 1. 3.)

Auprès de cet objet mon sort est assez doux,
Pour *ne pas consentir* à *rien prendre* de vous. (*Ibid.* II. 6.)

Ce *n'est pas* mon dessein de me faire épouser par force, et de *rien prétendre* à un cœur qui se seroit donné. (*L'Av.* V. 5.)

Je ne suis *point* un homme à *rien* craindre. (*Ibid.*)

Il ne faut *pas* qu'il *sache rien* de tout ceci. (*G. D.* I. 2.)

Mon intention *n'est pas* de vous *rien déguiser.* (*Ibid.* III. 8.)

---

1. Si *mentir* n'est plus en français un verbe actif, il l'était en latin, et cela revient au même *Mentior at si quid...* (Hor. *Sat.*)

>Je *ne veux point* qu'il me *dise rien*. (*Ibid.*)
>
>*Ne faites point* semblant *de rien*. (G. D. I. 2. et B. *gent.* V. 7.)

Dans ce dernier exemple, *rien* est visiblement un substantif au génitif, gouverné par un substantif qui le précède, *semblant*. Ne faites pas semblant de quelque chose, ou qu'il y ait quelque chose.

— PAS, *supprimé* :

>Non, *je ne veux du tout* vous voir ni vous entendre. (*Amph.* II. 6.)

A l'occasion de ce vers, j'observe que *du tout*, au sens de *absolument, complètement*, ne sert plus que dans les formules négatives; mais que, dans l'origine, on l'employait également pour affirmer :

>— *Servite Domino in omni corde vestro.* « Nostre Seigneur Deu del *tut* (du tout) sivez, e de tut vostre quer servez. » (*Rois.* p. 41.)

PAS, substantif; PAS A PAS, posément :

>Vous achèverez seule; et, *pas à pas*, tantôt
>Je vous expliquerai ces choses comme il faut. (*Éc. des fem.* III. 2.)

— PAS DEVANT (LE), substantif composé ; PRENDRE LE PAS DEVANT :

>Du *pas devant* sur moi *tu prendras l'avantage*. (*Amph.* III. 7.)
>
>L'esprit doit sur le corps prendre *le pas devant*. (*Fem. sav.* II. 7.)

Devant n'est pas ici une préposition qui ferait double emploi avec *sur*; *pas-devant* est un mot composé.

— PASSE; ÊTRE EN PASSE DE :

>Nous ne sommes pas encore connues, mais *nous sommes en passe de l'être*. (*Préc. rid.* 10.)
>
>J'ai servi quatorze ans, et je crois *être en passe*
>*De pouvoir* d'un tel pas me tirer avec grâce. (*Fâcheux.* I. 10.)
>
>Et je crois, par le rang que me donne ma race,
>Qu'il est fort peu d'emplois *dont je ne sois en passe*. (*Mis.* III. 1.)

Passe s'appelait autrefois, au jeu de mail et de billard, une porte ou arc de fer par où la boule ou la bille devait passer. Le joueur assez adroit pour s'être placé le plus près de cet arc était *en passe*, c'est-à-dire sur le point de passer. De là l'expression figurée en parlant d'un homme en mesure de réussir. C'est l'explication de *Trévoux*, qui cite à l'appui les vers du *Misanthrope*.

PASSER; FAIRE PASSER A QUELQU'UN LA PLUME PAR LE BEC, l'attraper, le duper, sans qu'il puisse se plaindre :

>Nous verrons cette affaire, pendard, nous verrons cette affaire. Je ne prétends pas qu'on me fasse *passer la plume par le bec*. (*Scapin.* III. 6.)

Voyez tome XI, page 252, note 1.

— PASSER, se passer :

>Vous savez que dans celle [1] où *passa* mon bas âge. (*Dép. am.* II. 1.)

---

1. Dans la maison.

— PASSER DE, pour *sortir de* :

Il y a cent choses comme cela qui *passent de la tête*. (*Pourc.* I. 6.)

— PASSER (SE) DE, se contenter de, et non *se priver* :

Ce que je trouve admirable, c'est qu'un homme *qui s'est passé* durant sa vie *d'une assez simple demeure* en veuille avoir une si magnifique pour quand il n'en a plus que faire. (*D. Juan.* III. 6.)

PATINEURS :

CLAUDINE. — Ah ! doucement. Je n'aime pas *les patineurs*. (*G. D.* II. 1.)

« Les *patineurs* sont gens insupportables,
Même aux beautés qui sont très patinables. » (SCARRON.)

« *Patiner*, manier malproprement. » (TRÉVOUX.)

PATROCINER, du latin *patrocinari*, faire l'avocat :

Prêchez, *patrocinez* jusqu'à la Pentecôte. (*Éc. des fem.* I. 1.)

PAYER ; PAYER UN PRIX DE QUELQUE CHOSE :

Non, en conscience, *vous en payerez cela*. (*Méd. m. lui.* I. 6.)

— PAYER DE, alléguer pour excuse :

Tantôt *vous payerez de* quelque maladie
Qui viendra tout à coup, et voudra des délais ;
Tantôt *vous payerez de* présages mauvais. (*Tart.* II. 4.)
Vous nous *payez ici d'excuses* colorées. (*Ibid.* IV. 1.)

« Je le croiray volontiers, pourveu qu'il ne me *donne pas en payement* une doctrine beaucoup plus difficile et fantastique que n'est la chose mesme. » (MONTAIGNE. II. 37.)

— PAYER POUR (un substantif), payer en qualité de.

(Voyez GAGER POUR.)

— PAYEROIT, PAYEREZ, de trois syllabes :

Fût-ce mon propre frère, il me la *payeroit*. (*L'Ét.* III. 4.)
Tantôt vous *payerez* de quelque maladie. (*Tart.* II. 4.)
Et l'on m'a mis en main une bague à la mode,
Qu'après vous *payerez*, si cela l'accommode. (*L'Ét.* I. 6.)

Molière, s'il eût été d'usage alors de syncoper les mots, eût mis facilement *que vous pairez après*.

PAYSANNE, de trois syllabes :

Et la bonne *paysanne*, apprenant mon désir.... (*Éc. des fem.* I. 1.)

— de quatre syllabes :

Et cette *paysanne* a dit, avec franchise,
Qu'en vos mains à quatre ans elle l'avoit remise. (*Éc. des f.* V. 9.)

— PAYSAN, de trois syllabes :

Je sais un paysan qu'on appeloit Gros-Pierre. (*Ibid.* I. 1.)

— de deux :

« Que le *paysan* recueille, emplissant à milliers
Greniers, granges, chartis, et caves, et celiers. » (REGNIER. Sat. XV.)

PAYSANNERIE comme *bourgeoisie* :

J'aurois bien mieux fait... de m'allier en bonne et franche *paysannerie*.
(G. D. I. 1.)

L'Académie dit qu'il est peu usité.

PECQUES :

A-t-on jamais vu, dis-moi, deux *pecques* provinciales faire plus les renchéries que celles-là ?
(*Préc. rid.* 1.)

Voyez tome III, page 162.

PEINDRE EN ENNEMIS, c'est-à-dire sous les traits d'ennemis :

Et me jeter au rang de ces princes soumis,
Que le titre d'amants lui *peint en ennemis*.
(*Pr. d'Él.* I. 1.)

PEINE ; ÊTRE EN PEINE OÙ :

Ne soyez point en peine où je vous mènerai.
(*Éc. des fem.* II. 6.)

De savoir où je vous mènerai.

— AVOIR PEINE A, pour *avoir de la peine à* :

Comment ! il semble que *vous ayez peine à* me reconnoître !
(*Pourc.* I. 6.)

« *J'ai peine à contempler* son grand cœur dans ces dernières épreuves. »
(BOSSUET. *Or. fun. de la R. d'A.*)

Pascal dit pareillement *faire peine*, pour *faire de la peine* :

« La seule comparaison que nous faisons de nous au fini *fait peine*. »
(*Pensées*.)

PEINTURE, au lieu de *portrait* :

Je n'ai pas reconnu les traits de *sa peinture*.
(*Sgan.* 22.)

Sa peinture ne peut signifier que la peinture dont il est l'auteur, et non la peinture où il a servi de modèle.

(Voyez PORTRAIT, pour *peinture*, *tableau*.)

PÈLERIN ; CONNAÎTRE LE PÈLERIN :

Si tu *connoissois le pèlerin*, tu trouverois la chose assez facile pour lui.
(*Don Juan.* 1. 1.)

PENSER, substantif masculin :

Le seul *penser* de cette ingratitude
Fait souffrir à mon âme un supplice si rude....
(*Tart.* III. 7.)

Ah ! fasse le ciel équitable
Que ce *penser* soit véritable !
(*Amph.* III. 1.)

Dans l'origine, tous les infinitifs pouvaient jouer le rôle de substantifs moyennant l'addition de l'article, comme tout adjectif pouvait faire l'office d'adverbe :

« Tous les *marchers, toussers, mouchers, éternuers*, sont différents. »
(PASCAL. *Pensées*.)

Il est évidemment impossible de substituer ici *démarche, toux, éternument* ; et nous n'avons aucun substantif, même approximatif, pour dire *le moucher*.

— PENSER (verbe) suivi d'un infinitif, pour *être près de* :

Nous avons aussi mon neveu le chanoine, qui a *pensé mourir* de la petite vérole.
(*Pourc.* I. 6.)

PENTE, penchant; AVOIR PENTE A :

La *pente* qu'a le prince à de jaloux soupçons. (*Don Garcie.* II. 1.)

Un sort trop plein de gloire à nos yeux est fragile,
Et nous laisse *aux soupçons une pente* facile. (*Ibid.* II. 6.)

PERDRE FORTUNE :

Et les premières flammes
S'établissent des droits si sacrés sur les âmes,
Qu'il faut *perdre fortune*, et renoncer au jour,
Plutôt que de brûler des feux d'un autre amour. (*Fem. sav.* IV. 2.)

Perdre toute fortune. *Fortune* est ici pris au sens le plus large du latin *fortuna*; il ne s'agit pas seulement des biens de la fortune, mais de tout ce qui constitue ici-bas la félicité. C'est en quoi l'expression *perdre fortune* diffère de *perdre sa fortune*.

— PERDRE L'ATTENTE de quelque chose. Voyez NE PERDRE QUE L'ATTENTE.

— PERDRE LES PAS DE QUELQU'UN, perdre sa trace :

Il m'est, lorsque j'y pense, avantageux sans doute
D'avoir *perdu ses pas* et pu manquer sa route. (*Éc. des f.* II. 1.)

PERDRE TEMPS :

Monsieur, *j'ai perdu temps*, votre homme se dédit. (*L'Ét.* III. 2.)

« Je vais, sans *perdre temps*, y disposer Oronte.
(CORNEILLE. *La Galerie du Palais.*)

PÉRICLITER, absolument, courir un danger, risquer :

Mais croyez-vous, maître Simon, qu'il n'y ait rien à *péricliter* ? (*L'Av.* II. 1.)

Rien à risquer en faisant cette affaire ? croyez-vous que je n'expose rien ?

PERSONNE, suivi d'un adjectif, d'un pronom ou d'un participe au masculin :

Personne ne t'est venu rendre visite ? (*Crit. de l'Éc. des fem.* 1.)

La complaisance est trop grande, de souffrir indifféremment toutes sortes de *personnes*. — Je goûte *ceux* qui sont raisonnables, et me divertis des *extravagants*.
(*Ibid.*)

Jamais je n'ai vu *deux personnes* être si *contents* l'un de l'autre. (*Don Juan.* I. 2.)

Il s'agit d'un amant et de sa fiancée.

Des vers tels que la passion et la nécessité peuvent faire trouver à *deux personnes* qui disent les choses *d'eux-mêmes* et parlent sur-le-champ. (*Mal. im.* II. 6.)

— PERSONNE DU MONDE, personne absolument :

Quoi, cousine, personne ne t'est venu rendre visite ? — *Personne du monde.*
(*Crit. de l'Éc. des femmes.* 1.)

On observera que le mot *personne* est affirmatif de soi; il sert ici à nier, parce que la pensée le rattache à la négation renfermée dans l'ellipse : personne *n*'est venu me rendre visite.

PERSONNE. Verbe à une autre personne que son sujet :

VALÈRE. — Je vous demande si ce n'est pas *vous* qui *se nomme* Sganarelle.
SGAN. — En ce cas, c'est *moi* qui se *nomme* Sganarelle. (*Méd. m. lui.* I. 6.)

Plus loin, Molière a mis, en observant le rapport des personnes :

Ouais ! seroit-ce bien *moi* qui me *tromperois* ? (*Ibid.*)

Et que me diriez-vous, monsieur, si c'était *moi*
Qui vous *eût* procuré cette bonne fortune ? (*Dépit. am.* III. 7.)

Ce ne seroit pas *moi* qui *se feroit* prier. (*Sgan.* 2.)

Racine a dit pareillement :

« Il ne voit dans son sort que *moi* qui *s'intéresse*. » (*Britannicus.*)

Les grammairiens, depuis Vaugelas, ont décidé qu'il faut toujours le verbe à la première personne parce que le pronom y est. La raison paraît douteuse, car il y a aussi un autre verbe qui est placé le premier, et qui est à la troisième personne. Pourquoi l'accord ne se ferait-il pas aussi bien avec ce premier verbe qu'avec le pronom qui le suit?

Celui qui se nomme Sganarelle, c'est moi ; — celui qui vous a procuré cette bonne fortune, c'est moi ; — celle qui se ferait prier, ce ne serait pas moi : — voilà comme on serait obligé de parler pour satisfaire la logique. Et parce que l'ordre des mots est renversé, le rapport des termes de l'idée change-t-il aussi? Non sans doute. La facilité que laissait l'usage du xviie siècle me semble donc, en principe, plus raisonnable que la loi étroite du xixe. Il est certain d'ailleurs que cette rigueur ne produirait pas toujours un bon effet dans l'application. Par exemple, il n'en coûtait pas davantage à Racine de mettre :

Il ne voit dans ses pleurs que moi qui *m'intéresse*.

Mais la pensée ne se présente plus du tout de même. Junie ne veut pas dire : Moi seule je m'intéresse dans ses pleurs; mais : Qui est-ce qui s'intéresse dans ses pleurs ? — Moi seule. Dans la première tournure, l'idée qui frappe d'abord, c'est la personne de Junie ; dans la seconde, c'est l'isolement et l'abandon de Britannicus. L'une est propre à irriter Néron, l'autre à le désarmer.

PESTE ; LA PESTE SOIT, LA PESTE SOIT FAIT; exclamation, suivie du nominatif; la peste de :

La peste le coquin ! La peste le benêt ! (*Don Juan.* III. 6 et V. 2.)

Peste soit le coquin, de battre ainsi sa femme ! (*Méd. m. l.* I. 2.)

C'est une inversion : que le coquin soit la peste, c'est-à-dire soit empesté, devienne la peste elle-même.

La peste soit fait l'homme et sa chienne de face ! (*Éc. des. f.* IV. 2.)
La peste de ta chute, empoisonneur au diable ! (*Mis.* I. 2.)
Peste *du* fou fieffé ! — Peste *de* la carogne ! (*Méd. m. lui.* I. 1.)

PÉTAUD; LA COUR DU ROI PÉTAUD :

Et c'est tout justement *la cour du roi Pétaud*. (*Tart.* I. 1.)

Voyez tome VI, page 68, note 1.

PETIT (un), un peu :

Je commence, à mon tour, à le croire *un petit*. (*Amph.* I. 2.)

PETITE OIE, terme de toilette :

MASCARILLE. Que vous semble de ma *petite oie*? la trouvez-vous congruante à l'habit ? (*Préc. rid.* 10.)

« *Petite oye* est ce qu'on retranche d'une oye quand on l'habille pour la faire rostir, comme les pieds, les bouts d'aile, le cou, le foye, le gesier. » (TRÉVOUX.) C'est ce qu'on appelle aujourd'hui *un abatis*.

Par une métaphore facile à comprendre, *petite oie* a désigné les accessoires de la toilette, plumes, rubans, dentelles, dont à cette époque le costume masculin était fort chargé :

« Ne vous vendrai-je rien, monsieur ? des bas de soie,
Des gants en broderie, ou quelque *petite oie* ? »
(CORNEILLE. *La Galerie du Palais*.)

La petite oie signifiait aussi, par une métaphore analogue, les plus légères faveurs de l'amour.

PETONS, diminutif de *pieds* :

Ah ! que j'en sais, belle nourrice,..... qui se tiendroient heureux de baiser seulement les petits bouts de vos *petons!* (*Méd. m. l.* III. 3.)

PEU pour *un peu* :

Vous le voyez : sans moi vous y seriez encore,
Et vous aviez besoin de *mon peu d'ellébore*. (*Sgan.* 22.)

La suivante veut dire : Vous aviez besoin de ce peu de jugement que m'a départi le ciel. Mais, à prendre sa phrase dans le sens ordinaire de cette tournure, elle dirait : Vous aviez besoin que j'eusse peu de jugement.

Votre peu de foi vous a perdu. — Vous êtes perdu pour avoir eu trop peu de foi. C'est le sens régulier.

Votre peu de foi vous a sauvé. C'est-à-dire, il vous a suffi d'un peu de foi pour être sauvé. C'est le sens exceptionnel que donne ici Molière à cette façon de parler. L'équivoque, sans compter l'usage, ne permet pas de l'admettre.

Voltaire parle plus correctement que Molière, quand il fait dire à Omar :

« Je voulus le punir, quand *mon peu de lumière*
Méconnut ce grand homme entré dans la carrière. » (*Mahomet.* I. 4.)

— QUELQUE PEU :

J'en avois fait à sa mère *quelque peu* d'ouverture. (*L'Av.* II. 3.)

PEUR DE, adverbialement, de peur de :

ALAIN.
J'empêche, *peur du chat*, que mon moineau ne sorte. (*Éc. des fem.* I. 2.)

On dit de même, mais légitimement, *faute de*, *crainte de*. — *Manque de*, souvent employé par Pascal, est aujourd'hui hors d'usage. Toutes ces locutions sont autant d'accusatifs ou d'ablatifs absolus. Si l'on admet les unes, il paraît inconséquent de rejeter les autres, d'approuver *faute de*, et de blâmer *peur de*. On allègue l'usage; mais en bonne grammaire, l'usage nouveau ne devrait point établir de prescription définitive, surtout contre la logique appuyant l'ancien usage.

PEUT-ÊTRE... ET QUE :

Peut-être a-t-il dans l'âme autant que moi de crainte,
Et que le drôle parle ainsi,
Pour me cacher sa peur sous une audace feinte. (Amph. I. 2.)

PHILOSOPHE, adjectif comme *philosophique* :

Ce chagrin *philosophe* est un peu trop sauvage. (Mis. 1. 1.)

Et je crois qu'à la cour, aussi bien qu'à la ville,
Mon flegme est *philosophe* autant que votre bile. (Ibid.)

Qu'il a bien découvert ici son caractère,
Et que peu *philosophe* est ce qu'il vient de faire. (Fem. sav. V. 5.)

« C'étoit la partie la moins *philosophe* et la moins sérieuse de leur vie. »
(PASCAL. *Pensées.*)

« *Le plus philosophe* étoit de vivre simplement. » (ID. *Ibid.*)

— PHILOSOPHE, substantif féminin :

C'est *une philosophe* enfin ; je n'en dis rien. (Fem. sav. II. 8.)

PHLÉBOTOMISER, pour *saigner* :

1ᵉʳ MÉDECIN. Je suis d'avis qu'il soit *phlébotomisé* libéralement. (Pourc. I. 11.)

PIC ou PIQUE, aux cartes :

Molière écrit les deux :

O la fine pratique !
Un mari confident ! — Taisez-vous, *as de pique*! (Dép. am. V. 9.)

Dame et roi de carreau, dix et dame de *pique*. (Fâcheux. II. 2.)

Mais lui faillant un *pic*, je sortis hors d'effroi. (Ibid.)

Il ne m'en faut que deux, l'autre a besoin d'un *pic*. (Ibid.)

Molière altère ici l'orthographe pour le besoin de la rime. *Pic*, ainsi figuré, signifie autre chose que *pique* : c'est un terme du jeu de piquet : *pic, repic et capot* :

Vous allez faire *pic, repic et capot* tout ce qu'il y a de galant dans Paris.
(Préc. rid. 10.)

« Philis, contre la mort vainement on réclame :
Tôt ou tard qui s'y joue est fait *pic et capot*. » (BENSERADE.)

PIÈCE ; BONNE PIÈCE, ironiquement :

Taisez-vous, *bonne pièce* ! (G. D. I. 6.)

(Voyez BON.)

— FAIRE UNE PIÈCE, jouer un tour :

Cet homme-là est un fourbe qui m'a mis dans une maison pour se moquer de moi, et me *faire une pièce*. (Pourc. II. 4.)

C'est une *pièce* que l'on m'a faite, et je n'ai aucun mal. (Ibid. I. 7.)

Ce sont des *pièces* qu'on lui fait. (Ibid. III. 9.)

« Ce ne fut pas sans la garder bonne à Ésope, qui tous les jours *faisoit de nouvelles pièces à son maître.* » (LA FONT. *Vie d'Ésope.*)

PIED; METTRE SOUS LES PIEDS, pour *mépriser, négliger* :

> Moquons-nous de cela, méprisons les alarmes,
> Et mettons sous nos pieds les soupirs et les larmes.   (*Sgan.* 18.)

— PIED A PIED, pas à pas, petit à petit :

> Pied à pied vous gagnez mes résolutions.   (*B. gent.* III. 18.)

PILULE ; DORER LA PILULE :

> Le seigneur Jupiter sait *dorer la pilule*.   (*Amph.* III. 11.)

PIMPESOUÉE :

> Voilà une belle mijaurée, une *pimpesouée* bien bâtie, pour vous donner tant d'amour !   (*B. gent.* III. 9.)

Pimpesouée, femme qui montre des prétentions, avec de petites manières affectées et ridicules.

Voyez tome X, page 325.

PIQUÉ, au figuré ; AVOIR L'AME PIQUÉE DE QUELQUE CHOSE :

> Pour mettre en mon pouvoir certaine Égyptienne
> Dont j'ai *l'âme piquée*, et qu'il faut que j'obtienne.   (*L'Ét.* V. 6.)

PIS, au neutre, quelque chose de pis :

> La prose est *pis* que les vers.   (*Impromptu de Versailles.* 1.)

Il s'agit de savoir, de la prose ou des vers, quel est le plus difficile à retenir par cœur ; Molière décide que la prose est, à cet égard, *pis* que les vers.

Pire que les vers, marquerait la prééminence relative de la prose, ce dont il n'est pas question. *Pire* s'accorderait avec *prose* ; *pis*, au neutre, se rapporte à l'idée de *retenir par cœur*.

C'est l'observation encore plus instinctive que raisonnée de ces nuances délicates qui fait l'habile écrivain.

PLAIDERIE :

> Je verrai dans cette *plaiderie*
> Si les hommes auront assez d'effronterie...   (*Mis.* I. 1.)

La racine est *plaid* :

> « Tous les jours le premier aux *plaids*, et le dernier. »
>   (RACINE. *Les Plaideurs.*)

On ne dit plus que *plaidoirie*, qui n'a pas tout à fait le même sens.

PLAINTE ; MURMURER A PLAINTE COMMUNE, murmurer ensemble, pour le même sujet :

> Nous nous voyons sœurs d'infortune ;
> Et la vôtre et la mienne ont un si grand rapport
> Que nous pouvons mêler toutes les deux en une,
> Et dans notre juste transport
> *Murmurer à plainte commune*.   (*Psyché.* I. 1.)

A plainte commune est dit comme *à frais communs*.

PLAISANT, qui plaît, agréable. Archaïsme :

> AGNÈS.
> C'est une chose, hélas ! si *plaisante* et si douce !   (*Éc. des fem.* II. 6.)

« Le *plaisant* dialogue du *législateur* de Platon, avecques ses concitoyens, fera honneur à ce passage. » (Montaigne. II. 7.)

« Entre les livres simplement *plaisants*, je treuve des modernes le Decameron de Boccace, etc. » (Id. *Ibid.* 10.)

Livres plaisants, c'est-à-dire qui n'apportent que du plaisir, de l'agrément, qu'on lit uniquement pour s'amuser.

« . . . . . . Une perception soudaine et vive qui se fait d'abord en nous, à la présence des objets *plaisants* et fâcheux. » (Bossuet. *Connaissance de Dieu.*)

PLANTUREUX, abondant :

Que les saignées soient fréquentes et *plantureuses*. (*Pourc.* I. 11.)

On devrait écrire *plentureuses* par un *e*, la racine de ce mot étant, non pas *plante*, mais *plenté*, syncopé de *plenitatem* :

« Vous aurez du foin assez,
Et de l'avoine *à plenté*. » (*Prose de l'Asne.*)

Disons toutefois que, dans les textes du moyen âge, *planté* est l'orthographe la plus ordinaire.

PLATRER, métaphoriquement, dans le sens où nous disons aujourd'hui *replâtrer, dissimuler* :

Jusqu'ici vous avez joué mes accusations, ébloui vos parents, et *plâtre* vos malversations. (*G. D.* III. 8.)

Aussi ne vois-je rien qui soit plus odieux
Que le dehors *plâtré* d'un zèle spécieux. (*Tart.* I. 6.)

Boileau se sert pareillement du substantif *plâtre*, au figuré :

« Ses bons mots ont besoin de farine et de *plâtre*. »

PLEIN, complet :

Il est bien des endroits où la *pleine franchise*
Deviendroit ridicule, et seroit peu permise. (*Mis.* I. 1.)

Cette *pleine droiture* où vous vous renfermez. (*Ibid.*)

C'est un haut étage de vertu que cette *pleine insensibilité* où ils veulent faire monter notre âme. (Préf. de *Tartuffe.*)

« Que l'homme contemple donc la nature dans sa haute et *pleine majesté* ! » (Pascal. *Pensées.*)

« La promesse que J.-C. nous a faite de rendre sa *joie pleine* en nous. » (Id. *Ibid.*)

(Voyez à plein,)

— PLEIN D'EFFROI, au sens actif, c'est-à-dire qui remplit d'effroi :

Et qu'on s'aille former *un monstre plein d'effroi*
De l'affront que nous fait son manquement de foi ? (*Éc. des fem.* IV. 8.)

PLUS pour *le plus*, au superlatif :

Mais je vais employer mes efforts *plus puissants*,
Remuer terre et ciel, m'y prendre de tous sens. (*L'Ét.* V. 12.)

Si vous leur dérobez leurs conquêtes *plus belles*,
Et de tous leurs amants faites des infidèles. (*Ibid.* V. 13.)

Le remède *plus prompt* où j'ai su recourir. (*Dep. am.* III. 1.)

Mais ce qui *plus me plait* d'une attente si chère. (*D. Garcie.* I. 3.)

C'est lors que *plus il m'aime*. (*Ibid.* II. 1.)

Qui est *plus criminel* à votre avis, ou celui qui achète un argent dont il a besoin, ou bien celui qui vole un argent dont il n'a que faire ? (*L'Avare.* II. 3.)

« Quatre cent mille soldats qu'elle entretenoit étoient ceux de ses citoyens qu'elle (l'Égypte) exerçoit avec *plus* de soin. » (Bossuet, *Hist. un.* IIIe partie.)

« Chargeant de mon débris les reliques *plus chères*. » (Racine. *Bajazet.*)

Cette façon de parler commençait dès lors à vieillir, et l'on ne tarda pas à la proscrire; mais au XVIe siècle, et surtout au moyen âge, on ne s'en faisait aucun scrupule :

« L'honneur, qui sous faux titre habite avecque nous,
Qui nous ôte la vie et les plaisirs *plus doux*. » (Regnier. Sat. VI.)

« Estant là, je furète aux recoins *plus cachés*. » (*Ibid.*)

« Les gens du monde pour la santé où il avoit *plus* de fiance (Charles V), c'estoit en bons maistres medecins. » (Froissart. *Chron.* II. 70.)

« Gentis rois, dit la dame, par Deu qui maint la sus,
Je vos comment la rien el monde que j'aim *plus*. »
(*Chans. des Saxons.* I. 85.)

Je vous recommande la chose que j'aime le plus au monde.

« Donnez l'or et l'argent et le vair et le gris;
Car doner est la rien qui *plus* monte à haut pris. » (*Ibid.* 1. 85.)

« Vous ostes, fais-je, du lignage
D'icy entour *plus* à louer. » (*Pathelin.*)

Du lignage des environs le plus à louer.

PLÛT A DIEU, suivi de l'infinitif :

Plût à Dieu l'avoir tout à l'heure, devant tout le monde (le fouet), et savoir ce qu'on apprend au collège ! (*B. gent.* III. 3.)

POIDS; LE POIDS D'UNE GRIMACE :

Le poids de sa grimace, où brille l'artifice,
Renverse le bon droit et tourne la justice. (*Mis.* V. 1.)

(Voyez TOURNER LA JUSTICE.)

— LE POIDS D'UNE CABALE :

Et pour moins que cela, *le poids d'une cabale*
Embarrasse les gens dans un fâcheux dédale. (*Tart.* V. 3.)

Pascal a dit *le poids de la vérité* :

« Il est sans doute que *le poids de la vérité* les déterminera incontinent à ne plus croire à vos impostures. » (15e *Prov.*)

La métaphore d'un poids qui détermine la balance à pencher à droite ou à gauche, est juste ; celle d'un poids qui embarrasse dans un dédale, ne l'est pas.

— METTRE DU POIDS A QUELQUE CHOSE, y attacher de l'importance :

Mon père est d'une humeur à consentir à tout ;
Mais *il met peu de poids* aux choses qu'il résout. (*Fem. sav.* 1. 3.)

POINT, surabondant avec *aucun* :

On ne doit *point* songer à garder *aucunes* mesures. (*D. Juan.* III. 5.)

Aucun étant exactement synonyme de *quelque*, il n'y a pas ici de faute contre le génie de la langue; mais j'avoue qu'il y en a une contre l'usage, qui est vicieux, de considérer *aucun* comme renfermant une négation. (Voyez PAS.)

— POINT D'AFFAIRES, exclamation elliptique dont le sens est sans doute celui-ci : Point d'affaires entre nous! je ne vous écoute pas :

Point d'affaires! je suis inexorable. (G. D. III. 8.)

De la louange, de l'estime, de la bienveillance en paroles, et de l'amitié, tant qu'il vous plaira; mais de l'argent, *point d'affaires*. (*L'Av.* II. 5.)

POMMADER, faire de la pommade :

Que font-elles? — De la pommade pour leurs lèvres. — C'est trop *pommadé*. Dites-leur qu'elles descendent. (*Préc. rid.* 3.)

Cet emploi du participe passé, avec *trop* et *assez*, est remarquable, encore que très usuel : c'est assez bu; c'est assez causé; c'est trop pommadé.

PORTE; ENTRER DANS UNE PORTE :

Entrez dans cette porte, et laissez-vous conduire. (*Éc. des fem.* V. 3.)

PORTE-RESPECT :

Foin! que n'ai-je avec moi pris mon *porte-respect!* (*L'Ét.* III. 9.)

Voyez tome II, page 102, note 1.

PORTER, pour *porter en soi, avec soi* :

Un dieu *qui porte les excuses* de tout ce qu'il fait : l'Amour. (*L'Av.* V. 3.)

— PORTER DU CRIME DANS, en mettre où il n'y en a pas :

Il n'y a chose si innocente où les hommes ne puissent *porter du crime*. (Préf. de *Tartuffe*.)

— PORTER DU SCANDALE, causer, entraîner du scandale :

Après son action, qui n'eut jamais d'égale,
Le commerce entre nous *porteroit du scandale*. (*Tart.* IV. 1.)

— PORTER UN AIR :

Et partout *porte un air* qui saute aux yeux d'abord. (*Mis.* I. 1.)
Ce monsieur Loyal *porte un air* bien déloyal! (*Tart.* V. 4.)

PORTEUR DE HUCHET :

Dieu préserve, en chassant, toute sage personne
D'un *porteur de huchet* qui mal à propos sonne! (*Fâcheux*, II. 7.)

Le huchet est un petit cor de chasseur ou de postillon, qui sert à *hucher* (appeler) les chiens.

PORTRAIT, pour *peinture, tableau*; LE PORTRAIT D'UN COMBAT :

Je dois aux yeux d'Alcmène un *portrait* militaire
Du grand combat qui met nos ennemis à bas. (*Amph.* I. 1.)

(Voyez PEINTURE pour *portrait*.)

— PORTRAIT D'UN CŒUR :

Nous allons en tous lieux
Montrer *de votre cœur le portrait glorieux*. (*Mis.* V. 4.)

POSSIBLE, adverbe, peut-être :

> Son heure doit venir, et c'est à vous, *possible*,
> Qu'est réservé l'honneur de la rendre sensible. (*Pr. d'Él.* I. 4.)

Primitivement, tous les adjectifs s'employaient aussi comme adverbes; notre langue en a conservé de nombreux exemples : *voir clair; frapper fort; tenir ferme; partir soudain*, etc. Il n'y a aucune raison pour que *possible* soit exclu de ce privilège. La Fontaine l'y maintenait :

> « Ils ne cédoient à pas une nonnain
> Dans le désir de faire que madame
> Ne fût honteuse, ou bien n'eût dans son âme
> Tel récipé, *possible*, à contre-cœur. » (*L'Abbesse malade.*)

« Deux ou trois de ses officiers et autant de femmes se promenaient à cinq cents pas d'elle, et s'entretenoient *possible* de leur amour. »
(La Font. *Amours de Psyché.* liv. II.)

« *Possible* personne qu'elle n'étoit descendue sous cette voûte depuis qu'on l'avoit bâtie. » (Id. *Ibid.*)

— POSSIBLE QUE, peut-être que :

> *Possible que*, malgré la cure qu'elle essaie,
> Mon âme saignera longtemps de cette plaie. (*Dép. am.* IV. 3.)

POSTE :

« Poste aussi, avec une diction possessive (un pronom possessif), signifie *façon, manière, volonté, guise*, comme : Il est fait *à ma poste*; il luy a aposté ou baillé des tesmoins faits *à sa poste*.

« Et quand il n'est joinct à telles particules possessives, il signifie *pourpensé, attiltré*, comme : cela est faict *à poste*. » (Nicot.)

TOINETTE. J'avois songé en moi-même que ç'auroit été une bonne affaire de pouvoir introduire ici un médecin *à notre poste*, pour le dégoûter de son monsieur Purgon.
(*Mal. im.* III. 2.)

« Que Martial retrousse Venus *à sa poste*, il n'arrive pas à la faire paroistre si entiere. »
(Montaigne. III. 5.)

« Un valet qui les escrivit soubs moy pensa faire un grand butin de m'en desrober plusieurs pieces choisies *à sa poste*. » (Id. II. 37.)

> « Dieu fasse paix au gentil Arioste,
> Et daigne aussi mettre en lieu de repos
> Jean la Fontaine, auteur fait *à la poste*
> Du Ferrarois, adoptant ses bons mots. » (Senecé. *Camille.*)

Ce mot vient du moyen âge : poeste, puissance, *potestas*.

POSTURE (position), soit en bonne, soit en mauvaise part :

> C'est un placet, monsieur, que je voudrois vous lire,
> Et que, dans la *posture* où vous met votre emploi,
> J'ose vous conjurer de présenter au roi. (*Fâcheux.* III. 2.)

> Un duel met les gens en mauvaise *posture*. (*Ibid.* II. 10.)

> Mes affaires y sont en fort bonne *posture*. (*Éc. des fem.* I. 6.)

POT; TOURNER AUTOUR DU POT :

A quoi bon tant barguigner, et tant *tourner autour du pot*? (*Pourc.* I. 7.)

Cette métaphore est du style de Pourceaugnac et de Petit-Jean :

« ... Eh ! faut-il tant *tourner autour du pot* ? » (*Les Plaideurs.* III. 3.)

— POTS CASSÉS ; PAYER LES POTS CASSÉS DE QUELQUE CHOSE :

Un cordonnier, en faisant des souliers, ne sauroit gâter un morceau de cuir qu'il n'en paye les pots cassés. *(Méd. m. lui.* III. 1.)

Cette expression proverbiale fait allusion à un jeu usité au moyen âge parmi les enfants. Ce jeu consistait à faire circuler rapidement, de proche en proche, un pot qu'il fallait élever en l'air avant de le transmettre à son voisin. Il se trouvait quelque maladroit qui le laissait tomber, et celui-là payait les pots cassés.

Menot parle de ce jeu :

« Le diable et le monde font comme les enfants qui jouent à la balle ou au pot cassé : ils se le passent de main en main ; un des joueurs le lève bien haut et le laisse tomber, et le pot vole en éclats [1]. »

POTAGE ; POUR TOUT POTAGE, au sens figuré, uniquement :

Vous n'êtes, *pour tout potage,* qu'un faquin de cuisinier. *(L'Av.* III. 6.)

La Fontaine s'est servi, dans cette locution, du mot *besogne* au lieu de *potage.* Le renard invite à dîner madame la cigogne :

« Le galant, *pour toute besogne,*
Avoit un brouet clair ; il vivoit chichement. »
(*Le Renard et la Cigogne.*)

Ailleurs il dit, *pour tout mets :*

« Le renard dit au loup : Notre cher, *pour tout mets*
J'ai souvent un vieux coq ou de maigres poulets. »
(*Le Loup et le Renard.*)

POULE LAITÉE :

Avec leur ton de *poule laitée*, et leurs trois petits brins de barbe relevés en barbe de chat ! *(L'Av.* II. 7.)

POUR, faisant l'office de *seulement :*

On nous fait voir que Jupiter n'a pas aimé *pour* une fois. *(Pr. d'Él.* II. 1.)

On est faite d'un air, je pense, à pouvoir dire
Qu'on n'a pas *pour* un cœur soumis à son empire. *(Fem. sav.* II. 3.)

— POUR, au point de :

Ma foi, me trouvant las *pour* ne pouvoir fournir
Aux différents emplois où Jupiter m'engage. *(Amph.* prol.)

— POUR, en qualité de :

Je suis auprès de lui gagé *pour serviteur ;*
Me voudriez-vous encor gager *pour précepteur ?* *(L'Ét.* I. 9.)

Et vous l'avez connu *pour gentilhomme.* *(B. gent.* IV. 5.)

Cet emploi de *pour* est encore usuel dans cette phrase, par exemple : Prendre *pour* domestique. Connaître *pour* gentilhomme, gager *pour* précepteur, ne sont guère que des applications du même principe.

---

1. « Diabolus et mundus faciunt sicut faciunt pueri ludentes ad pilam vel ad potum fractum ; dant illum de manu in manum ; elevabit quis potum alte, et cadere dimittet, et sic frangetur. »
(*Sermones,* fol. 15.)

— POUR (un infinitif) marquant, non le but, mais la cause, comme *parce que* :

> Moi. . . . .
> Trahir mes sentiments, et, *pour être en vos mains*,
> D'un masque de faveur vous couvrir mes dédains !   (*D. Garcie.* II. 6.)

Parce que je suis en vos mains, et non *afin d'être en vos mains*.

Je hais ces cœurs pusillanimes, qui, *pour trop prévoir* les suites des choses, n'osent rien entreprendre.   (*Scapin.* III. 1.)

Parce qu'ils prévoient trop.

Tous les désordres, toutes les guerres n'arrivent que *pour n'apprendre pas* la musique.
    (*B. gent.*)

Parce qu'on n'apprend pas, et non *afin de ne* pas apprendre.

> C'est *pour nous attacher* à trop de bienséance
> Qu'aucun amant, ma sœur, à nous ne veut venir.   (*Psyché.* I. 1.)

Parce que nous nous attachons, et, non, *afin de nous attacher*.

> Et je ne fuis sa main que *pour le trop chérir*.   (*Fem. sav.* V. 5.)

On ne s'avise point de défendre la médecine *pour avoir été bannie de Rome*, ni la philosophie *pour avoir été condamnée publiquement dans Athènes*.
    (Préf. de *Tartuffe*.)

Parce qu'elle a été bannie, parce qu'elle a été condamnée.

Pascal dit de même :

« La durée de notre vie n'est-elle pas également et infiniment éloignée de l'éternité *pour durer dix ans davantage* ? »   (*Pensées*.)

C'est-à-dire : Notre vie, parce qu'elle aura duré dix ans de plus ou de moins, ne sera-t-elle pas toujours aussi éloignée de l'éternité ?

« Et comment est-il possible, reprit Ésope, que vos juments entendent de si loin nos chevaux hennir, et conçoivent *pour les entendre* ? »   (LA FONT. *Vie d'Ésope*.)

— POUR, uni à l'auxiliaire *être*. Voyez ÊTRE POUR.

— POUR L'AMOUR DE, en mauvaise part :

> Que tous ces jeunes fous me paroissent fâcheux !
> Je me suis dérobée au bal *pour l'amour d'eux*.   (*Éc. des mar.* III. 9.)

Locution méridionale.

— POUR CERTAIN :

> Tous les bruits de Léon annoncent *pour certain*
> Qu'à la comtesse Ignès il va donner la main !   (*D. Garcie.* I. 2.)

— POUR CE QUI EST DE CELA, sans relation à rien, et en forme d'exclamation, comme *en vérité* :

> *Pour ce qui est de cela,* la jalousie est une étrange chose !   (*G. D.* I. 6.)

POURQUOI..., ET QUE... :

> GEORGETTE.
> Oui ; mais *pourquoi* chacun n'en fait-il pas de même,
> *Et que* nous en voyons qui paroissent joyeux
> Lorsque leurs femmes sont avec les beaux monsieux ?
>   (*Éc. des fem.* II. 3.)

Le second vers répond à cette tournure : *et comment se fait-il que...* Rien n'est plus naturel que ce changement subit de construction au milieu d'une phrase, comme rien n'est plus fréquent dans le discours familier.

Néanmoins, ce qui peut passer dans la bouche de Georgette n'est-il pas trop abandonné sous la plume de Voltaire commentant Corneille?

— « Pourquoi dit-on *prêter l'oreille*, ET QUE *prêter les yeux* n'est pas français ? »
(Sur le vers 27, sc. V, act. 3, de *Rodogune*.)

POURSUIVRE A, continuer à :

Il ne faut que *poursuivre à garder le silence*. (*Mis.* V. 3.)

POUR UN PEU, pour un moment :

Souffrez que j'interrompe *pour un peu* la répétition. (*Impromptu.* 3.)

POUR VOIR, adverbialement :

Ayez recours, *pour voir*, à tous les détours des amants. (*G. D.* I. 6.)

POUSSER, absolument, insister :

Pousse, mon cher marquis, *pousse*. (*Critique de l'École des fem.* 7.)
Poussez, c'est moi qui vous le dis. (*G. D.* I. 7.)

— POUSSER LES CHOSES :

N'allez point *pousser les choses* dans les dernières violences du pouvoir paternel.
(*L'Av.* V. 4.)
Voilà, mon gendre, comme il faut *pousser les choses*. (*G. D.* I. 8.)
« Mais, mon père, qui voudroit *pousser cela* vous embarrasseroit. »
(PASCAL. 9ᵉ *Prov.*)

— POUSSER QUELQU'UN, au sens moral ; le pousser à bout :

Vraiment *vous me poussez* ; et, contre mon envie,
Votre présomption veut que je l'humilie. (*Dép. am.* I. 3.)
« *Vous me poussez* ! — Bonhomme, allez garder vos foins. »
(*Les Plaideurs.* I. 7.)

— POUSSER DES CONCERTS :

Poussons à sa mémoire
Des concerts si touchants,
Que du haut de sa gloire
Il [1] écoute nos chants. (*Am. magn.* 6ᵉ *intermède.*)

Corneille a dit *pousser des harmonies* :

« Des flûtes au troisième [2], au dernier des hautbois,
Qui tour à tour en l'air *poussoient des harmonies*
Dont on pouvoit nommer les douceurs infinies. » (*Le Ment.* I. 5.)

Et Pascal, *pousser des imprécations :*

« D'où vient, disent-ils, qu'on *pousse tant d'imprécations*... » (3ᵉ *Prov.*)

— POUSSER LA SATIRE :

Les rieurs sont pour vous, madame, c'est tout dire ;
Et vous pouvez *pousser contre moi la satire*. (*Mis.* II. 5.)

---

1. Le soleil, c'est-à-dire Louis XIV
2. Bateau

— POUSSER les tendres sentiments, — l'amusement :

Il nous feroit beau voir, attachés face à face,
Pousser les tendres sentiments ! (Amph. I. 4.)
Amphitryon, c'est trop *pousser l'amusement*. (Ibid. II. 2.)

— POUSSER SA CHANCE, SA FORTUNE, SON BIDET :

J'avois beau m'en défendre, il a *poussé sa chance*. (Fâcheux. I. 1.)
Elle se rend à sa poursuite : il *pousse sa fortune* ; le voilà surpris avec elle par ses parents. (Scapin. I. 6.)
Moquez-vous des sermons d'un vieux barbon de père ;
Poussez votre bidet, vous dis-je, et laissez faire. (L'Ét. I. 2.)

— POUSSER UNE MATIÈRE, creuser un sujet :

Nous sommes ici *sur une matière* que je serai bien aise que nous *poussions*. (Crit. de l'Éc. des fem. 7.)

POUSSEUSES DE TENDRESSE :

Héroïnes du temps, mesdames les savantes,
Pousseuses de tendresse et de beaux sentiments. (Éc. des fem. I. 5.)

(Voyez POUSSER.)

POUVOIR, verbe ; IL NE SE PEUT QUE NE :

Il ne se peut donc pas que tu ne sois bien à ton aise ? (D. Juan. III. 2.)

Pacuvius et Lucrèce ont dit *potestur*, au passif. Non *potestur quin* traduirait exactement *il ne se peut que ne*.

(Voyez QUE dans cette formule IL N'EST PAS QUE.)

— POUVOIR MAIS, sans exprimer *en* :

Sur la tentation ai-je quelque crédit,
Et *puis-je mais*, chétif, si le cœur leur en dit ? (Dép. am. V. 3.)

Mais conserve dans cette locution le sens du latin *magis*. Je *n'en puis mais*, je ne puis davantage de cela, c'est-à-dire, touchant cela, *de hoc*.

— POUVOIR, substantif. Voyez FAIRE SON POUVOIR.

PRATIQUE, manière de se conduire, intrigue, sourdes menées :

O la fine *pratique* !
Un mari confident ! Taisez-vous, as de pique. (Dép. am. V. 9.)
Rentrez, pour n'ouïr point cette *pratique* infâme. (Éc. des mar. I. 2.)
Dans un petit couvent, loin de toute *pratique*,
Je la fis élever selon ma politique. (Éc. des fem. I. 1.)
Ses *pratiques*, je crois, ne vous sont pas nouvelles. (Amph. prol.)

PRATIQUER DES AMES, les travailler par des intrigues :

Il a tenté Léon, et ses fidèles trames
Des grands comme du peuple ont *pratiqué les âmes*. (Don Garcie, I. 2.)

PRÉALABLE ; AU PRÉALABLE :

Je ne prétends point qu'il se marie, qu'*au préalable* il n'ait satisfait à la médecine. (Pourc. II. 2.)

PRÉCIEUSE, substantif. Molière prend toujours ce mot en mauvaise part.

> Voyez comme raisonne et répond la vilaine!
> Peste! *une précieuse* en diroit-elle plus? (*Éc. des fem.* V. 4.)

On voit que Molière avait déterminé de ruiner ce titre; mais il n'y va point brusquement; il garde quelque ménagement pour l'opinion publique, au moyen d'une distinction que tantôt il rappelle, tantôt il a soin d'oublier :

> Est-ce qu'il y a une personne qui soit plus véritablement ce qu'on appelle *précieuse*, à *prendre le mot dans sa plus mauvaise signification?* (*Crit. de l'Éc. des fem.* 2.)

> Le bel assemblage que ce seroit d'une *précieuse* et d'un turlupin! (*Ibid.*)

Et cette dernière précieuse se trouve être « la plus grande façonnière du monde, » une femme d'un ridicule accompli dans ses manières comme dans son langage.

Molière avait porté le premier coup aux précieuses en 1659; il revient à la charge quatre ans après : *la Critique de l'École des femmes* est de 1663.

PRÉCIPITÉ D'UN ESPOIR :

> Ah! madame, faut-il me voir *précipité*
> De l'espoir glorieux dont je m'étois flatté? (*D. Garcie.* III. 2.)

PREMIER; QUI PREMIER, qui le premier :

> Maudit soit *qui premier* trouva l'invention
> De s'affliger l'esprit de cette vision! (*Sgan.* 17.)

Latinisme : qui primus.

> « Nous verrons, volage bergère,
> *Qui premier* s'en repentira! » (DESPORTES.)

— LE PREMIER, le premier venu :

> Ma bague est la marque choisie
> Sur laquelle *au premier* il doit livrer Célie. (*L'Ét.* II. 9.)

— PREMIER QUE, avant, ou avant que :

> Et là, *premier que lui* si nous faisons la prise.
> Il aura fait pour nous les frais de l'entreprise. (*L'Ét.* III. 7.)

> « *Premier que* d'avoir mal, ils trouvent le remède. » (MALHERBE.)

Trévoux cite ce dernier exemple et les suivants : « Il étoit au monde *premier que* vous fussiez né. — Un moine n'oseroit sortir *que premier* il n'en ait demandé la permission. — En ce sens il vieillit. » (1740.)

Dans l'origine, tous les adjectifs s'employaient adverbialement sans changer de forme : partir soudain; voir clair; tenir ferme; courir vite; parler net, haut, fort. Dans toutes ces locutions et les semblables, l'adjectif joue le rôle de l'adverbe. Ce privilège de l'adjectif subsiste encore en allemand et en anglais.

Premier pour *premièrement* était donc une locution très régulière et très correcte. Quand à l'adjonction du *que*, *premier que*, pour *premièrement que*, elle est justifiée par cette réflexion fort simple que *premier* marque une comparaison, est un véritable comparatif; il est donc naturel qu'il en ait la construction et l'attribut.

(Voyez aux mots FERME, FRANC, NET, POSSIBLE.)

PRENDRE, choisir, préférer :

> Ai-je l'éclat ou le secret à *prendre?* (*Amph.* III. 3.)

— LE PRENDRE A (un substantif), s'en rapporter à :

> *Si vous le voulez prendre* aux usages du mot,
> L'alliance est plus grande entre pédant et sot. (*Fem. sav.* IV. 3.)

— SE PRENDRE A (un infinitif), s'y prendre pour :

> Voyons d'un esprit adouci
> Comment *vous vous prendrez à soutenir* ceci. (*Mis.* V. 4.)

— PRENDRE A TÉMOIN SI :

> Je *prends à témoin* le prince votre père si ce n'est pas vous que j'ai demandée.
> (*Pr. d'Él.* V. 3.)

(Afin qu'il dise) si ce n'est pas vous, etc.

— PRENDRE CRÉANCE EN QUELQU'UN :

> Et tâchez, comme *il prend en vous grande créance,*
> De le dissuader de cette autre alliance. (*Éc. des fem.* V. 6.)

— PRENDRE DROIT :

> Et je serois encore à nommer le vainqueur,
> Si le mérite seul *prenoit droit* sur un cœur. (*D. Garcie.* I. 1.)

> Cependant apprenez, prince, à vous mieux armer
> Contre ce qui *prend droit* de vous trop alarmer. (*Ibid.* I. 5.)

> Et c'est ce qui chez vous *prend droit* de m'amener. (*Éc. des mar.* II. 3.)

> Ah ! qu'il est bien peu vrai que ce qu'on doit aimer,
> Aussitôt qu'on le voit, *prend droit* de nous charmer ! (*Pr. d'Él.* I. 1.)

Il est très assuré, sire, qu'il ne faut plus que je songe à faire des comédies, si les tartuffes ont l'avantage ; qu'ils *prendront droit* par là de me persécuter plus que jamais.
(2e *Placet au Roi.*)

— PRENDRE EN MAIN :

> Tous les magistrats sont intéressés à *prendre cette affaire en main.* (*L'Av.* V. 1.)

— PRENDRE FOI SUR :

> Mais je n'ai point *pris foi sur ces méchantes langues.* (*Éc. des fem.* II. 6.)

— PRENDRE GARDE A (un infinitif) :

C'est donner toute son attention à faire l'action marquée par cet infinitif :

Prenez bien garde, vous, *à vous déhancher* comme il faut, et *à faire bien des façons.*
(*Impromptu.* 3.)

Prenez garde de marquerait le contraire, et le soin d'éviter.

Les Latins avaient de même *vereor ut* et *vereor ne.*

Pascal dit *prendre garde que,* comme *observer, remarquer que* :

« Les valets peuvent faire en conscience de certains messages fâcheux ; n'avez-vous pas *pris garde que* c'étoit seulement en détournant leur intention du mal, etc... »
(7e *Prov.*)

— PRENDRE INTÉRÊT EN QUELQU'UN :

> Qu'est-ce que cette instance a dû vous faire entendre,
> Que *l'intérêt qu'en vous l'on s'avise de prendre?* (*Tart.* IV. 5.)

Un ami qui m'est joint d'une amitié fort tendre,
Et qui sait l'*intérêt* qu'en vous j'ai lieu de *prendre*. (*Ibid.* V. 6.)

— PRENDRE LA VENGEANCE DE :

Pour m'ouvrir une voie *à prendre ma vengeance*
De son hypocrisie et de son insolence. (*Ibid.* III. 4.)

— absolument pour *épouser la querelle* :

Loin d'être les premiers à *prendre ma vengeance,*
Eux-mêmes font obstacle à mon ressentiment. (*Amph.* III. 5.)

Et vous devez, en raisonnable époux,
Être pour moi contre elle, et *prendre mon courroux.* (*Fem. sav.* II. 6.)

— PRENDRE LE FRAIS, choisir l'heure du frais :

Pour arriver ici, mon père *a pris le frais.* (*Éc. des fem.* V. 6.)

— PRENDRE LE PIED DE (un infinitif) :

De peur que, sur votre foiblesse, il ne *prenne le pied de vous mener* comme un enfant. (*Scapin.* I. 3.)

— PRENDRE LOI DE QUELQU'UN :

Il seroit beau vraiment qu'on le vît aujourd'hui
Prendre loi de qui doit la recevoir de lui ! (*Éc. des fem.* V. 7.)

— PRENDRE PAR LES ENTRAILLES, au figuré, parlant de l'effet des ouvrages de l'esprit :

Laissons-nous aller de bonne foi aux choses qui *nous prennent par les entrailles,* et ne cherchons point des raisonnements pour nous empêcher d'avoir du plaisir.
(*Crit. de l'Éc. des fem.* 7.)

— PRENDRE PEINE A (un infinitif) :

Tant pis encore de *prendre peine à dire des sottises.* (*Ibid.* 1.)

— PRENDRE PLAISIR DE (un infinitif) :

Car le ciel *a trop pris plaisir de m'affliger.* (*Dép. am.* II. 4.)
Je *prends plaisir d'être seule.* (*Crit. de l'Éc. des fem.* 1.)
Je pense qu'*il ne prend pas plaisir* de nous voir. (*D. Juan.* III. 6.)

— PRENDRE SANS VERT :

C'est ce qui fait toujours que je suis pris sans vert.

Voyez tome II, page 96.

— PRENDRE SOIN A (un infinitif) :

C'est un étrange fait du *soin que vous prenez*
A me venir toujours *jeter* mon âge au nez. (*Éc. des mar.* I. 1.)

— PRENDRE VISÉE QUELQUE PART, diriger là son attention et ses efforts :

Elle est sage, elle m'aime, et votre amour l'outrage.
Prenez visée ailleurs, et troussez-moi bagage. (*Ibid.* II. 9.)

— SE PRENDRE A QUELQUE CHOSE, c'est-à-dire *s'y prendre pour la faire* :

Elle *se prend* d'un air le plus charmant du monde *aux choses* qu'elle fait. (*L'Av.* 1. 2.)

— SE PRENDRE A QUELQU'UN DE, s'en prendre à lui, l'en accuser :

> C'est ainsi qu'*aux flatteurs* on doit partout *se prendre*
> Des vices où l'on voit les humains se répandre. (*Mis.* II. 5.)

PRÉPOSITION supprimée, où l'usage moderne est de la répéter, soit devant un nom, soit devant un infinitif :

> . . . . . . On sait bien que Célie
> A causé des désirs *à* Léandre *et Lélie.* (*L'Ét.* V. 13.)

Nous dirions : à Léandre et à Lélie.

Il n'y a dans Molière qu'un second exemple pareil à celui-ci, c'est-à-dire où la préposition soit supprimée devant un substantif :

> La peste soit *de* l'homme *et sa chienne de face!* (*Éc. des fem.* IV. 2.)

Et de sa chienne de face.

> Pour de l'esprit, j'en ai sans doute, et du bon goût
> *A* juger sans étude et raisonner de tout;
> *A* faire aux nouveautés, dont je suis idolâtre,
> Figure de savant sur les bancs d'un théâtre;
> *Y décider* en chef, et faire du fracas
> *A* tous les beaux endroits qui méritent des *ah!* (*Mis.* III. 1.)

A y décider.

> C'est aux gens mal tournés, aux mérites vulgaires,
> *A* brûler constamment pour des beautés sévères;
> *A* languir à leurs pieds *et souffrir* leurs rigueurs;
> *A* chercher le secours des soupirs et des pleurs,
> *Et tâcher*, par des soins d'une très longue suite,
> D'obtenir ce qu'on nie à leur peu de mérite. (*Ibid.*)

Et *à* souffrir, et *à* tâcher.

> On n'a point *à* louer les vers de messieurs tels,
> *A donner* de l'encens à madame une telle,
> Et de nos francs marquis *essuyer* la cervelle. (*Ibid.* III. 7.)

A essuyer la cervelle de nos marquis.

> Vous apprendrez, maroufle, à rire à nos dépens,
> Et sans aucun respect *faire* cocus les gens! (*Sgan.* 8.)

A faire cocus les gens.

Comme si j'étois femme *à violer* la foi que j'ai donnée à un mari, *et m'éloigner* jamais de la vertu que mes parents m'ont enseignée! (*G. D.* II. 10.)

> Le remède plus prompt où j'ai su recourir,
> C'est *de* pousser ma pointe *et dire* en diligence
> *A* notre vieux patron toute la manigance. (*Dép. am.* III. 1.)

> Trouves-tu beau, dis-moi, *de* diffamer ma fille,
> *Et faire* un tel scandale à toute une famille? (*Ibid.* III. 8.)

Loin d'assurer une âme, *et lui fournir* des armes. (*Ibid.* IV. 2.)

> Peux-tu me conseiller un semblable forfait,
> *D'abandonner Lélie et prendre* ce malfait? (*Sgan.* 2.)

> Et les plus prompts moyens de gagner leur faveur,
> C'est *de* flatter toujours le foible de leur cœur,
> *D'applaudir* en aveugle à ce qu'ils veulent faire,
> *Et n'appuyer* jamais ce qui peut leur déplaire. (*D. Garcie*, II. 1.)

Et voulez-vous, charmé de ses rares mérites,
M'obliger à l'aimer, et *souffrir* ses visites ? (*Éc. des mar.* II. 14.)

En quelle impatience
Suis-je de voir mon frère et *lui conter* sa chance ! (*Ibid.* III. 2.)

Mais je ne suis pas homme à gober le morceau,
Et laisser le champ libre aux yeux d'un damoiseau. (*Éc. des fem.* II. 1.)

Il ne veut obtenir
Que le bien de vous voir *et vous entretenir*. (*Ibid.* II. 6.)

Employons ce temps à répéter notre affaire, *et voir* la manière dont il faut jouer les choses. (*Impromptu.* 1.)

C'est de ne plus souffrir qu'Alceste vous prétende ;
De le sacrifier, madame, à mon amour;
Et de chez vous enfin *le bannir* sans retour. (*Mis.* V. 2.)

Je vous promets ici d'éviter sa présence,
De faire place au choix où vous vous résoudrez,
Et ne souffrir ses vœux que quand vous le voudrez. (*Mélicerte.* II. 4.)

Mais mon secours pourra lui donner les moyens
De sortir d'embarras *et rentrer* dans ses biens. (*Tart.* II. 2.)

Pour m'ouvrir une voie à prendre la vengeance
De son hypocrisie et de son insolence,
A détromper un père, *et lui mettre* en plein jour
L'âme d'un scélérat qui vous parle d'amour. (*Ibid.* III. 4.)

Ce seroit mériter qu'il me la vînt ravir (l'occasion),
Que de l'avoir en main, *et ne m'en pas servir*. (*Ibid.*)

Un ordre de vider d'ici, vous et les vôtres,
Mettre vos meubles hors, *et faire* place à d'autres. (*Ibid.* V. 4.)

On sait qu'une épître dédicatoire dit tout ce qu'il lui plaît, et qu'un auteur est en pouvoir d'aller saisir les personnes les plus augustes, et de parer de leurs grands noms les premiers feuillets de son livre; qu'il a la liberté de s'y donner autant qu'il veut l'honneur de leur estime, *et se faire* des protecteurs qui n'ont jamais pensé à l'être.
(Ép. déd. d'*Amphitryon*.)

Cette tournure est ici d'autant plus remarquable que l'épître est écrite avec un soin particulier, comme adressée au prince de Condé, aussi fin connaisseur dans les choses d'esprit que grand capitaine.

Qui donc est ce coquin qui prend tant de licence
Que de chanter *et m'étourdir* ainsi ? (*Amph.* I. 2.)

Il me prend des tentations d'accommoder son visage à la compote, *et le mettre* en état de ne plaire de sa vie aux diseurs de fleurettes. (*G. D.* II. 4.)

J'aime bien mieux, pour moi, qu'en épluchant ses herbes
Elle accommode mal les noms avec les verbes,
Et redise cent fois un bas ou méchant mot,
Que de brûler ma viande, *ou saler* trop mon pot. (*Fem. sav.* II. 7.)

Et je veux nous venger, toutes tant que nous sommes,
De cette indigne classe où nous rangent les hommes,
De borner nos talents à des futilités,
Et nous fermer la porte aux sublimes clartés. (*Ibid.* III. 2.)

Appelez-vous, monsieur, être à vos vœux contraire,
Que de leur arracher ce qu'ils ont de vulgaire,
Et vouloir les réduire à cette pureté. (*Ibid.* IV. 2.)

La multiplicité de ces exemples, tant en vers qu'en prose, fait assez voir que Molière, en supprimant en poésie la préposition une fois exprimée, ne cédait pas à la contrainte de la mesure ; il suit la coutume de tous les écrivains du XVIIe siècle. Je n'en apporterai qu'un exemple; il est de La Fontaine, et curieux à cause de la longueur de la période, et du nombre de verbes devant lesquels il faut suppléer le *de* mis au commencement.

« Ésope, pour toute punition, lui recommanda *d'honorer* les dieux et son prince; *se rendre* terrible à ses ennemis, facile et commode aux autres; *bien traiter* sa femme, sans pourtant lui confier son secret; *parler peu, et chasser* de chez soi les babillards; *ne se point laisser abattre* au malheur; *avoir soin* du lendemain....... surtout *n'être point envieux* du bonheur ni de la vertu d'autrui....... » (LA FONTAINE. *Vie d'Ésope*.)

PRESCRIT, fixé, déterminé d'avance, et non pas *ordonné* :

<blockquote>
Pensez-vous qu'à choisir de deux choses *prescrites*
Je n'aimasse pas mieux être ce que vous dites. (*Éc. des fem.* IV. 8.)
</blockquote>

C'est le sens du latin *præscriptus*, écrit d'avance.

PRÉSENT DU SUBJONCTIF, en relation avec l'imparfait :

<blockquote>
Seroit-ce quelque chose où je vous *puisse* aider? (*Méd. m. l.* I. 5.)
</blockquote>

Ici l'imparfait *serait-ce* est une forme convenue pour représenter le présent *est-ce* : Est-ce quelque chose où je vous puisse aider? Ainsi, la correspondance des temps n'est réellement pas troublée.

PRESSER QUELQU'UN D'UNE COURTOISIE :

<blockquote>
Toute *la courtoisie* enfin *dont je vous presse*. (*Éc. des fem.* IV. 4.)
</blockquote>

PRÊT A, près de, sur le point de :

<blockquote>
Je vous vois *prêt*, monsieur, *à* tomber en foiblesse. (*Sgan.* 11.)
Si c'est vous offenser,
Mon offense envers vous n'est pas *prête* à cesser. (*Fem. sav.* V. 1.)
</blockquote>

— PRÊT DE, disposé à, sur le point de :

<blockquote>
Ajoute que ma mort
Est *prête d'expier* l'erreur de ce transport. (*Dép. am.* 1. 2.)
</blockquote>

Molière, en ce sens, a dit deux fois *prêt à* :

<blockquote>
Le voilà *prêt à faire* en tout vos volontés. (*Ibid.* III. 8.)
Et que me sert d'aimer comme je fais, hélas !
Si vous êtes si *prête à* ne le croire pas? (*Mélicerte.* II. 3.)
</blockquote>

Mais son habitude est *prêt de* :

Que si cette feinte, madame, a quelque chose qui vous offense, je suis *tout prêt de mourir* pour vous en venger. (*Pr. d'Él.* V. 2.)

Vous n'avez qu'à parler, je suis *prêt d'obéir*. (*Mélicerte.* II. 5.)

Il n'y a pas quatre mois encore, qu'étant *toute prête d'être mariée*, elle rompit tout net le mariage. (*L'Av.* II. 7.)

Je suis *prêt de* soutenir cette vérité contre qui que ce soit. (*Ibid.* V. 5.)

Est-il l'heure de revenir chez soi quand le jour est *prêt de* paroître? (*G. D.* III. 11.)

Tous les grands écrivains du XVIIe siècle ont employé *prêt de* pour *disposé à* :

<blockquote>
« Qu'on rappelle mon fils, qu'il vienne se défendre;
Qu'il vienne me parler, je suis *prêt de l'entendre*. » (RACINE. *Phèdre* V. 5.)
</blockquote>

Le bon usage donnait même la préférence à *prêt de* : « Lorsque *prêt* signifie *sur le point*, *prêt de* est beaucoup meilleur. » (BOUHOURS, *Rem. nouv.*)

« Elle estoit *preste d'accoucher*. (SCARRON. *Rom. com.* I. 13.)

« Je le vis tout *prest d'abandonner* son bucéphale, pour marcher à pied à la teste des fantassins. » (ST.-ÉVREMOND. *Conv. du P. Canaye.* éd. de Barbin, 1697.)

LA SERRE.
Es-tu si *prêt d'écrire?*
CASSAIGNE.
Es-tu las d'imprimer? » (BOILEAU.)

« Dites un mot, seigneur, soldats et matelots
Seront *prêts* avec vous *de traverser* les flots. » (CRÉBILLON. *Electre.*)

« Ce peuple, qui tant de fois a répandu son sang pour la patrie, est encore *prêt de suivre* les consuls. » (VERTOT.)

« Ils coururent chez un de ses oncles où il s'étoit retiré, et d'où il étoit *prêt de sortir* pour aller se battre. » (FLÉCHIER. *Les Grands Jours*, p. 194.)

« Elle (Psyché) étoit honteuse de son peu d'amour, toute *prête de réparer* cette faute si son mari le souhaitoit, et quand même il ne le souhaiteroit pas. »
(LA FONT. *Psyché*. I. 1.)

C'est *paratus de* au lieu de *paratus ad*. La première forme était celle qu'avait choisie le moyen âge :

« S'il y est, il sera tout *prest*
De vous payer à la raison. » (*Le Nouv. Pathelin.*)

« Ouy, mon amy, je suis *prest*
De vous despescher vistement. » (*Ibid.*)

« Je suis tout *prest de recevoir*. » (*Ibid.*)

La distinction rigoureuse et constante entre l'adverbe *près* (*presso*) et l'adjectif *prêt* (*paratus*) paraît être venue tard : c'est un des résultats heureux, je crois, de l'analyse moderne. Auparavant on ne distinguait pas entre deux mots que l'oreille identifie ; et quant aux compléments *à* ou *de*, comme ils s'employaient sans cesse et correctement l'un pour l'autre, ils ne pouvaient qu'entretenir la confusion, loin de l'empêcher.

PRÊTE-JEAN :

C'est ainsi que Molière écrit, et non *prêtre Jean*, personnage qui est appelé, dans les chroniques latines, *presbyter Joannes*, et *pretiosus Joannes*. J. Scaliger était pour le dernier.

Ce qui s'agite dans les conseils du *prête-Jean* ou du Grand-Mogol.
(*Comtesse d'Escarb.* 1.)

Voyez tome XI, page 287, note 1.

PRÉTENDRE, QUELQU'UN, QUELQUE CHOSE :

C'est inutilement qu'*il prétend* donc Elvire.	(*D. Garcie.*)
Donnez-en à mon cœur *les preuves qu'il prétend*.	(*Ibid.* 1. 5.)
Quoi! si vous l'épousez, elle pourra *prétendre* Les mêmes libertés que fille on lui voit prendre?	(*Éc. des mar.* I. 2.)
Et par de prompts transports donne un signe éclatant De l'estime qu'il fait de *celle qu'il prétend*.	(*Fâcheux.* II. 4.)
Et la preuve après tout que je vous en demande, C'est de ne plus souffrir qu'Alceste *vous prétende*.	(*Mis.* V. 2.)

Ces deux nymphes, Myrtil, à la fois *te prétendent*. *(Mélicerte.* I. 5.)
Toutes vos poursuites auprès d'une personne *que je prétends* pour moi. (*L'Av.* IV. 3.)

Molière a dit aussi PRÉTENDRE A QUELQU'UN :

Il ne *prétend à vous* qu'en tout bien et en tout honneur. (*Scapin.* III. 1).

Et PRÉTENDRE SUR QUELQUE CHOSE :

Moi, madame ? Et *sur quoi* pourrois-je en rien *prétendre ?* (*Mis.* III. 7.)

— A CE QUE JE PRÉTENDS, j'espère :

Et vous n'y montez pas¹, *à ce que je prétends*,
Pour être libertine et prendre du bon temps. (*Éc. des fem.* III. 2.)

PRÉTENDU, présumé, futur :

L'autre ici fera place au vainqueur *prétendu*. (*Mis.* III. 1.)
Nous avons intérêt que l'hymen *prétendu*. (*Éc. des maris.* III. 7.)

PRÊTER LA MAIN A :

Cela est fort vilain à vous, pour un grand seigneur, de *prêter la main*, comme vous faites, aux sottises de mon mari. (*B. gent.* IV. 2.)

(Voyez au mot DONNER, DONNER LA MAIN OU LES MAINS.)

— PRÊTER LE COLLET, soutenir une lutte :

Je vous *prêterai le collet* en tout genre d'érudition. (*Am. méd.* II. 4.)

PRÉTEXTE A (un infinitif) :

Henriette, entre nous, est un amusement,
Un voile ingénieux, *un prétexte*, mon frère,
A couvrir d'autres feux dont je sais le mystère. (*Fem. sav.* II. 3.)

PRÉVENANT, venu le premier :

Et si des assiégeants le *prévenant* amas. (*Remerciement au Roi.*)

Voyez tome IV, page 377.

PRIER D'UNE FÊTE, y inviter :

Pressez vite le jour de la cérémonie ;
J'y prends part, et déjà moi-même *je m'en prie*. (*Éc. des fem.* V. 8.)

PRINCIPAUTÉ ; SA PRINCIPAUTÉ, comme *sa majesté, son altesse,* ou bien sa qualité de prince :

MORON. Je l'ai trouvé un peu impertinent, n'en déplaise à *sa principauté.*
(*Princ. d'Él.* III. 3.)

PRISES ; EN ÊTRE AUX PRISES, être près d'en venir aux prises :

Souvent *nous en étions aux prises ;*
Et vous ne croiriez point de combien de sottises... (*Fem. sav.* IV. 2.)

PRODUIRE A QUELQU'UN, lui montrer, lui présenter :

Quoi ! deux Amphitryons ici *nous sont produits !* (*Amph.* III. 5.)
Voici l'homme qui meurt du désir de vous voir ;

1. Au rang de femme.

En *vous le produisant*, je ne crains point le blâme
D'avoir admis chez vous un profane, madame. (*Fem. sav.* III. 5.)

— SE PRODUIRE, se montrer :

Ah, ah! cette impudente ose encor *se produire?* (*Ibid.* V. 3.)

PROMENER, verbe neutre, sans le pronom réfléchi :

Qu'on me laisse ici *promener* toute seule. (*Am. magn.* I. 6.)

Sur la suppression du pronom, voyez ARRÊTER.

— PROMENER QUELQU'UN SUR, au figuré :

Ma jalousie à tout propos
Me promène sur ma disgrâce. (*Amph.* III. 1.)

Ramène ma pensée sur ma disgrâce.

PROMETTRE, assurer :

Je vous *promets* que je ne saurois les donner à moins. (*Méd. m. l.* I. 6.)

PRONOM DE LA PREMIÈRE PERSONNE, construit avec un verbe à la troisième :

Et que me diriez-vous, monsieur, si c'étoit *moi*
Qui vous *eût* procuré cette bonne fortune? (*Dép. am.* III. 7.)

Cette tournure ne choque pas, parce que *eût* figure avec *c'était*, et non pas avec *moi*. Au reste, Molière a donné cela au besoin de la mesure, car, deux vers plus loin, il rentre dans la forme ordinaire :

C'est *moi*, vous dis-je, *moi*, dont le patron le sait,
Et qui vous *ai* produit ce favorable effet. (*Ibid.* III. 7.)

Molière a employé encore ailleurs cette discordance de personnes :

Ce ne seroit pas *moi* qui *se feroit* prier. (*Sgan.* 2.)

En ce cas, c'est *moi* qui *se nomme* Sganarelle. (*Méd. m. l.* I. 6.)

Nous chercherons partout à trouver à redire,
Et *ne verrons* que nous qui *sachent* bien écrire. (*Fem. sav.* III. 2.)

Molière mettait ici le verbe en accord avec le pronom relatif, qui désigne en effet la 3ᵉ personne. L'usage prescrit absolument aujourd'hui le verbe à la 1ʳᵉ personne, *qui sachions*. Au surplus, comme la mesure eût été la même, on est induit à penser que du temps de Molière la règle n'était pas encore fixée sur ce point.

PRONOM RÉFLÉCHI supprimé :

Les mauvais traitements qu'il me faut endurer
Pour jamais de la cour me feroient *retirer*. (*Fâcheux.* III. 2.)

Je ne feindrai point de vous dire que le hasard *nous a fait connoître* il y a six jours. (*Mal. im.* I. 5.)

Molière a voulu fuir le mauvais effet de la répétition *nous a fait nous connoître; me feroient me retirer*. Il pouvait dire *nous a fait connoître l'un à l'autre;* mais il a pensé que la rapidité de l'expression ne faisait ici rien perdre à la clarté, et pour un dialogue était assez correcte.

J'observe que les bons écrivains du XVIIᵉ siècle n'expriment jamais qu'une fois le pronom personnel, quand la tournure de la phrase et l'emploi d'un réfléchi sembleraient, comme ici, exiger qu'il fût exprimé deux fois.

PRONOM RELATIF séparé de son substantif :

    Et j'ai des *gens* en main *que* j'emploierai pour vous.   (*Mis.* III. 5.)

    Tandis qu'en ses liens *Célimène* l'amuse,
    De *qui* l'humeur coquette et l'esprit médisant
    Semble donner si fort dans les mœurs d'à présent.   (*Ibid.* I. 1.)

Ce tour est si fréquent dans Molière et dans tous les écrivains du XVIIe siècle, qu'il a paru superflu d'en rassembler ici d'autres exemples.

PROPOS ; METTRE DANS LE PROPOS :

    Et, pour ne vous point *mettre* aussi *dans le propos*...   (*Fem. sav.* IV. 3.)

PROPRE, au sens d'*élégant, paré* :

    DORANTE. Comment, M. Jourdain, vous voilà le plus *propre* du monde !
                                                                             (*B. gent.* III. 4.)

PROU, adverbe, beaucoup ; archaïsme :

    J'ai *prou* de ma frayeur en cette conjecture.   (*L'Ét.* II. 5.)

    « L'un jura foi de roi, l'autre foi de hibou,
    Qu'ils ne se goberoient leurs petits *peu ni prou*. »
                                         (LA FONT. *L'Aigle et le Hibou*.)

PRUNES ; POUR DES PRUNES, pour rien :

    CLIMÈNE. Ce *le*, où elle s'arrête, n'est pas mis *pour des prunes*.
                                                   (*Crit. de l'Éc. des fem.* 3.)

    Si je suis affligé, ce n'est pas *pour des prunes*.   (*Sgan.* 16.)

    ARNOLPHE.
    Diantre, ce *ne sont pas des prunes* que cela !   (*Éc. des fem.* III. 4.)

PUBLIER POUR (un adjectif), faire passer publiquement pour :

Et que direz-vous de la marquise Araminte, qui *la publie partout pour épouvantable*?
(La comédie de *l'Ecole des femmes*.)   (*Crit. de l'Éc. des fem.* 6.)

PUER SON ANCIENNETÉ :

    ... Ah ! *sollicitude* à mon oreille est rude ;
    Il *put* étrangement son ancienneté.   (*Fem. sav.* II. 7.)

Ce présent se dérive de la forme *puir*, qui est la primitive ; *puer* est moderne. « C'est *puir* que sentir bon. » (MONTAIGNE.)

« PUER ou PUÏR, verbe neutre. L'Académie ne parle que de *puer*, et point du tout de *puïr*. Danet en parle comme l'Académie ; mais Richelet, aussi bien que Furetière, les admet tous deux, en disant que ce sont deux verbes défectueux ; que *puïr* ne se dit point à l'infinitif, mais seulement *puer*, et qu'ils empruntent l'un de l'autre quelques temps. Quoi qu'il en soit, on ne conjugue point *je pue*, ni *je puïs*, comme il semble qu'on devrait conjuguer ; mais *je pus tu pus, il put*. » (TRÉVOUX.)

L'exemple tiré de Montaigne, auquel on en pourrait ajouter mille autres, prouve l'erreur de Richelet et de Furetière quant à l'infinitif *puïr* : ils ont pris pour défectueux deux verbes très complets chacun de sa part, mais différents d'âge. Les dernières lignes de Trévoux prouvent qu'en 1740 la forme moderne n'avait pas encore supplanté l'ancienne complètement, et que *puïr* subsistait toujours dans le présent de l'indicatif.

PUNISSEUR ; FOUDRE PUNISSEUR :

<blockquote>
Il ne veut le montrer qu'en tête d'une armée,
Et tout prêt à lancer *le foudre punisseur*.   (*D. Garcie.* I. 2.)
</blockquote>

PUNITION ; FAIRE LA PUNITION DE... SUR... :

Ils *en feront sur votre personne toute la punition* que leur pourront offrir et les poursuites de la justice, et la chaleur de leur ressentiment.   (*G. D.* III. 8.)

PURGER (SE) DE SA MAGNIFICENCE, l'expliquer, la justifier :

<blockquote>
L'autre, *pour se purger de sa magnificence*,
Dit qu'elle gagne au jeu l'argent qu'elle dépense.   (*Éc. des fem.* I. 1)
</blockquote>

— SE PURGER D'UNE IMPOSTURE, en démontrer la fausseté :

Votre Majesté juge bien elle-même...... quel intérêt j'ai enfin à *me purger de leur imposture*.   (1er *Placet au Roi*.)

QUAND... ET QUE... :

Enfin, *quand* il (le ciel) exposeroit à mes yeux un miracle d'esprit, d'adresse et de beauté, *et que* cette personne m'aimeroit avec toutes les tendresses imaginables, je vous l'avoue franchement, je ne l'aimerois pas.   (*Pr. d'Él.* III. 4.)

Oui, *quand* Alexandre seroit ici, *et que* ce seroit votre amant.   (*Sicilien.* 12.)

« *Quand* un homme nous auroit ruinés, estropiés, brûlé nos maisons, tué notre père, *et* qu'il se disposeroit encore à nous assassiner. »   (PASCAL. 14e *Prov.*)

QUANT-A-MOI, substantif. Voyez TENIR SON QUANT-A-MOI.

QUASI, presque :

<blockquote>
Figurez-vous donc que Télèbe,
Madame, est de ce côté.
C'est une ville, en vérité,
Aussi grande *quasi* que Thèbe.   (*Amph.* I. 1.)
</blockquote>

Ce mot a joui d'une grande faveur jusqu'à la fin du XVIIe siècle :

« Nous sommes *quasi* en tout iniques juges de leurs actions (des femmes). »   (MONTAIGNE. III. 5.)

« ...... Notre grande méthode (de diriger l'intention), dont l'importance est telle que j'oserois *quasi* la comparer à la doctrine de la probabilité. »   (PASCAL, 7e *Prov.*)

« Je ne me laisse pas emporter aux haines publiques, que je sais estre *quasi* toujours injustes. »   (VOITURE.)

« L'amour n'a *quasi* jamais bien establi son pouvoir qu'après avoir ruiné celui de nostre raison. »   (SAINT-ÉVREMOND.)

« Le mot *quasi* n'est pas mauvais, et il ne faut faire nul scrupule de s'en servir, surtout dans les discours de longue haleine. »   (PATRU.)

Là commencent les retours : Vaugelas, Ménage, Bouhours, Thomas Corneille, ont condamné *quasi*, les uns plus sévèrement, les autres moins ; les plus indulgents ne l'ont toléré que par pitié.

QUE.

Ce mot est entré dans la langue française pour y représenter :

1° L'adverbe latin *quod ;*

2° Les accusatifs du pronom relatif *qui, quæ, quod*, et le neutre *quid;*

3° L'adverbe *quam* dans les formules de comparaison : plus pieux que vous, magis pius *quam* tu.

Enfin il figure dans quelques autres locutions qui ne sont point prises du latin, et sont des idiotismes de notre langue.

Molière nous fournit des exemples de ces divers emplois de QUE; nous allons les rapporter dans l'ordre où ils viennent d'être mentionnés.

— QUE *(quod)*, entre deux verbes, tous deux à l'indicatif :

> Ah ! madame, *il suffit*, pour me rendre croyable,
> *Que* ce qu'on vous promet *doit* être inviolable. (*D. Garcie.* I. 3.)
>
> *Est-il* possible *que* toujours *j'aurai* du dessous avec elle ? (*G. D.* II. 13.)
>
> *Est-il* possible *que vous serez* toujours embéguiné de vos apothicaires et de vos médecins ? (*Mal. im.* III. 3.)

L'idée du second verbe énonce un fait certain, c'est pourquoi on met l'indicatif. Le doute, ou plutôt l'exclamation, s'exprime dans l'autre partie de la phrase. Vous serez toujours embéguiné des médecins ; — j'aurai toujours du dessous avec elle ; — cela est-il possible ?

> « *Croyez-vous qu'il suffit* d'être sorti de moi ? » (CORN. *Le Menteur.*)

Il suffit d'être sorti de moi. — Le croyez-vous ? La première proposition paraît incontestable à Dorante.

Montaigne, parlant du nouveau monde, se sert de la même tournure :

> « Bien *crains-je que* nous luy *aurons* très fort hasté sa ruine par nostre contagion, et *que nous luy aurons* bien cher vendu nos opinions et nos arts ! » (MONTAIGNE. III. 6.)

Observez que dans tous ces exemples le premier verbe est au présent de l'indicatif, et le second au futur.

— QUE *(quod)* :

> Et cet arrêt suprême
> Doit m'être assez touchant pour ne pas *s'offenser*
> *Que* mon cœur par deux fois *le fasse répéter.* (*Éc. des mar.* II. 14.)

— QUE dans cette formule, IL N'EST PAS QUE ; c'est-à-dire, *pas possible que* :

> *Il n'est pas que* vous ne sachiez quelques nouvelles de cette affaire. (*L'Av.* V. 2.)

— QUE, ouvrant une formule de souhait (en latin QUOD UTINAM, Salluste) :

> *Que* puissiez-vous avoir toutes choses prospères ! (*Dép. am.* III. 4.)
>
> *Que* maudit soit l'amour, et les filles maudites
> Qui veulent en tâter, puis font les chatemites ! (*Dép. am.* V. 4.)
>
> Le pauvre homme ! Allons vite en dresser un écrit,
> Et *que puisse* l'envie en crever de dépit ! (*Tart.* III. 7.)

Cette locution s'explique par l'ellipse : *Je souhaite, je prie Dieu que... etc.*

— QU'AINSI NE SOIT, espèce de formule oratoire au commencement d'une phrase, comme le *verum enimvero* de Cicéron (déjà surannée du temps de Molière) :

1er MÉDECIN.

Qu'ainsi ne soit : pour diagnostique incontestable de ce que je dis.... (*Pourc.* I. 11.)

— QUE pour *à ce que*, dans ces formules, QUE JE CROIS, QUE JE PENSE :

Vous n'avez pas été sans doute la première,	
Et vous ne serez pas, *que je crois*, la dernière.	(*Dep. am.* III. 9.)
Vous devez, *que je croi*,	
En savoir un peu plus de nouvelles que moi.	(*Ibid.*)
On aura, *que je pense*,	
Grande joie à me voir après dix jours d'absence.	(*Éc. des fem.* I. 2.)
Parbleu, vous êtes fou, mon frère, *que je croi*.	(*Tart.* I. 6.)
Vous n'aurez, *que je crois*, rien à me repartir.	(*Ibid.* IV. 4.)
Vous n'êtes pas d'ici, *que je crois?*	(*G. D.* I. 2.)
Je n'ai pas besoin, *que je pense*, de lui recommander de la faire agréable.	
	(*Ibid.* II. 5.)
Je m'y suis pris, *que je crois*, de toutes les tendres manières dont un amant se peut servir.	(*Am. magn.* I. 2.)

L'usage a prévalu de supprimer dans ces formules le *que* comme surabondant.

— QUE JE SACHE :

Il n'est point de destin plus cruel, *que je sache*. (*Amph.* III. 1.)

Traduction rigoureuse de la formule latine *quod sciam*.

— QUE répondant au neutre *quod*, dans N'AVOIR QUE FAIRE :

Et vous êtes un sot de venir vous fourrer où vous n'avez *que faire*.	(*Méd. m. l.* I. 2.)
Je n'ai *que* faire de votre aide.	(*Ibid.*)
Je n'ai *que* faire de vos dons.	(*L'Av.* IV. 5.)

— QUE, répondant à l'ablatif du *qui* relatif latin, où, auquel, dans lequel, par où :

L'argent dans notre bourse entre agréablement ;	
Mais *le terme* venu *que* nous devons le rendre,	
C'est lors que les douleurs commencent à nous prendre.	(*L'Ét.* I. 6.)
Las ! *en l'état qu'il est*, comment vous contenter?	(*Ibid.* II. 4.)
A l'heure que je parle, un jeune Égyptien,	
Qui n'est pas noir pourtant.......	(*Ibid.* IV. 9.)
D'abord il a si bien chargé sur les recors,	
Qui sont gens d'ordinaire à craindre pour leur corps,	
Qu'*à l'heure que je parle* ils sont encore en fuite.	(*Ibid.* V. 1.)
Je la regarde en femme, *aux termes qu'elle* en est.	(*Éc. des fem.* I. 1.)
Je regarde les choses *du côté qu'*on me les montre.	(*Crit. de l'Éc. des fem.* 3.)
*De la façon qu'*elle a parlé, tout ce qu'elle en a fait a été sans dessein.	(*Sicilien.* 16.)
On se défend d'abord ; mais, *de l'air qu'on s'y prend*,	
On fait entendre assez que notre cœur se rend.	(*Tart.* IV. 5.)

Est-il possible, notre gendre, qu'il n'y ait pas moyen de vous instruire *de la manière qu'il faut vivre parmi les personnes de qualité*? (*G. D.* I. 4.)

Quo modo vivendum sit.

Nous voilà au temps, m'a-t-il dit, *que je dois partir pour l'armée*. (*Scapin.* II. 8.)

Et l'on vous a su prendre *par l'endroit seul que vous êtes prenable*. (1ᵉʳ *Placet au roi*.)

    « *De la façon enfin qu'*avec toi j'ai vécu,
    Les vainqueurs sont jaloux du bonheur du vaincu. » (Corn. *Cinna*.)

    « *Au temps que* les bêtes parloient…… » (La Fontaine.)

« *Le jour suivant, que* les vapeurs de Bacchus furent dissipées, Xantus fut extrêmement surpris de ne plus trouver son anneau. » (Id. *Vie d'Ésope.*)

« Un jour viendra *que* votre méchanceté ne trouvera point de retraite sûre, non pas même dans les temples. » (La Font. *Vie d'Ésope.*)

— QUE, suivi de *ne*, répondant au latin *quin* ou *quominus* :

    Et ce bien, par la fraude entré dans ma maison,
    N'en sera point tiré *que* dans cette sortie
    Il *n'*entraîne du mien la meilleure partie. (*Dép. am.* III. 3.)

    Entrez dans cette porte,
    Et sans bruit ayez l'œil *que* personne *n'*en sorte. (*Éc. des mar.* III. 5.)

Afin que personne, pour empêcher que personne n'en sorte.

Il n'avouera jamais qu'il est médecin,.... *que* vous *ne* preniez chacun un bâton.
(*Méd. m. l.* I. 5.)

Quin baculum sumas. A moins que vous ne preniez un bâton.

    Je ne sais qui me tient, infâme,
    Que je *ne* t'arrache les yeux. (*Amph.* II. 3.)

Quin oculos tibi eripiam.

    Passe, mon pauvre ami, crois-moi,
    Que quelqu'un ici *ne* t'écoute. (*Ibid.* III. 2.)

Sors vite, *que* je *ne* t'assomme. (*L'Av.* I. 3.)

Allez vite, *qu'*il *ne* nous voie ensemble. (*Pourc.* III. 1.)

— NE POUVOIR QUE… NE :

Dans le fond, je suis de votre sentiment, et *vous ne pouvez pas que vous n'*ayez raison.
(*L'Av.* I. 7.)

« Non possum quin exclamem. » (Cicér.) Je ne puis que je ne m'écrie ; je ne puis m'empêcher de m'écrier.

— QUE, répondant au latin *quam, præterquam, nisi*, excepté, sinon :

    Mais quoi ! *que* feras-tu *que* de l'eau toute claire ? (*L'Ét.* III. 1.)

Ont-elles répondu *que* oui et non à tout ce que nous avons pu leur dire ? (*Préc. rid.* 1.)

Où trouver, sire, une protection *qu'*au lieu où je la viens chercher ? et qui puis-je solliciter.... *que* la source de la puissance et de l'autorité ? (2ᵉ *Placet au roi.*)

Je vous crois trop raisonnable pour vouloir exiger de moi *que* ce qui peut être permis par l'honneur et la bienséance. (*L'Av.* IV. 1.)

Descendons-nous tous deux *que* de bonne bourgeoisie ? (*B. gent.* III. 12.)

« Je l'ai suivi (Planude), sans retrancher de ce qu'il a dit d'Ésope *que* ce qui m'a semblé trop puéril. » (La Font. *Vie d'Ésope.*)

— QUE répondant au latin *cum*, lorsque, tandis que :

> Il aime quelquefois sans qu'il le sache bien,
> Et croit aimer aussi, parfois *qu*'il n'en est rien. (*Mis.* IV. 1.)

Tandis qu'il n'en est rien.

> Comment voudriez-vous qu'ils traînassent un carrosse, *que* ils ne peuvent pas se traîner eux-mêmes ? (*L'Av.* III. 5.)

Lorsqu'ils ne peuvent pas.

> Où me réduisez-vous, *que* de me renvoyer à ce que voudront permettre, etc. (*Ibid.* IV. 1.)

Lorsque vous me renvoyez.

> Et la raison bien souvent les pardonne,
> *Que* l'honneur et l'amour ne les pardonnent pas. (*Amph.* III. 8.)

— QUE *elliptique;* tel que, ou, adverbialement, tellement que, de telle sorte que :

> Je suis dans une colère, *que* je ne me sens pas. (*Mar. for.* 6.)

Telle, que je ne me sens pas.

> J'ai une tendresse pour mes chevaux, *qu*'il me semble que c'est moi-même. (*L'Av.* III. 5.)

Telle qu'il me semble...

> Suis-je faite d'un air, à votre jugement,
> *Que* mon mérite au sien doive céder la place? (*Psyché.* I. 1.)

D'un tel air que mon mérite, etc.

> Et vous me le parez[1] tous deux *d'une manière*
> *Qu*'on ne peut rien offrir qui soit plus précieux. (*Ibid.* I. 3.)

« Nous ne laissâmes pas toutefois de délier l'homme et la femme, que la crainte tenoit saisis *à un point qu*'ils n'avoient pas la force de nous remercier. » (*Gil Blas.* liv. V. ch. 2.)

> On lève des cachets, *qu*'on ne l'aperçoit pas. (*Amph.* III. 1.)

De telle sorte que l'on ne l'aperçoit pas.

> Souvent on se marie,
> *Qu*'on s'en repent après tout le temps de sa vie. (*Fem. sav.* V. 5.)

Tellement, de telle façon que l'on s'en repent.

— QUE, relatif après *ce que* :

> Bon! voilà *ce qu*'il nous faut *qu*'un compliment de créancier. (*Don Juan.* IV. 2.)

— ET QUE... en relation avec *en* :

> J'*en* suis persuadé,
> *Et que* de votre appui je serai secondé. (*Fem. sav.* IV. 6.)

— QUE DIABLE :

Que diable est-ce là? Les gens de ce pays-ci sont-ils insensés? (*Pourc.* I. 12.)
Si vous n'êtes pas malade, *que diable* ne le dites-vous donc! (*Méd. m. l.* II. 9.)

— QUE NE, après *tarder* :

Adieu; *il me tarde* déjà que je n'aie des habits raisonnables, pour quitter vite ces guenilles. (*Mar. for.* 4.)

---

1. Le choix qu'ils font d'elle.

— QUE NON PAS, après *aimer mieux :*

Et tout ce que vous m'avez dit, je l'aime bien mieux une feinte *que non pas* une vérité.
(*Pr. d'El.* V. 2.)

— QUE... QUI :

C'est vous, si quelque erreur n'abuse ici mes yeux,
Qu'on m'a dit *qui* vivez inconnu dans ces lieux. (*L'Ét.* V. 14.)
Mais, pour guérir le mal *qu'*il dit *qui* le possède,
N'a-t-il pas exigé de vous d'autre remède? (*Éc. des fem.* II. 6.)
Nous verrons si c'est moi *que* vous voudrez *qui* sorte. (*Mis.* II. 5.)
Et c'est toi *que* l'on veut *qui* choisisses des deux. (*Mélicerte.* I. 5.)
Je la recevrai comme un essai de l'amitié *que* je veux *qui* soit entre nous.
(*Sicilien.* 16.)
Mon Dieu, Scapin, fais-nous un peu ce récit *qu'*on m'a dit *qui* est si plaisant.
(*Scapin.* III. 1.)

Ce gallicisme n'est pas élégant, mais il peut souvent être commode ; c'est pourquoi il a été employé par de bons écrivains dans le style familier :

« Et que pourra faire un époux
Que vous voulez *qui* soit nuit et jour avec vous? »
(La Font. *Le Mal marié.*)

Ce tour, proscrit par la délicatesse raffinée des modernes, était encore d'usage au XVIIIe siècle; Voltaire lui-même ne fait point de difficulté de s'en servir :

« Voici cette épître de Corneille, *qu'*on prétend *qui* lui attira tant d'ennemis. »
(*Comment. sur l'Ép. à Ariste.*)

Si l'on essaye d'exprimer la même idée en termes différents, on verra ce que la tournure de Molière et de Voltaire offre d'avantageux.

— QUE construit avec un adjectif, dans le sens où les Espagnols disent *por ; por grandes que sean los reyes...* c'est-à-dire, encore que les rois soient grands, ou quels grands que soient les rois :

Ma crainte toutefois n'est pas trop dissipée;
Et, *doux que soit le mal*, je crains d'être trompée. (*Sgan.* 22.)

Cette locution est elliptique ; c'est comme s'il y avait, *et, si doux que soit le mal.*

— QUE pour *ce que*, archaïsme :

Voilà, voilà *que* c'est de ne pas voir Jeannette,
Et d'avoir en tout temps une langue indiscrète. (*L'Ét.* IV. 8.)

QUEL, pour *tel... que* :

Allez, allez, vous pourrez avoir avec eux (les médecins) *quel* mal il vous plaira.
(*L'Av.* I. 8.)

Les grammairiens sont unanimes à déclarer que c'est là *une faute grave.* Ils veulent : *tel* mal *qu'*il vous plaira.

Chez les Latins, *talis* et *qualis* étaient corrélatifs, ou se substituaient l'un à l'autre. Par exemple : *talis* pater, *qualis* filius ; ou bien : *qualis* pater, *talis* filius.

Le peuple s'obstine à dire : Prenez *lequel que* vous voudrez ; venez à *quelle* heure *qu'il* vous plaira. C'est la tradition de l'ancienne langue.

« Parole a David, si lui dis que il elise de treis choses *quele que* il volt mielz que je li face.

« E li prophetes vint al rei, si li dist issi de part nostre seignur, e ruvad (rogavit) que il eleist (qu'il choisit, élisît) *quel* membre *que* il volsist. » (*Rois*. p. 217.)

Supprimez par euphonie le *que* relatif, vous avez la locution de Molière : Le prophète pria David de choisir *quel* membre il voudrait que Dieu frappât.

— QUEL (un adj. ou un subst.) QUE, pour *quelque... que* :

En *quel* lieu *que* ce soit, je veux suivre tes pas.   (*Fâcheux*. III. 4.)

C'est la véritable locution française, la seule qui ait du sens, et qu'autorisent les origines de la langue.

« E Deu guardad David, *quel* part *qu'il* alast. »   (*Rois*. p. 148.)
« E *quel* part *qu'il* (Saül) se turnout, ses adversaires surmontout. »   (*Ibid*. p. 52.)
« De *quel* forfait *que* home out fait en cel tens... »   (*Loix de Guillaume le Conquér*.)

Quelque forfait *que* l'on ait commis en ce temps, l'église y est un asile.

« *Quel* deul *que* j'en doie soufrir. »   (*R. de Coucy*. v. 6151.)

« Je m'en vois, dame ! à Dieu le creatour,
« Comant vo cors, en *quel* lieu *ke* je soie. »
   (*Chanson du sire de Coucy*, dans le roman, vers 7418.)

Les Anglais égorgent par surprise les Danois établis à Londres ; des jeunes gens nobles, montés sur une nacelle, échappent à cette boucherie :

« Emmi se colent par Tamise,
Ne lor nut tant nord est ne bise,
Qu'en Danemarche n'arrivassent,
Queu mer orrible *qu'il* trovassent. »
   (*Benoist de S.-More. Chronique*, v. 27550.)

Le vent ne leur nuisit pas tellement qu'ils n'arrivassent en Danemark, *quelle* horrible mer *qu'ils* trouvassent.

« En *quel* oncques liu *que* je soie. »   (*La Violette*, p. 44.)

« Avis li fu qu .I. angle de par Dieu li disoit
Qu'aler lessast Flourence *quel* part *que* ele voudroit.»
   (*Le dit de Flourence de Rome*.)

Froissart parlant de la cour du comte de Foix :

« Nouvelles de *quel* royaume ni (et) de *quel* pays *que* ce feust là-dedans on y apprenoit. »   (*Chron*. liv. III.)

— QUELQUE SOT, locution elliptique :

LÉLIE.
Tu te vas emporter d'un courroux sans égal.

MASCARILLE.
Moi, monsieur ? *quelque sot !* la colère fait mal.   (*L'Ét*. II. 7.)

C'est-à-dire, quelque sot s'emporterait ; mais moi non !

Certes je t'y guettois ! — *Quelque sotte*, ma foi !   (*Tart*. II. 2.)

Quelque sotte y serait prise ; mais non pas moi !

Hé, *quelque sot !* je vous vois venir.   (*G. D*. II. 7.)

QUÊTE, recherche ; LA QUÊTE DE QUELQU'UN :

> Si bien qu'à *votre quête* ayant perdu mes peines.... (*L'Ét.* V. 14.)

A votre recherche.

C'est le sens primitif du mot : *la quête du S. Graal.*

QUI, se rapportant à un nom de chose, au lieu de *lequel,* que Molière et ses contemporains paraissent avoir évité autant que possible :

> J'ai conçu, digéré, produit un stratagème
> Devant *qui* tous les tiens, dont tu fais tant de cas,
> Doivent sans contredit mettre pavillon bas. (*L'Ét.* II. 14.)
>
> Et pourvu que tes soins, *en qui* je me repose.... (*Ibid.* III. 5.)
>
> Et contre cet assaut je sais un coup fourré,
> Par *qui* je veux qu'il soit de lui-même enferré. (*Ibid.* III. 6.)
>
> Et de ces blonds cheveux, *de qui* la vaste enflure
> Des visages humains offusque la figure. (*Éc. des mar.* I. 1.)
>
> Je veux une coiffure, en dépit de la mode,
> Sous *qui* toute ma tête ait un abri commode. (*Ibid.*)
>
> O trois ou quatre fois béni soit cet édit
> Par *qui* des vêtements le luxe est interdit ! (*Ibid.* 9.)

Ce n'est pas que Molière ait sacrifié au besoin de la mesure :

> Oui, oui, votre mérite, *à qui* chacun se rend. (*Ibid.*)

Il ne lui en eût pas coûté davantage de mettre *auquel,* si ce terme eût été alors plus juste et plus conforme à l'usage.

> Vous donner une main contre *qui* l'on enrage. (*Fâcheux.* I. 5.)
> Cette liberté pour *qui* j'avois des tendresses si grandes.... (*Princ. d'Él.* IV. 1.)
> Une de ces injures pour *qui* un honnête homme doit périr. (*D. Juan.* III. 4.)
> C'est un art (l'hypocrisie) *de qui* l'imposture est toujours respectée. (*Ibid.* V. 2.)
>
> L'honneur vous apprend-il ces mignardes douceurs
> Par *qui* vous débauchez ainsi les jeunes cœurs. (*Mélicerte.* II. 4.)
>
> Mais les gens comme nous brûlent d'un feu discret,
> Avec *qui* pour toujours on est sûr du secret. (*Tart.* III. 3.)

Qui se rapporte à *feu,* et non pas à *gens :* avec lequel feu.

N'oubliez rien.... de ces caresses touchantes *à qui* je suis persuadé qu'on ne sauroit rien refuser. (*L'Av.* IV. 1.)

> De grâce, souffrez-moi, par un peu de bonté,
> Des bassesses *à qui* vous devez la clarté. (*Fem. sav.* I. 1.)

— QUI *relatif,* séparé de son sujet :

> Sans ce trait falot,
> Un homme l'emmenoit, *qui* s'est trouvé fort sot. (*L'Ét.* II. 14.)
>
> Ah ! sans doute, *un amour* a peu de violence,
> *Qu'est* capable d'éteindre une si foible offense. (*Dép. am.* IV. 2.)
>
> La tête d'une femme est comme une *girouette*
> Au haut d'une maison, *qui* tourne au premier vent. (*Ibid.* IV. 2.)
>
> N'allez point présenter *un espoir* à mon cœur,
> *Qu'*il recevroit peut-être avec trop de douceur. (*Mélicerte.* II. 3.)
>
> Nous perdons des *moments* en bagatelles pures,
> *Qu'*il faudroit employer à prendre des mesures. (*Tart.* V. 3.)

Il me faut aussi *un cheval* pour monter mon valet, *qui* me coûtera bien trente pistoles. (*Scapin.* II. 8.)

C'est le cheval qui coûtera trente pistoles, et non le valet.

Vous avez *notre mère* en exemple à vos yeux,
Que du nom de savante on honore en tous lieux. (*Fem. sav.* I. 1.)

Nos pères sur ce point étoient gens bien sensés,
Qui disoient qu'une femme en sait toujours assez. (*Ibid.* II. 7.)

Cette construction était une des plus usitées :

« On ne parloit qu'avec transport de *la bonté* de cette princesse, *qui*, malgré les divisions trop ordinaires dans les cours, lui gagna d'abord tous les esprits. »
(Bossuet. *Or. fun. de la duch. d'Orl.*)

Qui ne se rapporte pas à la princesse, mais à sa bonté, qui lui gagnait tous les esprits.

« Il a eu raison d'interdire *un prêtre* pour toute sa vie, *qui*, pour se défendre, avoit tué un voleur d'un coup de pierre. » (Pascal, 14e *Prov.*)

« Votre père Alby fit *un livre sanglant* contre lui (le curé de Saint-Nizier de Lyon), *que* vous vendîtes vous-même, dans votre propre église, le jour de l'Assomption. »
(Id. 15e *Prov.*)

— QUI, répété disjonctivement pour *celui-ci, celui-là* :

Ils n'ont pas manqué de dire que cela procédoit, *qui* du cerveau, *qui* des entrailles, *qui* de la rate, *qui* du foie. (*Méd. m. l.* II. 9.)

« *Qui* lance un pain, un plat, une assiette, un couteau ;
Qui pour une rondache empoigne un escabeau. » (Regnier. *Le Festin.*)

QUITTER SA PART A (un infinitif) :

La mienne (ma main), quoiqu'aux yeux elle semble moins forte,
N'en quitte pas sa part à le bien étriller. (*Éc. des fem.* IV. 9.)

— JE LE QUITTE :

Ho ! poussez. *Je le quitte,* et ne raisonne plus. (*Dép. am.* II. 1.)
Oh ! *je le quitte.* (*B. gent.* IV. 5.)
Ah ! *je le quitte* maintenant, et je n'y vois plus de remède. (*G. D.* III. 13.)

C'est-à-dire, je donne quittance du surplus ; j'en ai assez, j'y renonce. *Le* est ici au neutre, sans relation grammaticale.

« La police féminine a un train mystérieux ; il fault *le leur quitter.* »
(Montaigne. III. 5.)

Le leur abandonner, ne s'en point mêler.

« Mon père, lui dis-je, *je le quitte,* si cela est. » (Pascal. 7e *Prov.*)

— QUITTER A QUELQU'UN LA PLACE, LA PARTIE, la lui abandonner :

Ma présence le chasse,
Et je ferai bien mieux de *lui quitter la place.* (*Tart.* II. 4.)

Mettez dans vos discours un peu de modestie,
Ou je vais sur-le-champ *vous quitter la partie.* (*Ibid.* III. 2.)

— « Adrian l'empereur, débattant avecques le philosophe Favorinus de l'interprétation de quelque mot, Favorinus *luy en quitta* bientost *la victoire.* » (Mont. III. 7.)

On disait aussi *quitter quelqu'un de quelque chose.*

Le baron de la Crasse, de Raymond Poisson, se vante de son talent à jouer la comédie; et pour en donner sur-le-champ un échantillon :

> « Autrefois, j'ai joué dans les fureurs d'Oreste :
> Tiens, tiens, voilà le coup... — *Nous vous quittons du reste.* »

Et le pelletier vantant ses fourrures à Patelin :

> « N'en payez ne denier ne maille,
> Se vous en trouvez qui les vaille;
> Je vous en quitte. »   (*Le Nouv. Pathelin.*)

QUOI, adjectif neutre, pour *lequel* :

Le grand secret pour *quoi* je vous ai tant cherché.	(*Dép. am.* I. 2.)
Ce n'est pas le bonheur après *quoi* je soupire.	(*Tart.* III. 3.)
Ces disputes d'âges, *sur quoi* nous voyons tant de folles.	(*Am. magn.* I. 2.)
Voici de petits vers pour de jeunes amants, *Sur quoi* je voudrois bien avoir vos sentiments.	(*Fem. sav.* III. 5.)
... La dissection d'une femme, *sur quoi* je dois raisonner.	(*Mal. im.* II. 6.)

Selon Vaugelas, *quoi*, pronom relatif, est d'un usage fort élégant et fort commode pour suppléer au pronom *lequel* en tout genre et en tout nombre. Et de ces deux locutions : le plus grand vice *à quoi* il est sujet, ou bien *auquel* il est sujet, il préférait la première.

Vaugelas ne faisait ici que réduire en maxime l'usage de son temps. Pascal aime beaucoup à se servir de *quoi* :

> « C'est donc la pensée qui fait l'être de l'homme, et sans *quoi* on ne le peut concevoir. »   (*Pensées.*)
>
> « Elles tiennent de la tige sauvage sur *quoi* elles sont entées. »   (*Ibid.*)
>
> « Une base constante *sur quoi* nous puissions édifier. »   (*Ibid.*)
>
> « Je manque à faire plusieurs choses *à quoi* je suis obligé. »   (*Ibid.*)

RACCROCHER (se), absolument :

> Cet homme me rompt tout! — Oui, mais cela n'est rien;
> Et de *vous raccrocher* vous trouverez moyen.   (*Éc. des fem.* III. 4.)

RAGE; faire rage, faire l'impossible :

> Notre maître Simon.... dit qu'*il a fait rage* pour vous.   (*L'Av.* II. 1.)

Ou au pluriel :

> C'est un drôle qui *fait des rages!*   (*Amph.* II. 1.)

RAGOUT, figurément :

> Je voudrois bien savoir *quel ragoût il y a* à eux?   (*L'Av.* II. 7.)
> Un amant aiguilleté *sera pour elle un ragoût* merveilleux.   (*Ibid.*)

Cette métaphore est mise dans la bouche de Frosine.

RAISON; la raison, pour *la justice, ce qui est raisonnable* :

> Je pense, Dieu merci, qu'on vaut son prix comme elles;
> Que, pour se faire honneur d'un cœur comme le mien,
> Ce n'est pas *la raison* qu'il ne leur coûte rien.   (*Mis.* III. 1.)
> Nous en usons honnêtement, et nous nous contentons de *la raison*.   (*G. D.* II. 1.)

— RAISON EN DÉBAUCHE :

Une *raison* malade, et toujours *en débauche*. (*L'Ét.* II, 14.)

— FAIRE RAISON, venger équitablement :

Une bonne potence *me fera raison* de ton audace. (*L'Av.* V. 4.)

Faire raison, dans le langage bachique, tenir tête à un buveur qui vous provoque :

« Tous trois burent d'autant : l'ânier et le grison
Firent à l'éponge *raison*. » (LA FONT. *L'Ane chargé d'éponges.*)

RAISONNANT, adjectif, raisonneur :

Je vous trouve aujourd'hui bien *raisonnante!* (*Mal. im.* II. 7.)

RAJUSTER (SE), se raccommoder :

Ils goûtent le plaisir de *s'être rajustés.* (*Amph.* III. 2.)

RAMASSER (SE) EN SOI-MÊME, au sens moral :

Lorsque, *me ramassant tout entier en moi-même*,
J'ai conçu, digéré, produit un stratagème. (*L'Ét.* II. 14.)

« Je prie Dieu, lorsque je sens que je m'engage dans ces prévoyances, de me renfermer dans les limites; *je me ramasse dans moi-même*, et je trouve que je manque à faire plusieurs choses.... etc. » (PASCAL. *Pensées.*)

RAMENTEVOIR, archaïsme, remettre en l'esprit, rappeler :

Ne *ramentevons rien*, et réparons l'offense. (*Dép. am.* III. 4.)

Le présent de l'indicatif est *je ramentois, tu ramentois*, etc.

« Ceste opinion me *ramentoit* l'expérience que nous avons. » (MONTAIGNE. II. 12.)

RANGER QUELQU'UN, avec ou sans complément indirect :

Il faut avec vigueur *ranger les jeunes gens.* (*Éc. des fem.* V. 7.)

Et que je ne sache pas trouver le moyen de *te ranger à ton devoir?* (*Méd. m. lui.* I. 1.)

Ne vous mettez pas en peine : *je la rangerai bien.* (*Mal. im.* II. 8.)

— RANGER AU DESTIN, réduire au destin :

Et *ne me rangez pas à l'indigne destin*
De me voir le rival de monsieur Trissotin. (*Fem. sav.* IV. 2.)

RAPATRIAGE et RAPATRIER :

Veux-tu qu'à leur exemple ici
Nous fassions entre nous un peu de paix aussi,
Quelque petit *rapatriage?* (*Amph.* II. 7.)

Pour couper tout chemin à nous *rapatrier*,
Il faut rompre la paille. (*Dép. am.* IV. 4.)

RAPPORTER ; SE RAPPORTER, pour *s'en rapporter* :

Je veux bien aussi *me rapporter* à toi, maître Jacques, de notre différend. (*L'Av.* IV. 4.)

RATE ; DÉCHARGER SA RATE :

Il faut qu'enfin j'éclate,
Que je lève le masque et *décharge ma rate*. (*Fem. sav.* II. 7.)

REBOURS; CHAUSSÉ A REBOURS, métaphoriquement :

> Tout ce que vous avez été durant vos jours,
> C'est-à-dire, un esprit *chaussé tout à rebours.* (*L'Ét.* II. 14.)

Rebours était aussi un adjectif, faisant au féminin *rebourse* :

> « Madame, je vous remercie
> De m'avoir esté si *rebourse.* » (MAROT.)

RECEVOIR, pour *souffrir* :

> Cela ne *reçoit* point *de contradiction.* (*L'Av.* I. 7.)
>
> Ne voulant point céder, ni *recevoir l'ennui*
> Qu'il me pût estimer moins civile que lui. (*Éc. des fem.* II. 6.)
>
> Quoi donc ! *recevrai-je la confusion.....* (*Impromptu.* 9.)

RECONNU DE (ÊTRE), pour *récompensé* :

> Voilà qui est étrange, et *tu es bien mal reconnu de tes soins.* (*D. Juan.* III. 2.)

RECULER A QUELQUE CHOSE :

> Dès demain? — Par pudeur tu feins d'y *reculer.* (*Éc. des mar.* II. 15.)
> Hé bien, oui, puisqu'il veut te choisir pour juge, *je n'y recule point.* (*L'Av.* IV. 4.)

RÉDUIT; AME RÉDUITE, soumise, résignée à son sort, comme on dit *réduire un cheval* :

> Il faut jouer d'adresse, et, d'une *âme réduite,*
> Corriger le hasard par la bonne conduite. (*Éc. des fem.* IV. 8.)

— RÉDUITE EN UN SORT :

> Que vous fussiez *réduite en un sort* misérable. (*Mis.* IV. 3.)

RÉGAL, au sens propre, fête, plaisir :

D'où vient qu'il n'est pas venu à la promenade? — Il a quelque chose dans la tête qui l'empêche de prendre plaisir *à tous ces beaux régals.* (*Am. magn.* II. 3.)

— DONNER UN RÉGAL :

Il m'a demandé si vous aviez témoigné grande joie au magnifique *régal que l'on vous a donné.* (*Am. magn.* II. 3.)

— RÉGALS, au sens figuré :

> Et la plus glorieuse (estime) *a des régals peu chers,*
> Dès qu'on voit qu'on nous mêle avec tout l'univers. (*Mis.* I. 1.)

RÉGALE :

> Mais quoi! partir ainsi d'une façon brutale,
> Sans me dire un seul mot de douceur pour *régale!* (*Amph.* I. 4.)

Cette forme est aussi fréquente alors que celle de *régal.*

RÉGALER QUELQU'UN D'UN BON VISAGE :

Je vous recommande surtout de *régaler d'un bon visage* cette personne-là. (*L'Av.* III. 4.)

— RÉGALER D'UNE PEINE, indemniser de cette peine :

> Mais, pour vous *régaler*

Du souci qui pour elle ici vous inquiète,
Elle vous fait présent de cette cassolette. (*L'Ét.* III. 13.)

REGARDER ; NE REGARDER RIEN, ne regarder à rien :

Pour moi, *je ne regarde rien* quand il faut servir un ami. (*B. gent.* III. 6.)

REGARDS CHARGÉS DE LANGUEUR :

Ces longs soupirs que laisse échapper votre cœur,
Et ces fixes *regards, si chargés de langueur,*
Disent beaucoup sans doute à des gens de mon âge. (*Pr. d'Él.* I. 1.)

RÉGLER A, régler sur, d'après :

Que sur cette conduite à son aise l'on glose ;
Chacun *règle la sienne au but* qu'il se propose. (*D. Garcie.* II. 1.)

Le douaire *se règle au bien* qu'on nous apporte. (*Éc. des fem.* IV. 2.)

Vous savez mieux que moi qu'*aux volontés des cieux,*
Seigneur, il faut *régler* les nôtres. (*Psyché.* II. 1.)

REGRETS ; FAIRE DES REGRETS, comme *faire des cris* :

Nous voyons une vieille femme mourante, assistée d'une servante qui *faisoit des regrets....* (*Scapin.* I. 2.)

RÉGULARITÉS, comme *règles* :

Je traiterai, monsieur, méthodiquement, et dans toutes les *régularités* de notre art. (*Pourc.* I. 10.)

RELATION *au sens particulier d'un mot employé dans une locution faite :*

Ayons un cœur *dont* nous soyons les maîtres. (*D. Juan.* III. 5.)

Qu'avez-vous fait pour *être gentilhomme?* Croyez-vous qu'il suffise d'*en* porter le nom et les armes? (*Ibid.* IV. 6.)

Corneille, à qui Molière a emprunté la pensée et presque l'expression de ce passage, a mis le verbe à l'indicatif après *que* :

« Croyez-vous qu'*il suffit* d'être sorti de moi ? » (*Le Ment.* V. 3.)

RELEVÉ ; de fortune relevée :

Elle n'a pas toujours été si *relevée* que la voilà ! (*B. gent.* III. 12.)

REMENER :

Remenez-moi chez nous. (*Dép. am.* IV. 3.)

Et non pas *ramenez-moi*, comme on parle aujourd'hui. Le simple est *menez-moi*, et non *amenez-moi*.

Raconter, rapporter, et plusieurs autres, sont dans le même cas que *ramener ;* c'était autrefois *reconter, reporter,* etc.

« Si i alad, e *remenad* ses serfs. » (*Rois.* p. 232.)

« Et li poples *recontad* que li reis ço e ço durreit a celi ki l'ocireit. » (*Ibid.* p. 64.)

REMERCIER L'AVANTAGE, rendre grâce à l'avantage :

Certes, il peut *remercier l'avantage* qu'il a de vous appartenir. (*G. D.* I. 5.)

REMETTRE (SE), verbe actif, pour *reconnaître, se rappeler :*

Vous ne vous *remettez* point mon visage? (*Pourc.* I. 6.)

Vous ne vous remettez pas tout cela? — Excusez-moi, *je me le remets.* (*Pourc.* 1. 6.)

REMONTRER A QUELQU'UN, lui en remontrer :

Que les jeunes enfants *remontrent aux vieillards.* (*Dép. am.* II. 7.)

REMPLACER DE QUELQUE CHOSE, avec quelque chose, par quelque chose :

Elle a suivi le mauvais exemple de celles qui, étant sur le retour de l'âge, veulent *emplacer de quelque chose* ce qu'elles voient qu'elles perdent. (*Crit. de l'Éc. des fem.* 6.)

RENCHÉRI, adjectif, prude, austère :

Vous avez dans le monde un bruit
De n'être pas si *renchérie.* (*Amph.* prol.)

RENDRE (SE), construit avec un adjectif, se montrer, devenir :

Bon! voyons si son feu *se rend opiniâtre.* (*L'Et.* III. 1.)

Je les dauberai tant en toutes rencontres, qu'à la fin ils *se rendront sages.*
(*Crit. de l'Éc. des fem.* 6.)

Il *se rend complaisant* à tout ce qu'elle dit. (*Tart.* III. 1.)

Non, Damis, il suffit qu'il *se rende plus sage.* (*Ibid.* III. 4.)

Elle *se rendra sage;* allons, laissons-la faire. (*Fem. sav.* III. 6.)

— RENDRE DES CIVILITÉS :

Mais du moins sois complaisante aux *civilités qu'on te rend.* (*Pr. d'El.* II. 4.)

— RENDRE DES DEHORS, observer les bienséances :

Mais quand on est du monde, il faut bien que l'on *rende*
Quelques dehors civils que l'usage demande. (*Mis.* I. 1.)

— RENDRE GRACE SUR QUELQUE CHOSE :

Et le mari benêt, sans songer à quel jeu,
Sur les gains qu'elle fait *rend des grâces* à Dieu. (*Éc. des fem.* I. 1.)

— RENDRE INSTRUIT, instruire :

Vous me direz : Pourquoi cette narration?
C'est pour vous *rendre instruit* de ma précaution. (*Éc. des fem.* I. 1.)

L'emploi de ce tour est fréquent dans Bossuet : « Plusieurs, dans la crainte d'être trop faciles, *se rendent inflexibles* à la raison. » (*Oraison fun. de la duchesse d'Orléans.*)

— RENDRE OBÉISSANCE A QUELQU'UN, lui obéir :

Nous vous avons *rendu,* monsieur, *obéissance.* (*Éc. des fem.* V. 1.)

RENFORT DE POTAGE :

NICOLE. J'ai encore ouï dire, madame, qu'il a pris aujourd'hui, *pour renfort de potage,* un maître de philosophie. (*B. gent.* III. 3.)

Cette figure est naturellement de la rhétorique de Nicole, qui est cuisinière.

RENGAINER UN COMPLIMENT :

Hé! monsieur, rengainez ce compliment. (*Mar. forc.* 16.)

« Le compliment fut court, le maire *le rengaine.* » (SENECÉ.)

— RENGAINER UNE NOUVELLE :

CLITIDAS (bouffon).

Puisque cela vous incommode, *je rengaîne ma nouvelle*, et m'en retourne droit comme je suis venu. (*Am. magn.* V. 1.)

RENGRÉGEMENT, archaïsme :

Rengrégement de mal, surcroît de désespoir! (*L'Av.* V. 3.)

La racine de ce mot est l'ancien comparatif de *grand*, *greignour*. Il y avait aussi le verbe *rengréger* (*re-en-greger*).

« Chacun rendit par là sa douleur *rengrégée*. »
(LA FONT. *La Matrone d'Éphèse*.)

RENTRER AU DEVOIR, dans le devoir :

Pour *rentrer au devoir* je change de langage. (*Mélicerte.* II. 5.)

— RENTRER DANS SON AME :

Rappelle tous tes sens, *rentre bien dans ton âme*. (*Amph.* II. 1.)

REPAITRE, verbe neutre, manger :

Mais, seigneur Trufaldin, songez-vous que peut-être
Ce monsieur l'étranger a besoin de *repaître*? (*L'Ét.* IV. 3.)

— REPAITRE, verbe actif, pris au sens figuré :

Pour souffrir qu'un valet *de chansons me repaisse*. (*Amph.* II. 1.)

RÉPANDRE, distribuer :

Aux pauvres, à mes yeux, il alloit le *répandre*. (*Tart.* I. 6.)

— RÉPANDRE (SE) DANS LES VICES :

C'est ainsi qu'aux flatteurs on doit partout se prendre
Des *vices où l'on voit les humains se répandre*. (*Mis.* II. 5.)

RÉPARER, restituer, rendre, et construit de même avec le datif :

Je veux jusqu'au trépas incessamment pleurer
Ce que tout l'univers ne peut *me réparer*. (*Psyché.* II. 1.)

REPART, substantif masculin, repartie :

Il a le *repart* brusque et l'accueil loup-garou. (*Éc. des mar.* I. 6.)

RÉPONSE DE, réponse à :

J'attends avec un peu d'espérance respectueuse la réponse *de mon placet*.
(3ᵉ *Placet au roi*.)

REPOUSSABLE, adjectif rarement employé :

Vous trouveroit en face un marquis *repoussable*. (*Remerciement au Roi*.)

Voyez tome IV, page 377.

REPROCHE, tache, sujet de reproche :

Si je ne suis pas né noble, au moins suis-je d'une race où il n'y a point de *reproche*.
(*G. D.* II. 3.)

RÉPRÉHENSION, dans le sens de *réprimande*, mais d'une nuance moins forte :

On souffre aisément des *répréhensions*, mais on ne souffre pas la raillerie.
(*Préf. de Tartuffe*.)

RÉPUGNANCE AVEC (AVOIR), se mal accorder avec, répugner à :

Une passion....... dont tous les désordres *ont tant de répugnance avec la gloir* de votre sexe.
(*Pr. d'Él.* II. 1.)

RÉPUGNER; LE TEMPS RÉPUGNE A :

M. CARITIDÈS.
Monsieur, *le temps répugne à l'honneur de vous voir*. (*Fâcheux*. III. 2.)

REQUÉRIR, quérir de nouveau :

Va, va vite *requérir* mon fils. (*Scapin*. II. 11.)

RÉSOUDRE; SE RÉSOUDRE DE (un infinitif), se résoudre à :

Sus, sans plus de discours, *résous-toi de me suivre*. (*Dép. am.* V. 4.)
Il faut attendre
Quel parti de lui-même *il résoudra de prendre*. (*Ibid*.)
La haine que pour vous *il se résout d'avoir*. (*D. Garcie*. II. 6.)

Je serois fâché d'être ingrat, mais *je me résoudrois* plutôt *de l'être que d'aimer*.
(*Pr. d'Él.* III. 4.)

RESPIRER LE JOUR, latinisme, vivre :

Je n'entreprendrai point de dire à votre amour
Si donc Ignès est morte, ou *respire le jour*. (*D. Garcie*. V. 5.)

RESSENTIMENT, en bonne part, sentiment profond, reconnaissance :

Mais apprenez........
Que je garde aux ardeurs, aux soins qu'il me fait voir,
Tout le *ressentiment* qu'une âme puisse avoir. (*D. Garcie*. III. 3.)

Madame, je viens...... vous témoigner avec transport le *ressentimen* où je suis des bontés surprenantes dont vous daignez favoriser le plus soumis de vos captifs.
(*Pr. d'Él.* IV. 4.)

Je n'ai point connu qu'elle ait dans l'âme aucun *ressentiment* de mon ardeur.
(*Am. magn.* I. 2.)

ARISTIONE. En vérité, ma fille, vous êtes bien obligée à ces princes, et vous ne sauriez assez reconnoître tous les soins qu'ils prennent pour vous.
ÉRIPHILE. J'en ai, madame, tout le *ressentiment* qu'il est possible. (*Ibid.* III. 1.)

Souffrez, mon père, que je vous en donne ici ma parole, et que je vous embrasse pour vous témoigner mon *ressentiment*. (*Ma.. im.* III. 21.)

Ce mot, dont l'usage a déterminé l'acception en mauvaise part, ne signifiait jadis que *sentiment* avec plus de force, comme .e *ressouvenir* exprime un souvenir qui date de plus loin.

RESSENTIR (SE) D'UNE OFFENSE, la sentir vivement :

Une offense *dont* nous devons toutes *nous ressentir*. (*Pr. d'El.* III 4.)

RESSORT qu'on ne *comprend* pas, et qui *sème* un embarras :

Oui, c'est elle, en un mot, dont l'adresse subtile,

La nuit, reçut ta foi sous le nom de Lucile,
Et qui, par ce *ressort qu'on ne comprenoit pas,*
A semé parmi vous *un si grand embarras.* (*Dép. am.* V. 9.)

(Voyez MÉTAPHORES VICIEUSES.)

RESSOUVENIR; SE RESSOUVENIR, *pour se souvenir :*

De cet exemple-ci *ressouvenez-vous* bien;
Et quand vous verriez tout, ne croyez jamais rien. (*Sgan.* 24.)

Ressouvenez-vous que, hors d'ici, je ne dois plus qu'à mon honneur. (*D. Juan.* III. 5.)

Ah! je suis médecin sans contredit. Je l'avois oublié, mais *je m'en ressouviens.*
(*Méd. m. l.* I. 6.)

Attendez qu'on vous en demande plus d'une fois, et *vous ressouvenez* de porter toujours beaucoup d'eau. (*L'Av.* III. 2.)

Laissez-moi faire : je viens de me *ressouvenir* d'une de mes amies qui sera notre fait.
(*Ibid.* IV. 1.)

Vous ne vous ressouvenez pas que j'ai eu le bonheur de boire avec vous, je ne sais combien de fois? (*Pourc.* I. 6.)

Molière emploie partout *se ressouvenir*, au lieu de *se souvenir*. C'est la même prédilection que pour *s'en aller* au lieu *d'aller;* par exemple : il *s'en va* faire jour.

(Voyez EN construit avec ALLER.)

RESTE; DONNER SON RESTE A QUELQU'UN :

Monsieur est frais émoulu du collège : il *vous donnera toujours votre reste.*
(*Mal. im.* II. 7.)

Métaphore empruntée à un jeu de cartes, où celui qui se croit sûr de triompher est toujours en mesure d'offrir à l'autre de jouer son reste.

RETATER QUELQU'UN SUR, figurément comme *sonder :*

Je veux *la retâter sur ce fâcheux mystère.* (*Amph.* III. 1.)

RETENIR EN BALANCE, comme *tenir en balance* :

Oui, rien *n'a retenu* son esprit *en balance.* (*Fem. sav.* IV. 1.)

RÉTIF A (un substantif) :

Vous êtes *rétive aux remèdes*, mais nous saurons vous soumettre à la raison.
(*Méd. m. l.* II. 7.)

RETIRER, se retirer :

Les mauvais traitements qu'il me faut endurer
Pour jamais de la cour me feroient *retirer.* (*Fâcheux.* III. 2.)

Retirez-vous d'ici, ou je vous en ferai *retirer* d'une autre manière. (*Pr. d'Él.* IV. 6.)

Molière a supprimé la seconde fois le pronom réfléchi, pour n'avoir pas à mettre deux *me* ou deux *vous*, dont le rapprochement eût alourdi sa phrase : *me* feraient *me* retirer; je *vous* ferai *vous* retirer. (Voyez PRONOM RÉFLÉCHI *supprimé.*)

RETRANCHER (un substantif) A, pour *borner, réduire à :*

Je *retranche mon chagrin aux appréhensions* du blâme qu'on pourra me donner.
(*L'Av.* I. 1.)

RÉUSSIR, sans impliquer l'idée de bon ou de mauvais succès :

<blockquote>
Et comme ton ami, quoi qu'il en *réussisse*,
Je te viens contre tous faire offre de service.   (*Fâcheux*. III. 4.)
Voyons ce qui pourra de ceci *réussir*.   (*Tart*. II. 4.)
</blockquote>

REVENIR AU CŒUR, au sens figuré :

Ces coups de bâton *me reviennent au cœur;* je ne les saurois digérer.
    (*Méd. m. l.* I. 5.)

RÉVÉRENCE ; PARLANT PAR RÉVÉRENCE pris adverbialement :

<blockquote>
Ce damoiseau, *parlant par révérence*,
Me fait cocu, madame, avec toute licence.   (*Sgan*. 16.)
</blockquote>

— RÉVÉRENCE PARLER, comme *parlant par révérence :*

..... Que j'ai mon haut-de-chausses tout troué par derrière, et qu'on me voit, *révérence parler*....   (*L'Av*. III. 2.)

REVERS DE SATIRE, un revirement, un retour de satire :

<blockquote>
Pourtant je n'ai jamais affecté de le dire;
Car enfin il faut craindre un *revers de satire*.   (*Éc. des fem*. I. 1.)
</blockquote>

REVOULOIR :

Mais si mon cœur encor *revouloit* sa prison?   (*Dép. am*. IV. 3.)

RHABILLER, figurément rajuster, couvrir, déguiser :

Combien crois-tu que j'en connoisse qui, par ce stratagème (l'hypocrisie), ont *rhabillé* adroitement les désordres de leur jeunesse....?   (*D. Juan*. V. 2.)

RIDICULE, substantif ; UN RIDICULE :

Et l'on m'en a parlé comme d'*un ridicule*.   (*Éc. des fem*. I. 6.)

Ne voyez-vous pas bien que c'est *un ridicule* qu'il fait parler?
    (*Crit. de l'Éc. des fem*. 7.)

La constance n'est bonne que pour *des ridicules*.   (*D. Juan*. I. 2.)

<blockquote>
Parbleu, je viens du Louvre, où Cléonte, au levé,
Madame, a bien paru *ridicule* achevé.   (*Mis*. II. 5.)
</blockquote>

Dans une bourde que je veux faire à *notre ridicule*.   (*B. gent*. III. 14.)

RIEN, mot positif ; quelque chose :

..... Contre la coutume de France, qui ne veut pas qu'un gentilhomme sache *rien* faire.   (*Sicilien*. 10.)

C'est-à-dire, qui ne veut pas qu'un gentilhomme sache faire quelque chose.

Il ne sera pas dit que je ne serve *de rien* dans cette affaire-là.   (*Ibid*.)

Que je n'y serve de quelque chose.

Pourquoi consentiez-vous à *rien* prendre de lui?   (*Tart*. V. 7.)

A prendre quelque chose.

Allons, vous dis-je, *il n'y a rien à balancer*.   (*G. D*. I. 8.)

Il n'y a chose à balancer, il n'y a pas à balancer.

C'est le sens conforme à l'étymologie *rem*.

— RIEN, négatif :

Et sa morale, faite à mépriser le bien,

Sur l'aigreur de sa bile *opère comme rien*.   (*Fem. sav.* II. 8.)

C'est que la négation est ici renfermée dans l'ellipse : sa morale opère comme rien (*n*'opère), comme chose qui n'opère pas.

— RIEN, surabondant; NE FAIRE RIEN QUE :

   Et plusieurs qui tantôt ont appris mon martyre,
   Bien loin d'y prendre part, *n'en ont rien fait que rire*.   (*Sgan.* 16.)

N'en ont fait chose ou autre chose que rire.

— RIEN MOINS :

Ma comédie n'est *rien moins* que ce qu'on veut qu'elle soit.   (1er *Placet au roi*.)

Elle est tout, plutôt que ce qu'on veut qu'elle soit.

   Un pédant qu'à tout coup votre femme apostrophe
   Du nom de bel esprit et de grand philosophe,
   D'homme qu'en vers galants jamais on n'égala,
   Et qui n'est, comme on sait, *rien moins que tout cela?*   (*Fem. sav.* II. 9.)

Il n'est *rien moins* qu'homme d'esprit, c'est-à-dire qu'il ne l'est pas du tout. — Homme d'esprit ? il n'est rien moins que cela ; il est tout, plus que cela.

— RIEN QU'A ; N'AVOIR RIEN QU'A DIRE :

   Monsieur, vous *n'avez rien qu'à dire :*
   Je mentirai, si vous voulez.   (*Amph.* II. 1.)

Expression elliptique : vous n'avez rien (à faire) qu'à dire, qu'à parler; il suffira d'un mot de vous.

RIRE A QUELQU'UN :

   On l'accueille, on *lui rit*, partout il s'insinue.   (*Mis.* I. 1.)

— RIRE A SON MÉRITE :

   Cet indolent état de confiance extrême,
   Qui le rend en tout temps si content de soi-même,
   Qui fait qu'*à son mérite* incessamment *il rit*.   (*Fem. sav.* I. 3.)

RISÉE, rire. Voyez ÉCLAT DE RISÉE.

ROBINS, gens en robe, terme de mépris :

   O les plaisants *robins*, qui pensent me surprendre!   (*L'Ét.* III. 11.)

Trufaldin s'adresse à une troupe de masques en dominos.

ROIDEUR DE CONFIANCE. Voyez BRUTALITÉ.

ROIDIR ; SE ROIDIR CONTRE UN CHEMIN :

Des naturels rétifs, que la vérité fait cabrer, qui toujours *se roidissent contre le droit chemin de la raison*.   (*L'Av.* I. 8.)

Cette métaphore représente le chemin de la raison comme escarpé et difficile à gravir.

ROMPRE, interrompre, empêcher; ROMPRE UN ACHAT, DES ATTENTES :

   Je sais un sûr moyen
   Pour *rompre cet achat* où tu pousses si bien.   (*L'Ét.* I. 10.)

Je ne m'étonne pas si *je romps les attentes*. (*L'Ét.* III. 5.)

— ROMPRE L'ORDRE COMMUN :

Il rompt l'ordre commun, et devance le temps. (*Mélicerte.* I. 4.)

— ROMPRE TOUT A QUELQU'UN, traverser toutes ses entreprises :

Cet homme *me rompt tout!* (*Éc. des f.* III. 4.)

— ROMPRE UN DÉPART, UN DESSEIN, UNE PENSÉE :

Elle vint me prier de souffrir que sa flamme
Puisse *rompre un départ* qui lui perceroit l'âme. (*Éc. des mar.* III. 2.)
Et vous avez bien vu que j'ai fait mes efforts
Pour *rompre son dessein* et calmer ses transports. (*Tart.* IV. 5.)

J'en suis fâché, car cela *rompt une pensée* qui m'étoit venue dans l'esprit.
(*L'Av.* IV. 3.)

— ROMPRE LA PAILLE :

Pour couper tout chemin à nous rapatrier,
Il faut *rompre la paille*. Une paille rompue
Rend entre gens d'honneur une affaire conclue. (*Dép. am.* IV. 4.)

Sur l'emploi d'un fétu de paille comme symbole, voyez Du Cange, aux mots *festuca, infestucare, exfestucare.*

ROUGE ; UN ROUGE, substantif, une rougeur :

Au visage sur l'heure *un rouge* m'est monté. (*Fâch.* I. 1.)

RUDANIER :

LUBIN. Adieu, beauté *rudanière*. (*G. D.* II. 1.)

La première édition écrit en deux mots *rude asnière*.

« Terme populaire qui se dit des gens grossiers qui rabrouent fortement les autres. Il est composé de *rude* et *ânier*, comme qui dirait un ânier qui est trop rude à ses ânes. » (TRÉVOUX.)

RUER, verbe actif, prenant un régime :

Ah ! je devois du moins lui jeter son chapeau,
Lui *ruer quelque pierre*, ou crotter son manteau. (*Sgan* 16.)

Voyez tome III, page 313.

SABOULER :

Comme vous me *saboulez* la tête avec vos mains pesantes ! (*Comtesse d'Esc.* 3.)

SAGES PROUESSES, prouesses de vertu :

Ces honnêtes diablesses
Se retranchant toujours sur leur *sages prouesses*. (*Éc. des fem.* IV. 8.)

SAISIR LES GENS PAR LEURS PAROLES, les prendre au mot :

Je suis homme à *saisir les gens par leurs paroles*. (*Éc. des f.* I. 6.)

SAISON ; temps, moment :

En une autre *saison*, cette naïveté
Dont vous accompagnez votre crédulité,
Anselme, me seroit un charmant badinage. (*L'Ét.* II. 5.)

......Ce n'est pas la *saison*
De m'expliquer, vous dis-je. (*Dép. am.* II. 9.)
La lettre que je dis a donc été remise ;
Mais sais-tu bien comment ? En *saison* si bien prise
Que le porteur m'a dit que, sans ce trait falot,
Un homme l'emmenoit, qui s'est trouvé fort sot. (*L'Ét.* II. 14.)
Remettons ce discours pour une autre *saison*;
Monsieur n'y trouveroit ni rime ni raison. (*Fem. sav.* IV. 3.)

Saison pour temps était fort usité au XVIIe siècle.

« Soit, mais il est *saison* que nous allions au temple. » (CORN. *Le Menteur*.)

« Un homme entre les deux âges,
Et tirant sur le grison,
Jugea qu'il étoit *saison*
De songer au mariage. »
(LA FONTAINE. *L'Homme entre deux âges*.)

L'usage a maintenu *hors de saison* pour *déplacé, mal à propos*.

SALIR L'IMAGINATION, expression nouvelle en 1663, et raillée par Molière.

CLIMÈNE (*précieuse ridicule*). Peut-on, ayant de la vertu, trouver de l'agrément dans une pièce qui tient sans cesse la pudeur en alarme, et *salit* à tout moment l'*imagination* ?

ÉLISE. Les jolies façons de parler que voilà ! (*Crit. de l'Éc. des fem.* 3.)

SANGLIER, dissyllabe :

Partout, dans la *Princesse d'Élide* :

Où pourrais-je éviter ce *sanglier* redoutable ? (I. 2.)
J'ai donc vu ce *sanglier*, qui par nos gens chassé... (*Ibid.*)
Fuir devant un *sanglier*, ayant de quoi l'abattre ! (*Ibid.*)

(Voyez la remarque sur le mot OUVRIER.)

SANS QUE (l'indicatif), archaïsme, pour *si* (un substantif) *ne*, suivi du conditionnel :

Sans que mon bon génie au-devant *m'a poussé*,
Déjà tout mon bonheur eût été renversé. (*L'Ét.* I. 11.)

Si mon bon génie *ne m'eût* poussé au devant.

« *Sans que je crains* de commettre Géronte,
Je poserois tantôt un si bon guet
Qu'il seroit pris ainsi qu'au trébuchet. »
(LA FONTAINE. *La Confidente sans le savoir*.)

Sans cette circonstance, savoir que je crains, etc. Sans cette circonstance, que mon bon génie m'a poussé au-devant.... Aujourd'hui l'on serait obligé de dire : *Si je ne craignois de commettre Géronte, si mon bon génie ne m'eût poussé au-devant*.

— SANS VOTRE RESPECT. (*Critique de l'École des femmes*, 4.)
Comme sauf votre respect.

SATISFAIRE A :

Je ne prétends point qu'il se marie, qu'au préalable il n'ait *satisfait à la médecine*.
(*Pourc.* II. 2.)

« Notre grand Hurtado de Mendoza, dit le père, *vous y satisfera* sur l'heure. »
(PASCAL: 7e *Prov.*)

SAVANTAS :

Et des gens comme vous devroient fuir l'entretien
De tous ces *savantas* qui ne sont bons à rien.   (*Fâcheux.* III. 3.)

« Injure gasconne. Le baron de Fœneste se moquoit de tous les *savantas.*»
(FURETIÈRE.)

SAVOIR ENROUILLÉ :

On s'y fait (à la cour) une manière d'esprit qui, sans comparaison, juge plus finement des choses que tout le *savoir enrouillé* des pédants.   (*Crit. de l'Éc. des f.* 7.)

— NOUS SAVONS CE QUE NOUS SAVONS :

SGANARELLE. Il suffit que *nous savons ce que nous savons*, et que tu fus bien heureuse de me trouver.   (*Méd. m. l.* I. 1.)

Formule de réticence du style familier; espèce de dicton populaire.
(Voyez SUFFIT QUE.)

— SAVOIR QUELQU'UN, connaître quelqu'un :

Je sais un paysan qu'on appeloit Gros-Pierre.   (*Éc. des fem.* I. 1.)

— SAVOIR SA COUR :

Laissez-moi faire : je suis homme qui *sais ma cour*.   (*Am. magn.* II. 2.)

SCANDALE, au sens d'affront, esclandre; FAIRE UN SCANDALE A QUELQU'UN, lui faire un esclandre :

Trouves-tu beau, dis-moi, de diffamer ma fille,
Et *faire un tel scandale à toute une famille ?*   (*Dép. am.* II. 8.)

Scandale, outre le sens qu'il porte aujourd'hui, avait encore celui d'outrage. Nicot cite, au mot *Scandaliser*, cette explication de Budée : « Le peuple exprime quelquefois, par *scandaliser quelqu'un*, ce que les gens bien élevés rendent par *reprocher à quelqu'un une faute.*» Le Dictionnaire de l'Académie de 1694 consacre les deux acceptions de *scandale* et *scandaliser;* Trévoux les maintient encore en 1740.

SE JOUER, sans complément, pour *jouer :*

On n'est point capable de *se jouer* longtemps, lorsqu'on a dans l'esprit une passion aussi sérieuse.   (*Comtesse d'Esc.* 1.)

On disait, avec ou sans la forme réfléchie, *jouer*, ou *se jouer*, comme *combattre*, ou *se combattre; fuir, dormir, dîner, mourir*, ou *se fuir, se dormir, se dîner, se mourir*.
(Voyez ARRÊTER.)

SE METTRE SUR L'HOMME D'IMPORTANCE, sur le ton ou sur le pied d'homme d'importance :

Je veux *me mettre un peu sur l'homme d'importance*,
Et jouir quelque temps de votre impatience.   (*Mélicerte.* I. 3.)

SE... NOUS, corrélatifs :

Se dépouiller entre les mains d'un homme qui ne *nous* touche de rien.
(*Am. méd.* I. 5.)

SECOURS, au singulier, les auxiliaires :

Ah, tete! ah, ventre! que ne le trouvé-je tout à l'heure *avec tout son secours!* que ne paroît-il à mes yeux au milieu de trente personnes! (*Scapin.* II. 9.)

SEMBLANT DE RIEN (FAIRE, NE PAS FAIRE). Voyez à la fin de l'article PAS.

SEMBLER DE (un infinitif) :

Quand il m'a dit ces mots, il m'a *semblé d'entendre :*
Va-t'en vite chercher un licou pour te pendre. (*Dép. am.* V. 1.)

SEMENCES, figurément, principes ; SEMENCES D'HONNEUR :

Isabelle pourroit perdre dans ces hantises
Les *semences d'honneur* qu'avec nous elle a prises. (*Éc. des mar.* I. 4.)

SEMONDRE, exhorter par un sermon, un avis :

De peur que cet objet qui le rend hypocondre
A faire un vilain coup ne me l'allât *semondre.* (*L'Ét.* II. 3.)

S'EN RETOURNER, avec la tmèse de *en* :

Et, dès devant l'aurore,
Vous *vous en* êtes *retourné.* (*Amph.* II. 2.)

(Voyez EN construit avec un verbe.)

SENS, au pluriel ; le sens, la signification :

Et les *sens imparfaits* de cet écrit funeste
Pour s'expliquer à moi n'ont pas besoin du reste. (*D. Garcie.* II. 4.)

SENSIBLE, clair, intelligible, qui tombe sous le sens :

Mon malheur m'est visible,
Et mon amour en vain voudroit me l'obscurcir ;
Mais le détail encor ne m'en est pas *sensible.* (*Amph.* II. 2.)

SENTIMENTS OUVERTS ; PARLER A SENTIMENTS OUVERTS :

Et je crois, *à parler à sentiments ouverts,*
Que nous ne nous en devons guères. (*Amph. prol.*)

SENTIR, construit avec un pronom possessif, suivi d'un substantif ; SENTIR SON BIEN :

A l'heure que je parle, un jeune Égyptien,
Qui n'est pas noir pourtant et *sent assez son bien,*
Arrive, accompagné d'une vieille fort hâve. (*L'Ét.* IV. 9.)

Bien, dans cette locution, signifie *bonne* extraction ; sentir son bien né, son homme bien né.

— SENTIR SON VIEILLARD, SON HOMME QUI... :

Cela *sent son vieillard* qui, pour s'en faire accroire,
Cache ses cheveux blancs d'une perruque noire. (*Éc. des mar.* I. 1.)

Votre conseil *sent son homme* qui a envie de se défaire de sa marchandise. (*Am. méd.* I. 1.)

« Mon languaige françois est altéré, et en la prononciation et ailleurs, par la barbarie

de mon creu. Je ne veis jamais homme des contrées de deçà qui ne *sentist* bien évidemment *son ramage*, et qui ne bleceast les aureilles pures françoises. »
(Montaigne. II. 17.)

« Il y a trop de somptuosité à votre habit : cela *ne sent pas sa criminelle* assez repentante. » (La Fontaine. *Psyché.* II.)

« Cybèle est vieille, Junon de mauvaise humeur; Cérès *sent sa divinité de province*, et n'a nullement l'air de cour. » (Id. *Ibid.*)

— SENTIR LE BATON, impersonnel :

C'est *qu'il sent le bâton* du côté que voilà. (*Dép. am.* V. 4.)

— SENTIR (SE), avoir la conscience de son être :

Petit serpent que j'ai réchauffé dans mon sein,
Et qui, dès qu'il *se sent*, par une humeur ingrate,
Cherche à faire du mal à celui qui le flatte ! (*Éc. des fem.* V. 4.)

SERRER, verbe actif, en parlant d'une maladie, peste, fièvre, etc. :

Que la fièvre quartaine puisse *serrer bien fort* le bourreau de tailleur !
(*B. gent.* II. 7.)

(Voyez FIÈVRE.)

SERVIR SUR TABLE :

GALOPIN. Madame, on a *servi sur table*. (*Crit. de l'Éc. des fem.* 8.)

C'était l'expression consacrée :

« Ainsi dit Gilotin, et ce ministre sage
Sur table au même instant fait *servir* le potage. » (Boileau. *Le Lutrin.*)

— SERVIR DE QUELQUE CHOSE :

Et voilà *de quoi sert* un sage directeur. (*Éc. des fem.* III. 1.)
L'un fait beaucoup de bruit qui *ne lui sert de guères*. (*Ibid.* I. 1.)

Dans cette façon de parler, NE SERVIR DE RIEN, on usait d'une inversion au participe passé :

Tout cela *n'a de rien servi*. (*Préf. de Tartuffe* et 2e *Placet au roi.*)

SES, pluriel, précédant deux substantifs au singulier :

Chacun, à *ses péril et fortune*, peut croire tout ce qu'il lui plaît. (*Mal. im.* III. 3.)

Cette façon de parler est tout à fait conforme à l'ancienne langue. Aussi je ne crois pas que la vraie locution soit : *à ses risques et périls*, mais *à ses risque et péril*, au singulier.

SEUL, faisant pléonasme avec *ne que* :

Notre sort *ne dépend que* de sa *seule* tête. (*Éc. des fem.* III. 1.)

Mais j'entends que la mienne
Vive à ma fantaisie, et non pas à la sienne;
Que d'une serge honnête elle ait son vêtement,
Et *ne* porte le noir *qu*'aux bons jours *seulement*. (*Éc. des mar.* I. 2.)
Ce *n'est qu*'après moi *seul* que son âme respire. (*Ibid.* II. 14.)
Et je *n'ai seulement qu*'à vous dire deux mots. (*Tart.* III. 2.)
Ce *n'est que la seule* considération que j'ai pour monsieur votre père. (*Pourc.* III. 9.)
Ce *n'est qu'à l'esprit seul* que vont tous les transports. (*Fem. sav.* IV. 2.)

Ce tour, qu'on appellerait aujourd'hui un pléonasme, est très familier aux écrivains du xviie siècle :

« Le roi son mari lui a donné jusqu'à la mort ce bel éloge, qu'il *n'y* avoit *que le seul* point de la religion où leurs cœurs fussent désunis. » (BOSSUET. *Or. f. de la r. d'A.*)

SI, pris substantivement; UN SI, une condition :

Ces protestations ne coûtent pas grand'chose,
Alors qu'à leur effet *un pareil si* s'oppose. (*Dép. am.* II. 2.)

« Je te la rends dans peu, dit Satan, favorable;
Mais *par tel si*, qu'au lieu qu'on obéit au diable
Quand il a fait ce plaisir-là,
A tes commandements le diable obéira. »
(LA FONTAINE. *La Chose impossible.*)

Cette locution est très fréquente dans les poètes du xiiie siècle.

— SI *(sic)*, toutefois; ET SI, et pourtant, et encore :

J'ai la tête plus grosse que le poing, *et si* elle n'est pas enflée. (*B. gent.* III. 5.)

— SI FAUT-IL, encore faut-il :

MORON. *Si faut-il* tenter toute chose, et éprouver si son âme est entièrement insensible. (*Pr. d'Él.* III. 5.)

Si faut-il bien pourtant trouver quelque moyen.... pour attraper notre brutal.
(*Sicilien.* 5.)

« On m'a pourvu d'un cœur peu content de soi-même,
Inquiet, et fécond en nouvelles amours;
Il aime à s'engager, mais non pas pour toujours;
Si faut-il une fois brûler d'un feu durable. » (LA FONT. *Élég.* III.)

Diantre soit fait de vous, si je le veux. (*Tartuffe.* II. 4.)

Voyez tome VI, page 112.

— SI... COMME *(sic ut) :*

Je vous félicite, vous, d'avoir une femme *si* belle, *si* sage, *si* bien faite, *comme* elle est. (*Méd. m. lui.* II. 4.)

Sic pulchra ut est.

Comme, dans l'origine, était le complément naturel de *si, aussi, tant.*

« Li reis jurad : *Si* veirement *cume* Deus vit, David ne murrad. » (*Rois.* p. 74.)

« Ki, entre tute ta gent, est *si* fidel *cume* David vostre gendre est? » (*Ibid.* p. 87.)

Ou sans séparation, *sicume* (italien, *siccome*) :

« E fud a curt *sicume* il out ested devant. » (*Ibid.* p. 74.)

Comme se construisait de même avec *tel :*

« Deus te face *tel* merci *cume* tu m'as mustred ici. » (*Ibid.* p. 95.)

« Vous voulez vous guérir de l'infidélité, et vous en demandez les remèdes? Apprenez-les de ceux qui ont été *tels comme vous*. » (PASCAL. *Pensées.*)

Comme suppléait *que*, au grand avantage de l'euphonie :

« Peut-être que tu mens *aussi bien comme* lui. »
(CORNEILLE. *Le Menteur.* IV. 7.)

« Qu'il fasse *autant* pour soi *comme* je fais pour lui. »
(ID. *Polyeucte.* III. 3.)

Sur quoi Voltaire dit : « Ce vers est un solécisme; on dit *autant que*, et non pas *autant comme*. » Mais pourquoi pas? L'usage? Il était du temps de

Corneille en faveur d'*autant comme*. La logique? C'est un pur latinisme. Les Latins faisaient donc aussi un solécisme, de dire :

> Haud ita vitam agerent *ut* nunc plerumque *videmus*? (LUCRÈCE. III.)

Il est fâcheux que Voltaire ait appuyé une réforme sans motif, qui appauvrit la langue, surtout celle des poètes, et envieillit les écrivains faits pour rester modèles. J'ai dit que l'emploi de *comme* relatif avait jadis pour soi l'autorité de l'usage; voici en preuve quelques exemples :

Marot demandant une haquenée à François Ier :

> « Savez comment Marot l'acceptera?
> *D'aussi* bon cueur *comme* la sienne il donne
> Au fin premier qui la demandera. »

> « Il n'est rien de *si* beau *comme* Calixte est belle. » (MALHERBE.)

> « Tant qu'a duré la guerre, on m'a vu constamment
> *Aussi* bon citoyen *comme* parfait amant. » (CORNEILLE. *Horace*.)

Comme, à la place de *que*, est un archaïsme qui a de la grâce et de la naïveté.

> « Catin veut espouser Martin;
> C'est une très fine femelle !
> Martin ne veut pas de Catin :
> Je le trouve *aussi* fin *comme* elle. » (MAROT.)

— SI dubitatif, *si*,... ET QUE... :

> *S'il* ne vous suffit pas de toute l'assurance
> Que vous peuvent donner mon cœur et ma puissance,
> *Et que* de votre esprit les ombrages puissants
> Forcent mon innocence à convaincre vos sens... (*D. Garcie*. IV. 8.)

Ce seroit une chose plaisante *si* les malades guérissoient, *et qu'*on m'en vînt remercier! (*D. Juan*. III. 1.)

« *Si* Babylone eût pu croire qu'elle eût été périssable comme toutes les autres choses humaines, *et que* une confiance insensée ne l'eût pas jetée dans l'aveuglement... » (BOSSUET. *Hist. un.* IIIe p.)

— SI, répondant au latin *an, utrum* :

> Et je suis *en suspens si*, pour me l'acquérir,
> Aux extrêmes moyens je ne dois pas courir. (*L'Ét*. III. 2.)

Je suis *dans l'incertitude si* je dois me battre avec mon homme ou bien le faire assassiner. (*Sicilien*. 13.)

— SI C'ÉTAIT QUE :

> Et *si c'étoit qu'*à moi la chose pût tenir... (*Mis*. IV. 1.)

— SI (un adjectif) QUE DE (*adeo... ut...*); tant ou tellement... que de... :

Et j'ai eu un aïeul, Bertrand de Sotenville, qui fut *si considéré* en son temps *que d'avoir* permission de vendre tout son bien pour le voyage d'outre-mer. (*G. D.* I. 5.)

S'il étoit *si hardi que de* me déclarer son amour, il perdroit pour jamais ma présence et mon estime. (*Am. magn*. II. 3.)

Ouais ! je ne croyois pas que ma fille fût *si habile que de* chanter ainsi à livre ouvert. (*Mal. im*. II. 6.)

« Celui-ci le paya d'ingratitude, et fut *si méchant que d'oser* souiller le lit de son bienfaiteur. » (LA FONT. *Vie d'Ésope*.)

SIÈCLE D'AUJOURD'HUI (AU) :

C'est une chose rare *au siècle d'aujourd'hui*. (*Mis*. IV. 1.)

SINGULIER ; SINGULIER A, particulier à :

Cette fermeté d'âme, *à vous si singulière*. (*Fem. sav*. V. 1.)

SINGULIER (verbe au) après un nombre pluriel :

Quatre ou cinq mille écus *est* un denier considérable. (*Pourc*. III. 9.)

Et deux ans, dans le sexe, *est* une grande avance. (*Mélicerte*. I. 4.)

(Voyez C'EST ou EST en accord avec un pluriel, et CE SONT.)

SI PEU QUE DE (un infinitif) :

Vous êtes-vous mis dans la tête qu'un homme de soixante-trois ans… considère *si peu* sa fille *que de la marier* avec un homme qui a ce que vous savez ? (*Pourc*. II. 7.)

(Voyez SI [un adjectif] QUE DE.)

SIQUENILLES (*sic* dans l'édition originale, Ribou, 1669) ; souquenilles :

Quitterons-nous nos *siquenilles*, monsieur ? (*L'Av*. III. 2.)

SITUÉ ; AME BIEN SITUÉE :

Non, non, il n'est point d'âme un peu *bien située*
Qui veuille d'une estime ainsi prostituée. (*Mis*. I. 1.)

L'expression est insolite ; cependant nous disons chaque jour, avec l'autorité de l'usage : Avoir le cœur *bien placé*. C'est la même figure.

SŒURS D'INFORTUNE, comme *frères d'armes* :

Nous nous voyons *sœurs d'infortune*. (*Psyché*. I. 1.)

SOI, où l'usage moderne emploie *lui*, *elle*, *eux* :

Bien que de vous mon cœur ne prenne point de loi,
Et ne doive en ces lieux aucun compte qu'à *soi*. (*D. Garcie*. II. 5.)

C'est une fille à nous, que, sous un don de foi,
Un Valère a séduite et fait entrer chez *soi*. (*Éc. des mar*. III. 5.)

Apud se, et non *apud illum*.

Agnès, dit Horace,

N'a plus voulu songer à retourner chez *soi*,
Et de tout son destin s'est commise à ma foi. (*Éc. des fem*. V. 2.)

Je vous dis que mon fils n'a rien fait de plus sage
Qu'en recueillant chez *soi* ce dévot personnage. (*Tart*. I. 1.)

Toi, Sosie ? — Oui, Sosie ; et si quelqu'un s'y joue,
Il peut bien prendre garde à *soi*. (*Amph*. I. 2.)

Ne voyez-vous pas qu'il tire à *soi* toute la nourriture, et qu'il empêche ce côté-là de profiter ? (*Mal. im*. III. 14.)

Cet indolent état de confiance extrême,
Qui le rend en tout temps si content de *soi-même*. (*Fem. sav*. I. 3.)

Ce sont choses, *de soi*, qui sont belles et bonnes. (*Ibid*. IV. 3.)

Le savoir garde *en soi* son mérite éminent. (*Ibid*.)

Il n'est pour le vrai sage aucun revers funeste ;
Et, perdant toute chose, à *soi-même* il se reste. (*Ibid*. V. 4.)

Tout le xviie siècle a ainsi parlé. Les grammairiens se sont perdus en distinctions et en subtilités pour régler quand il fallait *soi*, et quand *lui*. Tout cela est chimérique. Les grands écrivains du temps de Louis XIV se sont guidés bien plus sûrement sur un seul point : partout où le latin mettrait *se*, ils ont mis *soi*.

> « Qu'il fasse autant pour *soi* comme je fais pour lui. »
> (CORNEILLE. *Polyeucte*. III. 8.)

Pro se ipso, et non *pro illo*.

> « Mais il se craint, dit-il, *soi-même* plus que tous. »
> (RACINE. *Androm*. V. 2.)

Timet se ipsum.

> « Charmant, jeune, traînant tous les cœurs après *soi*. » (ID. *Phèdre*.)

Post se, et non *post illum*.

> « Mais souvent un auteur, qui se flatte et qui s'aime,
> Méconnoît ses défauts et s'ignore *soi-même*. »
> (BOILEAU.)

« Il n'ouvre la bouche que pour répondre... Il crache presque sur *soi*. »
(LA BRUYÈRE.)

« Idoménée, revenant à *soi*, remercia ses amis. » (FÉNELON.)

« Tant de profanations que les armes traînent après *soi!* » (MASSILLON.)

« Dieux immortels, dit-elle en *soi-même*, est-ce donc ainsi que sont faits les monstres? » (LA FONTAINE. *Psyché*. I.)

On voit qu'il n'est pas besoin de tant raffiner, à la suite de Vaugelas, d'Olivet et des modernes.

SOIENT, monosyllabe :

> Et votre front, je crois, veut que du mariage
> Les cornes *soient* chez vous l'infaillible apanage. (*Ec. des fem*. I. 1.)
> « Qu'ils *soient* comme la poudre et la paille légère
> Que le vent chasse devant lui. »
> (RACINE. *Esther*. I. 5.)

SOIS-JE, dans une formule de souhait :

> *Sois-je* du ciel écrasé si je mens! (*Mis*. I. 2.)

Forme excellente, au lieu de *puissé-je être*.

SOLÉCISMES EN CONDUITE :

> Le moindre *solécisme*, en parlant, vous irrite;
> Mais vous en faites, vous, d'étranges *en conduite*. (*Fem. sav*. II. 7.)

SOLLICITER DE QUELQUE CHOSE :

> J'ai cru faire assez de fuir l'engagement *dont j'étois sollicitée*. (*Am. magn*. IV. 7.)
> Ne me refusez point la grâce *dont je vous sollicite*. (*L'Av*. II. 7.)

SON, SA, SES, se rapportant à un autre mot que le sujet de la phrase :

> Je ne puis vous celer que ma fille Célie
> Dès longtemps par moi-même est promise à Lélie,
> Et que, riche en vertus, *son retour* aujourd'hui
> M'empêche d'agréer un autre époux que lui. (*Sgan*. 24.)

Son retour, c'est le retour de Lélie; *riche en vertus* se rapporte aussi à Lélie, quoique la construction de la phrase semble appliquer ces mots au retour.

> Jusqu'ici don Louis, qui vit à *sa prudence*

(La prudence de don Louis.)

> Par le feu roi mourant commettre *son enfance*.

(L'enfance de don Alphonse.)

> A caché *ses destins* aux yeux de tout l'État...

(Les destins d'Alphonse.)

> Et bien que le tyran, depuis *sa lâche audace*,

(L'audace du tyran.)

> L'ait souvent demandé pour lui rendre *sa place*,

(La place d'Alphonse.)

> Jamais *son zèle ardent* n'a pris de sûreté

(Le zèle d'Alphonse.)

> A l'appât dangereux de *sa fausse équité*. (*D. Garcie.* I. 2.)

(La fausse équité du tyran.)

— SON, SA, rapportés à un nom de chose :

LYSIDAS (*parlant de sa pièce*). Tous ceux qui étoient là doivent venir à *sa* première représentation. (*Crit. de l'Éc. des fem.* 7.)

— SON avec *sentir*. Voyez SENTIR.

SONGER, actif, pour *imaginer, méditer* :

> C'est une foible ruse;
> J'en *songeois une*... — Et quelle? — Elle n'iroit pas bien. (*L'Ét.* I. 2.)
> J'avois *songé une comédie* où il y auroit eu un poëte, etc. (*Impromptu.* 1.)

— SONGER DE (un infinitif); songer à :

> Et qu'ils s'étoient promis une foi mutuelle,
> Avant qu'il eût *songé de poursuivre* Isabelle. (*Éc. des mar.* III. 6.)

(Voyez DE remplaçant A.)

SONT pour font, en style d'arithmétique :

> Je crois que deux et deux *sont* quatre. (*D. Juan.* III. 1.)

— SONT-CE :

> *Sont-ce* encore des bergers? — C'est ce qu'il vous plaira. (*B. gent.* I. 2.)
> *Sont-ce* des vers que vous lui voulez écrire? (*Ibid.* II. 6.)
> *Sont-ce* des visions que je me mets en tête? (*Psyché.* I. 1.)

(Voyez CE SONT.)

SORTILÈGE; DONNER UN SORTILÈGE A QUELQU'UN, lui jeter un sort :

> C'est un *sortilège* qu'il lui a donné. (*Pourc.* III. 9.)

SORTIR HORS :

> Tenez, voyez ce mot, et *sortez hors* de doute. (*Dép. am.* I. 2.)
> Mais lui fallant un pic, je *sortis hors* d'effroi. (*Fâcheux* II. 2.)

SOT, terme adouci pour exprimer ce qu'ailleurs Molière appelle crûment un cocu :

> Elles font la sottise, et nous sommes les *sots*. (*Sgan.* 17.)

Elle? Elle n'en fera qu'un *sot*, je vous l'assure. (*Tart*. II. 2.)
Épouser une sotte est pour n'être point *sot*. (*Éc. des mar*. I. 1.)
« Il veut à toute force être au nombre des *sots*. »
(La Font. *La Coupe enchantée*.)

— sot, passionné au point d'en perdre le sens :

Si bien donc? — Si bien donc qu'elle est *sotte* de vous. (*L'Ét*. I. 6.)

— être sot après quelqu'un, en être assotté :

MARINETTE.
Que Marinette est *sotte après son Gros-René!* (*Dép. am*. IV. 4.)

SOUCIER, verbe actif, comme *affliger, chagriner* :

Hé! je crois que cela foiblement *vous soucie*. (*Dép. am*. IV. 3.)

« Penses-tu, lui dit-il, que ton titre de roi
Me fasse peur, ni *me soucie?* »
(La Fontaine. *Le Lion et le Moucheron*.)

SOUFFRANCE, tolérance :

Comme sur les maris accusés de souffrance. (*Éc. des fem*. I. 1.)

SOUFFRIR, absolument; souffrir de quelqu'un :

Ciel, faut-il que le rang, dont on veut tout couvrir,
De cent sortes de sots nous oblige à *souffrir!* (*Fâcheux*. I. 6.)

— souffrir quelque chose a quelqu'un :

De grâce, *souffrez-moi*, par un peu de bonté,
Des bassesses à qui vous devez la clarté. (*Fem. sav*. I. 1.)

« Mais le père Lemoine a apporté une modération à cette permission générale; car *il ne le veut point du tout souffrir aux vieilles*. » (Pascal. 9e *Prov*.)

— souffrir a quelqu'un de (un infinitif), lui permettre :

..........*Souffrez à mon amour*
De vous revoir, madame, avant la fin du jour. (*Mis*. IV. 4.)

Si votre cœur me considère
Assez pour *me souffrir de disposer de vous*.... (*Psyché*. I. 3.)

SOUPÇON; hors de soupçon :

On ne reçoit plus rien qui soit *hors de soupçon*. (*L'Ét*. II. 6.)

Qui soit à l'abri du soupçon, qui ne soit suspect.

— soupçons de quelqu'un :

Ce n'est pas d'aujourd'hui, Nicole, que j'ai conçu des soupçons *de mon mari*.
(*B. gent*. III. 7.)

Molière dit *soupçons de quelqu'un*, comme *l'hymen, la vengeance, la jalousie de quelqu'un*, c'est-à-dire relativement à quelqu'un.

— soupçon entre deux personnes, qui porte sur deux personnes :

Cela ne vous offense point : *il ne tombe entre lui et vous aucun soupçon* de ressemblance. (*Scapin*. II. 7.)

SOUPÇONNER, suspecter :

On *soupçonne* aisément un sort tout plein de gloire,
Et l'on en veut jouir avant que de le croire. (*Tart*. IV. 5.)

SOUS, au lieu de *par* ou *avec* :

> Enfin je l'ai fait fuir, et, *sous ce traitement*,
> De beaucoup d'actions il a reçu la peine. (*Amph.* I. 2.)

> Ne prétendez pas vous sauver *sous* cette imposture. (*L'Av.* V. 5.)

— SOUS COULEUR, sous prétexte :

> Anselme, instruit de l'artifice,
> M'a repris maintenant tout ce qu'il nous prêtoit,
> *Sous couleur* de changer de l'or que l'on doutoit. (*L'Ét.* II. 7.)

(Voyez COULEUR et COLORÉ.)

— SOUS DES LIENS :

> La fille qu'autrefois de l'aimable Angélique,
> *Sous des liens* secrets eut le seigneur Enrique. (*Éc. des fem.* V. 9.)

> Ce n'est pas à mon cœur qu'il faut que je défère,
> Pour entrer *sous de tels liens*. (*Psyche.* I. 3.)

— SOUS DES SOINS :

> Je ris des noirs accès où je vous envisage,
> Et crois voir en nous deux, *sous mêmes soins nourris*,
> Ces deux frères que peint *l'École des maris*. (*Mis.* I. 1.)

L'idée de protection, enfermée dans le verbe *nourrir*, sauve cette métaphore :

> « Parva *sub* ingenti matris se subjicit *umbra*. » (VIRG.)

— SOUS L'APPAT DE, sous le prétexte de :

> Ce marchand déguisé,
> Introduit *sous l'appât* d'un conte supposé. (*L'Ét.* IV. 7.)

— SOUS TANT DE VRAISEMBLANCE :

> Quoi! le premier transport d'un amour qu'on abuse
> *Sous tant de vraisemblance* est indigne d'excuse! (*Dép. am.* IV. 2.)

— SOUS UN DON DE FOI :

> C'est une fille à nous, que, *sous un don de foi*,
> Un Valère a séduite et fait entrer chez soi. (*Éc. des mar.* III. 5.)

— SOUS UN SEMBLANT :

> Quoi! *sous un beau semblant* de ferveur si touchante. (*Tartuffe.* V. 1.)

Dans plusieurs de ces locutions, *sur* serait aussi bien venu que *sous*. Molière, pour l'emploi de l'un et de l'autre, paraît n'avoir suivi que le hasard, et l'usage l'y autorisait. Voyez au mot SUR, où l'origine de cette confusion est exposée.

SOUTENIR LE COURROUX, y persévérer :

> Pour vouloir *soutenir le courroux* qu'on me donne,
> Mon cœur a trop su me trahir. (*Amph.* II. 6.)

SPIRITUELLE, substantif; UNE SPIRITUELLE :

> Moi, j'irois me charger d'*une spirituelle*
> Qui ne parleroit rien que cercle et que ruelle? (*Éc. des fem.* I. 1.)

(Voyez RIDICULE, substantif.)

SUBJONCTIF qui en commande un autre, dans une place où nous mettrions aujourd'hui l'*indicatif* :

> J'*aurois* assez d'adresse pour faire accroire à votre père que ce *seroit* une personne riche, outre ses maisons, de cent mille écus en argent comptant; qu'elle *seroit* éperdument amoureuse de lui, et *souhaiteroit* de se voir sa femme. (*L'Av.* IV. 1.)

Il est clair qu'en effet la forme conditionnelle est la meilleure dans tout ce passage, qui n'expose qu'une hypothèse.

— Construit avec un présent de l'indicatif :

> Que vient de te donner cette farouche bête?
> — Cette lettre, monsieur, qu'avecque cette boête
> On *prétend* qu'*ait* reçue Isabelle de vous. (*Éc. des mar.* II. 8.)

On dirait en style moderne : on prétend qu'*a* reçue. Il est manifeste que le conditionnel est plus juste, puisqu'il s'agit encore ici d'une hypothèse.

(Voyez CONDITIONNELS, FUTURS.)

SUCCÉDER, arriver, réussir, *contingere* :

> Quelque chose de bon nous pourra *succéder*. (*Dép. am.* III. 1.)
> Ces maximes, un temps, leur peuvent *succéder*. (*D. Garcie.* II. 1.)

SUCCÈS, issue d'une affaire, dans le sens du latin *exitus*, sans impliquer l'idée du bien ni du mal :

> Ce qu'on *voit* de *succès* peut bien persuader
> Qu'ils ne sont pas encor fort près de s'accorder. (*L'Ét.* V. 12.)
> J'en viens d'entendre ici le *succès merveilleux*. (*Ibid.* V. 15.)
> Adieu; nous en saurons le *succès* dans ce jour. (*Dép. am.* I. 2.)
> Daignez, je vous conjure,
> Attendre le *succès* qu'aura cette aventure. (*Ibid.* III. 7.)
> Hé bien! ce beau *succès* que tu devois produire? (*Ibid.* III. 9.)
> Vous vous tromperez. — Soit. J'en veux voir le *succès*.
> — Mais... — J'aurai le plaisir de perdre mon procès. (*Mis.* I. 1.)

SUCRÉE (FAIRE LA), faire la prude, la renchérie :

> Elle *fait la sucrée*, et veut passer pour prude. (*L'Ét.* III. 2.)
> — Qui, moi? — Oui, vous; *ne faites point tant la sucrée*. (*G. D.* I. 6.)

SUFFISANCE, en bonne part; HOMME DE SUFFISANCE :

> *Homme de suffisance*, homme de capacité. (*Mar. for.* 6.)

Dans le XVIIe siècle, *suffisant* et *suffisance* se prenaient en bonne part, au sens de *qui suffit à quelque chose*. Voici les exemples que donne Furetière : « Le roi a des ministres qui sont d'une grande *suffisance*, d'une grande capacité, d'une grande pénétration. » Et au mot SUFFISANT : « Se dit d'un grand mérite et de la sotte présomption. Le roi cherche des gens qui soient *suffisants*, et capables de remplir les prélatures et les grandes charges. »

— SUFFISANT DE (un infinitif), qui suffit; qui suffit à, capable de :

> Bon Dieu! que de discours!
> Rien n'est-il *suffisant* d'en arrêter le cours? (*Dép. am.* II. 7.)
> « Je me déchargerai d'un faix que je dédaigne,
> *Suffisant de crever* un mulet de Sardaigne. » (REGNIER, *Sat.* VI.)

SUFFIT QUE, suivi d'un verbe à l'indicatif :

Il suffit que nous savons ce que nous savons, et que tu fus bien heureuse de me trouver.
(*Méd. m. lui.* 1. 1.)

Nous savons ce que nous savons, cela suffit, c'est en dire assez. *Il suffit que nous sachions* présenterait un sens tout autre.

SUITE ; EN SUITE DE. Voyez ENSUITE DE.

— SUITE, développement.

Don Alphonse dit à dona Elvire, qui vient de réciter trente-cinq vers sans interruption :

J'ai de votre discours assez souffert *la suite.* (*D. Garcie.* V. 5.)

— D'UNE LONGUE SUITE, très suivi :

Et tâcher, par des soins *d'une très longue suite,*
D'obtenir ce qu'on nie à leur peu de mérite. (*Mis.* III. 1.)

— SUITE, conséquence :

Un avis *dont la suite*
Vous réduit au parti d'une soudaine fuite. (*Tart.* V. 6.)

Les *suites* de ce mot, quand je les envisage,
Me font voir un mari, des enfants, un ménage. (*Fem. sav.* 1. 1.)

SUIVRE LE COURROUX DE QUELQU'UN, s'y associer :

Assembler des amis qui *suivent mon courroux.* (*Amph.* III. 5.)

— SUIVRE QUELQU'UN AU DESSEIN DE (un infinitif) :

Bon. — Et moi, pour *vous suivre au dessein de tout rendre…*
(*Dép. am.* IV. 3.)

Pour vous imiter dans ce dessein.

— SUIVRE SA POINTE :

Quel diable d'étourdi, qui *suit toujours sa pointe!* (*Scapin.* III. 11.)

SUJET à la première personne, et le verbe à la troisième. Voyez PRONOM.

SUJET SOUS-ENTENDU autre que le sujet exprimé :

Elle vous diroit bien qu'elle vous trouve bon,
Et qu'*elle* n'est point d'âge à *lui donner* ce nom. (*Tart.* I. 2.)

Elle n'est point d'âge à ce qu'*on* puisse lui donner.

Le besoin de brièveté, joint à la clarté de l'expression, paraît plus que suffisant à excuser cette légère inexactitude.

SUPERFLU DE LA BOISSON (LE), périphrase qui s'entend de reste :

Je m'étois amusé dans votre cour à expulser *le superflu de la boisson.*
(*Méd. m. l.* III. 5.)

SUPPORT, dans le sens moral ; appui :

Elle n'a ni parent, ni *support,* ni richesse. (*Éc. des fem.* III. 5.)

L'éclat d'une fortune en mille biens féconde
Fera connoître à tous que je suis ton *support.* (*Amph.* III. 11.)

SUPPORTER QUELQU'UN DANS, comme nous disons *soutenir dans* :

Nous ne sommes point gens à *la supporter dans* de mauvaises actions. (*G. D.* I. 4.)

SUPPRESSION ; A MA SUPPRESSION, en me supprimant, m'excluant :

A ma suppression il s'est ancré chez elle. (*Éc. des fem.* III. 5.)

Comme on dit *à mon profit, à mon dam.*
Bossuet a dit : « *Au grand malheur* des hommes ingrats. »
(*Or. fun. de la R. d'A.*)

SUR LE FIER ; SE TENIR SUR LE FIER :

Mais puisque *sur le fier vous vous tenez* si bien... (*Mélicerte.* I. 3.)

SUR PEINE DE, sous peine de :

On ne doit de rimer avoir aucune envie,
Qu'on n'y soit condamné *sur peine* de la vie. (*Mis.* IV. 1.)

Mais à condition... que vous n'en ouvrirez la bouche à personne du monde, *sur peine de la vie*. (*Am. magn.* II. 3.)

« Madame, qui de tous poins veoit le seigneur de Saintré à combattre meu et desliberé, feloneusement luy dist : Sire de Saintré, nous voulons et vous commandons, *sur peine* d'encourir nostre indignacion, que incontinent tous deux vous desarmez. »
(*Le Petit Jehan de Saintré.*)

« Les seigneurs de Carthage, voyants que leur pays se despeuploit peu à peu, feirent desfense expresse, *sur peine de mort*, que nul n'eust plus à aller par là. »
(MONTAIGNE. I. 30.)

« Si mon fils a jamais des enfants, je veux qu'ils étudient au collège de Clermont, *sur peine* d'être déshérités. » (ST-ÉVREMONT. *Convers. du P. Canaye.*)

« Est-ce un article de foi qu'il faille croire, *sur peine* de damnation ? »
(PASCAL. 18e *Prov.*)

On écrivait originairement *sor* et *soz;* quand la consonne finale était muette, comme l'o sonnait le plus souvent *ou*, la prononciation confondait pour l'oreille *sour* et *sous;* de là l'emploi indifférent de l'un ou de l'autre dans certaines locutions consacrées, comme *sur peine* et *sous peine*.

— SUR LE PIED DE (un infinitif) :

Et veulent, *sur le pied de nous être fidèles*,
Que nous soyons tenus à tout endurer d'elles. (*Éc. des fem.* IV. 8.)

Sous prétexte qu'elles nous sont fidèles ; s'appuyant sur ce qu'elles nous sont fidèles.

— SUR SA MOUSTACHE :

On n'est point bien aise de voir, *sur sa moustache*, cajoler hardiment sa femme ou sa maîtresse. (*Sicilien.* 14.)

SURPRENDRE AU DÉPOURVU :

Mais je vous avouerai que cette gayeté
Surprend au dépourvu toute ma fermeté. (*D. Garcie.* V. 6.)

SURSÉANCE ; FAIRE SURSÉANCE A... surseoir :

Et jusques à demain *je ferai surséance*
A l'exécution, monsieur, de l'ordonnance. (*Tart.* V. 4.)

SUS; SUS DONC :

 Oui? *Sus donc*, préparez vos jambes à bien faire. (*L'Ét.* II. 14.)

SUSPENS SI (ÊTRE EN). Voyez SI répondant au latin *an, utrum*.

SYLLEPSE qui suppose un nominatif non exprimé :

 Cet arrêt suprême,
Qui décide du sort de mon amour extrême,
Doit m'être assez touchant *pour ne pas s'offenser*
Que mon cœur par deux fois le fasse répéter. (*Éc. des mar.* II. 14.)

Pour ne pas s'offenser, c'est-à-dire *pour qu'*ON *ne s'offense pas*. Le sujet de la phrase est *l'arrêt;* ce n'est point l'arrêt qui s'offensera, c'est Isabelle.

D. PÈDRE. Et, cette nuit encore, on est venu chanter sous nos fenêtres.
ISIDORE. Il est vrai. La musique *en* étoit admirable! (*Sicilien.* 7.)

En se rapporte à l'idée de *concert, sérénade*, éveillée par la phrase précédente, où pourtant ce mot ne se trouve pas, ni aucun semblable.

Racine a dit, par un tour semblable :

« Entre *le pauvre* et vous vous prendrez Dieu pour juge ;
Vous souvenant, mon fils, que, caché sous ce lin,
Comme *eux* vous fûtes pauvre, et comme *eux* orphelin. »
 (*Athalie.* IV. 4.)

SYMÉTRIE DES TEMPS. Voyez aux mots CONDITIONNELS, SUBJONCTIF, et FUTURS.

T EUPHONIQUE :

 Voilà-*t*-il pas monsieur qui ricane déjà? (*Tart.* I. 1.)

Nos anciens eussent écrit *voilat il pas*, ou bien *voila il pas*, laissant à l'usage le soin d'indiquer la consonne euphonique.

La seconde manière était celle du XVIe siècle; mais Théodore de Bèze nous avertit de prononcer un *t* intercalaire : — « Cette lettre offre une particularité curieuse, c'est qu'on la prononce là où elle n'est pas écrite. Vous voyez écrit *parle il*, et vous prononcez, en intercalant le *t*, *parle til*. On écrira *va il, ira il, parlera il*, et l'on prononcera *va til, ira til, parlera til.* »
 (*De fr. ling. rect. pron.* p. 36.)

 Ainsi, n'ayant au cœur nul dessein pour Clitandre,
Que vous importe-*t*-il qu'on y puisse prétendre? (*Fem. sav.* I. 1.)
Va, va-*t*-en faire amende honorable au Parnasse. (*Ibid.* III. 5.)

TABLER, tenir table :

 Et, pleins de joie, allez *tabler* jusqu'à demain. (*Amph.* III. 6.)

TÂCHER A (un infinitif), tâcher de :

 La mémoire du père, à bon droit respectée,
Joint au grand intérêt que je prends à la sœur,
Veut que du moins l'on *tâche à lui rendre* l'honneur. (*Éc. des mar.* III. 4.)
Tâchons à modérer notre ressentiment. (*Éc. des fem.* II. 2.)
Que votre esprit un peu *tâche à se rappeler*. (*Mis.* IV. 2.)
 Il suffit qu'il se rende plus sage,
Et *tâche à mériter* la grâce où je m'engage. (*Tart.* III. 4.)

Je vois qu'envers mon frère on *tâche a me noircir*. (*Ibid.* III. 7.)

TAIRE (SE) DE QUELQUE CHOSE :

C'est bien la moindre chose que je vous doive..., que de *me taire* devant vous *d'une personne* que vous connoissez. (*D. Juan.* III. 4.)

C'est avoir bien de la langue, que de ne pouvoir *se taire de ses propres affaires*. (*Scapin.* III. 4.)

« Je *m'en tais*, et ne veux leur causer nul ennui. »
(La Font. *Le Geai paré des plumes du Paon.*)

« Dame, si vous faictes nulle mention de celle avenue, vous serez déshonorée. *Taisez-vous-en*, et je *m'en tairai* aussi pour vostre honneur. » (Froissart. *Chron.* III. ch. 49.)

(Voyez DE répondant au latin *de*, touchant ; et MENTIR.)

TANT devant un adjectif, pour *si, tellement :*

Voilà une malade qui n'est pas *tant dégoûtante*. (*Méd. m. lui.* II. 6.)
Elle n'est point *tant sotte*, ma foi, et je la trouve assez passable. (*Scapin.* I. 3.)

— TANT DE (un substantif), QUE DE (un infinitif) :

Qui donc est ce coquin qui prend *tant de licence*
Que de chanter et m'étourdir ainsi ? (*Amph.* I. 2.)

TARARE !

GEORGE DANDIN. Je te donnerai...
LUBIN. *Tarare !*... (*G. D.* II. 7.)

Voyez tome X, page 331.

TARTUFFIER :

Non, vous serez, ma foi, *tartuffiée*. (*Tart.* II. 3.)

Molière a composé de même *désosier* et *désamphitryonner*.

TATÉ, tâtonné, cherché ; DES TRAITS NON TATÉS :

Une main prompte à suivre un beau feu qui la guide,
Et dont, comme un éclair, la justesse rapide
Répande dans ses fonds, à grands *traits non tâtés*,
De ses expressions les touchantes beautés. (*La Gloire du Val-de-Grâce.*)

— EN TATER, mis absolument, avec un sens elliptique, mais sans relation grammaticale :

Voilà ce que c'est d'avoir causé. *Vous n'en tâterez plus*, et je vous laisse sur la bonne bouche. (*G. D.* II. 7.)

TAXER DE (un infinitif), comme *accuser de :*

Je m'offre à vous y servir, puisqu'*il m'en a déjà taxée*. (*G. D.* I. 7.)

TÉMOIN, témoignage, preuve :

Et qu'il suffit enfin que de plus doux *témoins*
Instruisent un amant du malheur de ses soins. (*Mis.* V. 2.)

TEMPÉRAMENT, dans le sens du latin *temperare*, modérer, ménager, régler :

Vous ne gardez en rien les doux *tempéraments*. (*Tart.* V. 1.)

Dans la vieille langue, on disait *tremper une harpe* ; c'était avec l'*r* transposée, *temprer*, *tempérer* cette harpe, l'accorder, *temperare*. Dans Ovide : « Temperare citharam nervis. » On accorde les pianos par *tempérament*, c'est-à-dire en tempérant les quintes, qui, dans les instruments à clavier, ne peuvent s'accorder avec une rigueur mathématique, puisque le bémol s'y confond avec le dièze.

Tempérament, dans le vers de Molière, exprime la même idée.

TEMPLE :

On n'osait pas, au XVIIe siècle, faire prononcer sur le théâtre le mot *église* : c'eût été regardé comme une profanation. On se servait du mot païen :

>   Et vous promets ma foi... — Quoi ? — Que vous n'êtes pas
>   Au *temple*, au cours, chez vous, ni dans la grande place.   (*Dép. am.* I. 2.)
>
>   « Soit ; mais il est saison que nous allions *au temple*. »
>   (CORNEILLE. *Le Menteur*.)

TEMPS ; LE BON TEMPS, ironiquement, l'âge d'or :

>   Pour une jeune déesse,
>   Vous êtes bien *du bon temps !*   (*Amph.* prol.)

dit Mercure à la Nuit.

— UN TEMPS, adverbe ; quelque temps :

>   Je souffrirai *un temps*, mais j'en viendrai à bout.   (*B. gent.* III. 10.)

TENDRE, verbe neutre ; TENDRE A, *tendere ad*, se diriger vers :

>   Où *tend* Mascarille à cette heure ?   (*Dép. am.* I. 4.)

— TENDRE, adjectif ; substantivement, LE TENDRE DE L'AME :

>   C'est me faire une plaie *au plus tendre de l'âme*.   (*L'Ét.* III. 4.)

— TENDRE A (un substantif) :

>   Vous pensiez bien trouver quelque jeune coquette
>   Friande de l'intrigue, et *tendre à la fleurette*.   (*Éc. des mar.* II. 9.)
>
>   Vous êtes donc bien *tendre à la tentation ?*   (*Tart.* III. 2.)

TENIR ; EN TENIR, être pris, être attrapé :

>   Quoi, peste ? le baiser !
>   Ah ! *j'en tiens !*   (*Sgan.* 6.)
>
>   Il *en tient*, le bonhomme, avec tout son phébus,
>   Et je n'*en* voudrois pas *tenir* cent bons écus.   (*Éc. des mar.* III. 2.)

Il en tient signifie *il est attrapé*. Je ne voudrais pas *en tenir* cent écus, c'est-à-dire je ne voudrais pas, au lieu de cette aventure, tenir cent écus ; je ne la donnerais pas pour cent écus. *En* joue ici le même rôle que dans cette locution : Combien *en* voulez-vous ? — Je n'*en* voudrois pas tenir ou recevoir cent écus. Dans l'une et l'autre formule, *en* marque l'échange.

Sganarelle, plus loin, exprime la même idée en d'autres termes :

>   Allez, mon frère aîné, cela vous sied fort bien !
>   Et je ne voudrois pas, pour vingt bonnes pistoles,
>   Que vous n'eussiez ce fruit de vos maximes folles.   (*Éc. des mar.* III. 6.)

SGANARELLE. Je ne voudrois pas *en tenir dix pistoles !* Hé bien, monsieur ?
                              (*D. Juan.* III. 6.)

Hé bien, monsieur, votre incrédulité est-elle assez confondue? Je ne voudrais pas, pour dix pistoles, que la statue n'eût baissé la tête.

— TENIR, retenir :

> Je ne sais qui me *tient,* infâme,
> Que je ne t'arrache les yeux !   (*Amph.* II. 3.)

— TENIR, verbe actif, estimer, juger :

On *la tenoit morte* il y avoit déjà six heures.   (*Méd. m. l.* 1. 5.)

On la tenait pour morte.

> Fort bien. — Et *je vous tiens mon véritable père.*   (*Éc. des fem.* V. 6.)
> Je *le tiendrois* fort misérable,
> S'il ne quittoit jamais sa mine redoutable.   (*Amph.* prol.)

Je n'ignore pas qu'à cause de votre noblesse *vous me tenez* fort au-dessous de vous.   (*G. D.* II. 3.)

« Je *tiens* impossible de connoître les parties sans connoître le tout. »   (PASCAL. *Pensées.*)

« On a véritablement recueilli les vies de ces deux grands hommes (Homère et Ésope), mais la plupart des savants *les tiennent toutes deux fabuleuses.* »   (LA FONT. *Vie d'Ésope.*)

— TENIR A (un substantif), même sens :

Il n'y a personne sans doute qui ne *tînt à beaucoup de gloire* de toucher à un tel ouvrage.   (*Sicilien.* 12.)

« Le magistrat, *tenant à mépris et irrévérence* cette réponse, le fit mener en prison. »   (LA FONT. *Vie d'Ésope.*)

Molière a dit, par la même tournure, *être à mépris* :

> Et toi, pour te montrer que *tu m'es à mépris,*
> Voilà ton demi-cent d'épingles de Paris.   (*Dép. am.* IV. 4.)

— TENIR (SE) A QUELQUE CHOSE, pour *s'en tenir :*

> Je puis fermer les yeux sur vos flammes secrètes,
> Tant que *vous vous tiendrez aux muets interprètes.*   (*Fem. sav.* I. 4.)

— TENIR AU CUL ET AUX CHAUSSES, c'est empoigner solidement; métaphore triviale que Molière met dans la bouche de maître Jacques :

On n'est pas plus ravi que de *vous tenir au cul et aux chausses,* et de faire sans cesse des contes de votre lésine.   (*L'Av.* III. 5.)

— TENIR DES CHARGES, les occuper :

Je suis né de parents sans doute qui *ont tenu des charges* honorables.   (*B. gent.* III. 12.)

— TENIR DES PAROLES, comme *tenir un discours, un propos :*

Je vous trouve fort bon de *tenir ces paroles!*   (*Fâcheux.* I. 8.)
Qui ose *tenir ces paroles?* Je crois connoître cette voix.   (*D. Juan.* V. 5.)

— TENIR LA CAMPAGNE :

Nous nous voyons obligés, mon frère et moi, à *tenir la campagne* pour une de ces fâcheuses affaires qui..., etc.   (*D. Juan.* III. 4.)

> « Lui (Napoléon), bravant tous les dangers,
> Semblait *tenir seul la campagne.* »   (BÉRANGER.)

— TENIR SA FOI, comme on dit *tenir sa parole* :

<blockquote>Valère a votre foi : la tiendrez-vous, ou non ? (Tart. I. 6.)</blockquote>

— TENIR SON QUANT-A-MOI :

<blockquote>Elle m'a répondu, tenant son quant-à moi :
Va, va, je fais état de lui comme de toi. (<i>Dép. am.</i> IV. 2.)</blockquote>

« Quand nous avons quelque différend, ma sœur et moi, si je fais la froide et l'indifférente, elle me recherche ; si elle <i>se tient sur son quant-à-moi</i>, je vas au-devant. »
(La Fontaine. *Psyché*. II.)

— TENIR UN EMPIRE, le posséder, en être investi :

<blockquote>Cet empire que tient la raison sur nos sens
Ne ferme point notre âme aux douceurs des encens. (<i>Fem. sav.</i> III. 5.)</blockquote>

TERMES ; EN ÊTRE AUX TERMES DE :

La chose *en est aux termes de* n'en plus faire de secret. (*D. Juan.* III. 4.)

TIRÉ, forcé :

<blockquote>Et toutes vos raisons, monsieur, sont trop tirées. (Tart. IV. 1.)</blockquote>

Par abréviation, pour *tiré par les cheveux*.

« Il y a (dans l'Ancien Testament) des figures qui ont pu tromper les Juifs, et qui semblent un peu *tirées par les cheveux*. » (Pascal. *Pensées*.)

Port-Royal, par révérence du beau langage, a substitué : *peu naturelles*.

TIRER, attirer :

<blockquote>Sa grâce et sa vertu sont de douces amorces
Qui pour <i>tirer</i> les cœurs ont d'incroyables forces. (<i>L'Ét.</i> III. 2.)</blockquote>

— TIRER, prendre son chemin :

<blockquote>Tirez de cette part ; et vous, tirez de l'autre. (Tart. II. 4.)</blockquote>

— TIRER SA POUDRE AUX MOINEAUX, perdre sa peine :

<blockquote>Croyez-moi, c'est tirer votre poudre aux moineaux. (Éc. des mar. II. 9.)</blockquote>

— TIRER SES CHAUSSES, s'enfuir :

<blockquote>Donnez-moi vitement quelques coups de bâton,
Et me laissez <i>tirer mes chausses</i> sans murmure. (<i>Dép. am.</i> I. 4.)</blockquote>

MORON.

Il m'a fallu *tirer mes chausses* au plus vite. (*Pr. d'Él.* V. 1.)

La Fontaine dit, d'une manière moins triviale, *tirer ses grègues* :

<blockquote>« Le galant aussitôt
Tire ses grègues, gagne au haut,
Mal content de son stratagème. » (<i>Le Coq et le Renard</i>.)</blockquote>

— TIRER UNE AFFAIRE DE LA BOUCHE DE QUELQU'UN :

<blockquote>Je pense qu'il vaut mieux que de sa propre bouche
Je <i>tire</i> avec douceur <i>l'affaire</i> qui me touche. (<i>Éc. des fem.</i> II. 2.)</blockquote>

Je tire le détail de l'affaire. La pensée va toujours à l'économie des paroles, surtout la pensée d'un homme agité par la passion, comme est Arnolphe.

TOMBER DANS L'EXEMPLE, en venir aux exemples :

Et, pour *tomber dans l'exemple*, il y avoit l'autre jour des femmes....
(*Critique de l'Éc. des fem.* 3.)

— TOMBER DANS UNE MALADIE :

Monsieur, j'ai une fille qui est *tombée dans une étrange maladie.* (*Méd. m. lui.* II. 3.)

TON, métaphoriquement, joint à *frapper*, pris au propre :

Il frappe un *ton* plus fort! (*Amph.* I. 2.)

Comme on dirait : il chante un ton plus haut.

TORRENT EFFRÉNÉ :

C'est battre l'eau, de prétendre arrêter
Ce *torrent effréné*, qui de tes artifices
Renverse en un moment les plus beaux édifices. (*L'Ét.* III. 1.)

Peut-on dire un *torrent effréné?* Racine a bien dit :

« Celui qui met un *frein* à la fureur des flots... »

TOUCHANT A..., important pour... :

Et cet arrêt suprême,
Qui décide du sort de mon amour extrême,
Doit *m'être assez touchant* pour ne pas s'offenser
Que mon cœur par deux fois le fasse répéter. (*Éc. des mar.* II. 14.)

TOUCHER, métaphoriquement, parlant des ouvrages d'esprit :

— La tragédie sans doute est quelque chose de beau quand elle est bien *touchée.*
(*Crit. de l'Éc. des fem.* 7.)

— TOUCHER DE RIEN (NE) :

Se dépouiller.... entre les mains d'un homme qui ne nous *touche de rien.*
(*Am. méd.* I. 5.)

TOUR DE BABYLONE. Voyez BABYLONE.

TOURNER, pour *se tourner* :

Aussi mon cœur d'ores en avant *tournera-t-il* toujours vers les astres resplendissants de vos yeux adorables. (*Mal. im.* II. 6.)

— TOURNER LA JUSTICE :

Le poids de sa grimace, où brille l'artifice,
Renverse le bon droit et *tourne la justice.* (*Mis.* V. 1.)

Voyez tome VII, page 487, note 1.

— TOURNER UNE AME :

Ainsi que je voudrai, *je tournerai cette âme.* (*Éc. des fem.* III. 3.)

TOUT, invariable devant un adjectif :

Mais enfin je connus, ô beauté *tout aimable*,
Que cette passion peut n'être point coupable. (*Tart.* III. 3.)

Et, traitant de mépris les sens et la matière,
A l'esprit, comme nous, donnez-vous *tout* entière. (*Fem. sav.* L. 1.)

« Je crains que cette censure... ne donne, à ceux qui en sauront l'histoire, une impression *tout* opposée à la conclusion. » (PASCAL. 1re *Prov.*)

Tout signifie ici *tout à fait*. Il est donc adverbe. Molière cependant l'a fait quelquefois adjectif, s'ajustant en cela aux inconséquences de l'usage.

On remarquera que, dans tous ces exemples, l'adjectif uni à *tout* commence par une voyelle, en sorte que, si l'on écrivait *toute*, il y aurait élision. Il a dépendu de l'imprimeur de supprimer l'*e* de *toute*, et ces textes ne sont pas des preuves irrécusables pour l'invariabilité; au lieu que pour le cas contraire ils ne peuvent avoir été falsifiés.

(Voyez TOUT, variable.)

— TOUT, *variable* devant un adjectif :

La fourbe a de l'esprit, la sotte est *toute bonne*.	(*Mis.* III. 5.)
Oui, *toute* mon amie, elle est, et je la nomme, Indigne d'asservir le cœur d'un galant homme.	(*Ibid.* III. 7.)
« Ils y en ont trouvé de *toutes contraires*.	(PASCAL. 1re *Prov.*)

Des propositions tout à fait contraires aux cinq attribuées à Jansénius.

« La Grèce *toute polie* et *toute sage* qu'elle étoit..... »   (BOSSUET. *Hist. univ.*)

Il est manifeste que dans ces exemples *tout* représente *tout à fait;* il devrait donc être invariable comme l'adverbe dont il tient la place. Cependant il ne l'est pas, soit à cause de l'euphonie à qui tout cède, soit par une pure inconséquence.

— TOUT, invariable devant un nom de ville :

C'est moi qui suis Sosie, et *tout* Thèbes l'avoue.	(*Amph.* I. 2.)
Vous parlez devant un homme à qui *tout* Naples est connu.	(*L'Av.* V. 5.)
« *Tout* Smyrne ne parloit que d'elle. »	(LA BRUYÈRE.)

Les Italiens observent la même règle : *tutto Napoli, tutto Siviglia* :

« *Tutto Siviglia*
Conosce Bartolo. »   (*Le Nozze di Figaro.*)

— TOUT, TOUTE, adjectif, avec le sens de l'adverbe latin *totidem* :

Ce sont *toutes* façons dont je n'ai pas besoin.	(*Tart.* I. 1.)
Ces visites, ces bals, ces conversations, Sont du malin esprit *toutes inventions*.	(*Ibid.*)

— TOUTE-BONTÉ, comme *toute-puissance* :

Que le ciel à jamais, par sa *toute-bonté*, Et de l'âme et du corps vous donne la santé !	(*Tart.* III. 3.)

— TOUT CE QUE... SONT :

On m'a montré la pièce ; et comme *tout ce qu'il y a d'agréable sont* effectivement des idées qui ont été prises de Molière...   (*Impromptu.* 3.)

(Voyez CE QUE... SONT.)

— TOUT DE BON, pour tout de bon, sérieusement :

Mais j'aime *tout de bon* l'adorable Henriette.	(*Fem. sav.* V. 1.)
« Je ne le disois pas *tout de bon*, repartit le père ; mais parlons plus sérieusement. »	(PASCAL. 8e *Prov.*)
« *Tout de bon*, mes pères, il seroit aisé de vous tourner là-dessus en ridicule. »	(ID. 12e *Prov.*)

— TOUT DOUX, adverbe, comme *tout doucement* :

>Je crains fort pour mon fait quelque chose approchant,
>Et je m'en veux *tout doux* éclaircir avec elle. (*Amph.* II. 3.)

— TOUT D'UN TEMPS, en même temps, tout de suite :

>Bonsoir; car *tout d'un temps* je vais me renfermer. (*Éc. des mar.* III. 2.)

— TOUT MAINTENANT, subitement, à l'instant même :

>Il m'est dans la pensée
>Venu *tout maintenant* une affaire pressée. (*Éc. des fem.* III. 4.)

— TOUT VIEUX, sans ajouter *qu'il est* :

>Le bonhomme, *tout vieux*, chérit fort la lumière. (*L'Ét.* III. 5.)

De même, dans *le Misanthrope* :

>Oui, *toute mon amie*, elle est, et je la nomme,
>Indigne d'asservir le cœur d'un galant homme. (*Mis.* III. 7.)

TRACER L'IMAGE DES CHANSONS, danser aux chansons :

>Et *tracez* sur les herbettes
>*L'image de vos chansons*. (*Am. magn.* 3ᵉ intermède.)

TRADUIRE EN RIDICULE (SE) :

>J'enrage de voir de ces gens qui *se traduisent en ridicule* malgré leur qualité.
>(*Crit. de l'Éc. des fem.* 6.)

TRAHIR SON AME :

Non pas dans le sens où l'on dit *trahir sa pensée*, c'est-à-dire la révéler involontairement; mais, au contraire, dans le sens de la contraindre, la contenir, lorsqu'elle voudrait s'échapper; véritable trahison contre la nature et la vérité :

>Morbleu! c'est une chose indigne, lâche, infâme,
>De s'abaisser ainsi jusqu'à *trahir son âme!*
>Et si, par un malheur, j'en avais fait autant,
>Je m'irois de regret pendre tout à l'instant. (*Mis.* I. 1.)

TRAINER, entraîner :

>Don Juan, l'endurcissement au péché *traîne* une mort funeste! (*D. Juan.* V. 6.)

TRAIT, atteinte; DONNER LE PREMIER TRAIT, figurément :

>Je m'en vais là dedans *donner le premier trait*. (*L'Ét.* IV. 1.)

C'est-à-dire, entamer l'affaire.

— TRAIT, épigramme, parole mordante. Orgon dit à Dorine :

>Te tairas-tu, serpent, dont les *traits effrontés*.... (*Tart.* II. 2.)

— JOUER UN TRAIT :

>Et sans doute il faut bien qu'à ce becque cornu
>*Du trait qu'elle a joué* quelque jour soit venu. (*Éc. des fem.* IV. 6.)

>Et vous avez eu peur de le désavouer
>*Du trait qu'à ce pauvre homme il a voulu jouer*. (*Tart.* IV. 3.)

— TRAIT D'AVENTURE :

>Ah! fortune, ce *trait d'aventure* propice
>Répare tous les maux que m'a faits ton caprice. (*Éc. des fem.* V. 2.)

Molière dit souvent *jouer un trait* et *faire un tour*. L'usage actuel est inverse; on dit communément *faire un trait* et *jouer un tour*.

— TRAITS, traits de plume, l'écriture :

> Jetez ici les yeux et connoissez vos *traits;*
> Ce billet découvert suffit pour vous confondre. (*Mis.* IV. 3.)

Et reconnaissez votre écriture.

TRAITER, mis absolument comme *agir, se conduire* :

> On détruiroit par là, *traitant de bonne foi,*
> Ce grand aveuglement où chacun est de soi. (*Mis.* III. 5.)

Bossuet dit fréquemment *traiter avec quelqu'un* pour avoir des relations avec quelqu'un :

« Sous un visage riant............... elle cachoit un sérieux dont ceux qui *traitoient avec elle* étoient surpris. » (*Or. f. de la duch. d'Orl.*)

« Quand quelqu'un *traitoit avec elle*, il sembloit qu'elle eût oublié son rang.... » (*Ibid.*)

— TRAITER DE MÉPRIS, D'ÉGALITÉ, avec mépris, avec égalité :

> Et, *traitant de mépris* les sens et la matière,
> A l'esprit, comme nous, donnez-vous tout entière. (*Fem. sav.* I. 1.)

Ils sont insupportables avec *les impertinentes égalités dont ils traitent* les gens. (*Comtesse d'Esc.* 11.)

(Voyez DE exprimant la manière, la cause.)

— TRAITER DU HAUT EN BAS :

> Ces honnêtes diablesses,
> Se retranchant toujours sur leurs sages prouesses,
> Qui, pour un petit tort qu'elles ne nous font pas,
> Prennent droit de *traiter les gens du haut en bas*. (*Éc. des fem.* IV. 8.)

— TRAITER LES CHOSES DANS LA DOUCEUR :

Mais nous sommes personnes à *traiter les choses dans la douceur*. (*Mar. forc.* 16.)

TRANCHER AVEC QUELQU'UN, en finir tout net avec lui :

> Car, *tranchant avec moi* par ces termes exprès.... (*Éc. des fem.* III. 4.)

— TRANCHER SON DISCOURS D'UN APOPHTEGME :

PANCRACE. *Tranchez-moi votre discours d'un apophtegme* à la laconienne. (*Mar. forc.* 6.)

Soyez bref, supprimez les longs discours au moyen d'un apophtegme laconique.

TRAVAILLÉ DE :

> De quel démon est donc leur âme *travaillée?* (*Dép. am.* I. 6.)

« Êtes-vous *travaillé de la lycanthropie?* » (RÉGNIER.)

TRAVAUX D'UN VOYAGE, pour *les fatigues* :

> Ce sensible outrage
> Se mêlant aux *travaux d'un assez long voyage*..... (*Sgan.* 10.)

TREDAME! par apocope, Notre-Dame!

Tredame, monsieur, est-ce que madame Jourdain est décrépite? (*B. gent.* III. 5.)

TREUVE, archaïsme, pour *trouve* :

> Mais, encore une fois, la joie où je vous *treuve*
> M'expose à la rigueur d'une trop rude épreuve. (*D. Garcie*. V. 6.)

> Non, l'ardeur que je sens pour cette jeune veuve
> Ne ferme point mon âme aux défauts qu'on lui *treuve*. (*Mis*. I. 1.)

Ce mot ainsi écrit se trouve plusieurs fois dans la première édition de la *Thébaïde* de Racine.

TRIBOUILLER, patois, agiter, secouer violemment :

> LUBIN. Je me sens tout *tribouiller* le cœur quand je te regarde. (*G. D.* II. 1.

Racines, *brouiller* et *tri*, pour *tres*, communiquant la force du superlatif au verbe ou au nom avec lequel il se compose.

Tribouiller, tribouilleur, ont été jadis des mots d'un français très correct :

> « Tapez, trompez, tourmentez, trondelez,
> Brisez, riflez, tempestez, *triboulez*. » (Cités dans BOREL.)

TRIBUTS, tribut d'hommages :

> Le plus parfait objet dont je serois charmé
> N'auroit pas *mes tributs*, n'en étant point aimé. (*Dép. am.* I. 3.)

TRIOMPHER DE QUELQUE CHOSE, à l'occasion de quelque chose :

> Jamais on ne m'a vu *triompher de ces bruits*. (*Éc. des fem.* I. 1.)

> « Et, d'autre part aussi, sa charmante moitié
> *Triomphoit d'être inconsolable*. » (LA FONTAINE. *Joconde*.)

> Vous ne *triompherez pas*, comme vous le pensez, *de* votre infidélité.
> (*B. gent.* III. 10.)

C'est-à-dire, votre infidélité ne vous procurera pas le triomphe que vous espérez. Mais cette phrase, dans les usages de la langue moderne, signifierait : vous ne surmonterez pas votre infidélité, vous ne pourrez la vaincre, en triompher.

Probablement l'équivoque de cette locution est ce qui a déterminé à l'abandonner.

On disait aussi *triompher sur*, c'est-à-dire *au sujet de* :

> « Ils *triomphoient* encor *sur cette maladie*. » (LA FONT. *Les Médecins*.)

> « Mais, poursuivit-il, notre père Antoine Sirmond, qui *triomphe sur cette matière*... »
> (PASCAL. 10ᵉ *Prov*.)

TRIQUETRAC, onomatopée ; UN TRIQUETRAC DE PIEDS :

> Puis, outre tout cela, vous faisiez sous la table
> Un bruit, un *triquetrac de pieds* insupportable. (*L'Ét.* IV. 5.)

Le nom du jeu de *trictrac* n'a pas d'autre origine.

TROP DE (LE), substantivement :

> Il s'en est peu fallu que durant mon absence
> On ne m'ait attrapé par *son trop d'innocence*. (*Éc. des fem.* III. 3.)

> « Dorante, arrêtons-nous ; *le trop de promenade*
> Me mettroit hors d'haleine et me feroit malade. »
> (CORN. *Le Menteur*. II. 5.)

TROUBLÉ D'ESPRIT, expression moins forte que *aliéné* :

> C'est moi, monsieur, qui vous ai envoyé parler les jours passés pour un parent un peu *troublé d'esprit*. (*Pourc.* I. 9.)

TROUSSER BAGAGE :

> Prenez visée ailleurs, et *troussez-moi bagage*. (*Éc. des mar.* II. 9.)

Trousser, dans sa primitive acception, signifie *charger*.

> « D'or e d'argent quatre cens muls *trussez*. » (*Roland.* st. 9.)

Quatre cents mulets *troussés* d'or et d'argent.

> « De sul le fer fust un mulot *trusset*. » (*Ibid.* st. 227.)

Du seul fer de cette lance on eût *troussé* un mulet.

Trousser en malle, c'est charger à la façon d'une malle, en guise de malle.
Trousser bagage, c'est charger son bagage pour déménager, décamper.
Bagage est la réunion, l'ensemble des *bagues*. *Bagues* sont les meubles, vêtements, ustensiles, etc.

TROUVER QUELQU'UN A DIRE. Voyez DIRE.

TURLUPINADE, TURLUPIN.

Voyez tome IV, page 398.

TURQUERIE :

> Il est turc là-dessus, mais d'une *turquerie* à désespérer tout le monde. (*L'Av.* II. 5.)

UN CHACUN, archaïsme, chacun :

> *Un chacun* est chaussé de son opinion. (*Éc. des fem.* I. 1.)

> D. LOUIS. Leur gloire est un flambeau qui éclaire, aux yeux d'*un chacun*, la honte de vos actions. (*D. Juan.* IV. 6.)

> Voilà, par sa mort, *un chacun* satisfait. (*Ibid.* V. 7.)

> Hautement d'*un chacun* elles blâment la vie. (*Tart.* I. 1.)

UN PETIT, pour *un peu*, archaïsme :

> Qu'avez-vous ? Vous grondez, ce me semble, *un petit?* (*Éc. des fem.* II. 6.)

> J'ai, devant notre porte,
> En moi-même voulu répéter *un petit*,
> Sur quel ton et de quelle sorte
> Je ferois du combat un glorieux récit. (*Amph.* II 1.)

UN PEU construit avec BEAUCOUP, BIEN, DOUCEMENT :

> Mais, mon oncle, il me semble que vous vous jouez *un peu beaucoup* de mon père? (*Mal. im.* III. 22.)

> Je trouve *un peu bien prompt* le dessein où vous êtes. (*Mis.* V. 1.)

> La déclaration est tout à fait galante ;
> Mais elle est, à vrai dire, *un peu bien surprenante*. (*Tart.* III. 3.)

> Voilà une petite menotte qui *est un peu bien rude*. (*G. D.* III. 3.)

> Cela m'est sorti *un peu bien vite* de la bouche. (*D. Juan.* I. 1.)

> Hé ! là, là, madame la Nuit,
> *Un peu doucement*, je vous prie. (*Amph.* prol.)

> « Depuis qu'elles (les femmes) sont du tout rendues à la mercy de nostre foy et constance, elles sont *un peu bien hazardées*. » (MONTAIGNE. III. 5.)

— UN PEU PLUS FORT QUE JEU :

> Je crains que le pendard, dans ses vœux téméraires,
> *Un peu plus fort que jeu* n'ait poussé les affaires. (*Éc. des fem.* II. 6.)

Un peu plus fort que les règles du jeu ne le permettaient.

UN TEMPS. Voyez TEMPS.

UN, UNE, *supprimé* :

    O ciel! *c'est miniature ;*
    Et voilà d'un bel homme une vive peinture!   (*Sgan.* 6.)
    Tu vois si *c'est mensonge*, et j'en suis fort ravie.   (*Ibid.* 22.)

— **UN,** répété surabondamment :

    Une action d'*un* homme à fort petit cerveau.   (*Dép. am.* V. I.)
    Et l'on sait ce que c'est qu'*un* courroux d'*un* amant.   (*Mis.* IV. 2.)
    Ceux qui me connoîtront n'auront pas la pensée
    Que ce soit *un* effet d'*une* âme intéressée.   (*Tart.* IV. 1.)
Plus, *une* peau d'*un* lézard de trois pieds et demi, remplie de foin.   (*L'Av.* II. 1.)

On dirait aujourd'hui l'action d'un homme; — le courroux d'un amant ; — l'effet d'une âme: — la peau d'un lézard.

— **UN,** surabondant devant *le plus* :

    Que deux nymphes, d'*un* rang *le plus haut* du pays,
    Disputent à se faire un époux de mon fils.   (*Mélicerte.* I. 4.)
Voilà une belle merveille que de faire bonne chère avec de l'argent! C'est *une* chose *la* plus aisée du monde!   (*L'Av.* III. 5.)
Je suis dans *une confusion la plus grande* du monde, de voir une personne de votre qualité...., etc.   (*B. gent.* III. 6.)
« Une si illustre princesse ne paroîtra dans ce discours que comme *un exemple le plus grand* qu'on se puisse proposer. »   (BOSSUET. *Or. fun. de la duch. d'Orl.*)

VACHE; LA VACHE EST A NOUS, sorte d'adage :

S'il ne tient qu'à battre, *la vache est à nous.*   (*Méd. m. l.* I. 5.)

— **VACHE A LAIT,** figurément :

Cet homme-là fait de vous une *vache à lait.*   (*B. gent.* III. 4.)

VAILLANTISES :

    Que je vais m'en donner, et me mettre en bon train
    De raconter nos *vaillantises!*   (*Amph.* III. 6.)

VALOIR QUE, suivi d'un verbe au subjonctif :

    Et vous *ne valez pas que l'on vous considère.*   (*Mis.* IV. 3.)
    Le choix est glorieux, et *vaut bien qu'on l'écoute.*   (*Tart.* II. 4.)
    Je *vaux bien que* de moi *l'on fasse plus de cas.*   (*Fem. sav.* V. 4.)

VASTE DISGRACE :

    Par où pourrois-je, hélas! dans ma *vaste disgrâce,*
    Vers vous de quelque plainte autoriser l'audace?   (*D. Garcie.* V. 3.)

VENEZ-Y-VOIR, substantivement ; UN VENEZ-Y-VOIR :

    D'un panache de cerf sur le front me pourvoir,
    Hélas, voilà vraiment *un beau venez-y-voir!*   (*Sgan.* 6.)

VENIR, impersonnel ; IL VIENT FAUTE DE :

S'il *vient faute de vous,* mon fils, je ne veux plus rester au monde.   (*Mal. im.* I. 9.)

VENTRE; AVOIR DANS LE VENTRE, en parlant du temps qu'il reste à vivre :

C'est un homme qui mourra avant qu'il soit peu, et qui *n'a tout au plus que six mois dans le ventre*. (*Mar. for.* 12.)

VENUE, substantif; UNE VENUE DE COUPS DE BATON :

Tu vas courir risque de t'attirer *une venue de coups de bâton*. (*Scapin.* III. 1.)

Venue, dans la phrase de Molière, est au sens de *récolte, bonne récolte*. Nicot, au mot *venir*, donne pour exemples : « Grande *venue* de brebis et abondante, *bonus proventus*. »

Venue pour *bonne venue, ample venue*, comme *heur, succès, fortune*, pour *bon heur, bon succès, bonne fortune*.

VÊPRE; LE BON VÊPRE, archaïsme, le bonsoir :

M. BOBINET. — Je donne *le bon vépre* à toute l'honorable compagnie.
(*Comtesse d'Esc.* 17.)

Vespre, contracté de *vesp(e)ra*, le soir. On disait aussi *la vesprée*.

« Venir *sur le vespre* ; — préparez pour *le vespre*. » (NICOT.)

VERBE RÉFLÉCHI perd son pronom étant précédé d'un autre verbe :

Faites-la *ressouvenir* qu'il faut se rendre de bonne heure dans le bois de Diane.
(*Am. magn.* I. 2.)

Qu'on me laisse ici *promener* toute seule. (*Ibid.* I. 6.)

(Voyez ARRÊTER et PRONOM RÉFLÉCHI.)

VÉRITABLE, véridique, sincère :

Nous en tenons tous deux, si l'autre est *véritable*. (*Dépit. am.* I. 5.)

J'ai monté pour vous dire, et d'*un cœur véritable*,
Que j'ai conçu pour vous une estime incroyable. (*Mis.* I. 2.)

C'est l'ancienne valeur du mot.

« Longarine n'a point accoutumé de celer la vérité, soit contre homme ou contre femme. — Puisque vous m'estimez si *véritable*, dit Longarine.... »
(LA R. DE NAV. *Heptaméron*. nouvelle 14.)

« Mais, mon père, si le diable ne répond pas la vérité, car il n'est guère plus *véritable* que l'astrologie, il faudra donc que le devin restitue, par la même raison ? »
(PASCAL. 8ᵉ *Prov.*)

« Si elles (les précieuses) sont coquettes, je n'en dirai rien; car je fais profession d'être un auteur *fort véritable*, et point médisant. »
(Mˡˡᵉ DE MONTPENSIER. *Portrait des Précieuses*.)

VÉRITÉ; DIRE VÉRITÉ :

Si je vous faisois voir qu'on vous *dit vérité*? (*Tart.* IV. 3.)

VERS, pour *envers* :

J'ai tardé trop longtemps
A m'acquitter *vers toi* d'une telle promesse. (*Dép. am.* I. 2.)

Ah! madame, excusez un amant misérable,
Qu'un sort prodigieux a fait *vers vous* coupable. (*D. Garcie.* II. 6.)

Par où pourrois-je, hélas ! dans ma vaste disgrâce,	
Vers vous de quelque plainte autoriser l'audace?	(*D. Garcie.* V. 3.)
. . . . Ah ! gardez de me faire un outrage,	
Et de vous hasarder à dire que *vers moi*	
Un cœur dont j'ai fait cas ait pu manquer de foi.	(*Ibid.* V. 5.)
Votre flamme *vers moi* ne vous rend pas coupable.	(*Ibid.*)
Si ce parfait amour que vous prouvez si bien	
Se fait *vers* votre objet un grand crime de rien.	(*Fâcheux.* I. 1.)
Et pouvez-vous le voir sans demeurer confuse	
Du crime dont *vers* moi son style vous accuse?	(*Mis.* IV. 3.)
Ce monarque, en un mot, a *vers* vous détesté	
Sa lâche ingratitude et sa déloyauté.	(*Tart.* V. 7.)
Oui, c'est lui qui sans doute est criminel *vers vous.*	(*Amph.* II. 6.)
Je trouve une espèce d'injustice bien grande à me montrer ingrate *vers* l'un ou *vers* l'autre.	(*Am. magn.* III. 1.)

On pourrait supposer, à ne considérer que quelques exemples, que Molière a fait céder l'exactitude de l'expression à la mesure. Il n'en est rien, puisqu'il emploie *vers* dans la prose, où rien ne le contraignait, et dans des vers où l'élision lui permettait l'une ou l'autre forme à son choix.

Vers est la plus ancienne. *Envers* et *devers* sont venus ensuite. Le livre des *Rois* emploie constamment *vers* :

« Si hom peche *vers* altre, a Deu se purrad acorder, e s'il peche *vers* Deu, ki purrad pur lui preier? » (*Rois.* p. 8.)

« Pur co que la guerre *vers* les enemis Deu maintenist. » (*Ibid.* p. 71.)

Beaumanoir ne connaît que la forme *vers* :

« Li baillis qui est deboneres *vers* les malfesans. » (*Cout. de Beauv.* I. p. 18.)

« Li baillis qui *vers* tos est fel et cruels. » (*Ibid.* 1. 19.)

Racine a dit encore :

« Et m'acquitter *vers* vous de mes respects profonds. » (*Bajazet.* III. 2.)

« La libéralité *vers* le pays natal. » (CORNEILLE. *Cinna.* II. 1.)

VERS A LA LOUANGE DE QUELQU'UN, ironiquement, et par antiphrase :

Nous avons entendu votre galant entretien, et *les beaux vers à ma louange* que vous avez dits l'un et l'autre ! (*G. D.* III. 8.)

VERSER LA RÉCOMPENSE D'UNE ACTION :

Pour montrer que son cœur sait, quand moins on y pense,
D'une bonne action *verser* la récompense. (*Tart.* V. 7.)

— VERSER L'HONNEUR D'UN EMPLOI :

Madame, vous avez cent personnes dans votre cour sur qui vous pourriez mieux *verser l'honneur d'un tel emploi.* (*Am. magn.* I. 2.)

VERTU, efficacité :

Le théâtre a une grande *vertu* pour la correction. (*Préf. de Tartuffe.*)

— VERTU, dans le sens plus large du *virtù* italien : le mérite, la bravoure :

Plus l'obstacle est puissant, plus on reçoit de gloire;

Et les difficultés dont on est combattu
Sont les dames d'atour qui parent la vertu. (L'Ét. V. 11.)

VÊTIR UNE FIGURE :

Adieu; je vais là-bas dans ma commission,
Dépouiller promptement la forme de Mercure,
Pour y vêtir la figure
Du valet d'Amphitryon. (Amph. prol.)

VIDER, verbe neutre, dans le sens de *sortir;* VIDER D'UN LIEU :

M. LOYAL.
Monsieur, sans passion,
Ce n'est rien seulement qu'une sommation,
Un ordre de *vider d'ici* vous et les vôtres. (Tart. V. 4.)

« *Vuyde dehors*, fol insensé;
Car il est temps que tu t'en partes. » (Le Nouveau Pathelin.)

Montaigne l'emploie activement, dans la réponse des sauvages américains aux Espagnols :

« Ainsi, qu'ils se despeschassent promptement de *vuider leur terre*. »
(Essais. III. 6.)

— VIDER, v. actif, figurément, au sens de *purgare* :

Adieu; *videz* sans moi tout ce que vous aurez. (Fâcheux. III. 4.)

Videz tous vos différends.

On disait *vider un procès, vider une cause, vider toutes les difficultés, vider ses intérêts.*

Laissez-moi, madame, je vous prie,
Vider mes intérêts moi-même là-dessus. (Mis. V. 6.)

VIN A FAIRE FÊTE, digne d'être bu dans une fête :

Était-ce *un vin à faire fête?* (Amph. III. 2.)

VISAGE, au figuré, en parlant des actions :

Cet amas d'actions indignes, dont on a peine, devant le monde, d'adoucir le mauvais *visage*. (D. Juan. IV. 6.)

Montaigne a dit *le visage d'une entreprise*. C'est en parlant du dessein qu'il a formé d'écrire ses Essais :

« Si l'estrangeté ne me saulve et la nouvelleté, qui ont accoustumé de donner prix aux choses, je ne sors jamais à mon honneur de cette sotte entreprinse; mais elle est si fantastique, et a *un visage* si esloingné de l'usage commun, que cela luy pourra donner passage. » (Essais. II. 8.)

VISÉE ; METTRE SA VISÉE A :

Votre *visée* au moins n'est pas *mise à Clitandre?* (Fem. sav. I. 1.)

J'ai grand regret, monsieur, de voir qu'à vos *visées*
Les choses ne soient pas tout à fait disposées. (Ibid. IV. 6.)

(Voyez PRENDRE VISÉE.)

VISIÈRE ; ROMPRE EN VISIÈRE :

Je n'y puis plus tenir, j'enrage; et mon dessein
Est de *rompre en visière* à tout le genre humain. (Mis. I. 1.)

>   Qu'un cœur de son penchant donne assez de lumière,
>   Sans qu'on nous fasse aller jusqu'à *rompre en visière*. (*Ibid.* V. 2.)

VISIONS, idées folles, rêves :

>   Et dans vos *visions* savez-vous, s'il vous plaît,
>   Que j'ai pour Henriette un autre époux tout prêt? (*Fem. sav.* IV. 2.)

— VISIONS CORNUES :

>   Peut-être sans raison
>   Me suis-je mis en tête ces *visions cornues.* (*Sgan.* 13.)
>   « Égaré dans les nues,
>   Me lasser à chercher des *visions cornues.* » (BOILEAU.)

Des visions effrayantes ou simplement chimériques; mais, dans la bouche du pauvre Sganarelle, l'expression de *visions cornues* a une double portée.

— VISIONS DE NOBLESSE :

Ce nous est une douce rente que ce monsieur Jourdain, avec les *visions de noblesse et de galanterie* qu'il est allé se mettre en tête. (*B. gent.* I. 1.)

VOICI VENIR :

>   Mais *les voici venir.* (*L'Ét.* V. 14.)
>   *Voici venir* Ascagne. (*Dép. am.* V. 8.)

VOILA QUE C'EST, pour *ce que c'est :*

>   Voilà, *voilà que c'est* de ne pas voir Jeannette. (*L'Ét.* IV. 8.)

— VOILA, NE VOILA PAS, pour *ne voilà-t-il pas :*

>   Eh bien! *ne voilà pas* de vos emportements! (*Tart.* V. 1.)
>   *Voilà pas* le coup de langue! (*B. gent.* III. 12.)

(Voyez IL supprimé après VOILA.)

VOIR A (un infinitif) :

>   Parlons à votre femme, et *voyons à la rendre*
>   Favorable... (*Fem. sav.* II. 4.)

— VOIR DE (un infinitif), elliptiquement, voir, chercher le moyen de :

>   Parlons à cœur ouvert, et *voyons d'arrêter...* (*Mis.* II. 1.)

— VOIR PARLER :

>   Vous à qui j'ai tant *vu parler* de son mérite. (*Ibid.* V. 2.)

VOUDRIEZ, *dissyllabe :*

>   Monsieur votre père
>   Est un autre vilain qui ne vous laisse pas,
>   Comme vous *voudriez* bien, manier ses ducats. (*L'Ét.* I. 2.)
>   Vous me *voudriez* encor payer pour précepteur. (*Ibid.* I. 9.)
>   Vous êtes généreux, vous ne le *voudriez* pas. (*Ibid.* V. 9.)

(Voyez SANGLIER.)

— VOUDRIEZ, en trois syllabes :

>   Hé quoi! vous *voudriez*, Valère, injustement... (*Dép. am.* II. 2.)

VOULOIR (SE) MAL, OU MAL DE MORT DE QUELQUE CHOSE :

Laissez, *je me veux mal de mon trop de foiblesse.* (*Amph.* II. 6.)
Je me veux mal de mort d'être de votre race. (*Fem. sav.* II. 7.)

VOUS, indéfini et général comme *soi*, en relation avec ON :

Ah! que pour ses enfants un père a de foiblesse!
Peut-on rien refuser à leurs mots de tendresse?
Et ne se sent-on pas certains mouvements doux,
Quand *on* vient à songer que cela sort de *vous?* (*Mélicerte.* II. 5.)

(Voyez NOUS.)

VOYENT, dissyllabe :

Et *voyent* mettre à fin la contrainte où vous êtes. (*Dép. am.* III. 7.)

(Voyez PAYENT, PAYSAN, SANGLIER, VOUDRIEZ, etc.)

VRAI; DE VRAI, *véritablement,* comme *de léger, légèrement :*

Le ciel défend, *de vrai,* certains contentements. (*Tart.* IV. 5.)

VUE DE PAYS (A) :

Non pas; mais, *à vue de pays,* je connois à peu près le train des choses.
(*D. Juan.* I. 1.)
Au premier coup d'œil jeté sur l'ensemble des choses.

— VUES DE LA LUMIÈRE, l'aspect, le jour, en parlant d'une peinture :

Voici le lieu le plus avantageux, et qui reçoit le mieux *les vues favorables de la lumière* que nous cherchons. (*Sicilien.* 12.)

Y.

L'emploi de *y*, dans Molière, est fort étendu. C'est le terme corrélatif de *à, lui, leur,* qu'il s'agisse de choses ou de personnes.

— Y représente également *dans* et *avec*.

— Y se construit encore avec un verbe, et souvent représente elliptiquement l'idée exprimée par une phrase.

— Y en relation avec un nom de personne ou de chose, pour *à, lui, leur :*

Quoi! Lucile n'est pas sous des liens secrets
A mon maître? — Non, traître, et n'*y* sera jamais. (*Dép. am.* III. 8.)
A ton maître.

Ils comptent les défauts pour des perfections,
Et savent *y* donner de favorables noms. (*Mis.* II. 5.)
Aux défauts.

Ils ne manquent jamais de saisir promptement
L'apparente lueur du moindre attachement,
D'en semer la nouvelle avec beaucoup de joie,
Et d'*y* donner le tour qu'ils veulent qu'on *y* croie. (*Tart.* I. 1.)
Aux lueurs d'attachement.

Je ne distingue rien en celui qui m'offense;
Tout *y* devient l'objet de mon courroux. (*Amph.* II. 6.)
Tout en lui devient, etc.

Quoi ! écouter impudemment l'amour d'un damoiseau, et *y* promettre de la correspondance ! (*G. D.* I. 3.)

A l'amour du damoiseau. Nous dirions aujourd'hui : et lui promettre.

C'est la belle Julie, la véritable cause de mon retardement ; et si je voulois *y* donner une excuse galante... (*Comtesse d'Esc.* 1.)

Oui, oui, je te renvoie à l'auteur des Satires.
— Je t'*y* renvoie aussi. (*Fem. sav.* III. 5.)

— Y représentant *avec* :

Je romps avecque vous, et j'*y* romps pour jamais. (*Dép. am.* IV. 3.)

Vivez, vivez contente, et bravez ma mémoire
Avec le digne époux qui vous comble de gloire.
— Oui, traître, j'*y* veux vivre. (*Sgan.* 20.)

— Y répondant à *en, dans, à* :

Et, pour se bien conduire en ces difficultés,
Il *y* faut, comme en tout, fuir les extrémités. (*Éc. des fem.* IV. 8.)

Je veux vous *y* servir, et vous épargner des soins inutiles. (*D. Juan.* III. 4.)

Il faut toujours garder de grandes formalités, quoi qu'il puisse arriver. — Pour moi, j'*y* suis sévère en diable. (*Am. méd.* II. 3.)

A garder de grandes formalités.

Comment, mon gendre, vous en êtes encore là-dessus ? — Oui, j'*y* suis, et jamais je n'eus tant sujet d'*y* être. (*G. D.* II. 9.)

— Y corrélatif d'un verbe :

Je me vois, ma cousine, ici persécutée
Par des gens dont l'humeur *y* paroît concertée. (*Mis.* V. 3.)

Concertée à me persécuter.

— Y, à cela, sur ce point :

CLITANDRE. Promettez-moi donc que je pourrai vous parler cette nuit.
ANGÉLIQUE. J'*y* ferai mes efforts. (*G. D.* II. 10.)

Je ferai mes efforts à ce que vous puissiez me parler cette nuit.

Vous me haïssez-donc ? — J'*y* fais tout mon effort. (*Amph.* II. 6.)

A vous haïr.

Vous devez éclaircir toute cette aventure.
— Allons, vous *y* pourrez seconder mon effort. (*Ibid.* III. 4.)

A éclaircir cette aventure.

— Y rapporté au sens de toute une phrase :

HENRIETTE.
Je me trouve fort bien, ma mère, d'être bête ;
Et j'aime mieux n'avoir que de communs propos,
Que de me tourmenter à dire de beaux mots.
PHILAMINTE.
Oui ; mais j'*y* suis blessée, et ce n'est pas mon compte. (*Fem. sav.* III. 6.)

Je suis blessée à ce que vous soyez dans cette opinion.

— Y redondant avec *où* :

C'est une chose où il *y* va de l'intérêt du prochain. (*Pourc.* II. 4.)

Molière n'a pas cru qu'on pût altérer cette forme, *il y va*, et mettre *il va*.

— Y avec *en* :

Nous vous y surprenons, *en* faute contre nous! (*Sgan.* 6.)

— Y avec *contredire* :

Accablez-moi de noms encor plus détestés,
Je n'*y* contredis point; je les ai mérités. (*Tart.* III. 6.)

— Y avec *marchander* :

Si j'étois en sa place, je n'*y* marchanderois point. (*G. D.* I. 7.)

— Y avec *s'en aller* :

Laissez-moi faire, je m'*y* en vais moi-même. (*D. Juan.* IV. 11.)

(Voyez *où*, dont toutes les constructions correspondent dans Molière à celle de Y.)

— Y A, *pour il y a* :

Et quels avantages, madame, puisque madame *y a*? (*G. D.* I. 4.)

— QU'IL Y A, surabondant :

Et pensez-vous qu'on soit capable d'aimer de certains maris *qu'il y a*? (*G. D.* III. 5.)
De certains maris comme il en existe au monde.
Cette locution était jadis du commun usage :

« Ainsy beaucoup de femmes *qu'il y a* se desbattent avec leurs maris quand ils leur veulent oster l'affeterie, la braveté, et la despense. »
(La Boétie. *Trad. de Plutarque*, p. 281.)

YEUX; METTRE AUX YEUX, mettre devant les yeux, représenter, remontrer :

Mais votre conscience et le soin de votre âme
Vous devroient *mettre aux yeux* que ma femme est ma femme. (*Sgan.* 2..)

(Voyez METTRE AUX YEUX.)

— DE NOUVEAUX YEUX, de nouveaux regards :

Et mon esprit, jetant *de nouveaux yeux* sur elle... (*Pr. d'El.* I. 1.)

— YEUX DE L'AME, figurément :

Il m'est venu des scrupules, madame; et j'ai ouvert *les yeux de l'âme* sur ce que je faisois. (*D. Juan.* I. 3.)

FIN DU LEXIQUE.

ADDITIONS ET CORRECTIONS

Tome II, p. 316, ligne 29. « L'édition princeps le Dépit amoureux... » Ainsi que le constate M. Despois, l'édition originale et celles qui suivirent jusqu'à l'édition de 1682, portent simplement Dépit amoureux, sans article. L'édition de 1682 donne la première : le Dépit amoureux.

Tome II, p. 362, note 1, ligne 2.
Il Candelaco, lisez : Il Candelaio.

Tome III, p. 160.
Les noms des actrices ayant interprété d'original les rôles de femmes dans les Précieuses ridicules sont :

Madelon	Madeleine Béjart.
Cathos	Catherine de Brie.
Marotte	Marie Ragueneau de l'Étang.

Tome III, p. 260, note. Au lieu de « sœur Marie Mancini, » lisez : « c'est-à-dire de Marie Mancini ». Marie Mancini, célèbre par son roman avec Louis XIV, épousa le connétable Colonna le 9 avril 1661. Marie Mancini était une précieuse, et, disaient ses flatteurs, « la perle des précieuses ».

Tome III, p. 422. Variante. Au lieu de « (174) », lisez : « (1734) ».

Tome V, p. 72, note 1. Au lieu de « Hodelin », lisez : « Hédelin ».

Tome VI, p. 5. Signalons un morceau extrait des satires de Jacques Du Lorens (1633) et cité sous ce titre : le Germe du Tartuffe, par M. Prosper Blanchemain, dans le Moliériste, 1re année, p. 82.

Tome VII, p. 135, note. Au lieu de « près le nom », lisez : « après le nom ».

Tome XII, p. 240. Dans le Songe du Resveur (1660) (voyez la Bibliographie), on trouve le sixain suivant, ainsi intitulé :

Épigramme de M. Molière, dont le mesme autheur (Baudrau de Somaize) a dit :
« *C'est un bouffon trop sérieux.* »

> Ce digne auteur n'étoit pas ivre
> Quand il dit de moi, dans son livre :
> C'est un bouffon trop sérieux ;
> Certe, il a raison de le dire,
> Car, s'il se présente à mes yeux,
> Je l'empêcherai bien de rire.

Cette épigramme est-elle de Molière? ou lui est-elle prêtée par l'auteur anonyme du *Songe du Resveur?* C'est cette dernière conjecture qui nous paraît probable.

Pour avoir notre sentiment sur beaucoup d'autres pièces attribuées à Molière, il faut consulter la Bibliographie, article sur *la Valise de Molière*, et autres.

Tome XII, p. 293.
Nous ne nous associons pas à la critique que fait M. Génin de l'expression de Virgile :

> *Moriamur, in arma ruamus.*

Il s'agit ici non pas d'une action. Si Virgile avait dit : « Ils moururent, ils se jetèrent au milieu des armes, » il ne serait pas justifiable sans doute. Il s'agit d'une parole, d'une exhortation : « Mourons! comment ? en nous précipitant au milieu des armes. » Il n'y a rien à redire à l'enchaînement des idées, qui est parfaitement logique.

A la réimpression, les noms d'Auger et d'Aimé Martin sont tombés au bas de quelques notes. Notre intention était de conserver les initiales ; elles ont disparu avec le reste du nom. Ces quelques notes ont généralement, du reste, un caractère qui permet de les distinguer aisément. Le lecteur n'aura point de peine à en reporter le mérite à nos prédécesseurs. Partout où il y avait un intérêt à connaître l'origine d'une note, le nom de l'auteur a été intégralement maintenu.

TABLE GÉNÉRALE

DES

OEUVRES COMPLÈTES DE MOLIÈRE.

TOME PREMIER.

BIOGRAPHIE ET BIBLIOGRAPHIE.

TOME DEUXIÈME.

LES DEUX FARCES ET LE BALLET ATTRIBUÉS A MOLIÈRE. .	1
La Jalousie du Barbouillé	XII
Le Médecin volant	XXIX
Le Ballet des Incompatibles	XLV
PRÉFACE de l'édition de 1682	1
L'ÉTOURDI OU LES CONTRE-TEMPS, comédie en cinq actes (1653)	11
L'Inavvertito, overo Scappino disturbato e Mezzettino travagliato, comedia di Nicolò Barbieri, detto Beltrame	155
LE DÉPIT AMOUREUX, comédie en cinq actes (1656)	307

TOME TROISIÈME.

LE DÉPIT AMOUREUX, comédie en deux actes	1
L'Interesse, comedia del sig. Nicolò Secchi	53
LES PRÉCIEUSES RIDICULES, comédie en un acte (18 novembre 1659)	139
La Déroute des Précieuses, mascarade (1659)	209
Récit en prose et en vers de la Farce des Précieuses (par Mlle Desjardins)	217
Les Véritables Précieuses, comédie, par Baudeau de Somaize . . .	231
Les Précieuses ridicules mises en vers (dédicace et préface) . . .	259
Dialogue de deux Précieuses sur les affaires de leur communauté, par Baudeau de Somaize	265
SGANARELLE OU LE COCU IMAGINAIRE, comédie en un acte (28 mai 1660)	269
La Cocue imaginaire, comédie	335
DON GARCIE DE NAVARRE OU LE PRINCE JALOUX, comédie en cinq actes (4 février 1661)	369

TOME QUATRIÈME.

Le Gelosie fortunate del prencipe Rodrigo, opera di Giacinto Andrea Cicognini fiorentino, 1661 1
L'École des Maris, comédie en trois actes (24 juin 1661). . . . 49
Les Facheux, comédie-ballet en trois actes (17 août 1661). . . . 143
L'École des Femmes, comédie en cinq actes (26 décembre 1662). 221
    Stances à M. de Molière sur sa comédie de l'École des Femmes, que plusieurs gens frondoient 357
    Extrait des *Nouvelles nouvelles* 359
    Liste des *pensions* pour l'année 1663. (Extrait des manuscrits de M. Colbert.) 369
Remerciement au roi (1663). 373
La Critique de l'École des Femmes, comédie en un acte (1er juin 1663) 381

TOME CINQUIÈME.

Zélinde, comédie, ou la Véritable Critique de *l'École des Femmes*, et la Critique de *la Critique*.. 1
Le Portrait du Peintre, ou la Contre-Critique de *l'Ecole des Femmes*, par le sieur Boursault 43
Panégyrique de l'École des Femmes, ou Conversation comique sur les OEuvres de M. de Molière 79
L'Impromptu de Versailles, comédie en un acte (14 octobre 1663) 127
    L'Impromptu de l'hôtel de Condé, comédie en un acte par Antoine-Jacob Montfleury.. 191
    Réponse à l'Impromptu de Versailles ou la Vengeance des marquis. 1663. 211
    Les Amours de Calotin, comédie. 235
    Lettre sur les affaires du théâtre. 1664. 253
    La Guerre comique, ou la Défense de *l'École des Femmes*, par le sieur De La Croix. 261
Le Mariage forcé, comédie-ballet en trois actes (29 janvier 1664) 305
    Le Mariage forcé, ballet du roi.. 321
    Le Mariage forcé, comédie en un acte.. 333
Fêtes de Versailles en MDCLXIV. Les Plaisirs de l'Ile enchantée. — La Princesse d'Élide.. 383
    Les Plaisirs de l'Ile enchantée, fêtes galantes et magnifiques faites par le roi à Versailles, le 7 mai 1664 397
    La Princesse d'Élide, comédie galante mêlée de musique et d'entrées de ballet. 8 mai 1664. 423
    Relation de Marigny. 510

TOME SIXIÈME.

Le Tartuffe ou l'Imposteur, comédie en cinq actes (12 mai 1664) 1
    Lettre sur la comédie de l'Imposteur. 183
    La Critique du Tartuffe, comédie. 227
Don Juan ou le Festin de Pierre, comédie en cinq actes (15 février 1665). 261

DES ŒUVRES COMPLÈTES DE MOLIÈRE.

Polémique relative au *Festin de Pierre* 415
  I. Observations sur une comédie de Molière intitulée *le Festin de Pierre* 417
  II. Lettre sur les Observations d'une comédie du sieur Molière intitulée *le Festin de Pierre*. 431
  III. Réponse aux Observations touchant *le Festin de Pierre* de monsieur de Molière. 448
Fragments de Molière, comédie par Champmeslé 461

TOME SEPTIÈME.

El Burlador de Sevilla y Convidado de piedra, comedia famosa de Tirso de Molina. 1
Le Festin de Pierre ou le Fils criminel, tragi-comédie traduite de l'italien en français par le sieur de Villiers 115
Le Festin de Pierre (*il Convitato di pietra*), scénario de Dominique, traduit par Gueulette 203
Le Festin de Pierre, comédie (mise en vers par Thomas Corneille), 1677. 215
L'Amour médecin, comédie-ballet en trois actes (15 septembre 1665) 309
Le Misanthrope, comédie en cinq actes (4 juin 1666). 396
Lettre sur la comédie du *Misanthrope* 507

TOME HUITIÈME.

Le Médecin malgré lui, comédie en trois actes (6 août 1666). . 1
Ci du Vilain Mire (le Vilain médecin). 83
Mélicerte, comédie pastorale héroïque (2 décembre 1666) . . . 93
Ballet des Muses dansé par Sa Majesté en son château de Saint-Germain-en-Laye, le 2 décembre 1666. 141
Pastorale comique 147
Le Ballet des Muses (suite) 159
Le Sicilien ou l'Amour peintre, comédie en un acte (février 1667) 183
Ballet des Muses (fin). 233
Amphitryon, comédie en trois actes (13 janvier 1668) 239
Amphitruo (texte et traduction). 365

TOME NEUVIÈME.

George Dandin ou le Mari confondu, comédie en trois actes (18 juillet 1668). 1
Le Grand Divertissement royal de Versailles. 1668. . . 93
Relation de la fête de Versailles du 18 juillet 1668. 109
La fête de Versailles du 18 juillet 1668, par l'abbé de Montigny. . 139
L'Avare, comédie en cinq actes (9 septembre 1668) 151
Aulularia (texte et traduction) 317
La Gloire du Val-de-Grace, poème, 1669 417
La Coupe du Val-de-Grâce 439
Épître à Pierre Mignard, peintre 463

TOME DIXIÈME.

MONSIEUR DE POURCEAUGNAC, comédie-ballet en trois actes.
(6 octobre 1669) 1
Le Divertissement de Chambord, mêlé de comédie, de musique et
d'entrées de ballet..................... 115
Le Carnaval, mascarade.................... 119
LES AMANTS MAGNIFIQUES, comédie-ballet en cinq actes, représentée à Saint-Germain-en-Laye le 4 février 1670........ 127
Les Magnificences du divertissement qui a été pris par Leurs
Majestés pendant le carnaval............... 221
LE BOURGEOIS GENTILHOMME, comédie-ballet en cinq actes
(13 octobre 1670) 227
Le Bourgeois gentilhomme (livre du ballet).......... 401
La Cérémonie turque, d'après l'édition de 1671........ 411
La Cérémonie turque, d'après l'édition de 1682........ 413
Estat de la dépence faite pour la comédie-ballet intitulée *le
Bourgeois gentilhomme* 417
ÉLOMIRE HYPOCONDRE OU LES MÉDECINS VENGÉS, comédie par
monsieur Le Boulanger de Chalussay............ 427
APPENDICE. — *État de la dépense pour le divertissement de Chambord et pour le dernier ballet recommencé à Saint-Germain-en-Laye, par le commandement de Sa Majesté, depuis le 26ᵉ février
jusques au 9ᵉ mars 1670.* 515

TOME ONZIÈME.

PSYCHÉ, tragi-comédie et ballet, en cinq actes (17 janvier 1671).. 1
Psyché, tragi-comédie et ballet (livret)............ 127
LES FOURBERIES DE SCAPIN, comédie en trois actes (24 mai 1671). 145
Le Pédant joué, comédie par M. Cyrano de Bergerac (Extraits).. 263
LA COMTESSE D'ESCARBAGNAS, comédie en un acte (2 décembre 1671)...................... 271
Ballet des ballets..................... 321
Les Fêtes de l'Amour et de Bacchus (1672).......... 343
LES FEMMES SAVANTES, comédie en cinq actes (11 mars 1672).. 340
Despréaux ou la Satire des satires (1666).......... 483

TOME DOUZIÈME.

LE MALADE IMAGINAIRE, comédie en trois actes, mêlée de musique et de chant (10 février 1673)............ 1
APPENDICE au *Malade imaginaire*............... 181
POÉSIES DIVERSES...................... 223
LEXIQUE DE LA LANGUE DE MOLIÈRE............. 241
Additions et corrections.................... 505

FIN DE LA TABLE GÉNÉRALE.

TABLE

DU TOME DOUZIÈME.

Le Malade imaginaire, comédie en trois actes, mêlée de musique et de chant. 10 février 1673 1
Notice préliminaire 3
Le Malade imaginaire 25
Appendice au *Malade imaginaire* 181
    Acte premier d'après l'édition de 1675. 181
    Acte troisième d'après l'édition de 1675 185
    Acta et ceremoniæ receptionis, d'après l'édition de Rouen 1673. 210

Poésies diverses 223
    A monsieur La Mothe Le Vayer. 223
    Vers placés au bas d'une gravure de Ledoyen d'après Chauveau . 225
    Stances 226
    Bouts-rimés commandés sur le bel air. 227
    Au roi, sur la conquête de la Franche-Comté. 228
    Morceaux divers attribués à Molière. 229

Lexique de la Langue de Molière. 241

Additions et Corrections 505

Table générale des OEuvres complètes de Molière 507

FIN DE LA TABLE DU TOME DOUZIÈME.

Paris. — Typ. A. Quantin, 7, rue Saint-Benoît.

CHEFS-D'ŒUVRE DE LA LITTÉRATURE FRANÇAISE

FORMAT IN-8 CAVALIER, PAPIER VÉLIN, SATINÉ, DU MARAIS

Imprimés avec luxe, ornés de gravures sur acier. Dessins par les meilleurs artistes.

58 volumes sont en vente à 7 fr. 50

On tire de chaque volume de la collection 150 *exemplaires numérotés* sur papier de Hollande avec figures sur chine avant la lettre, le volume. . . . . 15 fr.

ŒUVRES COMPLÈTES DE MOLIÈRE

Nouvelle édition très soigneusement revue sur les textes originaux, avec un nouveau travail de critique et d'érudition, aperçus d'histoire littéraire, examen de chaque pièce, commentaire, biographie, par L. Moland. 12 vol.

ŒUVRES COMPLÈTES DE J. RACINE

Avec une vie de l'auteur et un examen de chacun de ses ouvrages par M. Saint-Marc Girardin, de l'Académie française. 8 vol.

ŒUVRES COMPLÈTES DE LA FONTAINE

Nouvelle édition avec un nouveau travail de critique et d'érudition, par M. Louis Moland. 7 vol.

ESSAIS DE MICHEL DE MONTAIGNE

Nouvelle édition, avec les notes de tous les commentateurs, complétée par M. J.-V.-L. Clerc, précédée d'une nouvelle étude sur Montaigne par M. Prévost-Paradol. 4 vol. avec un beau portrait de Montaigne.

ŒUVRES COMPLÈTES DE LA BRUYÈRE

Nouvelle édition, publiée d'après les éditions données par l'auteur, avec notice sur La Bruyère, des variantes, des notes et un lexique, par A. Chassang, lauréat de l'Académie française, inspecteur général de l'instruction publique. 2 vol.

ŒUVRES COMPLÈTES DE LA ROCHEFOUCAULD

Nouvelle édition, avec des notices sur la vie de La Rochefoucauld et ses divers ouvrages, un choix de variantes, des notes, une table analytique des matières et un lexique, par A. Chassang, inspecteur général de l'Instruction publique, lauréat de l'Académie française. 2 vol.

ŒUVRES COMPLÈTES DE BOILEAU

Avec des commentaires et un travail nouveau de M. Gidel. 4 vol.

ŒUVRES POÉTIQUES D'ANDRÉ CHÉNIER

Nouvelle édition, vignettes de Staal, 2 vol.

ŒUVRES COMPLÈTES DE MONTESQUIEU

Textes revus, collationnés et annotés par Édouard Laboulaye, membre de l'Institut. 7 vol.

ŒUVRES CHOISIES DE PIERRE DE RONSARD

Avec notice, notes et commentaires, par Sainte-Beuve; nouvelle édition, revue et augmentée, par Louis Moland. 1 vol. avec portrait de l'auteur.

ŒUVRES DE CLÉMENT MAROT

Annotées, revues sur les éditions originales et précédées de la vie de Clément Marot, par Charles d'Héricault. 1 vol. orné du portrait de l'auteur.

ŒUVRES DE JEAN-BAPTISTE ROUSSEAU

Avec un nouveau travail de M. Antoine de Latour. 1 vol. orné du portrait de l'auteur.

HISTOIRE DE GIL BLAS DE SANTILLANE

Par Le Sage, avec les principales remarques des divers annotateurs; notice par Sainte-Beuve, les jugements et témoignages sur Le Sage et sur Gil Blas. 2 vol.

CHEFS-D'ŒUVRE LITTÉRAIRES DE BUFFON

Introduction par M. Flourens, de l'Académie française. 2 vol. avec portrait.

L'IMITATION DE JÉSUS-CHRIST

Traduction nouvelle, avec des réflexions, par M. de Lamennais. 1 vol.

ŒUVRES CHOISIES DE MASSILLON

Accompagnées de notes, notice par M. Godefroy. 2 vol. avec portrait.

Nous avions promis, dans le prospectus de *Molière*, de chercher à remettre en honneur les belles éditions de nos auteurs classiques. Les volumes qui ont paru permettent de juger si nous avons tenu parole.

Notre collection contiendra la fleur de la littérature française. Elle se composera de quatre-vingts volumes environ, imprimés avec le plus grand luxe, dignes de tenir une place d'honneur dans les meilleures bibliothèques.

PARIS. — Typ. A. Quantin, 7, rue Saint-Benoît.

www.ingramcontent.com/pod-product-compliance
Lightning Source LLC
Chambersburg PA
CBHW071611230426
43669CB00012B/1904